海港区年鉴

2014

秦皇岛市海港区地方志年鉴编纂委员会 编

方志出版社
Publishing House of Local Records

图书在版编目（CIP）数据

海港区年鉴. 2014 / 秦皇岛市海港区地方志年鉴编纂委员会编.—北京：方志出版社，2015.4
ISBN 978-7-5144-1608-4

Ⅰ.①海… Ⅱ.①海… Ⅲ.①区（城市）—秦皇岛市—2014—年鉴 Ⅳ.①Z522.23

中国版本图书馆CIP数据核字（2015）第095505号

海港区年鉴（2014）

编　　者：秦皇岛市海港区地方志年鉴编纂委员会
责任编辑：王笃银
出 版 人：冀祥德
出 版 者：方志出版社
地址　北京市朝阳区潘家园东里9号（国家方志馆4层）
邮编　100021
网址　http://www.fzph.org
发　　行：方志出版社发行中心
（010）67110500
经　　销：各地新华书店
印　　刷：北京中实兴业印务有限公司
开　　本：889×1194　1/16
印　　张：29.25
字　　数：834千字
版　　次：2015年4月第1版　2015年4月第1次印刷
印　　数：0001~1000册
ISBN 978-7-5144-1608-4　定价：280.00元

编辑说明

一、《海港区年鉴》1986年创刊，是由中共海港区委、海港区人民政府主办，海港区地方志年鉴编纂委员会主持编纂的一部大型资料性工具书。

二、本年鉴以马列主义、毛泽东思想、邓小平理论、“三个代表”重要思想和科学发展观为指导，坚持实事求是的原则。

三、本年鉴从2012卷起逐年编纂出版，是海港区权威地情年刊，全面、系统、翔实地载录海港区上一年的经济和社会发展进程，客观反映全区的新变化、新成就及经验教训，为区内外及海外各界人士和广大读者了解海港区、研究海港区提供准确可靠的信息资料和基本数据。

四、本年鉴采用分类编纂的方法。卷首设彩页，卷尾设附录，卷中设篇目（类目）、篇目（类目）下设分目、分目下设条目记述。

五、本年鉴所用稿件由各部门提供，并经部门主要负责人审阅签字、单位盖章。部分参考《秦皇岛市年鉴》《今日海港区》等方面信息。

六、本年鉴所用数据除各部门提供外，一般以区统计年鉴数字为准。

七、本年鉴收录的先进人物为获得区委、区政府以上级别表彰的区内单位工作人员。对获得省委、省政府以上级别表彰的先进人物的事迹进行简要介绍。

八、由于年鉴涉及面广、内容繁杂，在编纂质量方面难免存有不足之处，为此恳望各界人士多提意见和建议，以便我们不断改进工作，把《海港区年鉴》越办越好。

海港区地方志年鉴编纂委员会

《海港区年鉴》编辑部

主　审

齐香民

主　编

王洪泉

执行主编

傅　宁　亢学文

副主编

刘景银　李志贤

编　辑

洪铉子　杨　君　徐晶晶　王孺蕃　韩兴隆　石林生

摄　影

曹建雄　曹恩波

法律顾问

王立平

港貌

区委书记冯国林在海港区（新加坡）投资环境说明会上致辞

区长霍春利与河北省港口集团有限公司签订港区战略合作框架协议

区委副书记高立明陪同新加坡企业家考察秦皇植物园

海港区2013年重点项目集体开工奠基仪式

12月，海港区市民中心正式投入使用

11月，海碧台住宅项目在亚洲国际地产领袖峰会上获“最佳中国未来大型建设项目”称号

12月，总建筑面积33.55万平方米的东李庄保障性住房主体完工

10月，民族路北延伸跨京山铁路立交桥工程竣工通车

老旧小区改造

美岭小区改造前后

西港里小区改造前后

迎秋西里小区改造前后

金海湾浴场

海边木栈道

海边栈道木平台

彩色自行车道

2月，海港区举办第三届港城民俗文化庙会

3月，海港区主办第二届海子诗歌艺术节

6月10日，秦皇岛第二届龙舟大赛在大汤河举行

1月，中共海港区委举办学习贯彻中共十八大精神知识竞赛

8月，中共海港区委举办干部素质“提升四种意识，强化四个能力”专题培训班

海港区党的群众路线教育实践活动“弘扬延安精神，践行群众路线”报告会

海港区开展第三届感动港城·平民偶像评选活动

平民偶像赵志芬在红卫里授课

海港镇开展"讲善行、树新风"主题活动

5月，交运里社区举办“健康名家进社区”活动

11月，秦皇岛市图书馆工人北里社区分馆成立

12月，煤港里社区党员联合边防检查站官兵慰问孤寡老人

农村面貌改造提升

连峪山庄村庄一角

连峪山庄太阳能应用示范项目

连峪山庄居民生活剪影

连峪山庄街道与居民住宅

连峪山庄村内河道

连峪山庄葡萄长廊

目 录

MULU

MULU

特 载

大事记

区情综述

中共海港区委员会

海港区人民代表大会

海港区人民政府

政协海港区委员会

地方军事

民主党派　工商联

人民团体

法　治

农业和农村经济

工　业

邮政通信业

商贸　旅游业

交通运输业

金融业

口岸管理

城市建设

社会事业

镇

园　区

街　道

人　物

荣誉专版

附 录

特　载

TEZAI

TEZAI

中共海港区委
关于加快改革开放建设经济强区的实施意见

（2013年5月16日）

为深入贯彻落实省委八届五次全会、市委十一届五次全会以及省委书记周本顺到秦皇岛调研时的讲话精神，进一步抢抓机遇、乘势而上，加快构建全方位、多层次、宽领域的对外开放格局，加速推进一流主城区进程，奋力打造沿海经济增长极，结合省、市委要求和我区实际，特制定如下实施意见：

一、明确加快改革开放建设经济强区的任务目标

在全国上下深入贯彻落实党的十八大精神，奋力实现中华民族伟大复兴“中国梦”的大背景下，河北沿海地区开发开放上升为国家发展战略，省委八届五次全会围绕解放思想、改革开放、创新驱动、科学发展主题，作出了打好“四场攻坚战”的战略部署，并把沿海地区开发开放作为河北实现由大转强的突破口；市委十一届五次全会紧扣省委全会主题，提出了“率先开放、赶超发展，奋力打造河北沿海经济增长极”的目标。落实省、市委全会精神，发挥好海港区作为全市主城区的带动、示范作用，就必须在解放思想上先行一步，在改革开放中率先突破，走创新驱动、科学发展之路，努力克服制约发展的思想观念和体制机制障碍，以新的境界、新的思维、新的目标和新的干劲促进经济的大开放、大变革、大发展。

基于上述认识，为深入贯彻落实省、市委要求，并结合海港区的实际情况，今后三至五年，我区加快改革开放建设经济强区的奋斗目标是：

——河北沿海地区重要的经济增长极。围绕沿海地区开发开放，结合“一中心三基地”产业定位，更趋合理的现代产业体系基本建立，自主创新能力显著增强，经济结构实现优化升级；全区经济发展对全市GDP和财政收入的贡献率在全省沿海11个县区中明显领先，综合经济实力跻身全国同等城市主城区前列。

——北方最大的临港物流产业基地。以北部工业组团、东部物流组团为平台，园区对经济社会发展的支撑、吸附和辐射作用得到充分发挥。西港搬迁战略机遇得到有效利用，临港物流产业实现聚集发展、组团发展，港、区合作实现高位对接，港航商务聚集区、全国最大煤炭交易中心等带动性强的大项目建成投用，中国北方最大的临港物流产业基地初步建立。

——环渤海最佳的现代服务业城区。全国现代服务业综合改革试点城市优惠政策得到充分利用。具有地方特点和产业特征的特色街区建设初具规模，影响力和辐射力逐步提高。城市综合体建设、旅游地产、高端地产等成为城市建设的主体。沿海“一线”城市景观初步形成，吃、住、行、游、购、娱六大旅游要素提档升级，旅游业综合服务中心基本建成。

——全省开放度最高、发展环境最优区域。制约开放发展的各项体制机制问题得到有效解决，改革带来的红利得到充分释放。与沿海先进地区的合作、对接机制全面建立，与高校、科研院所的交流、合作形成常态化格局；创新型城市建设全面推进，在全省率先走上创新驱动发展道路；民营经济占国民经济的比重进一步增加。人无我有、人有我优的差异化发展环境得到最大限度优化，成为全省开放程度最高、发展环境最优的城区。

二、实现加快改革开放建设经济强区的必经之路

（一）借势西港搬迁，做好沿海开发的文章。抢抓西港搬迁难得历史机遇，主动对接规划，主动对接港口，最大限度地发挥港口对我区经济的牵动作用。积极参与规划调整，从完善城市功能、东西港区岸线布局、港口货运结构和功能调整、铁路布局调整、西港区开发改造方面，提出具体建设意见，体现海港区声音。牢牢把握“后西港”规划建设与海港区的发展定位和总体规划相匹配的原则，对我区发展空间拓展、城市形象提升、基础功能完善以及城市产业发展进行重新“洗牌”。加强与港口对接，从机构、规划、基础设施、产业发展和重点项目等方面进行全方位对接，着力打造临港物流产业基地、港航商务聚集区，建设全国最大煤炭交易中心，积极推进东部片区升级改造等项目，形成港口、港区和港城一体化发展新格局。

（二）发挥比邻京津优势，做好招商引资的文章。发挥“京津后花园”的地域优势，在主动对接京津，实现招商引资新突破上做文章。打破惯性思维，树立合作理念，尊重市场规律，跳出行政区划的框框，主动融入，积极对接，善借京津之势，聚集高端要素。盯紧京津智力人才优势，主动承接京津知识、技术溢出和产业转移；紧盯京津央企，搞好上下游产业链的招商引进，逐步打造央企配套产业集群；紧盯京津市场，开拓区域优质品牌服务范围，带动全区服务提档升级；紧盯京津跨国公司和知名企业，积极争取他们来我区投资置业，发展第二总部。同时，进一步加大定向招商、定单招商、以商招商、产业链招商力度，大力开展“央企入区”“民企入区”“外企入区”“引智入区”等专项行动，使招商活动常态化、专业化、精细化。严格落实招商引资责任和激励机制，对招商队伍推行绩效考核。

（三）强化创新驱动，做好产业转型升级的文章。坚决贯彻省委“有中生新”和“无中生有”两手抓、两手硬的产业转型方针，集中力量打造支撑区域经济发展的新引擎。大力发展临港产业。结合西港搬迁，依托港口优势，推进临港物流园区和港口物流集散基地建设，做大做强本土物流企业，积极引进国内外知名物流企业，形成“大物流、大港口、大腹地”临港产业集群发展新格局，重点发展临港先进装备制造业和开放型经济，加快产业配套和技术引进，着力培育一批产业集群、龙头企业和重点项目，努力建成中国北方重要的先进装备制造业基地、粮油食品基地。大力提升现代服务业。拓展生活性服务业，提高现代服务业在国民经济中的比重。积极扩大居民消费需求，兴建一批大型商贸设施，加快建设商业步行街，打造一批多业态、多功能、高品位特色商圈。适应工业化、城镇化加速发展的趋势，大力发展电子商务、连锁经营等现代商贸业态，加快发展总部经济、文化创意、服务外包等新兴服务业，规范高端旅游业等现代服务业和房地产业发展。培育发展战略性新兴产业。实施创新驱动战略，紧盯高新技术前沿，积极寻求与北京大学、中关村、中科院及区域内科研院所的战略合作，搭建科技合作平台。在新能源、电子信息、生物产业等有比较优势的领域，在海洋经济、高端装备制造配套等有发展潜力的产业，打造局部强势，强化基地支撑、龙头带动、品牌引领、集群发展，以重点突破带动和活跃全局。

（四）加强谋划攻坚，做好项目建设的文章。坚持把项目建设作为经济工作的主抓手，牢固树立抓项目就是抓发展、抓项目就是增实力的理念，不辞辛苦找项目，不畏艰辛谋项目，不遗余力干项目，以项目保增长、用项目促转变、靠项目强后劲。加强项目储备，加快谋划装备制造、高新技术、新能源、现代物流、旅游等特色优势产业和战略性新兴产业项目，加大项目包装层次和水平。强化项目推进，严格落实区级领导分包重点项目制、重大项目分级调度制等项目管理制度，及时协调解决项目推进过程中的难题，力争全区引领性项目有新突破。加大跑办力度，充分利用"夏都"和"京津后花园"优势，紧盯国家部委、省直部门，始终绷紧跑办项目这根弦，在服务中渗透、在接待中争取，持之以恒，锲而不舍，带着发展的任务做好暑期保障工作，想尽一切办法，用百分之百的精力争取上级支持。到2016年，千万元以上项目总投资力争实现逐年递增15%的目标。

（五）立足错位发展，做好园区破壁图强的文章。园区是区域经济的增长极，打造沿海经济增长极，就必须把园区发展放在尤为突出的位置，做大园区，做强园区，做好园区，真正使园区成为改革开放的最前沿、经济建设的主战场。落实省委"每县（区）要大手笔规划建设一个产业园区"的要求，强力推动我区"一区三园"在企业集中、产业集聚、资源集约方面有新突破，面对空间受限瓶颈，在"强强联合、破壁图强"上有新措施，实质性启动海港经济开发区建设，使园区发展更加集中，运行体制更加顺畅，运行模式更加合理，园区环境更加优化。加大园区配套设施建设力度，重点实施基础设施和生活服务设施配套建设，提高项目承载能力。大北部工业区，以打造现代制造业配套、高新技术产业基地为目标，以北部工业区为桥头堡，以京沈高速以北为重点区域，进一步向西北、东北两个方向延伸，聚集发展先进制造业配套、玻璃制造及研发、太阳能光伏及新材料等高新技术产业，整体打造新城区、新园区、新景区。大物流园区，整合临港物流园和东部循环经济园，着力打造汽车贸易、石油石化、商贸物流、煤炭交易中心、保税物流园等十大功能区，建立依托港口、辐射腹地的综合物流服务体系，打造大临港物流园区和区域性物流基地。圆明山文化旅游产业聚集区，立足以京津冀的"秦皇后花园"和面向全国的"文化养生地"为发展目标，以休闲度假和养生康体为特色，大力推进山野森林公园、湿地公园、圆明寺和圆明新城建设，打造集休闲度假疗养、山地运动康体、田园文化体验等功能于一体的省级文化旅游产业聚集区。西部创意产业片区，以"大文化"理念为先导，以城市西移和片区开发为切入点，在归提寨以及周边区域，谋划建设西部文化创意产业园区。通过新一轮发展，真正把各园区打造成特点鲜明、特色鲜明、功能鲜明、效果鲜明的区域经济强劲支撑。

三、打开加快改革开放建设经济强区的动力之源

（一）以思想的解放破除人为制约。改革开放，首先是思想的解放。加快改革开放建设经济强区必须在思想观念上有重大转变，在发展思路上有重大创新，下大力解决好"区位沿海、思维内陆"等问题。进一步更新观念、开阔视野，切实强化危机意识、争先意识，自觉破除固步自封、自给自足的小农思想，进一步调整完善开放工作的思路、定位和举措，把各项工作放到全国、全省发展的大背景中来谋划，放到经济全球化的大趋势中去推动，自觉面向国际国内市场找准定位，在开放合作中赢得发展得先机，以新气象开拓新局面，以大气魄寻求大发展，为建设经济强区注入不竭动力。

（二）以创新的举措催生内在动力。坚持用改革创新的办法破解发展难题，纵深推进重点领域和关键环节的改革。加快构建和完善有利于科学发展的体制机制，大力推进审批制度改革，最大限度减少和规范行政审批，提高政府行政效能，努力打造"全省行政审批事项最少、办事效率最快、发展环境最优"的政务环境。深入研究和推进关键领域改革，在农村土地流转、建设用地置换、户籍制度等方面先行先试，最大限度消除阻碍要素自由流动的体制机制障碍。进一步创新园区管理机制和开发机制，对园区现行政策进行梳理研究，比照全国先进园区的优惠政策，积极向国家、省、市争取政策、资金支持。大力推进投资体制改革，培植民营经济，放宽市场准入，降低投资门槛，引导和鼓励民营企业做大做强，最大限度激活民营经济发展活力。

（三）以法治的思维打造环境高地。市场经济是法治经济，法治环境是最重要的发展环境。要将培植法治意识作为法制建设的首要任务，破解法治意识不强、违法施政、执法不公等突出问题，加快营造以公平规范的经营环境、依法经营的诚信环境、平安稳定的社会环境为重点的法治化发展环境。围绕职能转变、作风转变，认真研究如何用法治思维认识问题、用法治方式解决问题，重点对基层执法行为进行规范，着力改善一线执法环境，依法保障企业自主经营，依法保障全民自主创业，依法保障社会公平正义，逐渐形成办事依法、遇事找法、解决问题用法的法治氛围，把解决各种利益矛盾纳入法治轨道，不断增强政府公信力和执行力，促使环境建设进入良性循环轨道。

（四）以人才的支撑助推科学发展。科技是第一生产力，人才是第一资源。建设经济强区，需要强有力的人才智力支持。要以人才资源能力建设为核心，建立健全人才培养、引进、使用、评价、激励机制，努力营造人才汇聚、人尽其才、才尽其用的良好局面。健全人才引进机制，采取更为优惠的政策，重点引进高层次人才、高技能人才和紧缺型人才，吸引国内外优秀人才到海港区创业发展，动员科研院所和高等院校的科技力量主动服务企业，努力使我区成为高端人才的聚集地。注重科技引领、创新驱动，全面接轨京津，推动科技成果转化，承接产业转移，加强与京津、院校在产业研发、科技人才等方面的合作。加强创新能力建设，完善科技创新体系，加快建设以企业为主体、以市场为导向、产学研结合的技术创新体系，切实提高科技进步对经济增长的贡献率。

四、强化加快改革开放建设经济强区的保障措施

（一）明确学赶对象，健全比较机制。以青岛市市北区为学赶对象，同时每月与10个沿海主城区（威海市环翠区、北海市海城区、汕头市金平区、深圳市福田区、烟台市莱山区、葫芦岛市龙港区、海口市龙华区、珠海市香洲区、厦门市思明区、泉州市丰泽区）按照科学合理的口径进行综合比较，侧重比较经济发展、基础设施、城市建设、招商引资、园区发展、生态环境、公共事业等各方面，查找差距，分析原因，制定措施，在新的起点上全力打造沿海一流主城区和沿海经济增长极。

（二）狠抓组织领导，强化协调调度。各部门、单位要把加快改革开放、建设经济强区工作纳入重要议事日程，作为“一把手”工程来抓。认真研究制定本单位、本系统的思路、目标和举措，强化开放意识，形成主要领导负总责、分管领导靠前指挥、班子成员协同推进的工作合力。建立对外开放联席会议例会制度，每季度召开一次全区范围的联席会议，及时研究、协调解决对外经济合作交流中存在的困难和问题。建立健全与省级部门和周边地区间的联系沟通机制及重大项目事项市区联动机制，为招商引资、项目建设扫清障碍。

（三）严格队伍建设，发挥导向作用。推动海港区的发展，关键在班子、关键在干部。在加快改革开放建设经济强区的具体实践中，要以抓落实的能力和效率检验干部的政治品质、思想境界和工作作风，注重在经济工作一线、改革开放前沿考察干部、识别干部，重用埋头苦干、狠抓落实的干部，严惩只尚空谈、不干实事、弄虚作假、欺上瞒下的干部。建立激励约束相结合的导向机制，实行反向激励、末位淘汰，制定鼓励实干、注重实绩的选人用人机制，激励和引导党员干部始终保持志在落实、功在不舍的竞进状态，知难而进，迎难而上，创造实实在在的发展业绩。

（四）严格绩效奖惩，营造开放氛围。建立季度通报和年度评比表彰制度，把考核结果作为年终领导班子和干部考核的重要依据，严格兑现奖惩。纪检、监察部门和区委、区政府督查室要加强对外开放工作的监督检查力度，加快建立健全对外开放监督投诉机制，及时总结好经验、好做法，并在全区有效推广；对工作中固步自封、主观怠慢的单位和个人，予以通报批评，情节严重的，将做降职或撤职处分。此外，尽快制定对外开放宣传方案，在电台、电视台、报纸、网站开辟专栏，广泛宣传战略意义，切实增强全区干部群众“人人都是投资环境，个个都是港城形象”的主人翁意识，营造关心开放、支持开放、投身开放的社会氛围。

中共海港区委员会常务委员会工作报告

——在中共海港区第九届委员会第四次全体会议上

中共海港区委书记　冯志永

（2013年1月7日）

同志们：

受区委常委会的委托，我代表区委常委会向全会报告一年来的主要工作，并就学习宣传贯彻党的十八大精神和今后一个时期的工作进行安排部署，请予审议。

一、关于 2012 年的主要工作

2012 年以来，我们面对复杂多变的形势和前所未有的困难，在市委的坚强领导下，按照上级统一部署，结合海港区实际和发展需要，紧紧围绕“加速转型、加快发展，奋力打造沿海一流主城区”这一目标，坚持继承发展创新，把科学发展作为第一要务，把改革开放作为第一动力，把改善民生作为第一追求，把维护稳定作为第一责任，把党的建设作为第一保证，集中力量办大事、抓要事、解难事，全区经济社会发展取得了新的成就。预计全年实现区属地区生产总值 206.8 亿元，同比增长 13%；完成区属全社会固定资产投资 184 亿元，同比增长 27%；完成全部财政收入 76.5 亿元，同比增长 14.4%；其中公共财政收入 14.2 亿元，同比增长 23.9%。

（一）坚持稳中求进，努力保持经济平稳较快发展。在产业聚集发展、园区平台建设和结构转型升级等方面实现新突破。一是坚持用项目聚产业。围绕“一中心三基地”产业定位，深入实施强区工程，走项目农业、新型工业、现代服务业之路。制定出台了一把手抓项目工作的意见，持续开展十大重点产业项目攻坚活动，世纪港湾、香格里拉大酒店等一批重点项目顺利推进；嘉恒物流、国际汽配城等一批现代物流企业入驻港城；连峪山庄等农业产业化项目快速推进。成功协办了全国物流年会，秦皇岛物流园区及项目推介会取得良好效果。全年实际利用外资 2.1 亿美元，引进内资 30.7 亿元。二是坚持扩园区筑平台。按照“大北部、大物流、大旅游”的发展理念，先后编制完成了大北部片区总体规划，西部休闲文化创意产业园概念性规划；整合临港物流园区和东部循环经济园区布局，编制了临港物流园区总体规划，实现了全区范围内的园区规划全覆盖。积极开展扩区研究和省级园区申报工作，大北部工业区扩区计划提上重要议事日程，扩区规划研究工作取得积极进展，圆明山文化旅游产业聚集区成功晋升省级园区。三是坚持调结构促转型。把科技创新作为中心环节，加快传统优势产业的改造升级步伐，中信渤铝等一批传统支柱企业启动重大技改项目；耀华整体搬迁项目 LOW-E 和太阳能基板浮法玻璃两条生产线正式竣工投产。坚持把节能减排和淘汰落后产能作为转型升级的重要抓手，加强节能评估审查工作，先后对 39 家企业、10 个重点项目进行节能登记和评估审查。四是坚持攻难点促发展。把可持续发展作为经济工作的重点，完成了三件大事。首先，招商引资工作取得重大突破。与河北燕达集团成功签约投资额680亿元的秦皇皓月城项目，目前其控规已通过市规委会审核，并进入实质性推进阶段。其次，依法治税工作得到进一步加强。针对部分房地产企业在区外注册、区内开发，税源无法监管的现实，建立了治税体系和税收信息平台，从根本上解决涉税信息不畅、涉税源头控管不严和税源流失等问题，促进了属地纳税体制的规范运行。第三，园区土地处置权限问题得到解决。为化解土地供应紧张问题，最大限度地实现土地高效、集约利用，积极争取市政府向我区下放特定园区部分土地供应权限。与此同时，启动了三个园区居民集中安置项目，进一步为园区产业发展腾出了空间。

（二）瞄准一流标准，城市建管水平得到进一步提高。在城市发展的理念上，更加注重城市规划的制定和规划刚性的遵守，更加注重一般性房地产开发的控制和临街商业门市的削减，更加注重城市片区整体开发建设和城市特色街区的打造。一是城市建设稳步推进。城市基础设施建设全面跟进，河北大街、秦皇东大街等市政设施改造工程全面完工，东环路全线竣工通车。城市重点片区开发改造工作强势推进，归提寨片区开发工作取得阶段性成果；海阳片区整体开发改造项目取得实质性突破；太阳城商业区升级改造工程已进入施工招标阶段；金梦海湾顺利交接，西浴场景观改造提升工程一期主体完工。二是生态景观建设亮点频现。以暑期为节点，高标准实施了20条主次干道修复、10个街边游园绿地增绿以及10处街头树阵建设，把绿化触角向城区的各个角落延伸。高水平推进花海工程，围绕城市出入口、公园、景区等节点，打造城市花海景观。广泛开展全民义务植树、认种认养等活动，激发了全民绿化热情，掀起生态港城建设的高潮。三是城市管理工作成效显著。深入开展“城市精细化管理年”活动，先后出台了16项城市管理规范性文件。积极探索城市管理新途径，引入市场化管理机制，对部分小区保洁和主次干道非法小广告治理实施市场化运作，实现了城市管理的创新和突破。持续开展城市环境综合整治活动，严查占道经营、店外经营等行为。城乡环卫一体化工作取得重大突破，成功争取4170万元国家专项扶持资金，实现了农村垃圾收集、清运、处理一条龙。

（三）坚持以人为本，全面做好民生保障和改善工作。深入实施“民心工程”，全面落实年初确定的23件实事，把有限资金投入到低保扩面、老旧小区改造、学校建设等民生领域。主要抓了几件大事：一是老旧小区改善提升工作。对美岭小区、团结里小区等20个老旧小区进行改造提升，切实改善了百姓的生活居住环境。二是学校操场改造工作。对19所城区中小学、幼儿园操场进行了改造提升，实现了城区义务教育学校草皮操场全覆盖。三是市场建设工作。实施了森林逸城等4个便民市场新建工程和14个现有农贸市场的改造升级，市场面貌和秩序较以前有了显著改善。四是保障性住房建设工作。实施了东李庄、杨道庄、公富庄及红光里、站西里等多批次的保障性安居工程，市定各项任务指标全部落实。五是医疗卫生保障工作。稳步推进医药卫生体制改革，大幅拓宽了农合医疗保障面，参合农民受益水平明显提高；全面实施基本药物制度，落实11类国家基本公共卫生服务和重大公共卫生项目，新建和购买2家社区卫生服务中心。六是低保扩面工作。在全市率先完成了低保提标工作，城乡低保标准全部高于其他县区标准，全区新增参保人员6775人，低保覆盖率提高1.5个百分点，达到了4%。七是公共服务设施建设工作。经过不懈努力，海港区市民中心项目经省发改委审批，并正式开工建设，目前建筑主体即将封顶。与此同时，区文体中心、文化馆项目也顺利开工建设。

（四）加强文化建设，促进宣传、文化和旅游工作健康发展。一是加强宣传教育和理论武装。注重以社会主义核心价值体系为重点的思想政治工作，强化社会公德、职业道德、家庭美德、个人品德及青少年思想道德建设。创新理论教育平台，采用专题报告、理论宣讲等形式，开展理论中心组学习，推进学习型党组织建设。扎实开展党员教育，认真开展“区情再认识大讨论”等主题活动，进一步凝聚了人心，提振了信心。二是打造特色文化品牌。成功举办了第二届港城民俗庙会，通过“城乡文艺互动互访”彩色周末活动，有效地促进了城乡文化交流。港城大讲堂更趋成熟和完善，在市民中的影响力不断提升。与央视联手，举办了第九届秦皇望海祈福文化旅游节活动，成功塑造了“中国望海祈福第一地”的文化品牌形象，我区被中华文化促进会、节庆中华协作理事会评为第四届节庆中华奖“最佳节庆旅游目的地”。三是推进文化产业和旅游项目建设。出台了《海港区深入实施旅游立市战略，打造旅游业综合服务中心的实施意见》，进一步明确了东山文化旅游区、圆明山文化旅游产业聚集区、西部创意养生休闲基地“三点开花”的现代服务产业格局。深入推进“旅游立市”百项工程，由我区牵头的23项工程有3项完工，15项开工建设，开滦路历史文化街区、连峪山庄沿河绿道、海港区旅游咨询服务中心等工程均已建成或取得阶段性进展。吸引如家、锦江之星等20余家知名品牌快捷酒店入驻我区，进一步提升了旅游接待能力。全年共接待游客444万人次，同比增长15%，实现社会旅游总收入36.5亿元，同比增长22%。

（五）强化责任意识，全力维护社会和谐稳定。区委常委会对稳定工作始终高度重视、牢牢抓在手上，多次召开大规模、高规格会议进行安排部署，圆满完成了全国“两会”、暑期和党的十八大安保维稳任务，以超常的措施和力度确保了社会大局总体稳定。一是积极构建“大维稳”格局。以“平安工程”为统揽，始终保持严打高压态势，创新警务巡查模式，对违法分子形成了强大震慑。以解决影响社会稳定的重大问题为突破口，深入推进社会管理创新试点创建，深化平安志愿者巡防和平安建设工作队派驻工作，不断加大对特殊人群和流动人口的管理力度，群防群治工作取得显著成效。扎实开展安全生产和食品安全工作，没有发生有影响的安全事故。二是加强和改进信访工作。贯彻落实省委“八三”工作法（2011年12月24日全省信访工作会议提出“八三”工作法，即三个执政、三项工作、三访结合、三管齐下、三位一体、三大平台、三种手段、三项问责），实行重点案件重点调处机制，成立五人小组定期解决重大疑难信访问题。深化领导干部大接访活动，发挥区级领导和各部门一把手作用，信访工作水平得到有效提升。2012年，全区进京集体访、个体访、非正常访和赴省集体访全面下降。三是加强暑期安保和服务工作。把做好暑期工作作为重大政治任务来抓，在省市提出“四个上新水平”的基础上，结合海港区自身工作实际，提出了“打好三场攻坚战，实现四个上水平”的工作目标，近岸入海河道整治、暑期信访稳定、城乡面貌改善三场攻坚战完美收官，安全保卫、服务保障、暑期接待和借助暑期四项工作任务圆满完成。特别是，面对百年不遇的雨水灾害，广大干部群众众志成城，夺取了抢险救灾的全面胜利。

（六）筑牢基层基础，努力提高党的建设科学化水平。一是抓好领导班子建设。以实施领导干部思想政治素质提升工程为载体，通过“集中培训月”等活动，全区干部队伍的能力素质显著增强。深化干部人事制度改革，完善干部选拔任用机制，从机关选派年轻干部到镇街、园区挂职，丰富年轻干部经历，加强基层工作力量。二是抓好基层组织建设。圆满完成村“两委”换届工作，并对新一届村“两委”干部进行了集中培训。认真总结党建工作经验，逐渐形成富有海港区特色的党建工作方法，连续两年获得全省基层党建先进县（区）和“创先争优”先进县（区）荣誉称号；认真探索党代会闭会期间党代表发挥作用的有效途径，“党代表工作室”试点工作取得积极进展。不断扩大党组织的覆盖面，充分发挥各街道党工委领导“两新”片区联合党委的作用，努力做到党的组织和党的工作全覆盖。扎实开展基层建设年活动，下派172名副科级以上干部，下农村、包社区，访民情、促发展，为村居解决了大量具体困难和问题，赢得了基层干部群众的欢迎和信赖。三是抓好反腐倡廉建设。始终把反腐倡廉建设摆在重要的位置，进一步严明党的政治纪律，加快推进惩治和预防腐败体系建设，建立健全反腐倡廉各项机制。以提高执行力为核心，通过纪检干部巡查、明察暗访和召开干部警示大会等一系列手段，促进了领导干部廉洁自律、查办案件、纠正部门和行业不正之风等工作的有效开展。

在推进全区经济社会发展的进程中，区委常委会注重统筹做好各方面工作。支持人大及其常委会依法履行职责，围绕全区工作大局，加强法律监督；充分发挥政协政治协商、民主监督、参政议政职能，促进了决策的科学化、民主化。重视做好新形势下的统战工作，注重发挥工会、共青团、妇联等人民团体作用，支持其开展工作。全力做好老干部工作。加强党管武装工作，召开议军、议警专题会议，国防和后备役工作取得积极进展。同时，区委常委会高度重视自身建设，带头加强学习，带头完善制度，带头转变作风，带头勤政廉政，认真贯彻民主集中制，坚持集体领导、分工负责，充分发挥了党委的领导核心作用。

一年来，我们虽然取得了一定成绩，但对照上级要求和群众期望，对照外部咄咄逼人的发展态势，常委会在工作开展和自身建设等方面还存在一些问题。主要表现在：思想解放程度还不够大，特别是抓发展的办法不多，导致有些工作还停留在口头或表面上，没有付诸于实践。抓落实的力度还不够，应付会议和接待多，直接到一线解决具体问题比较少；原则部署工作多，身先士卒、靠前指挥、督促检查少。执行力还不够，部分单位和部门政令不够畅通，本位主义严重，缺乏全局观念。"两个环境"建设上还存在许多问题，政策规定过于僵化，一些部门习惯照"章"办事，"中梗阻"现象严重，服务意识差、办事效率低；生态建设总体水平不高，城乡生态环境反差较大，生态约束机制的作用发挥不够，等等。这些问题必须引起高度重视，在今后的工作中切实加以解决。

按照市委要求，这里向全会报告2012年以来区委常委会选拔任用干部情况。我们高度重视领导班子和干部队伍建设，坚持德才兼备、以德为先的用人导向，始终本着对工作高度负责、对同志高度负责的精神选拔任用干部，重品德、重实绩、重基层、重公论，切实把好选人用人质量关。2012年，区委先后研究任免干部5次，共调整干部233人次，所调整干部均无不良反映。工作中，注重深化干部人事制度改革，坚持用制度规范程序，加强对领导干部德的考核，不断扩大考察、酝酿等环节中的民主。注重在实际工作中锻炼考察干部，从基层一线选拔使用干部，统筹优化领导班子结构和发挥各年龄段干部的作用，加大干部交流力度。切实增强领导干部日常监督的有效性，对干部存在的苗头性问题做到早发现、早提醒、早纠正，大力营造风清气正的用人环境，着力提高干部选任工作公信度和群众满意度。

以上是区委常委会一年来的主要工作。这些成绩的取得，是中央省市正确领导、英明决策、亲切关怀的结果，是全区广大干部群众团结一心、艰苦奋斗、拼搏进取的结果。全委会组成人员对我们的工作给予了真诚帮助和大力支持，提出了很多好的意见和建议，确保了各项工作的顺利开展。在这里，我代表区委常委会向各位委员、候补委员、纪委委员以及全区广大党员、干部、群众，表示衷心的感谢，并致以崇高的敬意！

二、关于学习宣传党的十八大精神

党的十八大是在我国进入全面建成小康社会决定性阶段召开的一次十分重要的大会，对于推动我们党和国家事业发展具有重大而深远的意义。胡锦涛同志所做的报告，高屋建瓴、总揽全局、主题鲜明、内涵丰富，深刻阐述了科学发展观的历史地位和指导意义，精辟论述了中国特色社会主义道路、理论体系和制度的基本内涵，对在新的历史条件下全面建成小康社会和全面深化改革开放作出了科学部署，对以改革创新精神推进党的建设新的伟大工程提出了明确要求，是我们党团结带领全国各族人民夺取中国特色社会主义新胜利的政治宣言和行动纲领，是马克思主义的光辉文献。大会审议通过的《党章（修正案）》，体现了党的理论创新、制度创新和实践发展的成果，体现了党的十八大报告确立的重大理论观点和重大战略思想，必将在推进党的事业和党的建设中更好的发挥指导性作用。习近平总书记在党的十八届一中全会上发表的重要讲话，对做好党和国家工作以及加强自身建设提出明确要求，具有很强的思想性、指导性和可操作性，我们要认真学习、深刻领会，结合海港区实际全面抓好贯彻落实。

前不久，省、市委分别召开省委八届三次全会和市委十一届四次全会，就贯彻落实党的十八大精神，推进我省、我市各项事业发展做出了全面部署。张庆黎书记在全会上的重要讲话，对今后五年的奋斗目标作出新阐述，对经济、政治、文化、社会、生态文明建设和党的建设提出了新要求，是对建设经济强省、和谐河北的又一次重要部署，是党的十八大精神的河北化、具体化。王三堂书记在市委全会上，对全市上下学习、宣传、贯彻党的十八大精神提出了具体要求，提出了经济实力强、民主法治好、文化大发展、生态环境美、幸福指数高的基本要求。可以说，这两次全会是省、市深入学习宣传贯彻党的十八大精神的动员大会，是全面建成小康社会、加快推进经济强省、和谐河北建设，打造“宜居宜业宜游、富庶文明和谐”滨海名城的誓师大会，必将对开创我省、我市改革发展和现代化建设新局面产生深远影响、发挥重大作用。

当前和今后一个时期，摆在全区广大干部群众面前的头等大事和首要政治任务，就是进一步掀起学习宣传贯彻党的十八大和省委八届三次全会、市委十一届四次全会精神的新高潮，把思想和行动统一到中央和省、市委要求上来，把智慧和力量凝聚到推动海港区更好更快发展上来。

第一，要深入学习，深刻领会、准确把握党的十八大和省、市委全会精神实质。要原原本本研读党的十八大以及省、市委全会文件，特别是党的十八大报告和新党章，深刻领会党的十八大的重大意义和大会主题；深刻领会党的十六大以来党和国家取得的新的历史性成就；深刻领会科学发展观的历史地位和指导意义；深刻领会中国特色社会主义的丰富内涵；深刻领会全面建成小康社会和全面深化改革开放的新目标新部署；深刻领会全面提高党的建设科学化水平的重大任务。要紧紧抓住坚持和发展中国特色社会主义这条主线，切实把党的十八大和省、市委全会精神学深学透，真正做到入脑入心、融会贯通。

第二，要认真思考，用党的理论创新成果武装头脑、指导实践。党的十八大报告提出的一系列新思想、新观点、新论断，集中概括了近年来我们党对社会主义建设规律、共产党执政规律、人类社会发展规律的准确把握和运用，必须认真学习领会。要高举中国特色社会主义伟大旗帜，加强中国特色社会主义理论学习实践，始终坚信中国特色社会主义是当代中国发展进步的根本方向，牢固树立道路自信、理论自信和制度自信。要深入贯彻落实科学发展观，牢牢把握解放思想、实事求是、与时俱进、求真务实这一科学发展观最鲜明的精神实质，切实将之贯彻到改革发展全过程，体现到党的建设各方面。要高度重视学习党章，坚决同以习近平同志为总书记的党中央保持高度一致，坚定理想信念，增强为党和人民事业不懈奋斗的自觉性和坚定性，真正做到理论上更加清醒、政治上更加坚定。

第三，要学以致用，在理论联系实际、做好结合文章上下功夫。中央和省、市委已对学习贯彻党的十八大精神作出专门安排，全区各级各部门要结合上级要求和各自实际，按照这次全会部署，在既有基础上进一步抓好贯彻落实。搞好学习贯彻，最根本的就是在深刻领会的基础上，认真思考和解决好今后怎么办、怎么干的问题；衡量学习贯彻成效的标准，最终要看在多大程度上提高了素质、推动了工作、促进了发展。要坚持以党的十八大和省、市委全会精神为指导，认真开展调研活动，紧密联系区情实际、部门工作实际和干部群众思想实际，进一步理清发展思路、明确目标任务、完善政策措施，努力做到解放思想有新进步，改革开放有新突破，凝聚力量有新加强，攻坚克难有新作为，科学发展、富民强区有新进展，在全面建成小康社会的进程中创造新业绩。

三、关于今后一个时期的工作

学习宣传贯彻党的十八大精神贵在领会，重在落实，关键在拿出实实在在的行动。今后一个时期，是全面建成小康社会的决定性阶段，也是我区奋力打造沿海一流主城区的关键时期。我们一定要以党的十八大精神为指引，谋长远、抓当前，谋全局、抓大事，谋根本、抓基础，不断开创各项事业新局面。根据党的十八大作出的战略部署，结合省、市党代会精神和海港区实际，区委理论中心组通过集中学习，对海港区今后工作进行了广泛讨论，并对工作思路进行了初步完善，现提交全委会讨论。海港区今后五年的奋斗目标可以简要概括为：加速转型、加快发展，奋力打造沿海一流主城区，率先全面建成小康社会。主要体现在以下几个方面：一是综合经济实力跃上新台阶。实现经济总量和城乡居民人均收入比 2010 年翻一番，为率先全面建成小康社会打下具有决定性意义的基础。二是经济转型实现新突破。发展方式逐步转向以投资与消费拉动并重，现代服务业比重大幅提升，战略性新兴产业具有一定规模，科技进步对经济增长的贡献率大幅上升，资源节约型经济和循环经济起到带动作用。三是城市功能得到基本完善。城市两大中心片区布局基本形成，旅游服务设施基本完善。四是城乡一体化全面形成。通过转变传统经营方式，城乡差距明显缩小，逐步实现城乡一体，让城乡居民享受同等同质的生活，基本建成文明生态区。五是社会管理科学化初步实现。有效的社会管理体制基本形成，科学的社会保障制度基本建立，科学合理的社会管理格局初步完善，群众的幸福感明显提高。六是文化发展取得新进步。区域文化软实力显著增强，城乡人文环境大幅改善，文化事业和文化产业繁荣发展，文化强区的目标初步实现。七是生态文明得到重大改观。现有好的生态环境得到充分保护，资源循环利用体系初步建立，生态环境不断改善，全面实现天蓝水净、地绿山青的总体目标。

需要强调的是，我们在进一步明确“加速转型、加快发展，奋力打造沿海一流主城区，率先全面建成小康社会”奋斗目标，坚持“两主四化”（即沿海开发和旅游立市两大主体和城市功能化、城乡一体化、产业集群化、社会管理科学化战略）发展战略。和“一中心三基地”（即旅游业综合服务中心、临港物流产业基地、先进制造业配套基地、新兴产业及现代服务业基地）产业定位的基础上，根据我区实际情况，对过去“五大工程”进行调整和完善，变“五大工程”为“六大工程”，即经济强区工程、生态文明工程、民生保障工程、文化精品工程、平安港城工程和健党强基工程。这“六大工程”要作为当前和今后一个时期，我们工作的重点予以把握，切实抓紧抓好。

（一）以转型升级为目标，实施经济强区工程，促进经济持续健康发展。一要推进产业结构优化升级。紧紧围绕省、市决策部署，把产业结构调整作为经济工作的主攻方向，通过新上产业项目扩充增量，通过技改创新优化存量，走可持续发展之路。要更加注重投资拉动和消费需求增长在经济发展中的带动作用，积极引导现代服务业快速发展，大力推进服务业转型升级和城镇化发展步伐，加快旅游项目开发、旅游服务设施配套建设进程，提高现代物流、商务楼宇、文化创意等现代服务业在经济发展中的比重，发挥传统优势产业在技改创新和转型升级中的作用，大力发展高新技术产业和先进制造业，全力构建以生态文化旅游为特色、现代服务业为支撑、高新技术产业为先导、先进制造业为基础的现代产业体系。二要夯实园区发展基础。继续坚持“大北部、大物流、大旅游”理念，推进大北部片区总体规划和大物流发展规划审批，整合临港物流园区和东部循环经济园区资源要素，加速北部工业区二次创业步伐，做好临港物流园区港、城互动文章，加快圆明山文化旅游产业聚集区建设，着力将各园区打造成沿海一流主城区建设的主战场、全区经济发展的增长极、服务企业的示范区和统筹城乡一体化的先行区。要加速推进园区基础设施建设，重点推进北港大街东延伸、民族路北延伸等道路建设工程，统筹推进生态绿化等工程建设，拉开城市框架，提升园区整体形象。要不断激活土地、资金等要素，推进韩庄片区等重点片区开发，提高土地利用率；积极拓宽融资渠道，争取金融机构为园区发展提供信贷支持。三要发展壮大主导产业。围绕旅游业综合服务中心建设，加快“旅游立市”百项工程建设，全力推进片区综合开发改造，丰富餐饮、住宿、购物、娱乐等旅游服务要素；积极扶持房地产业健康发展，引导房地产业向旅游地产等高端领域转变；以西港东迁为契机，发挥临港、近海优势，积极发展临港物流业，打造区域物流枢纽；进一步做足拉动内需文章，积极培育以居家养老、家政服务等为重点的现代服务业发展。要以玻璃制造、金属压延、太阳能光伏等传统优势产业为重点，引导支持企业通过新产品研发、技术装备改进等手段，提升市场竞争力；加大高新技术产业和先进制造业的扶持力度，引进具有核心竞争力的高新技术产业和制造业项目。要突出项目农业打造，结合城镇化进程，探索积累农村土地经营权流转经验，加快农业产业化、项目化步伐，打造集特色农产品种植、加工以及旅游观光为一体的现代农业。四要不断深化改革开放。把握我市“五大试点”城市契机，研究并用好相关支持政策，在旅游业、服务业综合改革以及统筹城乡一体化发展等方面先行先试，力争走在全市前列。进一步加大对内对外开放力度，主动参与产业分工协作，积极承接发达地区产业转移，不断增强经济发展后劲；强化招商引资工作，完善招商体制，强化招商责任，力争在引进大企业、大集团和非资源型产业上取得新进展，推动招商引资和向上争取资金工作迈上新台阶。

（二）以统筹发展为主线，实施生态文明工程，加快城乡一体化进程。实现城市功能更加完善、城乡差距明显缩小，生态环境更加优美，是生态文明建设的重要内容。一要制定城乡规划。按照城乡一体的原则，结合城市空间发展战略研究成果，统筹好城乡建设、产业布局和生态保护，进一步完善和调整金梦海湾等片区规划，提升教育、医疗、市场等专项规划科学化水平，超前谋划城乡道路等基础设施和公共服务设施建设。要将生态规划作为重要内容，聘请高水平的设计公司，规划我区今后一个时期的城乡生态建设。二要完善城市功能。继续优化城市空间布局，围绕城市中心片区和次中心片区，加速大型城市综合体建设，推进归提寨、海阳等引领性强的综合功能区建设，打造城市新坐标;加快推进北部工业区、临港物流园区和圆明山文化旅游产业聚集区村庄联建项目，打造统筹城乡发展的样板区；稳步推进西部四村等片区旧城旧村改造工作，整体提升改造区域城市功能和承载能力。要统筹推进城市基础设施、公共服务设施建设，加速西浴场综合改造等亮点工程建设；注重将文化元素融入城市建设，在建设中彰显和提升城市文化内涵，增强城市凝聚力。三要加强生态建设。进一步加强生态保护、生态建设和生态治理，解决生态环境优势弱化问题。突出圆明山森林公园、汤河景观带等重点绿化工程的打造；强力推进城区干道、公园游园以及特色绿化街巷、立体绿化等创新型绿化工作，将精品绿化向郊区和背街小巷延伸；继续做好群众绿化，组织好冬春植树造林活动，并依托沿海防护林、绿带建设等工程搞好乡村绿化。要加大落后产能淘汰力度，对不符合产业和环保政策规定的燃煤锅炉和生产企业进行限期淘汰。四要规范城乡管理。要提高城市精细化管理水平，大力探索市场化管理手段，形成便民利民和市容市貌规范有序的双赢局面。要加大城市环境治理力度，按照创建国家卫生城市标准，以城市繁华地段、旅游景点、城市出入口等部位为重点，开展环境卫生大整治活动，营造“洁、美、亮、绿、序”的城市环境；以文明生态区建设为抓手，深入推进城乡环境综合治理，全面实施好城乡环卫一体化工作，改变农村环境脏乱差的现状。要进一步规范物业管理，提升老旧小区物业管理水平，加强对无物业、准物业小区管理机制的探索，为辖区居民营造更加舒适的生活环境。

（三）以幸福公平为核心，实施民生保障工程，大力发展社会事业。牢固树立以人为本理念，进一步将财力向民生领域倾斜，切实解决人民群众最关心、最直接、最现实的利益问题，保持主要民生指标位居全省前列。一是完善社会保障体系。加快推进覆盖城乡居民的社会保障体系建设，进一步完善养老、医疗、失业、工伤、生育等社会保险制度。坚持把就业作为民生之本，以稳定和增加就业岗位为目标，实施更加积极的就业政策，重点帮助农村剩余劳动力、高校毕业生、待业青年等群体实现就业。健全社会救助体系，充分发挥慈善协会作用，做好扶老、助残、救孤、济困等社会救助、福利和慈善工作。加快经济适用房、廉租房建设，努力解决城市低收入家庭的住房困难问题。二是加快发展社会事业。促进义务教育均衡发展，合理配置教育资源，进一步提高教学质量和水平。加强城乡公共卫生服务设施建设，加大公共财政对卫生事业的投入，逐步推进公共卫生服务均等化。积极开展全民健身计划，提高公共体育设施利用率，倡导文明健康的生活方式。高标准新建老年公寓、社区日间照料中心、农村幸福院，推动社会化养老事业发展。三是解决群众关心的难点热点问题。要认真谋划为民实事工程，对所确定的为民实事要广泛征求意见，重点围绕教育均衡发展、居住条件改善等方面谋划项目，对谋划的项目要认真筛选，并向社会作出公开承诺。要坚持兼顾公平、城乡并重的原则，努力让改革发展的成果惠及城乡居民。要着力改善发展环境，深化行政审批制度改革，大力削减和规范行政审批事项，解决制约发展的突出问题，提高办事效率和群众满意度。

（四）以传承创新为宗旨，实施文化精品工程，提升区域软实力。一要以核心理念凝聚人心。要坚持不懈的用中国特色社会主义理论武装思想，在全区人民中倡导富强、民主、文明、和谐，倡导自由、平等、公正、法治，倡导爱国、敬业、诚信、友善。深入开展市民素质提升活动，在继承和发展的基础上，提炼海港区地域人文特色，塑造符合时代要求的新港城精神。加强公民道德建设，重点解决社会公德领域存在的突出问题。二要以繁荣文化事业普惠民众。以全市创建公共文化服务体系示范区为契机，重点抓好区文体中心、图书馆，以及文化站、农家书屋等文化惠民工程建设；以高端文化场所建设为主要内容，规划建设博物馆、城市主题公园等大型公共文化设施，打造城市文化新地标。要加强基层文化队伍建设，重视发掘和培养文化能人和文化积极分子；提高公共文化产品服务管理水平，确保文化设施充分发挥作用，让群众共享文化改革发展成果。三要以做强文化产业提升实力。以旅游文化区和特色文化街建设为重点，推动文化产业项目化进程。进一步强化品牌意识，做大做强秦皇望海祈福文化旅游节、港城大讲堂等特色文化品牌，扩大文化影响力。大力发展文化产业，谋划西部文化产业园建设，推动文化与工业、农业、旅游等产业融合，加速求仙入海处实景演出、开滦路历史文化街区等项目建设，提高产业层次和产品附加值，着力把文化产业逐步培育成为支柱产业。

（五）以和谐稳定为重点，实施平安港城工程，不断创新社会管理模式。一是完善治安防控体系建设。总结创新党的十八大和奥运安保“群防群治”经验，加大“人防”“技防”投入和动态巡防力度，着力构建城乡一体化的“大防控”格局。严厉打击各类违法犯罪活动，增强人民群众的安全感。高度重视安全生产和食品安全工作，建立健全安全生产责任制和突发事件应急机制，定期开展安全隐患排查活动，增强防范能力，坚决遏制重特大安全事故的发生。二是深入做好矛盾纠纷预防化解。深化社会稳定风险评估机制建设，完善区、镇（街）、村（居）情报信息网络。开展矛盾纠纷经常性排查活动，建立重点时期、重大活动期间集中排查机制，及时有效化解各类矛盾。进一步完善“三位一体”大调解体制机制建设，健全领导干部接访、约访、下访以及信访包案和信访接待日等制度。进一步加大依法治访力度，引导群众合法理性地表达利益诉求，妥善解决好涉及群众利益的各种矛盾。三是提高社会管理科学化水平。牢牢抓住我区作为全省社会管理创新工作试点的契机，大胆探索、精心组织、积极稳妥的推进社会管理创新工作。加大社会管理薄弱环节整治力度，强化流动人口、特殊人群、虚拟网络管理，提高社会管理信息化建设水平。推进农村社会管理“双六工程”，力争到2013年底实现全覆盖；建立农村警务机制和辅警队伍，开展“村警”试点。在社区管理中引进“四个覆盖”工作模式，整合各类便民服务资源，建立便民服务站、综治维稳工作站、群众工作站等服务载体的协调联动机制，推进社区管理规范化建设。

（六）以先进纯洁为根本，实施健党强基工程，为发展提供有力支撑。要牢牢把握加强党的执政能力建设、先进性和纯洁性建设这条主线，全面抓好党建工作各项任务的落实。一要强化理论武装，锤炼党性修养。以学习宣传贯彻党的十八大精神为契机，推进学习型党组织创建工作，发挥理论中心组学习的平台作用，创新学习理念，完善学习制度，引导党员干部以党的最新理论成果武装头脑，以更大的气魄、更新的思维破解发展瓶颈，真正把党的十八大精神转化为奋力打造沿海一流主城区的不竭动力。二要推进制度建设，切实转变作风。严格贯彻民主集中制原则，认真落实集体领导和个人分工负责相结合的制度。稳步推进党务公开，不断增强党务工作公开性和透明度。继续深入开展基层建设年活动，加强群众观点、群众路线、群众利益、群众工作“四群”教育，实行干部直接联系群众制度；总结干部包村居经验，完善规范制度，切实保证效果。按照《中央政治局关于转变作风、密切联系群众的八项规定》精神，全面转变思想作风、工作作风、生活作风，坚决治庸治懒治散，大力营造风清气正、开放文明的发展环境。三要夯实基层基础，发挥堡垒作用。落实好基层党建工作责任制，全面推进农村、城市社区、“两新”组织、机关、学校等基层党组织建设。进一步发挥片区联合党委作用，加快区域化党建工作步伐，完善“一核心四统筹”（即：坚持街道党工委在社区建设中的领导核心地位，统筹硬件与软件两个建设、统筹在册党员与在职党员两支队伍、统筹管理与关爱两项举措、统筹创新与机制两者关系）工作法，努力开创党建新局面。加强村两委班子建设，注重发挥农村党组织在壮大集体经济实力方面的带动作用。探索在城中村、城乡结合部试点推进农村社区化管理，努力形成适应城镇化特点的基层党建工作格局。高度重视街道和社区工作，按照“责、权、利”相统一的原则，进一步理顺工作关系，发挥街居在经济发展、社会服务等方面的职能作用。四要抓实队伍建设，提升履职能力。坚持“德才兼备、以德为先”原则，加大干部交流力度，激发广大干部干事创业激情。以深化干部人事制度改革为抓手，加强年轻后备干部队伍建设。进一步做好党管人才工作，吸引高层次和急需紧缺人才到我区创业发展。五要坚持反腐倡廉，永葆先进本色。坚持标本兼治、综合治理、惩防并举、注重预防的方针，扎实推进惩治和预防腐败体系建设。严格执行党风廉政建设责任制，深入开展党性、党风、党纪教育，继续加强廉政文化建设和领导干部廉洁自律工作。坚决纠正损害群众利益的不正之风，切实解决群众反映强烈的突出问题。继续加大查办违法违纪案件力度，推动反腐败斗争向纵深发展，以勤勉务实、清正廉洁的良好形象取信于民。

各位委员、同志们，从新的起点出发，向新的目标前进，是全党肩负的伟大使命。我们一定要在市委的坚强领导下，以邓小平理论、三个代表重要思想和科学发展观为指导，团结拼搏、开拓进取，为打造沿海一流主城区，率先全面建成小康社会，建设美丽港城、魅力港城而努力奋斗！

抢抓机遇　率先发展
全力打造一流主城区和沿海经济增长极

——在区委九届五次全委（扩大）会议暨全区重点工作会议上的讲话

中共海港区委书记　冯国林

（2013年5月16日）

同志们：

这次会议的主要任务是，贯彻落实省委八届五次全委（扩大）会议和市委十一届五次全委（扩大）会议精神，以及省委、市委主要领导在我市、我区调研时的讲话精神，总结回顾2012年全区重点工作，对2013年全区重点工作和全区“解放思想、改革开放、创新驱动、科学发展”大讨论活动进行部署。动员全区上下以“六大工程”为抓手，进一步振奋精神，以更加务实的作风，抢抓机遇，率先发展，在建设一流主城区和打造沿海经济增长极中有所作为。

刚才，立明同志宣读了《区委、区政府关于表彰2012年度“五大工程”等重点工作先进单位和先进个人的决定》，会议还审议通过了《中共海港区委关于加快改革开放建设经济强区的实施意见》，还下发了《中共海港区委关于在全区开展“解放思想、改革开放、创新驱动、科学发展”大讨论的实施意见》《海港区2013年“六大工程”实施方案》以及《海港区2013年环境整治攻坚战实施方案》等文件，这些都是今年及最近一个时期全区的重点工作，希望大家认真学习研究，扎扎实实抓在手上，认认真真抓好落实。

2012年，是我区攻坚克难、经济社会持续发展向好的一年。全区上下在“加速转型、加快发展，奋力打造沿海一流主城区”的奋斗目标引领下，以“五大工程”为抓手，创新思路，合力攻坚，确保了各项工作目标任务的圆满完成。全区干部的思想进一步解放，思发展、谋发展、抓发展的氛围不断浓厚；经济总量有较大提升，保持了9.2%的增速；项目和园区建设成效明显，全市最大的城乡旧改项目——秦皇皓月城成功签约并实质性推进，倍受关注的市民中心项目，在半年多的时间内实现了主体封顶，年底前有望全面入驻；城市面貌日趋改观，城乡环卫一体化试点、老旧小区整治、西浴场综合提升改造等重点工程相继开工；民生事业得到加强，民心工程23件实事全面落实，就业、医改、教育、住房保障、市场建设等重点项目全面推进；城乡居民收入稳定增长，社会管理和党的建设均取得了长足进步。这些成绩的取得既离不开市委、市政府的正确领导，更离不开全区上下的共同努力，大家都付出了艰辛的劳动。在此，我代表区委对大家的付出表示衷心的感谢！

2013年，注定是海港区发展历程中极不平凡的一年。这一年，我们面临着诸多的任务和压力，主要体现在三个方面：首先，是省委解放思想、改革开放、创新驱动、科学发展的新要求。这是新一届省委面对当前全省发展大势，面对全国的经济形势和环境提出的。前几天，我和春利同志参加了省委八届五次全委（扩大）会议，省委书记周本顺作了重要讲话，听了之后，感触很深，感到压力很大。省、市委的这两次全会都是加开的，这两次会议传递给我们一个重要信号，就是河北要从经济大省尽快转型升级为经济强省。如何转型升级？“解放思想、改革开放、创新驱动、科学发展”这四句话是我们的任务和目标，也是我们干事创业的动力和举措。周书记在深入分析世情、国情、省情后，明确指出了河北科学发展“五低一大”（经济增长质量低、资源利用效率低、经济开放程度比较低、经济发展速度比较低、干部群众收入低，环境治理压力大）的问题和阻碍改革、开放和创新的13种思想障碍（重官轻商的思想、轻视民企的思想、忽视科技的思想、封闭保守的思想、资源依赖的思想、小农经济的思想、怕在竞争合作中吃亏的思想、自我满足的思想、固守既得利益的思想、微观干预的思想、财政收入依赖的思想以及人均意识不强、沿海意识不强等）。听了之后第一感觉是剖析很准，切中要害，说出了基层干部想说不方便说、不敢说的心里话，是露丑露耻，这是需要勇气和智慧的。面对形势和问题，他又提出要全力打好四大攻坚战，即：一是全力打造沿海地区率先发展的增长极，二是大力培育环京津地区新的发展增长极，三是下大力量把县域经济和县城搞大搞强，四是下大决心推动工业转型升级和环境治理，这是全省的发展战略和举措。这其中，第一大攻坚战是我们工作的重中之重，建设大港口、聚集大产业、发展大城区、扩展大腹地，成为最有活力、最有份量的沿海城区，这样的期望和任务，不得不让我们重新审视自己。其次，就是新一届市委、市政府对全市发展思路的调整和新的发展要求。新的市委、市政府班子换届后，把抓发展放在首位，提出了“开放强市、产业立市、旅游兴市、文化铸市”战略和建设“沿海强市、美丽港城”新的目标任务。前两天市委召开的十一届五次全委（扩大）会，明确提出了“率先开放，赶超发展，奋力打造河北沿海经济增长极”的发展新要求，围绕这一要求，市委强调要打好“沿海开放、对接京津、县域振兴、生态环境、借力暑期”这五张牌。作为主城区，我们的经济总量和财政收入对全市的贡献率分别占全市的41%和39.2%，城区规模达到62平方公里，海港区发展的快慢、发展质量的高低，在全市的大盘子里起着举足轻重的作用，市委确定的这些目标和任务在很大程度上，就是给我们区提的定的。如果我们没有发展和提升，整个秦皇岛市的发展提升就无从谈起；如果我们不按照全力以赴抓好各项工作，就会辜负省市委的希望，打造沿海一流主城区就是一句空话。第三，就是“西港搬迁”。这既是一个难得的历史发展机遇，更是海港区的艰巨任务。不论是腾出的西港区建设发展，还是搬入的东港区腹地开发都是在海港区，是我们独有的优势，独有的任务。如何在这些任务和压力面前，振奋精神，乘势而上，有所作为，真正成为“主力军”“主阵地”“主窗口”，我们必须作出正确的决择和选择。如何作出正确的抉择和选择，我想从以下四个方面谈一些想法和意见。

一、抢抓机遇，率先发展，全力打造一流主城区和沿海经济增长极，既是形势所迫，又是战略选择。

全省的“四大攻坚战”，市里的“五张牌”，都是在新时期、新形势下，立足省情、市情提出的科学发展的总纲领，是我们必须坚守的发展遵循。只有坚持把海港区的实情和上级的要求结合起来，树牢“一流主城区和沿海经济增长极”的目标，不断增强发展意识、机遇意识、率先意识、标杆意识，才能在新的发展机遇面前主动作为，积极赶超。

第一、全力打造一流主城区和沿海经济增长极是落实省市战略部署的现实要求。省委周本顺书记对秦皇岛市的发展提出了“率先发展，建设沿海开放强市”的目标定位。这次省委全委（扩大）会上，又明确提出了“全力打造沿海地区率先发展的增长极”。市委全委（扩大）会也提出“奋力打造河北沿海经济增长极”。大家注意“增长极”

是新的提法,不是“增长点”。“极”是什么?“极”就是好,是最好,也是顶点、最高的。有个成语叫“登峰造极”,说的意思只有到了最高峰,才能成为“极”。“增长极”也是如此,只有把增长的速度达到了最高,把增长的潜力发掘到最大,才能成为“增长极”,四平八稳,按部就班,永远也成为不了“增长极”。我们作为主城区,如果我们成不了率先发展的“增长极”,就是没达到省委、市委的发展愿景,就没有完成好省委、市委交给的发展任务。刚刚过去的市“两会”提出了“开放强市、产业立市、旅游兴市、文化铸市”的新战略和“沿海强市、美丽港城”的新目标。对此,我们如何理解、如何把握?什么是美丽港城?我想,这个“美丽港城”,说的主要还是海港区,主城区才是展示城市美的主窗口。年初,市委书记田向利到海港区调研时,对海港区的今后发展提出了“四个走在前列”的明确要求(做大总量、增强实力;做美城市、提升形象;做实民生、促进和谐;做好表率、带好队伍),虽然只是四个方面,却涵盖了“经济发展、生态环境、城市建设、民生保障、基层建设、队伍建设”等方方面面的工作,讲话虽少,但内涵丰富,重点突出,针对性强,这就是我们发展的方向,也是我们必须达到的目标。所以,我们抓“六大工程”,正是顺应了这一形势任务和时代要求,与全市战略部署和市委主要领导的要求是相吻合的。

第二、全力打造一流主城区和沿海经济增长极是强区之梦的重要组成部分。中华民族伟大复兴是当代中国梦,建设“沿海强市、美丽港城”是中国梦在秦皇岛的生动实践。那么,海港区的强区之梦是什么?我想,就是“率先发展,打造一流主城区和沿海经济增长极”,这也是历届区委政府和全区人民的共同追求。“一流主城区”体现在哪儿?至少应该体现在改革开放活起来、经济实力强起来、百姓生活富起来、城乡环境美起来、人文精神树起来。习近平总书记曾说“有梦想,有机会,有奋斗,一切美好的东西都能创造出来”,现在梦想有了,机会就在我们面前:其一,是沿海开发的机遇。其二,是多重试点的机遇。秦皇岛先后获得的国家和省级7个试点城市(国家服务业综合改革试点、国家旅游业综合改革试点、国家创新型城市、国家公共文化服务体系示范区、国家智慧城市、国家低碳城市和全省统筹城乡一体化发展试点城市),但总体感觉我们没有真正利用试点政策,没有发挥试点城市的作用,没有人真正研究试点工作应该如何抓、如何做,应该享受哪些独特的政策,应该在试点的过程中创造出哪些独特的政策,都在等、在观望,这是不可能大发展的。其三,是西港搬迁的机遇。全市瞩目的西港搬迁本月将正式启动,辖区内被港口占据的11.7公里海岸线将为我所用,道南片区将成为新的发展重点,这对于我区发展空间拓展、城市形象提升、基础功能完善以及城市产业发展又将是一次重新“洗牌”的机会,必须牢牢抓住。有了梦想和机遇,剩下的就靠我们共同的奋斗。只有奋斗才能创造美好的未来。奋斗就是拼命地去干,积极应对、主动作为,不是四平八稳、平平淡淡,更不是拖拖拉拉、得过且过,这不是奋斗,是应付,是对付,靠应付和对付是不能创造任何美好的东西的。奋斗的现实途径就是抓好“六大工程”,唯有认认真真、脚踏实地、拼搏实干地落实好方案中每个项目,强区之梦才能够实现。

第三、“六大工程”是全力打造一流主城区和沿海经济增长极的重要载体。“六大工程”是什么?不是说着玩的,更不是印在纸面上给人看的。“六大工程”是全区重点工作的总抓手、是各项工作的“纲”,它既是“五大工程”的继承和发展,更凝结了几届区委区政府的心血,是全区干部群众智慧的结晶。“六大工程”是“抢抓机遇,率先发展,全力打造一流主城区和沿海经济增长极”的重要载体,是经区委集体研究确定的,从某种程度上讲,对待“六大工程”的态度,就是对待区委集体决策的态度,能不能抓好“六大工程”,就是能不能完成区委区政府交给的任务。因此,在如何对待“六大工程”上,大家都要有一个明确的态度、一个清醒的认识。说白了,“六大工程”是检验干部的“试金石”,就是看看你在“六大工程”中怎么干,想不想干、能不能干、会不会干,有没有紧迫感,有没有工作举措,有没有新的办法,是主动想事,还是推着不动,这些都会通过“六大工程”的推进体现出来。今年在每一项工程上都安排了至少两名区级领导牵头,并将目标和任务细分到部门,将进度定在了具体形象上，将时限定在了具体月份上，就是为了到具体节点上，好按“账本”要账。将全区重点工作通过“六大工程”这一形式进行量化、项目化管理，配以一套奖优罚劣的目标管理考核体系，就是为了促使全区各级干部在抓具体工作中，勇挑重担，敢于负责；就是检验干部在工作中善谋事、会干事，干成事的本领，就是要在全区树立一种凭工作实绩说话、靠完成任务体现的干事氛围，让大家一门心思干工作，努力营造上下齐心、层层负责、一抓到底的良好风气。

二、抢抓机遇，率先发展，全力打造一流主城区和沿海经济增长极，必须重点突出，补“短”固强

抢抓机遇，率先发展，全力打造一流主城区和沿海经济增长极，不是口号，也不是说说就能实现的目标，需要我们付出艰苦的努力。要率先发展就要找准我们的差距和弱点。宏观经济学“短板理论”告诉我们，木桶的容量不取决于最长的那块围板，而是取决于最短的那块。因此，要想实现“率先发展”，要想成为全市乃至全省沿海地区经济发展的增长极，就必须突出重点，下苦力、下大力补齐发展“短板”、固强“长板”。

一是必须补好产业发展“短板”，在产业提升和园区发展上实现新突破。以前，一直在喊“要更加突出产业结构的转型升级”，可是从现实中看，海港区真正能成为支柱性产业的，除了房地产业，还有就是与旅游配套的服务业，但档次也不是太高，在市里可能还能说得过去，其他能数得上的产业还真不多，尤其工业，已经成为海港区发展的“短板”。工业不强，现代服务业不优，财政税收的可持续增长就无从谈起。“经济强区工程”就是解决把“短板”补齐的问题。当前是补齐“短板”最好的机遇。省委全会上，周书记在强调打造沿海发展增长极时，明确指出必须集中力量发展临港产业，带动港口、港区、港城一体化发展。市委田书记调研时也提出港区要互动，提出“海港区较市内其他县区，与西港搬迁的关联度更高，某种程度上来说，西港搬迁是海港区的独有项目”。为此，我们一定要将配合西港搬迁作为各项工作的重中之重，不仅要借机做美城市，更重要的是要做大产业。强区工程办公室要把发展临港产业的重点、布局、时序等深入研究分析，要借助西港搬迁改造和港口功能优化，着力在临港产业培育、腹地拓展等方面下大工夫，采取定向发展、定向招商，重点培育临港物流业、发展临港装备制造业，在推动港城互动、共赢发展上取得突破。

在推进产业结构调整和升级方面，要注重创新驱动发展。创新驱动发展既是国家经济转型的发展战略，也是这次省委全会提出的全省发展战略，是发展大势，要打造经济“升级版”，就必须把创新驱动注入整个发展过程。从发展现状看，省、市大环境基本处于投资驱动向创新驱动过渡阶段，向前发展的愿望很迫切；从我区情况看，科技创新贡献率不高，还处在“拼土地”“拼资源”的要素驱动向投资驱动过渡阶段，离创新驱动尚有较大差距。省里提出了“有中生新”和“无中生有”方略。“有中生新”，就是改造提升传统产业，促进传统产业长出新的产品、新的产业；“无中生有”，就是发展战略性新兴产业，大力发展现代物流等生产型服务业，强调“两手抓、两手硬”。为此，今年我区要把推进科技成果转化基地建设摆到重要位置上，作为创新驱动的孵化器，要舍得投入。科技局拿了个意向方案，初步可行，但要进一步深化，尽快落实到具体地块、投资主体，年内尽快启动实施；同时，全面落实好“加快产业集聚，扶持企业做大做强”的意见，支持工业企业通过新产品研发、技术装备改进等手段，提升市场竞争力；城市服务业方面要坚持走高端化的路子，全力推进茂业城市综合体、太阳城片区综合开发改造等项目。同时，引导房地产业向高端房地产、旅游房地产、专业房地产转变。

园区的发展要本着拓展空间、做大规模、功能完善、产业优化的目标去努力，今年省市都将园区发展放在头等位置，政策上会给予很多倾斜，一定要抓住机会，积极争取。月底前市里要定2～3个重点扶持园区，我们一定要盯紧盯实，力争把我们的园区列入到重点扶持园区里去。北部工业区要以路网建设和韩庄片区开发改造为重点，向北拓展，实质性推进“大北部”建设，同时，整合土地资源，腾出发展空间；临港物流园区重点对接港口，承接项目，形成配套集群地；圆明山片区重点推进圆明湖及其周边相关配套工程建设和基础设施建设，形成新的城市组团景观；西部创意片区在已有的规划初步成果基础上，要形成有操作性的详细规划并实质推进。各园区都要努力吸引外资企业入驻。同时，要推动海港开发区的实质运行。

二是必须补好城市基础建设“短板”，在城市形象提升上实现新突破。目前，我们的老城区存在着建筑密集、道路拥堵、居民居住环境有待改善、服务功能还不完善等方面的客观问题，主观上我们对老城区的改造走入了一个误区，旧城改造就一个片区改造做一个片区改造，道路的建设就一条路做一条路，我们的基础配套、地下管网已经到了一个饱和的状态，这些都是需要努力的地方。下步建设上，要坚持“精美港城”的理念，重在精，体现美，城市规划制定更加注重“大气”“简约”“现代”，更加注重高端旅游地产、商业地产和城市综合体的开发，更加注重城市片区整体开发建设，更加注重城市特色街区的打造，通过高端城市项目的引领，逐步完善城市基础配套，让城市更具时代气息和宜居功能。在规划刚性遵守上，我们虽然没有自主权，但有话语权，必须坚持大的方向不变，通过主观的努力，尽量使好的规划得以实现。同时，要围绕提升形象、完善功能，加速推进归提寨、海阳片区等引领性强的综合功能区建设，推进西部四村、航海里等片区旧改工作。

三是必须补好环境长效管理“短板”，在城乡环境整治攻坚上实现新突破。虽然在“生态工程”中列了一些绿化、美化、亮化工程，但环境建设最基础的还是环境卫生。从目前看，城市主要道路的卫生保持的还可以，但小街小巷、城乡结合部、农村等重点部位环境“脏、乱、差”的顽疾一直未能根治，存在着“头痛医头，脚痛医脚”的毛病。今天的会上，我们下发了《海港区2013年环境建设整治攻坚战实施方案》，这次攻坚战不仅是城建、环卫部门的事，而且是我们全区各级各部门的事，全区各单位要全力以赴地落实好方案，保证城市区内所有的垃圾都要清理，不留死角。同时，要加强人手和频次。这里还要强调一下老旧小区物业管理工作，这件事市民的反应非常大，今年我专门开过一次调度会，和多数街道的书记主任进行约谈，应该说有的单位做的不错，但多数动静不大，还是在等、在观望。我们总强调“有为有位”，不作为不会有位子，能不能保住现在的位子也很难说，所以说这个“短板”必须补齐。

四是必须补好人文精神统领“短板”，在提升城市凝聚力和竞争力上实现新突破。一个城市的人文精神是一个城市不可或缺的“钙质”，是城市的根与魂，是城市文明的核心。提炼城市人文精神，就是在对海港区优秀历史文化精确把握的基础上，更注重全区人民新时期精神需求，确保城市人文精神既能体现社会主义核心价值观，又能体现海港区在新一轮发展中所迫切需要的时代精神和价值特征。宣传部在前期工作的基础上，要深入挖掘城市内涵，要体现我们的激情，体现全民参与，要本着“明理、鼓劲、求实”的原则去凝练，以达到弘扬正气，唱响主旋律的作用，从而切实提高海港区的文化软实力、增强城市影响力和竞争力。

五是必须补好民计保障“短板”，在化解矛盾、破解民生难题上实现新突破。这是我们工作的落脚点和出发点。“打造一流主城区和沿海经济增长极”的终极目标就是为让群众生活得更好、更幸福。因此，“发展为了群众，全心服务群众”不是一句空洞的口号。省委书记周本顺要求，把握好社会稳定的保底线，其中最主要的就是群众既得利益的底线。在这方面，我们有些同志的方法就不对头，“拖、推、挡、躲”，能拖一天是一天，能躲一时是一时，被动应付，怕面对群众，工作无果，怕见领导，结果“两头受气”，群众不满意，领导不满意，单位下属还有怨言。这种方法坚决要不得，一定要牢固树立“群众利益无小事”的理念，切实维护和实现好广大人民群众的利益，对民生问题凡是能解决的一定要想办法解决，凡是能当时解决的一定要当时解决，要将更多的人力、物力和财力用于解决群众最关心的教育、卫生、医疗、住房、就业等民生实事上，下大力办好“民生保障工程”22件为民实事。工作中，不仅仅局限于此，还要延伸工作触角，想方设法多做一些让老百姓感受到真正实惠的事情。当然，我们在解决群众矛盾和纠纷的时候还要注意公平，不能一味的迁就某些人过分的诉求，不能用钱买“平安”、买“稳定”。

六是必须巩固党的组织建设“长板”，在基层基础建设上实现新提升。从近年来的现状看，我区党的基层组织建设一直走在全市的前列，这也是我们的事业得以发展、全区政通人和的重要保证。巩固好这一有利优势，是我们抓各项事业的基础。一个是社会管理的基础，另一个是基层组织建设，归结到一起，还是基层党的组织建设。“基础不牢，地动山摇”，无论是社会管理创新，还是平安港城建设，哪个地方的基层党组织建设的好，哪个地方的基础就扎实，工作就过得硬，就会保持一方的和谐与安定。从现在开始，由政法委牵头，纪委参与，公检法司组成一个专门的整治治安环境工作队，工作队对我们的重点项目、重点工程采取巡视执法，对蓄意破坏阻挠施工的行为严厉打击，绝不手软。对鼓动群众上访闹事的人，无论什么背景，一定严肃处理。要高度重视党的基层基础建设，继续开展好基层建设年活动，完善干部下基层制度，逐渐科学规范，切实保证效果；要全面推进农村、城市社区、非公有制经济组织等基层党组织建设，加快区域化党建工作步伐。要抓好基层干部队伍建设，坚持“德才兼备、以德为先”原则，更加态度鲜明的支持敢于负责、用心干事的干部，更好的做到在成就事业的同时成就干部，进一步激发广大干部干事创业的激情；要加强年轻后备干部培养，让年轻干部到基层一线去经风雨、长才干。加强党风廉政建设，开展党性、党风、党纪教育，纠正损害群众利益的不正之风，切实解决群众反映强烈的突出问题。

此外，做好暑期服务也是即将面临的重大政治任务，维稳、安保等重要工作都要按照中央、省、市的要求，早抓、抓早，周密部署，确保万无一失。同时，做好利用暑期的工作。

三、抢抓机遇，率先发展，全力打造一流主城区和沿海经济增长极，需要保持务实、实干，敢为、高效的工作作风

作风好坏影响事业成败。好的作风做事业事倍功半，坏作风会使事业一败涂地。当前干部队伍中，在思想、学习和工作中存在着一些作风问题，应该引起我们的警醒。像本顺书记提到的13种思想障碍，或多或少在我们的干部身上也存在；有些同志对学习不上心，缺乏主动性，满足于一知半解，本身能力素质就不高，还自我满足，沾沾自喜，对上级精神吃不透，把握全局能力较弱，抓不住发展机遇，影响工作效率；这次本顺书记在和新任职的市区委书记谈话时指出，一个领导干部不要把学习当成自己的事，要当成一个地方的大事，一个地方发展的好坏取决于你这个一把手水平的高低，所以必须要不断的加强学习。有的同志对发展中的问题缺少全面深刻的分析，找不准解决问题的着力点和切入点，工作部署多，抓落实少，甚至有时候开会身边都要带个了解情况的人员，生怕领导问了不知情，自己说不清楚，甘愿当糊涂官；有的作风不深入，习惯于用电话指挥，特别是一些基层干部，缺乏深入村居、深入群众的工作意识，很长时间不下村、不到社区去，有时去了也只是找村干部谈一谈，直接深入农户访贫问苦的少，有的对基层群众提出的问题，理屈词穷，能推则推，怕担责任，怕冒风险，责任意识淡薄；有的工作拈轻怕重，遇事“难”字当头，遇难“退”字当先，不敢啃“硬骨头”，缺少敢闯、敢干的勇气和能担当的精神；有的工作激情不够，总感到自己年龄大、快到站，再干前途也看不见，缺乏朝气，没有夜以继日、废寝忘食抓工作的热情；有的只抓突击性工作，上面特别强调的阶段性工作还可以，但抓常规工作、日常工作松垮稀疏，应付差事；有的一提工作就谈价钱，不给钱不干活，钱给少了也不干活，主动工作的意识不强等等。这些作风问题都是我们抓重点工作落实的大敌。

向利书记在分析我们市存在问题时就指出，秦皇岛是零距离的沿海城市，海洋文化应该是其精神内涵。海洋文化代表着敢闯敢干、开放进取的精神，而我们现在恰恰缺少的就是这种精神，反倒是渔民的这种小富即安，小进则满，三天打鱼、十天晒网的性格普遍存在。最近，人民论坛有一篇关于“群众眼里的作风转变”的调查报告，在种种不良作风中，对“满口套话，假话、空话”的，有64%的受访者表示反感，对“生活腐化、私欲膨胀”的反感比例高达81.2%，说明在公众的视野中，干部作风问题最为直观和突出，这些问题我们的干部队伍中有没有？答案是肯定的。就拿“中午不许饮酒”的规定来说，照样有干部偷偷摸摸地喝，头磨尖了找地方吃，好像中午不吃点、不喝点，这一天就白过了似的；还有，三令五申上班不许玩游戏，有的照玩不误，即使有被抓现形的，也没能引以为戒。在人民论坛的这此项调查中，73.6% 的受访群众最欣赏“求真务实、注重实干、不玩花套”的作风，这说明，更为公众期待的，是能解决实际问题的工作作风。“群众的需要，就是我们的选择”，对存在的作风问题必须引起高度重视，并要深刻反思和改进，对好的作风要大力提倡和宣扬，并用实际行动践行。

在 4 月初的市委常委（扩大）会上，市委田书记曾就作风转变提出了“三个服务”（服务大局、服务基层、服务群众）的要求，并明确指出，如果工作作风不转变，下一步变的就是你自己。“工作不变，人就变”，这一提法相当严肃。那么，我们在对待“一流主城区和沿海经济增长极”的目标，对待重点工作，对待“六大工程”怎么办？需要体现一种什么样的作风呢？说一千道一万，两横一竖是关键，一个字“干”。

一是“务实”，把良好作风体现在为民办事上。抓工作一定要从群众最关心、最直接、最现实的利益问题入手，尽最大努力确保群众利益得到保障；组织给我们一个位子，不是给你一个讲享受、比待遇的平台，而是给你一个干事创业的舞台、一个为民服务的舞台。可以有物质追求，但更要有精神追求。最近县级干部调整，出来了个别岗位，一些同志有想法、想进步，想担更重的担子找我谈思想，很正常，我也非常愿意，看到同志们政治上的进步与成熟，我也会尽力给大家提供一些机会。但是，我也想用省委周本顺书记对县市区委书记提出的要求来提醒大家：在要求个人进步上不要太浮躁，不要老是设计自己的发展轨迹，更不能把目标定的太高、太急，不是你具备了相应的德才，就有相应的机会和位置。但做人、做事，立功、立德、立才是每个人都可以做到的。做好官，受人尊重；做好人、好事，同样受人尊重，要立足岗位，干出名堂。在其位就要谋其政，在其职就要尽其责，就要把该负的责任负好，把该担的担子担硬，把该办的事情办完。不能一有位子就想动，一有机会就想上，更不能直接盯着某个位置。干部调整要遵循这样几条原则：一是注重实绩、二是群众认可、三是敢于担当、四是量才而用。既要对得起这份薪水，更要对得起自己的良心。要立足各自职能实际，研究服务大局、服务基层、服务群众的具体措施，实实在在地办好几件群众看得见、摸得着的好事、实事，以务实的工作成效赢得人民群众信任和支持。

二是“敢为”，把良好作风体现在攻坚克难上。“六大工程”不是泛泛地工作罗列，而是全区重点工作的归类梳理，很多项任务都需要“跳一跳，才能够得着”。为此，要树立“敢于作为、有所作为”的工作理念，以一抓到底的狠劲、一以贯之的韧劲、一鼓作气的拼劲，抓好“六大工程”任务的落实。对影响工作深入开展的因素，制约发展的突出瓶颈，群众反映的强烈问题，要集中精力，紧盯不放，一抓到底，决不能“等、靠、要”，不能搞矛盾上交，要下真决心、下大力气解决难题。要有所作为，更要敢于担当。担当就是敢负责，敢碰硬，敢破题。遇到矛盾往前上，遇到难题往前冲，遇到责任往前扛。不要总是讲客观、讲困难，总觉得自己得到的少，看不到别人付出的多；总嫌自己进步的慢，看不到别人为进步付出的心血和汗水。既然区委、区政府把一项工作交给你，你就要负责，不能遇到困难就找领导，要想办法解决问题。

三是“高效”，把良好作风体现在工作效率上。效率，一方面体现在承担的任务上，要按时限推进和完成；另一方面，体现在对上级布置的事情是否能在规定的时限里完成，是否有回音；再一方面，体现在服务上，无论是招商引资，还是项目服务上，对我们来说，审批拖一两天可能无所谓，但对投资者来说，慢一天就可能改变企业的命运。要大力推行“零停留”审批、“零关系”办事、“零利益”服务，真正实现办事提速增效、服务提质创优。特别是对重特大项目要严格实行并联审批制，集中预审、集中踏勘，同步办理相关手续，坚决防止因接口不畅、协调不顺、落实不力而影响项目报批进程。这里我给大家提一个标准，尤其是对有审批权的部门，这个标准就是企业、群众办事不用找区级领导打招呼，什么时候做到这个标准，我们的发展环境就算是真正改善了。

四、抢抓机遇，率先发展，全力打造一流主城区和沿海经济增长极，必须有严肃的纪律作保障

中央出台了八项规定，省委也有“约法八章”，市委、区委也相继出台了相关规定，这些规定是对干部的约束，我在对市委的表态中谈到“从我做起，向我看齐”，欢迎全区的同事监督我，监督在坐的领导，希望大家在法律规定的约束下作出表率。就纪律方面，提四点要求。

一要严肃政治纪律。主要两条：一条“高度维护党委权威”，一条“搞好团结”。作为党员领导干部一定要把讲政治放在第一位，思想上、行动上要与党中央保持一致，与省委、市委、区委保持一致，坚持维护党委的核心权威，始终做到政治信仰不变、政治立场不移、政治方向不偏。要牢固树立正确政绩观，把主要精力放在干事创业上，少“谋官”，多“谋事”，对集体研究决定的重大事项，坚决贯彻执行，包括我自己都要置于组织的调遣和监督之下，要求大家做到的，自己首先做好，决不自由行事，决不允许当面不说、背后乱说；会上不说，会下胡说，更不允许拉帮结派、搞团团伙伙。要搞好团结，团结是我们队伍成长的生命线，市委田书记告诫我们，“懂团结是大智慧，会团结是大本事，真团结是大境界，只有团结，才能出政绩，才能出干部”。事实也证明我们海港区的干部队伍是团结的队伍，是经受得住任何考验的队伍，这种局面来之不易，这种氛围更应珍惜。但是我也想提醒大家，团结不是无原则，不是你好我好大家好，团结要在不违背组织原则的基础上，求大同，存小异，是真诚信任下的团结。要大事讲原则，小事讲风格，遇事多商量，日常勤沟通，增强相互了解和信任，通过实际行动营造良好干事氛围。

二要严守组织纪律。坚持民主集中制，坚持区委的集体领导，凡属区委常委会职责范围内决定的重大事项，都要按“集体领导、民主集中、个别酝酿、会议决定”的原则，由区委常委会研究决定。各级班子要对区委负责，在做决定决策时，也要认真履行组织程序，不能搞“一言堂”，不能搞独断专行，不能用个别沟通代替组织程序，要让“按程序办事”的理念深入人心。

三要强化工作纪律。工作纪律很多，今天就强调两点：一是上下班纪律，必须按时按点，对迟到早退、无故脱岗串岗，工作时间喝酒打牌、上网聊天玩游戏等现象，纪委、监察局要加大检查力度，一经查实，依法依规从重处理。各单位的一把手对此要做好表率。另一个是请销假纪律。现在有的干部出门都不打招呼，暗自存有“领导不会知道”“出门时间不长，应该不会出事”等侥幸心理。有的甚至上级领导一出差，自己马上就出门，自以为做的很聪明，其实很不聪明。孔夫子说“勿以善小而不为，勿以恶小而为之”，大错误都是从小错一步步积累的，这点小学生都懂。其实请销假也就一句话的事，就能够避免许多因侥幸所带来的损失，一定要严格执行。

四要遵守廉政纪律。这是为官做事的底线。市委田书记在与县区党政正职集体谈话时，明确提出“拒绝腐败、保持清廉”的要求。以前常讲“反对腐败”“抵制腐败”“拒绝腐败”是一个新提法，表明态度更强硬，做法更坚决。作为领导干部，手中或多或少都有一定的权力，用权就容易滋生出腐败，腐败也不是突然爆发、一两天形成的，是日久天长，从慢慢放松对自己的要求开始的，在你还自我感觉良好时，它就不知不觉地捆绑住了手脚，俗称“上套”。因此，希望大家回去后，都要静心地去想一想，自己做人做事，有没有突破过道德的底线，有没有突破过生活的底线，有没有突破过法规的底线，要时刻警记“法纪”这根红线，切勿触碰。

同志们，面对省市委率先开放、率先发展的重任，面对当前多载难逢的发展机遇，我们别无选择。只有提振精神，自我加压，合力攻坚，才能完成省市委提出的全力打造沿海地区率先发展增长极的目标，才能在率先开放、赶超发展的征程上谱写出我们海港区浓墨重彩的篇章。让我们在市委的坚强领导下，以中共十八大精神和省市委全会精神的指导下团结一心，拼搏奋进，为完成加速转型、加快发展，奋力打造沿海一流主城区，率先全面建成小康社会的目标而努力奋斗！

海港区人民代表大会常务委员会工作报告

——在海港区第十四届人民代表大会第二次会议上

海港区人民代表大会常务委员会主任　鲁　栋

（2013年3月30日）

各位代表：

我受海港区十四届人大常委会委托，向大会报告工作，请予审议，并请各位列席同志提出意见。

过去一年的主要工作

2012年是我区经济和社会各项事业取得显著成绩的一年，也是本届人大常委会立足高标准，实现新突破，努力开创人大工作新局面的届首之年。一年来，常委会在区委的正确领导下，以邓小平理论和“三个代表”重要思想为指导，认真学习宣传贯彻落实党的十八大精神，深入实践科学发展观，紧紧围绕全面打造沿海一流主城区的目标，认真履行宪法和法律赋予的职权，充分发挥地方国家权力机关的作用，为促进经济社会发展和民主法制建设、构建和谐港城做出了积极贡献。

一、围绕中心，依法监督保发展

常委会把贯彻落实区委重大决策部署作为人大工作的重中之重，紧紧围绕全区工作大局，严格执行监督法，不断丰富监督形式，努力在增强监督实效上下功夫。一年来，共召开5次常委会会议，4次主任会议，听取和审议“一府两院”18项专项工作报告，对6部法律法规贯彻执行情况进行了执法检查，开展了27次视察、调研活动。

紧扣发展主题，加强经济工作监督。为保持我区经济平稳运行，常委会听取和审议了2012年上半年国民经济和社会发展计划及财政预算执行情况的报告、2011年度本级预算执行情况和其他财政收支情况的审计工作报告，提出了面对当前经济下行压力增大等困难，要不断推进产业结构优化升级，加快发展旅游业和现代服务业，充分发挥玻璃制造、金属压延、太阳光伏等传统优势产业的作用；要想方设法引进具有核心竞争力的高新技术产业和制造业项目，不断提升招商引资的质量；要全力组织财政收入，加大对重点税种、重点税户、重点企业、重点项目的跟踪力度，及时协调解决收入征管中出现的问题，努力做到应征不漏、应收尽收，确保全年财政收支平衡等建议。根据全年财政收入增长和我区建设发展的需要，适时批准了2012年区本级财政预算调整方案，保障了全区经济和社会发展的需要。另外，围绕抓转型、调结构、促发展，主任会议还专门听取了区政府“十二五”科技工作进展情况的汇报。

聚焦社会热点，促进民生持续改善。围绕人民群众最关心、最直接、最现实的利益问题，常委会不断加大监督力度，着力改善民生。针对小区物业管理难的问题，常委会听取和审议了区政府关于居民住宅小区物业管理工作情况的报告。会前，听取了区政府房管和建设部门的工作汇报并进行了座谈；实地走访了新闻西里、玉带湾、海政里等不同类型的居住小区并征求了街道、社区工作人员的意见建议；向全区10个街道办事处、80个社区、149个物业单位发放了调查表格。通过会前开展扎实工作、会上听取工作报告，会议指出了小区物业管理存在的管理体制不理顺、改造后的老旧小区缺乏长效管理机制等问题，提出了理顺管理体制机制，加大财政投入力度，着力抓好小区的物业规划和设施配套；采取灵活多样的模式加强对新建小区和老旧小区的物业管理；加强对物业管理企业的监管，共建和谐家园等建议。为进一步加强城市建设与管理，不断改善人居环境，常委会组织部分人大代表对石韵园、河北大街等街景整治工程和圆明山山野森林公园、西浴场景观改造等绿化改造重点项目进行集中视察，提出了可行性的意见和建议。常委会还听取和审议了区政府关于安全生产、环境保护、学前教育等工作情况的汇报，督促有关部门明确责任，采取切实有效措施，促进各项工作的开展。

强化司法监督，维护社会和谐稳定。常委会把维护社会和谐稳定作为重要职责，不断加大对“一府两院”的工作监督，着力促进社会和谐发展。听取和审议了区检察院关于加强法律监督工作情况的报告，督促检察机关加强队伍建设，不断提升法律监督的能力和水平。社区矫正工作是维护社会稳定的一项基础性工作，主任会议专门听取了区政府关于社区矫正工作情况汇报，提出了要加大政府投入，提高社会各方面参与此项工作积极性，公检法司各部门要强化部门间的协作与配合等建议。常委会还组织部分常委会组成人员和人大代表在全区范围内深入开展旁听和评议法院庭审专题调研活动，共旁听和评议案件4个，进一步规范了司法行为，促进了法官、检察官队伍素质的提高。认真办理人民群众来信来访，全年共受理来信来访57件89人次，妥善处理人民群众的合理诉求，消除了不稳定因素，维护了人民群众合法权益和社会和谐稳定。

依法任免，提供坚强组织保障。常委会始终坚持党管干部和依法任免的有机统一，坚持对被任命人员履行任前法律知识考试、表态发言、票决、颁发任命书等法定程序，特别是换届后及时任命了区政府组成人员，为新一届政府开展工作提供了组织保障。一年来，共任免国家机关工作人员27人次。

二、强化服务，促进履职作保障

换届以来，常委会积极探索新形势下开展代表工作的有效途径，进一步加强代表工作，提高服务水平，保障代表作用得到更好的发挥。

精心组织代表学习培训。在换届选举产生区十四届人大代表后，常委会组织全区265名人大代表进行集中培训，学习了人民代表大会制度基本知识，明确人大代表的权利和义务，了解如何更好发挥人大代表作用的方法，增强当好人大代表的使命感和责任感。通过邀请专家授课、发放书籍等形式，加强履职培训，把新代表的履职热情转化成履职水平，为新一届人大工作开好局、起好步打下了坚实基础。

拓宽代表知情知政渠道。常委会坚持邀请代表列席常委会会议、参与常委会组织的执法检查、视察和调研活动，担任法、检两院和政府相关部门等各类监督员，多渠道发挥代表参与管理国家和社会事务的作用。及时向代表通报全区经济运行和社会事业发展情况，为代表订阅《中国人大》《公民与法制》等业务刊物，寄发人大信息、代表之窗等资料，努力提高代表服务的质量和水平，代表作用得到了较好发挥。

依法促进人大代表履职。围绕区委中心工作和常委会工作议题组织代表开展调查研究、集中视察和执法检查等活动37次，参加代表292人次。在活动中，各代表团视察检查积极踊跃，活动内容丰富，涵盖就业再就业、社会保障、学前教育等多方面内容；活动形式多样，不仅仅局限于听汇报，搞座谈，而更多的是到实地，边看边议，在现场看成绩、查不足、提建议；组织方式灵活，对于一些重点的视察项目不仅组织2 ~ 3个代表团联合视察，而且还采取市区代表、区镇代表联合活动形式，不断增强活动实效。继续开展好代表向选民述职、代表联系选民等一系列活动，增强代表的责任意识，促其更好地依法履职。

规范代表建议办理工作。区十四届人大一次会议共收到代表建议、批评和意见 84 件。对涉及区政府系统的 81 件代表建议进行了整理交办，区政府在规定时限内全部办结并答复代表，满意率和基本满意率 100%。如王彦军代表提出的“加强城市区内渣土运输管理”的建议，区政府主管部门高度重视，专门出台了《海港区建筑垃圾和工程渣土管理办法》，并通过招投标的方式引入三家具有专业资质的运输车队负责辖区内的建筑垃圾和工程渣土的运输，运输车上全部安装 GPS 导航系统，实施 24 小时严密监控，杜绝道路遗撒。常委会还通过代表视察、召开代表建议办理情况座谈会、听取和审议区政府《关于代表建议办理情况的报告》等方式，及时了解建议办理情况，督促建议办理进度，不断提高办理工作实效。

加强镇街人大工作指导。坚持邀请镇、街人大主席、主任列席常委会会议，参加各类培训和学法活动，进一步增强责任意识和工作能力。加强对镇、街人大开展代表团活动、人大代表补选、召开人代会等工作的联系、指导。全年共召开 6 次镇、街人大主席、主任工作会议，对人大工作进行安排部署，加强沟通联系，协调解决问题，不断促进工作水平提高。

三、内强素质，提高能力强建设

常委会把加强自身建设作为本届开局之年的一项重要工作，致力提高组成人员履职能力和工作水平，以不断适应新时期、新形势、新任务下人大工作的要求。

加强思想建设。围绕建设学习型机关的要求，通过采取集中辅导、专题讲座、外出培训和个人自学等多种形式，认真组织常委会组成人员、机关干部学习政治理论、法律法规和人大业务知识，突出抓好党的十八大精神的学习贯彻，不断增强常委会组成人员和机关干部的政治意识、责任意识、大局意识、服务意识，努力营造树正气、讲团结，比奉献、思进取，谋发展、求实效的良好工作氛围。

加强机关工作。完善和规范机关工作制度，结合新时期人大工作任务要求，建立和完善常委会工作程序、议事规则和机关财务管理、后勤保障、会务安排、服务承诺等工作机制，对机关各委室实行目标责任制管理，进一步规范常委会和机关的履职行为，提高了办事效率和工作水平，保证了常委会各项工作依法有序地开展。加大对机关干部的教育、培养和交流力度，共提拔交流干部 6 人，优化了干部队伍结构。重视人大老干部工作，积极为老干部搞好服务。

加强人大宣传。常委会把人大工作理论研讨和人大工作宣传摆在重要位置，及时宣传报道常委会工作情况，多渠道开辟人大新闻宣传阵地。加大了对人大工作制度、民主法制建设、代表履行职责的宣传力度。加强了对人大工作理论的研讨，围绕代表工作、监督法实施、常委会自身建设等课题开展了专题调研，有 20 多篇理论文章在市级以上媒体发表。参加全国十三城区人大常委会联席会议，借鉴外地经验，推动人大工作创新发展。

加强全局意识。服从区委安排，全力支持配合全区中心工作。常委会领导和部分机关干部直接参与了生态工程建设、着力改善“两个环境”、基层建设年、近岸海域环境综合整治等活动，参加了暑期和中共十八大期间维护社会稳定工作，为全区经济平稳较快发展、社会和谐稳定作出了不懈的努力。

各位代表，过去的一年，区人大常委会认真行使地方国家权力机关的职权，努力探索，积极实践，各项工作取得了新的进展。这些成绩的取得，离不开全体人大代表的共同努力，也离不开“一府两院”及社会各界的积极配合和大力支持。在此，我谨代表区人大常委会向大家表示衷心的感谢！

新一届人大常委会的工作虽然有了良好的开局，但是，与宪法和法律赋予地方人大的职责要求和人民群众的愿望相比，还存在着差距和不足。如在提高监督实效、加强自身建设等方面还有待进一步改进；在创新代表工作、发挥代表作用方面还有待进一步提高；对基层人大工作的指导力度还需要进一步加大。这些都需要在今后的工作中认真加以研究和完善。

今年的主要任务

各位代表，2013 年是全面深入贯彻落实党的十八大精神的开局之年，也是深入实施“十二五”

规划的关键一年。在新的一年里，区人大常委会将在区委的领导下，坚持以邓小平理论、“三个代表”重要思想、科学发展观为指导，认真学习贯彻党的十八大精神，紧紧围绕“加速转型、加快发展，奋力打造沿海一流主城区，率先全面建成小康社会”这一目标，认真履行宪法和法律赋予的职责，努力把人大工作提高到一个新的水平，为建设更加和谐、更加幸福、更加美丽的港城做出新的更大贡献。

一、更加注重凝神聚力，努力在提高人大工作水平上再上新台阶

党的十八大确定了全面建成小康社会的奋斗目标，对建设社会主义市场经济、民主政治、先进文化、和谐社会、生态文明作出了一系列战略部署，区委九届四次全会进一步明确了今后一个时期我区经济社会发展的目标和思路。站在新的历史起点上，我们全体人大代表和人大工作者要认真学习、深刻领会，真正把思想和行动统一到中共十八大精神上来，把智慧和力量凝聚到实现区委九届四次全会确定的各项目标任务上来，深入研究人大工作面临的新情况、新问题，进一步找准贯彻落实的切入点和突破口，找到推进工作的新路径、新举措，真正把上级精神落实到人大工作的方方面面，从而不断推动人大工作再上新台阶。

二、更加注重服务大局，努力在促进港城科学发展上取得新突破

紧紧围绕经济建设这个中心，突出工作重点，充分发挥决策保障、监督促进作用，力求在服务中心、促进发展上作出新的贡献。要按照监督法的要求，进一步加大监督力度，着重关注经济运行质量和重大项目建设的进展，确保经济协调持续发展；关注计划和预算执行情况、加强对计划和预算的审查监督；重视改善民生，加大对社会保障、食品安全、生态环境和教育医疗等群众关注的热点问题的监督、检查，有计划地听取专项工作汇报，提出审议意见，作出决议决定，促进问题解决。

三、更加注重监督实效，努力在维护社会公平正义上体现新作为

坚持把维护人民群众根本利益和推进民主法治建设作为人大工作重点，督促解决涉及人民群众切身利益的热点问题，维护公平正义，促进社会稳定；大力开展普法宣传，增强广大干部群众的法律意识；继续深入开展旁听和评议法院庭审活动，进一步规范庭审程序，促进审判质量的提高；高度重视法院涉诉信访工作，促其不断改进工作方法，畅通信访渠道，依法化解涉诉信访矛盾纠纷，从而更好服务经济社会发展、促进和谐港城建设。

四、更加注重履职保障，努力在充分发挥代表作用上探索新方式

充分尊重代表主体地位，进一步完善工作机制，努力在代表工作的规范化和代表作用发挥上寻求新突破。组织开展形式多样、内容丰富的培训，邀请专家学者对代表进行党的十八大报告、法律法规、人大业务知识的学习辅导，不断提高代表履职能力。有计划地安排代表列席常委会会议，组织代表开展视察、执法检查和调研等活动，拓宽代表知情知政渠道。不断丰富代表活动内容，拓展代表参与的广度和深度，增强履职意识。完善代表建议督办机制，创新办理方式，增强办理实效。

五、更加注重能力建设，努力在加强改进自身建设上实现新提高

大力加强机关建设。按照建设学习型、服务型、效能型、创新型、和谐型机关的要求，大力加强思想、组织和作风建设，不断提高机关服务水平和保障能力；进一步加强人大宣传工作，提高宣传的广度和深度。不断加强制度建设。健全完善依法监督的各项工作机制，规范监督行为，提高监督工作的质量和水平。认真开展调查研究。把提高人大常委会会议的审议质量和议事决策水平作为履职能力建设的重点，大兴调查研究之风，切实增强会议审议的针对性和实效性，使区人大常委会的各项工作更加贴近实际，更加符合民意，更加富有成效。

各位代表，港城大地涌春潮，宏图再展看今朝。让我们更加紧密地团结起来，在区委的坚强领导下，以昂扬向上的精神风貌，始终与时代发展同步伐，与港城人民共命运，与时俱进，锐意创新，抢抓机遇，乘势快上，为打造沿海一流主城区，率先全面建成小康社会，建设美丽港城、魅力港城而努力奋斗！

政府工作报告

——在海港区第十四届人民代表大会第二次会议上

海港区人民政府区长　冯国林

（2013年3月30日）

各位代表：

现在，我代表海港区人民政府，向大会报告工作，请予审议，并请区政协委员和列席会议的同志提出意见。

一、2012 年政府工作回顾

2012 年是新一届政府为民施政的第一年。区政府在市委、市政府和区委的正确领导下，紧紧围绕中共中央、省、市一系列重大决策部署，带领全区人民，深入贯彻落实科学发展观，团结一心，砥砺奋进，埋头实干，较好地完成了区十四届人大一次会议确定的目标任务，经济社会持续健康发展。完成区属地区生产总值 199.8 亿元，同比增长 9.2%；全部财政收入 76.5 亿元，其中公共财政预算收入 14.2 亿元，分别增长 14.4% 和 23.9%；完成全社会固定资产投资 243 亿元，增长 21%；实现区属社会消费品零售总额 191.1 亿元，增长 15.5%；城镇居民人均可支配收入 22648 元，农民人均纯收入 10855 元，分别增长 12.7% 和 15.8%；单位生产总值能耗降低 3.66%，化学需氧量、氨氮、二氧化硫和氮氧化物排放分别削减 2.2%、3.1%、2.1% 和 1.5%。

一年来，我们坚持抓转型、调结构，三次产业稳步提升。始终把构建现代产业体系作为战略重点，不断提升产业层次和发展水平，三次产业结构调整为 1∶35∶64。现代农业稳步发展。全年引进农作物新品种 25 个，新增优质果品基地 306 亩，实施农业产业化项目 15 个，新增市级龙头企业 4 家。工业经济稳中向好。区属规模工业增加值 28.6 亿元，同比增长 5.8%，实施工业技改项目 15 个，完成投资 14.5 亿元，以博硕光电、河北羿珩等为重点的高新技术产业逐步壮大。现代服务业日益繁荣。茂业、乐购、新天地等商贸业态竞相发展，国际汽配城等现代物流企业相继落户。新建“万村千乡”市场工程农家店 5 家，社区食堂 10 个，累计销售家电下乡产品 2.26 万台。旅游立市战略深入实施。秦皇求仙入海处、连峪山庄分别被评为我市“十大景观”和“十大乡村旅游目的地”，开滦路历史文化街区等 3 项旅游立市百项工程顺利竣工；成功举办第九届秦皇望海祈福文化旅游节；全年接待游客 478 万人次，实现旅游综合收入 39.3 亿元，同比分别增长 29% 和 34%。

一年来，我们坚持抓项目、筑平台，发展后劲切实增强。积极落实分级调度、节点督导、定期通报、一线服务等项目工作机制，出台《加快产业集聚发展扶持企业做大做强的实施意见》和《进一步加强一把手抓项目的实施意见》，倾力推动四大园区竞相发展。全年实施千万元以上项目103个，累计完成投资201亿元，完成区定任务的121.9%。中信渤铝技改等项目顺利推进；秦皇半岛等重点项目全面开工；秦皇皓月城等4个项目列入省重点。先后编制完成大北部工业组团、圆明山片区、大物流园区总体规划和西部文化创意产业园概念性规划，实现了区域范围内的规划全覆盖。北港大街东延伸加快推进，西港北路功能提升、规划二路等道路及配套建设相继竣工，园区承载力大幅提升。东部循环经济园中小企业孵化基地具备入驻条件。成功协办全国物流年会。圆明山文化旅游产业聚集区获批省级园区，圆明山森林公园一期、圆明寺复建如期完工。

一年来，我们坚持抓统筹、塑精品，城乡面貌明显改观。始终把城乡互动发展作为最大的民心、民生工程来抓，突出打造精品工程、亮点工程，全面加强和规范城市建设和管理。东部片区、韩庄片区村庄联建项目全面启动，归提寨片区开发、海阳片区整体开发取得实质性进展。金梦海湾顺利交接，西浴场综合改造提升一期全面完工并开放迎客。太阳城商业区升级改造加快推进。河北大街、秦皇东大街市政设施改造按时完工，东环路全线贯通，民族路北延伸二期建设进展迅速。旧城（村）改造稳步推进，后道西顺利实施返迁，西白塔岭返迁安置房主体完工，前道西、山东堡动迁工作有效开展，新兴里、航海里等改造项目积极推进。团结里等20个老旧小区整治一新。高标准完成20条道路绿化修复，新建改造公园游园5个，栽植乔灌木花卉100余万株。深入开展“城市精细化管理年”活动，全年出台城市管理规范性文件16项。持续开展市容环境综合整治，累计取缔占道摊点3069个，查处店外经营3053家。城乡环卫一体化基础设施项目成功争取到国家专项扶持资金4170万元，并试点启动。

一年来，我们坚持抓改革、促开放，内在动力不断增强。大力解放思想，在深化改革中寻求重点突破，在扩大开放中激发内在潜力，逐步破解体制机制障碍。出台《综合治税实施意见》等四项规范性文件，进一步完善属地纳税体制。积极争取园区部分土地供应权限下放，工业项目用地紧张问题初步缓解。加强机构编制管理，全面推行编制使用核准制度。公务卡改革全面实施。乡镇财政所标准化建设率先通过省级验收。医药卫生体制改革深入推进。统计“一套表”改革完成并轨任务。加大民营企业扶持力度，新增私营企业1827家、个体工商户4171个。全年实施国家、省、市科技项目20个，新增省级工程技术研究中心2家，省级光伏企业孵化器申报成功。组团参加河北省（香港）投资贸易洽谈会、中国厦门国际贸易投资洽谈会等招商活动10余次，百脑汇电子资讯广场、秦皇岛金融中心等8个亿元以上项目成功签约。全年引进内资30.7亿元，实际利用外资2.17亿美元，分别同比增长33.6%和37.5%，外资引资额位列全市第一。

一年来，我们坚持抓保障、惠民生，人民生活持续改善。从人民群众反映最强烈的问题入手，从人民群众最盼望的事情做起，加大投入力度，优化资源配置，民心工程23件实事全面落实。全区新增就业7281人、失业人员再就业3095人，城镇登记失业率为3.69%，河涧里社区被评为“全国充分就业社区”。新增养老保险、医疗保险参保人员10049人。明珠学校、十八中改扩建竣工投用，白塔岭小学迁扩建完工，19所城区中小学操场改造全面完成。燕山大街、西港路社区卫生服务中心正式建成，东环路社区卫生服务中心被评为“国家级社区工作示范点”。药品零差率销售全面落实。新建29个村卫生室，新农合参合率达97.5%，高出省定任务2.5个百分点。在全市率先完成低保提标扩面工作，新纳低保人员6775人，城乡低保覆盖率提高1.5个百分点，达到4%。新建老年日间照料站7个、农村幸福院10个。人口自然增长率为5.31‰，低生育水平持续稳定。新建森林逸城等便民市场4个，改造升级农贸市场14个。完成北戴河近岸海域环境综合整治各项市定任务。国家环保模范城创建工作取得初步成果。东李庄经济适用房一期出售，杨道庄、公富庄保障性住房开工建设。启动实施市民中心并实现主体封顶，文体中心开工建设。经受强降雨考验，成功转移受灾群众3241人。全区社会治安形势持续向好，全年刑事发案率同比下降32.7%。安全生产、食品安全、森林防火常抓不懈，暑期、中共十八大维稳任务圆满完成。

一年来，我们坚持抓规范、求实效，政府建设扎实推进。以深入开展基层建设年、“创先争优”、改善“两个环境”等活动为动力，健全规章制度，推动管理创新，全力打造创新务实、高效廉洁政府。坚持把法制学习作为政府常务会常规议题，依法行政能力进一步增强。出台《政府投资项目资金管理暂行办法》等行政决策程序规定10余个，政务运行更加规范。自觉接受人大依法监督和政协民主监督，切实加强与各民主党派、工商联、无党派人士和社会群众团体的联系。累计办结市、区人大代表建议89件、政协提案118件，按时办结率、规范化率、满意率均为100%。努力简化审批程序，提升政务服务效率，全年共受理业务51538件，办结率99.6%。办理市长公开电话1173件，办复率100%。圆满完成村“两委”换届工作。严肃党政机关公务用车纪律。认真落实党风廉政建设责任制，廉政建设和反腐败工作取得新进展。

各位代表，上述成绩的取得，是全区人民心血和智慧的结晶，应该归功于市委、市政府和区委的正确领导，归功于各位代表和各位委员的监督支持，归功于社会各界的关心帮助，归功于全区人民的辛勤努力。在此，我谨代表区政府，向全区人民，向各民主党派、工商联、人民团体和无党派人士，向驻区部队和单位，向所有关心、支持海港区建设和发展的各界朋友，表示衷心的感谢和崇高的敬意！

在充分肯定成绩的同时，我们也清醒地认识到发展中还存在一些深层次问题。主要是：经济总量偏小，综合实力不强，重大项目储备不足，现代服务业发展仍处起步阶段，转型升级任务艰巨；发展空间亟待拓展，统筹城乡发展和城市现代化水平尚需进一步提升；财政收入新增长点不多，收支矛盾依然突出；民生改善、社会事业发展与群众期盼仍有较多差距；政府自身建设还需加强，个别部门和工作人员工作作风、业务能力、办事效率有待改善和提高。以上问题，我们将在今后工作中，以更大的力度，主动有效地加以解决。

二、2013年政府工作总体要求和主要目标

2013年是深入贯彻落实党的十八大精神的开局之年，也是实施“十二五”规划承前启后的关键一年，更是为全面建成小康社会奠定坚实基础的重要一年，做好今年的工作，对于保持经济平稳较快发展，促进社会和谐稳定，具有十分重要的意义。

当前，我们面临的形势正在发生重大而深刻的变化。一方面，外部环境复杂多变，世界经济仍处于调整期，国内需求面临诸多不确定因素，物价上涨压力依然较大；区域竞争更趋激烈，各地更加注重发展环境的打造，在较高基数上保持快速发展的困难不断增大。另一方面，党的十八大确定的我国未来经济社会发展新思路，为我们又好又快发展提供了强大动力。特别是按照中央经济工作会议精神，省、市就加快推进城镇化提出了新的举措，为我区加快现代化进程、优化城市空间布局带来了难得的机遇。随着我市“西港搬迁”工程的真正启动，使重新梳理城市格局成为可能，必将为我区发展赢得战略性空间。

新的一年，挑战和机遇并存，困难和希望同在。只要我们认清大势、超前谋划、抓住机遇、积极作为，就一定能够在危机中赢得主动，就一定能够在竞相发展中率先胜出，就一定能够在高起点上构建新的发展平台，就一定能够使全区核心竞争力和综合实力再上新台阶！

今年政府工作的总体要求是：全面贯彻党的十八大会议精神，以科学发展观为统领，以提高经济增长质量和效益为中心，以改革创新为动力，以改善“两个环境”为契机，以“六大工程”为抓手，紧紧围绕“加速转型、加快发展，奋力打造沿海一流主城区，率先全面建成小康社会”这一目标，坚持“两主四化”发展战略，按照“一中心三基地”产业定位，构建“一线两片三组团”空间布局，突出重点、创新举措、真抓实干，在建设“宜居宜业宜游，富庶文明和谐”滨海名城中切实发挥主力军作用。

经济社会发展的主要预期目标是：区属地区

生产总值增长10%；全部财政收入增长10%，公共财政预算收入增长12%；全社会固定资产投资增长18%；社会消费品零售总额增长15%；区属规模工业增加值增长8%；城镇居民可支配收入增长10%；全年单位生产总值能耗降低3.66%，化学需氧量、氨氮、二氧化硫和氮氧化物排放分别削减1%、1%、1.5%和5%。这些预期目标的确定，主要基于对今年发展形势的研判，充分考虑了我区发展的需要和支撑条件，注重了与“十二五”规划和全面建成小康社会目标的衔接，强调速度与结构、质量、效益的协调统一。

实现上述目标，必须牢牢把握以下原则：

一如既往地坚持科学发展的原则。加快推进产业结构转型、城市发展转型，在发展导向上更加注重又好又快，在发展支撑上更加注重高端要素集聚，不遗余力提升发展质量和效果。

一如既往地坚持生态优先的原则。积极做好“加”法，着力改善生态环境；积极做好“减”法，有序推进节能减排。使我们的天更蓝、水更净、地更绿、山更青。

一如既往地坚持民生为本的原则。多谋民生之利，像推进经济工作一样推进民生事业，像落实经济指标一样落实民生工程，确保实事办好、好事办实。

一如既往地坚持实干兴区的原则。直面激烈的区域竞争和诸多的困难挑战，牢固树立“不进则退，小进、慢进也是退”的紧迫意识，以创新求突破，以实干促跨越。

三、2013年政府工作的主要任务

2013年，区政府将坚持稳中求进总基调，把稳增长、调结构、攻重点、优环境、抓改革、惠民生作为着力点，按照“四个走在前列”要求，主要抓好八个方面工作。

（一）狠抓项目建设，推动经济持续健康发展。树牢抓项目就是抓发展、抓项目就是增实力的理念，不辞辛苦找项目，不畏艰辛谋项目，不遗余力抓项目，以项目保增长、用项目促转变、靠项目强后劲。

强化储备谋项目。围绕“一中心三基地”产业定位编制新项目，促进装备制造配套、新能源、现代物流、旅游等特色优势产业扩展产业链衍生新项目，支持优强企业滚动发展裂变新项目，鼓励企业通过技改打造新项目，不断充实和完善项目储备库。年内谋划亿元以上项目150个，力争更多项目列入省、市重点。

强化服务上项目。严格落实一把手抓项目，进一步强化服务意识，继续推进重大项目集中调度、责任包干、督查督办、定期通报等制度，确保取得实效。全力推进中外运、华润雪花退城进郊等重大前期项目实质性进展，重点抓好秦皇皓月城等一批新开工项目，加快推进香格里拉大酒店等在建项目。全年计划实施千万元以上项目90个，投资190亿元。

强化招商引项目。狠抓订单招商、以商招商、定向招商、产业链招商，在旅游、商贸、临港物流等领域广泛寻求合作。以京津、珠三角、长三角、港澳台以及日韩等地为重点招商区域，吸引组团式投入，积极争取和对接“百家央企、百家院所院校、百家知名民企进河北”合作项目。持续完善大客户管理平台，加强大客户储备力度，重点储备一批世界500强、国内500强及“中字头”“国字号”意向投资企业。力争全年实际利用外资达到2亿美元，引进内资同比增长15%。

（二）搭建园区平台，打造特色突出产业集群。坚持以转变经济发展方式为主线，推动要素集成、经济集约，加快构建产业集聚发展新格局。

加快园区基础设施建设。按照“大北部、大物流、大旅游”的发展思路，统筹园区资源，优化园区发展。推进大北部片区总体规划实施，完成大物流发展规划和控制性详规，拉开园区东联北拓发展框架。谋划建设物流园电子交易中心，推进北港大街东延伸和污水处理厂工程，完成民族路北延伸二期、规划二路建设，启动北港大街、兴电路等综合路网体系建设。抢抓特定园区部分土地供应权限下放的契机，整合土地资源，全力推进南四村、中五村、韩庄片区集中安置，适时启动杨庄村旧村改造工作，不断拓展发展空间。

促进特色园区错位发展。加快启动大北部建设，优先发展先进制造业配套、玻璃制造及研发、太阳能光伏、电子信息及新材料等高新技术产业，打造高端工业聚集区。整合临港物流园和东部循环经济园，结合“西港搬迁”和物流港建设，不断完善商贸物流、保税物流园等十大功能区，打造大临港物流园区和区域性物流基地。下大力推进圆明山文化旅游产业聚集区建设，积极引导高档休闲、文化、健康、养生等服务业进驻园区，打造城市组团新景观、新亮点。各园区都要力争纳入全市重点扶持的产业聚集区范畴。

壮大园区产业整体实力。坚持信息化与工业化深度融合，抓好工业提升计划。筹资500万元设立技改资金，专项用于鼓励和支持辖区工业企业技改升级。指导企业用足用好技术改造项目各项补贴政策，降低投资成本。以加快技术革新和产品创新步伐为突破口，推动战略新兴产业发展。大力扶持光伏企业孵化器建设，打造太阳能光伏产业链示范基地，推动新能源、新材料、新信息、新医药产业和海洋经济的发展，力争高新技术产业增加值增长25%以上，形成新的经济增长点。

（三）发挥比较优势，大力提升服务业发展水平。围绕城市中心片区和西部次中心片区，科学制定现代服务业发展目标、战略思路和扶持政策，搞好配套服务，提升核心竞争力。

全面提升旅游产业。积极包装推介秦皇求仙入海处室内演出等高端旅游项目，推进沙河生态文化旅游综合开发、莲花岛旅游综合体等项目建设，力争连峪山庄、圆明山森林公园暑期前开门营业。以圆明山文化旅游产业聚集区基础设施建设为重点，启动圆明大街、承秦出海路复线改线等道路及配套管网建设。同时，规划建设一批特色餐饮、购物、娱乐等街区，不断完善旅游服务配套设施。实施旅游服务质量提升工程，加强旅游市场营销，优化旅游整体环境。

做大做强临港物流业。发挥临港优势，加强与港务集团的合作，加快发展面向港口的基础设施建设，力促邯郸华信集团综合物流城项目顺利开工，尽早形成港口、城市、产业相结合的物流链条和优势互补的产业集群。谋划港口物流配送基地和物流中心项目，重点加快国际汽配城等项目建设进度，力促国际五金机电城早日落地，打造区域物流枢纽。

加快发展商贸流通业。全力推进茂业城市综合体、华润万象城、世纪港湾商贸广场、秦皇岛金融中心等项目建设，重点提升金三角、太阳城商业区业态层次，繁荣商贸经济。按照“优化市区、打造新城、辐射周边”的思路，大力发展餐饮娱乐、星级酒店、商贸物流、交通运输等对地方经济拉动作用大的行业企业，完善商业中心区功能，提升商业圈价值，打造辐射市域周边的消费核心区。

规范房地产业健康发展。正确认识房地产业在拉动经济增长、推进城市化进程、改善人居环境上的重要作用，做好房地产市场发展趋势专题调研。积极培植壮大龙头企业，规范房地产市场秩序，帮助房地产企业解决问题、化解矛盾，引导其向发展高端旅游地产、商业地产、城市综合体等产品转变。

培育文化创意等新兴业态。以创新思想和先进技术等智力密集型要素为核心，大力发展文化创意、总部经济、服务外包等新兴产业，积极培育信息服务、金融保险等现代服务业，推动服务业向多业态、多层次扩展。

（四）统筹城乡发展，切实增强农村发展活力。坚持“一产抓特色”，加大强农惠农力度，增强农业综合生产能力，推动农业出特色、提质量、增效益。

发展现代农业出特色。高标准抓好现代农业规划，加快城市近郊现代农业生产基地建设。积极推广蔬菜标准化生产技术40项，引进农作物新品种35个。以规模生产带动特色农业发展，完成栗园休闲农业园建设，加快西连峪山野菜采摘园、宝润生态园升级改造，扶持海东青水产品深加工项目扩大规模。继续抓好旭兴养殖场、牧羊源肉羊屠宰及深加工项目建设，对昊兴等3家养殖场进行改造升级。

完善基础设施促发展。着力抓好“幸福乡村”建设，积极做好卸粮口等4个示范村道路、给排水、通讯等基础设施建设。加大资金投入力度，以水毁水利工程修复、河道治理为重点，改善农村生产生活条件。完成新周庄等4座水库除险加固和李新庄等9座塘坝加固清淤，加快小汤河二期治理工程建设。完成河道确权界定工作，对侵占河道、影响行洪的非法建筑物进行有效清理，确保防汛安全。谋划启动林业有害生物天敌繁育场项目，加强美国白蛾、三代粘虫等有害生物防治。加强专业扑火队伍建设，确保森林防火工作万无一失。

推进农村改革增效益。积极探索农村土地流转方式，试点推进镇农村产权交易中心建设，进一步促进以农村土地承包经营权流转等为重点的农村产权制度改革。做好绿色、无公害农产品基地产品认证申报工作，提高认证产品的市场占有率。创新发展农村新型合作组织，推动农民合作社由生产合作向土地合作、由资本合作向资产合作、由专业合作向综合性合作拓展，年内新增农民专业合作社 3 个。

（五）加快城市建设，扎实推进新型城镇化进程。坚持规划求“大气”、建设出“精品”、管理重“科学”，注重理念创新和城市功能完善，着力建设让人赏心悦目的精美主城区。

优化空间布局。坚持规划先行，全力推进“一线两片三组团”的空间布局体系建设。继续完善大北部、大物流、圆明山片区的各专项规划，抓好西部文化创意产业园区规划设计。融入生态理念，进一步提升市场、道路、公共设施等专项规划。牢牢抓住“西港搬迁”契机，充分发挥“主阵地”作用，加强沟通对接，不断完善西港区及周边地区规划设计，吸引配套项目，着力打造城市新地标和港口经济服务中心。

完善城市功能。以满足城市人口机械性增长需要为目标，加大重点民生和基础设施项目建设力度。谋划启动燕山大街西延伸、长江道西延伸、兴化大街等工程建设。综合整治 20 条街巷路，新建 1 座过街天桥。完成东方明珠城等 6 个市场建设。继续加快老旧小区改善提升工作进程，力争年内改善老旧小区 20 个。

加快旧改步伐。组团式、规模化推进城区及周边重点区域村庄集中连片改造。重点抓好航海里、文昌里片区、一塑厂职工住宅等城区旧改项目，加快东山片区等区域综合开发，全面完成归提寨新村建设，积极稳妥推进西部四村、西部快速路沿线四村、东部片区七村旧改工作，争取利用 3 年左右时间，基本完成宜改造村庄的改造建设任务。

注重科学管理。深入实施《进一步加强城市管理工作意见》，注重理念创新，强化管理手段，重视宣传引导，全面打造科学化、市场化、信息化的城镇管理工作新格局。积极开展新型社区创建工作，切实加强社区管理服务。按照《城市社区三年建设达标实施方案》要求，推进现有社区用房达标进程，全年计划实施 14 个标准化社区和 2 个精品社区建设。提升改造后的老旧小区物业管理水平，鼓励和支持社会力量参与，逐步实现物业全覆盖。

（六）改善生态环境，积极构建宜居美好家园。推进生态文明建设与经济、政治、文化、社会建设五位一体协调发展，打造生态港城。

持续开展造林绿化。着力改善城郊乡村、城区道路、公园游园、背街小巷的生态环境。实施东港路等 3 条道路绿化改造，对益寿园等 5 个街头游园进行改造提升，完成西浴场综合改造提升二期工程。突出抓好连峪山庄、“两河”沿线和圆明湖水系绿化，新增造林绿化面积 2000 亩，进一步提高绿地覆盖率和人均绿地面积，努力让绿色融入城市，让自然贴近人群。

综合整治城乡环境。认真落实《北戴河及相邻地区近岸海域环境综合整治行动计划》，着力抓好小汤河等 4 条河道综合治理。加大市容秩序整治力度，按照创建国家卫生城市标准，以窗口繁华地段、旅游景点、城乡结合部等部位为重点，全面清理积存垃圾、“小广告”，逐步取缔马路市场。积极推进城乡环卫一体化运营管理项目，营造整洁、优美、和谐的城乡生态环境，打造富有滨海景观特色的城市新空间。

切实抓好节能减排。推进循环经济示范工程，以年综合耗能 3000 吨标煤企业为重点，开展能效水平对标活动。积极引进低碳等先进节能技术与管理模式，进一步提高能源利用效率。实施节能降耗环保重点工程，推进益海循环经济产业园等项目建设，培植壮大企业集群和产业集群，建成省级新能源节能环保产业基地。

（七）加快改革创新，不断增强发展动力与活力。坚持把改革创新作为破解发展难题的根本途径，拓展广度和深度，力争在重点领域和关键环节取得新突破。

深化各项改革。统筹推进“国家、省级五个试点城市”改革。深入实施绩效管理，绩效评价。

开展国有资产管理改革，实现国有资产收益最大化。推进预算单位公务卡结算，提高政府支出透明度。深入落实非税收入管理制度，促进非税征缴有序进行。全面加强机构编制实名制管理，落实编制使用核准制度。扎实做好事业单位清理规范工作。继续推进医药卫生体制改革，完善城乡医疗卫生服务体系。进一步抓好统计“一套表”改革。

推进科技创新。深入推进创新型海港区建设，组织实施科技项目50项，争取列入国家、省、市科技计划项目30项。启动企业技术创新工程，培育国家高新技术企业1家、市级以上工程技术中心2家、市级科普基地2家。大力推进知识产权建设工作，专利申请量、授权量保持在20%以上的增速。与高校、科研院所开展战略合作，邀请专家与企业对接进行技术合作交流，建设科技成果转化基地，使科技成果更快转化为生产力。

发展民营经济。认真落实促进民营经济发展“新36条”等政策，大力支持本地民营企业发展，通过技改、外来合作、新上项目，帮助民营企业提升产品档次。加快港城创业中心建设，争创国家级示范基地。加大推动全民创业力度，积极开展银企对接，构建贷款融资、人才培训、创业辅导三大服务平台，切实帮助中小企业解决资金、技术等发展难题。

（八）关注民计民生，努力开创和谐发展新局面。将改善民生作为工作着力点，加大投入、集中力量解决好群众反映强烈的民生难题，用真情服务温暖民心。

积极扩大就业。认真贯彻劳动者自主就业、市场调节就业、政府促进就业和鼓励创业的方针，实施更加积极的就业政策。启动人力资源和社会保障服务中心建设。抓好退役士兵和零就业家庭、就业困难人员的就业工作，完善农村劳动力、高校毕业生、外来务工人员就业实名制，确保全年新增就业9500人，实现失业人员再就业3500人，就业困难人员再就业1500人，城镇登记失业率控制在4%以内。

完善社保体系。坚持全覆盖、保基本、多层次原则，构建更高水平、覆盖城乡的社会保障体系。推进养老服务点建设，规划10个农村幸福院、完成8个社区日间照料中心建设。逐步提高医疗保险待遇水平，基本医疗保险最高支付限额由6万元提高至7万元。继续完善城乡低保制度，扩大低保覆盖面。加快推进杨道庄、公富庄保障性住房建设，确保东李庄经济适用房如期入住。

均衡发展教育。加快学校标准化建设，实施第十四中学、归提寨小学新建工程。建设名师工作室，举办校长专题论坛，提高整体教育教学质量。健全完善区域内教师交流补充机制，推动义务教育均衡发展。加强校园安全管理，筑牢学生平安防线。推动镇成人教育学校向社区教育中心转型，做大做强成人教育品牌。鼓励和规范社会力量办学。

提高公共卫生水平。全面实施基本药物制度。继续推进西港路等3家社区卫生服务中心建设，争创国家级社区示范卫生服务中心，新建6家标准化村卫生室，打造省级村卫生室标准化示范品牌。进一步巩固和完善新农合保障制度，新农合参合率稳定在95%以上。抓好重大传染病防控和基层公共卫生服务，城乡居民健康档案建档率达80%以上。全面推行乡村卫生服务一体化服务管理，实现小病在基层。规范医疗市场秩序，坚决打击无证行医、非法行医和超范围行医行为。

统筹推进文体等各项事业。完成文体中心建设，确保全区综合文化站、文化活动室达到国家示范区创建标准。实施文化信息资源共享工程，广泛开展“彩色周末”，社区、农村艺术节等文化活动。深入开展全民健身运动，打造龙舟赛等赛事新品牌。坚持计划生育基本国策，稳定低生育水平，不断提高人口素质。支持工会、共青团、妇联等群团组织开展工作，发展老龄、慈善事业。加强双拥共建和民兵预备役工作。继续抓好人防、档案、外事侨务、民族宗教、年鉴方志、防震减灾等工作。

维护社会稳定。严格落实社会治安和社会稳定风险评估机制，健全“大调解”工作体系，努力减少不稳定因素。实施“平安港城工程”，严厉打击涉黑涉恶及各类违法犯罪行为，深入推进社会治安防控体系，不断增强群众的安全感、幸福感。高度重视安全生产工作，严格落实安全生产责任制，加大安全生产基层基础投入力度，持续开展安全生产大检查，坚决遏制重特大安全生产事故发生。加强食品安全长效机制建设，确保食品安全综合抽检合格率稳定在 94% 以上。进一步完善应急管理体系，不断增强保障公共安全和处置突发事件的能力。

四、全面加强政府自身建设

全面建成小康社会的宏伟目标对政府工作提出了更新更高的要求，我们必须转变职能，改进作风，努力建设人民满意、勤政廉政的服务型政府。

科学施政，增强凝聚力。坚持与时俱进，用科学发展观武装头脑、指导实践、推动工作，将科学发展、和谐发展作为政府工作第一要务，深刻把握经济社会的主要矛盾和突出问题，以创新的思维应对变化，以科学的方法破解难题。坚持集体决策、科学决策、民主决策，最大限度减少决策失误。强化服务理念，增强服务意识，创新服务形式，主动为基层搞好服务，为企业排忧解难，为群众办好实事，确保承诺的民心保障工程全部落实到位。

依法行政，增强公信力。牢固树立法治理念，严格按照法定权限和程序行使权力、履行职责，依法管理社会事务、调整经济利益、维护社会公平正义。健全领导干部学法制度，增强依法行政、依法办事本领。抓好市民中心建设，打造新的政务服务平台。积极推进政府信息公开，强化权力公开运行管理。自觉接受人大法律监督和政协民主监督，主动接受新闻舆论监督。认真办理人大代表建议和政协委员提案，虚心听取社会各界的意见建议。

健全制度，增强执行力。健全完善抓落实的工作机制，严格执行无为问责制，强化限时办结制，切实提高政府抓落实的能力。深入推行工作交办、催办、督办和现场会办制，加大专项督查、跟踪督查、综合督查力度，保证上级各项决策部署落地有声、抓铁留痕。积极改进文风会风，精简文件，压缩会议，大力践行“一线工作法”和“表格工作法”，使政府部门的干部职工都能深入前沿一线、落实到底到位，让抓落实成为政府部门的第一特色，让执行力成为政府部门的第一能力。

廉洁奉公，增强约束力。严格执行党风廉政建设责任制各项规定，坚持惩防并举、标本兼治，加强对重要部门、重点岗位和关键环节的权力运行监督，及时查处各类违法违纪案件。大兴艰苦奋斗、厉行节约之风，严控公务开支，杜绝浪费自耗，降低行政成本，集中财力办大事。畅通评议渠道、完善审计制度、强化效能监察，建立全方位、多层面、立体式的监督网络，促进机关作风实质性转变。

各位代表！站在新起点，谋求新发展，实现新突破，是全区人民的共同期待，更是我们的光荣使命和神圣职责，让我们在市委、市政府和区委的坚强领导下，团结依靠全区人民，凝心聚力，开拓进取，扎实工作，苦干实干，为加快沿海一流主城区进程，为早日全面建成小康社会而努力奋斗！

附注

“万村千乡”市场工程：由商务部牵头实施，旨在加快农村市场体系建设，逐步形成以城区店为龙头、乡镇店为骨干、村级店为基础的农村现代商品流通网络，使农村商品流通初步走上连锁化、网络化、规模化、规范化发展轨道。（第 28 页）

“家电下乡”：由财政部、商务部、工业和信息化部联合发起，顺应农民消费趋势，引导和组织工商联手，开发、生产适合农村消费特点、物美价廉的家电产品。对农民购买纳入补贴范围的家电产品给予一定比例的财政补贴。（第 28 页）

“一套表”改革：即采用联网直报，将数据直接报入联网直报平台，实现数据从始点直达终点，改变过去从乡到省层层上报的情况。（第 29 页）

“两个环境”：即省委、省政府提出的着力改善发展环境和着力改善生态环境。（第 30 页）

“六大工程”：2013 年区委九届四次全会根据党的十八大精神，结合我区实际，在原有“五大工程”的基础上提出了“六大工程”，即经济强区工程、生态文明工程、民生保障工程、文化精品工程、平安港城工程、健党强基工程。（第 30 页）

“两主四化”发展战略：即沿海开发和旅游立市两大主体和城市功能化、城乡一体化、产业集

群化、社会管理科学化战略。（第 30 页）

“一中心三基地”：即旅游业综合服务中心、临港物流产业基地、先进制造业配套基地、新兴产业及现代服务业基地。（第 30 页）

“一线两片三组团”：即沿海一线，城市中心区和西部次中心片区，北部工业组团、东部物流组团和圆明山旅游组团。（第 30 页）

“四个走在前列”：市委田向利书记到海港区调研时对全区工作提出了四点要求，即在做大总量、增强实力上走在前列，在做美城市、提升形象上走在前列，在做实民生、促进和谐上走在前列，在做好表率、带好队伍上走在前列。（第 31 页）

南四村：即东港镇东向河寨村、西向河寨村、王庄村、上营村。（第 31 页）

中五村：即东港镇黄南村、黄北村、中心庄村、龙家营村、孙家庄村。（第 31 页）

“西港搬迁”：即秦皇岛港为了适应城市发展、人居环境改善的要求，将西港区东迁，还海岸于民，和谐发展。（第 32 页）

“幸福乡村”建设：省第八次党代会明确提出，以改善农民生产生活条件和增加农民收入为首要任务，大力改善农民生产生活条件，推动基础设施向农村延伸、公共服务向农村覆盖、现代文明向农村辐射，加快建设农民幸福生活的美好家园。（第 32 页）

西部四村：即东白塔岭村、西白塔岭村、前道西村、山东堡村。（第 33 页）

西部快速路沿线四村：南大寺村、新店子村、下庄村、慕义寨村。（第 33 页）

东部片区七村：东向河寨村、西向河寨村、王庄村、上营村、徐庄村、富家营村、东李庄村。（第 33 页）

“两河”沿线：即北港镇沙河、连峪河流域两岸。（第 33 页）

“国家、省级五个试点城市”：即国家首批服务业综合改革试点区域、国家首批旅游综合改革试点城市、国家创新型试点城市和国家首批公共文化服务体系示范区、省统筹城乡一体化发展试点城市。（第 33 页）

“新 36 条”：非公经济 36 条颁布 5 年之后，国务院于 2010 年 5 月 13 日再次发布的“国务院关于鼓励和引导民间投资健康发展的若干意见”（国发〔2010〕13 号）。由于该意见中共计有 36 条，为了与非公经济 36 条相区别，故被简称为“新 36 条”。（第 34 页）

中国人民政治协商会议
海港区第八届委员会常务委员会工作报告
——在政协海港区第八届委员会第二次会议上

海港区政协主席　杨永会

（2013年3月29日）

各位委员，同志们：

我受政协海港区第八届委员会常务委员会委托，向大会报告工作，请予审议，并请列席会议的同志提出意见。

2012年工作回顾

2012年，八届区政协在中共海港区委的正确领导下，在全区各界的大力支持下，坚持以邓小平理论和“三个代表”重要思想为指导，全面贯彻落实科学发展观，牢牢把握团结、民主两大主题，紧紧围绕全区中心工作，把服务科学发展作为第一要务，把促进民生改善作为履职之本，把维护社会和谐作为重要责任，积极探索政协工作的新思路、新形式、新方法，为构建和谐港城做出了积极贡献。

一、围绕中心，服务大局，协商献策助推发展

紧扣区委“两主四化”战略定位，围绕调整产业结构、促进加速发展、加强城市建管等问题，精心选择课题，认真组织开展富有成效的履职活动，为促进我区经济社会发展协商献策。

专题协商求发展。区政协常委会针对年初整体经济形势下行和我区企业实际，组织经济界委员开展“解读当前经济形势、促进企业发展”企业家沙龙活动，邀请有关部门、相关人士、金融机构参加，共商发展对策。积极开展“走百企、查实情、促发展”活动，助推“强区工程”深入实施。分组深入50余家企业走访，实地了解生产经营情况，探讨企业解困发展办法，形成了《强化统筹，优化环境，促进我区经济持续健康发展》等调研报告8篇，并以常委会专题协商形式，开展协商议政活动。

深入调研谋发展。加强工业经济发展情况调研，通过座谈研讨、发放企业调查问卷等形式，多层面、多角度了解我区工业经济发展情况，形成了《拓展空间，完善环境，大力扶持工业经济发展》的调研报告。对发展机遇、周边环境、我区经济基础和企业自身发展动力等进行了深入分析，提出了细化主导产业定位，引导工业集群发展；扩大发展空间，推动城乡统筹；做强生产性服务业，推进产业融合等建议，均得到了区委、区政府领导的高度重视。以城市精细化管理、提升城市承载能力、打造生态宜居环境等为重点，组织委员深入一线调研，完成了《推进城市精细化管理》等调研报告。在加大老旧小区改造管理力度、完善城市绿化体系、加大公共服务设施建设方面提出了多项建设性意见，部分已被采纳实施。

重点视察促发展。为推进生态环境建设，助力实现“天蓝水净，地绿山青”目标，以主席视察团形式对我区近海海域环境综合整治工作进行视察，形成了《关于我区环境综合整治工作的视察报告》，在建立健全长效管理机制、积极帮助企业转型升级、提高全民环保意识等方面建言献策。为充分发挥主城区聚集效应，助推我区在“旅游立市”战略中切实发挥主力军作用，安排委员对照全区旅游发展规划，开展经常性的调研、视察，形成了《关于我区旅游基础设施建设情况的视察报告》，在加快重点旅游项目建设、积极发展乡村旅游、做强休闲旅游产业等方面，提出了多项有价值的意见建议。

二、体察民情，反映民意，积极服务群众改善民生

把以人为本、履职为民贯穿于政协工作的各个方面，组织和引导广大政协委员为保障和改善民生、构建和谐港城做出积极贡献。

落实提案纾解民忧。区政协八届一次会议以来，提案立案125件，其中涉及民生问题56件，占提案总数的45%。选取25件重点民生提案由各位主席跟踪督办，并将3件报请区委、区政府领导阅批，取得了良好的办理效果。积极反映社情民意，组织委员开展“走进社区、倾听民意、反映民忧”活动，及时了解和反映社会不同阶层、不同群体的愿望和诉求。全年共收集社情民意信息80余条，上报市政协31条，向区直有关部门反馈20余条。关于促进教育均衡发展、加强食品安全、健全医疗保障体系等问题已经得到有关部门的高度重视并逐步加以解决。

专题调研视察关注民生。针对征地拆迁极易引发社会矛盾问题，组织委员多次深入村、社区视察，与群众、拆迁单位、政府相关部门交流，形成了《关于海港区房屋土地征收拆迁引发信访稳定问题的调研报告》，对规范拆迁行为，保护群众合法权益，推进社会管理创新等问题进行了深入探讨。调研成果得到了有关领导的充分肯定。对群众关心的医疗卫生、社会保障、食品安全等问题，组织不同界别委员深入调研、视察，提出了推进市区医疗保险制度整合、加强基本公共卫生服务、整合食品安全检查力量等建议，得到政府相关部门采纳。

开展帮扶活动温暖民心。组织有专长、有资源的委员以及人民团体开展送文化、科技、卫生、法律下乡、进社区等活动。政法组委员代理特困家庭诉讼案件15起，免除代理费10万余元；卫生组委员深入农村、社区开展大规模义诊3次，累计接诊群众近400人次，免费发放药品价值6万余元；经济、城建组委员筹资8万余元，适时开展了捐资助学、后进村帮扶、环保宣传、敬老助残等社会服务活动；教育组委员开展了对口帮扶农村弱校、送课下乡活动。均取得良好效果。

三、增进团结，加强监督，营造民主和谐氛围

坚持发扬民主、增进团结、协调关系、强化监督，积极促进各党派团体和各界人士的团结合作，政协作为民主政治建设的渠道作用得到充分发挥。

民主团结氛围更加浓厚。认真贯彻“长期共存、互相监督、肝胆相照、荣辱与共”方针，积极促进参加人民政协的各民主党派、工商联、有关人民团体和无党派人士的团结合作。坚持区政协领导联系民主党派、工商联制度，认真听取意见建议，切实帮助解决实际困难。在政协全会、常委会以及其他重要会议上，优先安排党派界别发言；开展重点调研视察、重点提案督办、重大议政活动主动邀请参加，为各党派界别的委员了解和掌握区情创造了有利条件。

民主监督更加有力。通过听政议政、选派行风监督员、参加行风评议等活动，加强了对全区重大决策制定、重点项目实施以及各部门行政行为的监督，有效推进了工作落实，促进了依法行政。

社会联谊更加广泛。以“五个一”活动为载体，深入不同群体、不同阶层，特别是私营企业主、自由职业者等社会阶层以及困难群体，通过政协渠道了解反映他们的利益诉求，协助党委、政府协调关系、化解矛盾、凝聚力量。组织党外人士学习中共十八大精神座谈会、各界人士新春联谊会等活动，取得了各方共识，融洽了关系、促进了团结。

四、建章立制，夯实基础，切实加强自身建设

坚持以制度建设引领，以队伍建设支撑，以

机关建设蓄势，激发活力，提升张力，增强合力，为政协工作顺利开展提供了保证。

结合新形势，先后修订了《全体会议议事规则》《常委会议议事规则》《主席会议议事规则》等制度，进一步完善了机关九项规章。通过建章立制，有效提高了政协工作的制度化、规范化和程序化水平。针对换届后新委员多的特点，适时加强委员培训，提高了委员撰写提案、调查研究、反映社情民意等水平，进一步提高了政协委员履职尽责的能力。按照《加强政协委员管理工作的实施意见》规定，建立了委员履职档案，从出席会议、撰写提案、参加活动、发挥作用、奉献社会等方面对委员进行全过程考评，规范履职行为，收到了良好效果。以“创先争优”活动为载体，不断强化机关工作人员的务实、创新、团结、进取意识，激励其主动谋事、积极干事、努力成事，干部职工精神面貌焕然一新。加大信息宣传力度，充分利用报纸、广播、电视和政协内部刊物，对政协各项工作及时报道，在国家、省、市新闻媒体刊发稿件20余篇，扩大了区政协的社会影响。

各位委员，上述成绩的取得，是中共海港区委坚强领导的结果，是区人大、区政府和社会各界倾力支持的结果，是全体委员团结奋斗的结果。在此，我谨代表区政协八届常委会，向全体委员和所有关心支持政协工作的各级领导、各界人士表示衷心的感谢!

回顾一年的工作，我们也清醒地看到，区政协的工作与区委的要求，与群众的期盼还有一定的差距。特别是政治协商的力度有待进一步加强；民主监督的领域有待进一步拓展；参政议政的制度化、规范化和程序化建设有待进一步完善；委员履职能力和水平有待进一步提高等。真诚地希望大家对常委会的工作提出意见、建议，帮助我们把工作做得更好。

2013年工作建议

2013年，是全面深入贯彻落实中共十八大精神的开局之年，是我区奋力打造沿海一流主城区的关键之年。区政协2013年工作思路是：深入学习贯彻落实中共十八大精神，以邓小平理论、“三个代表”重要思想和科学发展观为指导，紧紧围绕区委九届四次全会提出的工作目标和主要任务，牢牢把握团结和民主两大主题，切实履行政协三大职能，充分发挥好协调关系、汇聚力量、建言献策、服务大局的作用，为我区率先全面建成小康社会做出新的贡献。

一、紧扣时代脉搏，强化理论武装，着力在贯彻中共十八大精神上实现新突破。把学习、宣传、贯彻好中共十八大精神作为当前和今后一个时期人民政协的首要政治任务。要全面准确把握中共十八大的精神实质、科学内涵和战略部署，深刻领会关于健全社会主义协商民主制度、充分发挥人民政协作为协商民主重要渠道作用等一系列新观点、新论断、新要求，努力找准政协履行职能与服务科学发展的结合点，着力履行好政治协商、民主监督和参政议政职能。要紧密联系政协工作实际，把学习中共十八大精神同贯彻落实全国“两会”以及省市区全委会精神结合起来，同履行职能的各项工作结合起来，着力推动区委重大决策部署的落实。

二、围绕中心工作，突出职能作用，着力在促进跨越发展上谋求新作为。紧密围绕全区“两主四化”、“一中心三基地”、“六大工程”等关系发展大局的思路和举措，就产业转型升级、改善生态环境、城市建设管理等重点工作组织开展全方位、多层次的调查研究，积极协商议政，着力建言献策。结合“树讲聚促”大讨论活动，继续开展“走百企、查实情、促发展”活动，详细了解企业发展现状，为企业排忧解难。以改善“两个环境”为契机，充分运用提案、视察调研、民主评议、政情通报会、特邀监督等多种形式，开展经常性的民主监督活动，促进“两个环境”进一步优化。

三、关注民生民利，坚持团结民主，着力在促进社会和谐上发挥新作用。充分发挥政协联系广泛、渠道畅通的优势，深入基层，倾听群众意见，围绕群众思想认识上的“困惑点”，矛盾“易发点”，主动协助党委、政府多做理顺情绪、化解矛盾的工作，为维护我区稳定和谐的良好环境贡献力量。以深化“基层建设年”活动为契机，深入农村、社区、企业，认真开展“察民情、解民忧、为民言”活动，充分运用走访、视察、调研、座谈等方式，了解群众的所思所想、所盼所求，通过调研报告、提案和反映社情民意等形式，及时向党委、政府及有关部门反映群众诉求，真正成为党和政府联系人民群众的“连心桥”。动员和鼓励广大政协委员投身社会公益事业，组织开展“植一棵委员树兴一片委员林”、委员专项帮扶等活动，多做排忧解难、雪中送炭的工作，弘扬人民政协的优良传统。

四、创新工作举措，完善工作机制，着力在自身建设上迈出新步伐。健全以党派为骨干、界别为纽带、委员为主体、专委会为基础、机关建设为保障的“五位一体”工作机制，切实改进工作作风，不断提高履职实效和政协工作科学化水平。加强与各民主党派、工商联、无党派人士的合作共事，大力支持他们通过人民政协开展协商议政活动。完善界别工作的领导、协作和保障机制，支持各界别小组根据自身特点和优势，开展形式多样的履职和联谊活动，充分体现界别作为民主渠道、团结渠道和咨询渠道的功能。加强委员学习培训，密切与委员联系，搭建活动平台，引导、激励委员在提出建议、合作项目、兴办实业、树立形象等方面取得新的成效。强化专委会建设，推动专委会拓宽领域，创新方法，切实增强工作实效。进一步提升机关工作水平和服务质量，努力把政协机关建设成委员之家、各界人士之家。认真落实中央“八项规定”，进一步规范自身行为，着力改进工作作风，不断增强机关的亲和力、凝聚力和战斗力。

各位委员，中共十八大开启了全面建成小康社会新征程，海港区进入了新一轮跨越发展的新阶段，政协也迎来了更为广阔的履职空间。让我们在中共海港区委的坚强领导下，高举中国特色社会主义伟大旗帜，团结一心，群策群力，为实现率先全面建成小康社会目标而努力奋斗！

西港搬迁改造工程概况

秦皇岛港始建于清朝光绪二十四年（1898），分东西两片港区。东港区以煤炭作业为主，西港区以杂货、集装箱运输为主。2013年吞吐量27260.36万吨，其中集装箱38.78万标箱，杂货2552.62万吨，煤炭23827.90万吨。整个西港区占用城市中心黄金岸线4.5公里，煤炭输送能力却不足秦皇岛港吞吐能力的5%。随着城市的快速发展，港口规模的不断扩张，西港区设备已严重老化，无法满足现代化发展需求；主城区粉尘污染严重且临海不见海，近海不亲海，触发了百姓对岸线资源的强烈需求；同时，疏港铁路严重分割城市，造成交通承载压力巨大、城市建设成本过高的负面效应。为从根本上解决这些问题，2013年2月20日，省政府第一次常务会议正式确定实施西港搬迁改造工程。

一、西港搬迁改造工程带给海港区的战略契机

西港搬迁改造工程作为促进港城联动发展、临港产业结构优化升级和城市功能拓展提升的战略性抓手，对海港区经济及社会发展具有巨大的引擎带动作用。

有利于完善城市路网。民族路、文化路、红旗路、友谊路、西港路及新建设的经四路六条道路将南延伸至海岸，辅之横贯市区的金湾大街快速路及城市轻轨，将形成通畅快捷、运输能力强大的交通体系。

有利于提升城市功能。西港区的搬迁，将实现还海于市、还海与民，打造开放式亲海空间，建设独具海洋特色的娱乐设施和休闲活动区域。将建成集展览中心、剧院、超星级酒店、水上主题公园、大型购物商场等功能于一体的国际城市综合体，市民及游客将充分领略主城区的海洋魅力。

有利于改善城市形象。新城区将充分借鉴新加坡圣淘沙、美国曼哈顿、大连东港商务区的成功经验，引进国内外知名的景观设计公司，打造秦皇岛钻石级新高地，充分体现秦皇岛的活力、实力和魅力，实现城区即景区的完美融合。

有利于带动经济增长。新城区整体式出让和开发，为秦皇岛市提供最为稀缺的开发和投资空间，将成为新的城市CBD。同时，大临港产业腹地建设，为临港物流业、工业项目的落地提供坚实保障。西港搬迁改造初步预计建设投资达到2000亿元，将极大带动全区经济增长。

有利于经济结构转型。随着西港搬迁改造工程的不断推进，煤炭交易中心、保税区、出口加工区、现代物流业等临港产业将加速聚集，总部经济、商务会议、邮轮码头等各类业态将快速汇聚新城区。

有利于加快旧城村改造。西港搬迁改造工程涉及改造区域范围较大，包括河北大街以南主城区域和东港镇、海港镇、物流园区等13个村。此项改造工程的实施，将会加快海港区旧城村改造工作步伐，有力带动全区旧改工作的开展。

二、工程具体实施意向及范围

建设一个现代新港区。范围包括西起秦皇岛港煤五期、东至沙河口1.7公里海岸线。集中建设以杂货、集装箱为主的综合性港区，工程建设及相关配套投资估算约为200亿元。省交通厅将同步出资修建高速公路——港区支路1条。新港建成后，占地面积660.67公顷，形成12～15个生产泊位，年集装箱和散杂货吞吐量将分别达到200万标箱和3000万吨。届时，秦皇岛港的总吞吐能力将达到2.5亿吨以上，全面实现从能源大港向现代化综合性大港质的提升。通过西港区运输业务的转移和港口功能的转型，将形成新港区集疏港路网体系。

打造一个滨海新城区。由汤河、河北大街、新开河以及海域围合部分（包括填建钻石半岛）组成，占地面积为1200公顷，其中海滨路以北西港区周边改造范围7平方公里。按照“先地下，后地上”和“净地出让，详规挂牌”的原则，对西港区老城区实施综合开发改造，引入世界港口之窗、钻石半岛新地标、金湾摩尔、商贸峡谷、邮轮广场及游艇俱乐部等7大项目，建设集“总部经济、商贸金融、旅游休闲、滨海居住”等多功能于一体的国际一流滨海新城区。着力打造“国际领港、渤海金湾”品牌形象，争创低碳城市建设示范区。

开发一个临港新园区。依托临港优势，以毗邻港口的临港物流园区为腹地，规划39平方公里建设临港物流园。通过科学布局，建设关联度高、带动性强、辐射范围广的大临港产业聚集区，将来用于东、西港区企事业单位搬迁安置的新港区集装箱、散杂货堆场及保税区，形成秦皇岛市沿海发展增长带，将其打造成为秦皇岛市港城联动的核心枢纽、海洋经济发展的主要平台、临港产业发展的核心聚集区以及统筹城乡发展的现代化产业新区，形成河北省新的沿海经济增长极。

三、西港搬迁改造工程总体时间安排

2013年底前，西港区涉煤业务关停并启动涉迁单位搬迁、六项重点规划全部完成、东港区征地拆迁基本结束；2015年底前，清理出西港岸线、东港区新港建成投入使用、临港产业园区初具规模、滨海新城全面开发建设；2017年底前，现代化港口功能初步形成、临港产业园区蓬勃兴起、滨海新城初具形象。

四、西港搬迁改造工程启动

6月4日，满载2万吨煤炭的“帆顺999”号货轮离港，具有115年发展历史的秦皇岛港三公司煤炭运输码头结束其历史使命，河北省重点建设项目、秦皇岛市“一号工程”——秦皇岛港西港搬迁改造工程正式启动。西港区是秦皇岛港的发祥地。到2012年，西港区有生产泊位22个，年设计通过能力2445万吨。2006年，秦皇岛港首次提出西港东迁设想，得到省政府支持。2008年，秦皇岛市政府正式将西港东迁列入秦皇岛市布局调整工程，印发《西港东迁实施方案》。2010年7月，省政府召开专门会议，对西港东迁有关问题进行研究部署。2011年8月，省政府召开西港搬迁改造工程现场办公会，议定河北港口集团要统筹开发全省港口岸线资源，主导全省沿海新增港口建设，统筹秦皇岛港、唐山港、黄骅港三大港口的发展；边改造边搬迁，逐步推进西港煤炭码头退出。西港东迁工程正式改为西港搬迁改造工程。1月26日，省十二届人大一次会议《政府工作报告》将西港搬迁改造工程列为河北省2013年重点项目之一。2月20日，省政府常务会议原则通过《秦皇岛港西港搬迁改造方案》，市政府也将西港搬迁改造工程列为秦皇岛市一号工程，成立西港搬迁改造工程指挥部和相应工作机构，西港搬迁改造工程正式拉开帷幕，开始进入实质性启动实施阶段。

工程主要包括关停搬迁西港区、规划建设东扩港区和临港物流园区、建设滨海新城区。东扩港区将在西起煤五期、东至沙河口的1.7公里岸线建设以杂货、集装箱码头为主的大型综合性现代化新港区，把现在西港区杂货、集装箱生产业务搬迁至东扩港区。秦皇岛港在保持2亿吨煤炭下水量的前提下，将西港区煤码头（秦港三公司）关停退出1365万吨煤炭运能与东港区煤一、二期（秦港二公司）4200万吨煤炭运能整合外迁，集团将在唐山港或黄骅港新建5000万吨煤炭码头。秦皇岛港东港区煤一、二期码头将改造成为通用杂货码头，接纳西港区部分杂货运力转移，建设临港产业园区。对于实施搬迁后的西港区及周边老城区，按照“市政府规划、省政府批准、规范开发运作、收益用于搬迁改造和安置”的原则，实施综合开发改造，打造成为“特色休闲、商务会展、旅游度假、高端居住”等多功能为一体的国际一流滨海新城区。

（彭玉涛）

大事记

DASHIJI

1月

1日

○ 区委书记冯志永，区委副书记、区长冯国林发表元旦献词。代表中共海港区委、海港区人民政府，向全区人民致以新年的祝福！向奋战在各条战线的同志们致以诚挚的问候！向所有关心、支持港城发展的各界友人表示衷心的感谢！

3～6日

○ 中国·秦皇岛“乔氏杯”首届中式八球大师邀请赛总决赛在市奥体中心体育馆举行。“台球皇帝”史蒂芬·亨德利等8位国际上享负盛名的台球大师与8位国内中式八球顶级高手为中式八球历史上首个总冠军展开激烈争夺。本届中式八球大师邀请赛总决赛由省体育局、市政府主办，CCTV5进行4天超过10个小时的录播和直播。

6日

○ 秦皇岛港累计完成吞吐量2.63亿吨，连续7年突破2亿吨。

7日

○ 中共海港区委九届四次全委（扩大）会议暨经济工作会议在秦皇岛大酒店召开。全会听取区委书记冯志永受区委常委会委托作的工作报告，区委副书记、区长冯国林作经济工作报告。区委副书记高立明传达中共河北省委八届三次全会、中共秦皇岛市委十一届四次全会以及省、市经济工作会议精神。

8日

○ 全区召开新任副科级以上领导干部廉政谈话会议，对2012年7月以后新提拔、新任职的64名副科级以上领导干部进行廉政教育。

9日

○ 全市首家“爱心停留站”在西港路街道玉龙湾社区正式挂牌。

11日

○ 市住房保障和房产管理局在市文化广场举行保障性住房公开摇号销售活动。一次性公开摇号销售1606套保障性住房，包括归提寨、杨道庄1122套限价房和东李庄484套经济适用房，为全市规模最大。市领导马宇骏、王文钊、肖明地出席活动。

22日

○ 全区学习贯彻中共十八大精神轮训班开班仪式在区房产局6楼会议室举行，拉开全区学习贯彻中共十八大精神的序幕。

25日

○ 全区学习贯彻中共十八大精神知识竞赛决赛在秦皇岛电视台“星光乐园”演播室举行。区委书记冯志永、区政协主席杨永会等领导现场观看比赛。

26日

○ 为期40天的全市春运拉开序幕。

28日

○ 冯志永、冯国林、张国林等区领导先后走访慰问部分优秀人才和老党员。

29日

○ “云纹琉璃大缸”吉尼斯世界纪录认证仪式在北部工业区的君鼎科技开发有限公司举行。吉尼斯世界纪录认证官程东宣布“云纹琉璃大缸”高度0.9米、上沿内径1.02米、底部内径0.63米，为世界上最大的琉璃大缸，创立一项新的吉尼斯世界纪录，并颁授证书。

30日

○ 2013年“红十字博爱送温暖”活动启动仪式在海阳农副产品批发市场门前举行。副市长张经华出席活动启动仪式，并走访慰问特困户。仪式后，6辆货车满载米、面等过节物资分赴各县区为2000户困难群众送去市委、市政府的关心。

31 日

○ 区委副书记、区长冯国林走访慰问百岁老人、孤儿、低保户和优抚对象，送上新春的问候及慰问品、慰问金。

是月

○ 2012 年，全区累计引进内资 30.68 亿元，完成区定全年任务（26 亿元）的 118%，同比增长 33.6%，全市排名第三位。实际利用外资 2.17 亿美元，完成区定全年任务（1 亿美元）的 212%，完成市定全年任务（2.1 亿美元）的 102%，同比增长 34%，全市排名第一位。

○ 2012 年，全区新增就业 7281 人，超额完成全年目标任务。

○ 2012 年，全区旅游收入创历史新高。全年接待游客 478 万人次，同比增长 29%；实现旅游总收入 39.3 亿元，同比增长 34%。

○ 在 2012 年度国家环保宣教中心“国际生态学校绿旗荣誉学校”评比中，白塔岭小学凭借长期开展的生态教育和承担国际生态学校《箭牌垃圾减量》项目获国际生态绿旗学校称号。

2 月

1 日

○ 海港区举行各界人士迎新春联谊会。区委书记冯志永讲话，区委副书记、区长冯国林通报 2012 年国民经济和社会发展情况。

3 日

○ 海港区在文化广场举办 2013 年新春团拜会暨新春联欢会。冯志永、冯国林、高立明、张国林、鲁栋、杨永会等区领导和干部群众欢聚一堂，同贺新春。

5 日

○ 2013 年首届秦皇岛市少儿春节晚会在市文化广场演播厅举办。

23 ~ 25 日

○ 第三届港城民俗文化庙会在人民广场举行。庙会由市委、市政府主办，市委宣传部、市城管局、海港区委、海港区政府承办。庙会以“金蛇祈福又一春”为主题，包括花灯、非物质文化遗产、民俗表演、民间艺技绝活、特色年货街、游戏互动等内容。市人大常委会副主任蔡运国，市政府副市长邢留逮，市政协副主席霍兴文，区委书记冯志永，区委副书记、区长冯国林，区委副书记张国林等市、区领导与市民一起将写有美好祝愿的 2013 个祈福气球放飞。

28 日

○ 召开海港区深化加强“基层建设年”活动暨维护社会稳定工作会议。选派 357 名领导干部和年轻干部进驻 6 个村和 13 个社区进行重点帮扶，其他基层单位为一般帮扶单位。区委副书记、区长冯国林主持会议，区委书记冯志永讲话。

是月

○ 海港区率先在全市设立农村教师基金会。区财政专项列支 850 万元作为农村教师基金，纳入年初专项公用经费预算，用于改善农村教师待遇。

3 月

1 日

○ 区委书记冯志永到海港镇和东港镇铁路护路执勤岗站,实地检查“两会”期间铁路护路工作。

12 日

○ 召开“树正气、讲团结、聚合力、促发展”大讨论活动动员会。从 3 月开始,利用 3 个月时间，在全区开展“树讲聚促”大讨论活动。区委书记冯志永讲话。

○ 北环路街道军工里社区与第五中学，成立全市首家学生德育与社会实践基地，学生走出校园融入社区，通过参加社会实践接受德育教育。

14 日

○ 省委常委、市委书记田向利在市委常委、秘书长刘辰彦的陪同下到海港区调研。田向利要求，海港区要在做大总量、增强实力上走在前列；要在做美城市、提升形象上走在前列；要在做实民生、促进和谐上走在前列；要在做好表率、带好队伍上走在前列。

16 日

○ 区委、区政府组织开展全区范围定期义务劳动。区委书记冯志永，区委副书记、区长冯国林等区领导参加劳动。

21 日

○ 区第九届纪律检查委员会第三次全体会议召开，对党风廉政建设和反腐败工作进行安排部署。明确 2013 年重点工作：以严明党的政治纪律为重点，坚决保障政令畅通；以落实“八项规定”为重点，着力推进作风建设；以加强案件查办工作为重点，切实维护群众利益；以推进惩防体系建设为重点，筑牢源头反腐防线；以加强队伍自身建设为重点，全面提升工作水平。

23 日

○ 第二届海子诗歌艺术节在东北大学秦皇岛分校开幕。全国各地的著名诗人、文学评论家、翻译家及美国、英国、以色列的海外诗人出席开幕式并进行研讨。

○ 晚 8 时 30 分，东北大学秦皇岛分校、燕山大学等驻秦皇岛高校的学生响应“地球一小时”活动，纷纷熄灭宿舍灯光，为保护地球母亲贡献力量。

29 ~ 31 日

○ 海港区政协第八届委员会第二次会议在文化广场剧场召开。会议由区政协第八届委员会常务委员会主持。出席会议的政协委员 211 人，因事、因病请假 19 人。

区委书记冯志永代表中共海港区委讲话，对八届区政协的工作给予充分肯定，对进一步做好政协各项工作提出新的希望和要求。

会议听取并审议通过杨永会代表区政协第八届委员会常务委员会所作的工作报告、张素珍代表区政协第八届委员会常务委员会所作的八届一次会议以来提案工作情况的报告、会议提案审查情况的报告和政治决议。委员们列席区人大十四届二次会议，听取和协商讨论《海港区人民政府工作报告》《关于海港区 2012 年国民经济和社会发展计划执行情况与 2013 年国民经济和社会发展计划（草案）的报告》《关于海港区 2012 年财政预算执行情况和 2013 年财政预算（草案）的报告》，并就经济社会发展中的重要问题进行协商讨论。

会议补选敬卫兴为政协海港区第八届委员会秘书长。

30 日 ~ 4 月 1 日

○ 海港区第十四届人民代表大会第二次会议在文化广场召开。会议应出席代表 269 人，实出席 248 人。

会议听取和审议区人民政府区长冯国林所作的《海港区人民政府工作报告》，区发展改革局局长苏文胜《关于海港区 2012 年国民经济和社会发展计划执行情况与 2013 年国民经济和社会发展计划（草案）的报告》（书面），区财政局局长印洪《关于海港区 2012 年财政预算执行情况和 2013 年财政预算（草案）的报告》（书面），区人大常委会主任鲁栋所作的《海港区人民代表大会常务委员会工作报告》，区人民法院院长董宝军所作的《海港区人民法院工作报告》，区人民检察院检察长陈巍所作的《海港区人民检察院工作报告》。会议通过上述各项报告，并作出相应的决议。

会议补选张磊、高凡为海港区人民代表大会常务委员会委员。选举海港区出席秦皇岛市第十三届人民代表大会代表 102 人。

会议收到代表建议 68 件，代表建议办结率 100%，满意率 100%。

是月

○ 海港区人民法院党组成员、民一庭庭长杨超作为全市唯一推荐的法官被评为全国优秀法官，受到最高人民法院表彰。

○ 全区完成种粮农民粮食直补和农资综合直补补贴资金发放工作。涉及 77 个村、1.54 万户农民，种粮面积 3711.96 公顷，安排补贴资金 352.17 万元，其中：粮食直补资金 39.98 万元、农资综合直补资金 312.19 万元。

4 月

12 日

○ 省质量技术监督局公布 2012 年河北省名牌产品等质量奖项名单,全区有 10 家企业获奖。其中,五粮液大酒店有限公司第一分公司、艾欣商贸有限公司、秦皇岛交通运输局、龙腾长客运输有限公司、国际旅行社有限公司、金屋物业管理有限公司、方圆港湾工程监理有限公司等 7 家企业获河北省服务名牌;秦皇岛图书馆获河北省服务质量奖;美盛化肥(秦皇岛)有限公司生产的掺混肥料产品和华电测控设备有限公司生产的平衡容器产品获河北省优质产品。全区有在有效期内的中国名牌产品 2 项;河北省名牌产品 6 项,河北省优质产品 6 项,河北省质量效益型先进企业 1 家,河北省服务品牌 14 项,河北省服务质量奖 4 项。

18 日

○ 区政协开展“绿化家园,营造民主团结林”活动。栽植的 300 多株银杏树由区政协委员捐赠树款,区政协统一购买。市政府副市长、区委书记冯志永,区委副书记、区长冯国林,区委副书记张国林,区政协主席杨永会等区领导参加植树活动。

19 日

○ 海港区特邀中国人力资源开发研究会会长、国家发展和改革委员会宏观经济研究院研究员、教授刘福垣作“宏观经济形势与政策分析”专题讲座。

23 日

○ 经市残联、市卫生局批准,秦皇岛慈善医院、海港医院、市第二医院、市工人医院、秦皇岛经济技术开发区医院、市北戴河医院、卢龙县医院、抚宁县中医院、青龙民族医院等 9 家医院正式成为首批残疾人定点医院,5 月 1 日挂牌服务。

24 日

○ 西港镇公富庄村党支部在四川省雅安市发生里氏 7.0 级地震后,向村民代表及辖区企业发出捐款倡议,募集捐款 8.55 万元。

28 日

○ 全区开展以“国家安全与国防义务”为主题的宣传贯彻落实国防教育法集中宣教活动。

5 月

3 日

○ 区委书记冯国林针对“基层建设年”活动开展情况到西港路街道桥东里社区、海阳镇大苇芝港村、西港镇大乐安寨村调研。

○ 区委副书记、代区长霍春利到海港镇调研,要求海港镇发挥自身“城中镇”位置优势,按照“建、转、稳、商”的发展思路布局谋篇,使全镇经济和各项事业不断发展进步。

11 日

○ 市委副书记、市长商黎光看望道德模范刘光胜和平民偶像张立秋,送上鲜花和慰问金。副市长冯志永,市政协副主席刘建军,区委书记冯国林,区委副书记、代区长霍春利参加。

13 日

○ 全区举办为期 5 天的领导干部思想政治素质提升工程——社区街道干部培训班,对 51 名街道科级干部和 31 名社区干部进行培训。

14 日 ~ 6 月 23 日

○ 全区各食品安全监管部门开展以打击假冒牛羊肉、注水肉、病死畜禽等各类有毒有害肉类及肉制品为重点内容的肉类及肉制品专项治理行动。

16 ~ 19 日

○ 海港区代表团参加廊坊国际经济贸易洽谈会。在秦皇岛·北戴河新区投资环境说明会上,华信综合物流城等 4 个项目成功签约,总投资达 170 亿元。其中,投资总额估算 95 亿元的圆明山文化旅游开发项目、总投资 10 亿元的华信综合物流城项目由北京欣正和国际投资有限公司、邯郸华信集团分别与区政府和临港物流园区签约。在与秦皇岛市签署的战略合作框架协议中有2个项目落户海港区，分别是：总投资50亿元万达集团建设的万达广场项目、总投资15亿元北京世贸中天集团建设的城市综合体项目。

23日

○ 海港区与河北港口集团有限公司签署港区战略合作框架协议，携手推进西港搬迁改造工作。区委副书记、代区长霍春利与河北港口集团有限公司总经理李敏签署港区战略合作框架协议。

24日

○ 区人武部召开党委第一书记任命大会。秦皇岛军分区司令员马忠代表军分区党委宣布任职决定：中共海港区委书记冯国林任海港区人民武装部党委委员，党委第一书记。

25日

○ 第九届世界徒步大会在西浴场海韵广场举办，世界各地近5000名徒步爱好者参加大会。市领导刘文杰、冯志永、王桂鹏出席开幕式。

26日

○ 河北燕达集团在海港区投资680亿元建设秦皇皓月城项目。省委常委、市委书记田向利，市委副书记、市长商黎光会见河北燕达集团董事长李怀。市区领导马宇骏、刘辰彦、邢留逮、冯国林、霍春利参加会见。

29日

○ 区委书记冯国林，区委副书记、代区长霍春利带领相关部门负责人到华信现代综合物流园、华润雪花啤酒退城进郊和北方汽配物流城等项目建设实地查看，了解项目进展情况及存在问题。

30日

○ 区委副书记、代区长霍春利带领相关部门负责人，实地查看东港路到秦皇东大街道路沿线环境整治情况。

31日

○“城乡环境整治百姓监督”活动启动仪式在乐购门前广场举行。区委副书记、代区长霍春利出席启动仪式。全区面向社会招募41名“城乡环境整治百姓监督员”。

是月

○“五一”期间，全区接待游客16.35万人次，同比增长16.78%；实现社会旅游总收入1.37亿元，同比增长18.1%。

○ 全区举行秦皇岛市2013年侵权盗版及非法出版物集中销毁活动。销毁盗版及非法图书、报刊及音像制品、电子出版物共计5000多册（盘）。

○ 海港区作为全国舆情信息直报点，被中宣部授予2012年度全国舆情信息工作先进单位称号。海港区连续6年获此殊荣。

○ 全区春季学期发放免费教科书及教辅书11.3万册，价值75万元。1.27万名农村义务教育阶段学生和524名城市区义务教育阶段贫困生受益。

6月

2日

○ 区委书记冯国林，区委副书记、代区长霍春利先后到东港镇、临港物流园区、北港镇、北部工业区、海阳镇督导检查环境整治进展情况。

4日

○ 区委书记冯国林，区委副书记、代区长霍春利调研秦皇皓月城项目。了解项目进展情况，就项目建设中存在的搬迁企业安置、失地农民养老保险等问题与相关部门进行研究讨论，提出指导性意见。

6日

○ 中国乒乓球民间争霸赛华北赛区决赛在奥体中心举行。市委副书记、市长商黎光，国家乒乓球队原总教练许绍发为比赛开球。省委常委、市委书记田向利，市委常委、秘书长刘辰彦，副市长冯志永为6位“球王”颁奖。

○ 市委常委、纪委书记郝占敏到瑞通车城、家惠超市等企业就非公有制企业防治腐败工作进行调研。区委副书记、代区长霍春利等区领导陪同。

7日

○ 省委常委、市委书记田向利到海港区检查城市环境容貌综合整治进展情况。

8日

○ 省委常委、市委书记田向利到金梦海湾、西浴场、秦皇半岛就重点城市建设项目进行调研。市委常委、秘书长刘辰彦，区委书记冯国林陪同。

○ 海港区作为全省舆情信息直报点，被省委宣传部授予“2012 年度全省舆情信息工作先进单位”称号。海港区已连续 10 年获此殊荣。

9日

○ 区委书记冯国林等区领导及相关单位负责人在海港区分会场收看省、市实施农村面貌改造提升行动推进电视会议。

10日

○ 京津冀三地龙舟对抗赛暨秦皇岛市第二届龙舟大赛在大汤河开赛。市领导商黎光、曹子玉、刘文杰、冯志永、王桂鹏出席开幕式并为参赛龙舟的龙头点睛。北京、天津、河北三地的 38 支龙舟队伍参加比赛。

○ 由区委、区政府主办，金屋集团协办的以“建设美丽港城放飞激情梦想”为主题的慈善公益活动在奥体中心体育馆举行。金屋集团向海港区慈善事业捐款 500 万元。市领导商黎光、李秦生、杨宏、曹子玉、王亚洲、张经华、冯志永，区领导冯国林、霍春利、高立明、鲁栋、杨永会等参加活动。

15日

○ 举行第四届“平安志愿者”暨服务暑期誓师大会主题活动。临港产业聚集区管委会主任、区委副书记高立明主持。市委常委、政法委书记曹子玉作重要讲话，区委书记冯国林代表区委、区政府致辞。市人大常委会副主任高坤元、市政协副主席霍兴文等领导及全区各镇、园区、街道、行业系统和企业的 1700 多名平安志愿者参加主题活动。

18日

○《中国梦·家乡情》书画、篆刻、摄影大赛作品展在市文化广场举办。市委常委曹子玉主持开展仪式。全国政协原副主席张思卿，省委常委、市委书记田向利，省委原常委、石家庄市委书记陈来立，省政协原副主席武四海，市委副书记、市长商黎光共同启动作品展。

○ 市委常委、副市长邢留速，区委书记冯国林，区委副书记、代区长霍春利等市、区领导与迎秋里实验学校的学生家长和学生代表共同启动“小手拉大手，让我们的城市美丽起来”系列主题活动。

19日

○ 秦皇岛市“我的梦·中国梦”百姓宣讲团首场报告会在秦皇岛日报社报告厅举行。市委常委曹子玉、市政协副主席王桂鹏出席报告会。宣讲团成员由全市各县区、各单位的基层普通百姓组成。

22日

○ “我为港城添美丽”城市环境容貌综合整治义务劳动在人民广场启动。省委常委、市委书记田向利，市委副书记、市长商黎光，市委副书记杨泰安，市人大常委会主任李秦生，市政协主席杨宏等领导参加劳动。

○ 全区 1000 多名干部职工分别到河北大街、建设大街、文化路、民族路等主次干道义务劳动，集中清理环境卫生。区委副书记、代区长霍春利参加劳动。

25日

○ 全区开展火灾事故应急演练，检验各单位应对突发性事故的处置能力和综合协调能力。

26日

○ 召开 2013 年度征兵工作会议，征兵时间由往年冬季调整为夏秋季。区征兵领导小组组长、区委副书记、代区长霍春利出席会议并讲话。

27 日

○ 市委副书记、市长商黎光到河东街道工人南里社区慰问老党员薛志喜。

○ 市人大常委会副主任高坤元、刘志新、刘文杰、张增振到胜利村、新征南里小区和秦皇皓月城项目展示中心，视察老旧小区环境整治及村庄改造项目。区委书记冯国林，区委副书记、代区长霍春利，区人大常委会主任鲁栋等区领导参加视察。

28 日

○ 秦皇岛市商业银行举行成立 15 周年暨更名揭牌庆典，正式更名为秦皇岛银行。

○ 以“中国梦・我的梦”为主题的海港区彩色周末活动在金海湾浴场开幕。区委书记冯国林、区委副书记高立明、区人大常委会主任鲁栋、区政协主席杨永会等区领导观看演出。

29 日

○ 省委常委、市委书记田向利到东港镇卸粮口村慰问老党员王恩元，市委常委、秘书长刘辰彦，市委常委、组织部部长陈书增陪同慰问。

是月

○ 庆“七一”23 部优秀专题片在全区展播。

○ 市中医院糖尿病科被卫生部确立为国家临床重点专科建设项目，实现全市卫生系统零突破。

○ 9 月 1 日，全国中小学学籍管理信息系统将建成并投入使用。届时每名中小学生都要建立电子学籍档案，每名学生将拥有全国唯一、终身使用的学籍编码，学生在不同教育阶段的学习经历与学籍档案相关联，实现对学生就学过程全程化信息管理。

7 月

1 日

○ 全区组织收听收看河北省深入开展党的群众路线教育实践活动动员视频会议。区委书记冯国林，区委副书记、代区长霍春利，区委副书记高立明，区人大常委会主任鲁栋，区政协主席杨永会等区领导参加会议。

2 日

○ 区委书记冯国林，区委副书记、代区长霍春利，区委副书记高立明，区人大常委会主任鲁栋，区政协主席杨永会等区领导到北戴河专程慰问工作在暑期一线的支暑干警和参暑人员。

3 日

○ 召开全区农村面貌改造提升行动动员大会。区委副书记、代区长霍春利主持会议，区委书记冯国林讲话。

9 日

○ 秦皇岛航崎朔商贸有限公司员工为新世纪高中“宏志班”30 名同学每人赠送 500 元助学金和书包等学习用品。

11 日

○ 以“沿海强区美丽港城”为主题的 2013 年中国・河北秦皇岛海港区投资环境说明会在新加坡香格里拉大酒店举行。委托招商合作协议和世贸城市综合体项目投资协议、大润发城市综合体项目投资协议、沙河生态文化旅游综合开发项目等 3 个重点项目正式签约，总投资 98 亿元。副市长冯志永、区委书记冯国林分别致辞。

11 ~ 12 日

○ 副市长冯志永、区委书记冯国林一行考察团赴新加坡招商学习。在新加坡香格里拉大酒店参加城市经济发展论坛，与新加坡大学讲师进行沟通和交流，参加投资环境说明会活动的媒体见面会；会见中国驻新加坡大使馆领事参赞刘红梅和新加坡中国商会副会长、教授潘国驹及新加坡企业界和商界代表。

14 日

○ 区委副书记、代区长霍春利带领区安监局、建设局、水务局、食安办、消防大队等部门负责人，到港城早市、北港镇石科子塘坝、一粟食品、广缘超市、解放里小区等地就安全生产、食品安全、防汛工作进行全面检查。

15 日

○ 秦皇岛火车站正式投入使用。

16 日

○ 区委副书记、代区长霍春利就全区环境卫生综合整治工作进展情况进行检查。重点对秦皇小区、东光里小区、大马坊河、富新路、孙庄村、龙家营村、南王庄村、金港花园等地进行实地查看，并提出具体意见。

17 ~ 19 日

○ 区教育系统举办校（园）长、书记培训班，170 多名校级干部参加培训。

22 日

○ 副省长杨汭到白塔岭街道和河北科技师范学院调研征兵工作。市委常委、秦皇岛军分区政委傅永国，市委常委、常务副市长马宇骏，区委副书记、代区长霍春利等市、区领导陪同调研。

24 日

○ 区委书记冯国林、区委副书记张浩等区领导到北港镇东连峪村、西连峪村调研农村面貌改造提升行动开展情况。

26 日

○ 省委常委、市委书记田向利就农村面貌改造提升行动到西港镇归提寨村、新店子村和北港镇东连峪村、西连峪村实地考察。

31 日

○ 区委书记冯国林，区委副书记、代区长霍春利，区委副书记高立明等区领导到电动车市场、特色小吃街、天开市场、逸城便民市场等地调研市场建设。

是月

○ 第二中学与嘉远电子城之间的过街天桥工程开工建设。

○ 全区选派 11 名教师到青龙满族自治县援教。

○ 全市首家平安志愿者警务服务站在海滨路街道挂牌成立。

○ 全市首家社区科普展览馆在东环路街道燕海里社区成立。

○“八一”建军节前夕，区委书记冯国林、区委副书记高立明、区人大常委会主任鲁栋等区领导到驻区部队走访慰问。

○ 全区正式启动农村公路绿色廊道建设，利用 3 年时间完善农村公路沿线生态绿化体系，集中清理违法建筑、非公路标志。

○ 全区 7 个科技项目和 80 名科技人员获市级奖励。海港医院的“盐酸氮卓斯汀鼻喷联合激素治疗哮喘的临床观察”和燃气总公司的“钢制管件三 PE 防腐技术”2 个项目获市级科技进步二等奖，海港医院的“脊柱转移瘤外科治疗的临床疗效”等 5 个项目获得市级科技进步三等奖。18 名项目研发人员获得市级科技进步二等奖，62 名项目研发人员获得市级科技进步三等奖。

8 月

3 日

○ 由市体育局、市广播电视台共同主办的 2013 年“全民健身日”启动仪式暨纽崔莱健康跑活动在西沙滩浴场举行，5000 多名健身爱好者快乐开跑。市人大常委会副主任刘文杰、副市长冯志永、市政协副主席王桂鹏出席。

○ “香港嘉里建设 · 海碧台”第三届港城沙滩音乐节在金梦海湾海碧台项目前沙滩开幕。Peper Memory、Back、黑薄荷、宿醉、石狮子、Carry、New Ground 等 7 支国内知名乐队齐聚海滩，为中外游客带来满溢现代之音的“音乐盛宴”。副市长冯志永，区委副书记、代区长霍春利，区委副书记张浩等市、区领导观看演出。

5 日

○ 住房和城乡建设部部长姜伟新实地考察归提寨限价商品房项目、西港搬迁改造工程西港区现场、秦皇岛火车站站前广场改造项目、秦皇植物园、秦皇岛规划发展馆等城市建设重点项目。省住房和城乡建设厅厅长朱正举，市委副书记、市长商黎光，市委常委、常务副市长马宇骏陪同考察。

7日

○ 区委书记冯国林，区委副书记、代区长霍春利到幸福里小区、红光北里小区、燕海东里小区、文明里小区等老旧小区实地调研物业管理工作。

○由区文体广新局主办的海港区2013年全民健身日暨“金屋秦皇半岛杯”健身舞展示大会在人民广场举行，镇、街16支代表队、1300多人参加。

8日

○ 区委副书记、代区长霍春利到沙河东付店段、新开河小高庄段、大汤河徐庄段、小汤河孙庄段等地检查入海河流综合治理工作。

9日

○ 区委副书记、代区长霍春利到西港镇和西四村拆迁改造指挥部就西部片区改造、文昌里片区征收工作进行调研。区政协主席杨永会等区领导参加。

14日

○ 著名相声艺术家于海伦代师（王长林）收邓韬、孙勇拜师仪式在海军东山宾馆举行，赵连甲、李金斗、张文甫、于海伦、牟洋等表演艺术家出席。

15日

○ 省委书记周本顺到北港镇东连峪村、西连峪村考察村民中心等基础设施建设、村庄绿化美化等情况，并随机走访农户，查看民居节能改造情况。省委常委、秘书长景春华，省委常委、市委书记田向利陪同。

○ 第四届道德模范暨2013年度平民偶像颁奖典礼在西浴场举行。市领导田向利、刘辰彦、曹子玉、刘宝岐、冯志永为25名道德模范和50名平民偶像颁发证书。

16日

○ 举行“美丽港城、文明筑梦、情系城市美容师”暨秦皇岛关爱环卫工人子女“家乡游”志愿服务活动启动仪式。区委书记冯国林等领导出席。

17日

○ “国际汽配城”港城首届汽车文化节在秦皇岛国际汽配城南广场开幕，8月17日～9月22日，每逢周六、日举行。文化节邀请20多家汽车品牌和40家汽配商家参展。

20日

○ 市委副书记、市长商黎光就保障性住房建设情况，到西港镇归提寨村、杨道庄村、公富庄村现场调研。

○ 全区举行2013年度“慈善一日捐”活动启动仪式。是日，党政机关工作人员募集善款12.9万元。冯国林、霍春利、高立明、张浩、鲁栋、杨永会等区领导参加捐款。

○ 区委书记冯国林主持召开汤河东岸景观及海阳中小学规划设计方案汇报会议。霍春利、高立明等区领导参加会议。

21日

○ 全区农村面貌改造提升行动东连峪村、西连峪村现场会在北港镇政府召开，区委副书记、代区长霍春利讲话。

28～29日

○ 由区委、区政府主办，海阳镇和区文体广新局联合承办，海阳农副产品批发市场协办的海港区第三届“海阳农副产品批发市场杯乒乓球比赛”在晨砻文体中心举办。60支代表队，300多名运动员参加比赛。海阳镇代表队、法院代表队分别获男子公开组合机关组团体第一名，海阳镇代表队、区卫生局代表队分别获女子公开组合机关组团体第一名。

是月

○ 海港区面向社会公开招聘中小学及幼儿园教师90人，除2人自动放弃外，88人已分配到城区各中小学。

○海港区成为全国161个慢性疾病监测点之一。

9月

副书记、代区长霍春利等市、区领导参加开工仪式。

1日

○ 国土资源部部长姜大明到秦皇岛港调研西港搬迁改造工程。省委常委、市委书记田向利，副省长张杰辉，省国土资源厅厅长张绍廉，市委副书记、市长商黎光，市委常委、常务副市长马宇骏，市委常委、副市长邢留逮等陪同。

3日

○ 区委书记冯国林主持召开区委理论中心组学习（扩大）会议，专题学习长篇通讯《同呼吸才能心相印——习近平在正定工作期间坚持群众路线纪实》，围绕抓好群众路线、加强作风建设、整治“四风”问题，谈体会、议作风、找差距、谋发展。

4日

○ 全区举行2013年进藏、进疆新兵欢送动员大会。

7日

○ 海港区举行2013年重点项目集体开工仪式，总投资42.6亿元的14个项目正式动工。分别是投资6亿元的华润雪花啤酒搬迁扩能项目、投资2.5亿元的中岩新型蒸压加气混凝土砌块项目、投资2.2亿元的中运机械加工项目、投资4800万元的紫东化工项目、投资3650万元的航驰船舶机械加工项目、投资12亿元的华信综合物流城项目、投资3亿元的奥通钢材物流配送项目、投资2.06亿元的秦皇岛国际汽配城项目、投资2亿元的成东物流仓储配送项目、投资1.2亿元的宏印汽车展销园项目、投资1亿元的士伏配送中心项目、投资1亿元的秦皇岛港物流服务园项目、投资1亿元的虎跃汽车销售维修项目、河北燕达集团投资7.9亿元的秦皇皓月城基础设施工程。市委常委、常务副市长马宇骏宣布重点项目开工。市委常委、副市长邢留逮，市人大常委会副主任张增振，副市长孙国胜，市政协副主席裴晓鹏，区委书记冯国林，区委副书记、代区长霍春利等市、区领导参加开工仪式。

10日

○ 海港区举办庆祝第29个教师节“潜心从教、真心育人”表彰活动，对30名优秀教师、模范班主任和师德标兵进行表彰。区委书记冯国林讲话。

13日

○ 全区召开2013年着力改善发展环境警示教育暨巡查工作推进大会，通报全区机关效能建设明察暗访情况，并就全区干部队伍作风建设和实现巡查工作常态化进行安排部署。区委副书记、代区长霍春利主持会议，区委书记冯国林讲话。

15日

○ 连峪山庄开园暨北朝长城登山启动仪式盛装开幕。市人大常委会副主任刘志新，副市长冯志永，市政协副主席宋占禹，区委书记冯国林，区委副书记、代区长霍春利，区委副书记高立明、张浩，区政协主席杨永会等市、区领导参加启动仪式。

16日

○ 省委常委、市委书记田向利到秦皇岛国际汽配城、兴龙商贸物流中心、华信现代综合物流园、民族路北延伸二期工程、民族路上跨京山铁路桥工程等重点项目实地调研。

18日

○ 秦皇岛市主城区纪念第13个全民国防教育日暨少年军校成果展示观摩活动在迎秋里实验学校举行。市领导傅永国、曹子玉、高坤元、霍兴文出席活动。

23日

○ 市委副书记、市长商黎光，副市长孙国胜、张锋一行考察新建电动车市场、新征南里老旧小区物业管理、华信物流项目、民族路北延伸及圆明山文化旅游产业聚集区建设、博硕光电项目等。

24 ~ 27 日

○"2013 年海港区 · 北京招商周"活动在北京启动。区委副书记、代区长霍春利参加活动。

28 日

○"美丽港城 · 从我做起"爱国卫生运动在第八中学开幕。区委书记冯国林宣布活动启动，区委副书记、代区长霍春利讲话。区委副书记张浩，区人大常委会主任鲁栋，区政协主席杨永会参加启动仪式。

30 日

○ 召开全区干部大会，专题学习传达中共中央总书记习近平在省委常委班子民主生活会上的讲话精神，并就组织全区党员干部深入学习贯彻总书记重要讲话精神，推进全区经济社会发展进行安排部署。市委副书记、市长商黎光出席会议，区委书记冯国林主持会议。区委副书记、代区长霍春利，区委副书记高立明、张浩，区人大常委会主任鲁栋，区政协主席杨永会等区领导参加会议。

是月

○ 区教育局在明珠学校举办 2013 中华经典诵读大赛，中小学 300 多人编排 71 个节目参加比赛。新生路小学的《三峡》、建设路小学的《满江红》、迎宾路小学的《读唐诗》、新一路小学的《少年中国说》等 12 个节目获比赛一等奖。

○ 宝润生态园有限公司"蓝莓种植技术推广项目"获 2013 年农业科技成果转化资金项目计划立项，获 6 万元的资金支持。桑格电气控制设备有限公司的"软稳高频高压静电除尘电源"获 2013 年省科学技术研究与发展计划 20 万元的资金扶持。

○ 从秋季新学期开始，全区实施义务教育阶段学校学生家庭作业公示制度，先期确定 14 所试点学校，分别为第二中学、第四中学、第九中学、姚周寨中学、建设路小学、迎宾路小学、东华里小学、铁新里小学、光明路小学、文化里小学、东港里小学、东山小学、和美实验学校、小高庄小学。

○ 9 ~ 12 月，开展"吃空饷"专项治理工作，重点清理在编职工离职、开除、辞退、非组织选派自行离岗学习、长期病事假、长期旷工、已故或失踪、违规停薪留职，但未办理核销（减）工资手续，仍在原单位正常领取工资福利人员；按规定应办理而未办理退休手续，以及办理退休手续，但仍按在编职工领取工资人员；离休、退休、退职职工已故或失踪，其家属或利害关系人仍代领离休费、退休费或退职生活费人员；离休、退休职工从社会保险机构领取养老保险金，又同时从财政领取离休费、退休费人员；受党纪政纪处分、被司法机关羁押和受到刑事处罚未按规定进行工资核销（减）人员；享受遗属补助的人员已不具备享受补助规定条件，仍继续领取补助的人员；虚报多领、冒领职工工资福利和对个人家庭补助的单位和人员；其他已经不具备直接从财政领取补助条件、仍继续领取补助的人员等 8 类人员。

10 月

9 日

○ 区委书记冯国林等区领导就开展党的群众路线教育实践活动到西港镇实地调研。

11 日

○ 区城管局联合区卫生局对全区 40 多家医疗卫生机构及个人诊所的医疗废物管理情况进行专项检查。

13 日

○ 秦皇岛市第六届运动会在市奥体中心开幕。省委常委、市委书记田向利宣布运动会开幕，市委副书记、市长商黎光致辞。

15 日

○ 秦皇岛市首家"侨胞服务站"挂牌仪式在燕山街道天洋新城社区举行。

18 日

○ 召开区委中心组（扩大）集中学习会，特邀省委党校教授杨东广为区委中心组（扩大）成员进行专题讲座，集中学习贯彻习近平总书记在指导河北省委常委班子专题民主生活会上的重要讲话精神，进一步加强对讲话的理解、把握和贯彻。区委副书记高立明主持会议并讲话。区委副书记、代区长霍春利，区人大常委会主任鲁栋等领导参加会议。

○ 河北省首家专门面向残疾人开展教育的挂牌学院——秦皇岛市残疾人教育学院成立，揭牌仪式在秦皇岛广播电视大学举行。副市长王亚洲出席仪式并讲话。

22 日

○ 全区第三次经济普查工作全面启动。普查的调查时点为 2013 年 12 月 31 日零时。普查首次使用电子地图，手持 PDA（手持数据采集器）设备对所有普查对象现场定位、拍照、采集数据。

○ 萃文中学举行河北省教育科学“十二五”规划重点课题《初中高效课堂教学模式建构研究》开题仪式。并获河北省教学科学规划小组办公室“十二五”2013 年重点资助经费课题立项。

26 日

○ 全省第十五个“环卫工人节”。区城管局开展以“环卫工人休息、城管队员上岗，尊重环卫工人、学习奉献精神”为主题的义务劳动，并为环卫工人发放慰问品。区委副书记高立明代表区委、区政府到环卫工人之家看望环卫工人。区城管局 600 多名机关干部代替环卫工人打扫市内主次干道 24 个路段的卫生。

26 ~ 28 日

○ 以新加坡中国商会会长林清荣为团长的新加坡企业家商务考察团一行 16 人到海港区进行商务考察，考察行业涉及贸易、金融、机械、现代服务业等多个领域。市委常委、常务副市长马宇骏，市政协副主席裴晓鹏，区委书记冯国林，区委副书记、代区长霍春利，临港产业聚集区管委会主任、区委副书记高立明，区委副书记张浩等市、区领导出席见面会。

27 日

○“如果爱杯”秦皇岛马术节在金梦海湾一号海滩上隆重举行，央视体育主持人蔡猛主持活动。比赛聚集北京、天津、唐山、秦皇岛等地的 46 名优秀骑手和坐骑。活动设置绕桶赛、追逐赛、400 米冲刺赛、百里耐力赛及名马展示等。

是月

○ 联益种植专业合作社被全国妇联、科技部、农业部联合认定为“巾帼现代农业科技示范基地”，获得扶持资金 5 万元。是继宝润生态园被认定后第二家国家级巾帼现代农业科技示范基地，是年河北省仅有 6 家企业获此殊荣。

○ 在河北省第四届中小学班主任基本功大赛中，迎秋里实验学校李杨获得小学组特等奖（全省仅 3 名）和教育故事演讲单项奖，建设路小学赵悦获得小学组二等奖，鹿头山小学刘金涛获得小学组三等奖；第四中学张南获得初中组二等奖和才艺展示单项奖，第二中学林珊珊获得初中组二等奖。

○ 区委决定在全区党员干部特别是领导干部中，广泛开展向北港镇西连峪村原党支部书记靖红利学习活动。2009 年 11 月 8 日，靖红利因劳累过度引发脑溢血，倒在修筑盘山路的工地上，不幸去世，年仅 45 岁。在担任村干部的十几年中，他始终牢记党的宗旨、坚守为民信念，以党的事业作为人生最大的追求，以实现群众利益作为自己最大的满足。为让全村的老百姓过上好日子，他舍小家顾大家，不顾重病在身，一心扑在工作上，团结带领村民以愚公移山的精神修筑盘山路、挖掘蓄水池、种植经济林、把千亩荒山变成“聚宝盆”，用生命谱写一曲拼搏进取之歌，诠释一名共产党员的高尚情操和为民情怀，体现当代共产党人与时俱进的时代精神和无悔追求。

○ 全区发放免费教科书及教辅书 11.2 万册，涉及语文、数学、外语、历史等十多个科目，价值 72.5 万元，1.37 万名农村义务教育阶段学生和 429 名城市区义务教育阶段家庭贫困学生受益。

11 月

1 日

○ 在市文化广场报告厅举行“有一种精神永不会倒下”——靖红利事迹报告会。报告团成员向观众讲述北港镇西连峪村原党支部书记靖红利的感人事迹。区委书记冯国林，区委副书记、代区长霍春利等区领导和全区各镇、园区、街道的600多名干部职工代表参加报告会。西连峪村村委会付荣权、靖红利的妻子赵金华等5位报告团成员从不同侧面、不同角度讲述靖红利的事迹。

○ 省科技厅会同省发改委、省国土厅、省环保厅、省住建厅邀请有关专家组成考察组，查看海港高新技术产业开发区的规划区域、基础设施和已有企业。区委书记冯国林，区委副书记、代区长霍春利等区领导陪同考察。

6日

○ 天津至秦皇岛高速铁路（津秦高铁）进入运行试验阶段。津秦高铁北接京哈线、哈大高铁，西接京津城际铁路，南接京沪高铁，是东北、华北、华东高铁的重要连接线。津秦高铁2008年11月8日开工建设，正线全长257千米，设计时速350千米，起点为天津站，终点为秦皇岛站。全线设天津、军粮城北、滨海、滨海北、唐山、滦河、北戴河和秦皇岛等8个车站。

○ 海碧台项目在香港举办的亚洲国际地产领袖峰会（MIPIM Asia）上获“最佳中国未来大型建设项目”金奖。海碧台项目位于金梦海湾商务旅游度假区，西部的海碧台住宅项目由嘉里置业（中国）有限公司出资建设，由国际著名设计大师摩西萨夫迪设计。

6～8日

○ 由北港镇党委副书记刘铭、西连峪村主任付荣权、村民代表李国华、靖红利妻子赵丽华、秦皇岛日报记者钱欣为成员，由秦皇岛电视台播音部主任李惠来担任报告会主持人的靖红利先进事迹报告团到张家口市、承德市和唐山市进行巡回报告，上千名干部群众聆听用生命践行群众路线的好干部——靖红利的先进事迹。靖红利先进事迹在全省引起强烈反响。

9日

○“港动巾帼”女子消防宣传队命名出征仪式在海港公安分局举行。

14日

○ 全区首批名师工作室的张丽颖小学数学名师工作室、王桂君初中语文名师工作室正式挂牌成立。

20日

○ 田向利、刘辰彦、李秦生、杨宏、冯国林、霍春利等市、区领导和机关干部、区直部门的工作人员，到秦皇大街东段机场路桥下义务植树，栽植银中杨4000多株。

21日

○ 省委常委、纪委书记臧胜业到北港镇调研，听取工作汇报，了解基本情况，帮助镇政府理清发展思路，激励和鼓舞乡镇干部振奋精神、务实创新、真抓实干，继续抓好乡镇各项工作，为推动全市经济平稳较快发展、社会和谐稳定作出新的更大的贡献。市委副书记、市长商黎光，市委常委、纪委书记郝占敏，区委书记冯国林，区委副书记、代区长霍春利等市、区领导陪同调研。

○ 副市长冯志永到海港区调研物流市场建设工作，并与市、区相关部门展开座谈讨论，研究物流市场建设现状及发展。区委副书记、代区长霍春利，区委副书记高立明等区领导参加座谈会。

26日

○ 全市唯一一家“河北省农村文艺辅导基地”在北港镇刘峪村挂牌。

29日

○ 全区低视力助视器发放仪式正式启动。40名低视力残疾人及家属参加发放仪式，届时全区有200名低视力患者受益。

是月

○ 国家创新基金管理中心发布2013年度科技型中小企业创新基金立项项目公告，秦皇岛鸿泰机械有限公司的“环冷机包容式机械密封系统”项目获110万元资金支持。

○ 全区残联为328名农村贫困残疾人陆续发放扶贫资金17.8万元。

○ 成立北部工业区万龙社区居民委员会、

西港路街道在水一方第一社区居民委员会、东环路街道东盛世家社区居民委员会等3个社区居委会。

○ 美国华盛顿的中国研究中心下属机构发布“中国500所小学的最佳排行榜”，青云里小学、迎宾路小学榜上有名。青云里小学居第407位，迎宾路小学居第412位。

12月

1日

○ 天津至秦皇岛的高铁正式开通运营。津秦高铁运营里程287公里，设计时速350公里，初期运营时速300公里，起点为天津西站，终点为秦皇岛站，全线设9个车站。津秦高铁于2008年11月8日开工建设，2013年8月开始进行联调联试，11月初进行运行试验。津秦高铁开通后，天津至秦皇岛的最快运行时间由近2个半小时压缩至1小时11分。

5日

○ 全国社区服务型党组织建设推进启动仪式暨2013年全国社区志愿服务推进年年会在秦皇岛市举行。市委副书记刘辰彦参加会议并致辞。海港区被评为“全国社区服务型党组织建设示范城区”，海港区委组织部和文化路街道党工委获“推进全国社区事业贡献大奖”，文化路街道获“全国社区志愿服务示范街道”称号。

3～6日

○ 全区36家党政机关和事业单位近1200人入驻海港区市民中心。入驻的单位有区委、区人大、区政府、区政协、纪委（优化办、接待室）、组织部、宣传部、统战部、政法委、农工委、编办、区直工委、建管工委、政务服务中心、总工会、团区委、妇联、科协、工商联、文联、审计局、机关事务管理局、发改局、粮食局、工信局、统计局、城调中心、食安办、卫生局、卫监所、物价局、旅游局、计生局、安监局、商务局、招商办。

5～7日

○ 中国社会工作协会工作委员会和区委联合主办，区委组织部与文化路街道党工委共同承办的全国社区服务型党组织建设推进年启动仪式暨2013年社区工作委员会年会在海港区召开，全国20多个省、市（直辖市）城区的组织部门、街道领导、专家学者、社区工作者260多人参加会议。区委书记冯国林讲话。

7日

○ 海港区开展重污染天气Ⅲ（黄色）应急演练。

9日

○ 秦皇岛首批16家“爱心饮水站”挂牌，为出租车司机提供免费热水。

10日

○ 区委书记冯国林、区委副书记高立明、区人大常委会主任鲁栋、区政协主席杨永会等区领导及各镇、园区党委、党工委书记到海军某部队观看海军舰上内务，随舰出海，参观阵地，体验官兵生活，实地接受国防教育。

11日

○ 海港区第三届“感动港城·平民偶像”事迹报告会在市民中心会场隆重举行。区委书记冯国林、区委副书记张浩等区领导聆听报告，并为10位平民偶像颁发证书。

14日

○ 全区开展第三次全国经济普查宣传。普查的对象是境内从事第一产业、第二产业和第三产业的全部法人单位、产业活动单位和个体经营户，主要内容包括单位的基本属性、从业人员、财务状况、生产能力、原材料和能源及主要资源消耗、科技活动情况等。

16日

○ 海港区在市民中心举行升旗宣誓仪式。仪式由区委副书记、代区长霍春利主持，区委书记冯国林在仪式上讲话。高立明、张浩、鲁栋、杨永会等区领导，各镇、街道、园区、区直各部门主要负责人及工作人员参加仪式。

17 日

○ 全市首个 TD-LTE 基站建成，第一个 4G 移动电话于零时 23 分打通。

23 日

○ 由海港区市政工程管理处承建的金三角商业聚集区过街天桥正式投入使用。

25 日

○ 2013 年全国大型公益活动“红云书香园丁”评选结果在《中国青年报》上揭晓，新生路小学图书室被授予全国“金牌红云图书室”，校长陈旭被评为全国“红云书香园丁奖”。

27 日

○ 市、区党政机关和企事业单位的 500 多名干部职工代表聆听省委“走基层”宣讲团宣讲报告会，深入学习贯彻中共十八届三中全会和省委八届六次全会精神。冯国林、高立明、张浩、杨永会等区领导聆听报告。

28 日

○ 火车站站前广场投入使用，北环路简易通车，民族路上跨铁路桥主路通车。

是月

○ 举办全区创新能力培训班，连续举办 5 期，培训 1300 人。

○ 全区首个治超“不停车预检”系统建成，并投入使用。位于东港路治超检测站，包括动态称重、图像监控、报警及显示、语音告知及供电照明等技术。

○ 全区首家农贸市场人民调解委员会正式成立。下设 13 个人民调解工作室，分别设在 13 个市场管理所。

○ 对 45 台渣土运输车辆安装卫星定位系统，渣土遗撒现象得到有效控制。

（海　志）

区情综述

QUQING ZONGSHU

QUQING ZONGSHU

概 况

【历史沿革】 海港区即秦皇岛城区。世传秦始皇求仙驻跸于此，秦皇岛由此而得名。唐太宗李世民东征高丽时曾到此观海揽胜，故又有秦王岛之说。上古属幽州，商属孤竹国，战国时期属燕国，秦汉时期属辽西郡累县（临渝），隋唐属平州临渝县，辽属迁民县，元属迁民镇，明属山海卫，清·乾隆二年（1737）置临榆县，属其管辖。光绪二十四年（1898）辟为商埠，修建码头，人烟骤增，形成聚落，直至1948年为临榆县1个镇，称秦皇岛镇。1948年11月27日解放后建立秦榆市，市区在解放前3个镇的基础上设立3个区。1949年2月,秦榆市改称秦皇岛市。1950年2月，成立秦皇岛市郊区；7月，秦皇岛市郊区改称四区;9月，第一、二区合并称一区，三区改称二区，四区改称三区。1953年8月，一、二区合并称一区，三区改称二区。1956年1月，一区改称海港区，二区改称汤河区。1958年5月，汤河区并入海港区。

【地理位置及面积】 海港区位于秦皇岛市东南部，南临渤海，北倚燕山，东毗历史文化名城山海关，西连避暑胜地北戴河。区境地理坐标，东经119° 30′ 至119° 41′ 15″，北纬39° 52′ 30″ 至40° 00′ 。距首都北京280千米，是北京、内蒙、山西、河北等省市和东北地区重要的出海口。京沈、京秦、大秦、京哈四条铁路干线在海港区交汇，京沈高速公路和102、205国道穿境而过，东距山海关机场12千米。境内有年吞吐量超亿吨的能源输出港——秦皇岛港。境内土地总面积204.72平方千米。海岸线长34.7千米。

【人口】 2013年底，全区户籍总户数238675户，总人口666293人。县区内迁入15691人，城市区内跨区迁入1984人，省内市区县外迁入7759人，省外迁入11533人。迁往县区内15691人，城市区内跨区迁出2260人，迁往省内市区县外迁出8038人，迁往省外8919人。

全区43个少数民族总人口4.37万人，其中主要有满族3.48万人,回族4300人,朝鲜族1400人，蒙古族2300人，土家族200人等。

2013年海港区总人口及总户数情况一览表

表1—1

名称（按各派出所填列）	总人口（人）			总户数（户）
	合计	男	女	
总计	666293	331415	334878	238765
海港区（不含开发区）小计	578776	288338	290438	206349
白塔岭派出所	69487	35455	34032	20019
北部园区派出所	14272	7037	7235	5030
北港派出所	18076	8901	9175	5412
北环路派出所	37325	19366	17959	14372
东港派出所	20931	10133	10798	7520
东环路派出所	36123	17875	18248	13368
港城大街派出所	45886	22606	23280	14966
海滨路派出所	50981	25610	25371	17844
海港派出所	31066	15489	15577	12194
海阳派出所	23951	11813	12138	9858
河东派出所	35769	17824	17945	13854
红旗路派出所	32814	16223	16591	11204
建设大街派出所	34638	16851	17787	12975
太阳城派出所	7020	3410	3610	2689
文化路派出所	32267	16064	16203	11267
西港路派出所	37013	18404	18609	14295
燕山大街派出所	29814	14857	14957	10832
站前派出所	2461	1126	1335	2461
和平大街派出所	18882	9294	9588	7377
开发区	87517	43077	44440	32326
珠江道派出所	29108	14269	14839	10587
长江道派出所	13701	6746	6955	5078
西张庄派出所	44708	22062	22646	16661

【行政区划】 海港区辖东港镇、海港镇、西港镇、海阳镇、北港镇等5个镇及北部工业区、临港物流园区、临港产业聚集区循环经济园、圆明山文化旅游产业聚集区、金梦海湾商务旅游度假区等5个园区,98个行政村和文化路街道、海滨路街道、北环路街道、建设大街街道、河东街道、西港路街道、燕山大街街道、港城大街街道、东环路街道、白塔岭街道等10个街道，80个社区。

自然环境

【地质】 海港区地处大地构造单元，属中朝准地台(Ⅰ2)—燕山台褶带(Ⅱ2^2)—山海关台拱(Ⅲ28)的东部。在漫长的地质发展史中，基本保持正性状态,直到新生代才遭受海侵超覆。地层出露简单，只分布有新太古代和第四系地层。新太古代地层为秦皇岛变质花岗岩，形成时间在24亿年前，为五台运动产物，分布在辖区所有裸露地区。第四系只见有全新统地层，以砂、砾石、亚砂土、亚黏土等组成，厚0 ~ 40米。主要有河流冲积层、冲洪积层、海积层和风积层等，分布在河流、沟谷及沿海地带。只有少量岩脉出露，主要分布在北部丘陵地区，以伟晶岩脉、辉绿岩脉为主，为中生代产物。

地质构造发育有断裂构造，分为大断裂和一般断裂两级。大断裂，固安—昌黎—山海关隐伏大断裂：位于北纬39° 30′ 40″，区内全线隐伏海内，由西向东贯穿境内，走向北东60°，断面南倾，倾角60° ~ 80°，为一正断层，形成于燕山运动，长期先张后压活动。断层南侧第三系底界落差1000 ~ 1500米,是Ⅲ级构造单元的分界线。一般断裂，汤河断裂：北延至抚宁县唐家房向南经海阳、汤河口入渤海，全长32公里以上，为张性活动断裂，性质为断面直立（75°）的正断层。自印支运动形成，燕山期强烈活动伴有中性岩浆喷发。在1976年的唐山地震时,有地震坑等形成。孟营—黄土坎断裂：近东西向，全长13.5公里，为一隐伏性质不明的断层（物探推测），在铁庄一带将汤河断裂切断，形成时间晚于汤河断裂。大白庙—高建庄断裂：西端走向近北东45°，东端为近东西向弧状隐伏断裂（物探推测），全长14公里，在赵庄一带将汤河断裂切断，形成时间晚于汤河断裂。西付店—拦马庄—朱清峪环状断裂：区内近北西300° 走向，过拦马庄后向北东45° 走向，在西付店与大白庙—高建庄断裂汇合，向东至山海关，境内长8公里，为性质不明隐伏断裂（物探推测）。秦油港—高建庄断裂：走向北东30°,长6公里,为性质不明隐伏断裂（物探推测）。在黄土坎一带将孟营—黄土坎断裂切断，形成时间晚于孟营—黄土坎断裂。

【地貌】 海港区地域东西较长，南北较窄，东北—西南顺海岸延伸呈长方形。地势北高南低，起伏较大。地貌形态简单，大致可分为堆积平原区、构造剥蚀准平原区和构造侵蚀低山丘陵区。

堆积平原。主要分布在高速公路以南地区，占全区面积的三分之二以上。濒临渤海，处于沙河、汤河三角洲，气候湿润，雨量较多，受地形影响，剥蚀和冲蚀作用强烈，发育不少洪积和冲积地形。冲洪积平原，分布在东港镇京山铁路以南地区，是在古石河、沙河的冲击作用下堆积而成。北高南低，地表由缓洪积、冲积物组成，土质中粒。冲积平原，分布在孟营、铁庄、市区一带，是在汤河、小汤河的冲积作用下堆积而成。海拔5 ~ 10米，坡度小于5‰，地势较平坦。由于汤河、小汤河的上游为山地、丘陵，坡降大，侵蚀重，构成土质含沙量大，地表多豆砂、砂土和亚粘土。三角洲平原，汤河三角洲形态鲜明，河口上方修建水库、水闸，径流、泥砂补给减少，挖砂取砂，三角洲形态和沙嘴发育受到影响和侵蚀。滨海沉积平原，为近代海岸与陆地共同沉积而成，海拔1 ~ 3米，地势平坦，土质为粘质海相沉积物。

构造剥蚀准平原。主要分布在北部地区和西港镇以西栖云寺山一带。北部地区西起大深巷至东付店、北到麻念庄一带；西部地区西起栖云寺山经归提寨至白塔岭一带。形态分为残山、一、二、三级剥蚀台地，总面积100平方公里左右。岩性由古老的混合花岗岩及其剧风化物组成，表面覆盖薄厚不一的残积层。剥蚀残山，分布在栖云寺山以及山前一带，海拔高度100米以上。由于遭受强烈风化剥蚀，山体成为和缓圆滑的孤立残丘而突出于各级剥蚀面，坡度一般30° ~ 40°。组成残山的混合花岗岩垂直节理发育，并沿节理充填有脉状石英岩、伟晶花岗岩等，岩石表面风化较强。三级台地，主要位于西港镇的大乐安寨和北港镇的张桥庄一带，断续分布在低山丘陵前缘，标高50 ~ 100米，顶部呈园丘形，起伏较大，平均坡度5°，最大坡度20°。台面上风化基岩裸露，坡地覆有薄层残积物。二级台地，主要分布在北港镇的姚周寨、西港镇新店子一带。平面较平缓，标高30 ~ 50米，宽400 ~ 3000米，向海微倾4° ~ 5°，最大坡度15°，与三级台地有缓坡相接。台面上风化基岩出露成孤立的馒头顶，其上有长英岩脉、伟晶花岗岩脉穿插。台面上残积物薄，一般小于1米，坡凹处较厚，达4～5米，冲沟发育。一级台地，主要分布在东港镇和西港镇沿海一带，平行海岸呈条带状断续分布，标高10～30米，宽400～4000米。台地面平缓开阔，向海微倾4°～5°，与二级台地以和缓坡折相接。顶部残积层较厚，一般大于1米，最厚5～6米，为棕黄、肉红色残积砾质粘土，冲沟不甚发育。

丘陵。主要分布在区域最北部，为构造侵蚀低山区，面积很小，只有5平方公里左右。构造侵蚀低山丘陵，主要分布在北港镇拦马庄一带，东起长桥岭，西至刘家河，主要为岩浆岩低山丘陵。绝对标高100～500米，山峰多为尖顶形锯齿状，坡度一般30°～50°，岩性由早元古—早太古界混合花岗岩及一些侵入岩脉组成，岩石节理裂隙发育。

海岸。海岸线西起狼牙桥，东至沙河口，长20.97公里。由归提寨附近海岸向东，是一片延续的砂质海滩，原为海岸砂丘，已被挖运或植被固定，砂丘后侧有泻湖分布。在东山海岸有基岩岬角。新开河口以东海岸，是砂质海岸与砾石质海岸的过渡。海岸沙丘，新开河口至东山，原是一片延伸10余公里的海岸砂丘，最宽处2～3公里，由南向北逐渐变窄，窄到1公里左右。砂丘高10～20米，大部分被森林固定。新月型砂丘地貌形态基本不见，森林中地形略有起伏，形态依稀可辨。泻湖沉积，由于海退海侵，海岸砂丘后面形成小片泻湖沉积。比较典型的是山东堡村西人工挖砂后呈现的泻湖。基岩岬角，东山一带海岸有海蚀滩、海蚀崖、海蚀阶地、海蚀穴等海蚀地貌。岬角东侧有海积阶地、砂质海滩。残丘，位于东山和南山，原为壁立于海边的剥蚀残山，经多年海蚀与风化成残丘。主要由太古代花岗岩组成，有石英和伟晶岩穿插。最高点海拔24.96米。沿海岸从东山向东北有一道高7米的沙堤，颗粒逐渐变粗，形成砂砾混合的海堤。

【河流】 境内河流有汤河、小汤河、新开河、马坊河、沙河，均属沿海小型水系，特点是源短流小，汛期暴涨暴落，非汛期基流少或干涸，为典型的北方山溪性河流。

汤河。因河源多温泉涌入得名。上游有两支，东支较长，亦称温河，发源于抚宁县柳观峪西北，西支亦称头河，发源于抚宁县温泉堡方家河洼子铺。两支于抚宁县平山营汇合后向南，在海阳镇有东北丘陵地带的小部落沟、徐家沟、腰子沟等6条支流汇入。而后向南穿越102国道进入区境，沿区西界穿过秦皇大街、和平大街、河北大街，于老京山铁路桥下面有支流小汤河汇入后注入渤海。全长28.5公里，流域面积184平方公里，其中海港区境内河段长8.2公里，流域面积18平方公里。汤河流域地势北高南低，除西北源头为高峻山区外，其余大部分为地形复杂的陵地带，流域最大宽度16公里。汤河源于山区，流程短，上游段河床为卵石、砾石基地，下游砾石、砂质河床。河源、河口最大高差1070米，平均坡度37‰，平均河宽100米，进入区境后，河床变宽，达80～200米，河口处近400米。纵坡渐缓，为1/500～1/1000，河槽深3～5米。汤河源短流急，属典型的山溪性河流，受暴雨过程影响，河水暴涨，极易形成较大洪峰。2001年后，对汤河下游段实施综合治理，维修美化汤河防潮蓄水闸；修建左岸河北大街至秦皇大街北堤防，设计行洪标准50年一遇；根据汤河河道功能区划，在干流和平桥上游260米处，修建一座橡胶坝，坝长135米，以坝为界，坝上游为饮用水源区，下游至防湖闸段为景观娱乐区，在岸边建成风景优雅别致的带状公园。

小汤河（汤河支流）。发源于海阳镇西北抚宁县苏子峪，由秦皇岛经济技术开发区的孟营村流入境内。穿越西环路、河北大街，流经东白塔岭村后，过老京山铁路桥汇入汤河入海。全长17公里，流域面积56.5平方公里。区内流长2.5公里。均处平原区，河床以细砂、黏土为主，河宽10～20米，下游变宽为20～50米，纵坡1/1000渐变为1/2000。是海港区西部及秦皇岛经济技术开发区的重要排水河道。

沙河。发源于北港镇东陆庄，至鹿头山处进入山海关区，东南流，经安民寨、红瓦店，穿越102国道、京山铁路后进入东港镇，经向东南流卸粮口村注入渤海。全长19公里，流域面积62.5平方公里。沙河流域地势北高南低，北部为浅山丘陵区，南部为滨海平原，平原区内河段长13公里，河床为卵石、砾石、砂组成，平均河宽50米，纵坡1/250 ~ 1/2000渐变。为全区东部重要行洪河道。行洪能力249立方米每秒，下游右岸设有土堤，长1.2公里。2001年，为防河口海潮上溯，在沿海公路桥上游200米处修建沙河防潮橡胶坝，坝长100米，高2.3米。

新开河。位于城市区，是城市区主要排水河道。发源于北港镇田家沟南山，南流穿越京沈公路、京山铁路、秦皇大街、建设大街、港区铁路，于河北大街桥上游，汇入大马坊河、护城河，向南经新开河港入渤海。全长11公里，流域面积42平方公里。流域内地势北高南低，北部为丘陵区，占总面积62.7%，南部为滨海平原，占37.3%。

马坊河。新开河支流。发源于海港镇涂庄北岭，东南流，穿越京山铁路、燕山大街、文化路、民族路、建设大街，于铁路桥西汇入护城河，全长7.4公里，流域面积12平方公里。流域北高南低，河道穿越城市区，为城市区内雨水排泄主河道。

【气候】 海港区属暖温带半湿润大陆性季风气候。气候特点是四季分明，光照充足。热量充足，夏季水热组合好，适合各种温带作物和温带果树生长。滨海地带夏季海陆风明显，气候凉爽，是避暑的好地方。

2013年，城区天气气候特点为：气温偏低，降水接近常年。年平均气温为10.1℃，比历年平均值低1.0℃，属偏低年份。年极端最高气温35.7℃，出现在8月17日，年极端最低气温-19.1℃，出现在1月9日。年降水量为667.5毫米，属正常年份。

冬季（2012年12月 ~ 2013年2月）平均气温-5.3℃，比常年低2.4℃，属显著偏低年份。其中2012年12月平均气温比常年偏低3.7℃，1月平均气温比常年偏低2.2℃，2月平均气温比常年偏低1.2℃。春季（3月 ~ 5月）平均气温9.2℃，比常年低1.6℃，属偏低年份。其中3月平均气温较常年偏低1.8℃，4月平均气温较常年偏低3.0℃，5月平均气温与常年持平。夏季（6月 ~ 8月）平均气温23.6℃，与常年持平，属正常年份。其中6月平均气温较常年偏低1.2℃，7月平均气温接近常年，8月平均气温较常年偏高0.5℃。秋季（9月 ~ 11月）平均气温11.8℃，比常年偏低0.8℃，属偏低年份。其中9月平均气温较常年偏低1.0℃，10月平均气温较常年偏低1.5℃，11月平均气温接近常年。

2013年海港区各月平均气温（℃）情况一览表

表1—2

月份	平均气温	月份	平均气温
1月	−7.0	7月	25.1
2月	−3.1	8月	25.2
3月	1.9	9月	19.2
4月	8.4	10月	11.6
5月	17.4	11月	4.5
6月	20.4	12月	−2.4

2013年海港区降水量667.5毫米，比常年多65.2毫米，属正常年份。

冬季（2012年12月 ~ 2013年2月）降水量11.5毫米，接近常年。其中12月降水量较常年偏多4.1毫米，1月降水量较常年偏少2.3毫米，2月降水量较常年偏少0.9毫米。春季（3月 ~ 5月）降水量42.5毫米，较常年偏少54%。其中3月降水量接近常年，4月降水量较常年偏少6.9毫米，5月降水量较常年偏少42.2毫米。夏季（6月 ~ 8月）降水量440.4毫米，较常年偏多29.4毫米，接近常年。其中6月降水量较常年偏多9.2毫米，7月降水量较常年偏多32.0毫米，8月降水量较常年偏少11.8毫米。秋季（9月 ~ 11月）降水量180.9毫米，较常年偏多103%。其中9月降水量较常年偏多54.0毫米，10月降水量较常年偏多46.5毫米，11月降水量较常年偏少8.5毫米。

2013年海港区各月降水量情况一览表

表1—3

月份	降水（毫米）	月份	降水（毫米）
1月	0.7	7月	199.4
2月	3.0	8月	142.7
3月	10.0	9月	105.7
4月	20.2	10月	74.3
5月	12.3	11月	0.9
6月	98.3	12月	0

无霜期183天，较常年偏短。初霜日出现在10月15日，终霜日出现在4月14日。

最大冻土深度44厘米，出现在1月，较常年略偏深；结冰日数142天；冬季最大积雪深度3厘米。

年日照时数2463.3小时，年日照百分率56%，较常年偏少。

年平均相对湿度72%，接近常年；雾日6天；雷暴日24天。

年平均风速1.8米/秒，多西北风。大风日1天，出现在8月5日。

【气象灾害】 2013年，出现的主要天气气候事件有大雾、寒潮降温、暴雨、大风灾害等。

大雾天气6天，分别是：1月31日，2月1日和28日，3月7～8日，6月16日。

中等强度以上降温天气：1月22日，2月7日、11日、18日，10月14～15日，11月9～10日、25～26日，12月27日出现中等降温；2月2日、19日，12月18日出现强降温。

大风天气：8月5日。

暴雨：2013年7月1日，全区境内普遍出现降雨，局部地区达到暴雨级别。本次降雨造成海港区11户家庭受灾，受灾人口35人，造成家庭财产经济损失4万元。

（齐义君）

自然资源

【植物资源】 木本植物。包括乔木、灌木、藤木。乔木有银杏科，银杏属：银杏；松科，松属：油松、白皮松、落叶松；柏科，侧柏属：侧柏。元柏属：松柏、龙柏；杉科，杉属：云杉、水杉、冷杉；杨柳科，杨属：毛白杨、北京杨、加拿大杨、小叶杨、大官杨、二青杨、钻天杨、山海关杨、沙兰杨、107杨、108杨、中林46杨、84K杨、枫杨。柳属：垂柳、旱柳、杞柳；胡桃科，胡桃属：核桃；山毛榉科，栗属：板栗。栎属：辽东栎；榆科，榆属：白榆、家榆；桑科，桑属：白桑、家桑；柿科，柿属：柿子、黑枣；苦木科，臭椿属：臭椿；柽柳科，柽柳属：柽柳；木犀科，白蜡属：白蜡；立参科，泡桐属：白花泡桐。紫花泡属：紫花泡桐。樱属：樱桃、山杏、李子、山桃、榆叶梅。苹果属：苹果、海棠。山楂属：山楂。梨属：梨；云香科，花椒属：花椒。黄檗属：黄菠萝；楝科：香椿；槭科，槭属：王角枫、八角枫；无患子科，无冠果属：文冠果；谨葵科，木槿属：木槿。灌木有木樨科，连翘属：连翘。丁香属：紫丁香、白丁香；马鞭草科，杜荆属：黄荆；茄科，杞属：枸杞；千层炭科，紫薇属：紫薇；忍冬科，金银花属：金银花；蔷薇科，蔷薇属：玫瑰、月季、蔷薇；卫矛科，卫矛属：卫矛。藤木有葡萄科，葡萄属：葡萄、爬山虎。

草本植物。根据1992年区植保站关于田间杂草优势种及分布情况调查资料，海港区杂草种类多、密度大、分布广。有优势种12种，其他杂草103种，分28科。稻田杂草10科28种。如禾本科：稗草、狗尾草；菊科：苦菜、狼尾巴草；泽泻科：慈姑、长瓣慈姑；车前科：大车前、平车前；苋科：反枝苋、眼子菜；还有香蒲科、萍科、蓼科、莎草科、千屈采科的一些杂草。其中以稗草、莎草、小香蒲、耳叶水苋为杂草优质种。稗草占35%左右，莎草占25%左右，耳叶水苋占15%左右，其他占10%左右。玉米、花生田杂草17科42种。有禾本科、莎草科、旋花科、藜科、苋科、桑科、菊科、大戟科、蓼科、窃科、锦葵科、豆科、蒺藜科、十字花科、玄参科等，其中以马唐、鸭跖草、反枝苋、藜为优势种，马唐占领35%，鸭跖草占20%，反枝苋占17%，藜占15%，其他占13%。蔬菜田杂草14科33种。主要有十字花科、藜科、旋花科、车前科、苋科、桑科、禾本科、菊科、大戟科、蒺藜科、莎草科、蓼科、茄科等，其中马齿苋、辣子草、灰绿藜、马唐为优势种，马齿苋占25%、辣子草占25%、灰绿藜占15%、马唐占15%。果园杂草19科41种。主要有禾本科、茄科、苋科、藜科、菊科、大戟科、旋花科、茜草科、马齿苋科、车前科、木贼科、十字花科、蒺藜科、唇形科、豆科、紫草科，其中马唐、狗尾草、反枝苋为优势种，马唐占50%，反枝苋占15%，狗尾草占15%，其他占10%。

栽培植物。包括大田作物、蔬菜作物、果园型植物3个类型。大田作物20多种，其中粮食作物11种，主要有玉米、水稻、高粱、谷子、小麦、薯类、豆类等。经济作物9种，其中油料作物4种，主要有花生、芝麻、向日葵、白苏；药材2种，金银花、枸杞，还有少许七彩蓖麻、棉花、烤烟等。果园型植物主要有苹果树、梨树、桃树、葡萄等。

蔬菜作物主要有菠菜、韭菜、黄瓜、西红柿、青椒、茄子、马铃薯、豆角、甘蓝、菜花、西葫芦、芹菜、豇豆角、冬瓜、大葱、白菜、小萝卜、茴香、油菜等。

【动物资源】 野生动物。境内野生动物有8类，分别是兽类、鸟类、昆虫类、爬行类、两栖类、节肢类、软体类、环节动物。兽类：野兔、黄鼠狼、刺猬、田鼠、狐狸、松鼠、獾子等。鸟类：麻雀、喜鹊、灰鹊、燕子、鸽子、鹌鹑、海鸥、野鸭、乌鸦、黄鸟、山鸡等。昆虫类：害虫，卷叶虫、蚜虫、食心虫、红蜘蛛、美国白蛾、天社蛾、柳毒蛾、椿象、大青叶蝉。益虫，蜜蜂、草蜻蛉、螳螂、蜻蜓、赤眼蜂、七星瓢虫等。爬行类：蛇、蜥蜴、蜈蚣。两栖类：青蛙、蟾蜍。节肢类：蜘蛛、蝎子。软体类：蜗牛。环节动物：蚯蚓。

【土地资源】 2013年，全区土地总面积2.12万公顷。其中，海港镇土地面积273.3公顷，东港镇土地面积1833.3公顷，西港镇土地面积2646.7公顷，北港镇土地面积4873.3公顷，海阳镇土地面积2540公顷，北部工业区及临港物流园区土地面积2826.7公顷，市区面积0.62公顷。全区耕地面积4667.54公顷，园地面积1131.24公顷；林地面积1131.98公顷；宅基地面积927.42公顷，工矿用地面积11417.86公顷，交通用地面积969.48公顷，水域面积554.16公顷，其他用地面积404.15公顷。

【矿产资源】 建筑用花岗岩。主要分布在北部低山丘陵区，矿体多为太古界花岗闪长岩岩体，中细粒花岗结构，岩石由钾长石、斜长石、石英、角闪石组成，适用于生产建筑用毛石和铺路碎石。

【海洋资源】 全区已开发的海洋资源主要有海岸港址资源、海洋生物资源、滨海旅游资源。此外，还有海水、海底矿藏等未利用的海洋资源。

海岸港址资源。汤河港湾，水域开阔，不淤不冻，风平、浪静、水深、潮小。岸线由城市生活、临港工业和旅游所用。为促进海上旅游客运的发展，汤河港湾已启动实施秦皇国际国际游轮游艇港海螺岛项目和莲花岛旅游综合项目的填海工程建设。新开河河口港址，港池深入陆地900米，水域27万平方米，掩护条件较好，已建成5000吨级及以下散杂货泊位5个，形成码头岸线651米，陆域面积13万平方米。此外有卸粮口渔港。

海洋生物资源种类约为125种，其中鱼类85种，无脊椎动物5种，虾蟹类及口足动物5种，其余为甲壳类品种。捕获游泳动物的总生物量为134.48千克，平均每站生物量为33.64千克/小时，鱼类总生物量为75.59千克，平均生物量为18.9千克/小时，占总生物量的56.21%。头足类总生物量为9.35千克，平均生物量为2.34千克/小时，占总生物量的6.96%。甲壳类总生物49.54千克，平均生物量为12.38千克/小时，占总生物量36.84%。主要海洋资源为鳀鱼，占50.71%，其次为尖尾鰕虎鱼，占19.09%，口虾蛄，占17.86%，日本枪乌贼，占5.72%，小黄鱼，占2.72%。从优势种的组成来看，秦皇岛近岸的优势种是以鳀鱼、口虾蛄、尖尾鰕虎、小黄鱼、日本枪乌贼为主。重要种类中，鲛鱇、黑鲳、短鳍衔、方氏云鳚，都是具有一定经济价值的渔获种类。

【水资源】 区域幅员窄小，自产地表水量很少，所利用水源大部分为过境水。由于水文地质条件较差，地下水储量有限，多年平均水资源量为5879万立方米，特枯水年（P=95%）水资源量2127万立方米。随着全区国民经济各业的发展，人口的逐年增多，水资源的紧缺状况趋于严重。

地表水。位处各水系下游，地表水的补给主要来自大气降水，资源量的时空变化特点与降水相同，年内集中在6月～9月，各河系河川径流可占全年径流量的75%；年际变化大，具有丰枯交替现象。多年平均地表水资源量3891.3万立方米，平水年（P=75%）1556.5万立方米，偏枯水年（P=95%）467万立方米。

地下水。地下水主要类型为潜水，多储于第四纪含水层中，埋藏较浅，水位季节变化较大。其中裂隙水分布于境内北部，由于风化较强，裂隙节理发育，多属封闭型，水量不大。冲洪积潜水分布于西部，处于汤河冲洪积区，含水层主要为粗、中沙及少量沙砾夹卵石。含水层厚度由南向北变薄，厚度7米～5米，单井出水量每小时

20 吨～40 吨。地下咸水区主要分布于东部的东盐务、西盐务一带，面积约 10 平方公里。水位埋藏较浅。多年平均地下水资源量 2649.4 万立方米，平水年（P=75%）1825.5 万立方米，偏枯水年（P=95%）547.7 万立方米。

【旅游资源】 自然旅游资源。境内地势北高南低，北部为起伏不平的剥蚀平原，多丘陵、山地，南部滨海地区为泻湖平原，地势低平。北部圆明山风景秀丽，有天然林场 40 公顷。境内海岸线长 20.97 公里，有东山浴场和西浴场。沙细、滩缓、水清、潮平，是北方地区最优秀的天然浴场之一。东山处有岬角，岩质奇特，极具观赏价值。

人文旅游资源。海港区文化底蕴深厚，秦皇求仙文化独树一帜。据史载，公元前 215 年，秦始皇第四次东巡，至此拜海祭天，派卢生、韩终等方士入海求仙，秦皇岛由此而得名。在东山公园发现明代成化十三年（1477 年）“秦皇求仙入海处”残碑 18 块（毁于 1966 年），发现秦汉绳纹板瓦和纹瓦以及明代或之前时代布纹板瓦、陶片和残块。1991 年，开始建设秦皇求仙入海处景区。据《临榆县志》记载，圆明山中有一座圆明寺。碑文记载圆明寺始建于唐朝，并经过明成化、万历和清乾隆、民国初年历次重修。周边有弘法寺、大士殿和三教堂。在 1922 年直奉大战中，寺庙被炮火摧毁，存有古柏 1 株及寺庙遗址和残碑。

口岸文化资源。1898 年，秦皇岛港开始建设。1915 年，“老港区”建成。20 世纪 50 年代后，进行大规模码头建设和更新改造，成为中国能源输出大港。港口建设的发展使近代西洋建筑成为海港区一景，保存完好的有南山近代建筑群、开滦路和缸砖路近代建筑群及耀华老区部分建筑等，形成独特的口岸文化。

（海　志）

国民经济和社会发展

【概况】 2013 年，海港区认真贯彻国家、省、市的各项决策部署，以“全面打造沿海一流主城区”为奋斗目标，团结一致，奋力拼搏，圆满完成各项任务。

【经济总量与财政收入】 经济总量增长较快。全年完成地区生产总值 503.71 亿元，同比增长 8.5%。其中：第一产业完成增加值 1.85 亿元，同比增长 –15.1%；第二产业完成增加值 187.55 亿元，同比增长 9.5%；第三产业完成增加值 314.32 亿元，同比增长 8 %，三次产业结构比调整为 0.4∶37.2∶62.4。其中，区属地区生产总值完成 217.78 亿元，同比增长 9%。

财政收支状况良好。全年实现财政收入 78.3 亿元，同比增长 2.3%，其中：国税系统收入 31.31 亿元，同比增长 5.9%；地税系统收入 45.17 亿元，同比增长 –1%；财政系统收入 1.81 亿元，同比增长 35.3%；区级一般预算收入 16.66 亿元，同比增长 17.3%；财政支出 21.74 亿元，同比增长 7.4%。

【农林牧渔业】 区属口径实现农林牧渔业总产值 3.98 亿元，同比下降 13.6%；其中，农业产值 1.77 亿元，同比增长 0.3%；林业产值 1840 万元，同比增长 9.2%；牧业产值 1.35 亿元，同比下降 14.8%；渔业产值 4783 万元，同比下降 52.3%。全年实现粮食产量 11051 吨，油料 1667 吨，蔬菜（含瓜果）44051 吨，肉类总产量 4454 吨，奶产量 5014 吨，禽蛋产量 2279 吨。全年造林面积 467 公顷，养殖面积 41 公顷，实现水产品产量 1100 吨（增速为当年可比价产值与上年现价产值之比）。

【工业和建筑业】 规模工业生产稳步发展，规模以上工业企业数达到 150 家，完成工业增加值 156.72 亿元，同比增长 12.0%；实现工业总产值 656.21 亿元，同比增长 5.9%；实现工业销售产值 652.68 亿元，同比增长 4.2%；工业产品销售率达 99.5%。工业效益比上年有所增长，实现主营业务收入 714.74 亿元，同比增长 6.1%；实现利税总额 4.42 亿元，实现利润总额 19.63 亿元。其中：区属规模工业企业数达到 43 家，完成工业增加值 25.32 亿元，同比下降 9.4%；实现工业总产值 147.13 亿元，同比下降 6.0%；实现工业销售产值 146.62 亿元，同比下降 4.5%；工业产品销售率达到 99.7%。实现主营业务收入 148.89 亿元，同比增长 6.6%；利税总额 –5813 万元，其中利润总额 –37375 万元。（统计快报数据）

建筑业生产规模进一步扩大。在地建筑业共完成总产值178.94亿元，同比增长2.7%；实现利润总额6.06亿元，同比下降16.7%。其中，区属建筑业企业112家，完成产值145.29亿元，同比增长6.0%；完成房屋施工面积11098492平方米，同比增长9.0%；完成竣工面积3427488平方米，同比增长26.5%。

【国内贸易】 全年实现在地口径社会消费品零售总额243.71亿元，同比增长13.5%。按销售单位所在地分，城镇实现零售额243.71亿元，同比增长13.6%。市场建设稳步有序发展，成交额超亿元的市场有6个，成交额58.87亿元，同比下降0.5%。全年实现区属社会消费品零售总额216.1亿元，同比增长13.5%。按销售单位所在地分，城镇实现零售额216.1亿元，同比增长13.7%。

【固定资产投资与房地产】 在地口径固定资产投资稳步增长。在地口径固定资产投资完成350.64亿元，同比增长3.5%。其中：城乡建设项目投资187.99亿元，同比下降4.8%；房地产开发投资162.66亿元，同比增长15.2%；农村农户投资4500万元。区属固定资产投资保持平稳增长，全年完成投资245.45亿元，同比增长1%。其中：城乡建设项目投资128.94亿元，同比下降7.3%；房地产开发投资116.51亿元，同比增长12.1%；农村农户固定资产投资完成4500万元。

【对外贸易】 全年区属出口总额达4.16亿美元，同比增长-16.5%；全年区属直接利用外资1.87亿美元，同比增长-13.9%；新批利用合同外资项目3个。

【城市建设与环境保护】 道路工程建设。认真开展重点道路建设：重点做好迎宾路、文化路、河北大街等迎宾线路主干道、人行道、路缘石等三大项的修补工作，创造良好的暑期出行环境，提升主城区道路环境。共计修补人行道8292平方米、沥青路面2077平方米、混凝土路面920平方米、垫路2068平方米、路缘石3244延长米。稳步推进重点工程建设。背街小巷道路改造工程，年内，区财政出资1000万元改造完成货场路、新生路小学门前路等20条街巷路。整项工程于9月初陆续进场施工，11月底前全部完成。过街天桥建设工程，市财政出资750万元，在河北大街二中东侧修建一座过街人行天桥。工程于6月1日进场，年底工程已完成。渠化路口改造工程，已完成招投标，工程延续到2014年进行。

狠抓治理，严查污染，确保环境安全。开展大气污染防治工作。贯彻落实省、市大气污染防治工作会议精神，起草《海港区大气污染防治行动计划实施方案》，认真履职，采取定期督导、挂图作战等措施，组织协调相关部门按要求落实目标任务；对辖区餐饮、燃煤锅炉使用情况进行摸底调查；与各镇、园区建立监察联动机制，全面开展秸秆禁烧和综合利用工作；编制《海港区重污染天气应急预案》，邀请专家进行评审，组织31家企业签订《重污染天气应急企业承诺书》并结合企业实际情况制定应急方案。深入开展整治违法排污"三查"行动。对重点区域、重点行业进行拉网式排查，排查企业138家，挂牌督办2家；组织各镇、园区制订行动方案，签订责任状120份；对辖区内27家重点企业进行责任划分，对3家国控污水处理厂实行专人监管，确保企业防污染设施运转正常；摸清底数，坚持长效企业排查、申报录入、监督检查、污染治理"四个零遗漏"。推进近岸海域环境综合整治工作。对辖区内15条河流进行排查，重点排查沿河涉水企业和渗坑渗井，对所有排查过的企业登记，建立电子台账；对19家关停企业进行监督检查，严格落实监管责任制和"一企一卡"制度，确保关停到位；加强对入海河流水质监测，36次对所承担的北戴河3个入海河流断面进行采样，及时掌握水质变化情况。

【科学技术】 推进创新型海港区建设，增强自主创新能力。开展创新型企业、创新型园区、创新型社区等创新型单位建设。对全区19家创新型企业、社区等给予100万元区级创新资金支持。加强市级创新型单位申报工作，争取市级创新城市建设资金，将8家单位申报成为市级创新型单位，并获60万元市级资金支持。为营造创新环境，采取多种形式进行科技创新宣传，建设完成海港区科技信息网，及时为企业提供各类科技信息服务。为使企业了解更多科技政策，专门收集整理国家、省、市、区科技政策法规，印制500册《科技创新政策选编》发放到全区各科技企业及相关单位，助力企业成为科技创新主体。以项目建设为抓手，强化科技创新的支撑能力。坚持把抓好科技项目建设作为提升科技支撑能力的重要手段，从项目的立项申报到组织实施、产业转化，实行全面跟踪、全程服务。全年组织申报科技项目59项，共有36个项目被列入国家、省、市级科技项目，争取上级资金532万元。其中，秦皇岛鸿泰机械有限公司的“环冷机包容式机械密封系统”被列为2013年国家创新基金重点项目，争取资金110万元，秦皇岛视听机械研究所的“半导体裸芯粒检测分选设备的研制”的项目被列入国家科技计划项目，争取资金113万元。有14个项目被列为区级科技计划项目，拨付区级科技经费200万元进行扶持。组织项目单位进行结题验收和科技进步奖的申报工作，全区有10项科技成果获2013年市科技进步奖，其中一等奖1项、二等奖2项、三等奖7项。

【教育】 深化教育教学改革，促进学生全面发展。坚持立德树人，加强学生思想道德教育。开启“文化育人”之路。将2013～2014年确定为学校文化建设年，组织学习考察，举行现场观摩研讨活动。建立德育工作体系。开展市、区两级德育评估，有6所学校被评为市级德育示范校，20所学校被评为区级示范校和达标校。开展丰富的校外教育活动。青少年活动中心以“两馆一团”为平台，开展内容丰富的公益性校外教育活动。组织形式多样的创新技能比赛，参赛学生达4700多人，在省级和国家级创新比赛中，获省级以上奖励16项。中小学生社会实践基地开发以社会实践调查为重点的“感受秦皇岛地方文化”和“野外生存自救体验”两项实践活动课，开展活动24期，4500人次参与其中。社区教育管理中心举办各类学习培训班57个，参加培训学员1500多人。“家庭教育指导室”与家长、学生交流沟通信息5000多条，成为学校与社区、教师与家长沟通的桥梁和纽带。加强学校标准化建设，民生保障工程落到实处。稳步推进学校标准化建设。年初，将归提寨小学、第十四中学建设工程纳入全区2013年民生保障工程，均已完成立项、招标代理比选、勘察、设计招标工作，正在进行施工图设计和土地证办理。白塔岭小学迁扩建工程和第十中学分校教学楼加固装修工程均已竣工投入使用。鲤泮庄小学和大旺庄小学校舍加固工程结束。全区校安工程任务全部完成。改善学校办学条件。落实农村义务教育经费保障机制改革资金743万元、农村转移支付资金93万元；拨付城市义务教育免杂费补助资金1525万元；为19所薄弱学校补助改善办学条件经费50万元。投入1300万元对部分中小学和幼儿园的屋面防水、取暖设施、输电线路及上下水等进行维修。全年投入资金1206万元，配备班班通97套，新建智能录播教室2个，改造理化生实验室、计算机教室等26个，更新学生桌椅6720套，教师办公桌椅260套，为城市区教师配备笔记本电脑120台，为农村学校配备音体美器材1.19万件，进一步提高教育装备水平。

【文化、体育】 公共文化基础设施建设。形成县区、乡镇、村居三级公共文化服务体系。以区文体中心项目为代表的区级公共文化服务设施建设全面启动。已经完成投资额5000万元。以综合文化站为代表的乡镇级公共文化服务设施初具规模。通过共建共享、整合办公用房等方式，10个街道办事处有6个达到创建标准；5个镇已建成符合国家标准的乡镇综合文化站4个。以文化活动室为代表的村居级公共文化服务设施得到普及。全区79个社区（含2个家委会）中有62个文化活动室达到创建标准，达标率81%。98个行政村中77个文化活动室达到创建标准，达标率79%。在区级项目带动下，各镇街多措并举筹集资金，用于综合文化站和文化室的新建和改建项目，出现海港镇综合文化站、河洞里社区文化站等一批设施先进、功能完备的公共文化服务设施。全区仅各镇街就新增和改造升级公共文化设施2.08万平方米，总面积达到6.55万平方米。覆盖全区各个镇街、村居的文化站、文化室所拥有的文化设施，完全能够基本满足辖区居民基本文化需求，提供充分的公共文化服务。

先后组织区羽毛球比赛、第十五届“王斌眼

镜杯”棋类比赛、“海阳农副产品批发市场杯”乒乓球比赛、区全民健身舞大展示活动、区首届“万城农庄杯”钓鱼比赛、秦皇岛海上运动嘉年华暨海港区第三届沙滩体育节、滑雪比赛等多项体育赛事。指导、组织和协助区内各镇街、机关单位开展单位内部各项体育活动，如城建系统运动会等。全年组织体育活动17场（次）。在活动时间上做到月月有活动，季季有主题，全年不空闲；在活动对象上做到面向基层，面向群众；在活动项目上做到有的放矢，满足需求，科学推广，引领潮流。

【卫生】 抢抓机遇，医药卫生体制改革向纵深推进。新农合保障面大幅提高。新农合是群众最直接受惠的一项惠民工程，通过“四个提高、两增加”让参合群众达到更多的实惠。参合人数再创新高，参合人数8.34万人，参合率达到98.5%，同比提高一个百分点，远超过省里95%的目标，建立覆盖全区的医疗保障制度；报销比例再次提高，区级提高2个百分点，达到72%，镇级提高5个百分点达到85%，确保参合农民达到更多的实惠；筹资标准再次提高。参合农民筹资提高到340元，政府对每名参合群众补助280元，同比提高40元；住院患者最高补助再次提高。由上年的7万元提高到9万元；增加重大疾病报销种类。新增白血病、肺癌、脑梗死等14种重大疾病医疗救治，使重大疾病报销种类达到20种；增加慢病报销人数。新增慢病251人，总数达到1069人。新农合已补偿8608人次，补偿金额1848.5万元，统筹基金使用率全年为90%左右，确保农合资金的合理使用。全区参合群众受益水平不断提升，让参合农民达到更大的实惠。

基础设施建设高标准实施。创新社区举办模式。整合资源，优化发展，区妇幼保健站承办新装修改造的西港路社区卫生服务中心，区财政全力保障250多万元，于7月1日开展正常业务工作。同时，对燕山大街社区卫生服务中心的领导班子、医务人员、医疗设备及开业准备等事项进行认真的筹划，区财政投入210万元对医疗设备进行采购，对中心发展给予打造国家级社区卫生服务中心的定位。2家社区卫生服务中心的整体推进，进一步提升城乡居民的医疗保障能力。强力推进村卫生室建设。区政府加大对村卫生室的规范化建设力度，投入786.86万元对36家卫生室进行新建及购置设备，每所村卫生室面积均达到102平方米以上，远超出省卫生厅最高60平方米的标准。36家村卫生室标准建设全部完工，并为17家村卫生室采购医疗设备，开展正常的医务服务。村卫生室的高标准建设模式在全省被树为典型。公共卫生服务均等化成效显著。海港区城乡居民建立健康档案55.05万份，建档率为80.36%；健康教育受益人数约1.5万多人次；对高血压病人、糖尿病人，65岁以上老年人进行规范化管理；对434名重性精神疾病患者登记管理。加强对医疗机构年终考核，邀请人大代表、政协委员及居民代表全程参加，给予监督，确保考核公开透明。公共卫生服务均等化的全面实施，使辖区居民受惠服务保障面明显扩大，逐渐养成良好的生活方式，进一步提高全民身体健康素质。

【人口、人民生活与社会保障】 2013年年底，全区户籍总户数238675户，总人口666293人。不含开发区总户数206349户，总人口578776人，同比增长0.6%，出生人口6187人，人口出生率10.68‰，人口死亡率5.1‰，人口自然增长率5.87‰。

完善体系、提高标准，社会救助工作实现新跨越。城乡低保工作。低保标准全市最高，全区城市居民最低生活保障标准每人每月420元，农村最低生活保障标准每人每年2200元。全区有城市低保13.4万人、7055户，发放保障金3462.52万元。农村低保6478人、3485户，发放保障金944.27万元，新增城乡低保1860人、1051户，发放城乡电费补贴122万元，发放城市低保户冬季取暖补助458.6万元。完善体制建设。成立低保家庭经济状况核查认定中心，中心在强化入户调查、邻里访问、信函索证等调查办法的基础上，建立跨部门、多层次、信息共享的救助申请家庭经济状况核对机制，健全完善工作机构和信息核对平台，确保最低生活保障等社会救助对象准确、高效、公正认定。完善医疗救助体系建设。在广泛调研的基础上，拟定《海港区城乡特困群众医疗救助管理办法》有关事项的补充说明，城乡低保对象医疗救助定点医院达到10家，基本覆盖全区各大型医疗机构。为749人发放医疗救助金146.2万元。

救灾救济效果明显。灾民基本生活得到妥善安排。发放冬令、春荒救灾粮24.14万公斤，食用油5.34万升，军用棉被80条，棉褥80床，棉大衣40件，棉衣裤40套，毛毯93条，被罩93件，棉被93床，羽绒服93件。下发2012年因灾倒损住房恢复重建补助资金46万元。制度建设日趋完善。认真编制应急预案，制订包括组织机构、职能职责、预防预警、分级响应、后期处置、保障措施、宣传培训、演练演习等为重要内容的一套完整适用的《海港区自然灾害应急预案》《海港区民政局地震应急预案》《海港区民政局防汛应急预案》，面对各类自然灾害，能正确应对。五保供养工作。全区有五保供养对象166人，其中分散138人，集中28人。完善基础设施、加强队伍建设、开展丰富多彩的业余文化活动，老年人服务中心影响力明显增强，集中供养五保户、优抚对象等各类老人197人，集中供养率明显提高。慈善工作。开展“慈善一日捐”大型募捐活动，有105家机关单位参与活动，募集善款30多万元。开展慈善大拜访活动，深入辖区23家规模企业，宣传慈善理念，让更多企业积极的投身到慈善事业中来，提高慈善事业社会救助成效。

城乡居民生活水平不断提高。城市居民人均可支配收入24980元，同比增长10.3%；农民人均纯收入12210元，同比增长12.5%。由于2013年度城乡居民收入统计改革，按新方法计算，城镇、农村人均可支配收入分别为25625元、12627元，人均消费性支出分别为17681元、10141元。

（统计局）

中共海港区委员会

ZHONGGONG HAIGANGQU WEIYUANHUI

ZHONGGONG HAIGANGQU WEIYUANHUI

区委重要决策

1月5日，区委印发《中共海港区委2013年工作要点》。提出2013年全区工作总的要求：以“加速转型、加快发展，奋力打造沿海一流主城区，率先全面建成小康社会”为目标，坚持“两主四化”发展战略（即：沿海开发、旅游立市两大主体和城市功能化、城乡一体化、产业集群化、社会管理科学化战略）、“一中心三基地”产业定位（即：旅游业综合服务中心、临港物流产业基地、先进制造业配套基地、新兴产业及现代服务业基地）和“一线两片三组团”空间布局（即：沿海一线，城市中心区和西部次中心片区，北部工业组团、东部物流组团和圆明山旅游组团），以“五大工程”为抓手，以党的建设为根本保障，通过规划引领、项目拉动、健全功能、强化管理等途径，为我市建设“宜居宜业宜游，富庶文明和谐”滨海名城发挥主力军作用。

1月7日，召开中共海港区第九届委员会第四次全体会议，认真学习宣传贯彻中共十八大、省委八届三次全会和市委十一届四次全会精神，一致拥护胡锦涛代表第十七届中央委员会所作的《坚定不移沿着中国特色社会主义道路前进，为全面建成小康社会而奋斗》的报告和大会通过的各项决议，一致拥护以习近平为总书记的新一届中央领导集体。全会作出《关于认真学习宣传党的十八大和省、市委全会精神的决议》。全会强调，全区各级党组织要把学习宣传贯彻中共十八大、省委八届三次全会和市委十一届四次全会精神，与全面贯彻省市党代会精神和区第九次党代会精神结合起来，以中共十八大精神为指引，谋长远、抓当前，谋全局、抓大事，谋根本、抓基础，不断开创全区各项事业新局面。

海港区今后五年的奋斗目标：加速转型、加快发展，奋力打造沿海一流主城区，率先全面建成小康社会。主要标志是，综合经济实力跃上新台阶。实现经济总量和城乡居民人均收入比2010年翻一番，为率先全面建成小康社会打下具有决定性意义的基础。经济转型实现新突破。发展方式逐步转向以投资和消费拉动并重，现代服务业比重大幅提升，战略性新兴产业具有一定规模，科技进步对经济增长的贡献率大幅上升，资源节约型经济和循环经济起到带动作用。城市功能得到基本完善。城市两大中心片区布局基本形成，旅游服务设施基本完善。城乡一体化全面形成。通过转变传统经营方式，城乡差距明显缩小，逐步实现城乡一体，让城乡居民享受同等同质的生活，基本建成文明生态区。社会管理科学化初步实现。有效的社会管理体制基本形成，科学的社会保障制度基本建立，科学合理的社会管理格局初步完善，群众的幸福感明显提高。文化发展取得新进步。区域文化软实力显著增强，城乡人文环境大幅改善，文化事业和文化产业繁荣发展，文化强区的目标初步实现。生态文明得到重大改观。现有好的生态环境得到充分保护，资源循环利用体系初步建立，生态环境不断改善，天蓝水净、地绿山青的目标全面实现。

2月27日，区委印发《关于深化加强基层建设年活动的实施方案》。提出全区加强基层建设年活动总体要求：深化加强基层建设年活动，要在全面遵照执行省、市委“实施意见”的基础上，紧密结合海港区实际和区委、区政府中心工作，创新举措、扎实工作，突出全覆盖、有重点和重实效，将全区98个村和75个社区全部纳入活动范畴，突出抓好6个村和13个社区的帮扶转化工作，以“惠民生、促发展、转作风、强素质”为主题，组织领导干部包联基层单位，选派年轻干部驻村（社区）帮助工作，并强化管理考核，通过“访、解、帮、带”，为全面完成省、市目标任务和“加速转型、加快发展，奋力打造沿海一流主城区，率先全面建成小康社会”夯实基层基础。主要任务是：在全面完成省、市委“规定动作”的同时，大力推进“七项工作”：基层党组织的设置调整，城乡党的组织和党的工作的覆盖，社区硬件建设水平的提高，党员先进性、纯洁性的教育，社会管理先进经验的推广，基层先进典型的培养选树，后进党支部的整顿和不合格党员的处置。

4月23日，区委、区政府印发《关于贯彻落实中央政治局“八项规定”的实施办法》。区委、区政府为深入贯彻中共中央总书记习近平在中央政治局会议上的重要讲话精神，认真落实《中央政治局关于改进工作作风、密切联系群众的八项规定》和省市相关文件要求，结合海港区实际，就区委、区政府改进工作作风、密切联系群众的有关事项，制订实施办法。就改进调查研究、精简会议活动、精简文件简报、规范外出活动、改进新闻报道、厉行勤俭节约、加强监督检查提出具体实施办法。本办法自发布之日起施行。此前有关规定与本办法不一致的，以本办法为准。

5月14日，区委印发《中共海港区委关于在全区开展“解放思想、改革开放、创新驱动、科学发展”大讨论活动的实施意见》。提出大讨论的指导思想：全面贯彻落实党的十八大、省委八届五次全委（扩大）会议和市委十一届五次全委（扩大）会议精神，围绕“解放思想、改革开放、创新驱动、科学发展”主题，以“加速转型、加快发展，奋力打造沿海一流主城区，率先全面建成小康社会”为目标，组织全区广大党员干部特别是领导干部，开阔视野理思路，对照标杆找差距，克服制约加速转型、加快发展的思想观念和体制机制障碍，以新的境界、新的思维、新的目标、新的干劲，引领思想解放，促进转型发展，把全区干部群众的积极性创造性凝聚到打造沿海一流主城区的具体实践中，形成率先开放、赶超发展的强大动力。

基本原则：坚持更新观念，转变思维方式。清醒认识当前海港区发展面临的矛盾和问题，从思想观念、思维方式、思路办法、精神状态、工作作风等方面，深挖思想根源，进一步强化市场意识、开放意识、创新意识、法治意识，以新观念引领新发展；坚持对标先进，完善体制机制。对标沿海开放城市和国内先进城市主城区，在对比分析中确立新的发展坐标和定位。深刻分析束缚发展的体制机制问题，大胆改革，加快构建充满活力、富有效率、有利于转型发展的体制机制；坚持突出重点，解决实际问题。紧密联系全区发展实际和干部群众关心的热点问题，大胆查找差距和制约发展的突出问题，下大力攻坚破难，有的放矢，务求实效；坚持群众路线，推动科学发展。请进来、走出去、沉下去，广泛征求和运用好社会各界的意见和建议。把大讨论形成的成果转化为解决问题的科学决策，转化为推动转型发展的正确途径，转化为促进科学发展的实际行动。

目标要求：通过大讨论，切实凝聚起奋力打造沿海一流主城区的广泛共识和信心勇气；切实提高干部群众推动工作的能力水平；切实打好沿海开放牌、对接京津牌、生态环境牌和暑期牌，解决一批制约发展的重点瓶颈问题；切实制定完善一批促进发展的政策措施和长效机制，为率先全面建成小康社会目标打下坚实基础。

主要任务：紧扣“解放思想、改革开放、创新驱动、科学发展”主题，拓展和深化“树讲聚促”大讨论活动成果，紧密联系思想和工作实际，引导广大干部群众从以下六方面展开讨论：如何以忧患意识和赶超精神，树立跨越发展的信心；如何以市场思维和市场机制，激发跨越发展的活力；如何以开放思维和开放方法，打造跨越发展的高地；如何以创新思维和创新手段，增强跨越发展的动力；如何以法治思维和法治方式，营造跨越发展的环境；如何以目标导向和责任机制，点燃跨越发展的激情。

5月15日，区委、区政府印发《海港区2013年为全面落实省、市委全会精神，按照区委九届四次全会要求，对过去“五大工程”进行调整和完善，变“五大工程”为“六大工程”方案》。为全面落实省、市委全会精神，按照区委九届四次全会要求，对过去“五大工程”进行调整和完善，变“五大工程”为“六大工程”。提出实施“六大工程”的指导思想是：深入贯彻落实中共十八大和省、市、区委工作部署，坚持以邓小平理论、“三个代表”重要思想、科学发展观为指导，以加强党的执政能力建设、先进性和纯洁性建设为主线，以开展“为民、务实、清廉”群众路线教育实践活动、深化加强基层建设年、“解放思想、改革开放、创新驱动、科学发展”大讨论和“树正气、讲团结、聚合力、促发展”大讨论“四项活动”为契机，着力抓好全区的思想、组织、作风、制度和廉政建设，以党员干部的思想解放、素质过硬、作风扎实、遵纪守章、廉洁自律推动工作开展、创造突出业绩，为“加速转型、加快发展，奋力打造沿海一流主城区，率先全面建成小康社会”提供坚强有力的组织保障。

工作目标：通过实施健党强基工程，全面提高党的建设科学化水平，形成“围绕发展抓党建，抓实党建促发展”的良性循环，使全区各级党组织和广大党员干部真正成为解放思想的先行者、干事创业的实践者、改革创新的推动者、作风形象的示范者和清廉守纪的模范者。

主要任务：健党强基工程，要重点围绕开展“四项活动”、加强“三项建设”实施，以纪委、组织、宣传三个部门为责任单位，协调并带领全区各级党组织抓好党建工作各项任务的落实。

5月16日，区委印发《中共海港区委关于加快改革开放建设经济强区的实施意见》。提出今后三至五年，海港区加快改革开放建设经济强区的奋斗目标是：

河北沿海地区重要的经济增长极。围绕沿海地区开发开放，结合“一中心三基地”产业定位，更趋合理的现代产业体系基本建立，自主创新能力显著增强，经济结构实现优化升级；全区经济发展对全市地区生产总值和财政收入的贡献率在全省沿海11个县区中明显领先，综合经济实力跻身全国同等城市主城区前列。

北方最大的临港物流产业基地。以北部工业组团、东部物流组团为平台，园区对经济社会发展的支撑、吸附和辐射作用得到充分发挥。西港搬迁战略机遇得到有效利用，临港物流产业实现聚集发展、组团发展，港、区合作实现高位对接，港航商务聚集区、全国最大煤炭交易中心等带动性强的大项目建成投用，中国北方最大的临港物流产业基地初步建立。

环渤海最佳的现代服务业城区。全国现代服务业综合改革试点城市优惠政策得到充分利用。具有地方特点和产业特征的特色街区建设初具规模，影响力和辐射力逐步提高。城市综合体建设、旅游地产、高端地产等成为城市建设的主体。沿海“一线”城市景观初步形成，吃、住、行、游、购、娱六大旅游要素提档升级，旅游业综合服务中心基本建成。

全省开放度最高、发展环境最优区域。制约开放发展的各项体制机制问题得到有效解决，改革带来的红利得到充分释放。与沿海先进地区的合作、对接机制全面建立，与高校、科研院所的交流、合作形成常态化格局；创新型城市建设全面推进，在全省率先走上创新驱动发展道路；民营经济占国民经济的比重进一步增加。人无我有、人有我优的差异化发展环境得到最大限度优化，成为全省开放程度最高、发展环境最优的城区。

9月12日，区委印发《中共海港区委关于创新工作机制实现巡查工作常态化的意见》。提出巡查工作是加强党内监督的重大举措，是进一步强化党内监督，严肃党的纪律，改进党的作风，加强党的执政能力建设而采取的重大举措；巡查工作是落实中央、省、市对巡视和巡查工作新部署、新要求的重要举措；巡查工作是进一步密切党同广大人民群众联系的重要举措；巡查工作是新形势下挽救和保护干部的有效手段。明确在巡查对象上要突出重点、在巡查内容上要突出重点、巡查工作要围绕区委、区政府中心工作进行。还提出要创新巡查工作机制、注重巡查结果运用、加强组织协调领导。

10月12日，区委印发《中共海港区委学习贯彻市委关于深入学习贯彻习近平总书记系列重要讲话精神的通知》。提出把深入学习贯彻中共中央总书记习近平系列重要讲话精神作为当前的首要政治任务；认真做好中共中央总书记习近平系列重要讲话精神的学习宣传工作；把学习贯彻中共中央总书记习近平系列重要讲话精神落实到各项工作中。

区委重要会议

【区委全委会议】 2013年，区委召开全委会议2次。

1月7日，中共海港区九届四次全委（扩大）会议暨经济工作会议在秦皇岛大酒店召开。区委书记冯志永主持会议。会议的主要任务是：认真学习贯彻落实中共十八大及省、市委全会和经济工作会议精神；听取区委常委会工作报告；总结部署全区经济工作；对2012年度干部选拔任用工作和组织工作进行民主测评。全会听取区委书记冯志永受区委常委会委托作的工作报告，区委副书记、区长冯国林的经济工作报告。区委副书记高立明传达省委八届三次全会、市委十一届四次全会以及省、市经济工作会议精神。

5月16日，中共海港区委九届五次全委（扩大）会议暨重点工作会议召开。区委副书记、代区长霍春利主持会议。区委副书记高立明宣读《中共海港区委、海港区人民政府关于表彰2012年度“五大工程”等全区重点工作先进单位和先进个人的决定》；审议通过《中共海港区委关于加快改革开放、建设经济强区的实施意见》，下发《中共海港区委关于在全区开展“解放思想、改革开放、创新驱动、科学发展”大讨论的实施意见》《海港区2013年“六大工程”方案》《海港区2013年环境整治攻坚战实施方案》；区委副书记、代区长霍春利安排部署重点工作；区委书记冯国林作题为“抢抓机遇、率先发展、全力打造一流主城区和沿海经济增长极”的讲话。

【区委常委会议】 2013年，区委召开常委会议15次。

1月5日，召开九届区委第十七次常委会议。会议研究并原则通过召开区委九届四次全会暨经济工作会有关事宜和军转干部安置有关事宜；原则通过区委书记冯志永代表区委常委会《在区委九届四次全会上所作的工作报告（讨论稿）》《中共海港区委关于认真学习宣传党的十八大、省委三次全会和市委十一次全会精神的决议（讨论稿）》《中共海港区委2013年工作要点（讨论稿）》和调整领导班子和领导干部考核评价体系，并提出修改意见；研究讨论《海港区获得集体荣誉奖励办法（讨论稿）》，并提出修改意见。

2月17日，召开九届区委第十八次常委（扩大）会议。会议传达市委常委（扩大）会议精神，与会人员进行学习和交流。

2月22日，召开九届区委第十九次常委会议。会议研究召开区“两会”有关事宜；研究讨论《海港区2013年政府工作报告（讨论稿）》；研究讨论《2013年民生保障工程实施方案（讨论稿）》；研究讨论《2013年秦皇岛市海港区政府预算（草案）》；研究讨论《关于海港区2012年国民经济和社会发展计划执行情况与2013年国民经济和社会发展计划（草案）的报告》。

3月8日，召开九届区委第二十次常委会议。会议审议并通过《中共海港区委“树正气、讲团结、聚合力、促发展”大讨论活动实施方案》，并提出相关意见。

3月28日，召开九届区委第二十一次常委会议。会议推荐出席秦皇岛市第十三届人民代表大会代表候选人。

4月2日，召开九届区委第二十二次常委会议。会议传达省委书记周本顺在秦皇岛调研时的讲话精神和省委常委、常务副省长杨崇勇在秦皇岛调研沿海地区发展时的讲话精神；传达市委常委（扩大）会议精神。

4月15日，召开九届区委第二十三次常委会议。会议传达全市“两会”精神和市委常委(扩大）会议精神。

5月14日，召开九届区委第二十四次常委（扩大）会议。区委副书记、代区长霍春利传达省委八届五次全会精神；区委书记冯国林传达市委十一届五次全会精神；研究讨论原则通过《中共海港区委、海港区人民政府关于加快改革开放、建设经济强区的实施意见》《圆明山沙河生态文化旅游综合开发项目投资协议书》；研究召开九届区委五次全委（扩大）会议暨重点工作会议有关事宜；研究《中共海港区委关于在全区开展“解放思想、改革开放、创新驱动、科学发展”大讨论活动的实施意见》《海港区2013年“六大工程”实施方案》《海港区2013年环境整治攻坚战实施方案》和关于对区领导分包重点项目进行调整有关事宜，并提出修改意见。

6月20日，召开九届区委第二十五次常委会议。会议研究议军相关事宜；传达省领导在北戴河暑期准备工作汇报会上的讲话精神；听取近期全区信访工作情况汇报；听取全区城乡环境整治工作情况汇报；研究讨论《海港区实施农村面貌改造提升行动实施方案（讨论稿）》；研究讨论海港区城市人文精神口号。

7月9日，召开九届区委第二十六次常委会议。会议传达全市信访调度会议精神；传达全市开放工作会议精神；传达全省深化平安建设工作会议精神；研究调整区委常委分工有关事宜；研究部署全区今后一个时期的重点工作；研究干部任免事宜。

8月13日，召开九届区委第二十七次常委(扩大)会议。会议通报全区2013年上半年经济运行情况；传达省委副书记赵勇在北港镇东、西连峪调研时的讲话精神；通报全区近期信访稳定情况；通报全区近期安全生产和食品安全有关情况；传达省委常委、政法委书记张越到海港区蹲点调研时的讲话精神；学习近期落实中央“八项规定”及群众路线教育实践活动相关内容，部署全区重点工作；审议2012年度科级领导班子和领导干部考核结果；研究干部任免事宜。

8月27日，召开九届区委第二十八次常委会议。会议研究干部任免事宜。

9月22日，召开九届区委第二十九次常委（扩大）会议。会议深入学习贯彻省、市关于河北沿海地区率先发展重要会议精神，分析全区率先开放、赶超发展面临的机遇和挑战，研究破解制约问题，制定促进发展举措，全力打造一流主城区和沿海经济增长极。

10月14日，召开九届区委第三十次常委会议。会议研究讨论《关于认真做好全区社区党组织和第四届社区居民委员会换届工作的意见（讨论稿）》；研究干部任免事宜。

12月26日，召开九届区委第三十一次常委（扩大）会议。会议学习传达中共中央总书记习近平系列讲话精神和中共十八届三中全会、省委八届六次全会、市委组织工作会议、市委宣传思想工作会议暨创建全国文明城市动员会会议精神；听取政法委工作开展情况的汇报；研究讨论并原则通过《海港区关于学习宣传贯彻党的十八届三中全会精神的实施方案（讨论稿）》《海港区人才成长基金管理办法（试行）（讨论稿）》《政法机关服务全区发展大局的九项措施（讨论稿）》《海港区关于社会网格化管理信息平台建设试点工作方案（讨论稿）》《海港区全面深化重大事项社会稳定风险评估工作的意见（讨论稿）》。

【党政联席会议】 2013年，召开党政联席会议3次。

3月6日，召开第一次党政联席会议。会议传达省、市委安保维稳调度工作会议精神，区委书记冯志永讲话，他强调要加大排查力度；强化情报信息；“变堵为疏”做好稳控工作；严谨防范安全事故；落实维稳责任。

3月15日，召开第二次党政联席（扩大）会议。会议专题传达学习省委常委、市委书记田向利到海港区调研时的讲话精神。区委书记冯志永提出具体要求：要准确把握田向利对海港区工作的总体评价，把市委的肯定视作努力方向；要准确把握田向利对海港区发展的重大定位，切实担负起中心城区的示范带头作用；要准确把握田向利提出的“做大总量、增强实力”的重大部署，进一步开创海港区科学发展新局面；要准确把握田向利提出的“做美城市，提升形象”的重大要求，积聚和释放海港区加快发展的新动能；要准确把握田向利提出的“做实民生、促进和谐”的重大责任，深入推进民生保障工程；要准确把握田向利提出的“做好表率、带好队伍”的重大任务，进一步强化发展的组织保证。

11月15日，召开第三次党政联席会。会议传达贯彻全市项目建设及县城建设推进会议精神，听取各位区级领导分包项目情况的汇报。区委书记冯国林就做好全区项目园区建设提出要求：必须把项目园区建设作为牵动全局发展的首要任务，把项目建设作为检验和考察每位领导干部工作实绩、敬业精神和能力水平的重要标准，切实增强抓项目的紧迫感和使命感；必须把项目园区工作作为全区工作的重中之重，作为每位领导干部工作摆布中的重中之重，强力推进、打造亮点；必须以此次党政联席会议为契机，领导带头、夯实责任，狠抓各项既定工作的落实。就年底各项任务指标完成和民生保障工作，区委书记冯国林强调：要确保完成全区经济指标，各单位必须完成承担指标，并在此基础上争取争先进位；要以全区22项为民办实事项目为重点，督导调度重点民生工程进展情况，加强完善社会保障，着力稳固当前和谐稳定的社会局面；要重点学习好中共十八届三中全会精神，以及省市打造河北沿海地区率先发展增长极的各项战略部署，精心谋划2014年全区经济社会发展的基本思路、发展目标，提出行之有效的工作举措。

【全区性重要会议】 1月28日，召开园区重点工作调度会议。传达《市委关于学习贯彻党的十八大精神和省委八届三次全会精神的决议》《区委关于认真学习宣传党的十八大和省、市委全会精神的决议》，研究讨论《园区干部联系分包服务重点企业制度的实施意见》有关事宜，听取各园区2012年重点工作汇报及2013年重点工作谋划，并对2013年全区园区建设重点工作进行研究部署。区委副书记高立明提出几点意见：加快园区项目建设；加强招商引资工作；推进基础设施建设；加大环境建设力度；加强土地资源管理。

2月3日，召开新春团拜会暨新春联欢会。区委书记冯志永代表区委、区政府，向全区人民和所有关心支持海港区发展的各界朋友送上节日祝福。

2月3日，召开全区安全稳定工作会议。传达省委书记张庆黎在全省各市及省直各部门主要领导工作会上的讲话精神及市长朱浩文在全市安全稳定工作会上的讲话精神。区委书记冯志永要求从五个方面加强全区春节期间安全稳定工作：要抓好政治安全；要抓好公共安全；要抓好安全生产；要抓好食品安全；要抓好个人安全。

2月20日，召开圆明山开发建设调度会议。听取圆明山开发建设情况汇报，区委书记冯志永就开发建设工作提出五点要求：要完善机构设置，理顺人员配备；要研究控制性详规，完成景观设计；要加快基础设施建设，改善周边环境；要做好土地征转工作；要加快招商引资步伐。

2月28日，召开全区深化加强基层建设年活动暨维护社会稳定工作会议。区委副书记高立明宣读中共海港区委《关于深化加强基层建设年活动的实施方案》，区委副书记张国林宣读《海港区2013年全国"两会"期间维护社会稳定工作方案》，区委书记冯志永出席会议并讲话。

3月1日，召开暑期工作调度会。相关单位就暑期工作准备情况进行汇报，区委副书记张国林就暑期准备工作提出三点要求：要站在讲政治的高度，深刻认识做好今年暑期工作的极端重要性；要坚持继承发展创新，在更高起点上推动暑期工作再上新水平；要科学部署推进，集中精力打好暑期准备工作攻坚战。

3月12日，召开海港区"树正气、讲团结、聚合力、促发展"大讨论活动动员会。区委书记冯志永在动员会上强调，各级各部门要把握大讨论活动方向和重点，通过活动的开展真正做到树正气、明方向、转作风、严纪律，讲团结、聚合力、办实事、促发展。

3月22日，召开政法工作会议。区委常委、政法委书记高骥恩作政法工作报告，区委副书记高立明宣读《关于表彰2012年度政法平安建设维稳工作先进单位和先进个人的通报》，区委书记冯志永强调：要从高处着眼，找准政法工作的方位；要从大局出发，落实政法工作保稳定、促和谐重要职责；要从实际入手，突出政法工作的着力点；要从领导做起，锤炼勇于担当的政法队伍。

5月29日，召开全区环境整治攻坚战调度会。区委副书记、代区长霍春利对环境整治攻坚战开展情况进行梳理总结，相关单位负责人汇报环境整治攻坚战的落实情况、存在问题及下步工作计划，区委书记冯国林强调：要讲政治，站位建设美丽港城的高度，认识环境卫生整治行动，要与区委、区政府保持高度一致，提高政治敏感性，按照统一部署严格要求，提高工作执行力；要转作风，以攻坚的意识、超常的手段，逐街逐路逐社区的把细节做细、把节点做亮、把死角做清；要落实责任，逐级负责，深入督导，做到全区域清理、全区域划分职责、全区域落实、全区域问责；要加大投入，加强管理，积极与上级取得沟通和联系，努力争取上级政策及资金支持；要加大宣传力度，造大声势，提升市民自觉意识。

6月24日，召开全区干部大会暨暑期工作会议。区委副书记、代区长霍春利安排部署2013年全区暑期工作，区委书记冯国林强调：要巩固和延伸"大讨论"活动成果，以思想的大解放推动经济社会的大发展；要抓住沿海开发和西港搬迁的机遇，主动作为、主动担当，不断提高跨越发展的能力和水平；要把廉洁从政作为为官准则，牢记警钟长鸣，做勤政为民、廉洁自律的表率。

7月3日，召开全区农村面貌改造提升行动动员大会。区委常委、纪委书记张浩安排部署2013年全区农村面貌改造提升工作，区委书记冯国林强调：要统一思想，充分认清农村面貌改善提升的重要性和紧迫性；要统筹兼顾，抓住整治活动的主要内容和关键环节；要加强领导，确保活动取得实实在在的效果。

9月10日，召开全区庆祝第二十九个教师节暨表彰大会。副区长赵长泰宣读优秀教师、优秀班主任和师德标兵表彰通报，区委书记冯国林讲话，强调要着力探索符合区情实际的教育发展路径；要着力打造爱岗敬业、乐于奉献的教师队伍；要着力建设一个专业高效、勇挑重担的教育行政团队。

9月13日，召开全区着力改善发展环境警示教育暨巡查工作推进大会。通报2013年上半年全区机关效能建设明察暗访情况；宣读《中共海港区委关于创新工作机制实现巡查工作常态化的意见》。区委书记冯国林讲话，强调要认识到作风问题直接反映领导干部的执政理念和管理水平，透视着每名干部的价值取向；要把始终保持政治上的清醒敏锐，作为领导干部必备的基本素质；要把领导干部的表率作用作为最嘹亮的号角，激发干部群众的无限潜在能量；要推进巡查工作常态化，转变作风、促进发展。

10月14日，召开全区信访稳定工作会议。传达近期上级信访稳定工作精神，宣读《海港区信访积案攻坚活动实施方案》，通报有关信访案件及处理情况。区委书记冯国林讲话，强调要认清形势、转变观念，尽快跟上中央、省、市信访工作要求与节奏；要创新方法、明确责任，力争通过攻坚活动扭转当前被动局面；要主动上位、主动作为，切实为百姓解决实际问题；要规范行为、依法打击，不断优化全区信访整体环境。

11月8日，召开全区主要经济指标完成情况调度会。通报前三季度全区主要经济指标完成情况，区委书记冯国林就努力完成全区主要经济指标提出要求，强调要实事求是、做实做细经济指标统计工作，力争实现不出现负增长、完成任务指标的目标；要功夫下在平时，各部门全面了解掌握分管经济指标及相关企业的具体情况；要及时掌握经济运行规律，分析研究其进度与问题，重点关注、把握和扶持新兴经济增长点；要依法规范管理经营者行为，发挥好政府调控作用；要扎实做好园区发展建设，树立良好服务意识，为企业发展服务。

11月9日，召开茂业城市综合体项目进展情况调度会。听取文昌里片区近期征收工作情况。区委书记冯国林就加快推进茂业城市综合体项目建设提出要求，强调要成立工作组，做好该地块征收的测算和审计工作，并负责与远洋地产进行洽谈；要及时征求村民意见，取得村民支持和配合，做好村民安置房建设工作；要做好村公产处置工作，将工程改造统一于片区开发的总体设计中；要做好该地块挂牌前的准备工作，积极与市规划局沟通，做好项目规划设计；要与深圳茂业进行沟通，做好该片区地价、面积测算等工作。

区委主要工作

【概况】2013年，中共海港区委围绕“打造一流主城区和沿海经济增长级”的目标，把科学发展作为第一要务，把改革开放作为第一动力，把改善民生作为第一追求，把维护稳定作为第一责任，把党的建设作为第一保证，集中力量办大事、抓要事、解难事，全区经济社会发展取得新成绩。完成区属地区生产总值217.8亿元，同比增长9%，高于全市平均增幅2个百分点；完成财政总收入78.3亿元，其中，公共财政预算收入16.7亿元，同比分别增长2.3%和17.3%；完成全社会固定资产投资245.8亿元，同比增长1%；城市居民人均可支配收入和农民人均纯收入分别达到2.5万元和1.22万元，同比分别增长11%和13%。

【发展思路和目标】 区委始终把“审区情、理思路、谋发展、聚合力”作为做好工作的前提基础。吃透上情。坚持以党的最新理论成果武装头脑，在中共十八届二中、三中全会，省委八届五次、六次全会后，均邀请北京大学、清华大学等高校知名专家专题讲解学习，及时掌握党中央、省委、市委最新决策部署，并通过专家的分析解读，自觉将上级精神与海港区的实际结合，谋划和推进全区工作。把握区情。以开展“解放思想”和“树讲聚促”大讨论活动为契机，不断深化区情认识，形成一致看法，创新开展工作，尽可能少研究提法、多研究做法；尽可能少研究顶层设计、多研究下面落实，避免区委、政府一换届、思路就换向，避免因个人职务的变动或关注点的变化导致发展战略的摇摆不定。在深入调研的基础上，客观梳理总结发展空间局促、项目审批效率低下、园区发展后劲不足、城市建管权责不匹配、区级财政增长乏力等短板问题，倾尽全力攻坚克难。坚持“一中心三基地”产业定位和“一线两片三组团”城市空间布局，继续把打造“一流主城区”作为全区的奋斗目标，一任接着一任干，一张蓝图绘到底。凝聚共识。贯彻省、市委打造沿海地区率先发展增长极的决策部署，结合海港区在全市的特殊地位，审时度势确定“抢抓机遇，率先发展，全力打造一流主城区和沿海经济增长极”的奋斗目标，适时召开区委务虚会议，统一思想，凝聚共识，出台《关于加快改革开放建设经济强区的实施意见》，明确打造河北沿海地区重要的增长极、北方最大的临港物流产业基地、环渤海最佳的现代服务业城区和全省开放度最高、发展环境最优区域的长远发展定位。

【经济工作】 坚持把项目、园区建设作为经济工作的重要抓手，强化产业在经济发展中的引领带动作用。突出抓产业集聚发展。按照“一中心三基地”的产业定位，从财政专项资金、土地指标、税收政策等方面，加大扶持力度，引导鼓励项目向园区集中，同类产业及相关配套产业集聚发展；支持中信渤铝、耀华等15家重点工业企业技改升级，提升产品品质，增强主导产业的竞争力，做好“有中生新”；鼓励区内骨干企业发挥龙头作用，带动配套企业发展，延伸产业链条，壮大产业规模，实现“无中生有”。全区初步形成北部工业、东部临港物流业、城市中心片区商贸服务业聚集发展的产业格局。玻璃深加工、生物质能源、电子信息、临港物流等多元化产业发展新集群正在逐步形成。西港搬迁工程正式启动后，海港区主动融入“西港搬迁”工作大局，着眼于建立临港产业的有力支撑，组建专门队伍研究承接“西港搬迁”具体工作，与河北港务集团签署《港区合作框架协议》，港区互动合作不断加深。突出抓重点项目。高度重视项目建设工作，制订出台《一把手抓项目工作意见》，明确基层单位“一把手”在抓项目工作上的任务和职责，强化全区各级领导干部抓项目的意识。对重点项目实行区领导分包制度，发挥区领导协调督促作用，把握好项目从签约落地到投产见效的每个环节，确保重点项目有序推进。多次召开重点项目调度会，听取项目进展情况汇报，认真梳理存在的问题，集中力量攻坚克难，用强有力的措施推动项目建设取得明显效果。累计实施千万元以上项目113项，超出年初计划23项，完成投资246.5亿元。华润雪花搬迁改造、茂业城市综合体等19个项目列入省、市重点，实现秦皇皓月城基础设施工程等14个重点项目的集体开工；文化创意、养老休闲、商贸物流等重点服务业项目相继开工建设。突出抓项目谋划与招商。围绕产业升级和经济结构调整，积极谋划和储备一批效益好、质量高的项目。从世界500强企业中筛选施耐德电器等80家战略投资者纳入大客户管理，进行动态跟踪。累计储备大客户508个，已谋划储备亿元以上项目106个。加大招商频次，提升招商层级，全年组织参加廊洽会、厦洽会、央企入秦、北京招商周、中俄国际旅游交易会和中国北方旅游交易会等团组招商活动10多次。成功举办海港区（新加坡）投资环境说明会，继韩国首尔招商会后，第二次以区级政府名义在海外开展招商活动，不仅有108亿元的项目成功签约，还促成新加坡客商回访，进一步向外界展示海港区的良好形象。全年累计引进内资49.3亿元，引进外资1.87亿美元，内资引进额创历史最高，全市排名第一。突出抓平台建设。抢抓国家收紧园区审批权限的最后时段，积极跑办申报海港高新技术开发区，并获省政府正式批准。采取政府投入启动资金、BT合作、民间融资等方式，筹措园区基础设施建设资金，加快建设步伐，提高承载能力。圆明山文化旅游产业聚集区，总投资1.53亿元的圆明山森林公园一期和投资7000万元的圆明寺复建工程如期完工。核心片区建设已全面启动，4个村庄基本拆完。北部工业区，投资4.6亿元的民族路北延伸工程跨京沈高速公路立交桥竣工通车；投资1.2亿元的北港大街东延伸工程和投资1500万元的西港北路功能提升工程全部完工。临港物流园区，东港路电缆沟及电力开闭所工程全面完工，规划二路（东港路—兴电路段）建成通车。为缓解工业、物流等产业用地紧张的矛盾，启动韩庄片区（8个村）、东港镇南四村、和美社区等3个园区居民集中安置项目，为园区发展腾出空间。

【城市建设与管理】 始终坚持“规划先行、城乡一体、经营城市、错位发展”理念，强力推进城市空间布局调整、基础设施建设、城管体制下沉等重点工作，着力改善城乡面貌。规划城市框架。强化城市建设规划先行的理念，突出规划对城市建设的支撑指导和刚性约束作用，搭建城市发展长远框架，实现辖区范围内的规划全覆盖。按照“一线两片三组团”城市空间布局，编制完成圆明山文化旅游产业聚集区、大北部片区总体规划，西部休闲文化创意产业园概念性规划研究，修编物流园区和金梦海湾片区总体规划。对农贸市场、城市道路、市政设施进行科学规划，并就教育发展布局、特色餐饮文化等专项规划进行深入研究，形成初步规划成果。完善城市功能。面对市、区两级部分职能交叉的现状，坚持错位投入、进行补位建设，打造精品亮点。将背街小巷整治、老旧小区改造等关乎百姓生活的项目作为城建工作重点，稳步推进城中村、城郊村改造征收工作，提高城镇化程度。范庄村、山东堡村等旧城、旧村改造正按计划有序推进；西白塔岭村、东王岭村正式返迁。高标准推进金梦海湾片区开发，投资1.2亿元的西浴场景观综合提升工程一期已全面完工并开放迎客；海碧台、香格里拉酒店等窗口型项目成功封顶，近海、亲海的沿海一线景观加速形成；城市中心区和西部新中心片区建设亮点纷呈，投资3800万元的太阳城商业区升级改造工程初具形象，世纪港湾城市综合体项目落成投用；归提寨片区开发规模效应呈现，海阳片区整体改造项目实质性推进。北部圆明山片区开发深入推进，圆明寺复建项目落成，连峪山庄开门迎客。加大生态建设力度，实施“森林港城”建设，燕山大街、东港路等20条主次干道添绿增彩，完成10个街边小游园绿地增绿以及10处街头树阵建设。提升管理水平。积极稳妥推进城市管理重心下移工作，扩大街道社区权责，在城市区街巷道路、居民小区实施网格化管理，城市主干道路实现全面机械化清扫，街巷道路和居民小区保洁管理得到进一步加强。采取“政府主导、部门管理、街道配合、社区参与”模式和市场化运作机制，对无物业管理居民小区实施管理，实现物业管理全覆盖。举全区之力开展环境整治攻坚战，对全区范围内44条主次干道的非法小广告治理实施市场化运作，规范治理露天烧烤和清理各类积存垃圾，有效铲除损害城市环境的顽疾。围绕农业面源污染防治、入海河流污染治理、沿海防护林建设三项重点工程，强力推进近岸海域环境综合整治，采取河长、片长负责制，重点对15条河道进行集中攻坚，主要河流水质达到近年最高水平。大气污染防治工作强力推进，突出抓好燃煤锅炉、餐饮油烟、建筑扬尘和工业污染等重点环节，全年空气质量达标天数达到217天。下大力气实施农村面貌改造提升行动，全区98个村全部完成“四清四化”工作，东连峪村、西连峪村等省级精品示范村创建工作得到省、市委主要领导的充分肯定。

【民生工作】 深入实施“民生保障工程”，切实解决人民群众最关心、最直接、最现实的利益问题，年初既定的22件实事全面落实。社会保障体系进一步完善。坚持把就业作为民生之本，全区实现城镇新增就业9693人，失业人员再就业3678人，农村劳动力转移就业305人。推进覆盖城乡居民的社会保障体系建设，新增养老保险、医疗保险参保人员2137人。巩固城乡低保扩面成果，低保覆盖率达到3.49%，补助标准全市最高（城市低保每人每月420元，农村低保每人每年2200元）。进一步扩大新农合保障范围，再次提高新农合报销比例、筹资标准、住院补助，参合农民得到更多实惠，参合率达到98.5%。社会各项事业进一步发展。坚持教育优先发展，加大教育投入，整合配置资源。新建归提寨小学等学校3所，完成海阳路小学等学校的基础设施改造，投资1079万元更新教室多媒体设备，落实850万元改善农村教师待遇，推动教育均衡发展。重视解决城乡居民养老问题。建成并投入使用老年日间照料中心6家、农村幸福院10家，满足城乡居民对养老陪护的不同需求。推进医药卫生体制改革、加强城乡公共卫生服务设施建设和提升公共卫生服务质量。建成海港区药物配送网络平台，让百姓买得到种类丰富、价格实惠的药品。完成6家村卫生室建设，西港路社区卫生服务中心正式营业。全面开展11类基本公共卫生服务，建立居民健康档案55万份，城乡建档率达到80%。各项便民举措进一步落实。

科学布局各类市场，突出农贸市场、专业化市场建设，南李庄、森林逸城等市场投入使用；加大公共设施建设投入，提升迎秋西里等6个老旧小区管理维护水平，新建改建得趣园、和平园等13个街头游园并向居民开放，完成港二路等8条背街巷路整治改造工作。完成便民、利民重点工程建设，市民中心正式竣工入驻，区文体中心项目主体完工。丰富群众文化生活，举办龙舟赛、广场舞大赛及彩色周末文艺演出等群众性文体活动，全区文化氛围进一步浓厚。

【社会治理】 始终对稳定工作高度重视，牢牢抓在手上，以超常的措施和力度确保社会大局总体稳定，圆满完成暑期和中共十八届三中全会期间安保维稳任务。做好社会面防控。以实施“平安港城工程”为统揽，以“安全暑期”为目标，结合基层建设年活动，下派172名副科级以上干部分包村居，构建覆盖全区的信息网络，有效掌控基层社会动态。深入推进社会管理创新试点创建，深化平安志愿者巡防和平安建设工作队派驻等有海港区特色的亮点工作，不断加大对特殊人群和流动人口的管理力度，创新警务巡查模式和“19+2”巡逻防控机制（辖区19个派出所，每个派出所每周自行确定2天时间进行后半夜治安巡逻，平均每天都有5 ~ 6个派出所开展行动），构建多警种协调联动、社区民警与专管员“捆绑式”作业、治安志愿者及全社会广泛参与的社会治安防控体系；对各类刑事犯罪活动实施深度打击，连续4年刑事发案率保持下降，全区社会治安秩序持续良好。狠抓信访稳定工作。进一步明确区、镇（街）、村（居）三级矛盾隐患排查责任，完善村居、卡点、敏感地区“三道防线”机制；选派150名年轻机关干部脱产到基层派出所任协警，参与到村居排查、化解、稳控工作。对重点稳控人员落实“五包一”责任制，逐案建立台账。进一步深化领导干部大接访活动，严格按照“一个案件、一名领导、一套班子、一个方案、一抓到底”的思路，明确责任主体、承办人员、化解措施、办结时限，最大限度发挥领导包案和重点案件调处机制的作用。推进安全生产和食品安全常态化。深入开展安全生产“打非治违”专项行动，创新推出“3+6片警式”监管模式（以各镇、园区、街道为重点，3个单位为一组，分成6个片区，实行片区管理、分片包干），重点对人员密集场所、危险化学品、烟花爆竹等重点行业、领域进行监管。食品安全常抓不懈，以创建“食品安全放心城区”为契机，开展地沟油、工业明胶等多项食品安全专项整治活动，全区食品安全综合抽检合格率和安全食品市场占有率稳定在94%以上。全年实现安全生产、食品安全“零事故”，全区安全稳定形势良好。

【党的思想、组织和作风建设】 始终把党的建设作为基础工程牢牢抓在手上，用更务实的举措明导向、建机制、转作风、促发展。基层党建工作品牌不断树立，承办全国社区服务型党组织建设推进年启动仪式，获全国社区服务型党组织建设先进县区称号。加强党政班子自身建设。围绕建设学习型、创新型、实干型、团结型、廉洁型班子，制订《关于进一步加强区委常委会自身建设的意见》，完善议事规则，形成区委总揽全局、人大民主监督、政府执政施政、政协参政议政的工作机制。建立和完善党政领导带班值班、请销假等系列规章制度，特别是坚持和完善党委理论中心组学习制度，全年组织中心组学习7次。坚持和完善民主生活会制度，建立区委与各班子之间、常委之间、区级领导与分管部门之间“集体谈心制度”，及时解决工作难题，增强班子之间团结协作、干事创业的整体合力。特别是集集体智慧，凝练“开放、包容、崇德、尚美”的海港精神，在全区上下凝聚推动发展的强大动力。加大干部队伍建设力度。通过举办培训班、干部岗位调整、多种形式锻炼和完善考核体系等方式，形成重基层、重实干、重实绩的用人导向，领导班子和干部队伍呈现崭新面貌。全面加强干部教育培训，举办党员干部学习中共十八大精神轮训班、“提升四种意识，强化四个能力”专题培训班、同济大学城市规划专题培训班、科级后备干部培训班、街道社区干部培训班等各类培训班7期，受训干部1600多人次。注重典型引领，总结宣传北港镇西连峪村原党支部书记靖红利先进事迹，得到省、市委充分肯定，并组成靖红利事迹报告团在全省各地市做巡回报告，干部群众反响强烈。深化干部人事制度改革，集中调整补充科级后备干部队伍，健全党政干部人才、专业技术人才、妇女干部、党外干部等各类后备干部人才库，正、副科级后备干部数量分别达到151人、294人。加大干部培养锻炼力度，从89个区直单位选派321名干部深入173个农村（社区）驻点帮扶，累计解决村居实际困难1500多个，进一步强化实践锻炼。提高干部考核评价科学化水平，完善考核指标体系，印发《关于调整领导班子和领导干部综合考核评价体系的通知》，增强考核针对性和实效性。区委先后研究任免干部5次，调整干部119人次，所调整干部均反映良好。高度重视党风廉政建设和反腐败斗争。坚持与全区其他重点工作同部署、同推进。开展示范教育、警示教育和党纪政纪条规教育活动，倡导各级领导干部带头讲廉政课，党员受教育面92%。10月，在革命圣地延安举办干部培训班，对全区各级领导干部进行廉政教育和能力培训。发挥7个纪工委和监察分局的作用，出台《纪检巡查工作常态化的意见》，突出对领导干部在重大问题决策、重要干部任免、重要建设项目安排、大额度资金使用及工作作风、廉洁从政等方面工作的监督检查。认真执行中央政治局“八项规定”要求，深入开展“正风肃纪”专项行动，围绕“十对照、十整治”主要内容开展自查自纠活动，88个领导班子及科级领导干部均填报领导班子和干部个人正风肃纪专项行动对照《自查表》，查找出的领导班子具体问题63个、干部个人具体问题41个，并逐条逐项深刻剖析。组织开展检查、清理、规范评比达标表彰活动和党政机关举办庆典、研讨会、论坛等活动，清理政府性集资、保证金和摊派项目活动；对全区各单位机关工作作风、服务意识、办事效率等情况进行日常监督；精简文件简报、简化公务接待，降低行政办公成本。全区下发的各种文件531份，同比下降14%；公务用车购置及运行费1494万元，同比下降13.4%；因公出访总费用38.5万元，同比下降37.8%；公务招待支出92.4万元，同比减少62.7%。在“三项专项治理”活动中，清理规范“吃空饷”问题人员383人，查处违规车辆113辆，清理超标办公用房6216平方米。

区委工作机构及其领导

【区委领导人】

书　记：冯志永（4月免）
　　　　冯国林（4月任）
副书记：冯国林（4月免）
　　　　霍春利（4月任）
　　　　高立明
　　　　张国林（5月免）
　　　　张　浩（7月任）
常　委：冯志永（4月免）
　　　　冯国林
　　　　霍春利（4月任）
　　　　高立明
　　　　张国林（5月免）
　　　　黄　萍（7月免）
　　　　张　浩（7月任）
　　　　周永鑫（7月任）
　　　　齐香民
　　　　张晓雁（女）
　　　　杨东明
　　　　刘爱秀
　　　　张立红（女，7月任）
　　　　高骥恩
　　　　刘凤奎

【区委工作机构主要负责人】

区委办公室主任：刘凤奎
区委组织部部长：刘爱秀
区委宣传部部长：张晓雁（女，7月免）
　　　　　　　　张立红（女，7月任）
区委统战部部长：张素珍（女）
区委政法委书记：高骥恩
区委农工委书记：张　浩（7月免）
　　　　　　　　胡福全（7月任）
区精神文明建设办公室主任：刘玉僧（8月免）
　　　　　　　　　　　　　张国辉（10月任）
区信访局局长：董云鹏
区委老干部局局长：郭中华（8月免）
　　　　　　　　　谢桂亮（8月任）

区委党校校长：刘爱秀
区委研究室主任：赵　营
区机要局局长：才汇强（8月免，后空缺）
区委党史研究室主任：刘　颖（女）
区编办主任：胡广设（8月免）
　　　　　　李满元（8月任）
区保密局局长：（空缺）

【区委派出机构主要负责人】
教育工委书记：王建国
建管工委书记：董育松
卫生工委书记：赵荣福
区直机关工委书记：刘凤奎

区委办公室工作

【概况】 2013年，区委办公室按照"高水平谋事、高效率办事"的总体要求，以创新为动力，以服务为根本，紧紧围绕区委中心工作，尽心当参谋、尽职抓协调、尽力强保障，圆满完成全年各项工作任务，工作质量和服务水平进一步提升，得到区委和各级各部门的认可与好评。

【参谋服务工作】 调查研究成果显著。围绕区委中心工作确定重点调研方向，立足于设大谋、当高参，形成情况摸得实、问题找得准、对策建议切实可行的自主调研成果。开展关于西港搬迁海岸线规划初步构想、全力推进全区服务业发展、做好全区固定资产投资工作、调整产业格局、探索转型升级突破口等方面的调研，年内在省市刊发调研文稿7篇。加强全区调研工作的组织、指导、协调，形成"强龙头—联科室—网基层"的调研网络，全年编发《海港调研》54期，刊发调研报告77篇。

文稿水平明显提高。以强烈的责任意识和赶超精神，精心学习、狠练内功、认真对待每一次文稿起草工作。将材料写短写实写新，使文稿能正确传达上级精神、准确体现领导意图、如实反映基层情况。注重运用调研成果，将切合全区发展实际的意见建议融入各类文稿，确保出成果、出亮点、出精品。全年起草工作报告、领导讲话、总结汇报等各类文稿127篇，累计68.9万字，其中起草的全区领导干部大会讲话、区委九届五次全会讲话等重要文稿得到领导肯定。

信息工作卓有成效。发挥自身职能，立足高站位、大思考，把上报高层次、高质量信息作为工作的出发点和着力点，及时、准确地反映全区改革发展中的新问题、新成果，总结新成绩和新经验，为领导了解下情、科学决策发挥应有的作用。开通全省首个基层信息服务网站，为全区信息工作者增强理论水平、提高业务能力提供平台，促进全区信息工作全面提升。全年上报省委信息中心短篇信息1000条目，长篇信息20条目，网络摘报3万多条目，基层反映、观点摘编类信息1200多条目；上报市委信息中心1200多条目，决策参考类信息1100多条目；刊发《每日动态》145期，采写领导信息71条目。

【沟通与协调工作】 坚持日常沟通与综合协调相结合。在沟通与协调过程中，发挥牵头、桥梁和纽带作用，主动联系上下、沟通左右，妥善处理各方关系。加强与上级机关的联系，主动向市委办公厅汇报工作，及时了解上级工作动态及重大活动安排，统筹安排全区工作，避免区内活动与上级活动相冲突，增强工作安排的有效性。加强与"四大家"办公室的协调沟通，对涉及全区的重要工作或重大活动，特别是对急事、要事、难事，区委办公室勇于承担、主动牵头，当好"总协调""总调度"。加强与全区各单位办公室之间的联系，及时向基层单位传达区委的决策部署和工作重点，推进区委决策在基层的贯彻落实。同时把基层的工作情况、意见建议反映给区委，并就有关事项根据领导的意见认真给予答复。

【优化服务工作】 办公室全体人员端正服务态度，改进工作作风，牢固树立公仆意识和服务观念，热情细致，高度负责，雷厉风行，齐心协力完成领导交办的任务。在办事上，强化"办公室工作无小事"的观念，秉承"举轻若重"的工作作风，保持专注、细致、扎实的工作态度。善于抓大事，谋全局，紧跟领导的工作思路，主动适应领导的工作方法，把问题想在前面，把工作做在前头，切实做到大事不误、小事不漏。适应新形势新变化新要求，根据中央政治局“八项规定”要求，精简会议活动，改进会风，坚持能不开的会坚决不开，能合并的会合并召开，必须开的会重点突出，能短则短。全年承办区委全会、全区重点工作会、“美丽港城、激情梦想”公益活动等综合性会议、活动30多次，同比下降15%。

【文秘工作】 提高办文工作质量。求真务实，规范管理，保证区委机关日常工作高效运转。认真做好公文办理工作。建立文件传阅制度，明确专人负责，提高办文效率。全年收到上级文件749份、区级文件117份，处理各级各部门传真、请示、领导批示件近200多份。完成区委搬家前历史档案整理移交工作。认真做好政策法规工作。狠抓公文规范化管理，按照《党政机关公文处理工作条例》的要求，对全区公文行文格式进行规范，严格按照规定权限制发公文，确保公文质量。按照中央、省、市有关要求，对全区审核下发的177份规范性文件进行备案。

【后勤保障工作】 认真做好接待工作，精心拟定接待方案，合理安排活动日程。规范物资供应管理，健全办公用品采购供应台账，严把审批关、采购关、支领关和报废处理关。认真执行《财务管理制度》，严把财务支出关，厉行节约，杜绝浪费。认真做好暑期重点涉暑路线和涉暑工程推进情况，完善警卫接待工作方案，细化接待服务举措，全面提升保卫和服务工作水平，完成接待任务20多次。加强网络软硬件设施建设，为全区工作搭建方便快捷、安全可靠的网络平台。开展技术人员培训，做好市民中心的网络化建设。开展群众工作，为为民解困提供保障。依托群众工作站室，推行信访代理和事务代办制，组建信访代理和事务代办队伍服务群众，制发《关于进一步落实群众事务代办制度的实施意见》。加强网络负面舆情监测、甄别、筛选，下发社情民意督办卡35件次，反映事项办结率100%。起草《关于建立海港区网络问政平台可行性分析》调研报告，为领导科学决策提供参考。

【督查工作】 加强决策督查，确保政令畅通。对区委、区政府主要工作目标任务进行梳理归纳，明确目标，分解任务，压实责任，督促各单位各部门抓好重点工作的落实，确保按时完成年度目标任务。制订“六大工程”督导方案，明确分工，专人负责，常抓不懈，督牢责任部门不放松。定期下发通知，要求各工程领导小组办公室适时召开调度会议，确保按既定要求完成各项工作任务。将区委常委会议、党政联席会议、全区经济工作会议等重要会议的议定事项和会议精神及时分解立项，把任务落实到单位，落实到人头，开展跟进督查活动，将落实情况形成《督查报告》直送区委主要领导，并以《督查通报》为载体通报全区。全年下发督办卡70多份，形成情况反馈及《督查报告》34期，印发《督查通报》29期。加强专项查办，提升工作效能。抓好领导批示件的督办落实，做到件件有答复，事事有回音。对领导关注、人民群众反映强烈的社会突出问题和长期得不到解决的热点、难点问题，采取明查暗访方式，进行重点核查，在促进矛盾和问题的解决上取得新突破。做好人大代表建议、政协委员提案办理工作。承办区人大代表建议1件、区政协委员提案16件，下发专门督办卡67张，分解落实责任到相关部门，做到批则必办、办则必果，办结率、回访率、满意率均达100%。做好各项临时性重点工作的专项督查，全年参与各类临时性重点工作督查活动20多次。完善督查平台，畅通督查渠道。构筑督查网络，各单位、各部门都明确1名督查工作主管领导及督查工作联络员，各单位“一把手”为督查第一责任人，构建覆盖全区的大督查网络。利用网络平台、手机短信、电子信箱等手段，加强与领导、基层单位的沟通联系。定期与新闻媒体联手对全区重点工作落实情况的正反两方面典型进行督查。暑期前，在“市容环境整治攻坚战”活动中采取日督导、日报告的形式，对各居民小区、主要道路街巷等地的环境卫生情况进行督导。

【保密工作】 以“全国保密承诺书签订人员知识竞赛”答题、召开全区保密警示教育大会等形式普及保密知识，进一步增强全区各级保密意识。对全区保密干部进行培训，完成区内全国保密普查相关信息录入工作。加强“三密”（秘密、机密、绝密）文件资料、互联网邮箱、涉密计算机网络管理，全年安全接收涉密文件，未发生丢失文件或随意违规出售文件等违规情况。加强重点涉密单位和部门的文件制发、网络使用、信息发布、网站监管，全年未发生失泄密事件。

【机要工作】 开展“学党章、铸忠诚，做合格密码干部”主体教育活动，加强密码通信应急演练，强化密码安全风险评估与监管，完成全区密码通讯机房建设，提高密码通讯保障能力，实现密码通信绝对安全、绝对畅通。

【值班工作】 严格执行24小时正副班双人值班和交接班制度，认真落实区委领导、对应主任双人在岗带班制度。完善《办理紧急情况重大事件工作流程》《值班工作预案》。探索建立定期反馈制度，通过《值班信息综报》刊物，定期汇总区委领导在《区委值班报告》上批示的落实情况。全年办理《区委值班报告》80期，协助领导处置紧急情况重大事件5件。

【党史工作】 完成海港区第二部正式出版的党史大事记——《中国共产党秦皇岛市海港区历史大事记（2001~2010）》编发工作。完成资料的收集、补充、修改、核对、编纂、印发等工作任务。全书收录各类信息1600多条，累计16万多字。积极拓展宣教平台，与宣传部合作在《今日海港区》报纸上设立“学党史、强党性、跟党走”专栏，在《移动党课周周学》的手机报上设立“党史博览”专栏，编发《海港党史学刊》12期。开展纪念毛泽东诞辰120周年活动，组织开展“缅怀·梦想”征文活动和“忆·思”书法作品征集活动。

（高　峰）

纪检监察工作

【概况】 2013年，全区纪检监察组织开展以构建惩治和预防腐败体系为重点的反腐倡廉工作，取得明显成效。谈心提醒教育模式、纪检监察干部作风建设、巡查工作常态化等项工作得到中央、省、市纪委和区委领导的充分肯定，区纪委监察局被评为2013年度全市纪检监察工作先进单位。

【领导干部廉洁自律】 开展领导干部讲廉政党课活动，邀请区委常委为全区领导干部讲廉政党课；发放《领导干部从政道德启示录》图书和《失德之害——领导干部从政道德警示录》光盘200多套，运用“一书一片”开展领导干部从政道德教育活动；严格执行拟提拔党员领导干部党纪政纪法规知识考试制度，全年对22名拟提拔科级党员干部进行党纪政纪法规知识考试；召开新任副科级以上领导干部廉政谈话会，对2012年7月~2013年新提拔的86名科级干部进行集体廉政谈话。

【源头上预防和治理腐败】 打造全市首个电子政务平台，对7179项政务服务事项的受理、承办、办结等环节进行全程监控。新建区级政务服务中心，对25个单位142项审批项目实行集中审批、阳光操作。深化廉政风险防控机制，理清行政职权1019项，查找风险点1678个，制订防范措施1676项。推行巡查工作常态化，完善监督机制，巡查区属单位4家，下达监察建议书4份，提出整改意见28条、指导性建议15条。创新领导干部廉政教育模式，建立“清风茶社”全市谈心提醒教育试点，提醒教育干部22人次；培树基层党风廉政建设工作典型，依托河涧里社区打造省级党风廉政建设工作联系点；探索非公企业防治腐败工作机制，建立非公企业纪检监察组织117个。

【作风整治】 加强对中央政治局“八项规定”、省委约法八章、市委四条纪律和区委各项规定落实情况的监督检查，坚决纠正“四风”方面存在的问题。针对存在的突出问题，开展以“十对照十检查”为主要内容的正风肃纪专项行动。做好克服“四风”具体实事，开展清理“吃空饷”、公务用车和办公用房“三项专项治理”活动，清理“吃空饷”人员383人，清退金额20.86万元；清退违规车辆113辆，试行封车报备制度；腾退超标办公用房6216平方米。坚持明察暗访常态化，狠刹公款购送节礼、公款吃喝旅游、大操大办和铺张浪费等不正之风，狠刹吃拿卡要、门难进脸难看、执法不规范、违反机关工作纪律等不良风气，全年组织明察暗访120多次，典型通报和公开曝光

12起、29人，对负有主要和直接领导责任的同志进行诫勉谈话11人次，立案查处违反八项规定问题3起、给予组织处理3人。

【信访举报和案件查办】 健全完善领导包案、公开接访、信访听证、信访直报点等制度，推行信访举报办事公开，形成区、镇、村（居）三级信访举报工作网络，全年受理群众信访电话举报98件，均已经妥善处理。始终把查办案件作为重中之重，坚持“零容忍”，有腐必惩、有贪必肃，形成惩治腐败的高压态势。注重突出办案重点，集中查处违反八项规定、损害发展环境、贪污贿赂、失职渎职等一批典型案件。注重加强案件审理和监督管理工作，健全完善办案制度，规范办案程序，依纪依法、安全文明办案。注重增强办案效果，落实“一案双报告”和典型案件通报制度，深化“惩处一案、教育一片”的治本功能。全年受理信访举报98件次，信访谈话14人，了解处理39件；初核案件线索26件，立案22件，结案22件，给予党政纪处分22人，收缴违纪款6.63万元，为国家和集体挽回经济损失54.82万元；通报典型案件4件。

【纪检监察队伍建设】 注重机关规范建设，外树形象、内严要求，严格执行考勤、请销假、公文办理、公务用车等21项内部管理制度。注重提高干部自律意识，在纪检监察系统内部开展会员卡专项清退工作，全区185名纪检监察干部“零持有、零报告”；委局机关“三公”经费支出明显减少。全区纪检监察干部队伍建设工作得到省委常委、纪委书记臧胜业肯定并作出批示：“这样做是很好的！对提高干部队伍素质乃至提高整个纪检监察机关的能力都有好处”；省纪委副书记、省委巡视办主任董云鹏批示：“转变作风关键在勤，贵在坚持经常，海港区的做法很有借鉴意义”。

【中共海港区纪律委员会组成人员】

书　记：张　浩（7月免）
　　　　张晓雁（女，7月任）
副书记：何占峰
　　　　姜传文
常　委：张　浩（7月免）
　　　　张晓雁（女，7月任）
　　　　何占峰
　　　　姜传文
　　　　陈　平
　　　　蔡　岩（10月免）
　　　　胡　萍（女）
　　　　周春友

【中共海港区第九届纪律检查委员会委员】

马家秋（满）　王桂霞（女）　刘玉僧　孙国富
李满元（满）　吴焕永（11月去世）　何占峰
张　浩　张秋艳（女）　张晓雁（女，7月任）
陈　平　周春友　胡　萍（女）　姜传文
贾晓军　董云鹏　傅　宁　蔡　岩

（许红斌）

组织工作

【概况】 2013年，全区组织工作坚持大局中谋划、大局中开拓的思路，提升组织工作服务发展的针对性、实效性，大力加强基层组织建设，不断深化人事制度改革，加大人才工作和干部培训力度，增强党组织的创造力凝聚力和战斗力，开创组织工作新局面，为打造一流主城区和沿海经济增长极提供坚强的组织保证。

【群众路线教育实践活动】 多措并举为党的群众路线教育实践活动预热升温。在中央和省委第一批教育实践活动开展后，高度重视，学习有关文件、落实有关要求、准备有关工作。组织党员干部学习长篇通讯《同呼吸才能心相印》，撰写学习心得3000多篇；组织区直单位及镇、街主要负责人39人，在中国延安干部学院举办“领导干部党的群众路线教育培训班”，夯实理论基础；举办“弘扬延安精神、践行群众路线”报告会，专门邀请中国延安干部学院教授王诚安对全区450多名党员干部进行培训。春节前，下发《关于开展“送温暖、听意见、谋方案”活动的通知》，征集意见建议337条，为起草制订全区的活动方案提供第一手资料。

【干部队伍建设】 坚持“尊民意、重实绩、看阅历”的用人导向，创新干部选拔初始提名方式，充分考虑干部的条件和任职意愿，广泛听取基层党组织对干部的推荐评价意见，尤其是在乡镇干部的调整中，尊重和重视基层党委、党组对干部的提名和建议。在后备干部调整中，首次提出“四重三不”（即：坚持重品德、重实绩、重作风、重基层，不论资排辈、不照顾平衡、不唯票取人）理念，使大批德才兼备的干部纳入区委的视野。开展干部培训工作，在上海同济大学、中国延安干部学院等分别开展“城建系统干部培训班”“领导干部党的群众路线教育培训班”等高层次培训，举办中共十八大精神党员干部轮训班等各类培训班7期，受训干部1600多人次，有效提高干部队伍的综合素质和创新能力。完善考核评价体系，对综合性工作获得国家部委、省委、省政府及以上表彰或在全省系统考核前10名的，直接列为年终考核优秀等次，调动全区各单位工作积极性和创造性。出台《海港区交流任职干部报到暂行规定（试行）》，要求被调整干部自己凭介绍信到新任职单位报到，使转变作风从干部“报到”开始。典型做法被中组部《共产党员手机报》刊登。深化干部一线培养锻炼和脱颖而出的机制，连续5年采取实践锻炼、上挂下派等方式，把看得准、有潜力、有发展前途的年轻干部安排到改革发展的主战场，维护稳定的第一线、服务群众的最前沿砥砺品质、提高本领。结合深化加强基层建设年活动，选派321名干部蹲点帮扶，协调投入资金1000多万元，完成涉及基础设施、民生改善等230多个帮扶项目，达到充实基层、锻炼干部和发现干部的目的。

【人才工作】 开展实用人才需求调查，为企业引才和人才求职提供及时的信息服务。加大区管人才评选力度，将企业经营管理人才、专业技术人才、高技能人才、社会工作人才、农村实用人才纳入评选范围，激发人才活力。加大人才培养力度，举办农村实用人才培训班28期，培训3435人次。实施港城优秀人才表彰工程，设立“港城优秀人才创新创业奖”“科技、成长型企业奖”“海港区民营纳税十强企业称号”等奖项，给予黄荣华等20位企业家、日泰新型管材有限公司等10家科技、成长型企业奖金奖励。扶持建立人才网络学习平台，帮助海港医院建设医学数字图书馆，为人才学习培训提供便利条件。出台《海港区人才成长基金管理办法（试行）》，设立人才成长基金，每年投入不少于20万元，用于各类优秀人才的培养和对人才创新创业的扶持。畅通人才引进“绿色通道”，建立人才集体户口制度，制订人才集体户口管理办法，解决中小企业引进人才及配偶、子女落户问题。

【基层组织建设】 全面推进开放型、服务型党组织建设，总结出“重顶层设计、重为民服务、重骨干培养、重制度创新，加强基础投入、加强示范引领”的社区服务型党组织发展路子，社区党建工作迈进全省、全国前列。举办全国社区服务型党组织建设年启动仪式暨2013社区工作委员会年会，“四重两加强”（即：重组织覆盖，夯实服务基础；重队伍建设，打造服务骨干；重作用发挥，力求服务实效；重制度创新，确保服务长效化。加强硬件建设，增强服务保障；加强典型引领，塑造服务标杆）做法得到与会专家学者肯定，获全国社区服务型党组织建设示范城区殊荣。开展社区党组织书记竞争上岗工作，激发社区工作人员热情。出台《海港区社区工作人员绩效管理办法（试行）》，构建“以绩取酬、绩效挂钩”的绩效管理新模式，破解“干多干少一个样、干好干差一个样”的难题。出台《关于试行党员写实分类管理制度的通知》，通过对全体党员写实，对不履行义务党员登记、挂账管理、视为自动退党等措施，督促党员强化党性观念、履行党员义务，被省委组织部列为全省不合格党员处置工作试点县（区）。抓基层、打基础，全面夯实党执政的组织基础。将基础差、班子软、活力不足的6个农村和13个社区列为倒排支部，采取重点帮扶、定期调度、政策倾斜等措施，补齐“短板”，促进倒排向先进的转化。开展“明权确责、创新体制”活动，构建“群众—入党积极分子—党员—党员中心户（党小组）—党支部—支部党员大会”工作链条，形成逐级负责、层层传递、各尽其责的民意反馈机制、责任落实机制和工作推进机制，理顺基层党组织的运行体制。在全市率先试行乡镇党代会年会制，提升镇党委决策的科学化水平。

推进党代表工作室建设，全区建立党代表工作室11个，其中网络党代表工作室1个。

【自身建设】 把能力建设作为建设高素质组工干部队伍的关键来抓，开通部机关“微信”学习交流平台，坚持落实“三宽讲堂”（即：眼界宽、思路宽、胸襟宽）学习制度，建立组工干部“成长足迹”管理制度，实施以“4+X”（“4”是对所有核心网宣员的基本成长目标，要求每人每季度参加一次组织系统网宣专业技能考试，且成绩合格；每半年至少参加一次系统的新闻和网络宣传专业培训；每年每人在核心网宣员评论文章月赏析中至少获得一次优胜；每人构建一个自己在中央级网站发表文章的网络文库。“X”则是要求每名核心网宣员在舆情监控、舆情应对、精品撰写、网络技术支持中任选一至几方面作为个性化专项精通进行培养与钻研）为主要内容的个人成长计划，举办版面设计大赛等，促进组工干部各方面能力的提升。倡导以调研、服务、廉洁自律为主要内容的“三风”建设。开展“登百门、访千人”组织工作大调研活动，分4个调研组深入区直机关、农村、社区、学校及“两新”组织，走访单位超过100个，访问党员、干部、人才和群众超过1000人，征询到的意见建议30条，部务会专题研究、逐一整改落实。出台《关于部机关干部操办婚丧嫁娶等事宜的规定》等，以集体关爱、精神支持为主，弘扬文明节俭新风，做法被《今日海港区》头版头条和《秦皇岛日报》报道，引起强烈反响。通过加强环境关爱、心理关爱、成长关怀，营造促使组工干部健康成长的良好氛围。深入实施“先锋组工品牌提升年”活动，提升组工干部的综合素质和组织部门的知名度、影响力。深化谈心谈话制度，部领导与机关干部定期进行谈心谈话，随时掌握机关干部的思想动态，帮助疏解心理压力。通过提供事业平台、构建成长舞台、搭建用人梯台等形式，增强组工干部的归属感和荣誉感。

（陈　伟）

【老干部工作】 全区有离休干部142人，其中，机关、事业单位离休干部96人，企业离休干部16人，异地安置30人。

老干部政治待遇。完善老干部学习点名制度，阅文、参加重要会议制度，通报情况制度，征求意见、联系老干部、组织老干部参观考察等8个方面的制度，继续坚持每月1次的老干部政治理论学习和党员组织生活日制度。为使老干部开阔视野，陶冶情操，组织老干部到集发农业生态观光园参观考察，开阔眼界。

老干部生活待遇。确保离休干部“三个保障机制”的正常运行。保证离休干部的离休费按时足额发放，津补贴与在职人员待遇相同，100%财政拨款。离休干部医药费按月报销，实报实销。全年为离休干部核销医疗费860多万元。做好帮扶工作。全力做好特困离退休干部的帮扶解困工作。全年区财政拨付帮扶资金10万元，帮扶特困离退休老干部32人。做好医疗保健工作。暑期组织全区老干部代表120多人到北戴河健康疗养。完善老干部健康档案，为离休干部免费体检。

老干部服务管理。为离休干部“就近学习、就近活动、就近得到关心照顾、就近发挥作用”提供优质高效的服务。组织集体活动时，为老干部提供个性化服务。特别是注重满足精神上的需求，定期看望，重大节日举办庆祝活动、文体活动。建立工作档案和台账，使他们就近学习、活动、就近得到关心照顾。依托老干部活动中心，组织老干部开展丰富多彩的文体活动。成立海港区老干部艺术团，组建舞蹈队、模特队、乒乓球协会、门球协会、收藏协会、台球协会、书画协会等组织，鼓励离退休干部参加老干部活动队伍。年初制订全年活动安排表，平均每月组织1次大活动，丰富离退休老干部的晚年生活。坚持走访慰问制度，做到“五必访五必问”（生病住院必访必问、家庭有重大变故必访必问、生活遇到困难必访必问、闹矛盾纠纷必访必问、思想情绪不稳定必访必问）。年初，机关全体工作人员对90多名直管离休干部进行走访慰问，为3名离休干部过生日祝寿。

老年教育工作。10个街道均各自成立老年学校，80个社区90%以上都开设老年课堂。有1万多人深入社区老年课堂学习，接受新知识，充实自己的晚年生活。老年教育课堂设有政治理论、思想道德、法律规范等法律方面的教学内容，还有科学技术、文学艺术、养生保健等文化方面的教学内容，最大限度地满足老年人精神文化方面的需求。

【关心下一代工作】 发挥老干部在关心教育下一代健康成长中的积极作用。组织老干部、老战士、老专家、老教师、老模范对青少年进行思想道德、法治和科学知识教育，把“五老”队伍建设纳入工作全局，以社区、学校作为工作的主要阵地，丰富活动内容。

（赵　岩）

【党校工作】 全年举办主体班9期，培训840人次；配合区委组织部举办街道社区干部素质能力提升班培训班1期，培训82人次；配合机关工委举办培训班1期，培训80人次；下基层宣讲30多次。

科级领导干部学习中共十八大精神轮训班。1月23～30日、3月11～15日、3月18～22日、3月27日～4月2日、4月8～11日分5期举办科级领导干部学习贯彻中共十八大精神轮训班，培训对象为科级干部，实际参加培训人员512人。教学内容包括：中共十八大召开的背景、重大意义、主要内容；加快完善社会主义市场经济体制，加快转变经济发展方式；扎实推进社会主义文化强国建设；坚持走中国特色社会主义政治发展道路，推进政治体制改革；在改善民生和创新社会管理中加强社会建设；全面提高党的建设科学化水平等相关专题，基本涵盖中共十八大精神的各个方面，确保参训领导干部能够全面准确的掌握中共十八大精神。

街道社区干部素质能力提升班。5月13～17日，举办海港区街道社区干部素质能力提升班。参加培训的人员有街道相关科级领导干部和社区工作人员82人。培训内容设置社会工作人才队伍建设、社区建设发展趋势、社会工作实务、创新街道社区工作方式、社会服务新模式等5个方面。

科级后备干部轮训班。9月11～30日、10月9～17日、11月5～14日，分别举办科级后备干部培训班，围绕科学发展观、群众路线教育实践、党的建设、社区建设、城市发展等主要内容，开设党史、法律、廉政教育、科级、公务员系列知识等专题讲座。

党的基本知识培训宣讲。在区直机关工委、建管工委、海阳镇、西港镇、建设大街街道秦皇社区、新征里社区，北部工业区石山村等单位组织的入党积极分子培训班中，讲授党史、党章、党建等知识。中共十八大和十八届三中全会召开后，抽调骨干教师参加海港区宣讲团，先后到5个镇、10个街道以及区直部门等单位宣讲中共十八大及三中全会精神，全年到基层授课30多场次。

（李春玲）

宣传思想工作

【概况】 2013年，全区宣传思想文化工作突出学习贯彻中共十八大精神及中共中央总书记习近平系列重要讲话精神，坚持唱响“树正气、讲团结、聚合力、促发展”主旋律，以文化精品工程建设为抓手，推动港城文化大发展、大繁荣和市民素质大提升、大变样，提高宣传文化工作的覆盖率、在全局中的贡献率、人民群众的满意率，为全区全力打造一流主城区和沿海经济增长极提供思想保证、精神动力、舆论支持和文化条件。

【理论教育】 邀请北京行政学院董晓宇、清华大学刘书林等知名学者就宏观经济形势、中共中央总书记习近平系列讲话精神作专题讲座，全年组织中心组集中学习7次、编发中心组学习手机报《移动党课周周学》48期。开展“树正气、讲团结、聚合力、促发展”及解放思想大讨论活动，召开各层面座谈会、征询会500多次，发放和回收征求意见表2万多份，走访各类企业130多家，组织下派干部驻村（居）走访2万多户。梳理意见建议40项，教育活动成果真正转化为推动各项重点工作的动力。草根宣讲团围绕党的创新理论和全区重点工作，坚持贴近群众思想实际，宣讲方式灵活多样，在各社区开展宣讲活动100多场。组织省委八届五次全会知识竞赛，全区4300多名党员干部参与答题。就农村文化建设、协商民主、公共文化服务体系、文化精品工程、中国梦等5个专题进行深入调研，形成专题调研文章16篇。通过广泛征集、组织专家研讨、反复论证，提炼出海港区城市精神，经常委会同意确定为“开放包容，崇德尚美”。通过海港精神的宣传，凝聚精神、集聚力量。总结宣传北港镇西连峪村原党支部书记靖红利先进事迹，得到省、市委领导肯定，组成靖红利事迹报告团在全省、全市做巡回报告。

【新闻宣传】 加强与中央和省主要新闻媒体的选题对接，完善新闻宣传例会，媒体联谊，新闻宣传月碰头、季通报，媒体走进海港区等制度，对上供稿实现质与量的双提高。建立突发事件新闻宣传应急机制、建立媒体监督应对机制，应对突发事件和新闻监督采访。《望海大会》《小区物业新管家》《海港区做好五篇文章，打造一流主城区》《秀美连峪迎客来》《海港区打响环境整治攻坚战》《追记北港镇西连峪村原党支部书记靖红利》等稿件在中央电视台、中央电台、《河北日报》等主流媒体刊播。全年被新华社以通稿形式刊发稿件318篇，省级以上主流媒体发稿900多篇，市级媒体发稿3000多篇，实现在国家、省、市级媒体发稿的重大突破。

【舆情信息】 全年上报舆情信息2.1万多篇，其中上报中宣部舆情局1万多篇，采用400多篇，被中央领导批示30多篇，批示数量为近年最多。高质高效完成省市约稿150篇。规范网络舆情处理流程，对涉区网络舆情实施全面监测、评估、引导，妥善处置。监测涉区网络舆情事件40多次，编发的《海港舆情专报》被市区主要领导批示30期，及时通知督促有关责任单位对30多起网络舆情事件进行调查，适时组织网评员进行正面引导回复，办理率100%。组建30多人的网评员和800多人的网络义务监督员队伍。组织开展评论话题500多个，收到网评信息2900多篇，完成市网评约稿20多次。“魅力海港区”微博发布信息400多条。

【文化建设】 成功举办第三届港城民俗庙会，参与市民20万人；发挥彩色周末的品牌影响力，突出“中国梦·我的梦”主题，组织开展百姓大舞台、专场演出等活动；邀请黑薄荷乐队等7支国内知名摇滚乐队齐聚港城，向游客展示海港区文化之美。与清华大学培训中心合作，以丰富的专家资源，确定每月第二个周五为固定讲座时间，大讲堂活动更趋成熟和完善。通过媒体公告、QQ群和宣传海报等多种形式，加大对活动的宣传力度，提升活动的知名度和影响力，形成相对固定的受众群体。第二届海子诗歌艺术节相继进行海子诗歌作品研讨会和诗人个人诗歌及海子诗歌朗诵联谊会等活动，全国各地的著名诗人、文学评论家、翻译家以及美国、英国、以色列的海外诗人参加艺术节。圆明山文化旅游度假区项目被省发改委批准为圆明山文化旅游产业聚集区；秦皇求仙入海处“画说秦皇”全景馆和4D影片《秦皇求仙》申报中央和河北省文化产业项目；秦皇岛旅游开发总公司、君鼎琉璃、秦唐建达有限公司申报河北文化企业名典。围绕创建全国公共文化服务体系示范区，加快海港区文体活动中心项目建设，已完成主体结构施工。精心实施项目带动战略，连峪山庄二期项目已完成游客服务接待中心、薰衣草园部分植物种植、生态林建设等项景观建设，9月15日正式开园迎接游客。

（朱宏刚）

统一战线工作

【概况】 深入开展“树讲聚促”和“解放思想、改革开放、创新驱动、科学发展”大讨论活动，围绕中心，服务大局，充分发挥统一战线的优势，助力全区加速转型、加快发展，为奋力打造沿海一流主城区和沿海经济增长极做出积极贡献。

【强化政治引领工作】 深入学习贯彻中共十八大和十八届三中全会精神，筑牢统一战线共同的思想政治基础。组织召开各民主党派、无党派、非公经济代表人士学习贯彻落实中共十八大精神专题座谈会，就社会普遍关心、关注的热点、难点问题畅谈交流学习体会。通过学习交流，统一思想，凝聚共识，与党在思想上同心同德、目标上同心同向、行动上同心同行。组织各民主党派、无党派、非公经济人士等赴李大钊纪念馆参观学习，通过访寻革命旧迹、参观史实展览，回顾中国共产党领导中国人民取得革命、建设和改革开放的辉煌成就，重温各民主党派与中国共产党同心同行、肝胆相照的历史，增强统战成员接受中国共产党的领导、走中国特色社会主义道路的自觉性和坚定性。

【经济统战工作】 开展非公有制经济人士理想信念教育实践活动。组织民营企业家学习中共十八大精神和中共中央总书记习近平关于中国梦的重要论述，通过开展“民营企业家与中国梦”大讨论，增强非公有制经济人士对中国特色社会主义的信念、对党和政府的信任、对企业发展的信心。深入贯彻落实省委“有中生新”和“无中生有”两手抓、两手硬的产业转型方针，深入东丰实业、香海粮油等50多家非公企业进行走访调研，了解企业的生产经营状况，就企业如何强化创新驱动、加快产业转型升级征求意见和建议；针对企业提出的科技型企业申报、扩建用地、招工难、融资难等问题，协调政府职能部门探求解决办法，为企业提供政策信息服务120多条，解决企业实际困难70多件。组织民营企业家联谊会、对接会等活动，促成煤炭交易中心项目落地，项目已与近百家煤炭营销企业达成入驻意向，总投资预计2.2亿元。通过企业家联谊活动，促成多项小微企业合作及担保融资项目，涉及金额3亿元。开展“产学研”对接活动，为校企合作牵线搭桥。奥晶玻璃公司分别与同济大学、河北建材学院签署“校企联盟单位”和“校外实训基地”协议，为企业发展注入新的活力和动力。

【党外人士工作】 开展“同心建言，服务发展”活动。动员和引导民主党派成员发挥自身优势，选择确定调研课题，深入开展调查研究，为促进发展建真言、献良策，形成一批有深度、有见地、有影响的调研成果，其中区民建《中小企业发展外部环境探析》、区民革《关于我区开放式公园管理的几点建议》等调研文章，对于区委、区政府完善思路、推动工作有较高的参考价值。收到《加强基本建设项目资金管理》等建设性建议20条。各民主党派中的人大代表、政协委员上报市、区两级人大建议、政协提案106件，所提关于《充分利用资源优势，加快生态文明建设》等3件提案得到市领导批示，被市政协列为重点提案进行督办。开展“同心奉献，服务社会”系列活动。组织区各民主党派成员40多人，在北环路街道军工里社区开展卫生保健、应急救护、食品安全等方面知识的宣传活动，并邀请医疗专家20多人现场为居民义诊。六一儿童节前夕，组织党外代表人士为农民工子弟学校新生路小学和西港路小学捐款30多万元，用于校园设施建设、购买教学器材和学习用品。开展“寒门送暖，圆梦金秋”捐资助学活动，法云寺宗教界人士捐款帮助贫困家庭的10名大一新生和10名孤儿小学生，先期支付13万元，以后将按年度支付他们的学费和生活费，直至完成学业。四川雅安地震后，组织非公经济人士捐款30多万元，区佛协组织信教群众捐款103万元、救灾帐篷200顶、被褥300套，为灾区救援和重建奉献爱心。

【新社会阶层工作】 组织举办社区统战工作推进会暨“同心共筑中国梦”签名活动，将建设大街街道秦皇社区统战工作经验向全区10个街道80个社区全面推广，探索和创新新形势下社区统战工作新方法。10个街道办事处分别选择1～2个社区成立社区统战工作联络站，在新社会阶层人士中开展联谊交友和双向服务活动。河东街道办事处组织新社会阶层人士参加“国学与家庭教育”知识讲座、“同心”思想教育座谈会、“迎十一、讲文明、树新风”劝导不文明行为等活动，增强新社会阶层人士参与社区管理的积极性；建设大街街道新社会阶层人士张淑芳积极参与社区组织的免费体检、义工义诊等活动；港城大街中西医结合骨科医院主动为辖区老年人进行健康检查，为辖区弱势群体建立健康档案，开展“春风送暖”义诊活动等，实现互助双赢。

【民族宗教工作】 通过开展和谐寺观创建活动，加强宗教界人士的教育引导。采取召开座谈会、深入场所调研等方式，引导宗教界人士与信教群众热爱祖国，拥护中国共产党的领导，拥护社会主义制度，加强法律、法规、政策的学习，增强遵纪守法、爱国爱教的主动性和自觉性。发挥统战部门牵头协调职能作用，利用三级网络，在全区范围内对宗教领域存在的问题和隐患进行拉网式排查。对基督教福音堂、天主教堂等宗教活动场所排查出的基督教私设聚会点、天主教和基督教地下神职人员与境外宗教组织有无联系等情况，动员群众提供情报，与宗教信息员加强联系，第一时间了解情况，重点搜集可能发生的大规模、跨地区非法宗教活动、集体上访和群体性事件等苗头性信息，实现全区无缝隙监控，形成横向到边、纵向到底、覆盖全区的宗教工作格局。组织召开由统战、民宗、国保等部门负责人参加的暑期民族宗教工作形势研判会，全面分析全区民族宗教工作形势，对排查出的矛盾隐患提出具体解决办法。对辖区经营清真食品的专卖店、超市等进行全面检查，对不符合要求的严令整改。及时妥善解决汉回冲突等矛盾纠纷5起，维护民族团结。协调做好印光念佛堂管委会班子调整工作，妥善解决历史遗留问题，确保全区宗教领域稳定。

【对台工作】 加强与台胞台属的联系，组织台胞台属座谈会、迎新春茶话会等活动，宣传党的最新对台方针政策，通报全区经济社会发展情况，听取台胞台属对区委、区政府的意见和建议。做好全区因公赴台从事经济、文化、教育等各项交流活动立项工作。安排赴台计划，做好台湾各界人士访问、考察、交流的接待工作，借机宣传秦皇岛发展，扩大海港区的知名度和影响力。

（张　丽）

农村工作

【概况】 2013年，围绕区委、区政府工作中心，夯实工作基础，注重工作实效，有效推进农村面貌改造提升、农业产业化、新民居及幸福乡村建设、山区综合开发等各项工作。

【农村面貌改造提升】 成立以区委、区政府主要领导任组长的领导小组，设立领导小组办公室，制发《海港区农村面貌改造提升行动实施方案》，周密部署，全区农村改造提升行动全面铺开。争取上级各项政策扶持资金1546万元。组织参加“四清”活动人员1.2万人次，清理各类垃圾70万立方米，清除残垣断壁3000宗、1.18万平方米，农村死角死面基本消除。开展植树造林及绿化工作，累计植树41万株，栽植花卉500万株，农村生态环境迅速提升。完成15条河流治理任务，关停小作坊31个、养殖场59个，封堵排污口91个，河流减排工作取得成效。完成养殖场改造任务21家，实现清洁养殖。农村居住环境明显改善。完成改造建设任务10个村，正在拆迁改造8个村，列入改造计划6个村。危旧房屋修缮改造89个村，完善路、水、电、讯等基础设施。实现村村通水泥路，村通公交车90%以上。农村公共服务日益完善。完成村民活动中心和文化广场建设100个村，配备体育设施，并对所有村卫生室进行标准化改造，有达标村卫生室85个、标杆村卫生室36个。加快农村“幸福工程”建设，累计建成农村幸福院45个。样板村建设成绩突出。东连峪村、西连峪村累计投入资金580多万元，清理垃圾6000立方米、拆除直排旱厕38个，安装太阳能路灯100盏，改厕144户，改屋顶145个，建设连村路5条13公里、桥梁3座，治理河道4000多米，沿河植树600棵，栽种野花组合4000延长米。省、市有关领导给予高度评价。

【农业产业化】 以促进农业增效、农民增收为目标，以市场需求为导向，发挥特色产业优势，加强扶持，强化服务，增强龙头企业辐射带动能力，提高农业产业化经营水平。抓好蔬菜、林果、农业生态休闲旅游特色产业的发展。蔬菜产业：以无公害蔬菜的标准化生产为重点，初步建成青石山、鲤泮庄、栗园、侯庄等绿色蔬菜基地。全区蔬菜种植面积达到600公顷，其中，设施蔬菜种植面积达到200公顷。林果产业：着力优化果品区域布局，发展大樱桃、梨、核桃等名优特色树种，全区有林地总面积8800公顷，已通过无公害果品基地认证面积1733.33公顷，形成以大樱桃、桃、李、杏、梨、板栗等为主的热杂果基地面积2266.67公顷，森林覆盖率46.2%。农业生态休闲旅游：以宝润农家乐采摘观光园、连峪山庄农业生态旅游观光采摘园、圆明山森野公园等农业旅游项目为突破口，发展农村生态观光休闲旅游业，带动农村餐饮、酒店、旅游商品销售等服务业，实现多业嫁接，提高农业附加值，增加农民收入。培育和支持农业产业化龙头企业的发展，增强龙头企业的辐射带动能力。对市级重点龙头企业实施动态监测管理制度，培育发展农产品加工型龙头企业，加强对牧羊源、豪盛水产基地等龙头企业的扶持。全区有市级重点农业产业化龙头企业22家，其中省级2家。

【幸福乡村新民居建设】 全区申报省级新民居示范村项目16个，涉及村庄24个，市级示范村4个。基本建成项目10个，涉及村庄12个。建设省、市新民居示范村项目6个，涉及村庄12个（小高庄村、偏坡村、东向河寨村、王家庄村、西向河寨村、上营村、小张庄村，大里营村、小河村、街里村、河东村、河北村）。稳步推进新民居及幸福乡村建设。西港镇的公富庄新村建设用地面积26.7公顷，建筑面积27万平方米，已建高层6幢、多层52栋。山东堡村、前道西村、东白塔岭村拆迁改造工作正在进行中。西部快速路项目中的新店子村、南大寺村、慕义寨村的各项工作稳步推进。海港镇东李庄村征收工作已近尾声。北部工业区的四合庄村、腰占庄村、涂庄村征拆工作过半。《海港区东港镇富家营村、徐庄村房屋征收补偿安置方案》已通过，开始进行房屋征收补偿拆迁工作。海阳镇范庄村国有土地上房屋补偿安置协议已完成96.6%，发放房屋征收补偿资金2亿元。

【山区综合开发】 围绕路网建设、土地储备、荒山开发、植树绿化、水系建设等项目，加快推进圆明山片区建设步伐。

路网建设。民族路北延伸工程总投资2.06亿元，规划红线宽50米，完成路面铺设、桥涵工程2.78千米，路基铺设至陈庄村。连峪山庄景区，投资1000万元，修建长城路、探险路、绿道等道路15千米。投资3000万元建成环绕圆明山、连峪山的混凝土路面盘山路12千米。完成承秦出海路、长桥岭至圆明山的道路改造修建，完成圆明大街、麻念庄至西连峪道路的规划设计，进入路基铺设、征地、拆迁等阶段。

土地储备。科学确定土地流转价格，促使农民进行合理有偿转让土地，已协助企业投资2亿元，收储土地面积233.33公顷，确保山区综合开发项目用地需求。

荒山开发。对圆明山和连峪山进行综合开发建设。圆明山森林公园一期工程投资4000多万元，二期工程环山车行道、木栈道、石磴道施工基本完成。投资7000多万元完成圆明寺复建工程，具备开放条件。在连峪生态休闲旅游山庄项目中，投资5595.9万元，修建通往山海关望峪景区、抚宁蟠桃峪景区、圆明山森林公园景区及承秦出海路附线4条旅游道路，修建长城路、探险路、登山石阶路和沿河道路等多条绿道，形成景区环路。新建游客服务接待中心、生态跑马场、马场驿站、山顶驿站、葡萄长廊、千亩薰衣草园、闯王洞、采摘园、朝阳古寺等旅游景观。9月15日，连峪山庄开业接待游客。

植树绿化。在民族路北延伸路段两侧500米及承秦出海路两侧可视范围内种植生态林，形成常绿树种和彩色树种相搭配的景观林带。在圆明山、连峪山植树绿化，播种野花组合面积1.5万平方米，造林面积333.33公顷，片区生态环境得到改善。

水系建设。对4000米连峪河进行综合治理，新建两侧护坡及拦水坝50多处，沿河种植金丝柳和野花组合2000延长米，完成河道清淤3000米，建设堤级坝及2个小型蓄水池和1个10万立方米水库。修建3座车行桥和2座蓄水池。

（王　爽）

政法稳定工作

【概况】 2013年，全区政法工作紧紧围绕全区工作重心，以服务“两个环境建设”为主题，突出平安、法治、队伍“三大建设”主线，站位全局，统筹谋划，狠抓各项工作落实，确保年初既定各项目标任务完成。社会管理创新综合试点、平安志愿者、铁路护路联防等多项工作受到省、市领导好评。海港区被评为全省平安建设先进县区。

【社会和谐稳定工作】 强化国家安全工作实体建设。专设国安办，对重点人员和事件进行技术跟踪，实现超前预防。在全国“两会”和暑期前，开展国家安全和社会政治稳定风险专项评估，工作报告得到区主要领导批示肯定。将维护社会稳定工作关口前移，深化社会稳定风险评估工作，从政策制定、决策出台、项目审批等环节，对可能引发影响社会稳定的问题，进行先期预测和先期应对。重点对秦皇皓月城等10个征拆项目进行跟踪评估，对益海循环经济产业园等8个重点挂账项目进行“回头看”。强化社会矛盾纠纷排查化解工作，建立动态排查化解机制，完善矛盾纠纷台账建设。全区排查纠纷2107件，化解2098件，化解率99.5%。率先在全市建立情报信息协作机制，构建三级信息网络。搜集各类情报信息2400多条，其中可能影响社会稳定的情报信息600多条。每周形成《群体性矛盾隐患周报告》，报区委、区政府主要和主管领导，为领导决策提供服务。强化群体性矛盾问题处置工作，严格落实群体性事件应急处置各项措施，妥善处置秦港集团鸿港公司等群体性事件73起。

【社会治安综合治理】 提升社会管理水平。在农村，以全省推广“四个覆盖”经验为契机，实施“六覆盖、六提升”（农村基层党组织全覆盖，提升农村党组织战斗力和凝聚力；农村民主组织全覆盖，提升民主管理和村民自治能力；农村经济组织全覆盖，提升服务农村经济发展能力；农村综治维稳组织全覆盖，提升排查化解矛盾纠纷和治安防范能力；农村基层文化组织全覆盖，提升公共文化服务能力；农村社会保障组织全覆盖，提升农村民生保障能力）工程。先后制发实施方案、工作规程、指导手册等，建立6个专项工作组，采取责任部门对口指导方式，加强对工作的一线指导，年内完成全覆盖目标。探索农村社会管理社区化新路子，因地制宜，培树归提寨村、西向河寨村和倪庄村等农村典型。省委常委、政法委书记张越在归提寨村蹲点调研时，对工作给予充分肯定。在城市社区，对社区社会管理综合功能进行设计，在河东街道安居里社区、东环路街道燕海里社区进行先期试点，取得阶段性成果，工作经验在《长安》杂志刊发。

打造群众满意的治安环境。强化治安整治工作。对东浴场、西浴场和太阳城商业区等29个治安乱点进行集中整治，完成对省挂账督办的金原商厦和市挂账督办的四季青批发市场治安问题的集中整治，提升群众安全感。着力打造平安志愿工作品牌。加强平安志愿者协会和平安志愿者队伍建设，在重要敏感时期及时启动一级巡防机制。成功举办第四届“平安志愿者日”暨服务暑期誓师大会主题活动，唱响品牌，夯实基层基础治安防控。推进科技防范建设。采取“政府投资、市场运作”的模式，推进第二个“技防建设五年规划”，在17个重点区域、27个老旧小区和太阳城商业区新装、升级监控摄像探头306个，新建派出所三级平台3个。全年刑事发案4112起，同比下降14.7%；治安发案1.96万起，同比下降28.3%，案件呈逐年下降趋势。

【专项工作开展】 突出服务主旨，专题形成《政法机关服务全区发展大局的九项措施》，报区委常委会研究通过，明确政法系统常态长效做好服务保障工作的举措。以暑期等敏感时期防控打击为重点，深化教育转化、打击处理各项活动。通过专案深挖，及时侦破“2·27”案件等专案7起。提前完成转化目标，市委防范办3次在海港区召开全市防范工作现场会。推进涉法涉诉信访工作。严格落实政法部门班子成员领案、办案和到中心接访制度。省、市交办22起案件全部办结。实施司法救助，救助26名符合条件的信访群众和2起重点信访案件当事人。加强流动人口服务管理。完善流动人口专管员与社区民警“捆绑”作业模式，服务管理工作更趋稳定和专业。清查流动人口11.4万多人，新登记流动人口1.7万人，收取房屋租赁税440万元。抓好铁路护路联防工作。突出重点时期护路、铁路沿线治安排查整治和护路宣传3个重点。在“两节”“两会”、中共十八届三中全会等重点时期，设32个护路岗点，招用护路队员469人，全天候巡查督导，确保铁路大动脉安全。弘扬见义勇为，全年表彰见义勇为人员3人，走访慰问见义勇为先进个人3人，送去慰问金6万元。

【队伍建设】 制订业务培训方案，组织全区政法系统干警参加为期1个月的政法网络大讲堂培训，开展新媒体与网络舆情的传播与应对专题培训等活动，提高干警的业务能力和自身素质。坚持警示教育常抓不懈，组织全区政法系统中层以上干警到省监狱管理局冀东分局第二监狱开展警示教育活动。加强作风建设，在政法系统开展系列“开门纳谏、开门评警”活动，倾听群众呼声、查找工作差距。将5类、20条意见和建议反馈到政法各部门，各单位开展自查自纠和整改。严格开展执法检查和案件督办，及时发现执法司法中的苗头性、倾向性问题。全年检查案件35件，责成整改8件，对存在问题的干警进行诫勉谈话5人。

（南　洋）

机构编制管理工作

【概况】 2013年，海港区机构编制委员会办公室准确把握职责定位，加强机构编制科学化、规范化、法制化建设，创新机构编制管理方式方法，发挥机构编制资源使用效益，提升机构编制服务保障能力。

【机构编制实名制管理】 按照市编委办《关于进一步规范全市机构编制实名制数据信息有关问题的通知》要求，对全区62家机关和200多家事业单位的机构编制实名制数据信息进行审核规范。对核查出极少数单位存在的应录未录、应减未减及信息录入不完整、不准确等问题进行整改规范，严肃编制使用工作纪律。

【事业单位分类改革】 推进事业单位改革。按照政事分开、事企分开、优化结构、精简效能的要求进行清理规范，整合事业单位2家，调整机构职责5家，规范单位名称149家，收回财政性资金零补助事业编制30人。开展事业单位模拟分类工作，把承担行政职能、从事生产经营活动及管理体制不顺的事业单位作为重点，开展调研，制发《全区事业单位分类工作实施方案》和《关于开展全区事业单位分类工作的通知》，做好全区事业单位分类的组织实施工作。

【编制使用核准制度】 按照从严从紧的原则使用编制。建立健全编制使用核准“三先三后”（先核准后使用、先开卡后入编、先入编后核工资拨经费）的管理机制，对不按要求履行编制使用程序、擅自改变编制使用用途或突破编制数额使用编制及手续不齐全、信息不准确等情况，不予入编和实名制登记。

【事业单位年检和中文域名工作】 全面开展网上在线申请、协商、受理、审核、修改、核准、反馈及年检等事业单位法人登记管理工作，网上登记管理平台的作用得到有效发挥，事业单位办理相关业务更加便捷，实现“全天候”申请受理的登记管理新模式。履行登记管理机关监管职责，全区参加年检事业单位法人139家，受理网上年检申请138件，年检率99.9%。经审查合格138件，年检合格率99.9%。日常受理审查设立登记申请8家，变更登记申请71家，注销登记2家，完成事业单位法人新设立、补领及变更登记的公告制作97家。全区注册中文域名295个，覆盖率100%。

【机构编制资源配置】 对25个机构编制事项进行调整。主要完成区政府食品安全委员会办公室、燕山大街社区卫生服务中心、3个区域性基层水利分站等7家单位的设立及西浴场管理职责划转、市容综合整治办公室机构调整、乡镇和街道司法所管理体制调整、明确文明办机构，部分事业单位编制调整。做好中小学教师、卫生系统工作人员的招聘、选聘有关工作，确保急需紧缺人才的需要。

【机构编制年度统计】 完成全区62家行政机构200多家事业机构及其内、下设机构机关事业编制的统计工作。按照指标解释和填报说明要求，如实填写每项数据，杜绝人为改动或编造。做到统计指标完整有效，统计数据真实准确。完成电子编制实名制信息平台系统“查库”任务，对编制和实有人员信息进行仔细校对审核，对基础信息进行查漏补缺，保证机构编制统计资料的完整、系统、准确。平台运行平稳、数据详实准确，基础性作用凸显，为日常机构编制管理提供高效快捷、全面直观的数据保障。

（董　颖）

信访工作

【概况】 2013年，全区信访工作扭住事要解决核心，进一步强化基层基础，深化矛盾纠纷排查化解，拓宽和畅通信访渠道，完善机制体制建设，全面提升工作质量，通过开展“三清”(苗头隐患查清、新案随清、积案办清集中攻坚活动)集中攻坚、百日攻坚、践行群众路线化解信访积案专项行动和信访积案攻坚活动，解决涉及群众利益的大批矛盾，完成各级“两会”、暑期和中共十八届三中全会等敏感节点的维稳工作。全年，接待群众来访1188批、2239人次，办结1164件，办结率98%。受理市级以上交办件87件，全部按期办结，息诉息访率42%，在全市各县区息诉息访率排名第一。

【压实职责】 全面部署。全年，区委、区政府多次召开全区信访稳定工作会议及联席会议，安排部署全区信访工作。区委、区政府主要领导专题听取信访工作、研究重点信访事项14次，联席会议研究、部署、调度信访工作16次，区级分管领导调度重点信访案件会议36次。建立越级访通报制度。区联席会议下发《信访工作月倒排通报约谈办法》，每月对发生省通报的“三类访”(重复进京非访、进京集体访、赴省集体访)和暑期到北戴河上访的稳控单位、责任单位进行倒排通报，压实责任单位和属地单位的稳控责任。

【接访包案】 对区级领导公开接访工作进行强化和完善，年初将法院院长、检察长纳入区领导公开接访安排，强化接访后续跟踪，加大对区领导接访批示意见的跟踪督办，确保案件的有效化解。加密领导接访频次，敏感期全天安排区领导公开接访，重视对群众初访的处理。全年，区领导公开接访454批、739人次，约访下访153批、334人次，解决信访问题122件；主要领导接访22批、48人次，约访(下访)8批、33人次。领导包案化解效果明显，通过区包案领导的积极协调，责任单位积极跑办，世极城堡小区业主与物业纠纷等8件群体隐患矛盾得到有效化解。

【事要解决】 开展信访事项“三清”集中攻坚活动、百日攻坚活动、信访积案攻坚活动，化解重点案件53件，一批钉子案、骨头案得到有效化解。加大对“三跨三分离”(三跨：跨地区、跨部门、跨行业；三分离：人事分离、人户分离、人事户分离)信访案件的协调工作。筛选出责任主体为市直和其他县区的重点隐患33件，并向涉案的22个市直单位和4个县区发函，协请尽快解决或履行信访“三级答复”(答复、复查、复核)程序。通过区信访局与辖区单位的跑办，军安小区办理房本问题、玉峰南里小区和港晨小区接水、接电等涉及市区职能交叉问题得到有效化解。规范“网上信访”案件办理。强化区联合接访中心“信电网”信访事项受理办公室的力量，信访局网站所接收的网上信访案件及国家、省转交的网上信访案件均做到网上受理、办理、答复一体化，提高网上信访事项的处理效率，接收网上信访案件68件、信访局网站受理案件23件，全部按照办理流程处理完毕，网上信访案件答复率100%，按期结案率100%。

【规范办案程序】 强化首次接访办理质量。加大自立案交办力度，对到区信访接待大厅初访的有实质性问题的案件交办率100%；对区领导接访批示案件的后续跟踪率100%。5月下旬，对各单位信访事项规范办理情况进行指导，全区上级交办案件的按期结案率100%。规范依法终结程序。为加大信访案件的复查力度，组织相关单位对11件信访事项进行细致调查研究，全部按期出具《复查答复意见书》。开展专题业务培训。组织镇、园区、街道和区直重点部门27个单位、62名领导干部开展信访工作业务培训，从依法调解、接访技巧、心理疏导等方面作深入讲解，提高领导干部的信访工作能力，增强责任意识。

(张乐雨)

精神文明建设

【概况】 2013年，海港区精神文明建设工作以建设社会主义核心价值体系为根本，以提高公民文明素质和社会文明程度为目标，推进公民道德建设，推进文明和谐社区及文明生态村创建工作，推动未成年人思想道德建设，优化载体，拓展手段，强化合力，各项工作在改进中提高、在创新中发展，呈现良好发展态势。

【市民素质】 加强“善行讲习所”及“道德讲堂”建设。在12家省级以上文明单位开办“道德讲堂”的基础上向全区推广，按照“唱歌曲、讲事迹、谈感受、学国学，践善行”五个环节，把教育模式全面辐射到机关、学校、社区、农村等各行各业，活动开展单位的覆盖率达80%以上。加强市民思想道德素质建设。依托80个社区学雷锋志愿服务工作站，为辖区居民提供便民利民志愿服务。各社区开展以关爱社会、关爱自然、关爱他人为主题的“三关爱”志愿服活动467场次，服务受众3500多人次。5月31日，举行海港区城乡环境整治百姓监督启动仪式，在10个街道、5个镇、2个园区及太阳城、金梦海湾管委会招募225名城乡环境整治百姓监督员，统一配发服装、胸卡、日记手册。上报各类问题432件，解决367件，办结率85%。率先开展“文明礼仪”宣传教育实践活动，开展“做文明市民，塑礼仪之城”“做文明公仆，创礼仪机关”“做文明标兵，建礼仪窗口”三大主题活动，开展知识讲座、礼仪培训、有奖征文、文艺宣传等活动342场次，为全力打造河北沿海地区率先发展增长极营造良好社会环境。

【优秀文化传播】 开展农村文化艺术节。举办第五届农村文化艺术节，丰富农民文化生活。镇、园区、村围绕第五届艺术节安排，开展各类文化活动和“我们的节日在农村”文化活动。海阳镇举办首届大樱桃采摘乡村旅游节和开幕式文艺演出；东港镇端午节举办“向阳杯”老年门球赛和庆端午民间艺术节，展出村民自己创作的书法、绘画、刺绣、篆刻等作品。各镇举办艺术节等文化活动21场次，活跃村民文化生活。

【未成年人思想道德建设】 优化未成年人思想教育水平，加强校园精神文明阵地建设。开展“网上寄英烈”和“学雷锋·做美德少年”活动。组织未成年人进行网上签名寄语，通过在海港区未成年人教育博客开设专门网上签名寄语活动入口、设立各校寄语签名报到区等方法，参与网上寄语学生达100%。组织开展未成年人文体公益活动，开展“日行一善——学雷锋在行动”微博征集活动。以“日行一善——学雷锋在行动”腾讯微博为平台，与“道德讲堂”“善行讲习所”结合，引导广大未成年人从小存好心、说好话、做好事，从小知善、行善、乐善、扬善。各学校通过上传文字、图片、视频等，将微博作为学生的“善行档案”，激发中小学生善行家乡，奉献社会的热情和动力。开通后，有粉丝2500多人。利用双休日、节假日等，在未成年人中开展国际象棋、武术、跆拳道等文体类公益活动。创新方式方法、加强阵地建设。分期分批帮建城市学校少年宫，协调帮扶资金50多万元。在建城市学校少年宫33所，其中市级城市学校少年宫6所。

【文明创建活动】 创建文明和谐社区。组织开展第五届社区文化艺术节，打造“我们的节日在社区”“社区善行讲习所”“城乡文艺互动互访”等系列品牌活动。在清明、端午、七夕、中秋、重阳5个节庆期间，组织开展“和谐邻里节”“移风易俗、文明祭扫”“端午民俗展示”等活动276场次，参与群众5.6万人次，经验做法被中新网、《河北日报》等多家媒体宣传报道。

创建文明生态村。开展农村环境美化和农村环境面貌改造提升行动。按照《2013年创建文明生态村工作要点》和省、市关于农村环境整治的相关部署，全区投入专项资金120万元，启动北港镇李新庄村等4个市级文明生态村，东港镇孙庄村、北港镇刘家河村等6个省级农村面貌改造提升及连峪片区环境整治和文化墙建设。整治院墙面积5000平方米，粉刷墙壁面积3000平方米，完成文化墙绘制面积7000平方米。各镇（园区）完成院墙整治、文化墙、文化广场等建设项目31个，投入资金659万元。

创建文明单位。开展“与文明通行·铸和谐港城”文明单位和文明个人活动。细化各类评选的测评体系，将“感动港城·平民偶像”“善行讲习所”“文明礼仪宣传教育实践活动”“社区学雷锋志愿服务站”等新内容纳入测评。区文明办组成考核组对各行各业申报的文明单位进行考核验收，对先进个人进行评选，选出2013年度文明单位和文明个人，并对其进行表彰。

【**第三届“感动港城·平民偶像”**】挖掘百姓身边的先进典型，推进第三届“感动港城·平民偶像”评选活动。通过初选、考核、投票，选出“感动港城·平民偶像”10人，有自主创业成功后，不忘先富带后富，努力带动全村人共同富裕的东港镇王庄村渔业户王丽；将一颗炽热的爱心无私奉献给每一位学生，经年累月，乐此不疲的第九中学平凡教师王玉凤；照顾年迈的公公、瘫痪的大姑姐、精神分裂的丈夫，一个人撑起一个家的新风里社区居民王丽华；在暴雨洪灾中积极抢险，舍身忘己解救受困群众的海阳一村治保主任邓军利；坚持记录生活变迁和社会进步的新风里社区居民冯怀志；一心扑在社区，努力帮助社区居民解决困难，以帮助别人、快乐自己为准则的临河里社区73岁的退休老人张艳芹；格尽职守，无私奉献，爱心资助贫困儿童10多人，用大爱诠释警察情怀，用人性感化杀人犯的刑警李战胜；开办爱心热线，为迷茫无助的人纾解心灵忧伤，并组建秦皇岛市心连心艺术团的团长杨晓平；多次组织艺术团义务演出、社区志愿服务活动的先茂里社区共产党员赵志芬；管理全区215座厕所，用一人脏换万户洁的港城清掏保洁公司集体。

【**精神文明宣传阵地建设**】加强网站建设，畅通信息渠道，完善考核机制。及时通报各单位在中央、省、市文明网网站的信息上稿量，督促信息上报滞后的单位，查找差距，弥补不足，促进海港区信息工作的良性发展。年内，全区文明网更新信息508篇，向上级各网站投送稿，选送优秀的信息，全年中央文明网登载20篇，省文明网登载33篇，市文明网登载265篇，信息上稿量位居全市第一名。

（林贵枨）

区直机关党建工作

【**概况**】2013年，区直工委围绕全区“两主四化”（实施沿海开发、旅游立市两大主体战略和城市功能化、城乡一体化、产业集群化、社会管理科学化）发展战略，牢牢把握“服务中心，建设队伍”两大任务，以加强机关党的“五个建设”（即：思想建设、组织建设、作风建设、反腐倡廉建设、制度建设）为中心，做好机关党的建设工作，为创新实践、提升工作水平、促进沿海一流主城区建设提供坚强的组织保障。

【**机关思想政治建设**】开展“树、讲、聚、促”大讨论活动。抓规定动作落实到位。学习不走过场。制订学习计划，落实各项学习制度。全系统撰写学习笔记、学习心得各2000多本（篇）。查找问题深入。结合实际工作，通过发放调查问卷、召开座谈会、深入服务对象走访等形式，征求意见和建议430多条。自选动作贴合实际。开展以创建“优秀干部队伍、优良工作作风、优质服务环境”为主要内容的“三优机关”创建活动作为自选动作，从工作纪律、工作效果、精神面貌等方面提出要求。典型示范全面推进。把区工商局、检察院、人社局等11家窗口单位作为大讨论活动示范单位，进行重点督导。注重宣传总结好经验并广泛征求建议，推进大讨论活动开展。通过“选先进，树典型”，传播正能量，营造积极向上的优良风气。

【**基层党组织建设**】实施党建“四项”工程（民心工程、先锋工程、温暖工程、素质工程），以实现“四零”（实现服务群众零距离、实现强化示范带动零缺陷、实现增进关怀激励零距离、实现服务发展零障碍）目标，打造“四强四有”（四强：组织群众的能力强、联系群众的能力强、凝聚群众的能力强、保障群众的能力强；四有：有多样化的服务平台、有特色化的服务载体、有优质化的服务队伍、有常态化的服务机制）服务型机关党组织。实施机关党建“民心”工程，实现服务群众零距离。以窗口服务行业为实施重点，提出“践行服务承诺，打造服务品牌”的倡议，各单位认真贯彻“五亮（亮身份、亮职责、亮承诺、亮流程、亮评议）、五比（比素质、比干劲、比奉献、比创新、比业绩）、五创（创一流部门、创一流队伍、创一流服务、创一流业绩、创一流形象）、五评（个人自评、党员互评、支部讲评、领导点评、群众测评）”的要求，以服务大厅为平台实现一站式服务，通过美化服务环境、亮出党员身份、亮出人员职责、强化工作能力、提升服务水平，以明晰服务流程、明确服务机制、完善服务制度，保障服务高效。定期开展业务培训，组织专项技能比赛，引导服务大厅工作人员提高政策理论水平和实际操作能力。实施机关党建“先锋”工程，实现强化示范带动零缺陷。先后培树财政局党总支、为民市场建设经营责任有限公司党支部、国税局办税服务厅党支部等作为服务型党组织建设典型集体，并通过召开现场会推广先进经验。实施党建“温暖”工程，实现增进关怀激励零距离。健全激励机制、关怀机制、帮扶机制。引导基层党支部做到对广大党员政治上关怀、生活上关心、工作上关注、人格上关爱，增强党组织的凝聚力、吸引力、感召力。实施党建“素质”工程，实现服务发展零障碍。通过邀请专家授课、举办专题研讨、组织经验交流等形式，更新党务工作者知识结构，丰富工作经验，全面提高工作能力和水平。通过“立足本职岗位、争做创新先锋”主题实践活动，引导区直系统党员干部开阔工作思路，创新工作方法，做好本职工作。

【党员发展工作】 按照“坚持标准、保证质量、改善结构、慎重发展”的原则，制订党员发展计划，履行工作程序，把好党员“入口关”，保证党员发展质量。制订发展党员计划。把握“一线”“一流”“青年”的发展重点，改善党员队伍结构，建设数量充足、质量较高、结构合理的入党积极分子队伍。年内确定重点培养对象26人。举办入党积极分子培训班，采取集中授课、爱国主义教育、学习笔记评比和心得体会交流、感悟奉献进社区、为农民工子女送温暖等多种方式，详细讲解中国共产党的发展史及党的基本知识，成绩合格者颁发合格证。延续送温暖，献爱心，捐资助教活动，为白塔岭小学30名农民工子女捐款捐物。把好党员“入口关”。对符合条件的26名发展对象进行实地考察，与100名党内外同志进行谈话，征求党员及群众的意见，对党员发展对象和58名转正党员进行严格审批。

【党内监督工作】 制订党风廉政建设和反腐败工作实施方案，做到防患于未然。落实《中国共产党党内监督条例（试行）》和《中国共产党党员权利保障条例》，深入实施党务公开，编制党务公开目录和党务公开流程图，增强党支部工作的透明度，使党员更好地了解和参与党内事务。严格落实党风廉政建设责任制，把反腐倡廉工作纳入系统内基层党组织“双十星”考核重要内容。加强对党员特别是党员领导干部的教育和监督，开展“关注民生、优化环境”百人问卷调查，落实领导班子民主生活会制度，增强监督效果。推进机关转变作风。学习《廉政准则》，领导班子和全体党员干部一起重点掌握并记住廉洁从政行为“八类禁止”“五十二项不准”，主要领导带头严以律已，撰写学习心得，做自觉接受监督的表率。

【群团组织建设】 工会工作。通过多渠道、多途径协调资金，为职工解决生活困难问题，走访慰问系统内困难职工24户、老干部6户，为系统内的特困和困难职工发放米、面、油和现金共计5000多元。通过组织“迎新春”趣味运动会，丰富职工业余生活。共青团工作。开展党团共建、“创先争优”活动，引领青年团员创雷锋业绩、做雷锋传人，让雷锋精神闪闪发光，在“五四”表彰会上，区直机关团工委被评为“五四”红旗团委。妇女工作。通过开展巾帼志愿者服务系列活动，打造巾帼志愿服务品牌，增强基层妇联组织凝聚力、号召力。

（罗　颖）

城市建设系统党建工作

【概况】 建管工委系统有党委、总支、支部基层党组织127个，党员总数2333人。2013年，建管工委坚持“围绕中心抓党建，抓好党建促发展”工作主线，紧扣全区中心工作和发展主题，牢固树立服务意识，探索党建工作与中心工作结合的工作载体，提升党员干部的思想水平和创造能力，为打造群众满意、社会满意的城市形象提供坚强的思想政治基础和组织保证。

【思想政治建设】 深入学习贯彻中共十八大会议

精神。下发《关于认真学习贯彻党的十八大精神的通知》，要求系统各党组织联系实际，采取多种形式，深化学习，把握内涵。做到有学习计划、有组织领导、有学习笔记、有体会文章，保证学习时间和实效。推选2名选手参加区委学习贯彻中共十八大精神知识竞赛等活动。加强学习型党组织建设。以“学习也是工作，工作必须学习”的思想理念，开展学习型党组织创建活动。各单位在中心组理论学习制度和党员干部学习制度的基础上，制订党员领导干部“五个一”学习制度，主要内容：每天一条新知识、每周一次报告会、每月阅读一本书、半年一次书面交流、每年一次大调研。建立学习考评激励机制，把党员、干部、职工参加学习活动情况和学习研究成果纳入年度考核评价体系范畴，鼓励和支持干部职工参加各种类型学历教育和继续教育。开展“四强四有”（四强即基层党组织要达到：组织领导能力强、开放发展能力强、引领带动能力强、服务保障能力强；四有即基层党组织要达到：有多样化平台、有特色化载体、有高效化队伍、有常态化机制）创建活动。推进区园林局秦皇植物园党支部示范点创建活动，按照“十有一好”（即有服务场所、有服务平台、有活动载体、有服务队伍、有工作制度、有公开栏、有活动档案、有影像资料、有活动展示、有讲解人员、整体活动氛围好）标准，统一服务场所标识、配齐各种配套措施、健全完善服务制度，提高服务功能。以示范点为典型，围绕创建标准，在系统各党组织加快推进。组织开展建党92周年系列活动。组织各单位参加区委组织部举办的海港区庆祝建党92周年演讲比赛，被评为优秀组织奖，推荐选手获三等奖。组织参加区委组织部举办的“四强四有”活动征文，上报论文3篇。制发区建管工委《创建学习型机关考核细则》和《创建先进党组织、共产党员示范岗考核评价标准》，“七一”前对评选的18名优秀党务工作者和10名优秀共产党员进行表彰和奖励。

【基层党建基础工作】 做好党员发展工作。精心培育入党积极分子，严把入党关口。举办入党积极分子培训班，对全系统31名入党积极分子进行为期4天的集中培训，强化对党的基本理论和基本知识的掌握，提高培养对象自身党性修养。举办基层党务工作者和支部书记培训班，对党员发展程序及相关要求进行详细讲解和说明，严格入党程序，确保党员发展质量，27名积极分子加入党组织。7月，组织系统预备党员赴天津平津战役馆举行入党宣誓仪式，参观中国近代史，引导和加强预备党员对党的认识，增强自身的历史责任感和使命感。做好党员日常管理工作。做好党员组织关系调转及党员统计和党费收缴工作。全年接转党组织关系82人次，收缴党费11万多元。及时完成2013年党统工作。

【群团工作与文化活动】 开展送温暖活动。通过多渠道、多途径协调资金，为职工解决生活困难，春节前走访慰问系统内困难职工24户，发放米、面、油、大衣等慰问品。利用“三八”节、“五四”青年节等节假日，组织团员、青年、妇女开展各种活动，活跃基层各单位之间良好氛围。组织系统各单位开展“三八”女职工跳绳活动；组织参加区总工会组织的“安康杯”竞赛活动，取得第二名的好成绩；组织开展“中国梦·劳动美”征文活动。举办城建系统彩色周末专场晚会，整台演出由各单位干部职工自编自演而成。举办城建系统第三届职工运动会，设置竞赛项目10大项、17小项。全系统干部职工1000多人参加比赛。

【党风廉政建设】 制订党风廉政建设和反腐败工作实施方案，落实《中国共产党党内监督条例（试行）》和《中国共产党党员权利保障条例》，深入推行党务公开，编制党务公开目录和党务公开流程图，增强党支部工作的透明度，使党员更好地了解和参与党内事务。落实党风廉政建设责任制，把反腐倡廉工作纳入系统内基层党组织考核的重要内容，加强对党员特别是党员领导干部的教育和监督，开展“关注民生、优化环境”百人问卷调查，落实领导班子民主生活会制度，增强监督的效果。学习《廉政准则》，重点掌握并牢牢记住廉洁从政行为“八类禁止”“五十二项不准”，主要领导带头严以律已，做自觉接受监督的表率。

【生态文明工程】 制发《海港区2013年生态文明工程实施方案》，通过区委审定实施。方案涉及产业升级示范、市容环境提升、农村环境整治、城乡绿化建设、近岸海域整治、生态文明创建6个方面，共13个项目，34个分项。高效推进生态文明工程各项工作，通过生态文明工程领导小组，统筹组织实施全区生态文明工程，各责任单位按照任务分解制订具体工作方案，主要领导亲自抓，分管领导具体抓，把工作落到实处，32项全部完成既定目标。各镇、园区、街道成立相应组织机构，开展生态文明创建工作。加大环保、节能、林业、国土、水资源管理等方面的执法监督力度，加强部门联动配合，严厉打击浪费资源、污染环境、破坏生态等违法行为。建立月调度、季总结、动态报告、专题协调等工作制度，掌握项目推进情况，协调解决存在的问题。

【基层建设年暨"一联六促、访解帮带"活动】 深入北部工业区四合庄村、北环路街道玉峰里社区，走访调研，制订帮扶计划。帮助四合庄村化解因拆迁占地引起的矛盾激化和上访隐患10多起。筹资1000元，对村内损坏的限高架进行修复，保证村中百姓出行安全。与村内特困户、孤寡老人、家庭困难的大学生建立长效帮扶机制，春节期间为特困户及孤寡老人赠送慰问品1200多元；每年寒、暑假，分别为3名贫困大学生发放学杂费补贴800元。自筹资金分别为村、社区购置办公电脑1台，全年帮扶资金1.2万元。

（李　健）

卫生系统党建工作

【概况】 卫生工委有党委1个、党总支1个、党支部23个。有党员440人，其中在职党员386人。2013年，围绕全局，围绕履职，围绕作用，围绕形象，落实"党要管党，从严治党"的方针，进一步体现党的先进性，增强政治责任感，以求真务实和改革创新的精神，推动卫生系统职工有效履职，促进经济发展、政治建设、文化建设、社会建设的协调发展，为构建社会主义和谐社会发挥党员干部的积极作用。

【基层党建工作】 做好发展党员、人才管理和基层党建工作。确定入党积极分子17人，按照"十二有"（有入党申请书、公开推荐入党积极分子支部记录、申请入党的积极分子培养考察登记表、思想汇报、培训合格证、确定发展对象民主测评表、政审材料、发展对象公示、征求群众意见情况记录、支部大会记录、票决汇总表、入党志愿书）要求和"一票（表决票决制）两制（组织员谈话制、责任人追究制）三公（组织员谈话制、责任人追究制）"的原则开展工作。制订《卫生系统2012～2020年人才规划纲要》，落实人才储备建设，储备各类人才320人。开展创建"四强四有"基层开放型、服务型党组织活动，以海港医院为示范点开展创建活动。抓好干部的培养教育、任用、考察和考核。对系统各单位中层干部进行选拔培养和调整，按照民主推荐、个别座谈、工委审批、任前公示等组织程序，提拔正股级干部10人、副股级干部13人。组织正科级副科级后备干部推荐上报工作，确定正科级后备干部建议人选2人；副科级后备干部建议人选6人。开展"树讲聚促"大讨论活动。制订《"树讲聚促"大讨论活动方案》，做好宣传发动工作。组织系统学习，召开各层面座谈会，进行整改。组织开展"我为港城卫生献一计"建言献策活动，收到建言献策表200多份，征集意见建议52条；征集"卫生系统行业精神"表述语，组织系统干部职工参加海港区"城市人文精神总结提炼"和"创意城市大家谈"活动，上报意见建议6条。开展"解放思想、改革开放、创新驱动、科学发展"大讨论活动。组织学习中共十八大和中共中央总书记习近平讲话精神；中央政治局"八项规定"等。以大讨论活动为有效抓手，做好卫生系统各项工作。领导班子成员完成上报调研成果8篇，形成《深入医药卫生体制改革，促进卫生事业发展》专题调研成果。

【党风廉政建设和反腐败工作】 全面推进党务公开和重要事务事项规范化管理工作。制订实施方案，确定公开目录，绘制流程图，完善各项制度，规范档案管理，全系统实现党务公开和基层重要事务事项规范化管理。深入开展纠风治贿工作。海港医院完善各类制约监督制度。在医疗器械和高值耗材采购中，严格落实全省集中采购制度；在基建工程项目建设中，从项目的决策到执行实施全程监控，重点加强对招投标环节、项目资金管理和使用的监控。加强对于临床药品的管理和使用，组织对处方、病历进行自查自纠，落实整改措施。成立患者回访中心。开展海港区卫生系统加强党风廉政建设的专题培训班，培训各单位中层以上干部95人。

【精神文明建设活动】 成立海港区卫生系统党员学雷锋志愿服务队，有服务队员38人。开展讲习活动5次，为每位干部职工发放善行讲习感受卡；开展文明单位结对帮扶活动，为帮扶对象和安里小学63名在职教师进行全面健康体检，每人体检费300元，帮扶资金2万多元，为校卫生室赠送内、外科常用药品及急救药品处置箱，价值1000多元。组建志愿者医疗队6支，义诊12次，为群众诊疗1643人次；赠送药品价值1.02万元；开展健康知识讲座43场，受教育群众6000多人，发放宣传资料4.8万份，组织基层医疗卫生工作人员培训4次，培训人数150人次，为农村65岁以上老人免费体检2443人次，为育龄妇女免费增补叶酸2481人次。

【社会治安综合治理工作】 成立由100名干部职工组成的平安志愿者队伍。组织平安志愿者对医院门诊大厅、住院部、收费处、财务室等关键场所的巡查，维护正常工作秩序；各医疗卫生单位在重要关键部位增设监控探头，做到全覆盖，不留死角，财务室、贵重仪器设备等场所安装报警器；海港医院设有PVR硬盘存储系统，设摄像头233台，做好单位内部重点部位的安全防范工作，严格有毒有害物品、菌毒种和放射性物品的储存保管。定期排查不稳定因素。建立矛盾纠纷排查台账，对排查出的信访问题，限期解决。配合区信访局做好暑期信访人员医疗保障工作，派驻2名医护人员到信访调处中心，承担医疗救护任务。在中共十八届三中全会召开之前，加强信访维稳工作，对信访重点单位海港医院进行实地的走访，了解信访和医疗纠纷情况，全面排查信访隐患，杜绝越级上访事件发生。

（裴　睿）

教育系统党建工作

【概况】 2013年，海港区教育工委坚持以科学发展观为指引，紧紧围绕“办好人民满意教育”的目标，努力提高新形势下党建工作的科学化水平，为实现全区教育又好又快发展提供坚强的思想政治和组织保障。

【党风廉政工作】 以落实责任制为龙头，切实加强党风廉政建设。开展以“情系民生、勤政廉政”为主题的反腐倡廉宣传教育活动，坚持党风廉政建设与教育工作两手抓。召开专题会议，专门研究和部署党风廉政建设和反腐败工作，制订反腐倡廉宣传教育活动实施方案，下发到各基层学校。干部职工做到要学习、要敬业、要廉洁，不要伸手、不要计较、不要攀比。反腐倡廉建设。党员干部做到绝不损害群众利益、绝不助长不正之风、绝不玷污教育形象。细化党风廉建责任，出台《海港区教育局党风廉政建设工作组织领导和责任分工》，将党风廉政责任全面分解细化，确定任务的直接责任人，与各校签订党风廉政建设责任状。建立“一岗双责”工作机制，把党风廉政责任制工作与教育工作同研究、同部署、同落实、同检查，同考核。创新宣传载体和方法，完善反腐倡廉“大宣教”工作格局。发挥校园电视台、校报、校园网等媒体的重要作用，将党风廉政建设宣教工作渗透到日常的工作和生活中。开展好反腐倡廉主题教育活动，加强对党员干部的典型示范教育和警示教育。加强纪律作风建设，促进干部廉洁自律。开展纪律作风整顿活动。组织机关人员开展学习、座谈，撰写学习体会。召开以纪律作风建设为主题的班子成员专题民主生活会，对存在问题与差距进行剖析，对群众反映的意见深刻反思，班子成员间开展相互批评，沟通思想、增进团结。制订关于“两巩固、两治理”（两巩固：巩固教育系统全体党员团结奋斗教育事业的共同思想；巩固反腐倡廉成果，坚定不移做好2013年党风廉政建设。两治理：治理机关公务用车问题；规范庆典、研讨会、论坛活动）的安排意见，建立长效机制，重点检查党员干部借机敛财问题、违规购置使用公务用车问题、私设“小金库”行为、领导干部办公用房超标问题等。

【思想道德建设工作】 健全德育评估制度。开展三年一届的德育工作评估，完善工作体系建设，健全德育“二十有”（小学德育二十有：国旗、国徽、国歌、国旗杆、国旗台；队旗、队歌、红领巾；校训、校旗、校歌、校徽；《中小学生守则》及《小学生日常行为规范》、校纪；德育机构和人员；德育展室、心理咨询室、校外德育基地；德育宣传橱窗及展示墙；学生成长记录手册。中学德育二十有：国旗、国徽、国歌、国旗杆、国旗台；团旗、团徽、团歌；校训、校旗、校歌、校徽；《中小学生守则》及《中学生日常行为规范》、校纪；德育机构和人员；德育展室、心理咨询室、校外德育基地；德育宣传橱窗及展示墙；学生成长记录手册）和德育制度，规范德育常规管理。经市、区评估，6 所学校被评为市级德育示范校，20 所学校被评为区级示范校和达标校。开展“我的中国梦、少年成长季”系列主题教育活动。包括中小学生“开启圆梦之旅，建设生态港城”环保教育活动、“文化之旅”社会实践活动、“普法手拉手，为花季护航”法制教育活动、“红领巾相约中国梦”六一主题队日和实践体验活动、“中国梦·我的梦”大型校园励志文化活动、“美丽港城从我做起”教育系统爱国卫生运动等。各学校经典诵读活动落实篇目、进度、时间，举办 2013 年度全区中华诵经典诵读比赛。深入开展“学雷锋做有道德的人”读书教育活动，363 名学生参加区级比赛，在市级演讲（讲故事）比赛中，夺得初中、小学组第一名，4 名选手代表秦皇岛市参加省级比赛并获奖。教育局获省、市两级读书教育活动优秀组织奖。加强德育研究和队伍建设，推荐优秀案例参加全市评比，13 项班主任工作案例，4 项德育创新案例获市级奖，其中 2 项德育创新案例参加省级评比。班主任和学校领导、任课教师走进学生家庭，与家长面对面沟通，增进家校联系。以班主任成长沙龙为平台，组织主题讲座 6 次，举办区第六届中小学班主任基本功素质大赛，70 多名班主任参赛。在省第四届中小学班主任基本功大赛上，获特等奖 1 个（全省仅 3 个）、单项奖 2 个、二等奖 3 个、三等奖 1 个。

【党建工作】 深入学习贯彻中共十八大精神。举办学习贯彻中共十八大精神宣讲报告会，聘请区委党校高级讲师为系统党支部书记、局机关工作人员近 200 人讲课。各支部举办宣讲报告会，将中共十八大精神的深刻内涵传达到每位干部教师。开展以“贯彻中共十八大精神，努力办好人民满意教育”为主题的征文活动。开展基层服务型党组织创建工作。开展以“最美校园·圆梦中国”为主题的“四强四有”开放型、服务型党组织创建活动。择优推荐第二中学党支部参评区级服务型基层党组织示范点，并在评比中获全区第一名，多个单位和社区干部到第二中学现场观摩学习。学习型党组织创建工作扎实推进。推进学习型机关建设。制订理论学习计划、学习制度和考勤办法，详细安排学习时间、学习内容、学习形式。开展争创“守纪、高效、服务型”机关大讨论活动、聘请市委党校教授安秀荣作题为《改进工作作风，打造守纪高效服务型机关》的讲座、到北戴河歌华营地聆听台湾著名教育专家陶亚伦的精彩讲座、聘请河北科技师范学院丁书新、市妇幼保健院教育科主任窦翼飞分别作题为《健康生活，快乐工作》和《生活方式与健康》的讲座、组织学习清华大学教授吴维库《阳光心态》讲座等，营造机关积极向上、宽容和谐的工作氛围。

【干部工作】 选派干部挂职锻炼。年内，选派 5 名学校干部赴重庆市沙坪坝区挂职学习，选派 4 名城区干部到农村挂职，3 名农村干部到城区学习。加强干部业务培训。与国家教育行政学院合作组织领导干部第 3 期远程教育培训，300 名干部参加，结业率 90% 以上。组织中小学教学管理干部培训，教学管理干部参加 125 人，提升中小学教学管理干部综合素质。39 名正职校长、教学副校长参加市中小学校长提高培训班。举办海港区校（园）长、书记培训班，参训 144 人。参加省教育厅举办的 2013 年教育部——中国移动中小学校长培训项目远程培训班，农村中小学校长 50 人参加。组织赴外地学习。第七中学校长参加教育部举办的第三期优秀校长高效研究班，经过三年的学习结业。选派第十六中学校长到上海参加第 23 期全国初中校长高级研修班培训；选派启航幼儿园副园长到石家庄参加河北省第21期幼儿园园长任职资格培训班培训；选派第九中学校长、先盛里小学校长到北京参加秦皇岛市教育管理干部培训；选派第十四中学校长、和美实验学校校长到石家庄参加教育部——中国移动中小学校长培训项目2013年影子培训。通过赴教育发达地区名优学校培训，学习掌握他们先进的学校管理理念和方法，提高自身学校管理水平。

【群团工作】 工会开展评选省级师德先进个人、金秋助学大龄青年联谊会、赛龙舟等活动，为教职工解决问题。共青团组织“阳光读书会”“素质拓展”“环境整治攻坚战”“暑期志愿服务”等项活动，提供便民服务，展示文明形象。青云里小学团支部被评为市级优秀团组织。妇联开展“三八”妇女节庆祝活动、健康体检和形式丰富的文体活动，丰富女教师生活。组建巾帼志愿者服务小组和家庭教育志愿者服务队，深入社区为空巢老教师和留守儿童提供生活照料、心理抚慰、健康保健等服务，营造敬老助老、文明和谐的良好氛围。在中小学生中开展“传承美德，勤俭节约”“我与中国梦”主题征文活动和“节约资源，变废为宝”巧手制作大赛，为儿童成长搭建平台。第七中学被评为省级巾帼文明岗，耀华小学、白塔岭小学被评为市级巾帼文明岗，教育局被评为区先进妇联组织，东港三小、启航幼儿园被评为区“一联五”工作先进集体，社区教育管理中心被评为区星级志愿者服务组织；17人分别被评为市、区级先进个人。

（贾玲玲）

优化发展环境工作

【概况】 2013年,全区优化发展环境以“解放思想、改革开放、创新驱动、科学发展”为主题，以“加速转型、加快发展，奋力打造沿海一流主城区，率先全面建成小康社会”为总目标，紧紧抓住发展环境中的突出问题和关键环节,开展“两转三服务”(转变职能、转变作风、服务大局、服务基层、服务群众）活动，进一步推动全区各级各部门创新体制机制，实现办事提速增效、服务提质创优的目标。

【行政审批制度改革】 围绕推进行政审批制度改革，强化政府职能转变，规范行政权力运行。开展“双减双提”（即：减少审批事项和审批环节，提高行政效力和服务质量）专项行动。组织具有审批职能部门做好2013年度中央、省、市取消和下放行政审批事项的衔接工作；对全区“三类事项”实施动态调整，集中理清行政许可项目147项，非行政许可审批项目63项，行政监管项目111项；规范行政审批程序，编制海港区“三类事项”办理内部流程时限表。建立“零障碍”全程协办机制。组织全区39家执法监管部门及窗口单位建立“零障碍”全程协办机制，为企业和群众提供接待受理、咨询答疑、全程引导等服务，确保企业和群众办事“零障碍”。开展清理规范收费行为专项治理，组织区财政、物价部门负责对行政事业性收费、经营服务性收费项目，逐条逐项进行全面规范，最大限度的减少收费。年内取消职工医疗保险证、城市绿化用地临时占用费、计划生育节育手术费、计划生育病残医学鉴定费等4项收费，正在执行的有24个行政事业性收费项目、2个政府性基金项目。编印《海港区行政事业性收费一览表》，发放《海港区涉企收费明白手册》1.5万册。

【行政效能监察】 开展“庸懒散浮”专项治理，以明查暗访，受理投诉举报为手段，查处损害发展环境和影响行政效能的行为。全年组织明查暗访70多次。开展“三类事项”办理、行政处罚及落实限时办结制度情况监督检查。全年检查行政许可事项660多件，非行政许可审批事项520多件，行政监管事项430多件，行政处罚310多件。召开着力改善发展环境警示教育大会，对明查暗访和“三类事项”综合监督检查中存在问题的12个单位进行通报。对29名违反机关工作纪律的人员进行处理，对11名负有主要领导责任和直接领导责任的同志进行诫勉谈话。完善优化发展环境投诉处理机制，确保企业和群众的合法权益。受理和转接投诉举报件5件，办结5件。

【重点项目跟踪问效】 选定秦皇岛国际汽配城、香格里拉酒店、西浴场改造等10个重点项目作为区域内重点跟踪项目，为项目单位解决实际问题，有效推动项目建设进程；开展重点项目及企业周边治安环境专项治理工作，与政法委、检察院等多家单位组成治安环境工作队，采取上门征求意见、召开座谈会、明查暗访等形式，对各职能部门在服务项目建设和企业经营过程中效能低下、不作为、乱作为等突出问题进行查摆。对41家建设项目和企业周边进行现场走访督查。解决在项目建设领域的服务效能低下、行政不作为慢作为乱作为等系列瓶颈制约和突出问题。

【社会监督】 强化社会监督，为企业和群众解决实际问题。结合“树正气、讲团结、聚合力、促发展”大讨论活动，采取召开座谈会、走访企业、报纸征求等方式，在全区开展“两个环境”建设万人大调查活动，向社会各界广泛征求意见建议。发放“两个环境”调查问卷1万份，收回有效问卷7361份，收集意见和建议370多条，对市场主体和群众反映问题实行挂账督办，各相关单位采取措施进行整改落实，推动问题的解决。

【服务窗口亮化工程】 坚持星级服务窗口动态化管理、常态化考核、科学化评定，在全区范围内开展星级服务窗口评定工作。46个窗口参评，向市级推荐4星以上窗口31个。加强星级服务窗口的监督与管理，对出现问题、群众反映比较大的，视情节给予通报、降星、摘牌的处理，对责任人和主管领导问责。

（王金刚）

海港区人民代表大会

HAIGANGQU RENMIN DAIBIAO DAHUI

HAIGANGQU RENMIN DAIBIAO DAHUI

区人民代表大会会议

【区十四届人大二次会议】 3月30日～4月1日，海港区第十四届人民代表大会第二次会议在市文化广场召开。会议应出席代表269人，实出席248人。会议主席团由34人组成，冯志永、鲁栋、陈永山、韩国祥、杨丽萍、廉国会为主席团常务主席。

会议听取和审议区人民政府区长冯国林所作的《海港区人民政府工作报告》；审查批准区发展改革局局长苏文胜《关于海港区2012年国民经济和社会发展计划执行情况与2013年国民经济和社会发展计划（草案）的报告》（书面）、区财政局局长印洪《关于海港区2012年财政预算执行情况和2013年财政预算（草案）的报告》（书面）；听取和审议区人大常委会主任鲁栋所作的《海港区人民代表大会常务委员会工作报告》；听取和审议区人民法院院长董宝军所作的《海港区人民法院工作报告》、区人民检察院检察长陈巍所作的《海港区人民检察院工作报告》。会议通过上述各项报告，并作出相应的决议。

会议补选张磊、高凡为海港区人民代表大会常务委员会委员；选举海港区出席秦皇岛市第十三届人民代表大会代表102人。

会议收到代表提出的建议68件，代表建议办结率100%，满意率100%。

区人大常委会会议

【区第十四届人大常委会第六次会议】 2月23日，召开海港区第十四届人大常委会第六次会议。原则通过区人大常委会工作报告；原则通过海港区人大常委会工作要点；通过代表资格审查情况的报告；研究区第十四届人民代表大会第二次会议的相关事宜。

【区第十四届人大常委会第七次会议】 5月2日，召开海港区第十四届人大常委会第七次会议。研究人事任免事宜。

【区第十四届人大常委会第八次会议】 5月30日，召开海港区第十四届人大常委会第八次会议。研究人事任免事宜；听取和审议区人民法院关于涉诉信访工作情况的报告。

【区第十四届人大常委会第九次会议】 7月26日，召开海港区第十四届人大常委会第九次会议。研究人事任免有关事宜；听取和审议区政府2013年上半年国民经济和社会发展计划及财政预算执行情况的报告。

【区第十四届人大常委会第十次会议】 8月30日，召开海港区第十四届人大常委会第十次会议。研究人事任免有关事宜。

【区第十四届人大常委会第十一次会议】 10月11日，召开海港区第十四届人大常委会第十一次会议。听取和审议区人民政府关于城市管理工作开展情况的报告。

【区第十四届人大常委会第十二次会议】 12月25日，召开海港区第十四届人大常委会第十二次会议。研究人事任免有关事宜；听取和审议区政府2013年度代表建议、批评和意见办理情况的报告。

区人大常委会主要工作

【概况】 2013年，紧紧围绕奋力打造一流主城区和沿海经济增长极的总目标，切实履行好宪法和法律赋予的各项职责，求真务实，勇于进取，扎实工作，推进全区的民主政治建设，促进全区经济社会各项事业平稳较快发展。

【工作监督】 加大对重点项目建设的监督力度。常委会以项目建设为重点，监督支持政府加快转变经济发展方式。组织市、区两级人大代表先后对秦皇皓月城等重点项目进行专题视察调研，听取区政府专题工作汇报，就狠抓项目储备、加快园区建设、增加土地供应等提出具体的意见建议。加大对生态环境建设的监督力度。将生态建设、环境保护作为监督重点。主任会议专门听取区政府环境保护工作情况汇报，督促环保部门加大对重点行业、企业的监管力度和环保执法力度。听取和审议农村绿化造林工作情况汇报，督促有关部门继续做好造林绿化工作，加强幼林的管护，严防森林火灾，打击森林违法犯罪，保护好森林资源。加大对城市建设管理的监督力度。组成调研组听取区城管局的工作汇报；走访城调中心、部分街道办事处并征求意见；实地查看城调中心数字化城市管理指挥平台和热能垃圾处理机的运行情况。提出加快城市基础设施建设、完善城市管理体制机制、着力解决城市管理工作的重点难点问题等意见建议。加大对民生改善工作的监督力度。围绕解决与民生息息相关的重点问题，综合运用视察、检查、听取汇报等方式，加大对涉及民生的城乡低保、基本公共卫生服务、信访等工作的监督。针对城乡低保存在的低保对象认定和家庭收入核查难、低保工作人员力量薄弱、动态管理难度大等问题，提出要加大公示力度、严把审批关、加强队伍建设等建议。针对基本公共卫生工作存在的服务意识和服务质量有待提高等问题，提出要加大对医疗机构的设备投入、加强业务人员的培训等建议。把信访工作作为改善民生、维护社会稳定的重要渠道，全年受理群众信访 59 件、75 人次，妥善处理人民群众的合理诉求，维护人民群众的合法权益。加大对重点热点问题的监督力度。对中小学校园安全工作进行专项视察，听取区政府工作汇报，针对存在问题提出加强校园安全防范、组织专业护校队、配齐装备、规范管理等建议。为加强食品安全工作，常委会组织常委会组成人员、人大代表对《中华人民共和国食品安全法》宣传贯彻实施情况进行视察，提出有效预防群体性食品安全事故发生等建设性意见。

【司法监督】 围绕维护公平正义，把推动解决群众反映强烈的突出问题作为监督重点。常委会专门听取和审议区人民法院关于涉诉信访工作情况的报告，提出要狠抓制度建设，完善涉诉信访长效工作机制；强化措施，提高审判质量和执行率；从源头防控抓起，加大调解力度等建议。组织区人大代表 30 多人次开展 4 次旁听和评议法院庭审专题调研活动，规范司法行为。

【代表工作】 加强与代表的联系、沟通，邀请代表列席常委会会议、政府常务会议，组织代表参加政风行风评议、政府听证会、旁听法院庭审等活动，保障代表的知情权、参与权、表达权和监督权。坚持代表辞职制度，年内接受 4 名区人大代表辞去代表职务，并根据工作需要补选市、区人大代表 18 人。丰富代表活动，主体作用充分发挥。常委会不断创新代表活动载体，丰富活动内容，代表们参与活动的积极性、主动性大大增强，从被动“等活动”转变成主动“搞活动”。全年组织代表团、组活动 68 次，参加代表 658 人次。创新督办方式，代表建议全面落实。区十四届人大二次会议收到代表建议 68 件，涉及经济、社会、民生等各个方面。常委会及时对代表建议进行归类整理，依法交办，加强协调，强化督查，提高代表建议办理实效，做到件件有落实、件件有答复，基本满意和满意率 100%。

【人事任免】 常委会始终坚持党管干部和依法任免干部相统一的原则，不断完善《区人大常委会人事任免办法》，加强同组织部门以及提请任免机关的沟通，严格把关，对人事任免工作进一步规范。对区委提名、“一府两院”提请任免的干部人选，严格实行任前测试考察、任后工作监督等程序，实现党委满意与群众满意的有机结合。为增强人大任命干部的责任感、使命感和荣誉感，常委会始终坚持被任命人员到会作表态性发言、任前法律知识考试和当场颁发任命书制度，促进人大任命干部勤奋履职。年内，任免国家机关工作人员 53 人。

【自身建设】 加强学习宣传，深入调查研究，改进工作作风，强化对镇、街人大工作指导，人大常委会组成人员和人大机关工作人员适应新形势新任务的能力水平不断提高。建设好学习型人大机关。常委会以深入开展省、市两级“大讨论”活动为契机，坚持法制讲座和机关周五集体学习制度不动摇，深入学习中共十八大、中共十八届三中全会和省、市、区党代会精神，深化对人民代表大会制度的认识。强化人大机关内部管理。认真执行中央政治局《八项规定》，坚持节俭办会，严控公务接待，认真做好公车治理和清理整改办公用房工作。与时俱进推进人大工作制度创新，修订完善常委会会议、主任会议议事规则等。加强服务，做好人大机关老干部服务工作。加强镇、街人大工作指导。为促进镇、街人大规范有序开展工作，提升整体工作水平，常委会加强对镇、街人大的指导，邀请镇、街人大主席、主任列席人大常委会会议，组织镇、街人大主席、主任参加监督评议工作、调研工作及法律法规的学习，提高镇街人大工作水平。常委会领导同镇、街人大保持定期联系，参加镇、街人大召开的重要会议，深入现场指导，增强镇、街人大活力和工作成效。调查研究不断广泛深入。常委会始终把调查研究贯穿于监督工作全过程。在确定审议议题和提出执法检查计划时，深入调查研究，广泛听取意见，潜心研究。全年撰写调研报告28篇，提出数条有价值、有分量的审议意见，对改进“一府两院”工作起到促进作用。

区人大常委会机构

【海港区第十四届人大常委会组成人员】

主　任：鲁　栋

副主任：陈永山

廉国会（11月免）

韩国祥

杨丽萍（女）

委　员：（以姓氏笔划为序）：

王　琳（女）王自俭　王建国　公爱民　史力方（女）边瑞增　刘立辉　刘嘉诚　孙爱静（女）杨广俊　杨艳莉（女）　张　磊　张　鹏（12月辞）郎晓光　房德臣　倪俊友　高　凡（女）　曹信杰　曹耀辉　崔　洋　温志国

【区人大常委会工作机构主要负责人】

办公室主任：公爱民

老干部工作办公室：边瑞增

财政经济工作委员会主任：王丽敏（女，8月免）

法制工作委员会主任：房德臣

代表人事工作委员会主任：高　凡（女）

教科文卫工作委员会主任：王　琳（女）

信访办公室主任：张　磊

区第十四届人民代表大会代表团及代表

【东港镇代表团】 王　哲　王　健　王金华　王维民　史力方（女）冯国林　朱兰田　刘立辉　那　威（女）　杜显兰（女）李殿民　何世国　孟凡晖　费静波　夏润君　徐　丹（女）郭　文

【海港镇代表团】 王平和　王志勇　王郁岚　王德月　王洪泉　付连永　兰　鹏　朱大田　李成玉　肖子平　张立红（女）张孟秋　张铁忠　张智强　陆洪德　岳会仁　周永鑫　高　庚　曹国伟

【海阳镇代表团】 王　澍　刘海波　杨丽萍（女）　杨忠权　苏大忠　张志民　陈　海　周鹏林　赵凤芝（女）　祖旭波　袁孝本　倪宝全　郭子茹　曹　辉　温志国　谢京海　戴荣元　魏汉良

【西港镇代表团】 于恩林　王彦军　王满成　孔祥东　石建军　刘英峰　刘殿昌　孙　贺　孙　毅　杨广俊　杨家琛　李秋来　张云山　张玉华　张利荣　张湘义　侯中文　郭学深　鲁　栋　廉国会

【北港镇代表团】 王东江　王庭锁　田连有　冯志永　印　洪　刘玺祥　杨永会　杨时慧　杨润芝（女）　李贵林　张　洁（女）张德喜　苑同锁　郎海伦（女）胡福全　徐志敏　郭宪彬　郝冀伟

【文化路代表团】 王文斌　王建国　刘爱秀

刘淑珍（女） 刘嘉诚
齐春霞（女） 孙淑安 宋继良
李　敏（女） 李文生 李会庆
李晓光 张　磊 张茂和
张振江 张晓雁（女） 胡敬林
宫慧艳（女）

【海滨路代表团】马秀芳（女） 王　琳（女）
王一歌 尹清志 付合全
刘　存 齐香民 安文杰
杨雨春 肖长海 吴文生
张浩然 张静漪（女）
陈　娜（女） 郎晓光 瓮志平
赵文成 韩国祥

【建设大街代表团】于海鹏 王红艳（女）
王海军 申雅秋（女）
岂福明 吕红新 刘双全
杨铁林 李广民 张　伟
张国军 林大华 房德臣
胡富强 郝富连 赵长泰
钟　涛 顾国锋 崔　洋

【燕山大街代表团】王有长 王秀红（女）
公爱民 冯立志 杨连盛
苏文胜 李国新 吴立芳(女）
季　平 周　倩 周莲洁(女）
周慧霞（女） 郎喜梅（女）
高　栋 涂学宏 曹信杰
曹耀辉 董宝军

【港城大街代表团】王晓冬（女） 卢利辉
任丽娜（女） 刘凤奎
刘继军 许一群 杨艳莉(女）
吴秋来 张国林 张艳东(女）
胡孝文 费敬霞（女）
高骥恩 黄海疆 董彦超
程克军 魏淑娟（女）

【东环路代表团】王玉华（女） 王建国
王晓静（女） 王喜亭 王德权
方向明 田秀财 孙志刚
杨爱文 李秀丽（女） 李建国
张　浩 郑云明 赵军朝
昝　欣 高玉彬 高立明
崔清林

【白塔岭代表团】王自俭 东方阳 任　毅
刘晓光 刘清芬（女） 许　岩
毕卫红（女） 杨　英（女）
李克国 李林忠 辛彦怀
武新军 郑国新 赵　伟（女）
梅红霞（女） 倪俊友 高洪星

【河东代表团】王　静（女） 王进国 王胜超
边瑞增 杨东明 李双全
张亚杰 迟　飞 陈　巍
邵清惠 罗胡英(女） 周冬菊(女）
高凡梁 安　平 董育松
蒋福长 谢桂亮

【西港路代表团】朱清国 李天兵 李占谦
李冠霖 李晓奇 吴国生
张华津 陈永山 武　涛（女）
徐志文（女） 徐建华 晁迎峰
郭智慧（女） 高　辉 黄　萍
梁　力 裴　勇

【北环路代表团】丁连斌 王晓民 刘福生
齐秋丰 孙爱静（女） 佟佰军
李　平 张　鹏 张秀英（女）
张建梅（女） 张春义
陈宏艳（女） 迟耀安
荣博英（女） 洪　园（女）
袁会民 高纯红（女）
康红艳（女）

（郑　苗）

海港区人民政府

HAIGANGQU RENMINZHENGFU

HAIGANGQU RENMINZHENGFU

区政府重要决策

1月16日，区政府印发《关于进一步加强规划执法监察工作的实施意见》，旨在进一步加强规划管理，有效遏制海港区规划中的违法违规行为，提升城市品位，优化人居环境。

1月16日，区政府印发《关于征收海阳镇范庄村国有土地上房屋的决定》，旨在改善海阳片区人居环境，完善片区基础设施、提升城市形象。

1月16日，区政府印发《海港区退出筏式海水养殖及养殖用船补偿办法》，旨在加强海域使用管理，维护海域所有权和海域使用权人的合法权益，促进海域合理开发和可持续利用。

1月21日，区政府印发《海港区市场消防安全整治专项行动方案》，旨在加强市场消防安全管理，消除安全隐患，为春节、“两会”创造良好的消防安全环境。

2月25日，区政府印发《海港区水土保持监督管理能力建设实施方案》，旨在着力提高水土保持监督管理能力，建立健全水土保持配套法规体系和监督管理体系，严格落实水土保持“三同时”制度，全面提高水土保持依法行政水平，切实防治生产建设项目中的水土流失行为。

3月12日，区政府印发《海港区2013年食品安全宣传教育工作实施方案》，旨在普及食品安全知识，增强公民食品安全维权意识和企业的食品安全责任意识，营造公众关心、参与食品安全的良好社会氛围。

3月18日，区政府印发《关于征收东港镇富家营村和徐庄村国有土地上房屋的决定》，旨在改善东部片区人居环境，完善片区基础设施、提升城市形象。

3月18日，区政府印发《关于创建国家环境保护模范城市整改阶段实施方案》，旨在落实好国家环保部对秦皇岛市创建国家环保模范城市工作技术评估意见，各项指标达到国家环保模范城市标准，确保顺利通过环保部对全市创模工作的正式验收。

3月27日，区政府印发《海港区2013年食品安全工作实施方案》，旨在全面贯彻实施《中华人民共和国食品安全法》，强化基层基础、突出工作重点、破解薄弱节点、打造工作亮点，完善食品安全监管长效工作机制，促进食品产业健康发展。

4月23日，区政府印发《关于落实中华人民共和国水土保持法的意见》，旨在保护水土资源，防治水土流失，建立良好的生态环境，促进全区经济社会可持续发展。

4月25日，区政府印发《海港区实施中华人民共和国水土保持法细则》《海港区水土保持方案审批管理规定》《海港区水土保持设施验收管理规定》《海港区水土保持监督检查规定》《海港区水土保持设施补偿费和水土流失防治费征收管理规定》，旨在加强水土流失预防监督工作，采取有效措施，保护植被和水土保持设施，扩大植被覆盖面积，防止新的水土流失。

4月26日，区政府印发《海港区突发动物疫情应急预案》，旨在确保发生动物疫情时，能够迅速、科学、有序、高效的予以控制和扑灭，最大限度的减轻动物疫情造成的经济损失和政治影响，确保畜牧业及相关产业持续发展、公众生命财产安全和社会稳定。

6月20日，区政府印发《关于征收西港镇新店子村国有土地上房屋的决定》，旨在改善新店子村人居环境，完善新村基础设施、提升城市形象。

6月20日，区政府印发《关于征收西港镇南大寺村国有土地上房屋的决定》，旨在改善南大寺村人居环境，完善新村基础设施，提升城市形象。

6月20日，区政府印发《海港区深入开展消防安全大排查大整治活动工作方案》，旨在动员社会各方面力量，全面排查整治火灾隐患，严厉查处消防违法违规行为，严格落实单位消防安全主体责任，提高社会火灾防控能力，坚决预防和遏制重特大火灾事故发生，全力维护全区消防安全形势稳定。

6月24日，区政府印发《关于征收海港镇东李庄村国有土地上房屋的决定》，旨在改善东李庄村人居环境，完善基础设施、提升城市形象。

6月28日，区政府印发《关于渗坑专项整治工作实施方案》，旨在全面排查辖区内的渗坑数量及纳污情况，严肃查处渗坑排污造成土壤和地下水污染环境的违法行为，妥善处置、科学修复监测超标的渗坑。

7月4日，区政府印发《海港区2013年新型农村合作医疗实施方案》，旨在进一步完善新型农村合作医疗制度，逐步提高农村居民健康水平。

7月16日，区政府印发《海港区老旧小区改造房屋征收与补偿安置标准（试行）》，旨在进一步规范全区国有土地上房屋征收与补偿行为，维护公共利益，保障被征收房屋所有权人的合法权益，确保项目建设的顺利进行。

7月18日，区政府印发《关于建立和完善涉嫌食品安全犯罪案件移送工作机制的意见》，旨在进一步加强检察、法院、公安和食品安全监管部门之间的协作与配合，便于食品安全监管部门及时、准确地向司法机关移送食品安全涉嫌犯罪案件，依法惩处食品生产经营违法犯罪行为，维护市场经济秩序。

8月10日，区政府印发《海港区2013年旅游市场综合整治专项行动方案》，旨在进一步优化暑期旅游环境，切实解决旅游市场中存在的突出问题，提高旅游服务质量，树立诚信旅游形象。

8月23日，区政府印发《海港区推进城市区街巷道路居民小区城市管理工作的实施意见（试行）》，旨在实现"加速转型、加快发展，奋力打造沿海一流主城区，率先全面建成小康社会"的目标，理顺城市管理体制，形成"责任明确、分级管理、权责统一、高效运转"的工作新格局，全面提升城市管理效能，实现整洁优美、规范有序、文明和谐的城市管理目标。

8月31日，区政府印发《海港区企业注册前置审批事项领办服务工作细则》，旨在进一步压缩审批时限，提高行政效能，解决各前置审批窗口受理申请不同步造成的前置审批办理不同步等问题。

9月3日，区政府印发《海港区人民政府批转金融工作办公室关于打击和处置非法集资工作的实施意见》，旨在切实增强打击和处置非法集资工作的责任感和紧迫感，将防范和打击非法集资工作作为一项长期、复杂而艰巨的任务，常抓不懈，最大程度的维护广大人民群众切身利益。

9月4日，区政府印发《海港区行政事业单位国有资产公物仓资产管理暂行办法》，旨在加强全区行政事业单位国有资产管理，确保国有资产安全完整，推进行政事业单位资产共享共用，提高资产使用效益，避免重复购置和资源浪费。

9月7日，区政府印发《关于征收文昌里片区国有土地上房屋的决定》，旨在改善文昌里片区人居环境，完善片区基础设施，提升西部城市形象。

9月13日，区政府印发《关于加强食品安全工作的意见》，旨在切实加强组织领导，着力提升全区食品安全工作的科学化水平，为实现打造沿海一流主城区和沿海经济增长极的奋斗目标提供有力保障。

10月14日，区政府印发《海港区2013年税源普查实施方案》，旨在摸清全区税源底数、税源结构以及税收变化情况，推进税收征管工作科学化、精细化、规范化，堵塞税收征管漏洞，增加财政收入，为准确把握经济动态、指导经济工作提供可靠依据。

10月14日，区政府印发《海港区自然灾害救助应急预案》，旨在建立健全应对突发重大自然灾害紧急救助体系和运行机制，规范应急救助行为，提高应急救助能力，最大程度地减少人民群众生命和财产损失，维护灾区社会稳定。

10月25日，区政府印发《关于征收海阳镇海阳四村国有土地上房屋的决定》，旨在改善海阳片区人居环境，完善片区基础设施、提升城市形象。

10月26日，区政府印发《海港区大气污染防治行动计划实施方案》，旨在加强大气污染综合治理，改善全区环境空气质量。

10月28日，区政府印发《关于征收北港镇河北村、街里村、小河村、张桥庄村国有土地上房屋的决定》，旨在改善圆明山片区人居环境，完善片区基础设施，提升城市整体形象。

10月30日，区政府印发《海港区突发事件新闻发布应急预案》，旨在加强和规范突发事件新闻发布工作，及时、准确发布突发事件的有关信息，澄清事实，解疑释惑，有效影响和引导舆论，维护社会稳定，最大程度地避免、缩小和消除因突发事件造成的各种负面影响，为妥善处置突发事件营造良好的舆论氛围。

10月31日，区政府印发《海港区重污染天气应急预案》，旨在提高海港区对城市重污染天气的预防、预警和应急响应能力，有效降低空气重污染天气的危害程度，减少或避免空气重污染天气的持续，保障公众身心健康，减少经济损失，建立、健全高效、快速的应急反应机制。

11月18日，区政府印发《关于征收西港镇下庄村国有土地上房屋的决定》，旨在改善下庄村人居环境，完善新村基础设施、提升城市形象。

11月20日，区政府印发《海港区消防工作考核办法》，旨在严格落实消防工作责任，加强社会消防管理，保障消防工作和经济社会发展相适应，进一步提高社会公共消防安全水平。

11月27日，区政府印发《海港区2013年度食品安全工作考核方案》，旨在进一步加强食品安全监管工作，强化食品安全目标管理，科学评价2013年度食品安全工作，确保各项目标落实到位。

12月7日，区政府印发《海港区非法营运机动车专项整治行动实施方案》，旨在维护全区道路交通客运秩序，促进客运行业健康有序发展，保障客运行业和广大人民群众合法权益，促进客运市场健康发展。

区政府重要会议

【区政府常务会议】 2013年，区政府召开常务会议9次。

1月28日，召开十四届区政府第七次常务会议。研究并原则同意《海港区东港镇富家营村、徐庄村房屋征收补偿安置方案》；集体学习《河北省信访工作问责暂行办法》。

2月21日，召开十四届区政府第八次常务会议。研究人事任免事宜；研究并原则同意《2013年秦皇岛市海港区政府财政预算（草案）》；研究并原则同意《海港区2013年政府工作报告（讨论稿）》；研究并原则同意《关于海港区2012年国民经济和社会发展计划执行情况与2013年国民经济和社会发展计划（草案）的报告》；研究并原则同意《海港区2013年民心工程实施方案（讨论稿）》。

6月13日，召开十四届区政府第九次常务会议。研究并原则同意《关于茂业城市综合体项目征拆资金筹措的意见》；研究并原则同意《海港区人民政府关于老旧小区改造征收与补偿安置标准（暂行）》；研究并原则同意《航海里小区改造房屋征收与补偿安置方案》；研究并原则同意《交建里片区国有土地上房屋征收与补偿安置补充方案》；研究并原则同意《海港镇东李庄村房屋征收与补偿安置方案》《西港镇南大寺村房屋征收与补偿安置方案》和《西港镇新店子村房屋征收与补偿安置方案》。

7月6日，召开十四届区政府第十次常务会议。传达国家和省、市、区领导关于安全生产工作的批示、指示精神，通报全区近期安全生产工作开展情况。

8月25日，召开十四届区政府第十一次常务会议。研究人事任免事宜；研究并原则同意《海港区行政事业单位国有资产公物仓资产管理暂行办法》；研究并原则同意《海港区政府非税收入管理办法》；研究并原则同意《海港区企业注册前置审批事项领办服务工作细则》；研究并原则同意《加强食品安全工作实施意见》；研究并原则通过《海港区文昌里片区国有土地上房屋征收与补偿实施方案》。

8月29日，召开十四届区政府第十二次常务会议。研究人事任免事宜。

10月21日，召开十四届区政府第十三次常务会议。研究并原则通过《海港区西港镇下庄村国有土地上房屋征收与补偿安置方案（征求意见稿）》；研究并原则通过《海港区海阳镇海阳四村房屋征收与补偿安置方案（送审稿）》；研究并原则通过《海港区海阳镇西王岭村房屋征收与补偿安置方案（送审稿）》；研究并原则通过《圆明山沙河生态文化旅游综合开发项目房屋征收与补偿安置方案》。

11月9日，召开十四届区政府第十四次常务会议。研究人事任免事宜；研究并原则通过《海港区民政局关于增设社区居民委员会的请示》；传达《习近平总书记关于安全生产工作重要批示》《习近平总书记在中央政治局第28次常委会上的重要讲话精神》；听取区安监局关于全区安全生产工作开展情况的汇报。

12月24日，召开十四届区政府第十五次常务会议。研究并原则同意《关于前道西村房屋征收拆迁前期费用事宜协议书》;研究并原则同意《关于申请提高城乡居民最低生活保障标准的请示》;传达省委八届六次全委会议、城镇工作会议精神。

【区长办公会议】 1月5日，召开政府区长办公会议，主要研究西浴场管理移交涉及相关事宜。议定的主要事项：西浴场管理工作由区园林局移交金梦海湾管委会管理；区编办、人社局等相关部门尽快履行相关手续；金梦海湾管委会要加大管理工作力度，全力抓好浴场管理工作，确保2013年暑期前有较大形象性转变；区园林局西浴场管理处原有资产由其自行处理。

1月14日，召开政府区长办公会议，专题研究华润雪花退城进郊项目选址有关工作。议定的主要事项：成立华润雪花退城进郊项目工作领导小组，全程跟进，全程服务，全力推动工厂选址等各项工作开展。

1月23日，召开政府区长办公会议，专题研究民办教师抚恤金等有关问题。议定的主要事项：根据省人事厅、财政厅、计委、教委《河北省解决民办教师问题实施方案的通知》规定，参照事业单位工作人员抚恤金的90%发放民办教师抚恤金；按照事业单位工作人员标准，发放丧葬费400元、遗属补助每人每月380元。

1月25日，召开政府区长办公会议，专门听取临港物流园区重点项目建设、招商引资等方面工作的汇报，并就园区下步发展提出具体要求。

2月28日，召开政府区长办公会议，专题研究新建白塔岭小学有关问题。议定的主要事项：临时道路问题；地下车库出口问题。

3月5日，召开政府区长办公会议，专题研究2013年全区重点城建项目。议定的主要事项：2013年全区重点城建项目的总体要求；公厕及垃圾转运站新建改造、圆明大街建设工程、长江道西延伸工程、街头游园新建及改造、老旧小区改善提升工程、金梦海湾片区整体绿化亮化、市场建设和改造等城建项目的资金运作、具体实施。

3月6日，召开政府区长办公会议，专题研究圆明山开发建设有关工作。议定的主要事项：圆明山片区征地拆迁安置补偿方案的制订问题；顺驰地产所持圆明山投资有限公司股权转让问题；麻念庄村列入圆明山片区一期征收安置村庄计划问题；张桥庄垃圾场封场准备工作；麻念庄村至西连峪小学道路工程设计方案；沙河蓄水工程规划设计工作。

3月13日，召开政府区长办公会议，专题研究旅游开发总公司人员工资有关问题。议定的主要事项：旅游开发总公司借用人员工资问题；旅游开发总公司经营问题。

3月13日，召开政府区长办公会议，研究社区居委会工作人员人事管理相关事宜。议定的主要事项：自本月起，社区居委会工作人员人事管理权限由民政局移交至人社局。人社局要建立管理的长效机制，协调市人社部门，争取将社区居委会工作人员纳入公益性岗位；研究社区居委会工作人员的人事、工资、社会保险等管理工作。

3月13日，召开政府区长办公会议，专题研究民族路北延伸二期及圆明大街建设工作。议定的主要事项：关于民族路北延伸二期工程建设涉及的征拆工作；道路绿化、路灯施工；土方施工遗留问题；陈庄村征地拆迁补偿前期资金等。关于圆明大街工程。原则同意圆明大街工程与跨陈庄桥工程一并进行工程招投标工作；抓紧完成工程设计方案地上附着物中大田作物补偿，房屋、温室大棚、养殖大院等特殊情况补偿及征地拆迁资金等问题。

3月20日，召开政府区长办公会议，专题研究秦皇皓月城项目建设及下步工作调度。议定的主要事项：关于范庄村征拆工作；关于海阳片区近期工作安排;关于选配人员问题、建立例会制度、打造建筑示范项目等几个具体问题。

3月25日，召开政府区长办公会议，专题研究河北大街拓宽改造以及万和郡项目土地征拆遗留问题。议定的主要事项：关于河北大街拓宽改造征拆遗留问题：原则同意由区财政暂借西港镇政府200万元，用于山东堡村、前道西村及西白塔岭村等3个村的征拆补偿，待秦皇植物园资金到位后予以偿还。关于万和郡项目征拆遗留问题：原则同意包干方式由区财政从该片区土地出让收益中一次性拨付西港镇政府3060万元（标准每亩

20 万元），用于地上附着物征拆等遗留问题，原则同意西港镇以委托方式大包干给拆迁企业。

3 月 25 日，召开政府区长办公会议，专题研究西港镇范围内杨道庄、公富庄保障性住房项目以及建材学院新校址征地拆迁工作。议定的主要事项：关于杨道庄保障性住房项目：实际征地补偿面积较征地协议面积有所增加问题；项目征地补偿问题；拖欠的征地款问题。关于公富庄保障性住房项目：后续征补资金拨付问题；保障房项目征地涉及的村界问题；因区片地价调整增加包干费用问题；保障房项目征拆涉及征地线外边角地补偿问题；保障房项目征地拆迁补偿问题等。关于建材学院新校址征拆工作：建材学院新址项目用地、征拆补偿、征拆等问题；建材学院新址项目征地涉及的村界问题；建材学院拨付海港区政府村址部分征地款问题等。

3 月 27 日，召开政府区长办公会议，专题研究腰站庄村旧村改造有关问题。议定的主要事项：土地补偿款、村公产等问题签订补充协议后，金盛达房地产公司要确保土地补偿款按照议定时间及时拨付到位，要进一步明确返迁安置房的位置和户型，要主动担责拆迁过程中给村民造成的损失。

3 月 27 日，召开政府区长办公会议，专题研究韩庄片区改造有关问题。议定的主要事项：由北部工业区牵头，区综开办、规划分局配合，制订项目具体实施方案。北部工业区可参照和美社区建设补偿方案，拟定科学合理的补偿标准。兴龙集团先将民族路北延伸 BT 工程进行核算，韩庄片区改造项目单独核算，要加强同相关村的接触，抓紧筹措资金，尽早解决先期征地费用。

3 月 27 日，召开政府区长办公会议，研究 2013 年老旧小区改善提升工程规划设计方案及老旧小区物业管理问题。议定的主要事项：老旧小区改善提升工程总体原则、老旧小区改善提升工程具体要求、资金安排、老旧小区物业管理工作。

4 月 17 日，召开政府区长办公会议，研究区卫生系统人员招录有关工作。议定的主要事项：原则通过《海港区基层医疗机构工作人员招聘实施方案》以及海港医院《关于公开选聘 2013 年度具有研究生学历医生的办法》。各相关部门要规范程序，严格操作，避免操作不规范及违纪行为的发生；加强领导，保障资金，社区卫生服务中心及镇卫生院人员招聘经费 20 万元由财政局负责保障。海港医院负责本院人员招聘经费保障。医疗设备采购由区卫生局提出具体计划，区政府采购办确定采购方式后按程序统一采购，采购费用从医改专项资金中列支。

4 月 17 日，召开政府区长办公会议，研究市民中心内部装修有关事宜。议定的主要事项：市民中心办公用房装修必须坚持环保、实用、大气、节俭的原则，努力降低成本；区政务服务中心入驻市民中心东侧裙楼和西侧裙楼一层，装修及设备购置所需费用单独列支，不纳入市民中心建设资金；对装修有特殊要求的功能用房，装修可统筹考虑或由其自行负责。

5 月 6 日，召开政府区长办公会议，专题研究小汤河二期治理工程有关工作。议定的主要事项：开工要求、施工单位要求、设计变更问题、工程款问题、前期手续情况、管线迁移问题等。

5 月 11 日，召开政府区长办公会议，专题研究民族路北延伸二期工程征地拆迁以及工程建设问题。议定的主要事项:查找存在问题，找准症结，加快推进征拆工作，确保如期竣工通车；分清责任，采取有效措施，全力推进工程建设;强化手段，落实责任追究，严查违法违纪行为。

5 月 15 日，召开政府区长办公会议，专题研究圆明山沙河生态文化旅游综合开发项目投资协议书补充协议有关问题。议定的主要事项：充分认识项目建设的重大意义、加快项目各项手续办理、全力加快项目建设进度。

5 月 30 日，召开政府区长办公会议，专题研究西浴场综合改造项目一期工程问题。议定的主要事项：暑期临时绿化问题、广场大型景石摆放问题、增设临时服务设施问题。

6 月 10 日，召开政府区长办公会议，专题研究客专京哈—秦沈联络线征地拆迁涉及龙家营村民宅征拆补偿工作。议定的主要事项：原则同意对客专京哈—秦沈联络线征地拆迁涉及龙家营村村民民宅征拆补偿按照周边旧村改造项目（富家营村、徐庄村旧村改造项目）房屋征收方案实施，东港镇要据此尽快做村民工作，尽快完成拆迁工作。

6月14日，召开政府区长办公会议，专题研究教师招录有关工作。议定的主要事项：克服通常观念、严格工作分工、规范招聘程序、强化阳光操作、保障工作经费。

7月1日，召开政府区长办公会议，专题研究社区民警辅警队伍建设有关工作。议定的主要事项：强化思想认识、严密组织实施、落实经费保障。

7月4日，召开政府区长办公会议，专题调度兴电路、富新路、新开河下穿铁路涵洞建设工程征地拆迁工作。议定的主要事项：项目征地拆迁工作由海港区负责，征地补偿款由市财政筹措；海港镇、东港镇此次征地拆迁补偿标准参照津秦客专征地拆迁补偿标准执行；加快工作进度，抓紧完成相关征地拆迁工作，确保按照铁路施工时间安排具备进场条件。

7月5日，召开政府区长办公会议，专题研究文体中心项目建设有关问题。议定的主要事项：充分认识文体中心建设的重要意义；进一步修改完善文体中心项目代建协议书；切实加强对文体中心项目的跟踪服务。

7月7日，召开政府区长办公会议，专题研究市场新建及改造有关工作。议定的主要事项：2012年已建市场要尽快投入使用，具备经营条件；2013年新建市场要尽快落实选址，完善相关手续。要深入做好市场规划，进一步完善农贸市场布局；按照3年取缔马路市场方案，逐步对占道的马路市场实施取缔；尽快研究制订社会力量（个人）兴办市场管理办法。

7月18日，召开政府区长办公会议，专题研究东方明珠城爆炸事故后续处理工作。议定的主要事项：关于受爆炸影响住户回迁问题、关于相关费用问题、尽快启动财物核损确认工作、关于稳控工作、关于赔偿资金测算问题。

7月28日，召开政府区长办公会议，专题研究区委、区政府安全保卫及非正常访处置工作。议定的主要事项：统一思想，高度重视；明确责任，协调联动；依法依规，果断处置。

8月7日，召开政府区长办公会议，研究争取上级资金已到位未开工项目有关问题。原则同意海港区就业和社会保障服务中心、海港区疾病控制中心、海港区卫生执法监督所、海港区档案馆以及海港区司法局司法业务用房工程等5个项目在北部工业区选址，统筹建设；整体项目牵头单位为人社局，发改局、国土分局、规划分局等部门要全力配合；继续加大项目跑办力度，尽力向上级争取更大支持。

8月9日，召开政府区长办公会议，专题研究文昌里片区、西部四村征收有关工作。议定的主要事项：要求高度重视、鼓足干劲，全力以赴完成文昌里片区土地征拆工作，力促西部片区整体改造工程尽早完工。进一步完善《文昌里片区征收补偿方案》等相关文件；确保西部四村拆迁改造指挥部人员按时到位；做好片区联合执法准备工作；警校搬迁工作；土地征拆资金准备工作；商业经营户返迁问题。

8月9日，召开政府区长办公会议，专题研究文昌里片区联合执法有关工作。议定的主要事项：提高认识，高度重视；明确责任，加强协作；严格执法，确保成效；公正廉洁，树立形象。

10月8日，召开政府区长办公会议，专题研究小汤河二期管线迁改有关工作。议定的主要事项：高度重视、规范操作、强化监督、严格验收。

11月15日，召开政府区长办公会议，专题研究"三公"经费治理有关问题。议定的主要事项：高度重视、认真整改、严格执行标准、做好2014年"三公"经费预算谋划。

11月18日，召开政府区长办公会议，专题研究港东配套110千伏线路切改一、二期工程建设有关工作。议定的主要事项：秦皇岛供电公司以大包干形式支付东港镇补偿费用，用于解决港东配套110千伏线路切改一期工程东港镇辖区内的补偿工作，并负责解决南李庄市场、东港镇中小企业孵化基地以及海港镇、东港镇辖区内各村电力供应问题。还要预留部分资金，用于处理港东配套110千伏线路切改一期工程南李庄段施工过程中出现的突发问题。海港镇、东港镇负责协调有关村或两个镇旧改指挥部，收回港东配套110千伏线路切改二期工程涉及范围的土地使用权，配合电力部门对施工范围再次进行细致核实。经双方确认后，秦皇岛供电公司按照海港区经济适用房补偿标准进行补偿。在富家营村和东李庄村旧村改造中，需要配备电力供应设施，电力部门同意按原有标准执行。

11 月 26 日，召开政府区长办公会议，专题研究市民中心建设有关问题。议定的主要事项：严格执行标准、制订入驻方案、厉行节俭节约。

12 月 1 日，召开政府区长办公会议，专题研究茂业城市综合体项目征拆等重点工作。议定的主要事项：前道西村文昌路拆迁 13 户村民返迁安置有关问题、后道西村大龄子女、无房户返迁安置有关问题、茂业城市综合体项目建设有关问题。

12 月 3 日，召开政府区长办公会议，专题研究圆明山文化旅游产业聚集区开发建设有关工作。议定的主要事项：圆明山片区基础设施建设有关问题、圆明山片区整体开发工作、圆明山片区重点项目建设有关问题。

12 月 17 日，召开政府区长办公会议，专题研究西部四村拆迁改造项目问题。议定的主要事项：全力推进西部四村拆迁改造工作；海洋置业公司提出的文耀里老楼片区和西白塔岭拆迁收尾问题等具体问题；前道西村近期需解决的问题；最大限度地做好被征收人稳定工作，避免大规模群体事件发生，确保征收区域稳定；建立例会制度。

【全区性重要会议】 1 月 15 日，召开第一季度安全生产暨消防工作会议。安监局通报海港区 2012 年度安全生产工作开展情况；副区长袁会民对 2013 年第一季度安全生产暨消防工作进行安排和部署；区委副书记、区长冯国林代表海港区政府和相关部门、单位签订 2013 年安全生产责任状并对如何做好第一季度安全生产及消防工作提出三点要求：要正确把握全区当前安全生产形势；要从确保易燃易爆物品安全、群体性活动安全、消防安全、公共卫生安全和道路安全等方面入手抓好第一季度安全生产工作；要坚决落实好确保安全生产的各项措施。

3 月 28 日，召开全区食品安全工作会议暨食品安全表彰大会。会议对全区的食品安全工作进行总结和部署。副区长赵长泰对 2012 年全区食品安全工作进行总结，对 2013 年全区食品安全工作进行部署。

6 月 4 日，召开全区人口和计划生育工作会议。会议表彰先进，全面总结 2012 年全区人口和计划生育工作，安排部署 2013 年的重点工作任务，各镇、园区、街道向区委、区政府呈报《2013 ~ 2015 年人口和计划生育目标管理责任书》。区委副书记、代区长霍春利强调三点意见：认清发展形势，切实增强责任意识和忧患意识；突出工作重点，推动人口计生工作上水平；加强组织领导，保障人口计生事业健康发展。

6 月 24 日，召开全区领导干部大会暨暑期工作会议。区委副书记、代区长霍春利提出三点意见：思想高度重视，准确把握形势，在经济社会发展中再加力；积极谋划上位，激发工作热情，在服务发展上有新突破;创新工作思路，提高服务水平，保障暑期能力有新提高。

6 月 26 日，召开全区征兵工作会议。会议宣读区征兵领导小组和区征兵办公室成员调整名单，总结全区 2012 年度冬季征兵工作，安排部署 2013 年夏秋季征兵工作任务，区征兵领导小组与各镇、街道、园区签定征兵工作责任状。区委副书记、代区长霍春利强调三点意见：统一思想，充分认识做好征兵工作的重要性；强化措施方法，扎实推进征兵工作顺利开展；加强组织领导，形成做好征兵工作的强大合力。

7 月 1 日，召开全区防汛抗旱工作会议。会议传达省、市防汛抗旱工作会议精神，通报全区防汛抗旱工作准备情况，区政府与各防汛责任单位签订《2013 年海港区防汛工作责任状》。区委常委、副区长杨东明提出三点意见：认清形势，高度重视；明确任务，强化措施；加强领导，全面保障。

7 月 10 日，召开全区安全生产大检查动员会议。副区长刘晓光、袁会民对各自分管的具体工作进行安排部署。区委副书记、代区长霍春利就全区安全生产强调两点意见:认清形势，直面问题，确保全区安全生产形势持续稳定；多措并举，扎实推进，全面构建安全生产工作新局面。

7 月 15 日，召开全区重点信访案件调度会议。信访局通报近期全区信访形势，包案领导和责任单位就 3 个重点信访案件进行汇报。区委副书记、代区长霍春利就全区重点信访案件解决强调三点意见：必须解决好“四个不到位”问题，切实增强责任感和紧迫感；必须实现“四个确保”，全面化解积案矛盾；必须落实“三项措施”，确保各项工作落到实处。

7月17日，召开全区重点信访案件调度会。通报近期全区信访工作情况，区委副书记、代区长霍春利就全区信访工作要求全区各单位要再提精神、再敲警钟、再鼓干劲，通过对重点案件的剖析研究，追根溯源，举一反三，汲取经验教训，抓紧解决问题，认真做好今后的信访工作。

7月22日，召开全区安全生产大检查动员会议。副区长袁会民对全区开展安全生产大检查的任务和意义作鲜明阐述，副区长刘晓光和袁会民分别对各自分管的具体工作进行安排部署。区委副书记、代区长霍春利强调两个问题：认清形势，直面问题，确保全区安全生产形势持续稳定；多措并举，扎实推进，全面构建安全生产工作新局面。

8月10日，召开全区安全生产大检查现场调度会议。会议现场观摩东港镇安全生产大检查活动的开展情况，传达上级安全生产会议精神，通报各部门、单位落实安全生产大检查工作情况。副区长印洪强调三点意见：以非比寻常的认识对待当前安全生产大检查工作；以非同一般的措施抓好安全生产大检查工作；以非常时期的责任确保安全生产万无一失。

8月21日，召开全区农村面貌改造提升行动现场会。实地观摩北港镇东连峪村、西连峪村“四清”（清垃圾、清杂物、清残垣断壁和路障、清庭院）“四化”（绿化、美化、亮化、净化）“五改”（改路、改水、改厕、改圈、改垃圾处理）及连峪山庄建设情况，听取北港镇东连峪村、西连峪村的经验介绍，区委副书记、代区长霍春利就进一步做好农村面貌改造提升行动提出要求：要进一步加强对农村面貌改造提升行动现实意义的认识，在推进过程中要坚持因地制宜，不搞千篇一律；坚持循序渐进，不搞突击；坚持符合民意，尊重民意；坚持农民为主体。要做好样板村培树、长效管理机制研究制定，民居改造、基础设施完善、生态环境建设、农村经济发展六项重点工作，加强领导，狠抓落实，营造氛围，调动农村党员及村民积极性，确保农村面貌改造提升行动取得实效，走在全市乃至全省前列。

8月23日，召开全区推进城市区街巷道路、居民小区管理工作动员会议。副区长印洪宣读《关于推进城市区街巷道路、居民小区属地管理试行期间工作的实施意见》。区委副书记、代区长霍春利强调三点意见：进一步统一思想，高度重视，决不能麻痹松懈，掉以轻心；要进一步理清权责，高效推进，决不能推卸责任，应付了事；要进一步加强领导，周密部署，决不能敷衍懈怠，出现纰漏。

8月28日，召开全区安全生产工作调度会。会议传达省、市安全生产会议精神，副区长印洪强调三点意见：讲安全必须做到“脑中有位”；抓安全必须做到“心中有数”；保安全必须做到“肩上有责”。

9月18日，召开全区经济运行调度会议。区发改局、财政局等经济部门对全区1～8月经济运行情况进行分析，对下步工作提出较为客观、到位的建议。区委副书记、代区长霍春利提出三点意见：肯定成绩，坚定信心；认清形势，未雨绸缪；乘势而上，再攀新高。

10月22日，召开全区第三次全国经济普查工作动员会议。区政府公布普查领导小组成员单位职责分工，与相关部门、单位签订责任书。常务副区长齐香民就全区经济普查工作强调三点意见：统一思想，高度重视；确保质量，突出重点；明确目标，通力合作。

10月29日，召开全区大气污染防治行动动员大会。区委副书记、代区长霍春利强调三点意见：肯定成绩，正视问题，坚定抓好大气污染防治的信心和决心；突出重点，标本兼治，深入开展大气污染防治各项工作；夯实基础，分工协作，确保大气污染防治取得实效。

11月11日，召开全区食品安全网格化监管工作会议。副区长赵长泰强调三点意见：提高认识，高度重视食品安全网格化监管工作；落实责任，确保食品安全网格化监管各项工作落到实处；开拓创新，逐步完善食品安全监管长效机制。

11月15日，召开全区第四季度安全生产工作调度会议。学习中共中央总书记习近平安全生产重要讲话、批示，研究部署第四季度安全生产监管工作，深入开展安全生产大检查活动。副区长印洪提出三点意见：认真学习、把握实质，充分认识当前安全生产形势；突出重点、多措并举，扎实做好今后安全生产工作;强化责任，狠抓落实，圆满完成全年安全生产任务。

11 月 29 日，召开冬季防火工作会议。总结全区消防安全工作，安排部署今冬明春的消防安全工作，通报全区的火灾形势，宣读《海港区今冬明春火灾防控方案》。副区长、公安分局局长刘晓光提出三点意见：认清形势，找准差距，充分认识做好消防安全工作的重要性和紧迫性；多措并举,真抓实干,全力打好今冬明春消防安全攻坚战;加强领导，强力推动，确保圆满完成消防安全工作各项目标任务。

12 月 6 日，召开城管体制下沉工作调度会。副区长印洪强调三点意见：正确认识，坚定信心；对照目标，找准差距；突出重点，整体推进。

12 月 26 日，召开全区禽流感疫病防控工作会议。会议通报当前疫情，宣读海港区《防控工作紧急通知》。副区长王健强调三点意见：高度重视，增强做好防控工作的责任感和紧迫感；明确责任，切实提升全区重大动物疫病防控工作水平；加强领导，确保防控工作措施落到实处。

12 月 31 日，召开全区深化安全生产承诺制建设暨安全生产工作会议。会议宣读承诺制工作方案，部分重点企业代表签订并递交承诺书。副区长印洪强调三点意见：充分认识实行安全生产承诺制的目的和意义；全力做好深化承诺制工作的组织实施，确保深化承诺制建设各项措施落实到位；切实做好当前及“两节、两会”期间安全生产工作。

区政府主要工作

【概况】 2013 年，海港区紧紧围绕“打造沿海一流主城区和经济增长极”奋斗目标，加快产业结构调整和转型升级，统筹城乡发展，着力保障和改善民生，经济社会实现持续健康发展。全年完成区属（下同）地区生产总值 217.8 亿元，同比增长 9%；全部财政收入 78.3 亿元，其中公共财政预算收入 16.7 亿元，分别增长 2.3% 和 17.3%；完成全社会固定资产投资 245.9 亿元，同比增长 1%；实现社会消费品零售总额 216.9 亿元，同比增长 13.5%；城镇居民人均可支配收入 2.5 万元，农民人均纯收入 1.2 万元，分别增长 10.3% 和 12.5%。

【产业素质明显提升】 坚持走项目农业、新型工业、现代服务业的富民强区之路，不断提升产业层次和发展水平。全年引进农作物新品种 35 个，落实粮油试验示范项目 8 项，实施农业产业化项目 6 个，新增市级龙头企业 5 家，实现农业总产值 4 亿元。完成工业投资 30.7 亿元，同比增长 24.1%。全年新纳统规模工业企业 10 家，新增国家级高新技术企业和市级工程技术中心各 1 家、省优质产品和著名商标 7 个。高新技术产业增加值增长 10%。耀华、中信渤铝等 15 家企业完成技改升级。世纪港湾商业广场落成投用，太阳城升级改造二期全面启动，现代购物广场、新天地等商贸企业竞相发展。华信综合商贸城、茂业城市综合体等一批重点服务业项目顺利推进。圆明寺复建落成，连峪山庄开园迎客，汤河花海飘带、金海湾森林公园被评为全市新十景。全年接待游客 551.8 万人次，实现旅游综合收入 52.7 亿元，同比分别增长 8.9% 和 26.7%。

【项目建设顺利推进】 先后打响重点项目前期工作推进和项目建设攻坚“百日会战”，对 51 项在谈、在建、竣工投产项目实行区领导分包联系制度，通过分级调度、节点督导、定期通报、一线服务等工作机制，确保各项工作有序推进。全年实施千万元以上在建项目 113 项，完成投资 246.5 亿元，完成全年目标任务的 129.7%。秦皇皓月城、莲花岛旅游综合开发等 19 个项目列入省、市重点项目。

【园区建设步伐加快】 结合西港搬迁工程，调整大物流园区总体规划，编制完成海港高新技术产业开发区总体发展规划，通过省科技厅验收。规划四路、北港大街东延伸二期、海峪路、圆峪路竣工，临港物流园区新建 110 千伏变电站投入使用，完成连峪山庄管网、游客服务中心等配套设施建设，园区承载能力提升。北方汽配物流城、渔业船舶修造基地等项目进展顺利，中小企业孵化基地项目一期具备入驻条件，沙河生态文化旅游综合开发项目启动。

【改革开放不断深化】 坚持以改革促发展、以开放促开发，经济社会活力不断增强。加大税源普查、福利企业税收清理工作力度，综合治税成效显著。出台《行政事业单位国有资产公物仓资产管理暂行办法》等4个文件，资金管理使用更加规范。推行城管体制下沉，街巷路、居民小区环卫保洁实现网格化、精细化。完成镇、街道司法所体制调整。医药卫生体制改革深入推进。房地产和“三上”企业统计“一套表”改革全面实施。全年新增内资企业1085家，个体工商户4694家，分别增长54.8%和6.7%。完善银企对接机制，累计为企业融资3.9亿元。先后参加廊洽会、厦洽会、央企入秦等经贸活动10多次，成功举办北京招商周、新加坡（海港区）投资环境说明会等招商活动，与茂业、世贸、华润等8家大企业签约，合同引进资金281亿元。全年实际利用外资1.87亿美元，引进内资49.3亿元，创历史新高。

【城乡面貌大为改观】 秉持城市建设和管理高端化、精细化理念，加速城市形象品位提升和城镇化进程。民族路上跨铁路桥、新102国道和京沈高速公路立交桥竣工通车，河北大街第二中学过街天桥建成投用。津秦客专征拆任务如期完成，配合保障全线建成通车。和平园、建国园等13座街头游园建成开放，西浴场综合改造一期完工，沿河、环山造林成效显著，新增城市绿地9.8万平方米、乡村林地133.33公顷。开展市容环境综合整治和“美丽港城·从我做起”爱国卫生运动，累计清理各类积存垃圾70多万立方米，拆除违法建筑1.5万平方米。强力推进近岸海域环境综合整治，治理河道15条，关停和治理违法企业19家，主要河流水质达到近年最好水平。深入实施农村面貌改造提升行动，98个村完成“四清四化”工作，培树东西连峪等省级精品示范村4个。完成姚周寨等13座水库塘坝除险加固，城乡环卫一体化工作扎实推进，建成生活垃圾收集站103座。秦皇皓月城项目范庄村拆迁全面启动，西白塔岭村、东王岭村返迁入住。改善提升老旧小区6个，对接管的136个小区实施物业分类管理，改变老旧小区脏乱差现状。重拳治理大气污染，综合整治燃煤锅炉65座，取缔储煤场5个。全区单位生产总值能耗下降3.48%，化学需氧量、二氧化硫、氨氮、氮氧化物分别减排1%、1.5%、1%和5%。

【人民生活持续改善】 全面落实民生保障工程22件实事。全区新增就业9693人、失业人员再就业3645人，城镇登记失业率为3.47%。新增养老保险、医疗保险参保人员2137人。新增城乡低保1860人，低保覆盖率达到3.49%。白塔岭小学建成投用，完成海阳路小学、拦马庄中学取暖设施、输电线路等基础设施改造。新农合参合率达到98.5%，报销比例、住院补助再次提高。西港路社区卫生服务中心正式营业，新建村卫生室6家，建设模式在全省列为典型。深入推进国家公共文化服务体系示范区创建，4个镇、6个街道综合文化站达到创建标准，文体中心项目完工。新建森林逸城、南李庄等便民市场7座。组建万龙等社区居委会3个，改扩建团结里等标准化社区办公场所6个。新建老年日间照料中心（站）6个，农村幸福院10个。实现安全生产、食品安全“零事故”，全区安全稳定形势良好。

（张　磊）

【民生保障工程】 区民生保障工程领导小组各成员单位立足本职、克服困难、主动作为，研究确定民生保障工程项目，制订《民生保障工程实施方案》。专门召开各界人士座谈会，对民生保障工程项目进行评议，进一步完善实施方案。再经政府常务会、区委常委会审议，在区“两会”上征求人大代表、政协委员意见，完善细化项目支撑，使项目建设内容更加系统，更加科学合理、贴近民意。区民心办建立“月报告”和“台账督办”制度，按照时限要求对项目进展情况及时督办，推动民生保障工程开展，全年22件民生实事进展顺利。

表 2-1

2013 年海港区民生保障工程 22 件实事进展情况一览表

目标任务		资金总额（万元）	资金来源	牵头单位	责任单位	完成情况
就业提升工程	就业保障工程。加强就业引导，开展家政服务等专业培训，提高就业服务的针对性和有效性。全年实现城镇新增就业9500人，失业人员再就业3500人，就业困难人员再就业1500人，就业困难人员社保补贴1000人，培训失业人员1500人，农村剩余劳动力转移就业300人，创建3个就业见习基地，征集就业见习岗位200个，城镇登记失业率控制在4%以内。	870	市财政565万元，区财政305万元	人社局	人社局 财政局 北部工业区 各镇街	新增城镇就业9693人，完成目标任务的102%。失业人员再就业3678人，完成目标任务的105%。就业困难对象再就业1592人，完成目标任务的106%；培训失业人员1649人，完成目标任务的110%；农村劳动力转移就业人员305人，完成目标任务的102%；城镇登记失业率3.8%。创建教育局、工商局、海港镇和聚贤人材市场等6个就业见习基地，征集就业岗位200个，安排2013年高校毕业生95人上岗见习。
	人力资源和社会保障服务中心建设工程。提升失业登记、求职登记、职业指导、技能培训、退休人员社会化管理、劳动用工保障等便民服务环境和服务质量，年内实现主体完工。	600	中央财300万元，区财政300万元		人社局 财政局	8月，经区政府研究，人社局、司法局、卫生局等涉及的5个工程项目统筹建设。卫生监督所项目国家配套资金已到位，待前期手续办完后，协调区发改局及相关项目单位，按照区政府要求办理项目合建手续，确保工程开工。
	创业基地建设工程。依托义乌小商品城实施“321”工程，用3年时间，建设规模型电子商务实习基地和货郎网实际操作基地，组建1个大学生货郎网创业群体，为经商创业提供电子商务平台，建成网店500～1000个。	1600	企业自筹	临港物流园区	义乌小商品城管理有限公司	项目投入3000多万元。5月，在“三店一体”的引导下网店投入试运营。网店数量达到2600家，成交金额达到2000多万元。超额完成建设500～1000家的建设预期。
社会救助工程	完善养老服务体系。探索养老服务长效运营机制，利用 3～5年时间，在具备条件的镇、园区和城市社区建设“幸福院”和老年人日间照料中心，让8万多老年人能够就近享受日间活动、照料服务。年内计划建设文耀里、纤维里等8个社区老年日间照料中心，新建农村“幸福院”10个。	845	上级财政515万元，区财政330万元	民政局	财政局 发改局 各镇街	10家农村“幸福院”全部建成。东华里老年人日间照料中心主体建设和装修完成；建新里、海政里中心主体建成；文体里中心开始动工；文昌里、先盛里中心正履行招标手续，招标后即可动工；迎春里中心在戴卡锅炉房拆除后即可动工；北部联合社区中心规划设计后动工。

续表 2-1

目标任务			资金总额（万元）	资金来源	牵头单位	责任单位	完成情况
社会救助工程		提升法律援助质量。加大法律援助力度，提高法律援助的覆盖面和群众对法律援助工作的满意度。实现受理案件数量同比增长20%以上。建立农民工法律援助工作站1个。	15	区财政	司法局	司法局	全年受理法律援助案件562件，其中民事545件，刑事17件，解答咨询2450多人次。农民工法律援助工作站已经建立。
		开展助残事业。为30户残疾人家庭进行无障碍改造。免费为100名贫困听力残疾人配发助听器。免费为200名贫困低视力残疾人配发助视器。	60	残保金	残联	残联	完成43户残疾人家庭无障碍改造工作。完成“助听”“助视”工作，为100名贫困听力残疾人配发助听器，为200名贫困低视力残疾人配发助视器。
幸福安居工程	保障性住房建设工程	落实保障性住房常态化受理和准入退出机制，确保保障性住房惠及住房困难家庭。	450	市财政	房产局	房产局	全年上报市房产局住保科保障性住房申请资料2166份。
		推进东李庄村、公富庄、杨道庄村1.49万套保障性住房建设。杨道庄村、公富庄村保障性住房主体封顶，东李庄村保障性住房交付使用，4483套保障性住房惠及百姓。	87500	地方补贴资金自筹			杨道庄村、公富庄村保障房项目主体即将封顶，符合省市考核进度要求；东李庄村工程施工完成，受市财政资金影响，市政道路施工及外网配套工作尚未启动，正积极协调。
		农村危房改造工程。解决贫困农户最基本安全住房要求，完成100户农村危房改造任务。	120	中央财政及省财政补助资金	城乡建设局	城乡建设局	100户农村危房改造任务全部完成。
环境优化工程		文明城区创建工程。开展文明创建宣传，提高市民文明素质。开展“小手拉大手”公益宣传活动，发挥中小学生的家庭带动作用，引领社会文明行为。改造渠化路口，疏通城市微循环交通系统，建立顺向停车泊位及标准化停车场，规范停车秩序，改善城区形象。	40	区财政	城管局 市政处	城管局 市政处	城管局：由市电视台拍摄完成爱护环境宣传片，在电视台及市区主要干道13块电子广告屏幕循环播放，在各学校面向学生定期播放。市政处完成河北大街与文化路的渠化路口的改造。完成图书大厦门前、港苑酒店东侧、金街门前、绿洲大酒店门前停车场试点管理。
		街头游园建设工程。突出城市文化品位，重点对金龙园、益寿园二期、和平园等街头游园进行建设改造。通过融入景石、山水画墙、诗词篆刻等元素，打造一批特色文化精品游园。	960	市财政	园林局	园林局	益寿园二期、和平园等9个街头游园全部完工。新增东港园等4个街头游园已完成3个，东港园已进场施工。

续表 2-1

目标任务			资金总额（万元）	资金来源	牵头单位	责任单位	完成情况
环境优化工程		老旧小区提升工程。加快老旧小区改善提升进程，改善20个老旧小区。鼓励支持社会力量参与老旧小区物业管理，实现物业管理全覆盖，提升服务水平。	4000	市、区财政	老旧小区改善提升办公室	老旧小区改善提升办	由年初计划实施的20个小区调整为6个。迎秋西里、普庆里、团结里等6个小区全部改造完毕。
		街巷路改造工程。改造迎宾西路、新兴二街、港二路等20条小巷，道路涉及玉峰里、耀华老村等63个小区，16.9万居民。	1500	争取市、区财政拨付	市政处	市政处	迎宾西路、新兴二街、港二路等20条背街小巷全部改造完成。
		城乡环卫一体化工程。全面完成78个行政村103座地坑式垃圾收集站、城市区3座垃圾转运站建设，完成16座垃圾转运站压缩式改造和中央集控系统建设。初步建立“区域收集、统一管理、集中处置”的农村环卫管理服务体系。	5965	国家投资70%，市财政30%	城调中心 城管局	北部工业区 临港物流园区 各镇	建城市垃圾转运站3座，改造垃圾转运站16座。城调中心：建78个村、103座地坑式垃圾收集站调为63个村、90座收集站及湖东车辆段、科技师范学院等企业12座收集站，共建成102座。中央集控系统建成投入使用。垃圾转运车辆到位。城乡环卫一体化机制部分建立并运行。每月转运农村生活垃圾2500吨。
		农村太阳能路灯照明工程。利用3年时间，为全区200公里农村道路安装1000盏太阳能路灯。在8个村60公里农村道路上安装太阳能路灯300盏。	200	区财政	科技局	科技局	在全区5个镇15个村村路上安装太阳能路灯315盏，解决因市电变压器容量限制无法安装常规路灯影响村民夜间出行问题。
农村基础设施建设工程	水毁路修缮工程	完成侯庄村至栗园村0.7公里道路修缮。	21	争取省市财政配套资金	海阳镇	交通运输局	完工。
		完成青石山村至西张庄村约1公里道路建设。	30				完工。
		修建侯庄村至郭庄村便民桥。	30				完工。
		水利设施除险加固工程。排除险情，保护耕地，改善灌溉面积。对小张庄村、新周庄村、街里村、姚周寨村等4座水库进行大坝加固、清淤和溢洪道加固。对李新庄等9座塘坝进行清淤加固。	650	国家投资540万元，省水利65万元，自筹45万元	水务局	临港物流园区 北港镇 西港镇 海阳镇	新周庄村、街里村水库调整为青石山及小乐安水库。小张庄、姚周寨、青石山及小乐安水库的除险加固工程全部完成。李新庄等9座塘坝清淤加固工程6月底全部完工。

续表 2-1

目标任务			资金总额（万元）	资金来源	牵头单位	责任单位	完成情况
医疗卫生惠民工程	医疗卫生服务	完善区、镇（街）、村（居）三级卫生网络建设，年内完成6家标准化村卫生室建设。	96	市级配套12.6万，区级配套83.4万元	卫生局	卫生局	小旺庄村、栗园村、徐庄村等6家村卫生室全部竣工。
		在辖区大中专院校巡回开展健康教育活动。	20	单位自筹			在东北大学秦皇岛分校、燕山大学、建材学院、外国语学院开展艾滋病、人感染H7N9禽流感相关知识的健康教育讲座8次，受益人数4200多人，发放宣传资料5300多份。
		深入开展“鱼水工程”送医送药下乡活动，对村居群众进行义诊，全年不少于12次，惠及群众8000人。	10	单位自筹			海港医院、妇幼保健站、社区卫生服务中心和卫生院等单位专家120人次到儿童福利院、老年活动中心、海阳大集、人民广场、柳村等开展送医下乡及义诊活动12次，开展健康知识大讲堂5次，受益群众6000人次，发放健康宣传资料1.2万份，免费发放药品3.3万元。
	已婚育龄妇女免费健康检查。为全区1.9万名农村已婚育龄妇女、5.6万名城市无业已婚育龄妇女、1.1万名流动人口已婚育龄妇女提供免费生殖健康检查，提高广大育龄妇女生殖健康水平。		258	区财政	计生局	各镇街 北部工业区	免费生殖健康检查惠及6.2万名育龄妇女，查出妇科疾病4960人，占参查人数的8%；乳腺疾病8618人，占参查人数的13.9%。对常见病和多发病患者，医疗服务队除给予科学的治疗外，发放3万多份健康处方。对较严重的11例乳腺纤维瘤、7例脂肪瘤患者提供手术建议。为育龄妇女节省检查费用180多万元。
公共文化设施建设工程	文体中心建设工程。按照公共文化服务体系示范区建设要求，年内完成文体中心建设，实现全区综合文化站、文化活动室达到国家示范区创建标准。同时，做好文化馆、图书馆、全民健身中心全面对外开放的准备工作。		9009	区财政	文体广新局	文体广新局	主体工程全部完工，空调、电梯、消防、外幕墙进场施工，正进行弱电招投标工作。

续表 2-1

<table>
<tr><th colspan="3">目标任务</th><th>资金总额（万元）</th><th>资金来源</th><th>牵头单位</th><th>责任单位</th><th>完成情况</th></tr>
<tr><td rowspan="5">公共文化设施建设工程</td><td colspan="2">学校建设工程。年内启动归提寨小学、第十四中学两所学校建设，总建筑面积3.28万平方米。</td><td>10013</td><td>土地出让金</td><td>教育局</td><td>教育局</td><td>完成立项、招标代理比选及勘察招标工作，正进行施工图设计和土地证办理工作。</td></tr>
<tr><td rowspan="4">市场建设工程</td><td>完成森林逸城、东方明珠及燕山小吃街3个在建市场的收尾工作。</td><td>1340</td><td>区财政</td><td rowspan="4">为民市场建设经营责任有限公司</td><td rowspan="4">规划分局</td><td>森林逸城、东方明珠及燕山便民市场全部完工。</td></tr>
<tr><td>做好十中分校地块拟建市场和东大农贸市场的启动工作。</td><td>4500</td><td>区财政
单位自筹</td><td>调整为完成电动车市场建设及港北市场改造项目。电动车市场、港北市场建设项目已完工。</td></tr>
<tr><td>做好燕大、西城里等4个市场的项目谋划工作，落实项目选址。</td><td>2000</td><td>区财政</td><td>调整为红光里市场、新华村市场、啤酒广场、十中农贸市场项目，4个市场建设项目完成。</td></tr>
<tr><td>逐步完善微型市场布局，填补市场空白，做好现有微型市场管理。</td><td></td><td></td><td>做好现有微型市场管理，确保正常运行。</td></tr>
<tr><td>食品安全工程</td><td colspan="2">完善食品安全监管体系。强化食品安全执法，建立常态化食品安全联合办案机制，及时处置食品安全突发事件。加强对小餐饮、小作坊、小食杂店及全区各类农副产品市场等食品安全高风险场所的监管，确保食品安全综合抽检合格率稳定在94%以上。加强食品安全举报服务中心建设，健全工作网络，打造一体化监管平台。</td><td>50</td><td>市、区财政</td><td>食安办</td><td>农业局
食品稽查大队
为民市场建设经营责任有限公司</td><td>完善监管体系。强化议事协调制度、基层监管能力、惩治犯罪制度、风险监测和应急处置能力建设，推进食品安全网格化监管工作。开展肉及肉制品、露天烧烤、地沟油等系列专项整治行动。对小饭桌、小作坊等“六小”行业实行备案登记监管，对海阳农副产品市场完善月上站制度。全年抽检1.65万批次，完成全年计划的119.3%，综合抽检合格率稳定在96%以上。完善投诉举报中心转接交办机制。受理举报37起办结率100%。开展食品安全宣传周主题宣传活动，张贴12331投诉举报电话宣传贴。</td></tr>
</table>

（唐　娜）

区政府工作机构及其领导

【区政府领导人】

区　长：冯国林（4 月免）

代区长：霍春利（4 月任）

副区长：齐香民

杨东明

赵长泰

张立红（女，7 月免）

刘晓光

袁会民

陈绳锋（挂职）
王　健（8月任）
印　洪（8月任）

【区政府工作部门直属机构主要负责人】

区政府办公室（外侨事务办公室）主任：
王　澍(8月免）
孙　毅(8月任）
区发展改革局（粮食局、工信局）局长：
苏文胜(8月免）
陈占勤(8月任）
区教育局局长：李晓光(8月免）
祖旭波（8月任）
区科学技术局（地震局）局长：黄秀红（女）
区监察局局长：何占峰
区民政局（民族宗教事务局）局长：
周雪山(8月免）
王　澍(8月任）
区司法局局长：李所丰
区财政局局长：印　洪（8月免）
苏文胜（8月任）
区人力资源和社会保障局局长:刘继军（8月免）
李晓光（8月任）
区环境保护局局长：谢京海（8月免）
郝冀伟（8月任）
区城乡建设局（人民防空办公室）局长：肖长海
区城市管理局局长：梁安平
区交通运输局局长：肖子平
区农业局局长：李秋来（8月免）
张金忠（8月任）
区商务局（招商引资领导小组办公室）局长：
孙长征
区文化体育新闻出版局（版权局）局长：
刘海波(8月免）
胡广设(8月任）
区卫生局（爱国卫生运动委员会办公室）局长：
孙　毅(8月免）
谢京海(8月任）
区人口和计划生育局局长：王晓民
区审计局局长：吴焕永（8月免）
刘海波（8月任）
区安全生产监督管理局局长：张茂和
区统计局局长：黄彦英（女）
区住房保障和房产管理局局长：王有长
区水务局局长：刘福生
区旅游局局长：骆　欣

【垂直管理部门主要负责人】

海港区国家税务局局长：田印书
海港区地方税务局局长：杨连盛（5月免）
赵长吉（5月任）
海港质监分局局长：李学良
海港区工商局局长：刘明祥
海港国土分局局长：张玉华（11月免）
赵立新（11月任）
海港规划分局局长：孟祥玉
海港公安分局局长：刘晓光（兼）

【区政府其他工作机构主要负责人】

区政府政策研究室主任：韩兴隆
区政府法制办公室主任：王立平
区政府督查办公室主任：王保磊
区政府地方志办公室主任:王胤龙（11月免,空）
区政府政务服务中心主任：王　宏
区政府机关事务管理局局长：郭立盘
区政府重点项目办主任：李晓颖（11月免）
刘　勇（11月任）
区物价检查所（物价局）所长：任德文
区林业局局长：魏　琦（8月免）
刘玉僧（8月任）
区畜牧局局长：秦宝林
区园林管理局局长：张　晶（8月免）
昝　欣（8月任）
区城市建设综合开发办公室主任：张亚杰
区档案馆馆长：范春媛（女）
区供销合作社主任：胡金明
区城建管理调度中心：陶剑锋
区市政处主任：刘保平
区太阳城管委会主任：马　馨
区金梦海湾管委会主任：陈占勤（11月免）
李晓颖（11月任）
区食安办主任：徐　彤

区食品稽查大队大队长：王洪民

区为民市场建设经营有限责任公司董事长、总经理：陈文博

区市容办主任：刘环宇（11月任）

区政府办公室工作

【概况】2013年，区政府办公室坚持打造“一流主城区和沿海经济增长极”奋斗目标不动摇，以促进全区经济社会全面发展为出发点和落脚点，解放思想，实事求是，认真履行工作职责，发挥参谋助手、督促检查、综合协调、后勤保障作用，提高办公室工作效率和服务水平，完成上级交办的各项工作任务。

【提高政务服务水平】发挥政府办公室的枢纽作用，做好区委、区人大、区政协和各部门、单位的互动联系，做好各级领导的事务协调，确保在重大决策上各级领导意见统一、步调一致。筹备组织全区性重点工作会议，特别是做好全区重点工作会、区政府全体会、区政府常务会的筹备组织服务等工作。强化制度管理，调整、健全完善各项工作职责、办公流程。制发区政府及办公室公文506件，传阅各级文件3000多件，整理文书档案1200多件，查阅档案500多人次。围绕区委、区政府中心工作积极展开调研。深入基层单位，开展主导产业发展、招商引资分析、区财税收入状况等系列调研，掌握第一手资料，撰写各类综合材料400多篇、160多万字，为领导决策提供依据。加强对外宣传，及时对区政府重要工作及领导活动在省、市级报刊进行宣传报道，扩大海港区影响力。上报省、市信息840多条，被采用211条，编发《海港区政务信息》21期，《政府工作简报》4期、《每日快报》228期。

【文秘工作】按照“认真、高效、协调、服务”的工作思路，围绕区政府中心工作，发挥秘书服务作用。强化奉献意识、参谋意识、勤政意识、窗口意识和进取意识，实现由被动服务向主动服务转变、由浅层服务向深层服务转变、由单向服务向多向服务转变、由传统型服务向创新型服务转变，使办公室的工作水平明显提高。对秘书科工作分工、公文办理制度、文件传阅制度、会务制度、卫生制度和通讯员工作制度等进行补充完善，把补充完善后的各项规章制度打印成册，使秘书科工作更加规范化、制度化、标准化。精心做好区政府领导各项工作安排，提高领导日常事务处理的工作效率。对组织召开的各类会议，专人负责通知，做好各项准备工作。精心周密做好会务组织工作。筹备组织全区性重点工作会议30多次，特别是做好全区重点工作会、区政府全体会、区政府常务会的筹备组织服务等工作。完善会议组织程序，建立会议审批制度和跟踪记录制度，从会议通知、会场布置等都精心谋划、周密部署。对区政府重要会议，都做到会前充分准备、会中积极服务、会后及时总结，为领导提供优质服务。做好文件管理工作。严格按照有关规定，使文件的收、发、传、送、批、借、存、销等环节做到程序化、制度化、科学化。迅速、高质、安全制发区政府及办公室公文506件，传阅各级文件3000多件，整理文书档案1200多件，查阅档案500多人次。严格按照保密制度管理、规范三密文件，无被盗和失泄密事件发生。

（张　磊）

【政策研究工作】从事综合文字和政策研究工作，强化文字工作无小事的思想认识，深知“自身岗位平凡，但是责任重大”的道理。起草并把关《政府工作报告》《经济工作会讲话》等重要会议讲话10多篇；编改综合科起草的领导讲话、政策文件、调研报告等材料30多篇。参加全市城市管理综合调研组到重庆、成都考察城市管理工作，起草全区城市管理有关情况报告，参与起草全市城市管理考察情况报告。全年上报市政府研究室稿件10多篇，指导部门撰写“食品六小行业”有关问题、房地产持续发展等调研报告5篇，组织起草土地出让金管理使用、物流企业有关情况等调研报告3篇，为领导决策提供重要参考。编辑并交印《海港区政府办公室综合文字材料汇编（2007 ~ 2013）》1 ~ 4册。经手材料优良率98%以上，为政府公文质量提高、工作效率提升做出贡献。

（韩兴隆）

【督查工作】 围绕“三个重点”，狠抓督查工作。围绕贯彻落实上级政府重大决策部署抓督查。坚持把市政府的重大决策、部署放在督促检查工作首位，进行专项督查，及时拟定督查方案，适时组织督查活动，按时反馈督查情况。先后对2013年重点涉署项目、2013年市政府工作报告主要任务完成情况、2013年为民办实事项目完成情况及秦皇岛城市环境容貌综合整治工作等进行督导检查，较好地落实上级有关精神。围绕区委、区政府中心工作抓督查。年初，将市、区《政府工作报告》中确定的目标任务，逐项分解、量化后下发到各部门、各单位，明确责任，每月一督查，并将督查情况整理成《政务督查专报》呈送区委、区政府领导，为领导掌握第一手区情资料，加强经济社会运行监测和研判起到积极作用。按照“轻、重、缓、急”的原则，对全区重点工作会议、政府常务会议、区长办公会议等重要会议议定的事项，进行逐项梳理，全程督办，将进度与问题第一时间向领导进行反馈，推动工作任务的完成。围绕领导批办事项抓督查。区政府督查室始终把高质量、高效率地完成领导交办的事项作为督查工作的重要内容。全年开展专项督查25次，联合督查17次，落实市政府批示件4件、区政府批示件18件，下发督办卡74件，撰写《政务督查专报》18篇、《呈报签》20篇。

（高　伟）

【政府法制工作】 把依法行政作为加强政府自身建设的重要内容列入《政府工作报告》，召开常务会议和专题会议对推进依法行政工作进行部署研究，把依法行政工作贯穿到政府决策、执行和监督的全过程。制发《着力改善发展环境实施方案》，深入推进依法行政，提升行政效能。加强领导干部学法工作。把学习法律知识纳入“六五”普法和干部培训的重要内容，对拟任领导职务的干部严格执行任职前法律知识考试制度。组织讲座3次，参训干部350多人。组织开展公务人员学法用法活动。分级分类组织公务人员进行法律知识的学习和培训。各单位累计举办培训班95期，参加学习人员达到4000多人次，组织全区性干部法律知识考试1次。开展法制宣传活动。利用电视、报纸等各种宣传媒介，开展各种法制宣传活动。开展普法宣传2次，发放宣传资料3万份，刊载法律知识宣传30多期。完善行政决策机制，严格执行《海港区政府工作规则》，确立以政府为主体，公众参与、专家论证和政府决定相结合的行政决策机制。建立完善行政决策合法性审查制度，年内审核把关签订的合同协议20多个、国有土地上房屋征收补偿方案6个、政府出具的法律文书40多件，组织召开文昌里片区征收补偿听证会1次。完善区政府门户网站建设和基础数据库建设，全面推行政务公开和办事公开制度，公开面达100%。完善政府信息发布、咨询、公示、投诉处理等制度，各单位累计受理政府信息公开申请20多次，全部按规定予以答复。健全突发事件应急预案体系，全区修订完成各类应急预案537个。全面清理规范三类事项，清理后，全区保留行政许可项目147项，非行政许可63项，行政监管111项。推进政务服务中心的电子政务和网上审批，全区形成上下贯通、横向连接的网上审批服务系统。实行“特事特办、急事急办”，采取“一门受理、抄告相关、内部运作、限时办结”的方式，提高重点项目审批效率。规范行政自由裁量权，全区所有行政执法单位都建立自由裁量权基准制度，涉及罚没项目2000多项。采用电脑网络在线系统进行考试，全区1542名行政执法人员通过年检。加强规范性文件监管，出台规范性文件7件。对规范性文件进行清理，保留规范性文件11件、修改文件2件、废止文件2件。强化行政内部监督，对10个重点行政执法部门进行监督检查，对100多个处罚案卷进行评查，纠正问题70多个，对问题比较严重的5个部门进行重点督办，自觉接受人大及其常委会法律监督，认真办理人大代表建议和政协提案。积极参与行政应诉工作，审理终结的5起行政诉讼案件全部胜诉。

（关　爽）

【提案工作】 办理市级人大代表建议12件，市政协提案17件；区级人大代表建议56件，区政协提案126件。市、区两级代表建议全部办结。按时办结率100%，答复函规范率100%，走访率100%，代表满意率100%，解决和基本解决问题95%以上。

（刘　静）

【市、区长公开电话工作】 按照“统一受理、网络转办、协调督办、限时办结、反馈回访、全程监督”的运行模式，全区实现市长热线与各承办单位的转办承办督办网上运行。全年共承办市长热线网络交办件3551件，居全市承办单位首位，办结率达100%；电话咨询727件，电话投诉309件，回复率100%。

（杨丽芳）

【政府信息工作】 以服务领导决策为宗旨，创新工作思路，提高信息工作质量和服务水平。紧贴政府工作中心，调整、筛选、报送具有可用性的信息；紧贴领导思路，使提供的信息与领导思维对接、需求合拍，年内有5篇区长署名文章被市政府《工作简报》采用。勇于创新，健全信息运行机制。改进工作方法，变守株待兔为主动出击；健全运行机制，变孤军奋战为众手合擎；拓展信息效应，变内部交流为对外开放。收到各网络单位报送信息5000多条，编发《海港区政务信息》21期，《政府工作简报》4期，《每日快报》228期；上报市政府办信息520条，其中被《秦皇岛信息》采用187条，被市《昨日情况》采用10条；上报专报信息被市《专报》采用2篇，被市《工作简报》采用6篇；上报省政府办公厅信息320多条，其中被《河北政务信息》《省昨日要情》采用4条，被省《政务情况交流》采用1篇，上报国务院办公厅1篇。

（李　坚）

【电子政务工作】 做好政府网站迎检工作。对区政府门户网站建设工作进行自查整改，重点检查完善信息保障与安全等方面内容。协调联通公司、移动公司完成新办公楼涉及办公场所的网络布线和电话移机工作。统计汇总机关计算机软件正版化情况并协助区文广新局完成机关计算机正版软件安装工作。做好门户网站信息、每日工作报告、机关门厅大屏幕区领导上下午工作安排的采编、上传工作。全年审核上传《政务信息》21期、631条，上传《政府公文》18期、87件，转载各大网站信息264条，向市政府网站报送信息435条，上传《领导每日工作报告》178期，《区领导上下午工作安排》356期。做好全区党政机关领导电话本更新工作。根据区委组织部最新干部调整名单，及时更新全区党政机关领导电话号码。做好机关网站日常维护工作。解决电脑及软件故障560多次；完成机关监控系统的日常维护工作；完成各级领导及各科室纸制文件转电子稿的扫描整理工作；完成政府会议室、门厅、餐厅雅间电子屏幕字幕更新工作；为各类会议演示幻灯文稿或专题片播放提供技术支持。

（侯　宇）

【外事侨务工作】 严格执行国家关于外事、侨务工作的方针政策，严格管理、强化服务、开拓创新。严格外事审批程序，对因公出访团组出访任务、出访人员身份等认真进行审查，严格控制无实质性出访任务的考察团组出访。全年审核、审批因公出国（境）团组5批、47人次，办理随团出访3批、3人次。接待韩国西归浦市公务员1人，在区内进行1年的工作研修交流，选拔区园林局和招商办公务人员各1人，前往韩国西归浦市进行为期2个月的工作研修交流。突出服务重点项目，优先审核办理招商引资、项目推介、经贸洽谈等出访团组，对重大出访项目、重要出访团组以及紧急出访团组做到提前介入、跟踪服务，特事特办、快速办结，确保出访团组及时顺利赴国（境）外开展交流合作。搭建为侨服务平台，强化为侨服务意识。全面了解全区归侨侨眷的基本信息和工作生活中存在的困难和问题。全区有归侨侨眷446人。开展贫困归侨侨眷帮扶活动，全年走访慰问及帮扶贫困归侨侨眷33人次。搭建沟通交流平台。举办以“聚侨力共建海港·联侨心同享幸福”为主题的2013年归侨侨眷中秋节联谊活动暨侨法宣传周启动仪式，宣传普及侨法知识，征求归侨侨眷对全区侨务工作的意见和建议。中国新闻网、新华网、中国日报网及网易新闻等多家知名新闻媒体相继进行宣传报道。创新侨法宣传服务。开展“社区侨务工作示范点”和“侨法宣传角”建设工作；举行“侨胞服务站”成立挂牌仪式，组织侨法宣传讲座，营造良好的侨法宣传氛围。全区有2个社区被评为国家级社区侨务工作示范点，天洋新城社区正在筹备申请全国社区侨务工作示范点工作。外侨办及教育局等5个单位获全市侨务工作先进集体称号，8人获全市侨务工作先进个人称号，9人获归侨侨眷先进个人称号。

（丁　帅）

【地方志工作】 贯彻落实《地方志工作条例》，以依法修志、创新修志为主线，以创精品年鉴、修名志为目标，认真做好方志工作和年鉴编纂工作。及时为省、市年鉴报送海港区概况2万字；为基层单位和部门提供各种资料和数据3万字；为河北省地理国情普查领导小组办公室提供资料2万字。

《海港区年鉴（2012）》是改版后的首部年鉴，于7月正式出版发行。共91万字，在以往条目的基础上，增加交通运输业、金融保险业、口岸管理等板块内容，全面、系统、翔实地载录海港区2011年度的经济和社会发展进程，客观反映全区的新变化、新成就及经验教训。

《海港区年鉴（2013）》编纂工作。向全区广泛征集2013年各单位年鉴，在征集过程中高度重视年鉴基础材料报送质量，加强指导，重点调度，确保材料内容真实有用，共搜集年鉴初始材料240万字。将搜集到的资料分门别类，分工负责，精细编撰9月初形成初稿。在分别征求区地方志编纂委员会领导、了解海港区发展变化的专家学者和各承担编纂单位意见的基础上，综合各方意见，修改完善，报送方志出版社终审。

海港区大事记编纂工作。海港区大事记由专人负责，随时记载，按月整理。在编纂过程中牢牢把握有大事就记，无大事就不记，绝不漏掉大事的原则，每天关注《秦皇岛日报》《今日海港区》等报刊和区内重要会议、文件，广泛搜集区内发生的重大事件，每事一条，每条一记。全年搜集整理大事记143条。

（刘景银）

【应急管理工作】 “一案三制”建设有效落实，应急预案体系实现全覆盖。各部门、镇（园区）、街、村、居修订完成应急预案537个；中小型企业完成预案修订287个，其中包括危化企业94家；区68所中小学校修订应急预案816个，4所幼儿园修订应急预案48个。增加《海港区突发事件新闻发布应急预案》，从原来的23个区专项应急预案增加到24个。指导编制《海港区重污染天气应急预案》，组织31家企业及搅拌站签订《重污染天气应急企业承诺书》，制订《重污染天气应急方案》。有17家企业突发环境事件应急预案通过专家评审并分别在省、市和区环保局备案。建立“统一指挥、职责明确、结构完整、功能全面、反映灵敏、运转协调、符合区情”的综合应急救援体系。林业局组建20人的专业扑火队伍，东港镇组建13支应急专兼职志愿者队伍，海滨办组建40人的应急小分队、10人的医疗救助分队和170多人的志愿者队伍。风险隐患排查做到定时监管。印发《开展风险隐患排查工作》的通知，规范危险源管理，完善危险源和危险区域突发事件风险数据库并及时更新。完善突发事件预警信息监测、发布、报告制度，采取及时准确上报各类突发事件信息，通过对基层组织和单位的安全隐患检查，消除安全隐患，最大限度减少突发事故及其造成的损失。保障救援物资实现配备到位，做好储备库的专人保管，定期补充与更新。召开海域岸线油污防控工作协调会，安排部署海域岸线油污防控工作，多次深入东西浴场等海域沿线实地巡查，未发生油污污染事故。

（温　平）

【教育督导工作】 建立树状结构网络，搭建督导工作新平台。制订严密的督学工作流程、督学培训制度、督学报告制度、“督导一日行”制度、工作月报制度、督学调研制度、责任区领导联系制度和督导结果公告等相关制度，确保工作落实。明确责任区学校的责任，为72所学校制做督学责任区铜牌。确立三项教育督导内容，引领学校健康自主发展。完成对71所学校全年重点工作目标完成情况和开足开齐课程的实地督导检查。督查各项重点工作落实情况，组织督学对各单位分解表进行严格把关，形成《2013海港区教育系统各单位重点工作汇编》。开展义务教育均衡发展调研，为领导决策提供依据。对全区66所中小学校、6个校外机构、4个国办独立幼儿园进行全面走访，详细了解教育发展面临的新情况、新问题，为区委、区政府领导决策提供依据。完成中小学学生素质综合评价手册的征订及发放。全力做好安全工作。开展“安全知识进校园、进家庭”等活动，免费为中小学、幼儿园征订安全教育读本5万多套。开展交通安全专项整治行动，联合市交警支队对家长租用的90辆接送学生的车辆逐一建立档案,发放“交通安全明白纸”6万多份。精心谋划,全力迎接河北省对县级人民政府2010～2014年度教育工作的综合督导评估。

（王彩虹）

【贯标工作】 全区64个单位全部接受ISO 9000质量管理体系第3次监督审核。强化“建章立制”,制订完善质量管理体系文件。协助各部门及业务科室完善工作职责、工作目标、工作计划、工作流程、管理制度、工作依据等方面内容，根据实际情况及时指导调整更新；强化“审核整改”,通过审核发现问题并督导予以整改。加强外部审核和内部审核，借助第三方即认证公司，对全区各部门及单位进行审核，查找问题；强化督导区直部门领导班子及内审员对本单位进行自我评审。侧重审核工作职责是否明确、工作目标和计划的制订是否合理、工作流程是否规范及是否按流程开展工作并留下痕迹、工作依据是否及时更新、发现的问题是否按要求改进并填写整改报告等。

（毛海山）

【值班工作】 细化值班室的工作职能、添加办公设备、增补值班人员，使值班室工作更加规范。值班工作有登记、有报告、有落实、有反馈，特别是对领导交办的事项，件件落到实处。明确信访接待程序，施行轮流接访制度，深入了解上访原由，熟知部门职能，对每一次事件进行详细登记。全年接待来办上访人员160多批次、800多人次,每次都遵循着“接待时要热心、听取时要耐心、处理时要诚心”的原则,及时与相关部门取得联系，为上访群众化解矛盾，解决实际问题。

（杨丽芳）

【接待工作】 严格落实中央政治局“八项规定”,坚持艰苦朴素的作风。依据《党政机关国内公务接待管理规定》,重新制订并完善《公务接待用餐审批程序的规定》等3项规章制度，接待来宾500多人次，服务各类会议87次。

（孙可昀）

【后勤保障工作】 对日常财务账务处理和各种票据报销整理7000份，及时向各对口单位报送财务报表及各种报表70多份，认真编写2013年单位预算且准时报送，完成年终决算和财政部门年终对账、年度过账工作，对追加经费和各项预算内指标经费合理使用，完成调整公积金、医疗保险、养老保险基数和绩效工资总量的审批，完成工资的正常晋升、编制核查、实名制工作及公务员、事业单位人员统计工作。为调入、调出的工作人员办理相关手续，核定、上报、审批工资，准确发放。办理单位托收费用变更名称手续，完成机关代码证和固定资产的年检工作，定期发放司机车补、离退休交通补贴。落实机关办公用房和公务用车管理规定，压低燃油供应数量，同比下降15%。做到机关领导办公用房标准化和非公务不使用公车。车辆做到定期检修、定期维护、定期保养，保证车况良好，保证出车安全。保障机关办公环境庄重、整洁，杜绝安全隐患，发现水电门窗等设施破损、老化，及时维修改造。

（孙晓慧）

招商引资

【概况】 2013年，全区引进内资首破40亿元大关，达到49.29亿元，完成全年任务（36亿）的137%,同比增长60.7%,创历史最好水平。实际利用外资1.87亿美元,完成全年任务（1.8亿美元）的104%。超额完成市政府下达的招商引资任务指标，引进内外资均位列全市各县区第二名。

【“一把手”招商】 实施“一把手”抓招商战略，区党政一把手组织参与海港区（新加坡）投资环境说明会、北京招商周两大自办活动，带队参加廊坊国际经济贸易洽谈会、央企入秦活动、十七届中国厦门国际贸易投资洽谈会等经贸活动10多次，接待到区内考察重要客商40多批次，与深圳茂业集团、大连万达集团、东华软件、亿阳集团等30多家实力企业成功对接，成功签约雨润冷链物流、万达城市综合体等8个项目，合同引资281亿元。将全区内外资任务指标，合理分解下发到各镇、园区等28家责任单位，促使任务再分解，措施再细化，压力再传递，兑现2012年招商引资工作奖励资金55万元，激励干劲，形成各单位重视招商、一把手带头招商的浓厚氛围。

【境外招商】 海港区境外招商锁定新加坡，推出海港区（新加坡）投资环境说明会及新加坡企业家走进海港区系列活动。7月中旬，赴新加坡举办投资环境说明会，活动“方向准、规格高、规模大、效果好、影响广”，中国驻新加坡大使馆总领事兼参赞刘红梅，新加坡前国会议员曾士生，新加坡中国商会前任会长、现任副会长潘国驹教授等120位新加坡大中企业负责人参会，总投资额108亿元的世贸城市综合体等3个项目成功签约，并与新加坡中国商会签订委托招商合作协议。10月下旬，新加坡企业家商务考察团一行16人走进海港区进行商务考察，达成圆明山养老度假、高端酒店开发、港口物流等4项合作意向。

【京港合作】 创新招商引资方式，深入实施定向招商，面向驻京“国字号”“中字头”和其他知名民企、外企开展招商，积极对接。9月下旬，在北京举办招商周活动，先后拜访神华科技、东华软件、毕马威等12家“国字号”“中字头”和知名民企、外企，召开海港区专场投资说明会，结识20多位实力企业家，达成城市医疗网络建设、贸易物流中转、高新技术成果转化等8项投资合作意向。拜访国家商务部投资促进事务局，双方同意建立长期联络招商互动机制；推进万达广场、世贸中天城市综合体、百脑汇电子资讯广场等5个重大项目进程，实现“组织高规格、推介高水准、对接高层次、活动高成效”的目标，引起北京企业界人士的热切关注，宣传推介海港区，取得超预期的效果。印发海港区《北京招商周洽谈项目跟踪落实工作方案》，区委书记冯国林做出区领导分包、做好项目调查研究、夯实责任的批示。

【项目服务】 强化项目跟踪服务，落实《海港区区领导分包重点项目制度》，对全区华润雪花啤酒厂搬迁、茂业城市综合体等54个重点攻坚、在建和竣工项目实行分包。制订《海港区人民政府关于跟踪落实北京招商周成果工作方案》，对北京招商周新洽谈的际华集团3544厂原址改造、奥信控股园中园建设合作等8个项目及百脑汇电子资讯广场、世贸中天城市综合体等5个项目实行攻坚，明确项目分包区领导、责任单位及责任人，确保项目实现新突破。茂业城市综合体列入全区一号项目加以推进，成立手续跑办小组，保证项目4月底能够开工建设；国药集团医药器械配送项目正在商定入园协议，办理工商注册；恒大地产项目40亿专项贷款已获批，正在积极推进；万达广场、世贸城市综合体等项目也在积极推进，确保项目招得来、留得住、建得成。

【招商宣传】 结合市、区最新发展定位和园区产业特色，策划制做宣传材料，编制2013版《海港区投资指南》、2013版《海港区投资使用手册》，聘请省内知名公司拍摄海港区对外宣传片，全方位展示全区最新发展态势；注重大型招商活动宣传，新加坡活动宣传报道成最大亮点，活动邀请国内主流媒体新华社、中央电视台、中国国际广播电台、《经济日报》和《新加坡联合早报》参与报道，人民网、新华网等20多家网络媒体也转载报道，受到省政府舆情部门的极大关注。加强招商引资大客户管理平台建设，对北京、天津、江浙地区战略投资者重点进行联系跟进。收集大客户567人，范围遍布京津、长三角、珠三角及中国香港、台湾地区和日韩等地；管理好招商引资门户网站，将海港区优惠政策、招商项目、投资动态及时发布，网络招商初见成效。

【国际商会】 搭建平台促合作，商会职能得到深化。发展新会员。成立全市第一家商业区形式的行业分会即海港区国际商会太阳城商业区分会，发展秦皇岛明坤、秦皇岛忠信通等8家企业成为新会员。开展有特色的活动。积极参加“2013年全省贸促工作会议”“第四届省国际商会会员代表大会”，开展“百家企业走访”活动，通过电话咨询、登门拜访等方式对全区91家会员企业进行逐一走访，全盘摸底，掌握最新企业信息。组织国辰地产、明星地产等公司赴西安考察古城开发改造项目，组织明宇商贸公司赴广东与广东天宏木器制造有限公司进行项目对接。企业服务有成效。组织企业参加 2013 年政银企融资对接会、市贸促会举办的原产地证办理、涉外法律业务知识讲座 7 次，并多次举办企业家对话、企业家联谊会等活动，为华昆生态园项目协调贷款事宜。

【组团参加第十七届中国国际投资贸易洽谈会】 9 月 6 ~ 9 日，区委副书记、代区长霍春利带领海港区经贸代表团赴厦门参加第十七届中国国际投资贸易洽谈会。区委副书记高立明、副区长袁会民及北部工业区、环保局、招商办、重点项目办等相关责任单位负责同志参加。在河北省投资环境说明会暨重点项目签约仪式上，海港区与华润雪花啤酒（秦皇岛）有限公司合作的华润雪花啤酒有限公司搬迁扩能项目成功签约。项目预计总投资 8 亿元，占地面积 14 公顷，项目选址在临港物流园区新 102 国道以南、大高庄村村址以东，项目总规模为啤酒设计生产能力年产 40 万千升。项目分两期建设，一期投资总额为人民币 4 亿元，建设规模为啤酒设计生产能力年产 20 万千升，建成后预计年营业额 3 亿元、利税 1 亿元，解决就业 600 人。代表团参观厦门国际会展中心，参加河北省环保产业合作专题对接等重要展会活动。会上发放宣传资料 50 多份。

【组团赴北京参加在各省市政府驻京机构与金融投资机构重点项目对接会】 4 月 28 日，副区长张立红带队赴北京参加在各省市政府驻京机构与金融投资机构重点项目对接会，区招商办、重点项目办等部门负责人陪同参加。对接会由北京市贸促会、千人金融博士联谊会等 6 家单位主办，包括 300 多家国内外金融企业和 200 多位驻京办机构及各市县区 600 多人参会。期间，副区长张立红将海港区的文化、生态、实力等六方面优势进行简要发布，并诚挚邀请意向投资企业到区内实地考察，共谋发展。与国际金融投资家联合会、运通基金美国运通投资银行、华瑞国投（北京）投资基金管理有限公司等 30 多家企业进行深入接洽，发放《海港区招商指南》《海港区投资手册》等宣传资料 200 多份，宣传推介海港区优良投资环境。

【组团参加知名民企进秦皇岛活动】 7 月 3 ~ 6 日，区委副书记、代区长霍春利带领招商办、圆明山管委会等相关部门负责同志参加在市内举办的中国知名民企走进秦皇岛活动。与雨润控股集团签署冷链物流项目投资合作框架协议。总投资 24 亿元，占地面积 33.33 公顷，将借助雨润集团强大的资金、人才、管理、科研等优势和临港物流园区的特殊区位优势，打造河北领先，集展示交易、仓储加工、物流配送、综合服务、商业配套为一体的农副产品交易平台和物流体系。其间，与 30 多位客商进行深层次的接触，解答投资问题，发放宣传资料 50 多份，宣传推介海港区。

【海港区北京招商周活动】 9 月 23 ~ 27 日，区委书记冯国林领队，区委副书记、代区长霍春利带队赴北京开展招商周活动。区委副书记、临港产业聚集区管委会主任高立明，副区长袁会民，区招商办、区重点项目办等部门相关负责人参加。区委副书记、代区长霍春利带领招商小团组拜访 12 家大型央企、国企和知名民企、外企：拜访中国普天信息产业股份有限公司、国药集团、际华集团、神华集团等大型央企国企集团；东华软件、亿阳集团、恒大集团、万达集团、世贸集团、汉富集团等大型民企集团；台湾百脑汇、毕马威等知名外企。成功举办海港区小型投资环境座谈会，中国养老示范基金、国资委中国商业企业管理协会、奥新控股、北京丰实建设等 20 多家企业、协会参加，就产业园区建设运营、养老基地建设、物流项目发展等多个课题进行座谈。10 月，国际金融投资联合会组织意向投资企业到海港区就感兴趣投资项目进行深入考察。区委副书记、代区长霍春利一行拜访商务部投资促进事务局局长刘殿勋。其间，达成初步合作意向 8 项：与东华软件达成医疗网络建设合作意向、与亿阳集团达成对俄贸易物流中转项目合作意向、与汉富投资集团达成产业园区建设合作意向、与奥新控股达成区中园建设合作意向、与毕马威达成产业发展规划合作意向、与中国养老示范基金管理委员会达成养老基地建设项目合作意向等。加速推进已签约或意向投资项目 5 项：恒大集团秦皇岛项目 40 亿专项贷款资金获批，世贸中天投资项目地上附作物摸底调查完成，设计方案10月上旬完成，国药集团医药机械配送项目完成初步选址，万达集团、台湾百脑汇等项目积极推进。

【海港区借廊洽会平台成功推动项目签约】 5月16～19日，区委副书记、代区长霍春利带领海港区代表团参加在廊坊市举办的廊坊国际经济贸易洽谈会，区委副书记高立明，区委常委、常务副区长齐香民及临港物流园区、招商办等部门负责人陪同参会。在秦皇岛·北戴河新区投资环境说明会上，华信综合物流城项目等4个项目成功签约，总投资达170亿元。分别是：投资总额约95亿元的圆明山文化旅游开发项目、总投资10亿元的华信综合物流城项目由北京欣正和国际投资有限公司和邯郸华信集团分别与区政府和临港物流园区签约。与秦皇岛市签署的战略合作框架协议中有2个项目落户海港区，分别是：总投资50亿元万达集团建设的万达广场项目和总投资15亿元北京世贸中天集团建设的城市综合体项目。

（郭　杰）

政务服务工作

【概况】 区政务服务中心认真履行协调监管服务职能，和区属各进厅部门一道，勤勉敬业、扎实工作，得到社会各界的普遍好评，为优化全区乃至全市的经济社会发展环境做出贡献。全年，办理各类事项2.79万件，按时办结率100%，收费138万元。全年各窗口收到锦旗29面，表扬信55封，服务评价1582条，满意率98.5%。区中心的企业注册前置审批领办服务、政务服务直通车、基层政务服务体系建设等便民服务工作多次得到市政务服务中心和区委、区政府领导表扬，秦皇岛电视台、《秦皇岛日报》《今日海港区》等新闻媒体给予报道。

1月25日，区发改局、环保局、水务局等26个单位、88名窗口工作人员及127项行政许可、非行政许可审批和公共服务事项进驻区政务服务大厅。

【政务服务标准化建设】 抓管理促规范。以服务对象为关注焦点，突出服务全过程控制和质量目标化管理，按照ISO 9001质量管理体系标准，完善24项规章制度，修订127个区直部门进厅事项及内部工作流程，制订工作人员岗位职责及服务标准，形成人人按标准服务、岗岗按标准履职、事事按标准落实的新局面。抓服务树形象。围绕服务对象需求创新服务机制，通过星期六办公、公休日预约服务、日清日结延时服务和“政务服务直通车”上门服务等方式，实现服务时间和空间的立体延伸；建立区中心领导带班巡视制度、值班长制度，倡导窗口工作人员微笑服务，开展百日优质服务竞赛活动，实施大厅亮化工程，全面促进服务质量和环境提升。抓执行促落实。确定2013年为区中心“执行力建设年”，按照全过程责任制管理、全员绩效考核的目标，制订修改进驻窗口人员、机关工作人员绩效考核办法，对全部重点工作实行责任制管理，严格考核，兑现奖惩，加强执行力和效能建设。

【政务服务扩域增效工程】 坚持强化功能、扩展领域、提升效果并重，为企业、群众提供优质高效服务。扩展服务领域。以导办为基础、领办为主体、代办为补充，设立建设项目代理服务窗口、企业注册前置审批领办服务窗口和导办、咨询服务台，实现覆盖政务服务全领域、全过程的代办领办导办服务。区政府研究通过的《海港区企业注册前置审批事项领办服务工作细则》，推动领办代办工作的制度化、规范化、程序化建设。年内，组织联合指导379次，联合验收371次，发放各类证照263件。继续推进“大领办”工作，对进厅业务中涉及外出踏勘的事项全部统一领办，实行统一收件，统一组织踏勘、验收。全年组织相关部门开展外出踏勘验收407次，发放证照289件。提升服务效能。制发房地产开发项目、企业投资项目、政府投资项目审批流程，完善“联合验收管理实施细则”“建设项目中介机构管理办法”等服务机制。实行“联合审批、提前服务、实质性切入、两条腿走路”的扁平化审批模式，各个部门同步操作，提前介入，最大限度压缩审批时限。围绕全区园区建设、项目建设、对外开放和沿海开发四项重点经济工作需求，为北戴河及相邻地区近岸海域环境综合整治工程、杨道庄保障性住房项目和市领导批示的重大项目等8个项目开通绿色通道，提高项目审批效能。推动政务服务工作向基层延伸，为企业和群众提供“零距离”上门服务，在全市首次开展“政务服务直通车”活动，组织开展活动4期，接待群众咨询2000多人次，发放宣传资料1400多份，组织联合指导、验收服务29次，现场预约服务40次。

【政务服务体系拓展延伸】 制发《海港区关于加快（街道）、村（社区）政务服务体系建设的通知》等系列文件，明确两级政务服务机构的运行机制、服务功能和管理办法，实现全区16个镇街级政务服务中心的规范化运行。加强对镇、街政务服务中心的监督和指导。规范村、社区便民服务室的建设与管理，各村、社区均有独立的办公场所、配备办公座椅、便民服务卡、电脑、打印机等，将所有的便民事项集中到大厅，形成区、镇（街道）、村（社区）三级政务服务体系的网络格局。发挥北港镇政务服务中心、东环里社区和西向河寨村便民服务室等3个市级示范点的示范效应，推动全区基层政务服务体系建设。全区各镇、街道全部成立政务服务中心、96个村（社区）成立便民服务室，建立办事服务窗口，实行一站式办公，整体覆盖率达到100%。全年，镇街道政务服务中心办理各类事项76.16万件，村社区便民服务室办理各类事项35.12万件，接待办事群众2.6万多人次。

【提高行政审批效率】 清理行政审批事项，优化审批流程。摸清进驻事项的底数，掌握各个事项的办件流程和进驻情况。开展行政审批事项清理工作，对进厅事项的审批依据、审批程序、申报材料、承诺时限和收费标准进行逐项梳理，取消无法定理由和不必要的材料，减少多余要件，压缩进厅审批事项15项，简化审批流程8项，方便办事群众和企业。实行“一站式收费”，取消不合法、不合理收费。开展业务大检查活动，查处厅外办理、厅外转传等问题。制订各科室分包窗口制度，每个科室都分包5～8个不等的进厅窗口，重点检查业务办理情况。通过查档案、查证芯、查签字、查盖章及业务内网监察、回访办事群众等方式，全年查处没有充分授权、一次提清、限时办结、厅外办理等问题39个，涉及11个进厅部门。对于查处的问题，进厅单位立即整改到位。做好取消和下放行政审批事项衔接工作。梳理下放需衔接的事项，制订承接方案和规范管理措施。对新下放事项减少审批环节，简化审批手续，压缩时限，提高审批效率和行政服务效能，有序做好接收工作。2013年，国务院、省、市下放的7项行政审批事项全部接收到位，区直相关部门正常审批。

【打造阳光透明的政务服务环境】 加强对进厅部门和人员的管理。严格人员进厅考核及日常考评，对进驻部门开展行风评议，对窗口工作人员实行双重管理，对优秀工作人员向上级推优、向部门推荐。规范行政权力公开透明运行。向社会全面公开进厅事项名称、审批依据、审批标准、审批程序、承诺时限、收费标准和申报材料，随时接受各方面监督；实行一门受理、一口收费，资金以银行代收或POS机刷卡的方式直接进入财政专户，杜绝“多头办理、多头收费”现象。构建具有政务服务特色的惩治和预防腐败体系。按照“机制＋科技＋文化”模式，强化廉政风险科技防控和动态预警，运行电子监察平台和网上审批系统，对行政审批和服务事项的受理、承办、批准和办结等环节实行音视频双重监控和内网全程监管。公示举报电话、投诉邮箱，建立领导接待日等投诉纳谏机制，打造投诉、督办、分析、管理“四位一体”的阳光服务平台。

【提升政务服务水平】 公开承诺，促质量提高。在厅内安装40块承诺公示牌，对127项常办事项的内容、时限、收费进行集中公开，让群众关心的事情一目了然。利用网站对进厅所有事项的内容、依据、标准、程序、时限、收费进行公开，方便企业和群众查询。组织开展一事一评议活动，引导办事群众积极参与评价工作，邀请100名人大代表、政协委员和服务对象按季度开展集中评议活动。通过公开承诺、认真践诺、民主评诺促进服务水平和质量的提升。优化流程，促效率提升。做到“简单事项即办、一般事项当天办、复杂事项限时三天办结”，要求各窗口及派驻单位对所属事项优化流程、精简环节、缩短时限。集中精力开展建设项目流程再造工作，重新制订《房地产开发项目、企业投资项目、政府投资项目审批流程》，完善建设项目联合踏勘、联合审图、联合验收机制。完善制度，促规范管理。修订完善《首问（办）责任制度》《限时办结制度》《一次性告知制度》《一站式服务制度》《AB岗工作制度》等管理制度，使区中心的每项工作都有据可依、有章可循，提高机关管理的制度化水平。

（郭天一）

机关事务管理

【概况】 2013年，区机关事务管理局围绕区委、区政府中心工作，开展机关事务管理、政务接待服务、公共机构节能等项工作，完成区市民中心文化馆竣工入驻、第十八中学北教学楼改造等工程。

【区市民中心文化馆工程圆满竣工入驻】 海港区市民中心文化馆位于秦皇东大街49号，总占地面积3.33公顷，总建筑面积4.6万平方米，分为海港区市民中心和海港区文化馆两部分。其中海港区市民中心总占地面积1.76公顷，总建筑面积3.82万平方米，外观为板式高层，长55.3米，宽24.7米，高94.25米，总高21层，另有地下1层，单层建筑面积1263平方米。全楼共有办公室470间，16个会议室及1个会见厅。主楼前有东西裙楼各两层，为框架剪力墙结构，高12米，单层建筑1348平方米。裙楼前为市民中心广场，面积6000平方米。市民中心北侧为海港区文化馆。总占地面积1.57公顷，总建筑面积7852平方米，高15.6米。楼内设阶梯式大会堂1个，建筑面积1440平方米。东侧1楼为1～5号会议室，2楼为6～9号会议室；西侧1～2楼为职工食堂。入驻单位有区委、区人大、区政府、区政协、纪委（优化办）、组织部、宣传部、统战部、政法委、农工委、编办、区直工委、建管工委、政务服务中心、总工会、团区委、妇联、科协、工商联、文联、审计局、机关事务管理局、发改局、粮食局、工信局、统计局、城调中心、食安办、卫生局、卫监所、物价局、旅游局、计生局、安监局、商务局、招商办。

【区市民中心日常管理】 区市民中心日常管理由机关事务管理局负责。吸取国内发达地区机关后勤管理工作的先进经验，机关事务管理局形成一整套办公楼管理服务方案，保证区市民中心文化馆的正常运转。全区36家党政机关和事业单位近1200人入驻区市民中心。区市民中心物业实施封闭式管理，安装32个门禁、183个监控摄像头和54个电子巡更点，配备安保人员40人，设立门岗、信访值班室和报刊收发室。安排保洁人员28人，对公共区域、区文化馆和室外区、电梯、大堂等区域进行重点保洁。安排维修人员9人，随时上门服务。区市民中心主楼4楼会见厅和区文化馆大礼堂、1～9号会议室的会务工作由机关事务管理局统一管理。

【第十八中学北教学楼改造工作】 工程总占地面积2.26万平方米，建筑面积1.59万平方米，预算2950万元。年内重点对北教学楼进行维修改造，内容包括室内外装修及疏散楼梯、门卫房、水电消防等。按时完成改造任务并交付使用。

【全区公共机构节能减排日常工作】 “十二五”期间，全区公共机构节能减排的总体目标是：到2015年，以2010年公共机构能源资源消耗为基数，人均能耗下降15%，单位建筑能耗下降12%。年内，对全区72家公共机构2012年的节能减排数据进行统计，电、煤、液化石油气消耗量略有上升，汽油、柴油消耗量略有下降，水消耗量持平；在区市民中心文化馆和第十八中改造工作中使用节能材料和设备；初步确定回收种类、回收程序和回收方式。

（吴晓松）

国有资产管理与运营

【概况】 2013年，海港区国有资产管理工作以“实现国有资产保值增值”为目标，积极探索国有资产管理新方法和新途径，圆满完成2013年度区委、区政府制订的各项工作目标任务。

【国有资产管理】 加强各单位固定资产管理，督促各单位新增及处置资产及时、准确入账，通过严把资产“入口”及“出口”关，确保各单位国有资产账账、账表、账实相符。加强资产处置管理，全年累计办理日常资产处置336笔、4.08万件、

6519.48万元。其中：报废资产85笔、1.73万件、1722.44万元；出售资产18笔、27件、1353.08万元；划转资产233笔、2.35万件、3443.96万元。加强资产采购管理，全年完成690笔政府采购审批表的国有资产审核手续，资金达9282.24万元。继续加强区属土地、房产监管力度，通过土地、房产月对账的方式，实现动态管理。

【国有资产公开招租】 以"保稳定、增收益、拓范围"为工作目标，做好国有资产公开招租工作。细化公开招租制度，严格按照程序办事；扩大招租信息宣传及推广，借助各类媒体宣传公开招租；总结经验与不足，及时调整工作方法，激发产权单位主观能动性；丰富出租房屋的文字信息与影像信息档案，让管理更直观有效。全年组织5次国有资产公开招租，累计成交房产175处，总成交额569.34万元，增长率40.2%。

【资产清查与监管】 对9家单位进行全面清查，其中，6家行政事业单位、3家国有企业。清查内容分四个方面：核查账面数与实存数是否相符；核查资产有无损坏或报废；核查出租、出借、借入资产的交接手续是否合规；核查资产的计量单位是否合理。加大国有资产的监管力度，加强资产规范管理，提高使用效率。

【企业国有资产管理】 根据《秦皇岛市人民政府关于进一步规范和加强全市企业国有资产产权登记工作的通知》及市国资委《关于做好企业产权登记管理信息系统更新及换发产权登记证的通知》精神，对6家已进行登记的国有企业换发新的产权登记证，对符合要求的7家国有企业进行新的产权登记，确保全区国有资产安全、完整。

【企业国有资本经营收益征缴】 按照《海港区人民政府关于进一步加强企业国有资产管理的通知》要求，对2012年经营盈利的区属国有独资企业、独资公司及国有资本参股、控股企业及集体承包企业征收国有资本经营收益。除瑞启市场、园林局、市政工程管理处3家单位因资金困难免征外，茂泽省级粮食储备有限公司、海房房产交易服务所、海港区学校联办厂、海阳农产品批发市场及望海陵园5家企业全部完成上缴金额21.4万元。

【大宗资产置换】 积极筹备市民中心及文化馆资产置换项目。建立拟置换资产资料库，集中力量对区属土地、房产资料进行认真核实，梳理出符合条件的地产39宗，通过建立资料库并进行实地踏查，摸清土地、房产情况，为资产置换奠定基础。成立由国资办、国投公司、涉及6宗拟置换资产的产权单位、海三建设工程发展股份有限公司及中介机构组成的项目评估组，组织召开拟置换资产评估协调会，完成实地测量和评估工作。

【国有资产集中处置】 组织机关事务管理局和各迁入市民中心单位对迁入后资产领用及原址剩余资产进行清点。迁入市民中心36家单位，剩余资产1589件，共计330.62万元。

（张　雷）

财政管理

【概况】 2013年，区财政局干部职工创造性地开展各项工作，克服经济下行压力较大、转型升级任务艰巨、民生支出需求不断加大等困难，圆满完成区委、区政府制订的各项工作目标。加强信息调研宣传工作。领导班子成员亲自带队深入基层调研，撰写并发表调研文章8篇，《海港区设立农村教师基金》《夯实财政信息工作发挥参谋助手作用》等4篇文章分别在《中国财经报》《预算管理与会计》等省级以上刊物刊登。被评为区级文明单位，被推荐为市级文明单位标兵。

【组织收入】 财税部门通力协作，相互配合，建设综合治税协调机制，加强纳税信息沟通和统计分析，密切关注财政经济运行走势，严格依法治税管费，强化财政收入的组织调度，及时分析财政收入增减变化，对重点税种、重点行业实施动态监控，采取有力措施，加大税费征管力度，确保各项政府收入及时足额入库。全区实现财政总收入78.3亿元，为年初任务的100.1%，同比增长 2.3%。其中公共财政预算收入完成 16.66 亿元，为年初任务的 104.8%，同比增长 17.3%。

【优化支出】 全面贯彻落实中央政治局“八项规定”，出台《海港区人民政府关于进一步做好 2013 年增收节支工作的通知》等文件，严格审批临时性追加事项，全面压缩“三公”经费。抓好财源建设。落实积极的财政政策，稳步实施营改增试点，促进经济发展稳中向好；投入园区建设资金等专项资金 8703 万元，加快构建园区产业集聚发展新格局；统筹用好中小企业发展和企业技改资金 1462 万元，促进全区企业转型升级。全面改善民生。支持教育优先发展。全区教育支出 7.05 亿元，同比增长 6.5%。白塔岭小学建成投用，鲤泮庄小学等 37 所学校基础设施改造完成，继续将农村教师基金纳入公共财政预算；提高社会保障水平。全区社会保障和就业支出 2.59 亿元，同比增长 38.8%。全面落实社会养老保险、城乡低保救助、特殊群体补贴等社会保障政策，完善老年人日间照料站 3 个、新建和改扩建农村幸福院 10 个。支持医疗卫生体制改革。全区医疗卫生支出 1.64 亿元。全面落实城镇居民医疗保险、新农合医疗保险政策，新农合医疗保险财政补助标准提高到每人每年 280 元，新农合参合率达到 98.5%，新建村卫生室 6 个；推动保障性安居工程建设。累计拨付保障性住房补助资金 8864 万元，加强对东李庄、杨道庄、公富庄等保障性住房项目跟踪管理。统筹城乡发展，全年累计拨付三农资金 6836 万元。提升城市面貌。安排城市建设资金 1.66 亿元。

【深化财政改革】 综合治税。全面梳理纳税信息，开展全区税源普查工作，清理漏征漏管企业 1253 户，推进全区税收收入稳步增长。公务卡改革。按照《海港区公务卡改革强制结算目录》等文件规定，做好公务卡结算的推广工作，全年累计支付公务卡还款 4206 笔，金额共计 3192 万元。加强非税收入管理。制订《海港区政府非税收入管理工作办法》，组织各执收单位按照法定的依据、项目、标准、程序进行非税收入征缴。公车治理。制发《关于进一步规范公务用车治理有关事项的通知》等文件，规范全区公务车辆管理使用。民生资金监管。通过专项资金监控系统平台，向社会公开强农惠农、教育、低保、医疗改革、社区等专项资金 1.13 亿元。财政资金管理。在科研资金、保障性住房管理资金、非税收入、教育费附加和国有资产管理等方面出台新的管理办法，规范资金拨付流程，明确工作职责，确保资金安全高效。

【廉政建设】 加强整章建制工作。组织编写《财政文件汇编》，为规范全区财经秩序提供依据。开展综治工作。落实党政领导综治责任制，全面落实各项综治措施，维护社会稳定。加强党风廉政建设。制订《海港区财政局关于做好 2013 年春节期间廉洁自律工作的通知》和《海港区财政局承担 2013 年全区党风廉政建设和反腐败工作任务分工》，梳理财政系统存在的行政权力廉政风险点，建立防范措施目录，从源头细化廉政风险防控工作。厉行勤俭节约。贯彻中央政治局“八项规定”，压减“三公”经费，印制节水节电宣传卡，全面节约办公经费。

（娄俊杰）

人事管理

【概况】 创新完善人事管理制度和方法，科学制订人事人才政策。注重教育培训，传播倡导主流价值观念，将践行群众路线主题贯穿培训始终。科学严格组织人事考核。延伸管理职能，探索社区工作者管理办法。规范管理职责，实现人力资源得到充分发挥利用。健全收入分配制度，规范退休及工资审批，保障机关事业单位工作人员工资福利待遇。保障干部职工正常流转变动，形成能上能下、人尽其才、才尽其用的管理制度。

【人事管理工作】 完成 214 名公务员、169 名在公务员岗位未予登记人员和 1.08 万名事业单位工作人员 2012 年度考核工作。开展公务员、事业单位工作人员专题培训。组织 6630 名专业技术人员参加知识产权考试。举办知识产权培训班 2 期，培训 506 人。

【人力资源配置】 紧紧抓住人才引进、培养、使用三个环节，加大人才工作服务力度，拓宽服务渠道。围绕重点支撑产业和战略新兴产业发展，积极征集全区各单位人才需求信息。组织开展教育、卫生系统事业单位公开招聘工作。引进急需的硕士研究生以上学历专业技术人才41人。

【工资管理】 确保各类人员工资福利待遇，按照规定办理审批手续。为新参加工作、转正定级、调入、调整岗位的2000多人核定工资。为1万多名机关事业单位在职人员晋升工资。为4000多名离退休人员审批发放年终慰问金。审批退休工作人员680多人。审核调整企业离退休人员养老金7300多人。

（冯　彬）

劳动就业管理

【概况】 从区情实际出发，全力做好就业服务。完善基层服务平台建设，积极为用人单位与求职者提供免费对接服务，及时发布就业信息。规范社会保险经办管理和劳动维权法，及时调整参保者待遇水平，严肃处理不规范用工行为，保障劳动者合法权益和切身利益。

【就业再就业工作】 举办专场招聘会9场，631家用人单位入场招聘，累计提供就业岗位6895个，达成就业意向1400多人，发放各类宣传资料5万多份。229家单位在就业服务网站发布岗位信息1953个，361人在就业服务网站发布求职信息。通过开发公益性岗位安置就业困难人员就业200人；发放社保补贴5218万元；为400名失业人员提供免费的创业培训，为517名失业人员申报小额担保贷款4512万元，带动实现就业2600多人；为1567名失业人员免费提供面点、插花、计算机、汽车驾驶等技能培训。借助新闻媒体、社区宣传栏等媒介，发布就业创业优惠政策；指派专人深入企业搜集就业岗位；举办高校毕业生专场招聘会2场，入场招聘企业292家，提供就业岗位1800多个；2次组织130家企业走进高校，开展“就业服务进校园”活动，提供岗位3800多个，1200多名大学生与用人单位达成初步意向。全年，城镇新增就业9693人，完成全年任务102%；城镇失业人员再就业3678人，完成全年任务的105%；就业困难人员就业1592人，完成全年任务的106%；城镇登记失业率3.47%；培训失业人员1649人，完成全年任务的110%；转移农村劳动力305人，完成全年任务的102%；创建6个就业见习基地，提供就业见习岗位210个。

【社会保险工作】 3月起，在市第一医院、海港医院、中医院、妇幼医院等8家医院实行门诊统筹，最高支付限额为每人每年1200元，将门诊常见病、多发病纳入医疗保险支付范围，减轻参保人员的医疗费负担。全区基本医疗保险最高支付限额由6万元调至7万元。企业职工人均退休金增加166.94元，平均养老金由1130.91元增到1297.85元。召开企业养老保险网上申报培训会，400多家企业的劳资人员参加培训。提高社会保险经办效率，减轻参保单位事务性负担。医保中心与全区30家定点医院签订医保定点医疗机构服务协议，控制检查治疗费用，减轻患者负担，减少基金支付压力。对违反政策的定点医院按协议处罚，对严重违规行为取消定点资格。为236名失业人员发放失业保险金97.16万元；发放医疗补助金25.13万元；发放取暖补贴7.58万元；为22名失业人员发放求职补贴9.26万元；为129名困难家庭应届高校毕业生发放失业补助金39.09万元，有效缓解失业人员及未就业大学生的生活压力。企业养老保险参保人数3.57万人；企业养老保险净增参保人数2129人，完成年任务101.38 %；征缴企业养老保险金1.25万元，完成年任务的136.1%。城镇职工医疗保险参保人数2.87万人；城镇职工医疗保险净增参保221人，完成年任务的110%；城镇职工基本医疗保险征缴8194.45万元,完成年任务的108.5%。失业保险参保人数1.7万人；失业保险新增参保998人，完成年任务的166%；失业保险征缴1071.46万元，完成年任务的147%。生育保险参保人数1.92万人；生育保险净增参保221人，完成年任务的110%；生育保险征缴302.57万元，完成年任务的112%。

【劳动维权工作】 启动专项执法，完善劳动保障监察“两网化”，组织开展劳动保障用工年检、清理整顿人力资源市场秩序、农民工工资支付情况专项检查等活动，维护劳动者合法权益。受理举报投诉，对劳动用工不规范、未签订劳动合同、无故拖欠工资等问题进行重点监管。受理投诉案件149起，为1500多名农民工解决拖欠工资及抵押金等2173万元。劳动监察大队被授予国家级青少年优秀维权岗称号。劳动人事争议仲裁工作制度化、标准化建设顺利推进，受理劳动争议案件74起。其中，立案43起，案外调解28起，不予受理3起，案件总标的额800多万元。

（冯　彬）

重点项目管理

【概况】 全区实施千万元以上重点项目113项，累计完成投资246.5亿元，完成市年度计划的177%（市任务目标139.3亿元），完成区年度计划的129.7%（区任务目标190亿元），同比增长1.5%。其中，续建项目50项，累计完成投资118亿元，完成年度计划的132.6%。新开工项目63项，累计完成投资128.5亿元，完成年度计划的118.7%。

【千万元以上在建项目】 全区实施千万元以上在建项目113项，总投资1205.4亿元，累计完成投资246.5亿元，同比增长1.5%。包括香格里拉酒店，秦皇皓月城，金梦海湾2、3号地块，华润橡树湾，中运机械，秦皇半岛等项目。其中，续建项目50项，累计完成投资118亿元，完成年度计划的132.6%；新开工63项，累计完成投资128.5亿元，完成年度计划的118.7%；竣工投产项目70项，累计完成投资81.1亿元。包括国际汽配城、世纪港湾商业广场、海港区市民中心、连峪山庄二期、兴龙生态谷等。

【省市重点在建项目】 全区安排省市重点项目19项，总投资343.6亿元，年计划投资55亿元。其中：续建项目4项，总投资15.8亿元，年计划投资5.5亿元；新开工项目15项，总投资327.8亿元，年计划投资49.5亿元。全区实施省市重点在建项目18项，累计完成投资78.2亿元，完成年度计划的142.2%。其中，省市重点续建项目4项，累计完成投资6.1亿元，包括中信渤铝、国际汽配城、华润橡树湾、成东物流项目。省市重点新开工项目15项，累计完成投资72.1亿元。包括秦皇皓月城、沙河生态文化综合开发、华润啤酒搬迁改造、茂业城市综合体、华信商贸城、莲花岛、连峪山庄二期、艾欣农产品配送、博硕光电二期、中运机械、中岩建材、五金机电城、清泽建材等项目。

【项目储备】 认真研究产业政策和投资导向，初步完成150个亿元以上项目的谋划工作。聘请权威机构、高等院校和相关部门的专业人士13人，组建海港区重点项目谋划专家委员会，召开谋划项目论证会，请专家为全区的谋划项目问诊把脉，选出连峪片区旅游开发、海阳农业生态示范园等符合区情且有可行性的项目进行深度论证。结合西港搬迁工作，港航商务聚集区的谋划工作已经全面展开，并委托专业机构对项目进行谋划包装。

【项目建设】 实施重点项目前期工作推进大会战和项目建设百日攻坚战。细化方案，强化措施，促进重点项目建设的推进，成功举行学习市民中心速度观摩会、项目管理培训班和集体开工等重大活动，掀起项目建设新高潮，为圆满完成年度计划特别是省、市重点项目建设目标任务，奠定坚实的基础。

【项目合作】 加强与央企间的战略合作，扩大对接合作成果。多次到北京、天津等地拜访，与神华科技、华润集团等知名央企洽谈和拓展合作领域，努力解决项目落地过程中的突出问题，加快推进签约项目早开工、早建成。中信渤铝技改、华润橡树湾等在建项目进展顺利，国药药品、器械物流配送、华润雪花啤酒搬迁均已开展前期手续跑办工作，际华国际正与红星美凯龙洽谈合作，被省政府授于央企工作先进县区。

【项目管理】 抓好项目管理，提高项目管理实效。深化区级领导分包和“一把手抓项目”工作机制，区领导分包联系51个在谈、在建及竣工项目。完善项目工作制度，规范重点项目建设的全过程管理。推进“一网两库”建设。2013年重点项目建设网站正式开通运行，利用现代信息手段，搭建全区重点项目建设服务、管理平台。不断更新完善“谋划项目储备库”和“在建项目管理库”，密切跟踪并实时更新重点项目建设情况，为项目管理者和实施者服务。

2013 年海港区千万元以上新开工项目情况一览表

表 2-2

单位：万元

项目名称	主要建设内容及规模	投产日期	总投资	当年计划投资	自年初累计完成投资	自开工累计完成投资	形象进度及存在问题
总计：63 项			4749505.45	1082578	1284754.45	1284754.45	
工业项目：19 项			217641	130761	159360	159360	
秦热发电有限公司2×300MWCFB锅炉机组烟气脱硝工程	对锅炉机组进行烟气脱硝技术改造，每年可减少Nox排放量1098吨。	2013.3	2240	2240	2240	2240	竣工
秦皇岛恒元盛商贸办公用房、库房建设项目	对办公用房、库房进行改造、扩建。	2013.3	2715	2715	2715	2715	竣工
秦皇岛顺辉科技粉煤灰综合利用项目	利用已有厂房生产粉煤炭加气混凝土砌块、蒸养标砖及购置设备。	2013.3	1500	1500	1500	1500	竣工
秦皇岛金鹰电信工程有限公司日产500平方米新型隔热断桥铝及塑钢门窗项目	新增新型隔热断桥铝及塑钢门窗生产线。	2013.3	2500	2500	2500	2500	竣工
秦皇岛发电有限公司一期电除尘器改造项目	对1号、2号机组电除尘器进行改造。	2013.3	3218	3218	3218	3218	竣工
秦皇岛碧建贸易有公司办公用房、库房建设	对办公用房、库房进行改造、扩建。	2013.3	2960	2960	2960	2960	竣工
秦皇岛德轩玻璃钢制品有限公司办公用房、库房、场地硬化建设	对办公用房、库房、场地硬化进行改造、扩建。	2013.3	1058	1058	1058	1058	竣工
秦皇岛发电有限公司一期二期锅炉脱硝改造	对1、2、3号机组进行脱硝改造。	2013.12	28300	20000	28777	28777	竣工
福助德塑钢门窗有限公司年产十五万平米塑钢门窗项目	对原有厂房进行部分翻建，新建库房等。	2013.12	5000	4000	5160	5160	竣工
秦皇岛航驰船舶机械设备有限公司船用艉轴、中间轴加工项目	占地面积1.07公顷，总建筑面积5000平方米，生产玻璃钢船艇外壳及配件等。	2013.12	3650	3650	4300	4300	竣工
秦热发电1号机组汽轮机节能技术改造	正在更换1号机组汽轮机高中压内缸及转子。	2013.12	4000	4000	4000	4000	竣工

续表 2-2

项目名称	主要建设内容及规模	投产日期	总投资	当年计划投资	自年初累计完成投资	自开工累计完成投资	形象进度及存在问题
中岩建材新型蒸压加气混凝土砌块项目	总建筑面积1.76万平方米，新建联合生产车间、办公用房及生活、辅助用房等，购置设备466台。年产100万立方米粉煤灰蒸压加气混凝土砌块。	2013.12	25554	10000	30600	30600	竣工
华润雪花啤酒搬迁改造项目	引进国产新型设备,建设年产60万吨啤酒生产线。	2013.12	60000	20000	20000	20000	跑办前期手续
秦皇岛博硕光电设备有限公司太阳能电池组件封装设备自动化产业基地二期项目	总建筑面积3.75万平方米，建设太阳能电池组件封装设备自动化产业基地。	2014.12	30000	20000	20000	20000	主体施工
秦皇岛中运机械有限公司机械加工项目	生产以液压破碎锤为主的工业零配件，总建筑面积1.1万平方米，建设3个机加工厂房和1个办公用房。	2014.12	22000	10000	10000	10000	土地：交纳预付款，做招拍挂准备
秦皇岛发电责任有限公司C80翻车机改造项目	对已有设备进行改造。	2013.12	4800	4800	4872	4872	竣工
卓龙机械年产1000台真空吸砂机项目	总建设面积9928平方米，建生产车间7000平方米、仓库2000平方米、办公用房780平方米、辅助设施148平方米，购置设备。	2014.12	10026	10000	10000	10000	施工建设
秦皇岛发电责任有限公司2号机组除尘器改造项目	秦皇岛发电责任有限公司对2号机组除尘器进行改造。	2013.12	4320	4320	4460	4460	竣工
精益电器项目	占地面积1.07公顷，总建筑面积1万平方米，生产高低压开关柜等配电设施。	2013.12	3800	3800	1000	1000	主体施工
	服务业项目：23项		2839550.45	289476	533350.45	533350.45	
连峪山庄项目二期	拟占地面积133.33公顷，进行连峪山庄二期开发，完善北朝长城遗址修复开发、朝阳古寺复建、水体景观及建设休闲农庄，种植薰衣草园33.33公顷，白桦林6.67公顷。	2013.12	10000	10000	10000	10000	竣工
燕滨酒店改造项目	对建筑面积约5000平方米的酒店进行全面改造。	2013.12	1100	1100	1100	1100	竣工

续表 2-2

项目名称	主要建设内容及规模	投产日期	总投资	当年计划投资	自年初累计完成投资	自开工累计完成投资	形象进度及存在问题
唐人医药物流园区项目	总建筑面积1.4万平方米。建设唐人医药总部办公楼及库房等。	2013.12	2000	2000	2400	2400	竣工
秦皇岛艾欣有机农产品加工配送中心项目	建设有机农产品分类仓储区、检测及综合仓储区、商务信息区、服务区、会展区等。	2014.12	20000	5000	11000	11000	施工建设
圆明山沙河生态文化旅游综合开发项目	建设梯级拦水坝，结合人工开挖人工湖面、湿地公园野奢运动休闲度假区，在湖周边建设环湖林带，建设会展中心、五星级酒店、商务会所、休闲旅游度假中心等旅游设施。	2015.12	600000	30000	30000	30000	土地征用
秦皇岛茂业实业开发有限公司城市综合体项目	总建筑面积约30万平方米，包括百货主力店、综合店、超市、酒店式公寓及高档住宅等。	2015.12	150000	30000	30000	30000	正在拆迁前准备
邯郸华信集团综合商贸城项目	总建筑面积18万平方米，建设大卖场、综合物流采购中心及独立商铺、库房等。	2015.12	120000	20000	30000	30000	施工建设
秦皇岛未来置业有限公司莲花岛旅游综合体项目	围海面积99公顷，填海面积49公顷，建设面积149万平方米。	2015.12	1500000	30000	30000	30000	跑办前期手续
国际汽配城二期项目	建展厅6000平方米、商铺4.2万平方米、办公用房及其他辅助设施2000平方米。	2014.12	20600	15000	15000	15000	施工建设
运达驾驶员综合能力培训基地项目	新建综合楼1200平方米，学员培训中心1000平方米，学员食堂、宿舍500平方米。	2014.12	6500	6500	6500	6500	竣工
辰海退城进郊太阳能产品制造项目	总建筑面积2万平方米，包括厂房面积1万平方米、办公用房面积4000平方米、库房面积4000平方米、仓库面积4000平方米、变电室及其他福利设施面积2000平方米。	2014.12	8000	6000	6000	6000	施工建设
秦皇岛日泰管业五金机电城项目	总建筑面积13.34万平方米，建设大型五金机电综合卖场及独立商铺、商品展厅、信息中心等。	2014.12	60000	20000	20000	20000	已完成备案
闽商集团高端时尚建材物流园项目	占地面积33.33公顷，总建筑面积12.5万平方米。将建成集仓储、物流配送、配套服务业等功能为一体的“一站式”建材商贸物流基地，经营石材、钢材、木材、陶瓷、机电、家具、涂料、水暖洁具、消防器材、交电灯饰及装饰材料。	2014.12	100000	30000	100000	100000	竣工
大光集团湘鄂渝黔桂美食文化街项目	占地面积5.73公顷，项目打造成一个集民族建筑、特色美食、各地方特产、旅游购物为一体，总建筑面积26万平方米（一期约16万平方米）的大型都市综合体。	2014.12	180000	40000	180000	180000	竣工

续表 2-2

项目名称	主要建设内容及规模	投产日期	总投资	当年计划投资	自年初累计完成投资	自开工累计完成投资	形象进度及存在问题
圆明山文化旅游服务平台项目	主要建设游客接待中心面积2000平方米，游客停车场2处，绿道7700米，观光桥3座，休闲驿站2处，太阳能路灯及铺设覆盖景区网络等。	2014.12	4500	4500	4500	4500	竣工
紫云山滑雪场改造项目	扩建3条专业滑雪道；扩建配套设施及周边基础设施。	2014.12	2880	2880	2880	2880	竣工
连峪山庄滑雪场项目	新建3条专业滑雪道，游客中心，配套设施，周边基础设施。	2014.12	2796	2796	2796	2796	竣工
生产新型殡葬设备项目	新建厂房面积3000平方米，办公用房面积1000平米及其他配套设施。年生产殡葬设备700台，室内设备4万台。	2014.12	15000	9000	15000	15000	竣工
薰衣草园项目	山体范围内种植薰衣草面积13.33公顷，修建小型水库及配套设施。	2014.12	7200	7200	7200	7200	竣工
新型太阳能电池组件层压机项目	新建厂房面积3000平方米，办公用房面积1000平米及其他配套设施。年生产太阳能电池组件层压机1000套。	2014.12	9000	5000	9000	9000	竣工
土为本生态石磨农产品加工项目	新建厂房面积7000平方米，办公用房面积1000平方米及其他配套设施。年精深加工生产杂粮系列产品5000吨。	2014.12	9300	5000	9300	9300	竣工
金泽农业观光园项目	建设集种植、特色养殖、旅游、休闲、度假为一体的农业观光园。包括采摘园、养殖园、沼气池等。	2014.12	5000	5000	5000	5000	竣工
沙河上游河道环境综合治理工程项目	建设拦水坝2道、拦沙坎2道、土方开挖、浆砌石砌筑、砂砾石回填等工程。	2014.12	5674.45	2500	5674.45	5674.45	竣工
基础设施项目：9项			**79841**	**79841**	**70955**	**70955**	
大秦铁路柳村南站二场防风网工程	由秦皇岛鑫沃能源有限公司投资建设。	2013.12	9400	9400	9400	9400	竣工
富阳热力集中供热北部锅炉房二期工程	位于西港路以西、铁路以南，共1栋，总建筑面积2910平方米。	2013.6	10024	10024	10024	10024	竣工
秦皇岛燃气总公司天然气利用工程	建天然气门站1座,制气厂高中压调压站及CNG加气母站、高中压调压站各1座。	2013.12	20960	20960	12974	12974	主体施工
西部生活垃圾焚烧发电厂项目	占地面积0.33公顷，建设西部片区生活垃圾焚烧系统及发电厂。	2013.12	22102	22102	22102	22102	竣工
海峪路工程项目	建设长桥岭至圆明山道路，路宽3.5米，总长1021米。	2014.12	2900	2900	2000	2000	竣工

续表 2-2

项目名称	主要建设内容及规模	投产日期	总投资	当年计划投资	自年初累计完成投资	自开工累计完成投资	形象进度及存在问题
圆峪路工程项目	建设麻念庄村至西连峪村道路，路宽5.5米，总长2719米。	2014.12	2967	2967	2967	2967	竣工
连峪山庄东连峪沿河路路面工程项目	建设东连峪沿河路，路宽5米，总长2761米。	2014.12	2860	2860	2860	2860	竣工
承秦出海路复线改扩建项目	建设主道全长1520米双向4车道，规划红线30米，省级公路标准，限速60KM/H。	2014.12	5698	5698	5698	5698	竣工
圆明山进山路工程项目	建设承秦出海路至圆明山道路，路宽5米，总长1500米。	2014.12	2930	2930	2930	2930	竣工
房地产项目：12项			1612473	582500	521089	521089	
偏坡新村项目	占地面积9.33公顷，总建筑面积15万平方米。	2014.12	30000	20000	13000	13000	主体施工
秦皇半岛项目	占地面积134公顷，总建筑面积400万平方米。	2015.12	980000	100000	90000	90000	主体施工
秦皇半岛酒店项目	位于南岭路以西、规划二路以南，包括酒店1座。	2013.12	45000	45000	45000	45000	竣工
金屋商务大厦项目	项目投资4.6亿元，主要建设高层商务大厦1座。	2013.12	46000	46000	46000	46000	竣工
秦皇半岛体育馆项目	项目位于南岭路以西、规划二路以南，体育馆1座。	2013.12	20000	20000	20000	20000	竣工
恒大地产集团秦皇岛恒大城项目	地上建筑面积44.86万平方米，包括：住宅、商业用房、幼儿园、地下车库。	2014.12	131113	100000	101000	101000	部分主体竣工
海怡学府项目	进行商品房开发，建设住宅小区及配套设施。	2015.12	112540	100000	73354	73354	主体施工
北城一号（煜明地产）项目	总建面积23.1万平方米。共23幢楼，其中多层住宅12幢、小高层3幢、高层7幢。	2015.12	70000	40000	25049	25049	基础施工
金盛达腰站庄旧村改造工程（三期）	总建面积24.8万平方米，其中8栋32层高层住宅、1栋17层高层住宅、5栋6+1住宅楼及其配套设施；地下车库、下房和地下辅助设施。	2015.12	56334	30000	12600	12600	主体施工
东港花园保障性住房项目一期	项目占地面积1.18公顷，建筑面积4.73万平方米。	2014.12	58900	37500	37500	37500	主体施工阶段
国瑞锦院项目	项目占地面积3850平方米。	2014.12	39000	34000	34000	34000	主体封顶，开始二次施工
大里营整体搬迁改造项目	对大里营整体进行搬迁改造。	2015.12	23586	10000	23586	23586	竣工

2013 年海港区千万元以上续建项目情况一览表

表 2-3

单位：万元

项目名称	主要建设内容及规模	投产日期	总投资	2012 年年底完成投资	当年计划投资	年内累计投资	自开工累计投资	形象进度及存在问题
总计：50项			7304826.2	2009778	888844	1180243	3190021	
工业项目：10项			776630	309350	57250	78200	387550	
中国耀华玻璃集团有限公司玻璃工业园	项目包括整体搬迁改造、电子玻璃及新能源、技术升级改造等（不含异地扩能），建于北部工业区，占地面积196.67公顷，涉及海港区146.67公顷，需新征地63.33公顷。	2014.12	505876	221350			221350	500t/d镀膜和600t/d节能颜色浮法线投产；600吨浮法玻璃生产线和600吨太阳能基板玻璃生产线试生产。耀华机械、玻璃钢、工技厂、耀华窑炉热态等开工。
(500+600)t/d镀膜玻璃生产线	年产1100万重量箱镀膜玻璃。	2014.12	56000	61800			61800	竣工投产
(500+600)t/d在线LOW-E玻璃生产线	年产583万重量箱浮法玻璃，其中Low-E玻璃165万重量箱。	2014.12	65000	71260			71260	600t/dLOWE线已点火试生产。
（30+60）t/d硼硅板玻璃生产线	年产1.8万吨硼硅浮法玻璃生产线。	2014.12	25126	20150			20150	竣工投产
600t/d太阳能基板生产线	年产290万重量箱太阳能基板玻璃。	2014.12	35000	31800			31800	正试生产
800t/d超厚浮法玻璃生产线	年产466万重量箱超厚浮法玻璃。	2014.12	30000	11000			11000	土地平整完成
耀华北部厂区超薄生产线加装在线Low-E设备	年产210万重量箱浮法玻璃，其中Low-E玻璃50万重量箱。	2014.12	9000	9000			9000	竣工投产
耀华北部厂区镀膜生产线冷修改造	年产300万重量箱镀膜玻璃。	2014.12	6000					
一期60MW非晶硅薄膜太阳能电池生产线	建设年产60MW非晶硅薄膜太阳能电池生产线。	2014.12	45000					
其他配套投资		2014.12	79750	85250			85250	机械制造项目竣工，工业技术玻璃、玻璃钢、耀辉熔炉热态、耀华实业项目竣工。
二期90MW非晶硅薄膜太阳能电池生产线	建设年产90MW非晶硅薄膜太阳能电池生产线。	2014.12	55000					
TFT-LCD用玻璃基板生产线	年产TFT-LCD用玻璃基板100万平方米。	2014.12	100000					

续表 2-3

项目名称	主要建设内容及规模	投产日期	总投资	2012年年底完成投资	当年计划投资	年内累计投资	自开工累计投资	形象进度及存在问题
益海嘉里环保资源开发有限公司生产线项目	占地面积43.33公顷，一期为废弃油脂加工，占地面积10公顷，投资5.2亿元。二期为生物燃料和化学助剂加工，占地面积26.67公顷，投资8亿元。三期为高级涂料、重度防腐漆、油墨加工，占地面积20公顷，投资4.8亿元。	2013.12	180000	40000	20000	30000	70000	一期竣工投产
泽运游艇制造及船舶配套项目	占地面积4.4公顷，实现年产游艇150艘生产能力。	2014.12	12554	3000	5000	12050	15050	竣工
耀木贸易项目	占地面积1.33公顷，以玻璃深加工为主，总建筑面积8710.77平方米。	2013.12	4000	2000	2000	2500	4500	竣工
上蚨机械车辆零部件仓储中心	上蚨汽车销售有限公司投资建设。总建筑面积2.18万平方米，将建仓库、办公用房、生活区、休息室和配套基础设施。	2013.12	11000	6500	4500	4500	11000	竣工
虎跃汽车销售维修项目	虎跃汽车改装有限公司投资建设。总建筑面积2.5万平方米，建设专业作业站，服务站等。	2013.12	10500	6500	3050	4050	10550	竣工
紫东化工年产4万吨溶剂油生产项目	紫东化工有限公司投资建设。建设面积4000为平方米办公用房及油罐辅助设施。	2013.12	4800	4000	800	800	4800	竣工
骏驰商贸大中型轮船舱盖加工项目	拟建设1个大中型轮船舱盖的加工和销售中心。	2013.3	3900	3000	900	900	3900	竣工
吉百利防水材料年产1500万平米弹性体SBS改性沥青防水卷材项目	总建筑面积1.2万平方米，建设办公、联合车间、原材料库、成品库、综合动力站等。	2013.12	6000	3000	3000	5400	8400	竣工
羿珩太阳能光伏封装设备产业化项目	占地面积6.67公顷，生产全自动焊接机、全自动铺设台、全自动装框机、自动化封装流水线等。	2013.3	38000	20000	18000	18000	38000	竣工
服务业项目：11项			**1618500**	**394723**	**185000**	**419800**	**814523**	
世纪港湾商业广场项目（家乐福）	占地面积7.8公顷，建设大型购物中心。	2013.12	150000	147582	10000	45300	192882	竣工
文化路地下商场项目	建设大型地下商场。	2013.12	64000	41200	20000	20900	62100	目前进行地下工程阶段

续表 2-3

项目名称	主要建设内容及规模	投产日期	总投资	2012年年底完成投资	当年计划投资	年内累计投资	自开工累计投资	形象进度及存在问题
秦皇岛香格里拉酒店项目	总建筑面积6.6万平方米，建五星级酒店1座。	2014.12	35000	15600	10000	11000	26600	主体施工
秦新•巴塞罗那项目	占地面积1.67公顷建设大型商场及住宅。	2013.12	29500	17841	10000	33100	50941	竣工
秦皇岛国际汽配城项目	总投资3亿元，建设汽配产品展示、销售中心。	2013.12	30000	21500	10000	8500	30000	竣工
北京山渊金汇投资有限公司投资圆明山龙泉国际养老中心	占地面积100公顷，建筑面积60万平方米，有床位2万张。建设家居式老年住宅、公寓，设有医疗保健养护、购物、餐饮、休闲活动、文体娱乐、教育培训及办公服务中心。	2014.12	200000	1000	30000	41000	42000	基础设施建设
奥通360万吨钢材物流配送项目	奥通贸易有限公司投资建设。总建筑面积6.81万平方米，建设仓库，钢材展示交易中心等。	2013.12	30000	15000	12000	15000	30000	竣工
士伏配送中心项目	拟建以货物仓储、流通加工、配送为主的综合性配送中心。	2013.12	10000	7000	3000	3000	10000	竣工
北港物流服务有限公司物流中心项目	投资5亿元，建筑面积4万平方米，建货运交易市场、综合服务中心等，从事货物运输分流、专业化仓储及第三方物流专业服务，年交易量200万吨。	2014.12	50000	20000	20000	30000	50000	竣工
秦皇岛成东物流仓储配送项目	建设现代化站台式库房、货物信息传递办公用房、司机服务站、汽配房等。	2014.12	20000	8000	10000	12000	20000	竣工
燕达实业集团有限公司投资秦皇皓月城项目	总建筑面积351万平方米,建设总部商务区、高端研发中心、现代商务服务区、商务会展中心、展厅及其他基础配套设施。	2017.12	1000000	100000	50000	200000	300000	基础设施建设
基础设施：7项			446936	294044	128700	55940	349984	
大小汤河、大小马坊河综合治理工程	河道治理工程。	2014.12	167890	101838	60000		101838	河道改造
西部快速路项目	西部快速路工程。	2014.12	144357	102619	40000	41738	144357	竣工

续表 2-3

项目名称	主要建设内容及规模	投产日期	总投资	2012年年底完成投资	当年计划投资	年内累计投资	自开工累计投资	形象进度及存在问题
津秦客运专线秦皇岛部周边片区改造项目一期工程	对津秦客运专线周边片区进行改造。	2014.12	71189	67487		3702	71189	竣工
海港区市民服务中心	占地面积1.76公顷，建筑面积3.82万平方米。	2013.12	13000	10000	3000	6400	16400	竣工
西浴场改造项目	硬质铺装，植物绿化，景观照明，声控、监控系统，给排水系统，小型服务性用房及其他辅助设施等。	2013.12	35500	2800	20000	2200	5000	主体已基本完工，服务性建筑正在设计
金梦海湾项目海岸线生态修复工程	增加沙滩宽50米，增加沙滩面积20公顷。	2013.12	14000	9000	5000	1000	10000	部分海岸线修复
规划四路南段工程	路段长约800米，道路红线宽20米。	2013.12	1000	300	700	900	1200	竣工
房地产：21项			4454160.2	1005661	516294	623703	1629364	
西部四村拆迁改造项目	总占地面积142.87公顷，总建筑面积420万平方米。	2015.12	750000	105000	40000	32000	137000	西白塔岭村主体施工
金梦海湾2号、3号地块项目	占地面积19.19公顷，总建筑面积44.2万平方米，进行商品房开发，建设住宅小区及配套设施。	2015.12	330000	57000	10000	27800	84800	主体施工
金舍博贤院项目	总占地面积15.13公顷，总建筑面积51万平方米。	2014.12	180000	70000	10000	16000	86000	主体施工
东李庄保障住房	为经济适用房、廉租房、公共租赁房综合建设项目，占地面积17.67公顷，建设保障性住房3512套。	2014.12	83700	74450	10000	10930	85380	竣工
玉带湾二期项目	进行商品房开发，建设住宅小区及配套设施。	2013.12	40320	25602	10000	14718	40320	竣工
环岛花园项目	占地面积1.8公顷，建筑面积7.52万平方米。	2013.12	47000	46190	10000	38200	84390	竣工
万科假日风景A区项目	进行商品房开发，建设住宅小区及配套设施。	2013.12	48800	68685	2000	27625	96310	竣工
归提寨片区改造项目	对南岭西路以东，长江道以南，横断山路以西，西部快速路两侧片区进行整体改造，占地面积202.8公顷。	2014.12	1000000	24150	50000		24150	基础施工
生态谷项目	总占地面积26.33万平方米，总建筑面积54.36万平方米。	2013.12	134901.2	100000	40000	64000	164000	竣工

续表 2-3

项目名称	主要建设内容及规模	投产日期	总投资	2012年年底完成投资	当年计划投资	年内累计投资	自开工累计投资	形象进度及存在问题
万和郡（香邑溪谷）一期项目	占地面积9.8公顷，总建筑面积25.74万平方米。	2014.12	125200	28000	10000	10000	38000	主体施工
杨道庄保障性住房项目	为经济适用住房、廉租住房、公共租赁住房综合建设项目。	2014.12	181250	49465	50000	67629	117094	主体施工
东王岭旧城改造项目	对东王岭村旧村进行改造。	2013.12	44294	22350	44294	21944	44294	竣工
南四村旧村改造工程	建设6+1安置房及高层商品房、绿地及配套设施等。	2014.12	500000	7000	50000	25000	32000	村址107.4公顷土地完成征转
徐庄、富家营联合开发项目	建设6+1安置房及高层商品房及配套设施等。	2014.12	150000	6000	30000	55000	61000	跑办安置房前期手续
南岭国际社区项目	占地面积93.33公顷，总建筑面积150万平方米。	2014.12	300000	23000	10000	10000	33000	基础施工
东升家园项目	规划用地面积2.36万平方米。地上建筑面积4.7万平方米，地下车库4623平方米。房屋分住宅、商用两类。	2014.12	47000	27185		19815	47000	竣工
玉发水岸风情项目	总建筑面积29万平方米。拟建设20多幢6+1居民住宅、20多幢18层高层以及16幢12层小高层居民住宅，其中包含4公顷旧村改造范围，共16幢6+1住宅及部分小高层。	2014.12	100000	5000	90000	70000	75000	主体建设
华润（秦皇岛）橡树湾一期项目	占地面积7.73公顷，总建筑面积24万平方米，进行商品房开发，建设住宅小区及配套设施。	2014.12	77000	35000	10000	25000	60000	主体施工
盛秦福地、盛秦国际项目	商铺及写字楼开发，建设住宅小区及配套设施。	2014.12	125636	115295	20000	15272	130567	竣工
达润时代逸城项目	总建筑面积39万平方米。拟建设25幢6+1居民住宅、30幢18层及16幢12层住宅。	2014.12	162700	98839	50000	63861	162700	竣工
昌德花园项目	进行商品房开发，建设住宅小区及配套设施。	2013.12	26359	17450	10000	8909	26359	竣工
农业产业化：1项			8600	6000	1600	2600	8600	
北港镇五村联建乡村旅游项目	在北港镇东陆庄村、长桥岭村、东连峪村、西连峪村、木砟峪村，建山野菜、大樱桃采摘园，体验吃农家饭、干农家活、住农家房、享农家乐的返璞归真田园生活，建设小流域综合治理风情一条街等。	2013.12	8600	6000	1600	2600	8600	竣工

（韩雪）

物价管理

【概况】2013年，全区物价工作围绕群众关心关注的热点和难点问题，立足全区经济工作中心，紧扣“稳价安民”主线，解放思想，培树新风，抓基层强基础，扎实开展职能工作，切实维护人民群众合法权益，有力确保全区价格收费环境的和谐稳定。

【价费管理工作】价费管理更加关注民生民情，针对群众关心关注的热点难点问题，开展重大医改政策调研、行业企业摸底调查、规范非营利性医疗服务价格管理、幼儿园收费调查等项工作，及时上报相关数据，做好部门之间的协调工作。价格政策宣传走进百姓生活中，辑印《海港区涉企收费明白手册》1万册，免费向社会各界发放，普及国家有关物价政策及相关方面的知识，提供面对面的政策咨询服务，提升百姓维权意识。严把政策关和收费准入关，防止出现搭车收费、分解项目、变相提高标准等违法行为的发生。新办收费许可证55个，变更收费许可证85个，注销收费许可证15个。开展2012年度收费许可证年审。将收费许可证年审和清理收费标准相结合，对国家、省、市历次取消和降低的收费标准逐一核实，对不符合文件要求的一律予以注销，确保收费项目和标准的准确无误。全年审验收费许可证480个。

【价格信息服务】开展价格监测，畅通价格信息服务渠道。加强对市场居民生活必需品价格的监测，安排专人对主要集贸市场、超市及粮油批发市场进行巡视调查，着重监测与人民群众生活关系密切的30种城市重点商品价格，涉及粮油、肉、蛋、奶、蔬菜等品种，及时掌握重点商品的市场供应和价格变动情况，加密价格监测频率。上报《三十种城市重点商品价格监测表》198份，撰写价格监测分析10份，为政府决策、企业生产经营、群众消费提供有力参考。

【价格监督检查】开展系列专项检查，加大价格执法力度。开展节日市场专项检查，加大对米、面、油等居民生活必需品的价格检查力度，对商品流通行业及超市商品价格和明码标价执行情况进行规范，认真查处价格欺诈行为，检查单位50多家。开展涉农收费专项检查。重点检查畜牧、水务、民政等有关单位涉农收费政策执行情况。开展医疗收费专项检查。开展海港医院收费情况检查，对查出的问题依法处理。对辖区医疗机构收费及药品价格执行情况进行检查，检查单位10家。开展教育收费专项检查。重点检查幼儿园收费，检查公立幼儿园6家，私立幼儿园4家。倡导价格诚信，在家居行业率先培育全年第一家明码实价示范试点单位。对金盛达等10家房地产企业商品房销售宣传中的价格行为进行检查，对涉嫌构成价格欺诈的违法行为责令改正。开展旅游市场专项检查。重点检查求仙入海处、新澳海底世界景点门票价格及明码标价执行情况。认真受理价格投诉举报，及时快速查处各种价格违法行为。全年受理各类价格咨询举报案件32件，退还多收价款6.39万元，没收违法所得4.33万元，罚款0.59万元，办结率100%。

【价格服务工作】严格奖惩制度，注重激发队伍活力。健全规章制度，制订新的奖惩机制，激发队伍活力。规范工作程序，层层细化责任分工。从接受价格鉴证委托开始到结论领取的全程工作流程图公示上墙，严格按章程办事。将认证中心划分为司法、刑事、车损、机动等4个小组，实行小组负责制，各司其责，确保出具报告的客观公正。注重学习培训，提升整体服务水平。参加省市各级业务培训，提升知识层次。建立每周学习日制度，定期组织对特色重点案例进行讨论，提高中心工作人员业务水平。全年受理价格鉴证案件773件，其中刑事案件287件，车损评估案件292件，其他194件。

（吴守海　刘向阳）

工商行政管理

【概况】区工商局以严格落实中央“八项规定”和省、市关于改进工作作风有关规定为契机，加强干部队伍管理；以“优化服务、强化监管”为工作主题，努力提升履职能力，提高监管水平，全力以赴办好大事，充分发挥工商行政管理在维护市场秩序和社会稳定中的职能作用，服务经济社会发展取得良好效果。

【强化服务】 从提升行政许可窗口服务质量、提高服务速度入手，突出强化政策服务、强化效率服务、强化职能服务，全面落实一审一核、首问负责、一次讲清、跟踪服务、限时办结等服务承诺制度，做到单点受理，全程服务，完成100万元以下公司登记事权下放对接任务。全年新登记内资企业1085家，同比增长93%；个体工商户4694家，同比增长4%；农民专业合作社9家，同比增长57%；减免登记费50.71万元，减免年检费用48.53万元，合计99.24万元。

【合同帮扶】 发挥合同监管作用，把为企业排忧解难与日常的合同监管紧密结合，拓宽服务领域，提高办事效率。加强指导督促工作，指导企业依法签订、履行合同，企业在生产经营中存在的合同签订不规范、文字表述不清楚等问题得到解决。走访企业300多家，帮助企业提高法律意识、减少纠纷、防止损失，维护良好的市场经济秩序。

【注册商标】 通过宣传走访、跟踪服务、上门指导、建立联系点等措施宣传商标法律法规，增强企业商标意识，引导和推动企业把自主品牌做大做强。年内，新申请注册商标289件，全区有效注册商标2842件，其中全国驰名商标2件，省著名商标20件，市知名商标26件。

【企业帮扶与指导】 以小微企业、重点建设项目（企业）、文化产业企业等为重点，开展重点项目超前服务、连锁企业预约年检等多种服务活动。全年为重点投资项目提供相关的政策咨询、执照办理等跟踪服务158次，为372家企业及分支机构、515户个体工商户提供上门年检和集中年检服务。发挥工商系统动产抵押、股权出资、出质等职能，多渠道、多方式为企业搭建融资平台，帮助中小企业实现资金融通1.7亿元，与劳动部门配合开展创业帮扶工程，帮助200名个体经营业主申请无息小额贷款。将行政指导融入各项业务工作中，针对不同行业、不同地域的特点，开展行政指导工作。通过一般指导、窗口指导、上门走访、个别约谈等多种方式，对7262户企业、个体工商户，实施一般性行政指导9181次，涌现典型事例15件，免于处罚的轻微违法行为26件。

【专项整顿】 制订《海港区工商局2013年执法办案重点》，将打击假冒伪劣、侵犯知识产权、非法传销、商业贿赂作为突破口，深挖细查、追根溯源，捣毁制假窝点，维护市场经济秩序。全年查处一般违法案件142起，罚没款117.39万元。其中，查处万元以上案件56件，查处4万元以上案件4件。捣毁传销窝点3个，刑事拘留传销人员19人，教育遣散传销人员560人，解救被骗人员1人。

【食品安全监管】 开展春季“雷霆”、院校周边整治和节日期间流通环节食品安全整治等12项食品安全监管专项整治行动，查处食品违法案件33件，查扣不符合安全标准的食品350公斤，实施食品抽样检测652批次，快速检测1124个批次，对不合格的食品进行立案调查16个批次。推进食品安全监管软件应用，为家惠、广缘、佳源、艾欣等295家大中型商场、超市上门安装食品安全软件服务，录入食品信息13万条，索证索票信息2201条，上传证照1447个，上传食品批次检验报告8073项。

【维护消费者的合法权益】 建立消费者维权服务站47家，新增消费维权服务站26家，采取12315指挥中心、一会两站、流动维权站“三级联动”，把“坐等维权”转变为“主动维权”。申诉举报做到“四有”（有记录、有处理、有结果、有回复）。全年受理调解消费申投诉案件514件，举报207件，消费咨询1626件，为消费者挽回经济损失60多万元。

【暑期市场监管】 开展净化旅游市场专项行动，对各类平面媒体发布的与辖区有关的旅游信息广告和宾馆、饭店、旅行社散发的宣传资料进行全面检查，通过对互联网发布的800多条旅游服务信息进行梳理，从辖区内176家从事旅游业务的企业中选择18家，联合旅游行政管理部门对其进行联合执法检查。开展“鲜活水产品质量专项整治”“食品安全百日会战”等专项整治行动，对旅游休闲食品抽样检测153个批次，对不合格的2个批次进行立案处理。对景区周边销售泳装、泳具、旅游纪念品的35家经营户进行专项执法检查。暑期实行24小时无缝隙接诉，强化非工作时间处诉工作。受理各类举报62件、申诉284件，咨询303件，非工作时间接诉38件，为消费者挽回经济损失14.5万元。

（靳晓峰）

国家税务管理

【概况】 2013年，全区国税系统紧紧抓住全年工作重点，坚持聚财为国，执法为民，围绕组织收入中心，把握税收收入主题，求真务实，锐意进取，全面扎实开展税收工作。

【税收收入】 克服经济增速放缓、结构性减税等不利因素，严格遵守组织收入原则，加强税收预测分析，深化信息管税，严格税收征管，加强税种税源管理，开展税源摸底调查，细化任务，层层把关，确保税收均衡入库。全年累计完成全口径税收收入31.32亿元，同比增收1.73亿元，同比增长5.86%。其中：增值税完成17.78亿元，同比增收2.68亿元，同比增长17.73%；消费税完成1.28亿元，同比增收586万元，同比增长4.79%；企业所得税完成12.26亿元，同比减收1亿元，同比下降7.55%；个人所得税完成22万元，同比减收20万元，同比下降47.62%。区本级一般预算收入完成1.45亿元，同比增收902万元，同比增长6.65%，高于全部税收收入增幅。税收收入总量约占全市40%，在全市县区局中排名首位。圆满完成上级下达的收入目标任务。

【“营改增”试点工作】 积极开展前期数据核查。调动全部力量，日夜奋战，全力以赴，对所辖6847户纳税人开展调查核实。认真做好对内对外培训。分别组织税务干部和试点纳税人进行培训，使税务干部和纳税人及时、准确、全面了解相关税收政策，熟练掌握涉税事项办理流程和相关应用系统的操作技能，为试点工作奠定基础。建立健全纳税服务体系。制订办税服务厅应急预案，着力为纳税人解决因电力或网络故障、应用系统拥堵而无法代开发票、纳税人购票需求激增等突发问题。通过事前对纳税人进行辅导、开展预约服务、延时服务、增设临时办税场所、增加发票代开窗口等办法，缓解办税服务厅拥堵问题。营改增试点工作整体推进，全区接收“营改增”纳税人5653户，占全市接收总户数的71%。

【依法治税】 坚持把依法治税作为税收工作基本准则贯穿始终，营造公平公正的税收环境。抓规范执法程序，抓强化执法监督。运用管理平台筛选疑点信息库，实行执法责任考核机制。开展减免税优惠政策专项检查、房地产企业税收调查、个体户专项核查、虚假发票专项整治等活动，查补税款5365.35万元，滞纳金520万元。全面落实国家结构性减税和各项税收优惠政策，全年依法办理减、免、退、抵税3053万元。

【征管质量】 做好进销项分析监控系统推广应用工作。将3933户一般纳税人纳入进销数据分析监控系统，有6户纳税人未纳入，均为生产军品企业，纳入率达到99.8%。做好二代身份证信息录入和财务制度核算软件备案工作，其中，二代身份证信息录入1568条，财务制度核算软件备案3853户，规范基础信息的管理。加强数据分析应用，对46项数据指标进行重点监控，查找涉税风险点，提高核查质量。补缴增值税390万元，所得税69万元。推进专业化管理。根据税源结构和税收管理员的管理素质和能力，对税源管理岗进行分解和分类，实行分级分类管理。强化对煤炭铁精粉行业、成品油经销、农产品发票抵扣管理，加强所得税税负、亏损面、零申报率三项指标的预警监控，提高专业管理水平。

【纳税服务】 制订《海港区国家税务局征收服务分局岗位交流办法》，选拔28名年龄轻、综合业务素质高的税务人员到办税厅，提高工作质量和效率。增设服务窗口。年内分别增设1个专用发票和普通发票、2 个货运代开发票窗口，减少纳税人办税等候时间。增设临时办税场所。营改增期间，在机关办公楼大厅增设临时办税场所，集中办理个体户纳税申报、发票领购验旧等业务，办理纳税申报及补充申报 825 户，发票领购及验旧 1452 户。缩短发票领购审批时限。增加办税服务厅与机关业务科室、税务分局之间的文书传递流程频率，限 8 个工作日内完成审核并告知纳税人。落实一次性告知制度。对一般纳税人认定、发票领购、纳税人停歇业等 10 多项常见的涉税业务制订“纳税明白卡”，一次性告知需纳税人准备的资料、办结时限、投诉电话，让纳税人明明白白办税。强化办税厅服务绩效考评，完善量化考核办法，将服务态度和工作质量与绩效奖金挂钩，开展“改进作风，服务基层”“提升纳税人满意度”和“走访千户纳税人”活动。开展涉税提醒业务。每月月初发布征期提醒，告知纳税人当月的申报期限和申报注意事项，将纳税人遇到的具有普遍性的业务问题归纳整理，每月在外部信息采集平台进行发布，让纳税人了解相关政策，减少征纳矛盾，促进纳税遵从，降低纳税人涉税风险；开办纳税人学校。聘请专业人员免费为辖区 1000 户纳税人进行所得税汇算清缴培训；在办公室名牌标注单位名称、工作岗位、人员姓名、领导联系电话，方便纳税人与税务人员沟通联系。

（高　红）

地方税务管理

【概况】 2013 年，海港区地税局坚持以组织收入为中心，全面落实“改革推进年”活动，抓好日常税源管理，开展干部绩效管理和标准化管理，抓征管、促落实、转作风，各项工作扎实推进。全年组织完成各项收入 67.66 亿元，其中税收收入 45.17 亿元，完成市地税局布置的阶段性收入目标；区本级收入完成 13.4 亿元，同比增收 1.9 亿元，增长 16.5%；超收 0.4 亿元。其他收入完成 22.49 亿元，同比增收 2.20 亿元，增长 10.8%，其中：社保费完成 19.67 亿元，同比增收 2.03 亿元，增长 11.5%。

【征管改革】 及时制订强化税收征管、组织收入十项措施，严格落实责任单位、主管局长和工作完成时限，从“严、狠、细、实”四方面入手狠抓收入。严格执行税收政策。杜绝新欠的形成，对于陈欠要继续加大执法力度，不越权减免、不随意减免，对具备减免税资格但尚未完成审批的，要先组织入库。加强对重点税源、重点行业纳税人的重点监控、全程管理和跟踪服务。本着“抓大不放小”的原则，对未达起征点和临界起征点的业户，采取定期巡视和检查的方式，及时进行调整。比照经济增长水平，同步调整双定户定额，使定额调整尽量达到科学、合理。狠抓税收征管。建立“保姆式”日常税源管理模式，按照区局在 2013 年编写的《日常税源管理工作指南》，重点抓好税收管理员日常税源管理工作；加强对全局年纳税 100 万元以上企业的纳税评估工作，加快 2012 年度企业所得税的汇算清缴工作进度，加大对长亏不倒企业的稽查力度，开展房产、土地税源普查，强化“地方三税”的税收征管。细化税源管理。积极寻求新的税收增长点，加强与国土部门的联系，及时掌握土地招、拍、挂的情况，做到土地成交后，契税征收及时跟进；加强与发改部门的联系，及时掌握重点项目的投资总额、建设期限和开工时间等具体情况，做到早发现、早介入；加强与建设部门的联系，及时掌握城市改造的市政工程计划、改造范围、预算总额和施工单位等信息，建立委托代征关系，确保在付款环节就把税款征收到位。实事求是抓收入。开展税源调查和收入分析，认真分析各个行业的发展规律，制订组织收入的计划。不虚收、不惜收，不收过头税、不收探头税，做到应收尽收。

【纳税服务】 继续完善落实首问责任制、限时办结制、AB 岗工作制、局长带班制等系列制度，继续对老弱病残等行动不便的纳税人提供上门服务。认真落实电话预约服务、延时服务、自助办税服务和网上办税服务厅服务，全面推行“一窗通办”，切实把纳税服务工作做实、做细。10 月，新办税服务厅正式投入使用，门前设立显著外观标识和 50 多个车位的停车场地，服务厅内硬件设施配套更加完善，功能划分更加合理，为纳税人提供更加舒适便捷的办税环境。配备专职导税服务员3人，第一时间为纳税人提供业务办理咨询辅导，缓解征纳矛盾。为纳税人开通绿色通道，营造和谐高效的办税环境。年内，收到纳税人的锦旗、表扬信等20多件次。

（常　宏）

食品安全管理

【概况】 2013年，食安办紧紧围绕创建"食品安全放心城区"目标，以"抓重点、攻难点、出亮点"为整体思路，探索监管新模式，做好综合协调牵头抓总工作，食品安全工作总体水平全面提高，实现食品安全形势整体稳定向好，为全区经济稳定较快发展做出积极贡献。加大对食品安全投诉举报案线查处和违法犯罪打击力度，全年受理食品安全举报案件37件（省转2件、市转案件11件），办结率100%。依据《海港区食品安全投诉举报奖励办法》有关规定，发放举报奖励资金。

【食品安全专项整治工作】 开展食品安全隐患大排查工作。印发《海港区食品安全隐患排查整治活动的通知》和《海港区2013年暑期食品安全保障暨深入开展食品安全隐患排查工作的通知》，组织各职能部门重点对辖区种养殖基地、食品生产小作坊、集贸市场、超市、餐饮业、学校（工地）食堂等进行全面摸排，对发现的问题及时进行整改。对食品生产环节、食品流通环节、餐饮服务环节3458家食品生产经营单位进行拉网式排查，出动执法人员4872人次，执法车辆1642车次，排查3782家次，排查率109.37%，梳理出食品重点区域食品专业市场1个、重点餐饮服务单位4个，排查出隐患数183个，整改率100%，立案查办7件（餐饮环节4件，流通环节3件），对无餐饮经营许可证、销售过期食品等行为进行行政处罚。

"地沟油"专项整治。对餐饮行业餐厨废弃物处置、畜禽养殖场"泔水油"提炼处置、掏挖城市下水道地沟油行为进行全面规范，建立健全油品处置台账，对辖区3家加工餐厨废弃物油脂企业加强监管，确保对"地沟油"资源化利用过程监管到位，无回流餐桌现象。

严厉打击私屠滥宰突击检查整治行动。把畜禽定点屠宰厂、城乡结合部、肉制品加工企业（含小作坊）、鲜肉和肉制品交易市场、餐饮企业作为重点，深入整治私屠滥宰及注水肉违法行为，检查单位1939家次，未发现私屠滥宰和违法注水现象。

"非食品用塑料袋直接包装食品"专项整治行动。对辖区内塑料袋生产、销售、使用单位进行全面排查和整治，对46家使用"三无"塑料袋直接包装食品行为责令改正，没收"三无"塑料袋2500多个。

肉类及肉制品专项治理行动以及假牛羊肉排查整治行动。对养殖、屠宰、生产加工、流通、消费环节开展全面排查，检查单位500家次，对索证索票不全的牛羊肉经营户下达责令改正通知书5份，对发现的问题及时进行治理。

水产品专项整治。检查水产养殖基地、餐饮单位、鲜活水产品和干制水产品经营企业（经营户）264家次，对干制海产品抽检101批次，其中1批次不合格，工商部门对不合格产品全部没收并处罚金4000元。

露天烧烤等饮食摊点专项整治行动。组成专项整治联合执法队伍，印发《致露天饮食摊点经营者的告知书》500多份，对辖区内399个露天饮食摊点（群）的基本情况进行全面摸排。对人民广场康乐小吃街、太阳城乐购超市南侧饮食摊群、海阳路夜市露天烧烤饮食摊群等3个具有代表性（提供餐位、不提供餐位、消夏夜市）的露天饮食经营区域内的300多家经营户进行集中整治。累计规范治理露天烧烤629户次，取缔露天烧烤摊点179户，疏导流通食品摊贩142户次，对164家餐饮服务单位下达整改意见。

烧烤店火锅店专项整治行动。对重点区域、重点对象进行集中整治，取缔14家、规范52家、提升9家，发现食品安全隐患点位16个，全部整改完毕。

城乡小超市、农（集）贸市场食品安全专项整治行动。累计排查998家，对排查出的10多家隐患问题超市进行及时整治处理，处罚金额3万多元。

【"六小、一大"治理】对点多面广、卫生条件差等隐患较多的"小餐饮、小作坊、小饭桌、小食杂店、流动摊贩、小饮品店"等"六小"业态开展全面调研并撰写调研报告，促进"六小"业态监管，消除食品安全风险。组织各相关部门对新兴业态"鲜奶吧"行业进行认真排查，严格把关，不符合经营条件的坚决取缔。强化海阳农副产品批发市场联合监管办公室的建设，完善月上站制度，加大监管力度。全年上站11次，出动检查人员116人次，检查品种600多批次。

【重要时段的监管工作】在暑期、传统节日及"两会"期间，制发相关工作方案，开展以种养殖基地、食品生产小作坊、集贸市场、商店超市、餐饮业、学校工地食堂等为重点的大检查活动，加大对节日消费量较大重点食品的检查抽查力度，及时消除隐患。暑期，按照"大事不能出、小事也不能出"的工作目标，制订食品安全保障和"百日大会战"工作方案并认真开展工作，按时保质全面完成任务。巩固"百日大会战"行动成果，6月21日，开始组织开展为期40天的暑期食品安全集中整治行动，以"四个重点"为主要对象，对排查和梳理出的17个重点点位、10个重点区域、25个重点品种及7个重点问题加大整治力度，分阶段、分批次对排查出的问题隐患进行全面治理整顿。

【食品安全风险检测监测】根据《海港区2013年食品安全风险监测计划》，组织各相关部门对食品中农兽药残留、重金属、食品添加剂、食源性致病生物等多项指标开展监测。年内，抽检各类食品1.4万批次，完成全年抽检计划的105.26%。其中，委托送检448批次，快速检测1.46万批次，抽检合格率99.71%。编发食品安全风险监测通报11期（总计编发47期）。委托中国检验认证集团秦皇岛有限公司对天开市场、百姓早市、家惠超市销售的面条和馒头进行抽样检测，抽取样品10批次，合格率100%。

【食品安全机制建设】食品安全应急处置能力建设。组织各相关部门修订完善食品安全应急预案，7月初开展食品安全应急演练活动，强化责任意识。议事协调制度建设。对调整后的区政府食品安全委员会议事规则以及区政府食安办工作职责进行理顺和细化，对有关工作制度和工作规范进行重新梳理和适应性修改。基层监管能力建设。构建"无缝覆盖、职责明晰、分级管理、高效运转"的区、镇（街）、村（居）三级食品安全监管网络，开展食品安全网格化试点工作，组织研发的食品生产食品单位基础信息管理系统进入试运行阶段。惩治犯罪机制建设。印发《海港区人民政府关于建立和完善涉嫌食品安全犯罪案件移送工作机制的实施意见》《海港区打击食品安全违法犯罪联席会议制度》。组织召开打击食品安全违法犯罪联席会议，辑印《海港区打击食品安全犯罪相关政策法规汇编》300本发放各食品监管部门，向辖区食品生产经营业主发放《惩治食品安全犯罪相关法律规定》宣传单2000张。结合投诉举报、重点时期以及重点工作等组织开展联合执法行动30次。

（白雪梅）

食品稽查

【概况】2013年，海港区食品稽查大队认真落实食品安全工作监管责任，充分发挥餐饮食品监督管理职能，全面预防消除食品安全隐患，不断加强基层基础建设，完善监管体系，创新监管模式，各项工作有序开展，圆满完成区委、区政府安排部署的各项目标任务。

【食品安全专项整治】肉类及肉制品治理工作。开展"私屠滥宰"专项治理、假牛羊肉排查整治、驴肉专项检查等系列肉及肉制品整治工作。全年检查餐饮单位1175家次，出动执法人员2992人次，执法车辆260台次。开展露天烧烤等饮食摊点食品安全专项整治行动。规范露天烧烤等饮食摊点食品经营行为，加强日常监管。对露天烧烤等饮食摊点的从业人员资格、食品原料来源、索证索票及加工卫生条件进行规范。年内检查313家次，出动执法车辆37台次，执法人员939人次，对164家餐饮单位下达整改意见。开展食品安全隐患大排查大整治活动。重点对提供自制火锅底料、自制饮料和自制调味料等餐饮服务单位进行排查，排查餐饮单位1500家，出动执法车辆320台次，执法人员4474人次，排查出隐患并整改175处，立案4起。开展火锅店、烧烤店专项整治行动。检查烧烤店、火锅店297家次。其中，整改53家，取缔42家，规范65家，提升9家。开展其他各项食品安全专项整治工作。检查餐饮单位6187家次，出动执法人员1.82万人次，执法车辆1886台次，对257家餐饮单位提出整改意见。

【食品安全保障】“两节”及“两会”期间，对辖区内的餐饮单位进行集中检查，检查餐饮单位1414家次，出动执法人员4489人次，执法车辆288台次。高考期间食品安全保障工作。检查学校食堂及周边餐饮单位54家次，出动执法车辆16台次，执法人员162人次。暑期、重大活动及领导外出就餐的食品安全保障工作。保障重大活动及领导外出就餐9次，保障餐次104次，保障人次2.59万次。圆满完成2013“体彩杯”全国少年儿童跳水锦标赛、秦皇岛市2013年全国青少年“未来之星”阳光体育大会等各项重大活动及各级领导外出就餐期间的食品安全保障工作。中秋国庆节期间，认真检查食品安全防范措施落实情况，及时消除食品安全隐患。检查餐饮单位449家次，出动执法人员1347人次，执法车辆123台次。开展食品安全知识培训工作。组织开展餐饮行业从业人员“食品安全知识培训月”活动，从软硬件设施配备、原材料采购登记索证索票查验、加工过程控制、菜品留样保存、食品安全事故处置等重点环节进行培训。年内组织餐饮服务食品安全培训109场次，分别对1021家餐饮单位，1.22万名从业人员进行培训。积极参加食品安全宣传周活动，在金街、金原等地开展多种形式的宣传活动。深入东方明珠城社区、文博城社区以及北张庄村等村居，为居民讲解《中华人民共和国食品安全法》等相关法律法规，增强人民群众的食品安全法律意识、监督意识和自我保护能力。组织开展“安全饮食、文明服务、节俭消费”文明餐桌行动，发放文明餐桌宣传海报1500多份，在全区营造安全、和谐、文明的用餐环境。

【食品安全监管】开展量化分级管理工作。规范和加强餐饮服务食品安全监督量化分级管理，保障餐饮服务食品安全。完成对全区所有持证餐饮单位2013年的首个动态等级和年度等级评定工作，实现全覆盖。实施“双证上岗”工程。开展健康证上墙公示和从业人员佩戴培训证上岗工作，发放从业人员健康证公示栏，餐饮单位把公示栏悬挂在店内明显位置；从业人员佩戴培训证上岗。召开180多家餐饮服务单位负责人参加的暑期预防食物中毒工作动员大会，部署预防食物中毒工作重点事项，现场签订食品安全责任状。创建“小餐饮明厨亮灶”示范店。实施明厨亮灶、亮证明示、健康上岗、教育培训、制度建设“五项工程”,全区小餐饮达到“布局基本合理，设施基本齐全，制度基本完善，安全基本保障”的目标。创建小餐饮示范店69家，其中打造明厨亮灶67家，达到小餐饮示范店97%的明厨亮灶率。加强食品安全快速检测工作。开展食品安全快速检测6908批次，合格率96.5%。委托秦皇岛市出入境检验检疫局对20家餐饮单位的肉片、肉串及8家餐饮单位的火锅底料进行检测，检测结果全部合格。11月，配合省食品药品监督管理局进行监督抽检，抽检13家餐饮单位的食用油、餐饮具、调味料等35份样本，检测结果全部合格。强化农村及城乡结合部餐饮服务单位监管工作。成立稽查七中队，负责农村及城乡结合部食品安全监管工作。全年检查农村及城乡结合部餐饮单位822家次，出动执法人员2466人次，执法车辆236台次，对55家餐饮单位下达整改意见。规范学生“小饭桌”监管工作。全年检查学生“小饭桌”187家，出动执法车辆173车次，执法人员519人次，对98家学生“小饭桌”提出整改意见，对不符合食品安全要求的52家学生“小饭桌”予以取缔；对符合食品安全要求的37家学生“小饭桌”实行备案管理并签订《食品安全承诺书》。对辖区内学生“小饭桌”召开食品安全知识培训会6次，参加培训人员180多人，推动学生“小饭桌”行业健康有序发展。

（岂燕龙）

质量技术监督

【概况】2013年，全区质监工作坚持强化监管是首要职责的理念，以食品和特种设备安全监管为重点，统筹兼顾标准化、计量、质量综合管理工作，着力提高执行力，开拓思路，扎实工作，圆满完成各项工作任务，为海港区经济和社会各项事业持续、快速、协调、健康发展做出积极贡献。

【标准化工作】 备案企业标准3项，推荐美盛化肥（秦皇岛）有限公司申报省级标准化良好行为试点并获批，秦皇岛新谊工程有限公司的“垃圾压缩机与箱体”产品标准申报省级地方标准并通过审定，推荐五粮液大酒店有限公司第一分公司申报第五批省级服务业标准化试点。完成奥晶玻璃制品有限公司的中空玻璃和夹层玻璃产品，中信渤海铝业有限公司的铝型材基材、阳极氧化铝型材、电泳涂层铝型材、粉末喷涂铝型管材产品的采标验收，均获采标证书和采标标志认可证书。

【质量工作】 完成辖区“企业质量信用档案”信息录入工作，共录入行政许可信息62份，强制性认证信息51家、证书170张，名牌产品信息6份。完成汽车产品生产企业和销售维修机构（4S店）的调查摸底工作，开展“汽车三包规定”知识普及宣传贯彻。完成名优企业年度调查工作，调查企业25家。完成质量竞争力指数测评工作，调查企业23家。品牌建设，组织辖区4家企业的4个产品申报省名牌产品，4家企业申报省服务名牌。开展“质量月”宣传活动，发放宣传资料300多份，接受群众咨询70人次。开展质量诚信承诺活动，有59家企业签定“质量诚信承诺书”。

【计量工作】 两节期间，对辖区内6家大中型超市进行计量监督检查，检查在用计量器具40台件、各类商品300件。组织辖区8家重点用能单位参加省计量协会组织的能源计量管理人员培训。5月16日，邀请市计量所、王斌眼镜店等单位在港城大街街道建兴里社区开展“5·20世界计量日”宣传活动。开展重点领域安全用计量器具专项监督检查工作，检查危化品生产企业、化肥生产企业等单位9家。组织对金银制品加工和销售领域进行专项计量监督检查，检查大型商场超市和金店15家。

【食品质量安全工作】 开展食品生产许可证的换证及年审工作，仙岛酿造有限责任公司等7家企业通过换证审核，新增秦啤食品有限公司等3家获证企业，对辖区内17家企业的18个获证单元进行年审。加强食品生产企业监督检查，对辖区内33家获证食品生产企业检查120多家次。开展节日市场检查，元旦、春节、中秋、国庆节期间，对广缘、家惠、金原等5家大型超市进行检查。开展大排查大整治活动，对肉制品、食用油、水产品、白酒等四大类产品可能存在的隐患点进行排查。开展肉制品、地沟油专项整治活动。检查肉制品加工企业3家，食用植物油生产企业5家，使用食用植物油为原料的企业12家。开展定期监督检验工作和比对实验工作，抽样165批次，辖区33家获证企业做比对实验51批次。

【特种设备安全工作】 开展电梯维保使用专项整治，召开37家电梯维保单位负责人参加的电梯维保工作会议，宣传贯彻《河北省特种设备安全监察规定》，发放宣传材料400多份；检查电梯使用单位260家、电梯维保单位37家。开展游乐设施、冷库、压力容器、气站专项检查，检查辖区大型游乐设施使用单位2家、大型游乐设施15台，检查冷库11个，检查压力容器使用单位13家、压力容器42台，检查辖区气站11家、气瓶2000多个。开展“安全生产月”活动。6月9日，在人民广场开展安全生产宣传咨询日活动，设置展牌2块，发放宣传材料200多份，解答群众咨询120多人次；6月18日，在市燃气总公司液化石油气储配站进行液化石油气泄漏事故应急抢险救援演练。开展安全生产大检查行动，检查特种设备使用单位69家、设备538台。现场监督检查特种设备使用单位351家，特种设备安全监察动态监管系统录入使用单位308家，全年排查安全隐患97处。

【“双打”专项整治工作】 抽检家具5批次、混凝土加砌块2批次、危化品4批次、配电箱3批次；抽检强制性认证产品低压成套开关设备18家次；监督检查复混肥获证企业3家；监督检查辖区管理体系认证企业10家、食品农产品认证企业5家和实验室4家。查处无3C认证生产水泵用控制柜产品的企业1家。巡查获得工业产品生产许可证企业72家次、强制性认证企业22家次，坚持每月到辖区嘉恒机动车检测有限公司进行巡查。组织生产许可证企业开展年度自查12家，实地核查企业2家。建立工业企业质量档案466家。

【组织机构代码工作】 全年办理组织机构代码业务4732件，其中，年检1946件，新办1554件，变更312件，换证611件和其他业务309件。9月1日起，取消区质监局核发的所有组织机构代码证年检。除因代码重码问题和其他特殊情况需省代码中心人工审核的数据外，手续资料齐全的客户在窗口10分钟内即可办证发证，由法定3个工作日提速到当即办结。

（孙佳颖）

统计管理

【概况】 2013年,全区统计工作紧紧围绕统计"四大工程"（建立真实完整、及时更新的调查单位名录库；建立统一规范、方便填报的企业一套表制度；建立功能完善、统一兼容的数据采集处理软件系统；建设安全畅通、便捷高效的联网直报系统）的总体要求，发挥统计服务、咨询、监督的整体功能，提升统计服务质量和水平，为领导科学决策、经济宏观调控和社会公众提供优质报务。编辑出版《海港区统计年鉴（2012）》。编印海港区《统计信息与分析》专刊14期，撰写信息11篇，分析12篇，其中5篇分析被《海港调研》采用，1篇分析在"树讲聚促"大讨论专刊采用，1篇信息被省统计局采用。开展全国第三次经济普查、投入产出调查、人口变动情况抽样调查、劳动力调查。区统计局被省统计局评为投入产出调查先进集体（为此次评奖最高等级），1人被评为省级先进个人（为此次评奖最高等级），7家企业被评为省级先进集体，10家企业被评为市级先进集体，18人被评为省级先进个人、16人被评为市级先进个人。

【第三次全国经济普查】 根据国家普查制度的规定，2013年海港区开展第三次全国经济普查。普查的时点为2013年12月31日，普查资料的调查年度为2013年。普查的调查对象是在海港区范围内从事第二产业和第三产业的全部法人单位、产业活动单位和个体经营户。普查内容包括单位基本属性、从业人员、财务状况、生产经营（商品销售）情况、能源消耗、科技活动情况等指标。成立由区委常委、常务副区长齐香民担任组长的经济普查领导小组。办公室设在统计局，负责经济普查的具体组织实施。制订《海港区第三次经济普查实施方案》。2013年，为经济普查前的核查准备阶段，历经组建机构、落实经费、制订方案、宣传规划、编印教材、核查人员的选调与培训、核查区域划分、核查数据处理等准备工作。10月，完成对全区2000多名普查员的培训，随之展开核查工作。对区域内的被调查单位进行"地毯式"核查，由区经济普查领导小组办公室对各个核查区进行督导检查和抽查，并对重点区域进行重点抽查，严格把握核查数据质量，确保核查数据的真实性。

【投入产出调查】 国家统计局2012年8月制定《2012年全国投入产出调查方案》，在全国范围内开展第六次投入产出调查。调查采用"条块"结合方式，由统计部门和有关管理部门组织实施。方法采取全面调查、重点调查和典型调查结合的基层调查方法，即对规模以上的大型工业企业、计划总投资在1亿元以上的投资项目采用全面调查，规模以上的中小企业、规模以下企业和其他部门采用重点调查，运输费、差旅费、办公费等采用典型调查。调查抽中区内投入产出调查单位105家，其中典型调查单位23家，重点调查企业82家。

【2013年人口变动情况抽样调查】 2013年，开展人口变动情况抽样调查。调查标准时点为2013年11月1日零时，调查对象是在被抽中的调查小区内具有中华人民共和国国籍并符合下列两个条件之一的全部人口：2013年10月31日晚居住在本户的人；户口在本户，2013年10月31日晚未居住在本户的人。调查内容主要包括:户的基本情况、迁移流动情况、人口素质情况、婚姻生育状况等。经过国家、省级样本抽取，海港区被抽中调查小区20个。其中，国家级样本点6个，省级样本点

14个。涉及全区2个镇、6个街道、2个园区，被抽中的村调查小区8个，社区调查小区12个。调查工作由区普查中心负责组织实施，各镇、园区、街道办事处负责本辖区工作的组织协调，调查表由抽中的调查员实地入户调查填写。全区32人参加业务培训；被抽中调查小区确定后绘制小区地图，进行清查摸底、编制户主姓名底册工作；完成调查入户登记工作;登记复查后，进行质量抽查、调查表的审核、编码及数据录入、上报。历时2个月，完成工作任务。抽样调查结果：登记总户数2027户，总人数5646人。其中出生人口38人，死亡人口18人，数据质量符合省、市要求。

【2013年劳动力调查】 开展劳动力抽样调查工作。调查标准时点为2013年9月4日零时，调查对象以户为单位进行，既调查家庭户，也调查集体户。调查时点居住在本户已满16周岁的人；本户人口中，离开本乡、镇、街道不满半年且已满16周岁的人。调查内容包括：户的基本情况、迁移流动情况、人口素质情况、婚姻状况、就业、失业和社会保障状况等。全区被抽中国家级调查小区2个，涉及2个街道办事处。8月23日，5人参加市统计局组织的业务培训。8月24日～9月9日，被抽中小区补充完整调查小区样本清单并上报。9月10～16日，完成调查入户登记。9月17～30日，进行120户调查表的审核、编码、数据录入并上报市统计局。数据结果不反馈。

【统计信息自动化建设】 年内，更新计算机8台。对全局每台计算机贴上标签，收集正版授权书，资产编号登记表并归档。12月，入驻市民中心办公楼并将统计网专线接入办公楼的网络系统。

（于斯斯）

审计管理

【概况】 2013年，全区审计工作坚持“依法审计、服务大局、围绕中心、突出重点、求真务实”的方针，全面整合审计资源，工作质量和效率进一步提高。全年计划审计项目10项，实际开展预算执行及财政财务收支审计项目9项，经济责任审计项目11项，专项资金审计项目2项，基建投资二审项目80项，配合相关部门开展工作5项，延伸审计企业42家。区审计局获市审计系统先进单位、内部审计工作先进单位、信息宣传工作先进单位、档案工作先进单位称号。

【预算执行审计】 围绕执行稳健的财政政策、构建公共财政体系的要求，把区本级财政审计和各外围资金审计相结合，关注资金运行的安全性，关注财政制度建设的长效性，关注收入结构、债务规模和资金使用的效益性。全年开展预算执行及财务收支审计、地税税收征管审计等9个项目，向区人大作报告2012年度财政预算执行和其他财政收支审计情况。对海港区47家缴费单位的文化事业建设、工会会费、河道费的代征情况进行重点延伸，对审计中发现的问题，提出建议。

【经济责任审计】 深入贯彻“积极稳妥、量力而行、提高质量、防范风险”的审计工作方针，将经济责任审计与财政预算执行审计、财务收支审计、专项资金审计等结合，使各个审计项目之间互相利用审计成果，提高审计成果利用率；将审计监督关口前移，加大任中经济责任审计比重。把离任审计的“一次性”监督，变任中审计的“经常性”监督，增强审计的实效性；在审计项目开展之前，明确审计目标，确定审计重点，在审计项目结束后，及时向相关部门反馈审计成果，促进审计成果运用，扩大审计综合效应。全年对海阳镇、教育局等11家单位的经济责任进行审计，涉及领导干部19人，其中离任领导干部15人、任中干部4人。发现存在滞留非税收入、挪用专项资金等问题，涉及管理不规范资金850.19万元。

【固定资产投资审计】 继续关注财政资金使用效益，前移监督关口，积极探索建设项目全过程跟踪审计制度，以促进管好用好项目资金、提高投资效益为目标，对政府投资项目实施审计监督。充分利用自身及中介组织力量，对备案项目全面进行二审，为政府财政资金支出把好最后一道关口。年内，开展对民政局老年人服务中心多功能厅装饰及附属设施工程、西港路小学教学楼消防安全通道指示灯安装工程及海港区 2011 年沿海防护林工程等 80 个政府投资建设项目的二审工作，涉及审计资金 1.44 亿元，审减资金 40 万元。

【专项资金审计】 重点从资金源头抓起，按照资金走向，结合项目预算，审查是否有截留、挪用专项资金以及虚报冒领资金等问题，促进规范管理，提高使用效益。全年开展新型农村合作医疗基金审计及农村环境综合整治资金审计，并对区财政安排的 2012 年度清理小广告资金、2012 年度早餐工程资金、2009 ~ 2013 年矫正资金等专项资金进行延伸审计。

（刘小倩）

安全生产监督与管理

【概况】 2013 年，全区安监工作贯彻落实省、市安全生产工作会议精神，牢固树立安全发展理念，坚持"安全第一、预防为主、综合治理"的方针，进一步强化基层基础，强化责任落实，强化专项整治，全面深化落实安全生产各项政策措施。针对两节、两会、暑期等重点时间段，深入开展"百日会战""奋战一百天、安全保暑期""安全生产大检查"等系列活动，消除治理大批安全生产隐患，保持全区安全生产总体形势的持续平稳发展，全年未发生安全生产事故。

【基层基础工作】 开展全区安监站标准化达标建设。着力推进基层安监站软件建设和提升一线监管人员业务素质工作，确保基层一线人员都能达到会指导企业开展安全生产工作、会执法检查、会填写文书、会消除隐患、会统计汇总的"五会"标准。继续抓好安全生产网格化的推进工作，做到对企业底数清、各部门责任明。推进社区安全文化达标建设。确定港城大街街道新闻里社区为安全文化示范社区，以普及安全生产法律法规及安全生产常识为主要宣传内容，推进法律法规进社区、进学校、进楼道、进家庭、进企业、进车间的"六进"活动，逐步提升全民安全意识。

【安全生产大检查工作】 区政府 2 次召开安全生产大检查动员会，安排部署安全生产大检查工作。按照区政府《安全生产大检查实施方案》要求，召开安全生产大检查动员会议，及时制订方案、发放告知书、明白卡，签订安全生产大检查责任书、承诺书。监管力度和隐患排查强度明显增强。按照全覆盖、零容忍、严执法、重实效的总体要求。突出对危险化学品、人员密集场所等重点行业、重点部位、重点环节实施重点检查。6 个执法检查组出动执法人员 1900 多人次，检查企业 800 多家，发现隐患 1100 多处，已全部整改。督导检查、暗访检查工作效果明显。成立 5 个督导检查组，负责对全区安全生产大检查活动开展情况进行全程督导。通过采取明察暗访等方式，深入了解企业开展大检查活动的真实情况。5 个督导组督导检查部门单位 44 家，暗访企业 32 家，及时发现、解决问题，对个别行动缓慢的单位提出具体整改意见。信息、数据报送及时、准确。日报、周报、月报、半月总结、月总结等各种报表累计 180 多次，检查信息日报累计 125 篇，宣传、反馈及时准确。

【安全生产"打非治违"工作】 继续开展"打非治违"专项执法行动，集中力量、联合执法，重拳打击非法生产、违章作业、违章指挥等安全生产事故隐患。进一步加强执法力度，对非法违法行为坚持对非法生产经营建设和经停产整顿仍未达到要求的，一律关闭取缔；对非法违法生产经营建设的有关单位和责任人，一律按规定上限予以处罚；对存在违法生产经营建设的单位，一律责令停产整顿，并严格落实监管措施；对触犯法律的有关单位和人员，一律依法严格追究法律责任。全年查处非法制氢气窝点 1 家、非法储存甲醇窝点 3 家、非法储存乙醇窝点 1 家，全部依法取缔。

【安全生产宣传教育】 安全生产宣传。结合安全生产大检查活动、百日安全会战咨询日、安全警示教育周、应急预案演练周、安全生产基层基础深化年等活动开展多次宣传教育。累计制做宣传展板 30 多块，发放悬挂宣传条幅 700 多幅、宣讲提纲（部门、企业）3000 多份，告知书 2000 多份，与企业签订安全生产承诺书 1259 份，被国家、省、市、区宣传媒体采用信息累计79篇，发放明白卡3180份，营造安全生产宣传教育浓厚氛围。安全生产培训。把企业主要负责人、安全管理人员和一线职工作为培训的重点人群，把提升安全意识，熟知操作规程，定期开展安全检查作为主要内容，取得良好效果。全年累计培训发证高处作业取证人员40人；高压电工取证人员96人；低压电工取证人员244人；焊工取证人员246人；焊工换证人员75人；低压电工换证人员100人。一般企业安全管理人员357人；其他从业人员320人。

【安全生产监管执法】 对处罚责任单位和个人进行跟踪督办，消除安全隐患，提高安全意识，进一步促进企业的生产安全。5个执法中队、2个执法科室共出动执法人员3600多人次，出动执法车辆1800多台次，检查生产经营单位4900多家次，下达各类执法文书2000多份，查出安全隐患2450处，全部整改完毕。全年下达行政处罚6次，罚款2.8万元。

【重点工作】 危险化学品管理工作。严格危化品生产经营许可，认真把好危险化学品生产、经营许可申请、延期、变更审查关。严格落实企业安全监管机构和人员配备，强化企业安全教育培训。严格推进危险化学品安全标准化达标工作，促进企业安全管理规范化。办理危险化学品单位变更15家，实现三级达标危化企业65家，危险化学品单位主要负责人和安全生产管理人员培训186人。烟花爆竹监管工作。批准烟花爆竹零售点144家，基本分布在主城区路口，全部统一使用蓝色阻燃帐篷，实现鞭炮出城、危险出城。职业健康监管。开展职业卫生试点监管模式，以点带面。选取首钢机械厂和华瀛磷酸有限公司为职业卫生工作试点企业，邀请具备资质机构进行检测和现状评价，两家企业首先达到职业卫生标杆企业的标准。配备价值40万元的全套职业危害检测检验设备和防护用品。职业病危害企业检测、评价三年规划共安排检测、评价38家，已完成3家，签署协议10家。260家企业职业病危害申报备案，72家企业签订《告知承诺书》。企业安全生产标准化创建工作。采用“边检查、边督导”模式推进标准化工作。完成危化企业标准化建设65家。58家规模以上企业标准化完成验收18家，等待验收22家，正在推进18家。应急管理工作。召开轻工、机械加工企业和液氨使用单位应急预案编制培训会3次。生产经营单位完成应急预案评审（论证）备案工作45家，行政事业单位完成安全生产应急预案修订工作12家。在在水一方小区售楼处开展大型人员疏散演练1次，指导辖区企业开展应急演练300多次。

（李　曈）

民政管理

【概况】 区民政局履行“解决民生、维护民利、落实民权”的职责，按照“巩固、提高、创新、发展”的工作思路，夯实基础工作，强化民生保障工程，突出工作重点，各项工作取得较好成绩。全局7项工作获省、市、区奖励，8人次获市、区表彰。

【低保工作】 低保标准全市最高。城市居民最低生活保障标准每人每月420元，农村最低生活保障标准每人每年2200元。全区有城市低保1.34万人、7055户，发放保障金3462.52万元；农村低保6478人、3485户，发放保障金944.27万元。新增城乡低保1860人、1051户。发放城乡电费补贴122万元，发放城市低保户冬季取暖补助458.6万元。完善体制建设。成立低保家庭经济状况核查认定中心。建立跨部门、多层次、信息共享的救助申请家庭经济状况核对机制，健全完善工作机构和信息核对平台，确保最低生活保障等社会救助对象得到准确、高效、公正认定。完善医疗救助体系建设。拟定《海港区城乡特困群众医疗救助管理办法》有关事项的补充说明，城乡低保对象医疗救助定点医院达到10家，基本覆盖全区各大型医疗机构。为749人发放医疗救助金146.2万元。

【救灾工作】 认真编制应急预案，制订包括组织机构、职能职责、预防预警、分级响应、后期处置、保障措施、宣传培训、演练演习等内容的《海港区自然灾害应急预案》《海港区民政局地震应急预案》《海港区民政局防汛应急预案》。确保第一时间启动应急响应，第一时间调运救灾物资，第一时间深入一线救灾。灾民基本生活得到妥善安排。发放冬令、春荒救灾粮 24.14 万公斤、食用油 5.34 万升、军用棉被 80 条、棉褥 80 床、棉大衣 40 件、棉衣裤 40 套、毛毯 93 条、被罩 93 件、棉被 93 床、羽绒服 93 件。下发 2012 年因灾倒损住房恢复重建补助资金 46 万元。

【扶贫开发工作】 进一步细化《海港区"十二五"扶贫开发实施方案》，确定以"造血"方式扶持农业产业化项目 3 个，农村基础设施项目 1 个。选派干部到村，实现"一村一班子、一村一方案"，帮扶工作全面推进。

【慈善工作】 开展"慈善一日捐"大型募捐活动，有 105 家机关单位参与活动，募集善款 30 多万元。开展慈善大拜访活动，深入辖区 23 家规模企业，宣传慈善理念，让更多企业积极投身到慈善事业中，提高慈善事业社会救助成效。

【基层政权和社区建设】 完成全区 80 个社区居委会换届选举工作。制订农村基层民主组织全覆盖实施规程，明确农村民主组织即村委会、村代会、村监会产生办法、主要职责及工作制度等。按照市政府城市社区基础设施三年达标活动要求，全区 83 个社区中有 47 个社区用房达到 300 平方米，其中 3 个社区用房达到 1000 平方米。全年改扩建社区办公用房 6 处，总面积达到 2000 平方米。通过多次申报老年人日间照料项目，向国家、省、市争取扶持资金。建成社区日间照料中心 10 处，正在规划设计 3 处。获国家、省、市资金扶持 800 多万元。

【双拥优抚工作】 对全区重点优抚专项物资开展全面核查，确保专项资金管理无漏洞。对残疾军人、涉核参战、三属等五类优抚对象档案进行彻底梳理、分类、归档，实现三级台账无缝对接。对全区优抚对象基本信息进行录入，推进优抚信息化管理工作。开展系列拥军优属活动，在"八一"建军节，区四大班子主要领导深入部队交流经验，送去慰问金及慰问品共计 18 万多元。安置 2011 年度退伍兵 291 人。为优抚对象发放伤残金、定期补助、医疗救助资金 736.5 万元。

【社会事务管理工作】 全年审批、成立民办非企业单位 33 家，社团 2 家。年检民办非企业单位 279 家、社会团体 62 家。救助流浪乞讨人员 157 人次，安置海港区辖区流浪乞讨人员 24 人，为符合条件的孤儿发放儿童福利证，为孤儿发放生活补助 26.6 万元。完成全国收养登记管理信息系统基本信息录入工作和全省儿童福利信息管理系统中孤儿录入工作。

【社会福利工作】 全面推进农村"幸福工程"建设。完成建设 10 个农村"幸福院"的目标，投入建设资金 47.3 万元。落实民办养老机构每月每张床位 40 元的营运补贴，落实低保户 80 ~ 89 岁老人每月每人 30 元的补贴。

【老龄工作】 办理老年证 3239 个，发放老年人各类补贴 77.47 万元。重阳节走访慰问百岁老人 20 人、特困老人 5 人。开展"5580"助老健康御险活动，全区投保 2643 人，参保金额 7.02 万元。

（李月涵）

民族宗教事务管理

【概况】 全区民族宗教工作牢牢把握新时期中国共产党的民族宗教工作基本方针和工作主题，认真贯彻执行党和国家的民族宗教政策法规，坚持抓规范、创平安、强服务的工作目标，积极创新服务管理举措，民族团结进步事业进一步发展，依法管理宗教事务力度进一步加大，确保全区民族宗教领域的和谐、团结、稳定，为全区经济社会发展做出积极的贡献。民宗局获全市民族宗教信息工作先进单位称号。

【民族工作】 心系困难群众，为少数民族解决实际问题。春节期间，走访慰问各宗教活动场所及困难群众，送去米、面、油 100 份及棉服等生活用品 50 份。在伊斯兰教开斋节等重大节日送去的米、面、油、肉等物品。帮助天主教王神父和许神父解决就医及生活问题，发放慰问金 1 万元，帮助清真寺寺管会主任苏贺清解决就医难问题，发放补贴 4000 元。落实少数民族优惠政策，为 873 名少数民族考生办理民族成份证明，其中高考考生 418 人，中考考生 455 人，合格率和群众满意率均达到百分之百。办理民族成份更改 110 份、113 人，经市民族宗教局批准 110 份、113 人，初审合格率 100%。开展民族团结月活动，促进民族团结事业发展。围绕“共同团结奋斗、共同繁荣发展”主题，举行少数民族知识问答题、宗教政策法规宣传教育及民宗政策培训会等活动，丰富、深化、拓展民族团结进步创建活动内涵。指导区清真寺成功举办穆斯林青年联谊会。举办回族青年联谊会，200 多名穆斯林青年参加交流活动。全面确保清真寺开斋节、古尔邦节的顺利举行。

【宗教工作】 宗教场所建设。占地面积 0.77 公顷、建筑面积 2700 平方米、总投资 2000 多万元的佛教场所圆明寺完工并投入使用。是继法云寺后，海港区第三处佛教场所。4 月 12 日，农历三月初三，圆明寺隆重举行全堂佛像开光大典。全国各地的高僧大德和佛教信众近 2000 人出席开光活动。完成朝阳寺建设的初审工作。计划占地面积 3400 平方米，总投资 500 万元。上报市民宗局及省民宗厅待批。各类宗教活动正常开展。全区佛教界举办大型教务活动 10 次，参与人员超万人。伊斯兰教和天主教、基督教如期安全举行教务活动。稳妥做好念佛堂民主管理委员会换届工作。12 月 30 日，根据众居士民主推举，区佛协推荐，区民宗局对推选过程和人员身份进行审查，南大寺村印光念佛堂正式成立以侯维真为主任的新一届印光念佛堂民主管理委员会。引导宗教界投身社会主义慈善事业。“4・20” 四川雅安地震发生后，区法云寺举办为灾区祈福消灾法会，为灾区捐款捐物、祈福消灾，两次组织人员赶赴灾区抗震救灾，为灾区筹集赈灾款 200 多万元、帐篷 200 顶、被褥 300 套，其他宗教活动场所也踊跃捐款捐物价值数万元。法云寺为全市贫困学生开展捐资助学活动，捐助善款 15 万元。法云寺被评选为全国创建和谐寺观教堂先进集体，全市仅此一家。

（魏　鹏）

档案管理

【概况】 区档案局以落实中共中央政治局《八项规定》、克服“四风”等活动为契机，更新观念，突出重点，全面抓好档案馆各项工作。被区委、区政府评为 2013 年度“与文明同行、铸和谐港城”创建活动文明单位。

【监督指导和执法检查工作】 采取电话咨询、现场指导、讲课示范、提供档案员轮值岗位等方式对档案员进行全面培训，48 人取得市档案局颁发的上岗证，50 人参加区档案馆业务培训班。对全区 88 家单位的档案法制建设、档案整理归档、档案库房建设等情况进行执法检查，各单位档案管理水平明显提升，区委办、政府办发文通报全区。

【档案接收和提供利用工作】 接收区民政局 2009 ~ 2012 年婚姻档案 8869 件，海阳镇婚姻档案 1500 件，区委档案 36 卷、1192 件。总计接收 36 卷，1.06 万件。接待查阅人员查阅婚姻档案、知青档案、土地延包和宅基地档案 5500 人次。

【档案数字化扫描与目录输入工作】 对馆藏的铁庄乡档案、新接收婚姻档案进行扫描，完成 25 万页。完成海阳镇 1988 ~ 1994 年婚姻档案 1500 件的目录输入。

【电子档案管理系统开发工作】 完成全区电子档案管理系统开发，在档案馆内部安装运行，对档案馆人员进行初次培训，修正管理流程，查漏补缺，并在全区各单位安装使用。

【2012 年档案年统工作】 第一次使用计算机软件对 2012 年各单位档案情况进行年度统计。将 80 多家单位划分出 7 个组进行培训。如期完成 85 个单位档案数字统计，永久和 30 年卷共 33.1 万件，其中永久 27.6 万件。

【档案管理星级认定工作】 按“十二五”规划和《河北省机关档案工作目标管理认定办法》要求，完成 14 家档案星级认定单位，包括区交通局、财政局、人防办、综开办、供销社、白塔岭办街道办事处、城管局、临港物流园区、城调中心、文化路街道办事处、海滨路街道办事处、东环路街道办事处、北环路街道办事处和人社局。

【库房管理工作】 规范档案柜标签。按全宗重新标识档案柜，全宗号、期限、年度、案卷号与档案内容相一致，为搬迁做好准备。做好档案整理工作。协助整理区委、区政府、区计生局、科技局、残联等单位档案。热情接待档案查阅人员。主要查阅婚姻档案、知青档案，为老百姓购房购车办理贷款、财产分割、孩子户口登记、城市建设、资质年审、司法部门取证、房屋维修、工龄续接等提供翔实的证据。

【档案编研工作】 正在编辑一本图书、一本图册和一张光盘。面向全区和市有关部门，征集全年有代表性的、不涉密的区委、区政府主要领导讲话和重要红头文件；市以上领导到海港区检查指导工作的图片及影像资料，区四大家领导在重要会议、招商引资、制订决策、调研走访、检查指导过程中形成的图片及影像资料，全区企业发展、城市面貌提升、人民物质文化生活新变化的图片。

（杨秋君）

政协海港区委员会

ZHENGXIE HAIGANGQU WEIYUANHUI

ZHENGXIE HAIGANGQU WEIYUANHUI

区政协全体委员会议

【区政协第八届委员会第二次会议】 3月29～31日，海港区政协第八届委员会第二次会议在文化广场剧场召开。会议由区政协第八届委员会常务委员会主持。出席会议的政协委员211人，因事、因病请假19人。

区委书记冯志永代表中共海港区委讲话，对八届区政协的工作给予充分肯定，对进一步做好政协各项工作提出新的希望和要求。

会议听取和审议区政协主席杨永会所作的《政协海港区第八届委员会常务委员会工作报告》，听取和审议区政协副主席张素珍所作的《政协海港区第八届委员会常务委员会关于八届一次会议以来提案工作情况的报告》。列席区第八届人民代表大会第二次会议，听取和讨论《海港区人民政府工作报告》《关于2012年国民经济和社会发展计划执行情况和2013年国民经济和社会发展计划报告》《关于2012年财政预算执行情况和2013年财政预算报告》，并就经济社会发展中的重要问题进行协商讨论。会议通过提案审查情况的报告和政治决议。

会议补选敬卫兴为政协海港区第八届委员会秘书长。

区政协常务委员会议

【区政协第八届委员会第三次常务委员会会议】 2月25日，召开区政协八届三次常委会议。研究通过区政协八届二次会议议程（草案）；研究通过区政协八届二次会议日程（草案）；研究通过区政协八届二次会议常委主持各次会议及主持人建议名单；研究通过区政协八届二次会议秘书长、副秘书长建议名单（草案）；研究通过区政协八届委员会常务委员会关于八届一次会议以来提案工作情况的报告（草案）；研究通过区政协八届委员会常务委员会工作报告（草案）；研究增补委员事宜。

【区政协第八届委员会第四次常务委员会会议】 3月31日，召开区政协八届四次常委会议。听取各委员活动小组讨论政协全委会各报告，政府工作、财政预算执行情况、国民经济和社会发展计划等报告情况的汇报。以举手表决的方式通过区政协八届二次会议提案审查情况的报告（草案）、区政协八届二次会议政治决议（草案）、大会选举办法、总监票人监票人建议名单和政协海港区第八届委员会秘书长候选人建议名单。

【区政协第八届委员会第五次常务委员会会议】 6月28日，召开区政协八届五次常委会议。会议就“加强环境整治,建立长效机制”进行专题议政。对海阳镇城乡环卫一体工程、西浴场景观改造提升工程、首府在建小区围档建设、益寿园游园改造二期工程、胜利村小区改造工程、新征南里小区物业管理等进行实地视察后，听取区政府关于城乡环境整治工作开展情况的通报，观看爱护环境公益宣传片，并对全区城乡环境整治工作中所做的工作和取得的成绩给予充分肯定，为后续长效机制的建立提出意见和建议。

【区政协第八届委员会第六次常务委员会会议】 12月17日，召开区政协八届六次常委会议。会议就百姓蔬菜消费进行专题议政。会议指出，要从供给、价格、零售终端等方面分析形成价格高的原因，有针对性的提出有关措施：积极扶持本地蔬菜种植，提高本地蔬菜供应率；加大资金政策扶持力度，为蔬菜产业发展保驾护航；建设布局合理、功能齐全的农贸市场体系，更好地发挥市场平抑菜价的作用；扶持蔬菜直销体系建设，发挥直销模式平抑蔬菜价格作用。

区政协主要工作

【概况】 2013年，区政协认真履行政治协商、民主监督、参政议政职能，在推进发展中献计出力，在改善民生中积极作为，在促进和谐中发挥作用，在转变作风中强化实践，为海港区的发展做出积极贡献。围绕区委、区政府中心任务，坚持解放思想，务实创新，提案工作成效明显。积极开展调研、视察活动，围绕全区中心工作，服务发展大局，积极协商议政。坚持发挥政协作为最广泛爱国统一战线组织和政治协商重要机构的作用，推动民主政治建设，促进各党派团体和各界人士的团结合作。

【提案工作】 政协委员和政协各参加单位以高度的政治责任感，围绕全区经济社会发展及群众普遍关心关注的热点难点问题，提出提案164件，经审查立案157件，其中集体提案22件。未立案的7件提案作为社情民意反馈有关部门办理。到年底，立案提案全部办复。委员表示满意的155件，占提案总数的99%；基本满意的2件，占提案总数的1%。夯实工作基础，保证提案质量。面向社会公开征集提案线索，帮助委员了解情况，深入调研，引导委员围绕全区中心工作和群众关注的热点难点问题提出意见建议。狠抓提案办理，提高办理实效。区委、区政府主要领导在全会期间对重点提案批示办理意见，主管领导亲自协调涉及部门多、难度大的提案办理。区政协实行主席领办重点提案制度，主席会议定期听取提案工作情况汇报，定期研究，跟踪进度。办理过程中提办双方沟通交流，开门办理，在沟通中落实提案，在协商中推动工作。对已经答复的重点提案和列入计划解决的提案，采取集中回访形式进行跟踪问效，确保提案成果转化。

【围绕中心促发展】 主动作为谋划长远发展。围绕西港搬迁及大物流园区建设开展调研视察，形成《以西港搬迁引领我市物流业发展》的调研报告，提出大力发展临港加工业，建设物资交易平台及电子信息交易中心等建议，得到市、区政府及市政协领导的肯定。针对全区发展空间不足现状，组织委员对海港区北部及抚宁部分区域土地资源利用情况进行调研，形成《调整规划，完善功能，因地制宜推进北部山区科学发展》的调研报告，提出以功能区划代替行政区划，以区县合作代替区县分治，加快城市北部建设步伐等建议，受到市政协领导的高度重视，并组织专家进行专题论证。围绕中小企业融资难开展调研，形成《积极推进金融创新发展，破解小微企业融资困局》的调研报告，提出改善金融发展环境、拓展融资渠道、规范民间借贷等建议，被市政协选用为全会发言。开展“走百企、查实情、促发展”活动，走访企业200多家，发放调查问卷及文件政策汇编各200多份。梳理出企业用工、市场开拓及政务环境等6个方面的问题，形成专题报告报区委、区政府，就有关问题与相关职能部门共商对策。结合“点线面立体分包”等活动，区政协各位主席深入分包村、居、企业，了解情况，协调关系，解决问题，有效推进茂业城市综合体、山东堡拆迁改造等重点工作进程。服务宜居港城建设。组织委员对“两违”拆除、街景整治、城乡环卫一体化等工作进行调研、视察。召开“改善生态环境，建设美丽家园”专题座谈会和“加强环境整治，建立长效管理机制”专题议政会，与政府相关领导及职能部门共商对策，形成《建立政府主导、社会参与的环境整治工作长效机制》调研报告，提出探索城市管理新模式、加强建筑垃圾监管、制订环境考核机制等意见建议，得到区主要领导的高度重视并批示，部分建议被采纳实施。开展“绿化家园，营造政协同心林”活动，全体委员和机关干部积极参与，捐款18万元，在建国路建成“政协同心林”，以实际行动助推港城生态文明工程建设。

【民主监督显成效】 发挥政协作为最广泛爱国统一战线组织和政治协商重要机构的作用，积极推动民主政治建设，促进各党派团体和各界人士的团结合作。结合中共十八大和十八届三中全会关于协商民主的有关精神，完善政协全委会协商、常委会协商、主席会协商、专委会协商，重点加强界别协商。尊重和维护各民主党派、工商联、人民团体的民主权利，邀请共同参与政协组织的调研视察，优先安排大会发言，为他们通过政协组织发挥作用搭建平台。全年各民主党派、工商联、人民团体共提交集体提案11件，撰写反映社情民意信息20多篇。畅通民主渠道，在政协全会、议政会、调研视察中，安排农村、社区群众代表列席、旁听，增强群众对政协工作的知情与参与。拓展民主监督形式。通过组织视察督导，召开资政会、问政会，对便民市场改造、老旧小区物业管理等项目进行现场察看，听取汇报，座谈讨论，推进民生保障工程22件实事全面落实。全年，组织委员参与职能部门行风评议、执法单位特约监督等活动10多次，34名委员担任区民主评议行风代表，代表各阶层提出大量的意见建议，对优化海港区发展“软环境”发挥重要作用。延伸团结联谊活动。以“迎新春各界人士联谊会”“树讲聚促”大讨论等活动为载体，开展与各界别人士联谊，密切各方关系，营造浓厚的民主议事氛围。依托秦皇望海分会平台，加强与全国各地徐福分会的联络，全年组织交流座谈3次，接待考察、采访100多人次。与沈阳市和平区、哈尔滨市南岗区、唐山市路南区、天津市东丽区政协建立友好关系，通过走访交流，推介海港区。

【关注民生增和谐】 重点调研民生工作。将群众蔬菜消费作为重点调研课题，通过监测全区蔬菜批发、零售价格，走访市、区相关部门、企业，赴沈阳、天津、寿光等地学习考察等形式，就蔬菜生产、流通、市场建设等方面进行深入细致的研究思考，形成《关于海港区蔬菜价格调研情况的报告》等调研报告，提出扶持本地蔬菜种植、加强市场建设、扶持蔬菜直销体系建设等意见建议，得到区委、区政府主要领导重视，责成有关部门根据政协意见研究落实办法；省委常委、市委书记田向利作出重要批示。围绕社区养老服务体系建设，深入多个社区进行现场视察督导，形成《关于进一步加强社区养老服务体系建设》的调研报告，提出加快街道养老服务中心建设、完善社区养老服务站功能、支持社会力量兴办养老机构等方面的具体意见。督办提案惠及民生。八届二次全会后，民生类提案达到53件，占提案总数的34%。其中各位主席跟踪督办的重点民生提案18件，报请区委、区政府领导阅批10件。以“察民情、解民忧、为民言”活动为载体，通过走访、视察、调研、座谈等方式，了解群众的所思所想、所盼所求。全年收集社情民意信息70多条，上报市政协31条，向区直有关部门反馈社情民意20多条。关于促进教育均衡发展、加强食品安全、健全医疗保障体系等问题得到有关部门重视并加以解决。帮扶关爱民生。动员委员投身公益事业，尽己所能回馈社会。医疗界委员深入农村、社区开展义诊3次，累计接诊群众1000多人，免费发放药品价值4万多元；经济、城建、群工、政法组委员组织开展各类爱心帮扶、创业就业、法律维权、心理咨询等志愿服务30多场次，服务人群2万多人；发动委员捐资5万元支持西港路小学少年宫建设。

【发挥政协职能作用】 紧扣全区中心工作，开展各种形式的履职活动。围绕西港搬迁、北部山区科学规划等问题开展走访调查，形成多篇具有前瞻性、可操作性的调研报告为政府工作建言献策。就全区重点项目建设、中小企业融资等问题，组织委员开展“走百企、查实情、促发展”专题活动，梳理企业发展和政府执政方面存在的困难和问题，为党政科学决策提供依据。为助力打造海港区宜居港城建设，多次组织就环境整治、街居绿化等工作进行视察调研，为区委、区政府提出意见建议20多条，得到领导的高度重视与好评。继续做好提案和反映社情民意工作。发挥提案工作在解决社会热点难点问题方面的优势，引导委员主动围绕区委、区政府的重大举措，深入镇村、街居了解实情，提交反映基层民意的提案。

区政协机构

【政协海港区第八届委员会常务委员会】

主　席：杨永会

副主席：张素珍（女）

肖长祥

张继成

李国强

秘书长：敬卫兴（3月任）

常　委：（以姓氏笔划为序）

马春元　马洪琪（女）　牛志刚（回族）

王玉东　王国光　王爱民（满族）

史建秋（女，满族）　叶永鹏　艾会荣（女）

刘中杰　刘晓军　何占峰　吴桂娥（女）

张文东　张志强　张济荣（女）

张艳君（女）　张　晶　李　工

李方阁（满族）　李　观　李思达

李满元（满族）　李福廷（满族）

国铁英（女）　姜述玉（女）　徐晓民

董云鹏　蔺学光

【政协海港区第八届委员会委员】

经济组（57人）：

马春元　公建芳（女）　王　君
王　宏　王　娜（女）　王　笑（女）
王玉东　王宏利（女）　王晓东
王雪菲（女）　邓　波（女）　付　强
代新武　兰晓辉　史建秋（女，满族）
史莹洁（女）　叶永鹏　任德文
刘　洁（女）　刘明祥　孙晓琴（女）
孙海波　庄克永　纪　红（女）
那　钰（满族）　齐金成　何继东
张向阳　张国丽（女）　张英华（女）
张金忠　李劲松　李宏光　李国强
李福廷（满族）　杨永会　杨会常
杨庆喜　杨英娜（女）　汪长春
苏　涛　陈国平　郎晓峰（满族）
郑书良　郑全军　赵　刚
项　宁（女，满族）　徐　彤（回族）
徐　巍　秦　峰　郭美璇（女）
高宏颖　梁道喆　黄岳强　敬卫兴
程淑艳（女）　薛向华

城建组（48人）：

马玉生　毛云鹏　王金成　王春玉
史冠工　田　奇　石融冰（女）
刘　锐　刘金志　刘保平　刘晓军
吉　极　孙　瑜（女）　朱　力（女）
朱立波　宋海英（女）　张　姣（女）
张　晶　张顺利　张继成　李　邯
李　佳（女）　李宏瑶（女）
杨晓玲（女）　汪玉萍（女）　苏南鹏
邸树纲　陆建银（满族）　陈　静（女）
陈文博　陈贺营　单亚春　林凡军
金洪武　姜志国　赵卫群（女）
赵立新（女）　骆　欣　徐晓民
秦　忠　贾　静（女）　郭立盘
高忠敏　景利伟　谢振华　戴明宇
鞠尧魁　魏晓兰（女）

教育文体组（32人）：

马洪琪（女）　王　平
王　松（满族）王爱民（满族）
邓　浩　左　宁（女，回族）
石万年　刘　莉（女）　刘玉僧
刘海臣　刘清文（女）　纪文颉（女）
邢启明　吴孝明　张　荻（女）
张石国（满族）　张俊红（女）
张秋妮（女）　张晓翼（女）
张艳君（女）　张鹤云　李　工
李成铭　李春生　杨佩君（女）
杨树旺　周丹良（女）　贺学英（女）
秦纪祥　崔汉毅　黄秀卓（女）
韩凤臣

科技组（20人）：

刘　飞　刘中杰　刘来生　孙伟春
吴桂娥（女）　张　斌　张志强
张金海　李　观　李学良　单亚军
周　健　郑新利　姚长明（女，回族）
姜述玉（女）贾海燕（女）　郭永生
黄秀红（女）　曾胜文　蒋利国

农业组（15人）：

王家海　艾会荣（女）　刘宇腾
刘环宇　刘俊安　张　超　张永江
张国辉　李作彬　李连仲
李建立（女）　范文祥　秦宝林
温长驰　蒋洪信

卫生组（19人）：

马忠锋　王国光　刘晶春（女）
邢文华　冷冰霜（女）　吴建鹏
张振娟（女）　李　伟　李方阁（满族）
李思达　李维佳　肖长祥
国铁英（女）　果卫东　赵延海
赵荣福　高　伟　高馨月（女）
阚俊华（女）

群工组（16人）：

卫　冰（女）　才汇强　马宏艳（女）
王胤龙　安　媛（女）　何占峰
张素珍（女）　李晓颖　李满元（满族）
单志琴（女）　孟祥文　林崇爱
罗颖君（女）　胡广设　徐明辉
韩艳萍（女）

政法组（12人）：

王国芳（女）　张文东　张立起
李为民　李所丰　李晓红（女）

杨栋昌　贾晓军　崔文玲（女）
董云鹏　翟竹博　蔺学光
民宗祖统组（11 人）（民宗祖统组）：
丁润会（回族）　牛志刚（回族）
圣　清　伍保玖（满族）　许永昌
宋昌春　张　和　张济荣（女）
李　伟（女）　李栩楠（满族）
苏贺卿（回族）

【政协海港区委员会办公室及各专门委员会主要负责人】

办公室主任：敬卫兴
提案委员会主任：黄秀卓（女）
经济科技委员会主任：吴桂娥（女）
社会事业委员会主任：马洪琪（女）
城乡建管委员会主任：赵卫群（女）
老干部办公室主任：王家海

（李　兵）

地方军事

DIFANG JUNSHI

DIFANG JUNSHI

人民武装

【概况】 海港区人武部紧紧围绕“强班子、带队伍，讲团结、树形象，保安全、求发展，创一流、当窗口”的奋斗目标，坚持全面建设，谋求整体提高，努力“创先争优”，实现创新发展，全面建设取得明显成效。

【思想政治建设】 始终以建设学习型领导班子为目标，在求深入、见实效上下工夫。制订中心组学习计划，拓展学习范围，做到周有计划，月有安排，季有小结，年有讲评。集中5天时间，开展“坚定信念、铸牢军魂”“学习贯彻党章、弘扬优良作风”主题教育活动、“学法规、用法规、守法规”专题教育活动，思想理论基础更加坚实。全年有6篇文章被中国人民解放军报刊刊载，其中，《军地联合完成应急救援任务的实践启示》被《现代兵种》刊载；《充分发挥人武系统职能作用，协调军地圆满完成应急救援任务》等3篇被政工网《建言献策》刊发；《渤海岸边铸尖兵》等2篇通讯被《战友报》《华北民兵》刊登。

【军事斗争准备】 调整组织布局，在城管、林业、水务、园林、科技等7个局及市再就业孵化基地充实反恐维稳、森林扑火、抗洪抢险和抗震救灾等民兵应急排，组织结构更趋合理，装备器材更加配套，管理使用更加规范。组织区民兵应急连进行业务技能、专业知识集训。组织港务局民兵应急分队参加全市民兵应急力量考核比武，取得3个科目第一和比武场唯一的作风纪律奖。组织海后基地官兵和海港民兵，参加市防汛抗旱指挥部组织的防汛抢险应急指挥演练。协调武警官兵、民兵应急分队配合向阳公司连夜紧急装载帐篷3万顶，支援东北三江洪涝灾害。组织现役干部参加省军区年度军事训练抽考，参考人员的素质得到考核组的表扬。

【党管武装】 召开区委议军会议，研究并通过关于改善人武部办公环境问题的意见及《关于进一步加强依法征兵工作的意见》，经验做法被军分区转发。区委、区政府高度重视民兵应急分队训练经费和征兵工作经费问题，多次召开部门协调会，将民兵应急分队训练经费和新增征兵工作经费列入财政预算，区武装工作经费预算达到近100万元。召开党委第一书记任命大会，促进党管武装工作落实。组织开展区级领导过“军事日”活动，增强区级领导干部的国防意识。

【征兵工作】 参加军分区组织的征兵研讨会，并作专题报告。召开全区征兵工作会议，调整征兵工作组织机构，对工作进行总体安排部署，做好征兵宣传、体格检查、政治审查等具体工作，为部队输送合格兵员。省军区副司令员王志国、副省长杨汭、军分区参谋长姚延光到海港区调研征兵工作，并对有关工作给予高度评价。

【基层建设】 规范基层武装部和民兵营（连）部阵地建设，推动国防后备力量建设创新发展，制订《民兵组织基层设施建设标准》，对全区镇（街）武装部、民兵营（连）部进行规范化建设，基层单位建设达标率85%以上。抓好专武干部队伍建设，把好任命关口，配强队伍。坚持凡未经区人民武装部商所在镇街（园区）党（工）委提名的，不得作为考察对象；未经区人民武装部和区委组织部共同考察的，不得提请区委研究讨论；未经区人民武装部部长、政治委员签署命令的，不得公布任免通知；未经试用期一年考核合格的，不得正式任命。坚持每月25日基层专武干部上站集中学习制度、年终考核制度、工作述职制度。对新调整的7名专武干部进行为期一周的集中培训。

【安全管理】 抓好安全教育，将安全教育纳入党委中心组和机关理论学习内容，制订年度安全教育实施方案，采取要点提问、常识串讲、警示教育等方式，开展学习教育。严格安全管理责任制，实行党委包科室、科室包个人、个人包场所的“三包”责任制，层层签订《安全管理责任书》，对有关具体工作、库室及公共设施和卫生区明确责任部门和责任人。加强车辆和司机管控。结合每月驾驶员教育日，对司机和有私家车的干部职工进行教育，严格公务用车派遣审批制度，制定《私有机动车辆管理规定》，有效杜绝干部开军车、违章开车等行为。严格按照一类人武部建设标准，投资10万多元，修缮各类库室，增加设施设备。做好保密工作。

【双拥共建】 发挥桥梁纽带作用，开展双拥共建活动。先后组织民兵300多人参加区政府组织的环境卫生清理整治活动，定期组织机关人员清理文体路环境卫生。协调驻区部队，参加春季义务植树，在东山浴场开展“美丽家园”环境清洁活动。协调有关部门，妥善解决北京军区油库四周防火、管网建设问题及海军91404部队与地方纠纷。提高军属优待金标准，实行义务兵优抚费统一发放，全年为优抚对象发放抚恤金662万元。协助抓好转业干部、城镇退役士兵安置工作，安置率100%。

【全民国防教育】 探索开展国防教育的有效途径，区分层次，突出重点，采取多种宣传教育形式，开展国防教育活动。将国防教育内容纳入年度党委中心组理论学习。在区委党校培训班开设国防教育课，200多名科级以上领导干部参加培训。加大对国防法规宣传教育力度，在社区电子公务公开栏宣传国防法规口号，向干部群众发送国防法规教育短信，组织网上国防知识答题活动，取得良好效果。

【海港区人武部领导人】

部　长：周永鑫

政　委：葛静华

（杜建辉）

人民防空

【概况】 区人防办以“树正气、讲团结、聚合力、促发展”和“解放思想、改革开放、创新驱动、科学发展”大讨论活动为契机，以提升防空核心能力建设为工作着力点，以机关作风整顿为抓手，按照“长期准备、重点建设、平战结合”的方针，求实创新，服务长远，人防工作步入健康、有序、快速发展轨道。

【指挥通信】 修订完善防空袭预案。部署防空指挥部成员单位完善防空袭预案修订，为战时组织全区防空袭斗争和平时应对突发事件提供行动依据。重要经济目标防护有效落实。修订完善防护方案，对部分重点目标加强检查指导。优化人防通信设备资源。机动指挥系统设施和功能日趋健全，卫星、网络、超短波通信保障体系全面建成。参加全市人防指挥通信拉动演练，完成3G图像传输、北斗导航系统、海事卫星电话、短波电台、超短波电台具体科目的实战演练，检验人员、装备遂行应急任务能力。全面调整人防警报网点布局，组织专业人员对全区警报点设备进行全面检查维护，维护保养固定警报器45台，其中具备语言和信号双重报警警报器24台，移动警报器3台，警报中间控制设备1套，使警报设备始终保持良好的战术技术状态，确保设备设施完好率100%，警报鸣响率100%。

【工程建设管理】 加强人防工程日常维护保养工作，保证人防工程主体结构的完整性，保证人防工程的战时效能。对管理的人防工程，以防坍塌、防火、防倒灌为重点，重点检查人防工程防护门、通风、消毒、配电、排水等设备设施完好情况；依法落实安全管理责任主体，与人防工程使用单位签订安全生产目标责任书，签订率100%，对工作人员进行业务及管理知识的培训。依法、按制度管理好人防工程。根据《河北省人防“结建”执法纠偏专项行动方案》《关于上报“结建”执法纠偏专项行动的实施意见和自查汇总表的通知》要求，进行人防“结建”执法纠偏自查活动，依法规范人防结建审批工作，使结合民用建筑修建防空地下室建设纳入法律的轨道。按照省人防办《关于竣工人防工程悬挂人防工程标识牌的通知》精神，竣工人防工程标牌全部悬挂完毕，及时做到查漏补缺。

【宣传教育】 由点带面推进人民防空宣传教育进学校、进企业、进社区。将东环路街道东环里社区打造为人防宣传示范社区，设立室外人防宣传橱窗专栏、LED 警报器、室内人防知识宣传牌和展柜、图书专柜，组建社区人防宣传队，落实人防宣传教育的“有形化”。规范在校学生人防宣传教育工作，订购 6000 册人防教材免费发放至各中学；组织人防任课教师参加市人防办组织的人防师资教育培训班。抓好“三防”（防核武器、化学、生物）知识教育。组织镇、街、园区人武部长和村、社区干部参加人防专题培训班。

（贾宇琦）

民主党派　工商联

MINZHUDANGPAI GONGSHANGLIAN

MINZHUDANGPAI GONGSHANGLIAN

民主党派

【概况】2013 年，海港区有 6 个民主党派组织，即中国国民党革命委员会海港区总支、中国民主同盟海港区支部、中国民主建国会海港区委员会、中国民主促进会海港区工作委员会、中国农工民主党海港区支部和九三学社海港区支社。

【中国国民党革命委员会海港区总支】有党员 25 人。其中：女性 9 人，占党员总数 36%；大专以上学历 22 人，占党员总数 88%；中高级职称 15 人，占党员总数 60%；有市政协委员 1 人，区人大代表 1 人，区政协委员 4 人、常委 1 人。2013 年，全体党员认真学习贯彻全国两会精神，深刻领会和践行中共中央总书记习近平系列重要讲话精神，围绕经济社会发展全局性、战略性的重大问题开展调查研究，发挥参政议政职能，提交《关于加强医院治安管理的提案》《关于春节期间限放鞭炮的提案》《关于加强园林植物废弃物资源化再利用的建议》《关于解决我市交通问题的几点建议》等优秀提案。举办“家庭理财与投资”“老年人骨质疏松的防治”“室内花卉装饰与栽培养护”等专题讲座。参与团市委、市希望工程办公室发起的“青春圆梦行动”，党员自发捐款，资助 1 名贫困家庭的优秀学子圆大学梦，资助 1 名特困孤儿小学生完成九年义务教育。

民革海港总支主委：牛志刚

【中国民主同盟海港区支部】有盟员 33 人，平均年龄 47 岁，研究生学历 2 人，大学学历 13 人。盟员中市政协委员 1 人，区人大代表 1 人，区政协常委 1 人、委员 6 人，特约监督员 4 人次。2013 年，民盟海港区支部以提高盟员素质为基础，积极参政议政，全面推进支部工作开展。在市、区两级政协大会上提交集体和个人提案 24 件，被采纳 9 件，其中《关于加快秦皇岛市创新型城市建设的建议》提案得到副市长邢留逮批示。被盟省委评为先进支部，2 人被评为省级优秀盟员，10 多人受到市、区表彰。

民盟海港区支部主委：胡孝文

【中国民主建国会海港区委员会】辖 4 个支部，有会员 59 人，其中区人大代表 2 人、区政协委员 13 人。2013 年，民建区委注重加强思想建设、组织建设、制度建设和作风建设，整体素质明显提高。认真履行参政党职能，全年编辑上报社情民意、宣传信息 40 条，其中被民建中央网站采用 2 条，民建省委采用 15 条，民建市委采用 28 条；撰写调研报告 10 篇，其中《关于再生资源回收利用体系建设的几点建议》《中小企业发展外部环境探析》被市政协、区政协、统战部采纳。《转变住宅小区管理模式改善群众安居生活环境》提案在区政协大会上被列为重点发言。被评为民建市委 2013 年度先进区委、政协海港区 2013 年度提案工作先进集体。

民建海港区委主委：王自俭

【中国民主促进会海港区工作委员会】辖第二中学支部、第四中学支部、第十八中学支部、教师进修学校支部、第十二中学支部等 5 个支部。有会员 114 人。2013 年，民进海港区工委深入开展“树、讲、聚、促”大讨论活动，组织会员深入基层、深入群众，撰写《关于加强对农村早婚早育现象管理的建议》《关于进一步落实中小学生视力保护工作的建议》《关于尽快进行电子商务立法的建议》《开展老旧小区综合整治活动，做好改善提升工作》《关于完善户外公益广告设置和管理的建议》和《增设废旧电池回收专用箱》等提案。主委张艳君主持集体调研活动，完成《提升社区活动中心教育功能，促进社会和谐发展》调研报告。参加民进市委关爱失独老人活动、民进老龄委“追求健康快乐、乐享幸福生活”重阳敬老活动和社区便民服务活动，开展亮牌示范活动，开展为贫困孩子捐书活动，累计为贫困山区孩子捐献书籍 3000 多册。第十八中学支部被评为全国宣传思想工作先进集体。

民进海港区工委主委：张艳君

【中国农工民主党海港区支部】有党员 18 人，其中本科学历 15 人，大专学历 3 人；正高级职称 5 人，副高级职称 5 人，中级职称 8 人；区政协常委 1 人，政协委员 3 人。2013 年，农工党海港区支部全体党员立足本职，服务社会，提高农工党参政议政的民主监督水平，发挥参政党的作用，圆满完成各项工作任务。提交《搞好社区卫生服务中心的建设》《关于对海港医院周边环境进行整治的建议》提案。其中，《关于对海港医院周边环境进行整治的建议》受到区委、区政府高度重视，责成相关部门积极整治。多次组织党员专家到东港镇卫生院、军安小区、人民广场义诊。雅安地震组织党员捐款近千元。

农工民主党海港区支部主委：国铁英

【九三学社海港区支社】 有社员49人，其中人大代表2人，政协委员5人，委员主要分布在医疗、教育、法律、区属机关事业单位和商业行业。2013年，组织社员深入学习中国特色社会主义理论体系、中共十八大会议精神，努力提高自身建设科学化水平。紧跟执政党建设步伐，加强思想建设、组织建设，努力建成高素质的参政党，适应多党合作事业不断发展的需要。加强基层组织建设，特别是提高领导班子和代表人士队伍建设的制度化、规范化、程序化水平，确保各项工作在制度轨道上有效运转，增强自觉履行参政党职能的使命感和责任感，为在各自工作岗位尽责出力提供强大的精神动力。认真履行参政议政职能，深入调查研究，积极建言献策，在“两会”期间提出多项建议和提案。重阳节期间，为市九三学社所有70岁以上老同志安排体检。组织义卖、捐赠活动，为福利院筹得善款3万多元。

九三学社海港区支社主委：王国光

（张　丽）

海港区工商业联合会

【概况】 区工商业联合会有基层分会组织8个（包括5个镇分会、亚泰分会、北部工业区分会、太阳城分会），异地商会1个（海港区永年商会），行业商会5个（彩龙国际建材商会、钢铁商会、古玩商会、四季青商会、淘乐城商会）；有会员842人，其中非公有制经济代表人士627人。2013年，区工商联认真学习贯彻中共十八大精神，围绕区委中心工作，积极履行工商联工作职能，创新工作方式方法，扎实开展各项活动，在参政议政、项目建设、服务会员等方面取得一定成绩，被省工商联评为县级工商联建设示范点。

【光彩公益事业】 四川雅安地震发生后，会员企业踊跃捐款，奉献爱心，区工商联副主席、秦皇岛万通房地产开发有限公司董事长马春元第一时间为地震灾区捐款10万元。秦皇岛龙凤陶瓷有限公司与中脉科技联手为中国老龄委的孤寡老人捐款7万多元。秦皇岛龙凤陶瓷有限公司董事长王杰为青龙贫困学生和困难职工捐助2.4万元。

【参政议政】 组织会员中的人大代表和政协委员参政议政，撰写提案20多件,15人获优秀代表和优秀委员称号。积极发挥监督职能，组织30名非公人士代表参与行风测评活动，推荐200名非公人士代表入选行风测评代表库。市人大常委会主任李秦生等领导在海港区听取“优化发展环境、建设沿海强市”议案决议情况汇报，与10家会员企业进行座谈，听取企业家的呼声和建议。省工商联主席刘劲松在海港区调研，给予高度评价。

【组织建设】 做好会员发展工作。发展吸收有影响、有实力、素质高并热心商会工作的非公经济人士入会，壮大会员队伍。新发展会员企业112家，会员数量年增量达到27%，会员代表性、影响力和整体素质明显提高。加强商会建设。筹建四季青商会和淘乐城商会，加强对现有基层商会的管理和指导工作。优化工商联、总商会班子结构。召开工商联七届二次执委扩大会，增补副主席7人、副会长10人，常委17人，扩充和优化工商联执委班子。

【经济联络】 加强友好商会走访。组织部分骨干会员到唐山市滦县工商联走访学习。双方工商联就工商联亮点工作、新形势下如何发挥工商联优势等问题进行探讨。拓宽工作思路，加强两地友好往来与项目合作，为促进非公经济更好更快发展奠定坚实基础。坚持走出去战略。组织部分企业家到新疆、成都、通辽等地学习考察，与新疆乌鲁木齐高新技术开发区工商联缔结为“友好商会”，走访市内的县、区工商联，加强同温州商会、南安商会、鲁商商会、承德商会、市文化产业协会的联系，促进会务水平的提高。

【会员服务】 搭建企企合作平台，为会员解难题、办实事，不断提高服务水平。开展新会员入会培训学习联谊会、商会联谊座谈会、企业家登山等多项活动，促进企业间交流合作。开展民企与高校对接活动，为奥晶玻璃公司与同济大学、河北建材学院牵线搭桥，促成校企双方合作意向。奥晶公司分别与同济大学、河北建材学院签署校企联盟单位和校外实训基地协议，将与其在企业转型升级、产品研发、人才引进、技术服务等多方面开展广泛合作，为企业发展注入新的活力和动力。结合加强基层建设年活动，开展基层走访工作。先后到东丰实业有限公司、龙盛实业有限公司、萌奇工贸公司、雷鸣玻璃有限公司、中邦贸易有限公司、金池钢材有限公司、义乌古玩城等50多家会员企业走访，为企业提供政策信息服务120条，解决困难60多件。5名会员分别获海港区科技、成长性企业和创业明星称号，每人获奖励3 ~ 5万元。

（陈永波）

人民团体

RENMIN TUANTI

RENMIN TUANTI

海港区总工会

【概况】 全区有各级各类工会组织6043个，会员17.4万人，基层工会涵盖单位4527个。2013年，区总工会紧紧围绕“全力打造一流主城区和沿海经济增长极”总目标，全力推进实施“六大工程”，务实创新，竭诚履职，不断强化自身建设，全面提升工作水平。工会组织建设、厂务公开民主管理、工资集体协商、和谐企业创建、困难职工帮扶、职工文化建设、物业公司建会、群众工作室建设等多项工作走在省、市前列。村、社区、区域、行业、楼宇建会等一些创新性工作方法得到省、市工会的肯定。92家单位被评为区级先进职工之家，101家单位达到市级职工之家标准。

【工会基层组织建设】 以农民工密集行业、企业为重点，以建立楼宇工会、市场工会、项目工会和一条街工会为增长点，突出抓好区域（行业）性工会联合会建设，不断扩大小微企业工会建会率，实现劳务派遣企业和正常经营的物业公司全部建会、劳务派遣工全部入会的目标。加强对工会组建、工作制度、发挥作用等方面的规范化建设。深化建设“职工之家”活动，引入“会员评家”机制，将“职工之家”“职工小家”建设与开展“工人先锋号”“双爱双评”等活动结合，增强基层工会的吸引力、凝聚力。继续在非公企业实施亮工会牌子、亮工会干部身份的“双亮”工程，开展“最具活力企业工会”和“最受信任工会主席”评选工作，提高非公企业工会组织的凝聚力和向心力。

【群众工作室建设】 全区企事业单位建立群众工作室632家，群众工作组织体系初步形成。制订“面对面、心贴心、实打实服务职工”工作方案，定期深入职工劳动一线，了解职工生产和生活状况。完善社情民意反馈、群众利益表达、矛盾纠纷排查调处等工作机制，畅通诉求渠道，了解群众心声。为职工提供心理咨询、法律援助等多项民生服务，搭建党与职工群众的连心桥。培树瑞通公司工会、第二中学工会、市政工程管理处工会、城管局工会、启泰物业公司工会等群众工作典型。

【职工民主管理】 以“工资集体协商推进年”“要约行动”“百日行动”为抓手，继续在重点企业建立工资集体协商机制。印发《海港区企业建立工资集体协商制度操作指南》1万多册。对基层工会干部及相关人员进行工资集体协商业务知识培训。对25人以上的建会企业职工收入情况进行摸底，采取“先易后难、循序渐进”和“先搭台、后充实、再完善、逐步规范”的方法，推进区域性、行业性工资集体协商工作。全区建立单独工资集体协商机制企业999家，覆盖职工7.85万人；建立区域性工资集体协商机制企业16家，覆盖企业967家，覆盖职工2118人；建立行业性工资集体协商机制企业4家，覆盖企业1061家，覆盖职工2156人，全区建制率达到95%。建立综治维稳工作组织网络，各镇、街道、园区总工会主席为联络组成员，企事业单位工会设立劳动争议调解组织，新建工会组织同时建立劳动争议调解组织，发挥沟通调解作用。

【经济技术创新】 开展技术练兵、优秀评比活动。培养选树市级建功立业职工标兵4人，工人先锋号集体3家。为3家劳模创新工作室授牌。开展“金牌工人”“能工巧匠”评选活动，瑞通公司王宪文被评为全省能工巧匠。开展群众性经济技术创新活动，开展“征集节能减排合理化建议”和“十佳经济技术创新成果”评比活动，收集合理化建议400多条，经济技术创新成果4个。开展“安康杯”竞赛活动，办板报50多期，刷写标语90多条。举办“安全生产”知识竞赛，参与职工2000多人。组织安全生产培训11场，参与职工2200多人。弘扬劳模精神，做好新时期劳模工作，发挥劳模在经济技术创新工作中的先锋模范作用。

【帮扶保障】 抓好困难职工救助，将7名特困职工确定为常年救助对象，保证每月米、面、油等生活必需品供给。对17名脱困无望的困难职工提供每月300元的“爱心卡”，保障其基本生活。对8名意外致困职工发放3000元救助金。开展节日救助，期间走访慰问困难职工2000多人次，发放米面油、羽绒服、毛毯等生活物资折合人民币40多万元，发放粽子、月饼等节日物资600

多份。开展解决特困职工家庭子女上大学难问题的“金秋助学”活动，全年救助困难职工子女37人，发放助学金10.3万元。暑期，开展为香海粮油、环卫工人之家、建筑工地、求仙入海处等基层企业“送清凉”活动，送去西瓜、矿泉水、绿茶等防暑降温物资；开展为环卫工人送100袋米、100袋面、100桶油、100条毛毯和100副手套等生活物品活动。组织开展职工大病医疗互助活动，对23名大病职工实施救助，救助金额5.28万元，其中为7名符合二次补偿人员发放救助金3万多元。开展职工“白内障光明项目”救助和“尿毒症肾透析”专项救助活动，全年为62名患白内障职工申请职工“白内障光明项目”救助金4.6万元；为13名尿毒症肾透析人员每人发放专项救助金5000元，为28名尿毒症肾透析人员申请“尿毒症肾透析专项补贴”。举办各种职工技能培训班13期，参训人员700多人次，帮助387名下岗职工就业。

【宣教文体工作】 积极开展职工文体活动，丰富职工业余文化生活。开展学习中共十八大精神答题活动，兴起学习贯彻中共十八大精神的热潮。开展迎“五一”职工运动会，机关、企事业单位123支代表队、900多名职工参赛。开展“中国梦·劳动美”系列活动，以征文、诗词创作、歌曲创作、公益广告创作、摄影比赛等形式推动活动开展。开展中国工会十六大职工心声寄语征集活动，共征集寄语30多条。开展“劳动我最美”全国职工微博大赛活动，激励广大职工立足岗位，凝聚力量，为实现伟大中国梦而努力奋斗。加强工会新闻宣传，扩大舆论影响，全年上报各级各类信息30多篇。其中，在全国普法办公室《普法依法治理通讯》刊发1篇，省总工会《河北工人报》刊发4篇，市级媒体刊发5篇，区级媒体刊发8篇。

区总工会主席：陈永山

（贾丽莉）

共青团海港区委员会

【概况】 共青团海港区委员会（简称团区委）有直属团组织26个、基层团支部363个。有青年4.59万人，团员1.34万人，其中学生团员4213人、农村团员7994人、其他团员1161人。直属少先队组织69个，少先队员4.02万人。2013年，团区委带领广大团员青年高举团旗跟党走，青春建功促发展，团结进取、开拓创新，在构建复合型组织体系、创新全媒体引导方式、拓展社会化服务职能，团结凝聚广大团员青年为海港区经济社会建设作出新贡献。被评为河北省“五四”红旗团委、“青春共话十八大”主题团日活动优秀组织单位、“红领巾心向党”主题教育活动优秀组织奖、优秀志愿服务组织、志愿服务先进工作单位和全市共青团系统信息调研工作先进集体。“小虎子”活动、港城志愿者QQ群等品牌活动在全市共青团工作品牌项目评选中获一等奖。

【青年志愿者工作】 做广志愿服务范围，启动暑期“志愿同心、美丽港城”环境整治工作，组建青年志愿者队伍46支，制做发放公益彩信4000多条。做专志愿服务品牌，抓住中高考、暑期、重大节日等重要时期，开展服务中高考、暑期志愿服务、“万粽一心”等活动，为考生及家长、市民游客、社会弱势群体提供服务。携手驻区高校，深化志愿服务进社区活动，组织驻区高校志愿者与社区见面对接，建立双向反馈机制，推进文明和谐社区建设。做实志愿服务保障，定期召开志愿者理事会和表彰年会，规范招募注册、星级评定、先进表彰等制度，做到有章可循、有人管事、有人做事。

【基层组织建设】 推进乡镇实体化“大团委”建设和非公团建工作，选树典型，全年新建“两新”团组织80家。协调相关部门，帮助街道团委及时足额落实年工作经费2万元，并完善机制做好经费监管。出台基层团组织考核管理办法，加强团干部、大队辅导员培训。全年开展各级各类培训20多场，培训团队干部900人次。组织“五四”青年技能拓展大赛，促使团员青年在活动中提高素质、增强战斗力。推进“百号助百村，青春在基层”活动，带领青年文明号开展下乡帮扶，宣讲党的政策方针，为困难群体办实事、送温暖。涌现各类先进集体5个，市级先进个人18人。

【青年就业创业】 发挥“海青网”作用，完善就业信息发布平台，通过“信息发布牌”“青年信箱”等载体及时发布就业信息，助推青年就业创业。联合区人劳局、银行、农村信用社等部门为70名港城青年办理小额贷款350万元。开展青年就业创业见习40人次，带动就业200多人。

【网络团建工作】 深化网络团建成果，对海港区共青团网站进行改版，提高网站的实用性和互动性。强化港城志愿者QQ群建设，发展群内会员900多人，定期开展活动，做好线上线下衔接。加强官方微博管理，动员各级团组织及团干部全部开通微博，开展青年热点讨论、拍客行动、青春映像季等活动，依托网络载体，教育青年、引导青年。

【少先队工作】 开展“红领巾相约中国梦”主题教育活动，开展第二届少儿微美文、微建议、微视图作品网上展评活动，举行全区建队节主题队日活动。以“鲜艳红领巾，七彩中国梦”“小虎子学习十八大，红领巾助力美丽中国”为主题，开展形式多样的小虎子活动。春节期间，开展“小手拉大手”减少大气污染活动，小虎子队员发出倡议，少燃放或不燃放烟花，减少雾霾天气，营造全社会关心参与环境整治的氛围。全年发放手册7万多册，开展活动400多场。

【公益帮扶】 发挥团组织优势，动员非公企业等社会力量，推动爱心公益事业发展。开展“传递爱心，书送希望”“牵手约定，爱在春天”“有爱手拉手圆梦行动”“公益天使，爱心储蓄”等各类公益活动10多场，帮扶青少年2000多人次。建立希望工程电子档案，成立爱心QQ群，定期对学校希望工程工作进行督导检查，规范资金管理，确保专款专用。全年收到希望工程专项捐款6.8万多元，资助贫困学生58人。启动共青团“和谐海港，温暖之城”暖冬行动，以“青春携手走访慰问行动”“青春引航教育帮扶行动”“青春情暖阳光关爱行动”和“青春志愿倡传文明行动”为主要载体，组织团组织在“两节”期间对弱势青少年群体进行走访慰问，累计慰问困难青少年家庭343户，送去慰问品及慰问金8万多元。

团区委书记：张　鹏（10月免）
张文静（10月任）

（赵心怡）

海港区妇女联合会

【概况】 全区有镇级妇联组织5个，街道妇联组织10个，园区妇联组织2个，区直各委办局妇委会8个，村（居）妇代会181个。2013年，区妇联从关注服务妇女民生、促进社会和谐稳定的大局出发，组织动员全区妇女解放思想、真抓实干，为实现“打造一流主城区和沿海经济增长极”总目标做出贡献，推动妇女工作再上新台阶。先后被评为省级基层妇联组织建设示范区、省级妇女儿童维权工作先进集体、市级“三八”红旗集体、市级巾帼建功先进单位、市级平安家庭创建工作先进集体。

【组织建设】 坚持“党建带妇建”的原则，推进“固本强基”工程建设，巩固壮大妇联在村居、社区、机关事业单位等单位部门的基层组织建设。推进“两新”组织的妇女组织建设，以北部工业区和临港物流园区为重点，探索建立与新经济组织发展相适应的妇女组织。全力打造“妇女之家”品牌，提高“妇女之家”的综合使用率，“妇女之家”成为宣传政策的阵地、传递信息的纽带、服务群众的窗口和展示妇女风采的平台。以开展“树讲聚促”及“解放思想、改革开放、创新驱动、科学发展”大讨论活动为契机，开展“我为妇联工作献一计”调查活动，共征集意见建议105条。组织全区妇联干部开展“下基层、访妇情、办实事”主题活动，建立起密切妇联组织与妇女群众联系的沟通平台。全年帮助妇女群众解决实际问题20多件，撰写调研文章2篇。

【“双学双比”活动】 深化“双学双比”工作，对由妇女领办或创办、以妇女为主体的农业种植项目、养殖科技女能手进行摸底，建立完善全区巾帼致富能手资料库。帮扶培育巾帼现代农业示范基地，引导她们为带动周边农村妇女科技致富、促进就业发挥作用。海港区联益种植合作社被评为全国巾帼现代农业科技示范基地。合作社专门聘请农技专家开展农业实用技术培训，走入田间地头，现场为种植户讲解农业科技知识，解决种植户在实际生产中遇到的疑难问题。

【巾帼志愿服务活动】 以服务发展大局、惠及百姓生活为主旨，开展巾帼志愿服务活动。以村居“妇女之家”为平台，为各镇、园区、街道对接3名具有法律、心理健康和家庭教育专业知识的志愿者。让居民拥有自己的法律顾问、心理健康大使和家庭教育指导师。依托区巾帼志愿服务中心，每月10日组织法律、心理、家庭教育志愿者到中心办公室为到访群众提供咨询服务，并为生活困难的群体提供免费深度服务。中心已提供各类个案服务100多人次，受到群众的肯定和欢迎。面向空巢老人群体，开展“爱心敲门”服务活动。制做“空巢老人”楼宇分布图,开展“一对一”“多对一”定位服务；印发《关爱“空巢老人”服务手册》，提升志愿者服务水平；开展“五心”服务，满足空巢老人日常生活照料、基本生活保障、心理健康抚慰等需求。创立区巾帼志愿服务活动的特色品牌，多次得到省、市妇联肯定，活动做法在全省宣传推广。

【维权工作】 举办“三八”妇女维权周、维权服务进农村、法律知识讲座、印发宣传资料、开辟法律宣传长廊，提供现场法律咨询、心理指导服务等活动，把法律宣传和维权服务送到基层，促进妇女维权意识和能力的提升。完善维权网络，做好个案维权。以区、镇（街）、村（居）三级维权站为主体，以社会化妇女儿童维权岗为补充，形成纵横交织的维权网络，为妇女儿童提供维权服务。全年接待群众信访160多人次，分别通过心理疏导、上门调解、引导进入法律程序等方式给予解决。强化源头维权，消除矛盾隐患，源头维稳促社会平安。深化平安家庭创建活动。开展“心理知识进家庭，源头维稳促平安”主题活动，举办“心灵共成长,同圆幸福梦”心理健康知识讲堂，实现家庭成员心理健康水平、人际沟通能力、家长心理健康教育水平“三提升”，减少家庭纠纷。

【“星级”文明家庭创建活动】 开展“家居环境整治”活动。印制宣传画300套，宣传展牌30块，动员广大妇女人人参与、家家行动，实现“家整洁、门前净、人清爽”。为海政里社区筹集资金2万多元，放置印有宣传标语的垃圾箱40个。创建“美丽庭院”。向广大农村妇女发放倡议书和《致农村姐妹的一封信》，为3个示范村的农户发放印有“美丽庭院，幸福家园”宣传标语的围裙1000个，在主要街巷悬挂宣传展板；组建“美丽庭院”巾帼志愿者服务队，开展“绿化庭院，美化家园”行动；联动巾帼文明岗，创办“美丽庭院”流动讲堂；将“美丽庭院”与促进乡村旅游发展结合，帮助农家乐经营户做好庭院提升。引入激励机制，评选星级示范户。示范村被评为“美丽庭院”星级示范户的农户达到85%，五星级示范户达到70%，培树区级“美丽庭院”星级标兵户20户。

【儿少工作】 开展“中国梦，我的梦”宣传实践活动。“六一”前夕，在全区小学生中举办“我的中国梦”主题征文和演讲活动，将优秀作品刊订成册，面向社会宣传发放。引导少年儿童畅谈心中的“中国梦”，从小立志为实现“中国梦”而奋斗。深入开展家庭道德教育宣传实践月活动。开展“亲子阅读”“孝敬长辈，体验亲情”“家园护绿小卫士”等系列活动，提高家长科学教子水平，营造少年儿童健康成长的社会环境。

【妇儿工委工作】 以关注弱势群体、关注民生为着力点，深化妇儿工委工作。开展“暖心行动”。在传统节日，为30多户困难家庭、空巢老人送去米、面、油等生活用品和孩子的学习用品。依托“母亲节”，开展“温馨五月、情系母亲”——关爱母亲行动，走访慰问单亲贫困母亲，举办妇女健康知识讲座，营造感恩母爱、关爱母亲的良好社会风尚。动员社会力量参与特殊、困境儿童关爱服务活动，建立“爱心驿站”，形成全社会关心困境儿童健康成长的良好氛围。制作以女性“两癌”防治为主题的专题片，提高全区女性健康保健意识。推进出生缺陷三级预防工作，以婚检知识及出生缺陷预防知识为内容，设计制做宣传彩页5万张向全区发放。

区妇联主席：杨艳莉

（李　菡）

海港区科学技术协会

【概况】 全区有基层科协17个、专业学（协）会14个、大中专院校联合会1个、民营企业科协2个、老科学技术工作者协会1个、大学生村官志愿者协会1个。2013年，区科协围绕一个中心（区委区政府中心工作），突出两大重点（提高全民科学素质，服务经济社会发展），把握三条主线（科普惠农、科普益民、科普强企），抓好五大工程（素质提升、科普惠农、科普益民、会企协作、强基固本），开展深化基层建设年和“树、讲、聚、促”大讨论等主题教育实践活动，完成年初确定的各项任务目标，主要工作继续在全市保持领先地位，并被市科协评为优秀县区科协。

【基础设施建设工作】 完善科普惠农服务体系建设，在西向河寨村等50个村开通“三农网络书屋”，在西向河村和崔庄村分别建起电子显示屏式和不锈钢材质的科普宣传栏，在王庄村和西向河寨村建起壁挂式“小小科技馆”。加强城区科普设施建设，多方筹措资金，指导帮助燕海里和文博城社区完成社区科普馆和防震减灾科普馆建设工作，在桥东里社区设立30延长米、16块艺术型展牌的科普画廊，为北环路街道和军工里社区制作不锈钢材质的科普宣传栏20延长米。

【全民科学素质建设】 及时调整补充区全民科学素质工作领导小组成员，成立协调联络组，理顺工作关系，确保工作的连续性。起草《关于加强全民科学素质建设考核工作的通知》，增强考核工作的约束性。完成迎接市科协考核及对各镇、街道、科素领导小组各成员单位的年度考核工作，促进科素工作的整体提升。

【培树科普典型】 开展培树推荐科普示范典型和申报国家、省级科普示范项目工作。华永科普示范基地被评为国家“科普惠农”项目先进单位，获奖励资金20万元；文化路街道河涧里社区被评为国家“社区科普益民”项目先进单位，获奖励资金20万元；文博城社区、东环里社区被评为省级“社区科普益民”项目先进单位，分别获奖励资金5万元。科普奖励资金用于建设社区科普馆、科普宣传栏、科普图书室及举办科普讲座、咨询及体验式科普活动。文博城社区、燕海里社区青少年科普活动室被评为省级优秀活动示范项目，区党员干部现代远程教育管理中心被评为省科学素质教育典型案例，区心理卫生协会、文化路街道河涧里社区、区中科为明青少年健康研究中心被评为市级公民科学素质教育示范单位。

【全国科普日活动】 组织开展城乡互动科普游、空中科普大讲堂、港城科普大讲堂百场巡讲、青少年科普体验、科普进军营、科普惠农金秋行动、高校专家教授企业行、科普文艺汇演等系列形式多样、内容丰富的群众性科普宣传活动。承办河北省全国科普日主场活动中秦皇岛优秀科普文艺节目汇演活动，得到省、市领导的好评。其间，举办专题科普讲座30多场，制做科普展牌120块，发放科普资料1万多份，举办科普文艺汇演2场，50多个单位2000多人参加活动，受益群众1万多人次。

【主题科普活动】 做好应急科普知识宣传。制做防治禽流感展牌20块、宣传资料5万份，在镇、街及农村、社区进行巡展宣传。邀请市气象专家到村、居科普学校，开展防雾霾科普讲座，发放防护口罩300多个，科普宣传资料2000多份。组织全国科技周活动。围绕“科技创新·美好生活”主题，在文博城社区举办宣传活动，展出宣传牌58块，发放宣传资料1万多份，解答咨询500多人次。抓好重点节庆日科普宣传。在清明节、防震减灾日、世界无烟日、环境日等节日，开展科技咨询、科普讲座、科普文艺汇演、展牌巡展等活动，制做展牌60块，发放宣传资料3000多份。开展科普进军营活动。组织心理卫生和保健养生协会的专家，到部队开展“科普进军营，关爱子弟兵”科普讲座活动。

寒暑假开展青少年科普宣传，利用青少年活动中心、社区壁挂式科技馆、防震减灾科普馆、海洋生物馆、天文知识第二课堂、科普图书室、村居科普活动室、社区科普画廊等科普阵地，开展参观学习和科普体验活动。邀请市营养师协会的营养保健专家和市中科为明青少年健康研究中心专业人士，到社区专门讲解有关青少年饮食健康和爱眼护眼科普知识。

【为科技工作者服务】 以“我为科学发展献一计”活动为抓手，听取科技工作者的意见建议，征集意见建议9件，其中转化为区政协提案2件，以其他形式反馈给有关部门7件。推荐科技工作者参选市级“两奖”，2人获市第六届优科奖。精心组织实施金桥工程，其中省重点项目2个，市级项目5个。承办中国老科协组织的老科学家科普报告团全国巡回报告会，中科院研究员李成勋为全区近600名机关干部、社区工作人员和农村党员干部作题为《增强城市软实力和实现中华崛起》科普报告。

区科协主席：李　观

（牛艳玲）

海港区文学艺术界联合会

【概况】 2013年，区文联解放思想，开拓创新，深入基层，反映民生，履行“联络、协调、指导、服务”职能，当好艺术家和党与政府之间的桥梁和纽带，一手搭平台，一手抓创作，调动一切积极因素，组织有影响力的活动，创作主旋律作品，弘扬正能量，为精神文明建设贡献力量。

【文艺活动】 开展各类文艺活动，扩大主城区的影响力。3月22～24日，由区委、区政府主办，世界诗人大会中国办事处、区委宣传部、区文联、东北大学秦皇岛分校承办的第二届海子诗歌艺术节在海港区举办。海内外十几位诗人用不同的语言演绎共同的诗情，产生良好影响。诗人北塔和作家网总编、世界诗人大会中国办事处副主任赵智（冰峰）主持题为“全球化视野下的中国当代诗歌”专题研讨会。中国传媒大学教授陆健、市书法家协会副主席乔海光、英语诗歌专家维尔、以色列诗人渡堂海、藏族诗人洛桑曲太等参加活动。区文联与燕山大学联合举办高雅音乐讲座，邀请奥地利维也纳著名音乐家彼得华斯进行演讲交流。100多名大学生和音乐爱好者相聚在燕大艺术学院宋炳方音乐教室，共享音乐盛宴。彼得华斯先生表示有机会还要到秦讲学，促进秦皇岛的声乐事业。邀请到华讲学的捷克汉学家鲁碧霞女士进行文化交流活动。组织艺术家参加市委宣传部组织的靖红利先进事迹采风活动。区美协在文化广场举办女画家作品展，彰显新一代文化女性风采；组织部分中小学美术教师到北京中国国家博物馆参观美国大都会油画展，提高中小学美术教师的艺术欣赏水平和美术素养；组织部分画家参加市美协在辽宁家碑岩举办的写生采风活动，接地气，练技术，提高创作水平。

【《海港区历史文化丛书》】 挖掘历史文化内涵，启动《海港区历史文化丛书》编写。拟编写历史文化丛书《千年谛听》《快乐行走》《幸福家园》《建筑物语》，丛书将转换视角，以新翻杨柳的方式，展示海港区的独特魅力，城市与美景互融，传统与现代携手，欢乐与和谐共生。在全面挖掘展示海港区历史文明、展示海港区美丽风光的同时，注重历史的真实性和可读性、娱乐性的结合。

【艺术创作】 狠抓精品创作，文学艺术创作硕果累累。赵永红的诗歌《大峡谷》被捷克汉学家鲁碧霞翻译成捷克文在《布拉格时报》发表，歌词“为了我”被评为河北省燕赵十佳歌词。渐冻人曲晶的励志散文集《飞翔的蜗牛》在当当网上架，在全国产生强烈反响，被北京农业大学、北京大学等高等学府邀请参加真人图书系列活动。她的散文《三个人的“长征”》《旅游体验报告》《残疾人旅游攻略》发表于《中国残疾人》杂志2013年第2期。吴晓松的诗词作品获中华诗词学会主办的“杏花村中华诗词大赛”优秀奖。封振国的随笔《焦灼情绪表述里的工业风景》发表于《美术观察》，散文《海上月》获吴伯萧散文优秀奖。书坛新秀李昌入展全国首届楷书展、由中国书法家协会主办的首届钟繇奖书法篆刻作品展、首届云峰全国书画大展。青年书法家孙勇入展由中国书协举办的隶书展。陶殿宝入展由中国书法家协会、广东廉江市政府主办的“廉江红橙奖”全国书法作品展。

【助人为乐】 赵永红把素不相识的藏族姑娘次仁央金接到家中医病的先进事迹被多家网媒报道，被评为中国文明网2013年12月中国好人榜候选人，被河北新闻网评为河北雷锋候选人，被燕赵都市网评为感动河北提名奖。

区文联主席：张鹤云

（赵永红）

海港区残疾人联合会

【概况】 全区有残疾人7744人，其中，视力残疾729人、听力残疾384人、言语残疾34人、肢体残疾4617人、智力残疾829人、精神残疾685人、多重残疾466人。2013年，区残联站位全局谋划工作，以健全残疾人社会保障和服务体系、保障残疾人权益为主线，以改善残疾人民生为目标，推动残联工作全面开展。全年组织新闻单位集中采访9次，向中残联、省残联、市残联投递信息60篇，中残联、省残联采用信息40篇，《秦皇岛日报》《秦皇岛晚报》发表文章8篇，秦皇岛电台、秦皇岛电视台报道9次。被中残联评为“两刊”宣传工作先进单位，被省残工委评为全省残疾人就业保障金征缴工作先进单位，被区委、区政府评为文明单位。

【残疾人就业】 坚持“以技能促就业”的工作方针，开展农村残疾人实用技术培训，培训残疾人225人次。选派36名残疾人参加市残联举办的插花、面点制作、计算机应用等培训。全年新增残疾人就业（创业）52人。被省残联确定为省级残疾人职业技能培训示范基地。抓住残保金地税代征的时机，做到征期前上门服务，征期时严格年审，征期后依法补缴，全年征收残保金674万元。

【康复工作】 为456名残疾人开展康复服务。配发助听器100件，助视器200件，救助贫困精神病患者84人，为54名贫困精神病患者发放每人1500元的贫困精神病患者集中托养补贴，举办盲人定向行走培训，组织5名脑瘫儿童到市慈善医院康复训练，为5名贫困聋儿每人发放康复训练费1.2万元，为脑瘫儿童配发儿童轮椅9件，假肢装配4人，发放其他辅助器具40套件。为北环路街道西城里社区、河东街道工人北里社区和北港镇西连峪村配备康复器材33套件。

【残疾人维权信访】 发挥法律援助中心作用，为2名残疾人提供法律援助。实行领导现场接访制度，落实24小值班制度，处理各类问题3件。开展残疾人机动轮椅车燃油补贴发放工作，及时将2013年的燃油补贴7.98万元发放到位。为30户贫困残疾人家庭实施无障碍浴室、增加扶手、修建坡道等改造工程。举办首届“心手相牵，走向春天”相亲交友活动，为有交友需求的残疾人搭建相互交流的平台。

【扶贫解困】 春节前夕，筹集资金6.5万元，为136户贫困残疾人送去米、面、油等年货和慰问金。在“一联六促、访解帮带”活动期间，在助残日、端午节、中秋节等节日，对贫困残疾人开展救助。实施高中以上阶段贫困残疾学生及残疾人子女资助行动，建立残疾学生及残疾人子女数据库，资助残疾学生及残疾人子女35人。联络爱心企业家，筹集资金5.7万元，帮助14名贫困残疾人子女完成学业。确定农村特困扶持户328户，市、区两级发放用于扶持农村特困残疾人脱贫的扶贫资金17.8万元。依托海港区残疾人托养中心开展重度智力、精神残疾人托养服务，通过入户反复筛查，为符合条件的残疾人实行托养服务。

【基层组织建设】 采取集中办班、专家授课、外出培训等方式，有计划地开展残疾人证办理、实用手语、信息宣传及残疾人法律法规等业务培训，全年培训残疾人工作者649人次。建立和完善岗位聘任制，在落实189名残疾人专职委员考核及聘任制度的基础上，注重能力培养，开展入户走访100户、发放政策宣传材料1万份、组织社会保障调查1000人活动。

【青年志愿者助残行动】 成立助残志愿者联络总站，开展“关爱残疾人志愿服务”专项行动，组织医疗志愿者深入残疾人家中，免费为残疾人提供测量血压、心脏检查等居家医疗服务；联系“帮助身边人”基金的工作人员，为6户特困残疾人家庭分别送上救助金300元；与文化助残志愿者走进残疾学生家中，免费为孩子们提供语文、数学及美术等家教辅导；爱心志愿者主动为出行不便的残疾人提供轮椅出行服务，协助外出购物、购药和康复训练。成立爱心驿站，为残疾人提供个体咨询、心理健康辅导和讲座。

【残疾人活动】 组织有才艺的残疾人参加“中国梦，我的梦”残疾人艺术大赛。赵晖朗诵的《在山的那边》获得语言类比赛一等奖，王宜明的二胡表演和陈达的萨克斯独奏分别获得器乐类比赛二、三等奖。联合蓝翔孤独症康复中心共同举办“大爱启航，情暖孤独”关爱孤独症儿童公益活动。组织市骨科医院的医务助残志愿者深入文昌里社区、北部联合社区开展免费义诊。带领30名残疾人畅游逸城公园，开展欢乐游园活动。举办海港区第四届残疾人趣味运动会。联合市骨科医院、王斌眼镜公司，为燕山大街街道40多名居民做免费眼科检查。

区残联理事长：魏　琦

（尹　路）

法　治

FAZHI

FAZHI

审 判

【概况】 2013 年，海港区法院认真践行“司法为民、公正司法”工作主题，组织开展“强化管理建设年”活动，全面规范和加强基础建设，各项工作取得新的进展。全年办理各类案件 1.17 万件，结案 1.1 万件，结案率 94.1%，审判质效考核始终名列全市各基层法院首位。13 个集体和 41 名干警个人受到上级表彰奖励，其中杨超被评为全国优秀法官。

【刑事审判】 始终对严重、暴力、多发性犯罪保持严打高压态势，依法审结省委督办的“12·31”王志红等人非法采矿、抽逃出资和虚开增值税专用发票等重大刑事案件；组织开展“打黑除恶”专项斗争、打击“两抢一盗”专项行动和危害食品药品安全、非法集资、危险驾驶等犯罪专项治理，集中公开宣判 3 场次；依法判处 10 年以上有期徒刑 47 人。全年办理刑事案件 623 件，结案 599 件，结案率 96.2%。

【民事审判】 研究制订《关于为沿海一流主城区建设提供司法服务和保障的实施意见》，从 26 个方面提出司法工作的基本理念和原则要求，通过印发《工作提示》等形式，针对审判工作中应树立的理念、应把握的政策、应关注的事项、应解决的问题等提出工作意见和建议。全年受理民商事案件 9389 件，结案 8845 件，结案率 94.2%，其中调解撤诉率达到 92.4 %，同比上升 1.2 个百分点。

【行政审判】 探索行政协调机制，监督和支持依法行政。坚持监督与支持并重的原则，维护合法行政行为，纠正违法行政行为，特别是在审理涉及重大经济建设和社会稳定的案件时，发挥行政审判作为缓解社会矛盾“减压阀”的作用，运用协调的方式解决纠纷，舒缓官民矛盾。全年办理行政案件 185 件，结案 177 件，结案率 95.7%，其中协调和解率 49.8%。加大贪污腐败和失职渎职犯罪行为的教育、防范和惩治力度，全年办结贪污腐败和失职渎职类案件 8 件，依法定罪处罚 8 人、免予刑事处罚 1 人。

【执行工作】 认真解决形成执行难的本源性、机制性问题，健全执行工作长效机制，建立执行信息查询系统，加大对执行“老赖”网上曝光、依法打击和限制离境等工作力度，组织开展民生类案件集中执行专项行动。全年办理执行案件 1465 件，执结 1352 件，执结率 92.3%，司法处罚和移送追究刑事责任被执行人 5 人，执行款到位金额 1.7 亿元。

【立案工作】 加强对立案工作人员的职业道德教育，强化为群众服务的意识，热情接待当事人。完善案件的流转管理，制订相应的管理制度。加强对疑难案件的研讨力度，利用每周五的学习日，组织全庭人员讨论案件，立案质量得以提升。加大与社会相关部门的沟通力度，力争在诉前化解矛盾。特别是对拆迁、征地补偿、房屋买卖等有社会影响力的案件，及时反映情况，化解矛盾。推进保险合同纠纷诉前调解机制的建设和运作。加大司法救助的力度，对经济困难的当事人减、免、缓诉讼费用。

【信访工作】 开展不稳定因素排查，做到集中排查与每日排查结合，普遍排查与重点排查结合，涉案隐患排查与安全隐患排查结合，对已经信访或扬言信访的以及当事人对裁判结果和办案过程有不满情绪的，一律纳入信访案件排查范围。对排查确定的重点案件，落实院长第一责任人、常务副院长负主要责任、分管副院长负直接责任、业务庭长和办案人负具体责任，采取重点案件逐案会诊，一般案件逐案攻坚的具体工作措施，并将重点信访案件及时上报，依靠区委和市法院统一协调落实稳控和化解措施，推动涉诉信访工作机制不断完善。

【审判质量管理工作】 坚持系统谋划、科学组织、全面推进原则，探索建立审委会、院长、庭长、审判员、书记员共同参与的审判管理工作体系，完善上对下监督、后对前监督及相互监督并存的动态审判管理模式。强化网上办案工作，全面安装使用法律条文检索、法律文书纠错等办案软件，加大审判工作技管力度。发挥审管办职能，每月对各业务庭审判工作运行情况进行分析通报，创设并印发《审判工作指导》专刊20期，及时提出加强和改善审判工作的意见。全年结案率同比上升3.1%，调撤率同比上升1.5%，当庭裁判率同比上升5.2%，审判质效实现大幅提升。

【办案监督】 以审判流程计算机软件控制为手段，强化对各办案环节的监管；加大司法公开力度，及时将审判、执行工作动态通过网络、信息、宣传等途径进行公开，做好裁判文书上网、庭审直播、审判信息电子查询等工作，推进阳光司法；高度重视党委、人大、政协监督意见的落实，全年受理党委机关监督意见21条、人大督（转）办案件12件、人大代表和政协委员意见建议48条；在互联网增设院长信箱，在全省法院系统首批开设官方微博。

【调研、信息、宣传工作】 加强调研信息宣传队伍建设，健全完善激励机制，调研、信息、宣传工作取得突破性进展。全年上报调研文章56篇，院内刊发、上报中院或其他部门22篇；上报信息351篇，院内采发125篇，区委研究室采发74篇，市中院、市政法委采发51篇，省高院采发47篇。向各级媒介报送宣传稿件260篇，被采用183篇，其中国家级采用2篇，省级采用68篇，市级采用97篇，区级采用16篇。

（李春香）

检　察

【概况】 2013年，海港区检察院以“解放思想、改革开放、创新驱动、科学发展”大讨论活动为契机，以职业化建设和规范化建设为方向，以检察文化建设和信息化建设为抓手，履行法律监督职责，提升执法规范化建设和队伍职业化水平，各项工作取得积极进展。

【服务全区经济社会发展大局】 围绕加快转变经济发展方式主线，发挥打击、预防、监督、教育、保护等检察职能作用。积极参与整顿和规范市场经济秩序，依法开展打击制售假冒伪劣商品、非法集资、侵犯知识产权等专项治理活动，批捕、起诉涉嫌金融诈骗、非法集资等破坏市场经济秩序犯罪案件的犯罪嫌疑人81人。保障政府企业投资安全，对区市民中心等8个国有投资亿元以上在建项目全程跟踪预防。完善行贿犯罪档案查询系统，对区财政资金采购项目试行供应商行贿犯罪档案查询329次。依托派出巡回检察室，推进基层建设年活动，开展涉农惠民资金专项调查，举办村级“两委”班子法制讲座12场。

【查办职务犯罪】 加大查办职务犯罪案件力度，突出查办重点领域、重点部门和群众反映强烈的职务犯罪案件。坚持以专项工作为重点，以侦查一体化为手段，开展医疗卫生、林业、土地、税务、司法等行业的专项整治活动。全年立案侦查贪污贿赂犯罪案件8件、23人，大要案6件、21人，国家机关工作人员贪污贿赂案件4件、17人。立案侦查渎职侵权犯罪案件5件、9人，其中司法工作人员3人。严肃查处抚宁县和卢龙县公安、交通系统工作人员涉嫌受贿、滥用职权案等一批有社会影响的案件，为国家挽回经济损失500多万元。推进预防职务犯罪工作。开展预防教育“五进”（进机关、进企业、进乡镇、进社区、进学校）活动，聘请预防联络员22人，创新制做廉政广告、预防宣传片、预防手机报、公益海报等，开展法制宣传。组织宣讲团到市海事局、北港镇政府等开展法制授课10场，受教人数2300多人。

【打击刑事犯罪】 推进平安港城、和谐港城建设，依法履行批捕、起诉职能，配合公安机关开展“打黑除恶专项斗争”，严厉打击涉黑涉恶、严重暴力犯罪、多发性侵财犯罪、危害食品药品安全犯罪等犯罪活动。依法批捕刑事案件407件、540人，起诉526件、765人。依法办理黑龙江省李金、赵玉、孙忠军涉嫌重大团伙抢劫案，辽宁省董起涛涉嫌多次抢劫、强奸案，金洪武等32人涉黑专案，王凤和持枪故意杀人案等一批有重大社会影响的案件，维护人民群众合法权益，增强人民群众安全感。综合运用执法办案风险评估预警、检调对接机制等措施，从源头上预防化解矛盾。完善刑事被害人救助制度，依法对2名刑事被害人提供救助，促成当事人和解63件。

【创新社会管理】 积极参与社会治安防控体系建设，加强对校园、城区、城乡结合部等区域的重点整治，向有关部门提出检察建议17次，帮助其清除隐患。完善社区矫正监督机制，依法监督执行中存在的脱管、漏管问题。创新未成年人刑事检察工作，完善对未成年犯罪嫌疑人的社会调查、心理评估等机制，启动全市首例不起诉暨犯罪记录封存宣告。与市中等专业学校、团区委等联合成立未成年人观护帮教基地，对涉罪未成年人开展诉前引导、庭审感化、案后帮教，被团中央授予“青少年维权岗”称号。

【法律监督】 落实省、市人大常委会《关于加强检察机关法律监督工作的决议》，综合运用监督立案或撤案、抗诉、纠正违法、检察建议、检察意见、违法行为调查等手段，强化刑事、民事、行政诉讼法律监督。加强刑事立案侦查监督，监督侦查机关立案52人，监督撤案19件，纠正漏捕43人，对侦查活动中的违法情况提出纠正意见38件。加强刑事审判监督，提起刑事抗诉6件，法院全部重审。规范非监禁刑执行，对因管理制度漏洞造成脱漏管问题，提出口头建议53次，纠正违法通知书48份，对相关人员帮教谈话400多人，依法监督收监2人。加强民事审判、行政诉讼监督，受理民事行政申诉案件55件，提出抗诉4件、再审检察建议3件，监督民事执行案件2件，督促起诉、支持起诉8件。

【自我监督】 完善案件集中管理工作，实行办案责任制和错案追究制，通过网络流程监控和业务监督平台，对办案进行实时、动态监控。坚持经常性的执法检查，开展法律文书审查、案件质量评查等专项检查，加强法律文书管理、规范工作。组织干警参加“河北讲堂”、新《中华人民共和国刑事诉讼法》知识竞赛、应用软件培训等活动，与燕山大学开展“检校共建”，选送、保障干警参加在职学习，促进队伍职业化水平提升。自觉接受人大和社会监督。邀请代表、委员和社会各界开展观摩庭审、视察专项检察工作，定期向全区400多名代表、委员寄发专刊1500多份，5次召开专题座谈会征询代表、委员的意见和建议。保障人民监督员全面履行职责，监督自侦不立案案件6件。

【检务保障】 加大办案科技投入，加强侦查指挥、证据收集、交通通讯、安全防范、检验鉴定等装备建设。为干警安装完备的法律法规查询系统、办案制度电子书库、法律文书电子范本等应用系统，促进工作质量和效率的提高。高度重视网络舆情，组建专职队伍，不断提升新媒体时代舆情引导能力。

（谷佳佳）

公　安

【概况】 秦皇岛市公安局海港分局以奋力打造沿海一流主城区为目标，践行民生警务，促进民生幸福，公安工作取得新进步。平安建设再上新水平，基层基础形成新格局，队伍建设取得新成果，暑期警卫任务和大型活动安全保卫工作取得重大成果。

【社会政治稳定】 始终把维护国家安全和政治稳定作为首要政治责任，加强国保工作和专业队伍建设。全年排调各类矛盾纠纷1766件，对283条网络舆情、2246条负面信息进行及时导控和删堵；妥善处置秦港集团合同工冲击北戴河、金舍博贤苑业主到市政府群体访、戈瑞鑫公司员工集体进京访等群体性事件85起。执行宗教场所信教群众活动现场保卫8次；完成中共十八届三中全会、两会、国际葡萄酒节等安保任务，实现“绝对安全、万无一失”的工作目标。

【暑期保卫】 坚持以“六防”为重点，加强暑期警卫和大型活动安全保卫，做好实地踏查、制订应急和疏散预案、绘制警卫方案示意图等前期准备工作，圆满完成暑期警卫任务和大型活动安全保卫。全年执行暑期警卫任务29次，圆满完成

2013年庙会、市区两会、2013年龙舟大赛、谁是球王、彩色周末、2013年科技展、2013年现代杯四国足球邀请赛等系列大型活动的安全保卫任务，共61宗、186场次，出动总警力6600多人次，受到领导和群众好评。特别是在中共十八届三中全会安保工作中，白塔岭派出所积极稳控预谋在燕山大学制造个人极端事件的重点人员，受到公安部常务副部长杨焕宁、省政法委书记张越等领导的批示表扬。

【严打整治】 全年立刑事案件4112起，同比下降14.71%，破获案件2826起，同比上升51.12%。其中，杀人、抢劫、强奸、绑架等8类主要案件发案466起，破案506起（包括积案、外协案件），抓获各类作案成员1107人，打掉犯罪团伙43个，抓获团伙犯罪成员166人，破获团伙案件165起。移送起诉702人，抓获网上逃犯410人。开展"亮剑""打四黑除四害"、打击"两抢一盗"等专项行动。打掉以金洪武为首的黑恶犯罪团伙，抓获团伙成员57人，破获查实案件30起。破获安盛房地产合同诈骗案、邦家公司非法吸收公众存款案、太阳城特大网购诈骗案等涉众经济案件，端掉"中绿"特大传销组织。全年破获涉毒案件284起，打击处理357人，查获毒品1468克、毒资29万元。捣毁生产假冒劣质食品药品黑窝点13处，涉案金额750多万元。刑事技术中队勘验各类现场829起，现场勘察系统录入2113起（其中无现场勘查1284起），录入率255%，全市排名第一；现场提取指纹417枚，提取率49%；提取足迹755枚，提取率91.1%；现场生物检材提取率29.4%；在分局网上发布预警信息25条，串并案件56串209起；尸体检测197具，活体鉴定1196起，收集违法犯罪嫌疑人DNA样本3455份；通过指纹破案66起。

【治安管理】 全年受理治安案件1.96万起，查处1.46万起，查处率74.27%；行政处罚治安违法人员1.47万人，其中行政拘留663人，罚款3930人，警告335人，其他处理9811人。深化"19+2"巡控机制，将社会面巡逻与设卡堵截结合，最大限度地将警力摆上街面，整合视频监控网络，对社会面和重点部位进行常态化视频巡控，全年社会面发案同比下降26.7%。依托志愿者协会，发动志愿者6000多人在居民小区、厂企内部开展巡逻防范，并利用互联网、板报、印制宣传册等形式开展防范宣传，提升群众自防意识。扩展"天网工程"覆盖面，新增视频监控探头230多个。以"治爆缉枪专项行动""灭枪治爆专项行动""集中整治民用爆炸物品、剧毒危险化学品、放射性危险品、管制刀具专项行动"为抓手，强化制度管理，狠抓责任落实，全年收缴子弹275发、小口径子弹230发，收缴汽枪3支、小口径长枪2支、五连发长枪1支、仿真枪3支，刑事拘留1人，行政处罚46人。端掉私藏烟花爆竹、灌装液化气黑窝点65处。强化行业场所管控，责令4家存在设置赌博机行为的电子游艺场所停业整顿，查封6家无证照电子游艺场所，查处场所内卖淫嫖娼案件3起，取缔洗浴场所1家。

【人口管理】 全区共有人口57.87万人，20.63万户，其中男性28.83万人，女性29.04万人，全年出生6187人，死亡2954人。积极落实公安部户政管理便民利民措施的工作规定，所有户籍窗口实行双岗，确保正常办公，节假日提供户籍、身份证受理服务。为未携带居民身份证、户口簿等有效身份证件，需入住旅馆的中国大陆公民提供身份证明服务；为新生儿取名免费提供本市、县范围内重姓名人数查询。按照业务规范办理业务，按照工作时限要求办结各项业务，采取多项措施，加强和改进流动人口服务和管理工作。推行流动人口居住证制度，加强信息化管理。加强流动人口和出租房屋日常管控，落实入户访查制度，实现辖区入户访查工作常态化。开展清理流动人口和出租房屋的"洗楼行动"、暑期前清理流动人口和出租房屋等专项行动，清理流动人口5.79万人、清理出租房屋2.4万户、办理备案证3007个、办理居住证1.15万人、处罚房主15人、抓获各类嫌疑人90人、治安处罚165人、抓获各类逃犯22人。推行"以房管人"工作模式，签订"治安责任保证书"，落实房主和雇主的治安责任。全年登记流动人口9.84万人，办理居住证8.04万个，办理出租房屋备案档案1.23万份，代收房屋备案费69.89万元，代征租赁房屋税447.18万元。

【社区警务工作】 将社区警务工作做为重点来抓，派出所总警力416人，占全局总警力的49.58%，(均不包括文职)。在公安分局原有176名流动人口专管员基础上，从区直单位抽调100名年轻干部到派出所，辅助社区民警开展为期两年的社区警务工作；由财政拨款招聘30岁以下、大专以上文化程度的专职辅警50人，安排到社区开展辅警工作；在行政村推行“一村一警”，由村委会出资在每个村选任1名村委(有条件的村可以另聘)担任辅警，立足本村开展警务辅助工作，选配村警77人。制订《警务辅助人员管理办法》《关于进一步加强和改进社区和农村警务工作实施意见》，明确社区和驻村民警“五大任务”“十项职责”。

【执法规范化建设】 深化执法规范化建设。建成分局集中执法办案中心1个，派出所集中执法办案中心19个，独立办案场所18个。实现全部案件的审讯工作在执法场所进行并进行全程视频录像。19个派出所全部建成独立办案区，办案区进行物理隔离，讯问室、询问室、信息采集室、辨认室、储物柜、金属探测器等设备齐全，所有涉及的摄像头完好通畅并处于开通使用中。坚持规范执法，提升公安机关执法公信力。加强执法培训，针对执法工作中存在的突出问题开展经常性、针对性的短期培训，组织民警参加重大疑难案件庭审旁听。强化网上监督，依托信息化手段，实现对执法办案的全程监督。落实案件审核把关制度和执法办案责任制度，全年审核案件1817起，其中行政案件756起，刑事案件1061起；办理行政复议案件3起，行政诉讼案件16起；接待信访投拆27起，办结16起。

（王　颖）

司　法

【概况】 2013年，全区司法系统紧紧围绕推进社会矛盾化解、社会管理创新和公正廉洁执法三项重点工作，认真履行司法行政职能，突出在履职能、强宣传、重防控、抓调处、维民权、保稳定上下功夫，在加强队伍建设提升素质上下功夫，司法行政工作扎实有效开展。

【普法宣传】 抓亮点，增强普法吸引力。依托“基层建设年”等载体，向辖区居民宣传法律常识。全年开展各项普法宣传活动200多场，制做发放“学法、守法、维权、和谐”公民常用法律知识一本通3万册、普法购物袋3万个、为镇、街道、园区购置普法光盘、为各村居采购法律书籍。将秦皇植物园打造成海港区法治文化公园。建设法治文化长廊60米，设置28块展牌，供居民观看学习。加强海港区普法网站的建设和管理。建立社区QQ群，在社区微博开设《案例说法》等法制宣传栏目，社区居民足不出户就可以了解辖区法制建设情况。抓重点，增强法律宣传效果。发挥法制副校长职能作用，开展形式多样的普法宣传活动，讲授法制课150场。举办第二届普法夏令营活动，举办主题活动6期，参与学校12所、学生1500人。将力量和资金向基层倾斜，拨付燕山街道、建设大街街道和东港镇法治文化展牌制做经费2万元，打造天洋社区、建设大街街道和西向河寨村等高标准的普法示范社区（村）和普法示范机关。制发《关于进一步加强法制宣传阵地建设的实施意见》，将全区173个法制宣传重点村（居）建设具体责任明确到人，定期进行督察督办。抓热点，增强普法实用性。“两会”期间组织涉及铁路沿线安全的镇、街、村、学校针对森林防火、食品安全等社会热点开展法律宣传活动。开展“深化法制宣传教育为实现伟大中国梦营造良好法治环境”主题征文活动。

【人民调解】 组织建设进一步加强，组建行业性、专业性调委会，成立海港区农贸市场人民调解委员会。全区有人民调解委员会256个，人民调解员1431人，形成覆盖全区的人民调解组织网络。河东街道司法所长张武媚创新一套“扇形”纠纷调解机制，推广调解纠纷“钝化法”，被司法部授予全国“模范人民调解员”称号。全年全区排查调处各类民间矛盾纠纷1556件，调解成功1547件，成功率达99.4%，没有发生矛盾激化和民转刑案件。

【安置帮教】 加强衔接、帮教和安置工作。工作中重点做到“四个及时”：及时造册建档、及时家访、及时进行法制教育、及时落实帮教措施，实现衔接、帮教、管控的无缝对接，重新犯罪率一直处于控制线以内。解决特殊人群特别是“三无”人员过渡安置问题，缓解其生存压力，建立社区矫正和刑释解教人员安置帮教基地。全区有刑释解教人员591人，其中刑满释放577人，解除劳教14人，已全部衔接，落实帮教人员，无一重新犯罪。

【社区矫正】 做好审前调查工作。及时到服刑人员所在辖区派出所及家里，开展调查走访工作，全年开展审前调查61次。做好教育矫正工作。依据每个人的生活经历、犯罪原因、认罪悔罪态度、家庭情况制订矫正方案，分类开展思想教育矫正，年内对不服从管理的矫正人员进行警告4人，提请撤销缓刑1人。做好督导检查工作。定期到司法所进行督导检查，特别是在重大节日及敏感期，核查在册人员相关情况，严防出现漏管现象。全年接收入矫人员188人，解除矫正125人，在册436人。

【法律服务】 加大监管力度。加强对法律服务市场的监督管理，定期走访检查，对不合格事项提出整改期限和要求，对表现优秀的法律服务所和个人进行表彰，年度投诉率为零。拓展援助渠道。创新法律援助措施，办理劳动争议、财产继承、交通事故等群众普遍关注的社会热点难点案件。办理各类法律援助案件555件,同比增长21%。整合完善“148”专线咨询服务、受理法律援助等各项联动功能，拓宽服务领域，全年解答法律咨询2000多人次。成立2个专项法律服务工作站，在区信访局设立法律援助工作站，为信访群众提供法律援助。成立农民工法律援助工作站，办理涉访涉诉案件3件，受理拖欠农民工工资案件215件，讨回农民工工资30多万元。海港区法律援助工作连续7年被省司法厅授予法律援助工作先进单位。

【公证工作】 服务于海港区的经济建设，参与城市区的拆迁工作，进行现场公证7次，协助解决碧海云天物业纠纷2次。强化便民措施，全年为生活困难群众提供减免8人次，减免公证费1.2万多元，为老弱病残当事人提供上门服务10多次。全年办理各类公证事项1.01万件。

（李艳红）

农业和农村经济

NONGYE HE NONGCUNJINGJI

NONGYE HE NONGCUNJINGJI

种植业

【概况】 2013年，区农业局以“树、讲、聚、促”大讨论活动为契机，以“农业增效、农民增收”为目标，突出工作重点，狠抓农业产业结构调整，推进农业和农村经济平稳发展。全区落实粮油总播种面积3708公顷，其中粮食播种面积1979公顷，单产5584公斤，总产1.11万吨。玉米播种面积1221公顷，单产5871公斤，总产0.72万吨；水稻播种面积35公顷，单产7457公斤，总产261吨；谷子播种面积54公顷，单产2889公斤，总产156吨；高粱播种面积55公顷，单产3236公斤，总产178吨；豆类播种面积357公顷，单产2815公斤，总产1005吨；薯类播种面积257公顷，单产8879公斤，总产2282吨；油料播种面积680公顷，单产2451公斤，总产1667吨。

【项目建设】 坚持把抓农业项目作为增加农民收入的主要抓手和根本途径，重点抓好测土配方施肥、栗园休闲农业园区建设、西连峪山野菜采摘基地、海港区农村清洁工程等项目。

测土配方施肥项目。试验地点在东港镇东向河寨村，试验占地面积0.27公顷，分田间肥效试验和肥效校正试验，试验设35个处理。完成试验方案编写、肥料配比、土样和有机肥样的采集、追肥、玉米田间样品采集、收后土样采集、样品室内脱粒等系列工作。正在进行数据整理、试验报告编写。

栗园休闲农业园区建设项目。位于海阳镇栗园村，从2009年开始筹建，总投资4500万元，完成投资2600万元，完成120个温室的改造升级和原有温室加固，对园区水、电、路等基础设施进行全面维修建设，按照2013年河北省“菜篮子”产品生产扶持项目蔬菜标准园基地建设考核验收标准要求做好准备，迎接专家现场评审验收。

西连峪山野菜采摘基地项目。项目总投资1000万元，占地面积333.33公顷，已进行山地改造、修缮道路、改造水利、采摘设施等，引进山野菜品种20多个。

农村清洁工程项目。项目第一批涉及9个村，第二批计划43个村，制订海港区环境整治农村清洁项目实施方案，成立领导小组，明确各项目村建设任务。全年项目村粉刷标语墙壁3390延长米，清理垃圾1.28万立方米，修建雨污水沟3000延长米。

【农业生产】 引进作物新品种26个，落实玉米高产示范、玉米品种比较试验、花生品种比较试验、青食玉米品种比较试验、豌豆选种试验、测土配方施肥项目田间肥效试验及肥效校正试验、黑豆示范、黑芝麻示范粮油等8项试验示范项目，占地面积3公顷，涉及品种36个。

玉米品比试验。占地面积0.4公顷，参试品种18个，5月27～28日播种，参比品种有金禾369、新东单213、丹玉67、和玉1、新富友9、京科301、郝玉723、中迪985、辽单678、强硕68、丹玉402、明玉2、致泰1、象育513、葫新698、沈玉26、雅玉27、良玉3。表现好的有：金禾369，每公顷产量1.44万公斤；明玉2，每公顷产量1.27万公斤；新富友9，每公顷产量1.24万公斤；新东单213，每公顷产量1.14万公斤；丹玉402，每公顷产量1.07万公斤。

花生品比试验。占地面积0.2公顷，参加试验品种10个，5月10日播种。参比品种有冀花4、新华14、花育22、白沙1618、冀油4、花育19、太行8、鲁花14、白花生、黑花生。产量高的分别为：太行8，每公顷产量5947.5公斤；冀花4，每公顷产量4864.5公斤；花育22，每公顷产量4815公斤；鲁花14，每公顷产量4238公斤；花育19，每公顷产量3966公斤。

玉米示范。示范面积2公顷，示范品种3个，品种有中地77、沈玉21、东裕108（示范地点北港镇高岭沟村）。表现最好的有：中地77，每公顷产量2.15万公斤；沈玉21，每公顷产量1.82万公斤；东裕108，每公顷产量1.64万公斤。

【农村灭鼠工作】 加强农村灭鼠工作，有效控制流行性出血热疫情及鼠类造成的危害。做好春秋两季农村灭鼠工作，成立农村灭鼠工作领导小组及督导小组，对全区灭鼠工作进行安排部署，分别在春秋两季灭鼠前下发开展农村灭鼠工作的通知和实施方案。灭鼠前下发《农村灭鼠技术问答》

等宣传资料，全年发放宣传资料5万份，保证农村每户有一张“明白纸”，利用广播、黑板报宣传灭鼠知识，做到家喻户晓，人人皆知。统一购进低毒杀鼠剂——溴敌隆饵料下发到各镇，镇、村，按照“三统一”（统一时间、统一用药、统一投放）、“五不漏”（不漏村、不漏户、不漏单位、不漏房间、不漏死角）原则集中投放鼠药，以确保灭鼠效果。全年投放鼠药5万袋。搞好鼠情监测。在东港镇王庄村设立农舍鼠情监测点，监测点每次放50个鼠夹（共10户，每户5个鼠夹）。每月15日和灭鼠当月投药前3天、投药后连续3天采用鼠夹法进行鼠情监测。从监测结果看全区鼠种类基本为小家鼠、褐家鼠、小田鼠3种，前5次平均鼠密度为百夹2只，投药后平均鼠密度为百夹0.6只。

【新能源工作】 出台优惠政策。按标准建池，经验收合格的建池户仍享受优惠政策，即每个10立方米沼气池补助500元。做好沼气池建设督导与技术指导。技术人员多次深入镇村养殖户、蔬菜种植户搞好建池技术及沼液利用等知识宣传，解答农户咨询问题，对建池户存在问题提出改进意见。做好全区大、中型及农村户用沼气池数量的统计工作，做好2012年“全国农村可再生能源统计汇总表”填报工作。加强沼气池安全管理，确保建池户用气安全，下发《关于开展沼气池运行排查工作的通知》《关于做好入冬前沼气工程管护工作的通知》，要求各镇对辖区已建沼气池进行全面的运行情况调查，填写沼气池安全排查表，建立沼气池安全管理档案，发现安全隐患及时上报。下发《沼气池安全越冬技术指导》宣传资料6000份。技术人员不定期深入到池容100立方米以上沼气池用户，了解运行情况，帮助解决存在问题。做好沼液利用技术示范。选定宝洪果菜专业合作社蔬菜棚作为沼液利用示范点，西红柿，豆角、黄瓜、杭椒等果菜类蔬菜为示范作物，果菜类整个生长期浇灌沼液4次，间隔15～20天，沼液浇灌的蔬菜秧苗长势健壮、叶色深绿、果实整齐、鲜艳、光亮、口感好，抗病虫害能力增强，整个生育期每棚可节省复合肥200～250公斤，减少农药投入，降低生产成本，增产、增效幅度20%左右。做好农村面貌改造提升行动调查。开展养殖及厕所现状基本情况调查，并详细填写调查表。做好太阳能多能互补采暖房示范工作。在海阳镇鲤泮庄村建首个太阳能多能互补采暖房示范户，太阳能多能互补采暖房正常运行后，节煤环保。

【测土配方施肥项目】 春玉米测土配方施肥试验项目的试验地点在东港镇东向河寨村，试验占地面积0.26公顷（高产田0.13公顷，中产田0.13公顷），分田间肥效试验及肥效校正试验，试验设35个处理。2月25日，完成试验方案的编写；3月，完成试验各处理所需肥料的配比，称取肥样54个；4月25日，完成试验田小区播前土样和有机肥样的采集工作，按照要求采集土样6个，有机肥样2个；7月9日，技术人员深入地块完成所有处理追肥工作；9月13日，到东港镇东向河寨村测土配试验地块，完成玉米田间样品采集、收后土样采集等工作。共采集土样24个，玉米样品35个。10月15～16日，完成样品室内脱粒，晾晒后进行数据整理、试验报告的编写并上报市农业局，为上级决策提供科学依据。

【农作物良种补贴工作】 严格落实全区玉米、水稻种植面积，按要求上报上级主管部门，2013年，全区农民可获农作物良种补贴金额52.05万元。其中玉米补贴面积3120.69公顷，补贴金额46.81万元；水稻补贴面积232.72公顷，补贴金额5.24万元。

【种子管理工作】 组织技术人员到全区各农资门市部，了解种子、化肥等农用物资购进情况及市场行情，对每个门店经营的所有农作物种子品种及数量逐一登记造册，全区24家经营门店经营玉米种子61个，水稻种子4个，花生种子23个，豆类种子13个。按省、市《关于开展种子经营门店清查行动的通知》要求开展自查，采用门店清查与入户调查结合方式，详细了解种子经营门店信息，认真填写种子经营门店信息汇总表。7月9日，市、区种子管理站技术人员对全区21家种子经营门店进行重点抽查。种子经营者能够严格按照种子法要求引进审定的适宜种植的农作物种子，手续齐全，质量合格，不存在违规现象，全区农资市场秩序稳定。

【蔬菜生产】 引进国内外优质高产抗病蔬菜新品种27个，推广全区制订的叶菜类病虫害综合防控技术和30项蔬菜标准化生产技术，印发技术资料5000多份，技术普及率100%，应用比率保持在85%以上。对全区范围内蔬菜技术人员进行蔬菜病虫害防治、食品安全等知识培训6次，培训500人次。外出观摩学习5次，参加人数300多人。加强合作社建设。从蔬菜合作社入手，加大品牌、包装宣传推广力度，推介蔬菜贴标入市，提高蔬菜食用安全的信誉度。做好蔬菜质量安全技术监管，确保蔬菜基地生产安全。推广国家和地方制订的各类蔬菜技术标准和操作规程，完成《无公害食品、错季大白菜生产技术规程》等标准的复审确认。全面普及"杀虫灯""防虫网"等生物物理防控蔬菜病虫害技术。以达标村、标准园、科技园区为抓手，加强蔬菜科技示范区和蔬菜生产示范村建设。春节、暑期等关键时期，重点开展蔬菜安全生产技术监管，确保无蔬菜产品质量安全问题。

【农机监理】 安全生产工作。成立"打非治违"领导小组，对全区农业运输机械的非法上路、非法载客等现象进行大范围检查，全年未发生较大农机安全事故。对全区200多个大棚中的卷帘机、微耕机等高危机械进行安全抽查，无安全事故发生。农机监理工作。抽检各类农业机械51台次，审验农机驾驶员130人次，新车上牌照5台。完成全区机耕2070.67公顷，机播469.33公顷，出动各种农业机械54台套。深入镇、园区检查大中小农用机械，进行年度检审和安全教育工作的培训，责令将不符合规定的设备停产维修。对各镇农机维修网点进行突击检查，查处隐患农机修理站2家。安全生产月活动，发放各种安全生产图册50册、传单200多张。购置补贴工作。办理购置补贴13份，包括自动托杯挤奶机械1台套、拖拉机5台、旋耕机3台、花生收获机1台、穴播机1台、卷帘机160台、自走式玉米联合收获机1台，为农民节省资金32.47万元。建立购置补贴回访工作检查组，集中入户调查，未发现弄虚作假、倒卖机具、套取补贴资金、个人收受企业好处费等问题。引进玉米联合收获机械，在鲤泮庄村召开玉米联合收获现场演示会，并介绍多肽长效缓冲施肥的成效。信息化工作。利用市农业局信息科设备，将农业科测土配方等数据群发至农民手机上，为农民做好各种信息工作，组织各镇、村、种植大户、养殖大户等建立域名的信息员进行信息化知识的培训。

【农业执法】 开展农业法律法规培训，强化农资经营人员法律意识。举办农业执法、种子代销员培训班，结合实际讲解相关法律法规。开展以"放心农资下乡、保障春耕生产"为主题的"放心农资下乡进村宣传周"活动，发放资料6000份，接待咨询群众500多人次。强化源头管理，严格农资市场审查备案制度，把好农资产品市场准入关。通过检查，全区农资标签合格率92%以上。坚持工作重心下移，确保农业生产安全。与25个农资经营单位签订《海港区农资生产、经营质量承诺书》，各农资单位把好进货关，为农民提供放心的农资产品。加大执法力度，净化农资市场。全年出动执法人员381人次，出动车辆131台次，检查农资经营单位115个次，检查标签480个，其中种子标签166个，农药标签260个，肥料标签54个。对存在问题的单位下达《限期整改通知书》22份，对存在问题的种子、农药、肥料，以《执法简报》的形式通报辖区种子经营单位。下发《执法简报》4期，配合市农业执法支队抽检6个农药样品，经省农药监督检验所检测，2种农药质量不合格，市农业执法支队立案处理；抽检2个肥料样品，经检测全部合格。开展卫生用农药专项整治，确保百姓用上放心卫生类农药。暑期前，对乐购、金原、广缘等大型超市进行卫生农药登记证号、成分含量、毒性标识、生产厂家等内容的专项检查，重点检查蚊香杀虫剂等卫生用农药标签44种，全部合格。下发《如何选用卫生杀虫剂》《规范卫生杀虫剂市场，确保人民身体健康》等宣传材料300份。开展杀鼠剂专项整治。执法人员多次对海阳大集、园林植物有限公司等单位销售的鼠药进行执法检查，清查鼠药经营单位10家次，清缴违规销售鼠药20公斤，没收各种违禁鼠药500克。开展农产品农残检测工作。从生产基地、农贸市场、海阳农副产品批发市场等地抽取西红柿、洋白菜等215个蔬菜样品。及时处理韭菜腐霉利超标事件，2个昌黎县生产的韭菜样品经省农产品质量检测中心检测，腐霉利农药超标，将处理结果反馈到市农业局。加强海阳农产品批发市场监管，对海阳农产品批发市场的4982个蔬菜抽样结果进行抽查，全部合格，从源头上保障进入各农贸市场蔬菜产品的质量安全。加强食品安全宣传，向各镇村发放展牌78个，宣传册6000个，其他宣传材料2000份。

【技术培训及防治工作】 落实“预防为主、综合治理”植保方针，提高农业生产能力。技术人员深入镇村，随时监测玉米、花生等病虫害发生情况，开展农作物病虫综合防治技术、测报技术培训2期，培训农技人员80人次，农户180多人次，发放技术资料2000多份。全区病、虫、草害发生面积8673.33公顷次，防治面积7860公顷次，防治面积占发生面积91%以上，挽回粮食、油料、蔬菜损失2070.73吨。其中，病虫害防治面积3773.33公顷次，挽回损失1518.98吨；粮食作物草害防治面积3440万公顷次，挽回损失401.24吨；鼠害防治面积666.67公顷次，挽回损失143.7吨。加强有害生物防御体系建设。聘请专家授课，鉴别病虫测报点诱测到的各类昆虫，提高农作物病虫预测预报工作人员业务水平。执法人员深入田间地头，发放《如何科学使用除草剂》《二代粘虫防治技术》等宣传材料，向农民传授农作物病虫防治技术，解决技术难题5个，以网络形式向各镇农办下发病虫简报13期。全面普及病虫绿色防控技术。完善生态调控、物理诱杀、生物防治、农业防治等绿色防控技术体系，杀虫灯、黄板、防虫网等绿色防控技术在农业生产中得到全部应用，应用面积200公顷。推进专业化统防统治工作，提高植保防灾减灾能力，保障农产品质量安全及生态安全，加强植保专业化机防队建设，防治面积533.33公顷次，占全区统防统治面积的25%左右。全年开展病虫草害统防统治面积2000公顷次，其中大田面积1200公顷次、果树面积666.67公顷次、其他面积133.33公顷次。重大植物疫情阻截带建设。制订红火蚁、扶桑棉粉蚧、黄瓜绿斑驳病毒病等疫情监测工作实施方案，确定海阳镇二村、西港镇新店子村、临港物流园区东付店村、北港镇河北村为监测点，未发现苹果蠹蛾、红火蚁、扶桑棉粉蚧、黄瓜绿斑驳病等监测对象。对农药及药械使用情况进行调研。准确掌握农业生产过程中农药、药械使用情况和需求动态，为政府部门指导生产和宏观决策提供依据。填写《2013年农药、药械使用情况和2014年需求预测表》等，撰写《海港区2013年农药、药械使用情况和2014年需求预测报告》。强化“三品”质量监管，在乐购、金原、广缘等大型超市和农贸市场开展“三品”标志专项检查工作，检查绿色农产品18种，无公害农产品3种，全部合格。出动执法人员27人次，发放无公害农产品知识、无公害农产品标志、有机产品标志管理办法及查询方法等宣传材料100份。

2013年海港区农业主要产品生产情况一览表

表3-1

项　目	海港区			东港镇		
	播种面积（亩）	单产（公斤/公顷）	产量（吨）	播种面积（亩）	单产（公斤/亩）	产量（吨）
粮食作物	1979	5584	11051	2260	588	1330
夏收粮食	31	7839	243	260	300	78
秋收粮食	1948	5548	10808	2000	626	1252
一、谷物	1365	5688	7764	1200	500	600
1. 稻谷	35	7457	261	500	500	250
2. 小麦	0	0	0	0	0	0
（1）冬小麦	0	0	0	0	0	0
（2）春小麦	0	0	0	0	0	0

续表 3-1

项　目	海港区			东港镇		
	播种面积（亩）	单产（公斤/公顷）	产量（吨）	播种面积（亩）	单产（公斤/亩）	产量（吨）
3. 玉米	1221	5871	7169	700	500	350
4. 谷子	54	2889	156	0	0	0
5. 高粱	55	3236	178	0	0	0
6. 其他谷物	0	0	0	0	0	0
其中：大麦	0	0	0	0	0	0
燕麦（莜麦）	0	0	0	0	0	0
荞麦	0	0	0	0	0	0
二、豆类	357	2815	1005	400	130	52
其中：大豆	328	2918	957	400	130	52
绿豆	7	1000	7	0	0	0
红小豆	22	1864	41	0	0	0
三、薯类播种面积	257	8879	2282	660	1027	678
1. 马铃薯	31	7839	243	260	300	78
2. 甘薯	226	9022	2039	400	1500	600

注：各镇、园区播种面积计量单位为亩，各镇、园区单产计量单位为公斤/亩。

续表 3-1

项　目	海港镇			西港镇		
	播种面积（亩）	单产（公斤/亩）	产量（吨）	播种面积（亩）	单产（公斤/亩）	产量（吨）
粮食作物	0	0	0	5560	338	1881
夏收粮食	0	0	0	0	0	0
秋收粮食	0	0	0	5560	338	1881
一、谷物	0	0	0	4519	351	1584
1. 稻谷	0	0	0	25	440	11
2. 小麦	0	0	0	0	0	0
（1）冬小麦	0	0	0	0	0	0
（2）春小麦	0	0	0	0	0	0
3. 玉米	0	0	0	4494	350	1573
4. 谷子	0	0	0	0	0	0
5. 高粱	0	0	0	0	0	0
6. 其他谷物	0	0	0	0	0	0
其中：大麦	0	0	0	0	0	0
燕麦（莜麦）	0	0	0	0	0	0
荞麦	0	0	0	0	0	0
二、豆类	0	0	0	703	205	144
其中：大豆	0	0	0	527	213	112
绿豆	0	0	0	0	0	0
红小豆	0	0	0	176	182	32
三、薯类播种面积	0	0	0	338	453	153
1. 马铃薯	0	0	0	0		0
2. 甘薯	0	0	0	338	453	153

续表 3-1

项　目	海阳镇			北港镇		
	播种面积（亩）	单产（公斤/亩）	产量（吨）	播种面积（亩）	单产（公斤/亩）	产量（吨）
粮食作物	5660	323	1828	12772	221	2825
夏收粮食	0	0	0	60	250	15
秋收粮食	5665	323	1828	12712	221	2810
一、谷物	4665	346	1613	7505	245	1840
1. 稻谷	0	0	0	0	0	0
2. 小麦	0	0	0	0	0	0
（1）冬小麦	0	0	0	0	0	0
（2）春小麦	0	0	0	0	0	0
3. 玉米	4205	360	1514	6323	254	1606
4. 谷子	210	210	44	603	186	112
5. 高粱	250	220	55	579	211	122
6. 其他谷物	0	0	0	0	0	0
其中：大麦	0	0	0	0	0	0
燕麦（莜麦）	0	0	0	0	0	0
荞麦	0	0	0	0	0	0
二、豆类	1000	215	215	2696	102	276
其中：大豆	1000	215	215	2434	107	260
绿豆	0	0	0	108	65	7
红小豆	0	0	0	154	58	9
三、薯类播种面积	0	0	0	2571	276	709
1. 马铃薯	0	0	0	60	250	15
2. 甘薯	0	0	0	2511	276	694

续表 3-1

项　目	工业区			临港物流园区		
	播种面积（亩）	单产（公斤/亩）	产量（吨）	播种面积（亩）	单产（公斤/亩）	产量（吨）
粮食作物	950	714	678	2780	2018	5611
夏收粮食	160	625	100	0	0	0
秋收粮食	850	680	578	2780	2018	5611
一、谷物	850	680	578	2091	2248	4700
1. 稻谷	0	0	0	0	0	0
2. 小麦	0	0	0	0	0	0
（1）冬小麦	0	0	0	0	0	0
（2）春小麦	0	0	0	0	0	0
3. 玉米	850	680	578	2091	2248	4700
4. 谷子	0	0	0	0	0	0
5. 高粱	0	0	0	0	0	0
6. 其他谷物	0	0	0	0	0	0
其中：大麦	0	0	0	0	0	0
燕麦（莜麦）	0	0	0	0	0	0
荞麦	0	0	0	0	0	0
二、豆类	0	0	0	560	568	318
其中：大豆	0	0	0	560	568	318
绿豆	0	0	0	0	0	0
红小豆	0	0	0	0	0	0
三、薯类播种面积	100	1000	100	129	4597	593
1. 马铃薯	50	1000	50	0	0	0
2. 甘薯	50	1000	50	129	4597	593

（郭　杰）

畜牧业

【概况】 2013年，全区畜牧业继续保持健康、平稳发展的势头，圆满完成各项任务指标。肉、蛋、奶产量分别为4454吨、2279吨、5014吨；生猪存栏2.21万头，出栏3.62万头；禽存栏35.12万只，出栏101.85万只；大牲畜存栏8800头，出栏9000头，其中奶牛存栏2000头，肉牛存栏1100头；羊存栏5700只，出栏7500只。

【技术推广】 举办生态养猪技术、疫病防治、清洁养殖、村级动物防疫员等各类培训班8期，培训500多人。全年引进优质冻精1600剂，改良奶牛720头。全区畜禽优良品种普及率达85%以上，大牲畜死亡率控制在1%以下，猪死亡率控制在5%以下，家禽死亡率控制在10%以下。指导旭兴和鸿腾养殖场创建省级标准化示范场；指导合穆祥和旭兴养殖场开展无公害产品及产地认证工作。

【项目建设】 争取市级以上财政资金392.2万元。完成引进内资500万元的任务，在东港镇东向河寨村建设存栏蛋鸡3万只的高标准规模养殖场，场区粪污处理符合环保要求，成为市、区发展生态畜牧业的典范。完成总投资500多万元的北戴河近岸海域环境综合治理工程中的15家规模养殖场清洁养殖工程和入海河流两岸90家小型养殖场户粪污治理工作。建污水沉淀池2304立方米、储粪池2732立方米、化尸池260立方米、沼气池200立方米、简易沉淀池2248立方米、简易储粪池150立方米，铺设污水管道1275延长米，硬化路面620延长米，改造牛舍面积660平方米，以金牧种鸡场为代表的养殖企业实现污水污物达标排放。

【重大动物疫病防控】 开展宣传培训行动、集中强制免疫行动、疫情及免疫效果监测行动、规模养殖场防疫条件审核行动、动物卫生监督行动和督导检查行动，对5种强制免疫的病种按程序免疫、集中强制免疫及平时补免结合的办法，完成强制免疫禽流感65.6万只，猪牛羊口蹄疫6.27万头只，猪蓝耳病4.6万头，猪瘟4.6万头，鸡新城疫64万只，免疫率、耳标佩戴率、免疫证明发放率、免疫档案建档率均为100%。水灾发生后，将800多件消毒药品发放到位，开展为期10天的紧急大消毒行动和灾后炭疽、猪II型链球菌病等9种主要动物疫病的监测行动，发放灾后救助技术手册300册。全年无重大动物疫病发生。

【动物产品质量安全监管】 完善以动物产地检疫、屠宰检疫、运输检疫和市场督查为主要内容的“三检一监督”工作机制。明确暑期和重要节日期间监管重点，实现责任到人，落实点对点无缝隙监管体系。开展执业兽医、执业助理兽医师、乡村兽医注册、备案、登记的前期准备工作。集中开展无公害畜产品标志使用专项检查、生鲜乳质量安全检查、动物卫生监督执法、瘦肉精整治、饲料执法大检查、兽药经营单位GSP认证、肉品质量安全检查行动10多次，发放张贴有关畜禽产品安全方面的资料1.5万份，查处违法案件33起，全部结案。加大瘦肉精、抗生素、三聚氰胺等药物残留和违禁添加物的重点检测，采集各类样品4000多批次，完成省级以上抽样168批次，结果全部合格。健全和落实养殖场户、企业责任承诺制度，由饲料生产经营单位、兽药经营单位、养殖场户、屠宰场签订责任承诺书，实现畜禽产品质量源头治理和过程控制，未发生畜产品质量安全事件。

2013年海港区畜牧业生产情况一览表

表3-2

项　目	计量单位	海港区	东港镇	海港镇	西港镇	海阳镇
一、畜禽存栏						
（一）猪存栏	百头	221	5150	0	4214	5012
其中：能繁殖的母猪	百头	41	757	0	490	560
（二）牛存栏	百头	31	700	0	114	610
1. 肉牛	百头	11	350	0	0	195

续表 3-2

项　目	计量单位	海港区	东港镇	海港镇	西港镇	海阳镇
2. 奶牛	百头	20	350	0	114	415
3. 役用牛	百头	0	0	0	0	0
（三）羊存栏	百只	57	200	0	1059	551
1. 山羊	百只	41	0	0	0	506
2. 绵羊	百只	16	200	0	1059	45
（四）活家禽存栏	百只	3512	1600	0	760	106
其中：活鸡	百只	3510	1600	0	760	106
其中：肉鸡	百只	1175	900	0	90	41
蛋鸡	百只	2335	700	0	670	65
二、畜禽出栏						
（一）猪出栏	百头	362	13100	0	4739	5114
（二）牛出栏	百头	15	260	0	0	175
（三）羊出栏	百只	75	520	0	974	1024
1. 山羊	百只	57	0	0	0	865
2. 绵羊	百只	18	520	0	974	159
（四）活家禽出栏	百只	10185	3500	0	717	620
其中：活鸡	百只	10183	3500	0	717	620
三、畜产品产量						
（一）猪肉	吨	2844	900	0	355	389
（二）牛肉	吨	266	41	0	0	28
（三）羊肉	吨	96	7	0	15	14
1. 山羊肉	吨	69	0	0	0	12
2. 绵羊肉	吨	27	7	0	15	2
（四）禽肉	吨	1246	525	0	108	93
其中：鸡肉	吨	1246	525	0	108	93
（五）禽蛋	吨	2279	675	0	586	58
其中：鸡蛋	吨	2279	675	0	586	58
（六）生牛奶	吨	5014	425	0	525	1324
附：1. 肉类总产量	吨	4454	1473	0	478	524
2. 奶类总产量	吨	5014	425	0	525	1324
3. 生猪规模养殖产（小区）个数	个	0	0	0	0	0
生猪规模养殖产（小区）存栏	百头	0	0	0	0	0
生猪规模养殖产（小区）出栏	百头	0	0	0	0	0
4. 肉牛规模养殖产（小区）个数	个	0	0	0	0	0
肉牛规模养殖产（小区）存栏	百头	0	0	0	0	0
肉牛规模养殖产（小区）出栏	百头	0	0	0	0	0
5. 奶牛规模养殖产（小区）个数	个	0	0	0	0	0
奶牛规模养殖产（小区）出栏	百头	0	0	0	0	0
6. 羊规模养殖产（小区）个数	个	0	0	0	0	0
羊规模养殖产（小区）存栏	百只	0	0	0	0	0
羊规模养殖产（小区）出栏	百只	0	0	0	0	0
7. 肉禽规模养殖产（小区）个数	个	0	0	0	0	0
肉禽规模养殖产（小区）存栏	百只	0	0	0	0	0
肉禽规模养殖产（小区）出栏	百只	0	0	0	0	0
8. 蛋禽规模养殖产（小区）个数	个	0	0	0	0	0
蛋禽规模养殖产（小区）存栏	百只	0	0	0	0	0
家禽规模户禽蛋产量	吨	0	0	0	251000	0

注：各镇、园区计量单位为头、只。

续表 3-2

项　目	计量单位	北港镇	工业区	开发区西区	临港物流园区
一、畜禽存栏					
（一）猪存栏	百头	2300	3270	0	2190

续表 3-2

项　目	计量单位	北港镇	工业区	开发区西区	临港物流园区
其中：能繁殖的母猪	百头	588	410	0	1300
（二）牛存栏	百头	1155	0	0	510
1. 肉牛	百头	307	0	0	290
2. 奶牛	百头	848	0	0	220
3. 役用牛	百头	0	0	0	0
（三）羊存栏	百只	3800	0	0	100
1. 山羊	百只	3650	0	0	0
2. 绵羊	百只	150	0	0	100
（四）活家禽存栏	百只	940	24	0	82
其中：活鸡	百只	938	24	0	82
其中：肉鸡	百只	88	24	0	32
蛋鸡	百只	850	0	0	50
二、畜禽出栏					
（一）猪出栏	百头	7500	650	0	6200
（二）牛出栏	百头	730	0	0	310
（三）羊出栏	百只	5000	0	0	0
1. 山羊	百只	4800	0	0	0
2. 绵羊	百只	200	0	0	0
（四）活家禽出栏	百只	970	28	0	6350
其中：活鸡	百只	968	28	0	6350
三、畜产品产量					
（一）猪肉	吨	562	48	0	590
（二）牛肉	吨	117	0	0	80
（三）羊肉	吨	65	0	0	0
1. 山羊肉	吨	62	0	0	0
2. 绵羊肉	吨	3	0	0	0
（四）禽肉	吨	146	4	0	370
其中：鸡肉	吨	146	4	0	370
（五）禽蛋	吨	450	0	0	510
其中：鸡蛋	吨	450	0	0	510
（六）生牛奶	吨	2300	0	0	440
附：1. 肉类总产量	吨	892	52	0	1040
2. 奶类总产量	吨	2300	0	0	440
3. 生猪规模养殖产（小区）个数	个	0	0	0	0
生猪规模养殖产（小区）存栏	百头	0	0	0	0
生猪规模养殖产（小区）出栏	百头	0	0	0	0
4. 肉牛规模养殖产（小区）个数	个	0	0	0	0
肉牛规模养殖产（小区）存栏	百头	0	0	0	0
肉牛规模养殖产（小区）出栏	百头	0	0	0	0
5. 奶牛规模养殖产（小区）个数	个	0	0	0	0
奶牛规模养殖产（小区）出栏	百头	0	0	0	0
6. 羊规模养殖产（小区）个数	个	0	0	0	0
羊规模养殖产（小区）存栏	百只	0	0	0	0

续表 3-2

项　目	计量单位	北港镇	工业区	开发区西区	临港物流园区
羊规模养殖产（小区）出栏	百只	0	0	0	0
7. 肉禽规模养殖产（小区）个数	个	0	0	0	0
肉禽规模养殖产（小区）存栏	百只	0	0	0	0
肉禽规模养殖产（小区）出栏	百只	0	0	0	0
8. 蛋禽规模养殖产（小区）个数	个	0	0	0	0
蛋禽规模养殖产（小区）存栏	百只	0	0	0	0
家禽规模户禽蛋产量	吨	0	0	0	251000

注：各镇、园区计量单位为头、只。

（马文军）

林果业

【概况】 2013 年，区林业局以创建“美丽港城”为目标，加快城郊绿化步伐，改善城乡人居环境。完成造林任务 467 公顷，栽植苗木 360 万株，新植优质果品大樱桃面积 10.73 公顷，果品产量 2754 吨，果树标准化生产覆盖率 92% 以上。加强管护国有林地面积 219.88 公顷，未发生森林火灾。采用新型直升飞机进行飞防作业，控制美国白蛾疫情蔓延。被评为市级文明机关、林业产业建设工作先进单位和林业有害生物防治工作先进单位。

【义务植树】 4 月 22 日，在北港镇河东村西侧与街里村南侧开展全民义务植树活动，市直单位、驻秦部队等 45 家企事业单位近千人参加，栽植毛白杨 1 万株，面积 13.33 公顷。

【林业重点工程建设】 以改善生态环境为根本出发点，坚持规划为先，科学制订绿化方案，完成新增造林绿化面积 133.33 公顷。其中，连峪山庄项目区绿化面积 46.67 公顷、圆明山及周边地区绿化面积 46.67 公顷、新建河东义务植树基地绿化面积 13.33 公顷、环村绿化面积 26.66 公顷，共栽植松、柏、杨、大樱桃等树木 17 万株，形成连峪山庄生态林、河东义务植树基地、圆明山防护林和芽子山防护林等高质量林带。

【林果种植】 以林业富民为目标，大力发展特色林果产业，全年新增优质果品大樱桃面积 10.73 公顷，果树总面积 2261.77 公顷，果品产量 2752.2 吨，果树标准化生产覆盖率 92% 以上。

【林政管理】 对林木采伐证、木材经营加工许可证、木材运输证等证件办理实行公开承诺和限时办结制，优化办事程序，提高办事效率，提升服务水平。全年办理林木采伐许可证 138 份，消耗活立木蓄积 1723.54 立方米，收取育林基金 1.46 万元；组织开展林政执法行动 14 次、野生动物保护行动 23 次。

【森林防火】 全区国有林地管护面积 219.88 公顷，将排查与治理工作结合，形成定位明确、查防并举的防护屏障；组织护林员 24 小时不间断巡查，从根本上消除火灾隐患；对森林消防大队队员采取准军事化管理，每天坚持体能训练，提高实战能力；配备风力灭火机、油锯等设备 51 台，单兵扑火装备 20 套，铁锹等扑火工具 1000 件，定期检查维护；发放防火明白纸、宣传单，出动宣传车辆进行全方位宣传，确保森林防火工作万无一失。

【森林病虫害防治】 全区森林病虫害防治工作以防治美国白蛾为主，加大宣传力度，加强虫情监测，构建防治体系，实行飞防、地面防治、摘除网幕结合，采用药剂雾化效果明显的新型直升飞机进行飞防作业。全年防治面积 2066.67 公顷，其中飞防面积 800 公顷，飞行 13 架次，地面防治面积 1266.67 公顷；出动喷药车辆 180 多台，人工剪除网幕 300 个；发放飞防通告 80 份、《查访第一、二代美国白蛾通知书》159 份。

2013 年海港区水果生产情况一览表

表 3–3

项 目	计量单位	海港区
一、园林水果	吨	2717
1. 苹果	吨	209
其中：红富士苹果	吨	186
国光苹果	吨	18
2. 梨	吨	1345
其中：雪花梨	吨	14
鸭梨	吨	0
3. 桃	吨	956
4. 猕猴桃	吨	0
5. 葡萄	吨	61
6. 红枣（干枣应折成鲜枣）	吨	4
7. 柿子（柿饼应折成鲜柿）	吨	0
8. 杏	吨	16
9. 红果	吨	15
10. 其他	吨	111
二、食用坚果产量	吨	37
其中：核桃	吨	16
板栗	吨	20
松子	吨	0
杏扁	吨	0
三、年末果园面积	公顷	866
其中：苹果园	公顷	120
梨园	公顷	195
桃园	公顷	175
猕猴桃园	公顷	0
葡萄园	公顷	19

2013 年海港区林业生产情况一览表

表 3–4

项 目	计量单位	海港区
一、荒山荒（沙）地造林面积	公顷	467
（一）按造林方式分		
1. 人工造林面积	公顷	467
其中：竹林面积	公顷	0
灌木林面积	公顷	0
2. 飞播造林	公顷	0
3. 无林地和疏林地新封	公顷	0
（二）按经济成分分		
1. 公有经济造林	公顷	467
（1）国有经济造林	公顷	0
（2）集体经济造林	公顷	467
2. 非公有经济造林	公顷	0
（三）按林种用途分		

续表 3-4

项　目	计量单位	海港区
1. 用材林	公顷	0
其中：速生丰产林	公顷	0
2. 经济林	公顷	0
3. 防护林	公顷	467
4. 薪炭林	公顷	0
5. 特种用途林	公顷	0
二、有林地造林面积	公顷	0
（一）林冠下造林	公顷	0
（二）飞播营林	公顷	0
（三）有林地和灌木林地新封	公顷	0
三、更新造林	公顷	0
四、低产低效林改造面积	公顷	0
五、当年四旁（零星）植树	株	1100000
六、年末实有封山（沙）育林面积	公顷	0
七、未成林抚育作业面积	公顷	0
八、未成林抚育实际面积	公顷	0
九、成林抚育面积	公顷	1
其中：中、幼龄林抚育面积	公顷	1
十、抚育改造出材量	立方米	0
其中：中、幼龄林抚育出材量	立方米	0
十一、林木种子采集量	吨	0
十二、当年苗木产量	株	3600000
十三、育苗面积	公顷	60
其中：本年新增育苗面积	公顷	15
十四、年末实有母树林面积	公顷	0
十五、年末实有种子园面积	公顷	0
十六、主要林产品产量		
（一）天然生漆	吨	0
（二）山杏仁	吨	0
（三）花椒	吨	0
十七、木材采伐	立方米	1482
其中：村及村以下木材采伐	立方米	1482

（王　晨）

水产业

【概况】 全区水产品总产量1100吨。全年抽取46个样品、13个品种送农业部质检中心及市农业局检测中心检测，合格率100%。向水产养殖基地发放宣传水产养殖安全生产知识材料80多份，每周检查1次工厂化养殖基地生产纪录、用药记录、销售记录。完成全区捕捞渔船国家成品油财政补贴审核网络上报工作，及时将765.85万元捕捞渔船燃油补贴资金发放给渔民。全年换发新版捕捞许可证450个。对东起新澳海底世界，西至金梦海湾管委会沿岸停放的海洋养殖渔船、捕捞渔业船舶进行赎买。回收的养殖渔船及捕捞渔船在7月前全部回收完毕，回收捕捞渔船资金446.88万元，养殖用船回收资金775.81万元。

【渔政管理】 加强鲈鱼苗、鲅鱼资源日常沿海非法捕捞管理，参加市渔政组织的专项整治活动，未发现偷捕幼鱼、鱼苗现象。落实伏季休渔制度，在沿海村、港口、码头和渔船停靠点张贴关于伏季休渔的通知120多张，发放宣传资料600多份，向渔民讲解国家海洋伏季休渔新制度的有关规定。渔政检查人员坚持每天对卸粮口港、新开河港、山东堡、归提寨等沿岸渔船停泊点进行检查，出动检查300多人次，150多车次，规范船名号450艘，检查渔船450艘次，向上级渔政部门及时报告伏季休渔信息90多条。参加全市清理整治违规网具专项行动，清理地笼260个、牛网12块，发放宣传材料80多份。

【渔业安全生产】 加强辖区渔船安全管理，做好防灾减灾工作，预防渔业船舶水上事故，推进全区平安渔业建设。组织开展以"防风、防火、防盗"三防为重点的安全检查活动，加强老旧渔船的管理，禁止存在安全隐患的渔船出海作业。向渔民宣传科学编队生产模式，提高渔民生产自救能力，减少伤亡和财产损失。落实渔业应急值班制度，坚持24小时不断岗，值班人员认真做好海洋气象预报和军事演习预警通知转发工作，督促渔民及时收听气象预报，保证渔船出海生产作业的安全。船检站转发气象信息、军事演习信息129份，全年渔船生产未发生安全事故。11月，渔港监督管理站与省、市两级渔港监督机构共同完成海上救助演习，受到国家指挥中心、省、市领导的高度认可。对全区渔船进行年度检验，严格按照检验要求逐船登船检验，对没有船名号、船体机械设备不合格、消防通讯救生设备不齐的均不检验。全区完成渔船检验423艘，收取船舶检验费9万多元，船舶检验率100%。开展渔船进出港签证和渔业互助保险工作。完成渔船进出港签证856次，渔业互助保险418份，实现保费10.33万元。

表3-5

2013年海港区水产业生产情况一览表

项　目	计量单位	海港区
一、水产品总产量	吨	1100
（一）海水产品产量	吨	1017
1. 海水捕捞	吨	945
（1）鱼类	吨	317
（2）虾蟹类	吨	417
（3）贝类	吨	113
（4）藻类	吨	0
（5）其他类	吨	98
2. 海水养殖	吨	72
（1）鱼类	吨	72
（2）虾蟹类	吨	0
（3）贝类	吨	0
（4）藻类	吨	0
（5）其他类	吨	0
（二）淡水产品产量	吨	83
1. 淡水捕捞	吨	0
（1）鱼类	吨	0
（2）虾蟹类	吨	0
（3）贝类	吨	0
（4）其他类	吨	0
2. 淡水养殖	吨	83
（1）鱼类	吨	83
（2）虾蟹类	吨	0
（3）贝类	吨	0

续表 3-5

项　目	计量单位	海港区
（4）其他类	吨	0
二、水产养殖面积	公顷	41
（一）海水养殖	公顷	2
1. 海上养殖	公顷	0
2. 滩涂养殖	公顷	0
3. 陆基养殖	公顷	2
（二）淡水养殖	公顷	39
1. 池塘养殖	公顷	39
2. 湖泊养殖	公顷	0
3. 河沟养殖	公顷	0
4. 水库养殖	公顷	0
5. 其他养殖	公顷	0
附：稻田养鱼面积	公顷	0

（郭　杰）

水务管理

【概况】 2013 年，紧紧围绕全区“五大工程”和水利工程建设任务，开展水利工程建设，规范水资源管理，开展党员“创先争优”等活动，圆满完成全年工作任务。区水务局被评为全市水务系统先进集体。

【流域水利分站机构成立】 成立海港区沙河流域水利分站、海港区新开河流域水利分站和海港区汤河流域水利分站，3 个水利分站由海港区机构编制委员会海编〔2013〕18 号文件批复。其中，沙河流域水利分站负责北港镇、东港镇区域的水资源管理和水利技术推广工作；新开河流域水利分站负责海港镇、北部工业区区域的水资源管理和水利技术推广工作。为区水务局管理的财政性资金基本保证经费事业单位，机构规格相当股级，人员编制各 3 人，其中站长各 1 人。基层水利技术推广站主要职责：负责辖区内防汛抗旱、农田水利建设、农村饮用水安全、水土保持、水利科技推广等工作，承担农村水利工程建设、管理与运行维护的技术指导工作，指导农民用水合作组织建设与运行，调节水事纠纷，组织开展水务法律法规宣传等。

【水利工程】 以水库除险加固、小型基建为重点，加大水利建设力度，推进农村水利可持续发展。水库塘坝除险加固工程。投资 160 多万元完成东连峪村、魏家沟村、石科子村、李新庄村、小高庄村等 9 座塘坝的除险加固工程，对塘坝进行坝体护砌，清淤扩容等工作；完成小张庄村、姚周寨村、青石山村、小乐安寨村等 4 座水库坝体加固、路桥修建等除险加固工程；投资 69 万元，完成小高庄村、魏家沟村、石科子村、街里村等 5 处塘坝溢洪道维修护砌工程。水毁修复工程。投资 200 万元，完成 8 个河段的水毁河道堤坝护砌和河道清淤，涉及新开河、大汤河、沙河等 3 条河流，堤坝护砌累计 1200 延长米，清淤 2 万多立方米。西港节水灌溉工程。工程总投资 214.17 万元，示范面积 100 公顷，建设 3 个蓄水池、1 个小水库，共 5 个水源地，分 4 个独立灌溉系统，铺设管道 9000 多延长米，购置变频潜水泵 2 套。连峪片区水利工程项目。完成北港镇西连峪片区水利工程基础项目 3 个。共投资 50 万元，实施修建水窖工程、扬水站工程和蓄水池工程，建成 3 个水窖、1 座扬水站、1 个蓄水池。

【防汛抗旱工作】 落实区、镇、村三级防汛责任制，明确水库重点防洪工程行政责任，完善防汛抢险体系。提前修订和编制辖区 18 座水库防洪应急预案，开展汛前安全大检查。备足物资，落实抢险队伍。完善全区防汛物资储备，储备锹镐 4400 把、编织袋 9.5 万条、铅丝 5200 公斤、水泵

8台，可调集车辆70辆。组建抢险队伍8个，抢险人员750多人。落实防汛责任。机关全体人员在岗在位，坚持24小时值班制度，双人双岗，分成2个检查督导组到全区各个地段检查汛情，未发生重大水灾险情。开展“全市防汛抢险应急演练”活动。演练活动在姚周寨水库进行，整个演习过程持续2个小时，完成5个科目的演习任务，全面提高防汛抢险队伍迅速预警、启动应急预案、处理紧急险情能力。

【重点工作】 小汤河二期综合治理工作。项目总投资1578万元，主要进行堤防建设，河水环境质量和河道行洪能力得到改善，堤防建设规模满足10年一遇洪水标准。修建临时便道1300延长米，河堤两侧护砌1207延长米，河道清淤1.25万立方米，总土方11.5万立方米，动用各种大型机械67台。近岸海域环境综合整治工作。对全区15条河流进行摸排检查，对河道沿岸直排旱厕、养殖户、排污企业及小作坊进行整改。分调查摸底、集中治理、检查验收、交接管理4个阶段进行，共清理河道内生活垃圾、建筑垃圾5800多立方米，投入资金140多万元。建立长效机制，加强河道保洁，清理河道垃圾漂浮物。每天派出专业人员负责河道清洁，对河道进行全天候巡视，对河道内垃圾及河面漂浮物及时进行清理打捞。

【山洪灾害防治非工程系统建设】 建设以监测、通信预报预警及群测群防等非工程措施为主的山洪灾害防治体系。项目总投资217.73万元，包括雨量自动监测站2个、水位视频监测站2个，村级简易雨量预警站20个，乡级预警站2个，设县区级监测平台1个，建设与市水务局连接的专用光缆通讯1条，当遇到降水后雨量监测设备自动收集区域内的雨量，防汛指挥部在第一时间启动防汛应急预案，对出现险情的区域进行抢险，增强全区现代化、科技化的防汛预警能力。

【水政水资源工作】 加强水政水资源工作。加大政策法规宣传力度。利用“世界水日”“中国水周”重要契机，举办大型宣传活动，宣传《中华人民共和国水法》等水政水资源法律法规。加强行政审批大厅窗口服务工作，完成行政审批事项21项。规范水资源管理，在全区对所有水资源进行排查摸底，规范水资源档案和非法取水户管理。

【基层基础建设年工作】 派驻6名干部驻村帮扶。进驻西港镇大乐安寨村帮扶。投资10万元打基井1眼，解决部分人吃水困难问题；投资20万元进行塘坝维修加固工程，解决安全隐患。进驻小李庄村进行帮扶。投资20万元对村内河道进行治理，对水毁的河道进行汛前修复，确保河道安全运行；争取上级资金，对帮扶村进行水利工程帮扶。其中，孙庄村投资50多万元，对2个塘坝、河道进行治理；刘家河村投资20万元，对塘坝进行维修加固；石科子村投资17万元，人畜饮水工程打机井1眼；崔庄村投资20万元，打机井1眼；大苇芝港投资19万元，修建蓄水池1座。

（杜明旭）

工 业

GONGYE

GONGYE

综 述

【概况】 2013年，全区工业发展坚持以科学发展观为统领，打造贷款融资、人才培训、创业辅导三大平台，做好运行调度、技术改造、重点帮扶、全民创业四项工作，加强光伏设备产业、玻璃及深加工两个产业集群建设。完成统计工作月报、季报和年报工作。全区有规模以上工业企业43家，累计实现总产值147亿元，同比下降6%，累计实现工业增加值25亿元，同比下降9.4%。累计实现利润-3.7亿元，同比减亏4.5亿元。累计实现税金3.1亿元，同比下降1.1%。

【工业经济发展】 调度督导43家规模工业企业产值、增加值指标完成情况，对产值下滑的规模工业企业进行走访调度，了解存在问题。对全区工业经济发展情况进行整体评价，制订全区工业经济发展工作措施。对与央企有合作意向的工业企业进行调查摸底，将学海医疗、华电测控2家有合作意向的企业上报市工信局。与区统计局联合，对科力汽车零部件、吉百利防水材料、新谊工程等10家拟纳统企业进行走访。召开市直、区属重点规模工业企业调度会，分解目标任务。完成民营经济月份和季度网上直报工作，拟写民营经济运行分析。

【工业企业技术改造】 指导辖区有技改项目的企业进行技改项目备案，调整、充实工业技改项目库，10家工业企业备案技改项目11个。督促、指导实施技改项目的企业按季度完成进度汇报，随时掌握技改企业发展情况。组织5家企业参报省工信厅工业新产品、新技术开发项目。

【企业帮扶工作】 帮助企业争取各级扶持资金，全年累计协调信用担保机构帮助企业贷款融资4.6亿元。推荐德邦电器、汇泉塑料等3家企业争取省级中小微企业扶持资金，为德邦电器争取扶持资金15万元。推荐中国建材检验认证集团秦皇岛有限公司玻璃产品检测服务平台升级改造项目申报2013年国家中小企业发展专项资金。推荐秦皇岛市融泰担保有限公司申报年国家中小企业信用担保资金，为企业争取扶持资金130万元。推荐9家工业企业申报市级工业企业技术改造专项资金，为其中8家企业争取技改资金240万元；推荐11家企业申报市级中小企业发展资金，为其中6家企业争取扶持资金59万元；推荐6家企业申报省级工业企业技术改造专项资金，为其中3家企业争取省级技改资金309万元。选定8大创业类型创业明星20人，发放奖励资金60万元，向市工信局推荐2012年度秦皇岛创业先锋候选人2人，其中1人获2012年度秦皇岛创业先锋。

【服务辖区企业】 指导2个创业辅导基地开展自评工作，按要求查找不足、整改提高。组织20家小微企业申报全市重点小微企业；组织辖区企业做好工业新产品、新技术开发项目申报工作；组织辖区企业家参加省中小企业局举办的第二期品牌建设人才培训班。开展“创业明星”评选工作，评选创业明星20人，发放奖金60万元。完成义乌小商品城创业辅导基地市级认定工作。调查统计拟上市企业基本情况，引导企业做好上市相关工作。深入太极环纳米、荣创科技、乾晖节能科技、博硕光电、德邦科技等科技创新型企业调研，帮助解决发展难题。

【融资指导工作】 深入辖区融资性贷款担保企业走访，全面掌握企业发展最新情况，全年帮助辖区企业实现担保融资4.6亿元。组织融资性担保公司学习国家关于融资性担保行业监管文件精神及相关知识，防范化解金融风险。编写2012年度《担保机构概览》。组织部分区属企业参加邮政银行召开的融资洽谈银企对接工作会议。

2013 年海港区规模以上工业企业办科技机构情况一览表

表 4-1

	机构数（个）	机构人员（人）				机构经费支出（万元）	仪器和设备原价（万元）
		合计	博士毕业	硕士毕业	本科毕业		
总计	7	618	5	18	300	64648	74906
一、按企业规模分组							
大型	2	438	1	9	167	46527	71653
中型	1	39			28	50	145
小型	4	141	4	9	105	18071	3108
二、按隶属关系分组							
中央	1	23		1	15	28	680
地（区、市、州、盟）	3	482	1	8	208	46669	72318
其他	3	113	4	9	77	17951	1908
三、按登记注册类型分组							
内资企业	6	203	4	10	148	18149	3933
有限责任公司	2	51		1	43	148	1880
其他有限责任公司	2	51		1	43	148	1880
股份有限公司	2	82	3	3	59	6401	1197
私营企业	2	70	1	6	46	11600	856
私营有限责任公司	1	60	1	1	41	7600	756
港、澳、台商投资企业	1	10		5	5	4000	100
合资经营企业（港或澳、台资）	1	415	1	8	152	46499	70973
港、澳、台商投资股份有限公司	1	415	1	8	152	46499	70973
四、按国民经济行业大类分组							
制造业	6	595	5	17	285	64620	74226
非金属矿物制品业	2	454	1	8	180	46549	71118
通用设备制造业	1	28			28	120	1200
专用设备制造业	3	113	4	9	77	17951	1908
电力、热力、燃气及水生产供应业	1	23		1	15	28	680
电力、热力生产和供应业	1	23		1	15	28	680
五、按企业控股情况分组							
国有控股	1	23		1	15	28	680
私人控股	5	180	4	9	133	18121	3253
港澳台商控股	1	415	1	8	152	46499	70973

2013 年海港区规模以上工业企业技术获取和技术改造情况一览表

表 4-2

	技术改造经费支出
总计	29788
一、按企业规模分组	
中型	28100
小型	1688
二、按隶属关系分组	
地（区、市、州、盟）	28100
其他	1688
三、按登记注册类型分组	
内资企业	29788

续表 4-2

	技术改造经费支出
有限责任公司	1688
其他有限责任公司	1688
股份有限公司	28100
四、按国民经济行业大类分组	
制造业	29788
非金属矿物制品业	29788
五、按企业控股情况分组	
私人控股	29788

2013 年海港区规模以上工业企业新产品开发、生产及销售情况一览表

表 4-3

指标名称	新产品开发项目数（项）	新产品开发经费（万元）	新产品产值（万元）	新产品销售收入（万元）
总计	49	56955	472746	478431
一、按企业规模分组				
大型	10	21736	356520	375528
中型	7	6522	29001	29001
小型	32	28697	87225	73902
二、按隶属关系分组				
中央	4	1094		
地（区、市、州、盟）	13	27164	413521	429529
其他	32	28697	59225	48902
三、按登记注册类型分组				
内资企业	43	36313	116226	102903
国有企业	4	1094	56447	53447
有限责任公司	4	1094	56447	53447
其他有限责任公司	36	14040	48889	38725
股份有限公司	3	21179	10890	10731
私营企业	2	9251	10890	10731
私营有限责任公司	1	11928		
港、澳、台商投资企业	6	20642	356520	375528
合资经营企业（港或澳、台资）	6	20642	356520	375528
港、澳、台商投资股份有限公司				
四、按国民经济行业大类分组	45	55861	472746	478431
制造业	13	27164	392789	411797
皮革、毛皮、羽毛及其制品和制鞋业			28000	25000
非金属矿物制品业	32	28697	51957	41634
专用设备制造业	4	1094		
电力、热力、燃气及水生产和供应业	4	1094		
电力、热力生产和供应业	4	1094		
五、按企业控股情况分组	39	35219	116226	102903
国有控股	6	20642	356520	375528
私人控股	25	1901.2	15633.4	8997
港澳台商控股	9	3045.9	32658	35124

2013 年海港区工业企业主要经济指标（区属）情况一览表

表 4-4

单位：千元

	企业单位数（个）	亏损企业	工业总产值（当年价格）	工业销售产值（当年价格）	资产总计	负债合计	营业收入	营业税金及附加	利润总额	利税总额	全部从业人员年平均人数（万人）
总　计	45	15	13648865	13829330	20433461	12788294	14386906	56099	-411251	-54738	18884
一、按登记注册类型分组：											
内资企业	36	10	10723434	10806218	13245495	7751135	11200133	34375	-30561	260801	13579
国有企业	7	2	8478255	8482295	8985126	5439276	8699491	20188	-61058	160400	7306
中央企业	4	1	7459641	7456943	6672270	4230694	7466013	18079	-18645	179819	4381
地方企业	3	1	1018614	1025352	2312856	1208582	1233478	2109	-42413	-19419	2925
集体企业	0	0	0	0	0	0	0	0	0	0	0
股份合作企业	0	0	0	0	0	0	0	0	0	0	0
联营企业	0	0	0	0	0	0	0	0	0	0	0
国有联营企业	0	0	0	0	0	0	0	0	0	0	0
集体联营企业	0	0	0	0	0	0	0	0	0	0	0
国有与集体联营企业	0	0	0	0	0	0	0	0	0	0	0
其他联营企业	0	0	0	0	0	0	0	0	0	0	0
有限责任公司	12	2	1110403	1143492	2344253	1398737	1275974	9827	13891	49072	3865
国有独资公司	1	1	442789	443874	1086570	523656	535884	5177	-6927	688	1005
其他有限责任公司	11	1	667614	4699618	1257683	875081	740090	4650	20818	48384	2860
股份有限公司	2	1	149083	147755	381059	171798	144048	252	-24194	-22389	610
私营企业	15	5	985693	1032676	1535057	741324	1080620	4108	40800	73718	1798
私营独资企业	0	0	0	0	0	0	0	0	0	0	0
私营合伙企业	0	0	0	0	0	0	0	0	0	0	0
私营有限责任公司	14	5	905996	952979	1021539	682806	995280	2897	24518	44795	1561
私营股份有限公司	1	0	79697	79697	513518	58518	85340	1211	16282	28923	237
其他企业	0	0	0	0	0	0	0	0	0	0	0

续表 4-4

单位：千元

	企业单位数（个）	亏损企业	工业总产值（当年价格）	工业销售产值（当年价格）	资产总计	负债合计	营业收入	营业税金及附加	利润总额	利税总额	全部从业人员年平均人数(万人)
港、澳、台商投资企业	3	3	1363689	1371797	4739812	3378992	1446949	3147	-275425	-241976	2864
合资经营企业（港或澳、台资）	2	2	1060363	1016196	4601378	3245771	1090661	3078	-266835	-233826	2714
合作经营企业（港或澳、台资）	0	0	0	0	0	0	0	0	0	0	0
港澳台商独资经营企业	1	1	303326	355601	138434	133221	356288	69	-8590	-815	150
港澳台商投资股份有限公司	0	0	0	0	0	0	0	0	0	0	0
其他港澳台商投资企业	0	0	0	0	0	0	0	0	0	0	0
外商投资企业	6	2	1561742	1651315	2448154	1658167	1739824	18577	-105265	-73563	2441
中外合资经营企业	3	0	172228	183552	230299	110120	189125	18534	28722	60284	602
中外合作经营企业	0	0	0	0	0	0	0	0	0	0	0
外资企业	3	2	1389514	1467763	2217855	1548047	1550699	43	-133987	-133847	1779
外商投资股份有限公司	0	0	0	0	0	0	0	0	0	0	0
其他外商投资企业	0	0	0	0	0	0	0	0	0	0	0
二、按经济组织类型分组											
独资企业	11	5	10171095	10305659	11341415	7120544	10606478	20300	-203635	18403	9235
国有企业	7	2	8478255	8482295	8985126	5439276	8899491	20188	-61058	160400	7306
集体企业	0	0	0	0	0	0	0	0	0	0	0
私营独资企业	0	0	0	0	0	0	0	0	0	0	0
港澳台商独资经营企业	1	1	303326	355601	138434	133221	356288	69	-8590	-8150	150
外资企业	3	2	1389514	1467763	2217855	1548047	1550699	43	-133987	-133847	1779
合作、合伙企业	0	0	0	0	0	0	0	0	0	0	0
股份合作企业	0	0	0	0	0	0	0	0	0	0	0
国有联营企业	0	0	0	0	0	0	0	0	0	0	0
集体联营企业	0	0	0	0	0	0	0	0	0	0	0
国有与集体联营企业	0	0	0	0	0	0	0	0	0	0	0
其他联营企业	0	0	0	0	0	0	0	0	0	0	0

续表 4-4

单位：千元

	企业单位数（个）	亏损企业	工业总产值（当年价格）	工业销售产值（当年价格）	资产总计	负债合计	营业收入	营业税金及附加	利润总额	利税总额	全部从业人员年平均人数(万人)
私营合伙企业	0	0	0	0	0	0	0	0	0	0	0
合作经营企业(港或澳、台资)	0	0	0	0	0	0	0	0	0	0	0
中外合作经营企业	0	0	0	0	0	0	0	0	0	0	0
其他企业（内资）	0	0	0	0	0	0	0	0	0	0	0
其他港澳台商投资企业	0	0	0	0	0	0	0	0	0	0	0
其他外商投资企业	0	0	0	0	0	0	0	0	0	0	0
股份有限公司	3	1	228780	227452	894577	230316	229288	1463	–7912	6534	847
股份有限公司(内资)	2	1	149083	147755	381059	171798	144048	252	–24194	–22389	610
私营股份有限公司	1	0	79697	79697	513518	58518	85340	1211	16282	28923	237
港澳台商投资股份有限公司	0	0	0	0	0	0	0	0	0	0	0
外商投资股份有限公司	0	0	0	0	0	0	0	0	0	0	0
有限责任公司	31	9	3248990	3296219	8197469	5437434	3551040	34336	–199704	–79675	8802
国有独资公司	1	1	442789	443874	1086570	523656	535884	5177	–6927	688	1005
私营有限责任公司	14	5	905996	952979	1021539	682806	995280	2897	24518	44795	1561
合资经营企业(港或澳、台资)	2	2	1060363	1016196	4601378	3245771	1090661	3078	–266835	–233826	2714
中外合资经营企业	3	0	172228	183552	230299	110120	189125	18534	28722	60284	662
其他有限责任公司	11	1	667614	699618	1257683	875081	740090	4650	20818	48384	2860
三、在总计中：亏损企业	15	15	4220862	4293110	9966870	6310384	4668867	11341	–535687	–468331	7890
在总计中：国有控股企业	9	3	9182850	9187975	10737749	6412501	9497181	27845	–57702	186455	9611
在总计中：农村工业	0	0	0	0	0	0	0	0	0	0	0
在总计中：轻工业	0	0	0	0	0	0	0	0	0	0	0
重工业	0	0	0	0	0	0	0	0	0	0	0
在总计中：大型企业	0	0	0	0	0	0	0	0	0	0	0
中型企业	0	0	0	0	0	0	0	0	0	0	0
小型企业	0	0	0	0	0	0	0	0	0	0	0
微型企业	0	0	0	0	0	0	0	0	0	0	0

表 4–5

2013 年海港区区属规模以上工业企业主要产品产量情况一览表

产品名称	计量单位	本年累计生产量
饲料	吨	30003.5
其中：配合饲料	吨	500
精制食用植物油	千升	68101.6
罐头	千升	68101.6
饮料酒	万件	97.2
啤酒	万件	97.2
服装	万件	97.2
梭织服装	令	97924.6
衬衫	对开色令	115266.3
单色印刷品	吨	3910
多色印刷品	吨	7002
初级形态的塑料	吨	7002
塑料制品	立方米	0
泡沫塑料	重量箱	16279058
商品混凝土	平方米	246593.2
平板玻璃	平方米	63903.3
钢化玻璃	平方米	254418.3
夹层玻璃	吨	1644
中空玻璃	吨	734.8
纤维增强塑料制品	吨	60947.8
铸钢件	吨	60947.8
钢材	吨	60947.8
中板	吨	84837.8
其他钢材	载重吨	28
用外购国产钢材再加工生产的钢材	载重吨	2000
铝材	万立方米	5670
民用钢质船舶	万载重吨	5808
自来水生产量	亿立方米	5523

表 4–6

2013 年海港区在地规模以上工业企业主要产品产量情况一览表

产品名称	计量单位	本年累计生产量
精制食用植物油	吨	214709.5
罐头	吨	500
食品添加剂	吨	147530
饮料酒	千升	68101.6
啤酒	千升	68101.6
服装	万件	138.1
梭织服装	万件	138.1
西服套装	万件	40.9
衬衫	万件	97.2
皮革服装	件	51383
天然毛皮服装	件	1768
单色印刷品	令	97924.6
多色印刷品	对开色令	115266.3
原油加工量	吨	947921.6
燃料油	吨	244585.5

续表 4–6

产品名称	计量单位	本年累计生产量
石脑油	吨	57013.2
石油沥青	吨	642527
涂料	吨	1994
初级形态的塑料	吨	3910
化学药品原药	吨	2
塑料制品	吨	41499
泡沫塑料	吨	7002
商品混凝土	立方米	0
石膏板	万平方米	2382
平板玻璃	重量箱	20646367
钢化玻璃	平方米	6841216.5
夹层玻璃	平方米	3008285.3
中空玻璃	平方米	254418.3
日用玻璃制品	吨	233
纤维增强塑料制品	吨	1644
耐火材料制品	吨	10131
铸铁件	吨	46698.2
铸钢件	吨	734.8
钢材	吨	684799.8
特厚板	吨	27640
厚钢板	吨	257762
中板	吨	334960
冷轧窄钢带	吨	3490
其他钢材	吨	60947.8
用外购国产钢材再加工生产的钢材	吨	64437.8
铝合金	吨	126710.8
铝材	吨	87187.8
钢丝	吨	8962.3
钢丝绳	吨	679
钢绞线	吨	12760.4
铸造机械	台	25
阀门	吨	1376
滚动轴承	万套	615
包装专用设备	台	9
技术冶炼设备	吨	22808.4
模具	套	879
环境污染防治专用设备	台（套）	363
改装汽车	辆	2413
民用钢质船舶	载重吨	28
交流电动机	千瓦	415444.1
变压器	千伏安	49533
高压开关设备（11 万伏以上）	台	3018
电力电缆	千米	4723
电光源	万只	902
灯具及照明装置	套（台、个）	57343

续表 4-6

产品名称	计量单位	本年累计生产量
半导体分立器件	万只	97.5
船舶修理	载重吨	2000
发电量	万千瓦小时	986337
其中：火力发电量	万千瓦小时	986337
自来水生产量	万立方米	5670

（杨继明）

重点企业

【秦皇岛双轮环保科技有限公司】 创建于 2000 年，坐落于北部工业区，是致力于生态环境保护和治理的高新技术企业。公司占地面积近 6 万平方米，有员工 286 人，其中工程技术人员 40 多人，高级工程师 5 人，博士 6 人，硕士 8 人。围绕大气污染防治和节能减排，依托技术创新和人才优势，初步形成“科研创新，高位发展”的战略，建立紧密协同的三大中心——成果转化中心、科技研发中心、设备制造中心。公司拥有专利技术 27 项，先后引进世界先进水平的湿法、干法脱硫技术、脱硝技术和脉冲布袋除尘技术，主要技术与产品有石灰——石膏法烟气脱硫技术，氧化镁法高效烟气脱硫技术，烟气循环流化床法半干法技术，F.L Smidth Airtech-GSA 半干法技术，SCR 法脱硝技术，纯钙金属包芯线技术等国际、国内一流的技术，广泛应用于冶金、建材、电力、化工、有色冶炼等行业，为客户提供设计、采购、加工制造、安装、调试、系统集成总承包一站式服务。2003 年，公司通过“ISO 9001 国际质量体系认证”及“IQnet 国际联盟”的认证；2007 年，取得自营进出口权。公司先后被认定为中国环保骨干企业，省环保骨干企业、省高新技术企业、省技术创新示范企业、省名牌产品、省质量信得过产品。

【秦皇岛环亚设备发展有限公司】 公司坐落于北部工业区，占地面积 11 公顷，资产 3.7 亿元，有生产厂房面积 9 万平方米，场外堆场面积 3.3 万平方米，辅助生产管理用房面积 8700 平方米，年生产钢结构 10 万吨，产值 7.5 亿元。有员工 580 人，其中高级职称人员 20 人，中级职称 40 人，初级职称 60 人；设总经理 1 人、副总经理 2 人、总工程师 1 人、副总工程师 1 人。2004 年 10 月，公司成立，配套相应的生产线及大型设备。2005 年 3 月，通过 ISO 9000 国际质量体系认证，先后与东方电气集团公司下属单位东方锅炉集团有限公司、天津电力建设公司、哈锅集团签订长期供应商合同。公司与华北电力大学机械研究生系签订双方合作协议，对公司产品进行研发，加强企业自身的软件管理。环亚二期的扩建和投产，建成重型 H 型钢生产线 4 条，轻钢 H 型钢生产线 4 条，单件起重能力达到 200 吨；安装龙门式 H 型钢三维立体钻、数控平面钻、大型端头铣、德国梅塞尔数控火焰切割机、数控 H 型钢三维钻、15 米大型铣边机、50 厚数控卷板机、上百台二氧焊机及 3.5 米板材预处理机等大型设备。

【秦皇岛尼特智能科技有限公司】 1996 年公司成立，坐落于北部工业区，占地面积 3.67 公顷，生产车间占地面积 4000 平方米，拥有国内最先进的电子产品生产线 3 条及完备的生产及检测设备。有员工 221 人，大专以上学历占 70% 以上，企业技术研发中心的研发人员达到 50 多人。被省科技厅、财政厅、发改委确定为住宅智能化工程技术研究中心，被正式纳入省工程技术研究中心管理序列。主要有两大系列产品，消防火灾自动报警产品和住宅智能化产品。公司是“双软”企业、重点扶持成长型中小企业；“富通”牌商标为省著名商标；公司多项产品为高新技术产品、软件产品；多项产品获专利证书；多次承担国家、省级重点科技项目，3 项科技成果被鉴定为国内领先，制订相关国家标准 3 项，多种产品取得 3C（国家强制性认证）和节能认证证书。公司质量体系通过 ISO 9001 国际质量体系认证。

邮政通信业

YOUZHENG TONGXINYE

YOUZHENG TONGXINYE

邮政业

【概况】 2013年，秦皇岛市邮政局全面实施“金融兴邮、项目兴邮、人才兴邮、文化兴邮”战略，各项工作取得较好成绩。全年实现业务收入2.28亿元，规模列全省11个地市邮政系统第八位；完成省邮政公司下达预算计划的102.42%，列全省第二位；绝对值同比增加3337万元，同比增长17.18%，高于全省邮政系统平均水平（12.37%）4.81个百分点，列全省第二位。圆满完成省公司下达的收支差额预算目标和各项通信质量指标。全员劳动生产率达到15.98万元，同比提高16.22%。燕山大街支行获全国“五一”巾帼标兵岗。

【企业运营管理】 强化网路运行组织。克服火车站大楼拆迁过渡期间生产场地分散的困难，全年分拣封发邮件3299万件，同比增长89.71%；转运邮件383万袋捆，同比增长66.52%；网上信息分拣及时率达到100%，邮件丢失、损毁率为零，机要邮件总包失密丢损率为零。加大安全技防投入，全年投入安保资金300多万元，改造不符合安全标准的金融网点及金库15个，解决硬件隐患156个。

【企业改革】 稳步推进管理体制机制建设。构建四级人才管理体系，创新用人机制，优化人才环境，拓宽晋升通道，实现企业人才的精细化管理。建立四层考核激励机制，实行覆盖全员、科学合理的绩效考核奖励办法，激发队伍活力，做到多劳多得，优绩优酬，实现企业制度的精细化管理。实施创建星级服务窗口三年规划，圆满完成“创建攻坚年”工作目标。

【综合能力建设】 整合企业资源，成立4个管控中心，综合能力不断增强。渠道建设办公室深入开展“两提升、两拓展”工程，在分销渠道建设、便民服务站建设、助农取款设备推广和网点超市化试点工作等方面取得明显成效。全年改造网点14处，成立农村合作社1个，网点超市化10处，建设直营店44处，加盟店102处，新建便民服务站194处，对全市83个报刊亭统一标识，进行整体粉刷，对29个报刊亭进行美化。邮政业务叠加方面，19个报刊亭开办缴费一站通业务，15个报刊亭开办国内小包收寄业务。大客户管控中心突出做好大客户开发维护工作，带动大客户收入增长和营销员业绩提升。投递管控中心优化流程，规范管理。完成市区78个道段的测量摸底调查和各县区局投递网优化工作。全年更换电动车电池241组，发放电动三轮车35辆、电动自行车31辆。完成创建攻坚年工作目标。在全市104个网点和投递站中，9个网点达到三星级，24个网点（投递站）达到二星级，18个网点（投递站）达到一星级。

通信业

【中国移动通信集团河北有限公司秦皇岛分公司】 位于海港区建设大街247号，下设8个部门，2个市内营销中心及6个县级分公司。公司主要从事移动话音、数据、IP电话、多媒体及互联网接入业务，拥有全球通、神州行、动感地带等客户品牌。有员工1182人，客户219万户，连续多年保持全市纳税大户与纳税信用等级A级荣誉。年内，向用户推出福满新年、惠聚巅峰、随心玩、终端合约计划等系列活动，推出灵犀、彩云、MM手机助手等新业务。拓展服务渠道，全市营业网点2839个，城市居民步行千米内即可方便办理移动业务，98%的农村居民不出村即可享受移动服务；电子服务渠道功能日益强大，88%的业务均可通过电子渠道办理。丰富无线政务、无线产业、无线生活等多领域移动信息化产品内容，促进城市信息消费发展。年内，公司累计投资8.37亿元，完成各类工程项目30多个，涉及2G、3G、4G、WLAN、综合业务区、集团客户接入、小区宽带等工程项目。圆满完成“海上红楼梦”“中式八球国际大师邀请赛”及其他各类重要节日群体活动的通信保障任务。

【中国联合网络通信有限公司秦皇岛市分公司】 位于秦皇西大街102号。主要经营GSM/WCDMA移动电话、固定电话、宽带等基础通信产品和信息应用、信息内容、系统集成等综合信息服务产品。公司下辖6个县区分公司。年底客户规模超过170万户。累计建设投资6991万元，数据城域网出口带宽扩容至360G；建设基站115个，新增FTTH端口8.67万个，新增PON宽带端口4.06万个。传输网和基站成环率分别达到62%和51%。推进“宽带中国战略”，以新建和光网改造相结合的方式大力推进FTTH（光纤到户）工作，光纤城乡覆盖率超过80%。年底WCDMA网络下载速度支持42M。完成82个区域的线路整治，宽带故障发生率和客户投诉量下降60%。2013年继续获省级文明单位。

秦皇岛长途通信管理

【概况】 位于海港区红旗路189-4号。2013年，一级干线阻断：0.25次/年百皮长公里（京沈哈光缆全阻1次/159分钟）。二级干线阻断：0.22次/年百皮长公里（涿秦二号光缆全阻1次/115分钟）。传输系统割接合格率100%。光缆备用光纤：测试率与合格率均为100%。直埋光缆绝缘电阻：测试率均100%，无伤亡和较大事故发生。

【维护工作】 贯彻省局工作部署，从线路巡回、外力看护和监督检查等方面对通信保障工作进行布置，从管理原则、工作要求和考核等方面进行调整和细化，保障全国“两会”、中共十八届三中全会等多项重通。全局一、二干包线员携带GPS巡检设备每天巡回线路一遍，对外力施工点进行检查、宣传联系、巡检信箱签字。严格执行“三二一”（维护中心、分局和包线员三级分别落实三天、两天、一天一遍），全局重保期间的巡回工作每两天发布一份督查报告，及时通报情况，兑现考核，督促各项工作落实。全体员工巡回4405人次，出动车辆3528台次，巡回里程26.89万公里，实现重通期间线路畅通。汛期前，对防汛物资进行全面检查。调查京沈哈、新京沈哈等6条光缆84处过河地段。制订应急预案，建立实用高效的防汛组织，实现“组织制度到位——演练锻炼到位——联系联动到位”。组织光缆技术强化培训班，对路维修人员进行强化培训。完善《本地网线路集中维护管理办法》，明确各级工作责任和内容，推进通信网维护工作开展。

【线路整治】 全年撒灰线332公里、探位114.35公里、插旗3946面、警示带6690米、加设木质宣传牌4809块，新增高标桩417块、宣传警示牌1670块、更换电杆19棵、处理树木580棵、探位11.4万米，修订《长途干线光缆抢修调度预案》及整治干线机房18个，修订《光缆抢修调度预案》，整治干线机房5个，测试备用光缆7盘，完成427条干线光缆备纤的测试工作。

（秦　志）

商贸　旅游业

SHANGMAO LVYOUYE

SHANGMAO LVYOUYE

商贸综述

【概况】 落实“促消费、保增长”政策，强化市场监管，改善消费环境，完善流通体系，拓展工作职责，较好完成全年工作任务。实现在地口径社会消费品零售总额243.71亿元，同比增长13.5 %；实现区属社会消费品零售总额216.1亿元，同比增长13.7%。市场建设稳步有序发展，成交额超亿元的市场有6个，成交额58.87亿元，同比增长–0.5%。定点屠宰企业日常监管逐渐规范，酒类流通市场的监管力度加大，违法销售酒类行为得到有力打击，以早餐工程和蔬菜直销店建设为重点的社区便民服务业得到发展。

【国内贸易】 全年实现在地口径社会消费品零售总额243.71亿元，同比增长13.5%。按销售单位所在地分，城镇实现零售额243.71亿元，同比增长13.6%。市场建设稳步有序发展，成交额超亿元的市场有6个，成交额58.87亿元，同比增长–0.5%。全年实现区属社会消费品零售总额216.1亿元，同比增长13.5%。按销售单位所在地分，在地分，城镇实现零售额216.1亿元，同比增长13.7%。

【对外贸易】 全年区属出口总额达4.16亿美元，同比增长–16.5%；全年区属直接利用外资1.87亿美元，同比增长–13.9%；新批利用合同外资项目3个。

2013年海港区社会消费品零售总额情况一览表

表5–1　　　　计量单位：万元

项目	金额		
	2013年	2012年	2013年比2012年+–%
社会消费品零售总额	216048	1904007	13.5
按销售单位所在地分			
城镇	2161048	1900391	13.7
其中：城区	2161048	1900391	13.7
乡村	0	3616	0

市场建设与管理

【概况】 2013年，全区市场工作坚持“一手抓建设，一手抓管理”，建设多元化市场、完善服务功能、规范管理行为，推动管理向服务转变。管理工作人员坚守岗位，认真负责，摆正自身位置，牢记职责，认真履行市场管理职能，始终把人民群众的利益放在第一位，坚持树立以人为本理念，强化市场各项服务，促进市场的繁荣发展，全年实现交易额近19亿元，同比增长10%。

【市场管理】 对天桥市场、燕海里市场、耀华市场等13个老旧市场进行升级改造，改造涉及电线线路、自来水线路、屋顶防水、监控维修等，市场服务功能得到完善，老旧市场的整体形象得到提升。组织开展环境卫生清理，重点规范整治工人北里市场、燕山市场等市场外溢；在辖区市场内推行合格塑料袋，设立公平秤、调解室，推行先行赔付制度，加强市场内欺行霸市、强买强卖行为的打击力度，有效维护百姓利益。成立由各行业代表组成的行业协会和调解委员会，开展诚信经营户评选表彰活动，推动农贸市场健康有序发展。

【市场建设】 完成南李庄市场、特色小吃街和森林逸城市场收尾工作，7月前开始营业，填补周边无市场的空白。按市场需求合理布点选址，推进农贸市场和专业市场建设，先后建成红光里市场、十中市场等2个农贸市场和电动车市场、啤酒广场等2个专业市场，原址改建港北市场；以新华村作为试点，建设农村微型市场。加强菜市场标准化建设，争取上级市场建设改造资金90万元，实际利用内资800万元。

【食品安全】 用LED屏和宣传条幅，在市场内开展食品安全和安全生产宣传活动；做好安全隐患排查、专项治理和日常检查工作，对市场内宰杀出售活禽、无冷柜经营凉拌菜、使用过期气罐、私搭乱接线路等违法违规经营行为进行重点整治，保证食品安全，确保安全生产零事故。全年抽检蔬菜样本9600多份，开展各类安全检查300多次。

【市场简介】 港城市场。借东环路改造之机，对港城市场进行原址提档改造。坚持高标准设计、高档次建设、高水平管理，规划主入口2个，辅助通道4个，建有门市房203间，摊位623个，有办公用房、门卫室、设备室、配电间、卫生间、库房等配套房屋、设施。市场遮盖棚顶采用大型球形网架，墙体采用框架砖混结合的建筑形式，市场门楣选用大型钢梁设计，抗震设防烈度为7度。遮盖棚顶网架均涂刷新型防火漆，室外设置消火栓系统，内部设置宽6米的环形消防通道。给水系统引入新的电伴热及清空器双向选择的防冻技术，室内排水选用杜绝二次污染的处理器具。对市场部分硬件设施进行升级改造，更换市场门头牌匾、对市场门前路面进行硬化、安装、监控设备。

电动车专业市场。位于建设大街与东港路交叉口西南角，占地面积5000平方米。场内建设门市房33间，交易展厅2600平方米，市场总投资300万元。6月初开始施工，8月中旬竣工。为电动车经营者提供交易平台，填补电动车专业市场的空白。

港北市场。形成于20世纪90年代初。2013年，对港北市场实施升级改造工程，总建筑面积967.50平方米，规划经营用房60间，房间层高3.3米，采用混凝土柱排架结构，耐火等级为二级，屋面防水等级为三级，抗震设防烈度为七度。

新建市场。2013年，完成南李庄市场、特色小吃街和森林逸城市场收尾工作，3个市场均于7月前开始营业。根据市场需求，合理布点选址，推进农贸市场和专业市场建设，先后新建完成红光里市场、十中农贸市场2个农贸市场，电动车市场、啤酒广场2个专业市场。

南李庄市场。位于建设大街东段，东方明珠小区南口对面，占地面积2280平方米，停车场占地面积480平方米。建设经营用房36间，摊位104节，公厕1间，办公用房1间。配有监控室、农药残留检测设备、消防设施等配套设施。

逸城便民市场。位于河北大街与金湾路交叉口西南角，占地面积2000平方米，停车场占地面积600平方米。建设经营用房19间，摊位96节，公厕1间。配有中央空调、地暖、监控室、导购广播等配套设施。

特色小吃街市场。位于燕山大街东段废弃河道上，占地面积1500平方米，停车场占地面积200平方米。建设经营用房40间，公厕1间，办公用房1间。配有配电室、监控室、排风系统、消防设施等配套设施。经营内容以小吃为主，有冷饮、面皮、炸串、麻辣烫、麻辣香锅、面食加工等23个品种。

2013年海港区亿元以上商品交易市场成交情况一览表

表5-2 单位：万元

单位名称	金额
海阳农副产品批发市场	414337
秦皇岛市旧机动车交易市场	78216
秦皇岛市华运建筑装饰材料城	26750
秦皇岛市供销合作社贸易服务公司果菜批发市场分公司	39000
马坊市场	14700
天桥市场	15703
合　计	588706

（张　洋）

商贸行业管理

【概况】 2013年，全区商贸工作认真践行科学发展观，反“四风”，强纪律，重落实，围绕全区经济社会发展大局，履行商务职能，强化市场监管，推进市场体系建设和便民服务业发展，开展促消费转方式活动。社会消费品零售总额实现216.86亿元，同比增长13.5%。21家商务部监测重点流通企业总销售额93.82亿元，同比上涨4.5%。再生资源回收备案企业93家。

【市场运行监测分析】 搞活流通，促进社会消费品零售总额增长。全年指导大型商贸流通企业开展各种主题促销活动20场次。春节期间，兴龙广缘、家惠商贸等6家大型商场、超市累计实现销售额1.27亿元,同比增长14.04%。“五一”黄金周，渤海物流等4家大型商场金银珠宝类商品销售额0.39亿元，同比增长62.53%；服装类销售额0.79亿元，同比增长20.6%。3月28日，组织渤海物流、家惠超市、乐购超市、金街时代广场、乐都汇、天洋、新华书店等11家企业召开商贸企业座谈会，对企业提出的问题逐一解决。协调城管部门解决家惠超市促销期间禁止悬挂条幅事宜；针对金街商场高端定位的经营方向帮助其重新招商，引进国内一线品牌入驻。全年走访商贸企业154家，摸清销售情况，分析预测发展趋势。新增市场监测企业4家，分别是德信医药、亿增经贸有限公司、亿伦经贸有限公司、秦皇岛浪漫湾海度假村。撰写监测分析报告62篇，其中被市商务预报网站采纳50篇。建立绩效考核、错报反馈等规章制度，监测数据报送质量显著提高。组织召开监测企业培训会，茂业、苏宁、天洋等30多家企业负责人参会并交流经验。全市生活必需品、重点流通企业直报系统的数据报送率100%。根据《生活必需品市场供应应急管理办法》，年初与广缘超市签订生活必需品应急储备协议，提高市场应急保供能力。广缘超市按要求储备包括矿泉水、面包、方便面在内的生活必需品。

【特色会展业和促销活动】 全年组织大规模展会4次。2月，组织辖区宝洪果菜专业合作社、守义养殖专业合作社、永飞养殖专业合作社等23家农村专业合作社参加商务部举办的冬季农产品网上购销对接会。5月，推荐耀华君鼎、求仙岛等企业代表海港区参加廊坊国际经济贸易洽谈会。6月，与市商务局、义务小商品城联合举办秦皇岛第一届端午节展销会。正大食品、海琪花海鲜、北大仓等40多个零售商参加展销。9月，与市商务局联合举办农超对接洽谈会，吸引广缘、乐购等5家大中型连锁超市、20多家便民蔬菜直销企业以及90家农民专业合作社、25家农业产业化龙头企业参展。有43家合作社与11个流通企业签订购销意向协议79份，涉及农副产品170多种，合计金额1.21亿元，同比增长35.96%。

【食品安全工作】 先后开展食品安全专项整治“回头看”行动、“私屠滥宰”专项整治行动、“制假销假”专项整治行动以及暑期食品安全隐患排查行动，辖区屠宰经营规范有序、酒类流通秩序明显改善。选派执法人员参加省、市举办的有关业务培训，提高执法队伍业务水平。以省、市执法检查为契机，开展自查自纠，规范执法程序，减少弹性执法，避免执法随意性。在海阳农副产品批发市场、新世纪公园、人民广场、金原超市等场所开展5次食品安全宣传活动。以条幅、宣传展板、现场讲解等形式，向群众普及食品安全知识。完善举报奖励渠道，发挥社会监督作用。安排执法人员进驻辖区屠宰厂开展为期2个月的驻厂监督检查工作，确保暑期食品安全。全年查处假酒案件3起，无证经营21起，没收假冒牛栏山二锅头、洋河蓝色经典系列、泸州酒厂出厂的个别系列酒40多箱，行政处罚2.76万元。9月，接群众举报在东李庄村发现大量名酒包装箱，组织人员24小时蹲守，经过2天的跟踪，查获假冒剑南春、洋河海之蓝、五粮液、国窖1573、百年泸州、泸州头曲、茅台、绵竹大曲等假酒365箱，案值超15万元，全部移交公安机关处理。全年审核发放酒类零售许可证107份，办理酒类零售许可证年检400多份。

【家电下乡工作】 2009～2013年，家电下乡活动中，共销售家电下乡产品94万多台，销售金额2.2

亿元。1月，对辖区内38家备案企业开展扫尾检查工作，抽查天洋电器、国美电器、苏宁电器等3家大型商贸流通企业及理想办公、中荣太阳能等7家家电销售企业，监督企业及时撤销相关标识，家电下乡工作圆满收官。

【再生资源】 对已办理《再生资源回收经营备案登记证书》的101家再生资源企业开展年检、验证工作，年检审核通过81份。因变更法人、企业名称、经营地址等原因重新核发《再生资源回收经营备案登记证书》8份。对12家经营不规范，存在问题较多的企业收回《再生资源回收经营备案登记证书》，予以取缔。6月14日，组织辖区89家再生资源回收企业召开清理整治动员大会。对10家环境卫生较差的企业，下达整改通知书，通过监督整改全部达标。对举报无证照的20家站点及排查中发现的10家无营业执照网点，详细记录归档，按照责任分工，将30家无证照网点名单移交区工商局进行处理。

【大气污染整治】 完成辖区内6个加油站和1个加油网点的年检工作。认真开展大气污染防治工作，完成油气回收治理的加油站17座，储油库1座，油品由国三升级为国四，超额完成年度任务。

【安全生产工作】 开展“除火患、保平安”等安全生产专项检查活动。对辖区14家大型商贸企业、4家屠宰场、7家个体私营加油站开展拉网式检查，重点检查企业的安全生产应急预案是否完整、消防通道是否畅通、消防设施是否合格。全年未发生安全生产责任事故。

【早餐工程和蔬菜直销店】 以“早餐工程”和“蔬菜直销店”建设为突破口，推进社区便民服务业发展。全年支持社区和个人建成早餐门店6家。全区有早餐加工配送中心2家（红太阳餐饮公司和绿食缘食品有限公司），早餐达标店19家，特色门店5家，社区食堂10家。2个加工中心面积2400多平方米，有7条加工设备生产线，日加工早餐2万多份，解决40多人的就业问题。有5家早餐店正在建设装修，于2014年上半年营业。完善农产品流通体系建设，建立健全利民惠农的蔬菜直销网络。推进便民蔬菜直销网点建设，总结试点经验，以点带面，扎实推进，拟新建便民蔬菜直销点20个，扩大覆盖范围，使更多百姓能在住宅周边买到价格便宜、新鲜放心的蔬菜。为便民蔬菜直销点搞好服务，鼓励引导直销点与蔬菜种植户、农民专业合作社有序对接。

（杨常凯）

粮油流通

【概况】 2013年，区粮食局以“确保粮食安全、服务发展大局”为第一要务，以深入开展“树正气、讲团结、聚合力、促发展”大讨论活动和“基层建设年”活动为抓手，吃透上情、了解下情，以党风廉政责任制工作为政治保障，加强粮食宏观调控的基础工作，加强机关干部队伍建设，扎实推进全区依法管粮进程，开创新形势下粮食工作的新局面。

【粮食执法】 全年出动执法人员86人次，开展日常检查和专项检查68次，检查企业30家，检查收购主体61家，重点对14家“放心粮油”示范企业及示范店进行检查，对不依法经营、违规经营者口头警告6家、取消粮食收购许可证1家、暂时保管粮食收购许可证3家。

【粮食流通】 开展社会粮食供需平衡调查工作。调查以全区城镇居民总户数为基数，按照万分之三的比例，采取抽样调查的方式抽取46户、166人进行调查，全区城镇居民口粮消费8.78万吨。供给以省内、外调入为主，非国有粮食经营企业在粮食购销业务中占据主导地位。开展全区粮食清仓查库工作。通过检查，全面掌握国有及国有控股企业粮食库存情况。圆满完成区内涉粮企业的最高、最低库存量核定工作。完成2013年夏粮生产收购形势调查工作，全区夏粮预计播种面积为66.67公顷，单产275公斤，总产27.5万公斤。

【粮安工程】 落实粮食应急网点工作。辖区设17

个粮食应急供应网点，6家粮食应急储运企业，形成库存充足、供应顺畅、应急保障的粮食流通格局。做好粮食收购许可证审批工作。全区有粮食收购资格企业25家，其中国有企业5家，民营企业19家,外资企业1家。做好2013 ~ 2020年“粮安工程”计划工作。年内争取上级政策扶持资金80万元，“粮安工程”取得实质进展。

【粮食产业化经营】 以省级粮食储备库为依托，以建立区级储备粮为基础，培育专业粮油批发市场。已吸引8家粮油经营企业进场经营，经营量达全区粮食经销量五成以上。

【安全生产】 开展粮食系统安全生产、消防安全大检查工作，检查企业24家，出动检查人员65人次，发现隐患38处，投入整改资金4.6万元，系统总体安全生产状况良好。

（张元虹）

供销合作

【概况】 区供销社辖农业生产资料行业协会、柳春商场、海阳供销社3个独立核算单位。2013年，以服务“三农”为宗旨，发展为主旋律，改革为促进力，项目带动为切入点，资产保值增值、提高企业经济效益为重点，全面推进供销社发展，圆满完成各项工作任务。拥有农资配送龙头企业1家、农资综合服务站30家、日用消费品网点20家、新型基层供销合作社5家、农村社区综合服务中心（社）5家、专业合作社15家、行业协会9家。实现销售收入7500万元，实现利润16万元。

【企业管理】 区“农合联”发展专业合作社15家、行业协会9家，入社农户1400多户。举办农产品经纪人培训班，全区70多名农产品经纪人参加职业技术培训，通过考试均获得由人力资源和社会保障部、全国供销合作总社颁发的《农产品高级经纪人资格证书》。区“农合联”发挥桥梁纽带作用，与农资协会沟通联系，义务为卢龙县上场村送去优良玉米种子50多公斤，解决村民春耕买种难问题。

【农资供应】 农业生产资料公司有会员52个、农村综合服务站30家。配送中心对村级农资综合服务站、村级农家店配送农资，减少流通环节，降低农资流通成本。新增园林所需化肥及药品，投资20多万元购进油锯、高枝绿篱剪、绿篱机、割草机、割灌机、草坪机、动力喷雾器、小型通用汽油机等机器设备。组织召开玉米种子新品种推广会，种植农作物试验田，向农民推荐优良品种，实现助农增收的目标。配合区工商局，开展农资打假活动。检查区供销合作社农资市场的种子、农药、肥料等农资产品，未发现“三证”不全、假冒伪劣及国家禁用的产品。全年销售各种化肥3940吨、农药70吨、农膜49吨、种子290吨、农机具3950件。

【项目建设】 对拦马庄村级综合服务中心进行改造升级。硬化路面，维修墙体，更新内部设施，选用自选式售货架，增加商品种类。改造后的服务中心购物环境整洁明亮、购物方便快捷。

【防汛应急抢险物资储备】 重新制订物资储备管理办法，增设1间100平方米的储备库，及时增储补充已耗用的物资，对过期物资进行报废，在储备库内增设货架，易受潮物资上架摆放；储备物资加垫防潮垫板，以防物资受潮腐烂。安装监控报警系统和消防报警系统，提高防汛储备库的防盗和消防安全。全年调运物资塑料薄膜550公斤、铅丝950公斤、尖镐255把、铁锹360把、编织袋2.6万条、无纺布65公斤、麻袋100条、丝绳子292公斤、棕绳子250公斤、手电筒33把、断线钳9把、铁锤10把、木桩0.1立方、斧头42把、手据22把、油锯6台、镰刀60把、泥浆泵1台、橡皮艇2艘、救生衣10件。

（张　楠）

太阳城商业区

【概况】 2013年，太阳城管委会以实现跨越发展为目标，以提升基础设施、规范管理服务、打造特色品牌、优化业态布局重点工作为抓手，通过规划引领、项目拉动、健全功能和强化管理，努力将太阳城商业区打造成以生态文化旅游为特色、现代服务业为支撑、功能完善、环境优美的国内一流休闲特购区。加大招商引资力度，引进新天地春园烤肉项目，全年完成内资引进任务800万元。

【重点项目】 实施太阳城升级改造二期工程。完成天洋西厅广场和中心广场改造项目建设。推进太阳城数字化城管监控系统项目建设，在步行街出入口、道路交叉口、商贩摆摊密集处、停车区、景观结点及人流密集区安装监控摄像系统，设置监测点112个，安装摄像头98个，接入各大厦摄像头14个，实现商业区全方位无缝隙电子监控和网格化管理。制订实施商业区机动车单向环线行车方案，划定行车标志线、车位线，安装指示牌和电子警察系统，交警部门派警力入城纠章执法，规范城区交通秩序。对民族路沿线停车场进行升级改造，增设电子杆、围档、花箱等设施，在城区唯一通道口更新安装电子升降杆，设置车辆停放提示牌，安排专人盯守值班，打造特色步行街区。实施城区亮化工程和户外广告升级改造工程，对商业楼体外立面、楼顶统一规划设计，设置三面翻户外广告9块，过街门楣5块，对升级改造后的户外广告使用权公开拍卖（其中商业区外围楼体广告6块、过街门楣2块经公开拍卖完毕）。创新点亮城区之光，对太阳城步行街区亮化设施进行维修完善，强调建筑形态，增加空间层次，凸显地域文化，实现以景观亮化美化为导向、光影色彩动静结合的城区靓化目标，促进商业区夜间经济快速健康发展。

【安全生产】 依法落实安全生产责任制，与商家企业签订安全生产目标管理责任书和消防安全责任状，确保安全目标责任层层分解到岗、落实到人。制发安全生产手册300多册、商业区消防通道图70幅、“防火十法”“火场逃生12招”宣传品400套。组织开展消防演习和隐患摸排治理专项活动，提高辖区从业人员的安全意识，防止各类安全事故的发生。全年出动安全检查人员270人次，查处各类隐患180处，下发隐患整改通知书68份，已整改137处；加大辖区食品安全管控力度，建立健全地沟油管控机制，成立太阳城食品安全办公室和食品安全工作站，设立食品安全举报平台，组织餐饮业签订食品安全责任状。

【城区监管】 全面推行“一站式”直通车窗口服务，实施“零障碍”服务全程协办机制，为辖区商户和群众提供简便快捷服务。加强辖区治安防范，建立健全辖区治安防控网络。组织商家企业开展平安港城共驻共建活动，成立46人组成的联合巡防治安志愿者队伍。加强信访稳定工作，强化矛盾纠纷排查化解力度，全年排查调处各项矛盾纠纷4起，成功调处太阳城东方大厦、4号楼、5号楼多年无暖气，太阳城升级改造引发的上访，乐都汇商场升级改造引发矛盾纠纷和太阳城4号楼矛盾纠纷等问题，调处成功率100%。

【城区治理】 坚持“在发展中求规范、在规范中求发展”的原则，着力打造环境精良的城区发展环境，规范城区经营秩序。在城区设置固化式棚亭138个，在道德街夜经济长廊设置经营摊位146个，合理疏导安置城区流动商贩，规范经营秩序，提升业态层次，繁荣发展夜间经济，实现商业区经济发展和规范有序的双赢局面。全面落实环境卫生“门前五包”责任制，与辖区490多家店铺签订责任书。加大保洁设备设施投入，引进袋装化垃圾车4辆、拉臂式垃圾车1辆、五吨位的牵引式垃圾箱3个，更换绿色环保垃圾箱98个。加强保洁队伍建设，推行城区机械化保洁，袋装垃圾车全天候不间断巡查。

【宣传工作】 实施舆论传播引领工程。创新宣传方式，提高宣传时效。全年上报舆评信息294篇，省级以上网络采用122篇；上报网评信息252篇，区、市级网络采用196篇；突出“宣传创新”和“文化创新”，聘请专业人员对太阳城机关文化进行包装设计，塑造具有鲜明文化特色的太阳城形象标识（LOGO）和文化内涵。在办公楼楼梯间、楼道、审批服务大厅等醒目位置设置机关文化宣传板6块、宣传栏10个，编辑出版发行太阳城报6期，组织干部职工参加世界徒步大会和全区跳绳、羽毛球、齐心协力等比赛活动；组织开办善行讲习所，举办“三八”妇女摄影比赛，用凡人善举点亮道德灯塔，营造崇德向善文化氛围。开展文明单位帮扶活动，与东华里小学开展结对帮扶，筹集3750元为学校购买健身器材，确保文明单位创建工作落到实处。

（范红超）

旅 游

【概况】2013年，全区接待游客551.78万人次，同比增长8.9%；实现社会旅游总收入52.67亿元，同比增长26.7%；景区接待游客153.17万人次，同比增长7.42%，门票收入2285.22万元；秦皇求仙入海处景区实现经营收入650万元，被评为秦皇岛市十佳旅游景区、旅游系统标兵单位、行风建设先进单位；宝润生态酒店被评为秦皇岛市三星级乡村酒店；紫云山滑雪场获海港区全民健身工作特别贡献奖。全年引进内资4030万元，圆满完成目标任务。

【项目建设】秦皇求仙入海处室内演出项目计划投资1.25亿元，建设高档次演出剧场，引入大型室内演艺项目，完成项目初步设计，并与秦皇岛誉鼎文化传播有限公司等单位多次接触，推进招商引资工作。圆明寺总投资7000万元，占地面积7000平方米，建造佛教大殿5座，配套建设僧僚、课房等，5月举行开光大典。连峪山庄总投资1亿元，完成投资5600万元，完成引水上山项目管线铺设和蓄水池桥梁架设，种植薰衣草13.33公顷，改造村庄外通路，建设游客中心，完成村容村貌改造，9月15日举办开业庆典，正式接待游客。东山浴场栈桥码头修缮总投资100万元，暑期前完成对栈桥码头受损设施的全面修缮，加固护栏，改造桥面。紫云山滑雪场投资400万元，提升扩建游客服务中心，增加进口雪具200套，完善CS野战、拓展培训项目。

【基础设施建设】完善自助游服务系统。配合市旅游部门，在高速公路安装旅游宣传牌2块，在市区主干道安装旅游交通标识牌20块。加大老景区改造力度。以新澳海底世界、秦皇求仙入海处为重点，对照AAAA级标准，完善旅游服务配套设施。以景区游客中心、旅游厕所、标识标牌、步游路、停车场等提升改造为重点，投资1320万元，完成景区旅游基础设施项目12项。加快绿道项目建设步伐，累计投资2970万元，构架绿色慢行交通系统。完成圆明山片区内圆峪路、海峪路和连峪山庄山顶绿道、2座沿河绿道及休闲驿站建设，完成2处停车场场地硬化，均已投入使用。

【整顿旅游市场】规范市场秩序。进行专项检查2次，排查走访旅行社135家，实地审核从业资质，重点查处旅游业务档案不完整、签订旅游合同不规范、派团单使用不规范、员工劳动合同不规范、旅游广告业务不规范、涉嫌超范围经营等违规经营行为，共规范指导旅行社经营17家、限期整改22家。强化安全生产。与辖区涉旅单位签订“安全生产责任状”153家,实地指导企业查找、排除安全隐患。修订完善《海港区旅游安全事故应急预案》，组建抢险应急小分队3支，提高安全突发事故的快速反应能力，确保安全生产零事故。完善投诉机制。各涉旅单位公示旅游投诉方式，设专人负责接待投诉，保持热线电话24小时畅通、确保投诉案件按时限办结。全年在规定时限内办结旅游投诉39起，为游客和旅游经营者挽回经济损失7万多元，实现投诉办结率100%，游客满意率100%。

【旅游宣传促销】组织参加第二届中俄国际旅游交易会和第十八届中国北方旅游交易会，借助会展平台发布项目信息、宣介特色产品、吸引目标客源。开发琉璃系列、紫砂系列旅游纪念品，谋划开发秦皇琉璃文化馆项目，以祈福养生为核心，以琉璃工艺为载体，打造文化氛围浓厚、地域特色鲜明的旅游商品展示平台。组织“秦皇岛礼物”大型巡展活动，展示特色商品及旅游纪念品。端午节期间，举办望海大会逛码头旅游节庆活动，通过端午祈福大典、秦皇泡泡街舞行为艺术展示等活动，展现传统文化特色。邀请河北经济卫视“我为购物狂”栏目在求仙景区举办大型“终极寻宝”活动；策划连峪山庄开业庆典活动，组织登山健走、山货展示等特色活动，打造乡村旅游特色品牌。

【行业管理】 采取现场参观、专家讲座等方式，组织开展A级景区质量等级评定标准培训活动，指导各景区对标整改、提升服务接待水平。开展"2013年旅游保险宣传周""善行河北诚信旅游""文明与旅游同行"等主题活动，倡导行业内的正风正气。完成每月及重大节假日的统计任务，在暑期实行旅游统计日报，统计各阶段旅游接待情况，为领导决策和游客出行提供参考。优化"三类事项"（行政审批、非行政审批、行政监管）的审批流程，建立零障碍服务全程协办机制，做好全程跟踪服务。完成12家国内旅行社的设立初审，受理旅行社变更登记事项43项，其中现场查看旅行社变更经营场所17家，备案旅行社服务网点8家。采集基础信息，与市旅游局信息中心无缝对接，推广智慧旅游"五个一"工程，配合全市智慧旅游运营。

（段丽颖）

交通运输业

JIAOTONG YUNSHUYE

JIAOTONG YUNSHUYE

公路运营

【概况】 2013年，坚持以保畅为中心，以创建“安全畅通、文明和谐”的通行环境为目标，严格执行各项行业标准和工作规范，不断强化国省干线及农村公路管养，大力整顿道路营运市场秩序，加大超限超载车辆治理力度，进一步加强执法队伍建设，积极开展和落实“基层建设年”等活动，各项工作稳步开展。

【公路管养】 辖区内国省干线总里程为54.42公里，其中国道25.92公里，省道28.5公里。农村公路总里程262.23公里，其中乡道88.56公里，村道173.67公里。以国省干线为主骨架，以重要农村乡道为支骨架，“村村通”水泥混凝土公路的公路网络基本形成，制约农村经济发展的“瓶颈”得到明显改善。推进日常养护工作标准化、规范化进程，明确职责分工，加大养护力度，强化检查考核，规范并完善桥梁技术档案，推进特色公路美化绿化等方法，国省干线养护达到全天候保洁；公路养护达到路面全天候保洁，路拱适度，排水通畅，路面与路肩分界顺直、醒目，边沟顺畅，桥涵下无淤泥。全年清扫路面1.7万千米，清运垃圾1.38万立方米，整修路肩、边坡平台25.1千米，清理边沟26.2千米，绿化管护59.38千米，零星填方174立方米，运料174立方米，清理非法标语、广告160条；修补三桩500根，修补路面坑槽8359平方米，路面灌缝1.2万延长米，沿线设施粉刷64.4千米，桥梁维修8座（对全线破损的桥栏杆进行更换，对102线新庄桥底进行石砌处理，完成龙源大道卸粮口桥水毁修复），施画标志、标线4.23万平方米（包括102国道，京哈高速连接线北、东两出口，沿海路，108线），维修挡墙56.9立方米。完成公路中修工程2项，分别维修102国道海阳桥至西张庄村西头沥青路面15公里和小李庄至山海关交界破碎板维修8.76千米，总里程23.76千米。严格路政执法，拆除非法设立的非公路标志、广告标牌、条幅等182块，封闭私开路口17处，清理摆摊设点102处，清理公路垃圾1000多立方米，查处污染公路车辆3台，处理破坏公路附属设施（路树）案件2起，受理行政许可6件。保障国省干线安全畅通。

【超限、超载治理】 与交警等部门密切配合、协调联动，依托固定治超检测点，加强主要路段、路口、出入港口重要通道及重要桥梁的监控，保持24小时稽查不放松，并多次联合市治超处、交警支队开展专项整治行动，对超限超载车辆依法严管。完成“超限执法管理信息系统联网”工作，对不停车预检区、精确检测区、检测室、处理大厅和卸载区5个通道保持24小时实时在线，实现省、市、站三级网络连接。全年查处超载车辆3496台，卸载货物2.96万吨。加强源头治超企业监管，实行全区重点源头治超企业例会制度；坚持每月对各企业巡查不少于8次，对发现的违规装载行为和不规范经营行为下达限期整改通知书，依法予以处罚，实行源头治超企业“黑名单”制度；实施辖区14家重点企业源头超载治理，对监管的货运企业、场（厂）站等进行拉网式排查，将中国船舶燃料秦皇岛有限公司列入全区第五批重点源头企业，向社会公示。全区货运车辆超限超载率被控制在2.5%以下。

【农村公路】 为农村道路灾后水毁路桥重建工程提供技术支持和帮助，争取上级补助资金，各镇农村公路恢复重建工程进展顺利，海阳镇完成郭庄村至栗园村10米、侯庄村至栗园村740米和海阳二村至鲤泮庄村70米水毁路段，完成侯庄村至郭庄村的便民桥、郭庄村至徐庄村的跨汤河大桥，总长178米。北港镇完成范家店村至张桥庄村60米水毁路段。农村公路建养继续开展“七公开”建设工作，各镇建立专项档案，将管养工作与地域特点和乡镇规划结合，做出亮点、树立典型，在资金使用上避免重复浪费，新建养护公示牌20块，对帮扶村硬化路进行建设公示，保障农村公路建设有效开展。

【客、货运行业管理】 货运：辖区拥有道路运输经营业户1.4万户；货运挂靠车队23家；道路危险品货物运输业户19家。营运货车1.64万辆（其中1吨以下568辆，1～2吨7185辆，2～5吨3674

辆、5 ~ 10 吨 577 辆，10 吨以上 4226 辆，30 吨以上 195 辆）。在册道路运输货运从业人员 1.96 万人。客运：辖区拥有长途客运站点 2 个（长途客运车站、海阳路汽车站），营运班车 307 台，班线 128 条，全年营运里程 2949 万公里，运量 498 万人次，周转量 5.1 亿人 / 千米，同比下降20% 和16%；辖区有出租车挂靠公司 5 个，出租车 2840 台。

【机动车维修市场监管】 辖区有机动车维修企业 203 家，其中一类企业 17 家、二类企业 65 家、三类企业 121 家。以打击无证营运“黑车”为重点，全面开展严查、严打工作，查扣违章车辆 1200 台次，其中“黑车”110 台次。加强客运行业管理，提升客运服务水平。完成春运工作任务，发送旅客 35 万多人次，发车 3.7 万多班次，日均投放运力 332 车次，同比增长 1.2%；高考期间，协调出租车 400 多台，组成爱心送考车队，为高考考生提供免费乘车服务；“八一”期间，协调出租车 30 多台，组成拥军车队，为部队官兵提供免费乘车服务。完成辖区出租汽车《道路运输证》年度审验 2680 辆；按标准更新出租车 330 辆；受理各类投诉举报及求助事件 1200 多起，全部回复解决。完善货运车辆监管手段，保障货物运输无事故。定期对货运站场、危货企业、驾培学校等企业和业户的场地条件、车辆状况、安全设施等进行检查；采取辖区巡查、业户走访、接受举报等方式对非法经营企业进行调查摸底，稽查整顿，处理黑报名点 2 个，黑教练车 20 多辆。严把机动车检测关，确保营运车辆的技术状况完好。开展维修企业年度质量信誉考核活动，保障机动车维修企业服务质量；对新进辖区从事道路货物经营运输载质量达到 8 吨及以上的重型载货汽车和半挂牵引车，安装北斗卫星导航系统兼容车载终端，保障“重点运输过程监控管理服务示范系统工程”的开展，全面提升行业动态安全监管覆盖率，有 195 台运输车辆完成系统的安装、登记；坚持营运车辆二级维护作业站月例检制度，动态入户考核企业的质量管理。检测各类营运机动车 2.88 万台次，技术等级评定 7329 台次。

【“基层建设年”活动】 省重点帮扶村帮扶工作稳步推进。对口帮扶村为东港镇孙庄村，也是省交通厅重点帮扶村。驻村工作组广泛征求村民意见和建议，确立多个帮扶项目。协调区水务局，投资 19 万元对塘坝进行加固维修；投资 21 万元，对 3500 平方米村主街道进行硬化；协调区科技局，投资 20 多万元，安装路灯 41 盏；协调区水务局，对 400 米长的灌溉渠进行渠底硬化；协调区文明办，进行文化墙绘制；协调区文体广新局投资 16 万元，购置公共健身器材；协调区城管局，投资 12 万元，购置 60 个铁质垃圾箱；完善农村书屋建设，对农村书屋重新进行粉刷，购置全新的书柜和桌椅，购置 20 多类 1500 多册图书。帮扶村主街道硬化建设项目全部完工。多次到 6 个帮扶村进行现场调研，详实掌握实际情况，与驻村工作组和村两委班子进行沟通协调，共同探讨工程的可行性办法；制订《海港区深化加强基层建设年活动帮扶村主街道硬化实施方案》《海港区基层建设年帮扶村主街道硬化工程施工技术手册》，对目标任务、建设要求、工作步骤、考核验收等作出明确规定和部署，深入各村现场勘查，实地测绘，对道路硬化建设提供技术指导，确保工程扎实、有序进行；在东港镇卸粮口村组织 6 个重点帮扶村和驻村工作组现场会。帮扶村主街道硬化工程全部完工并验收合格，完成硬化面积 2.1 万平方米。

（张　涛）

铁路运营

【秦皇岛车务段】 职工总数 1778 人，高、中、初级专业技术人员分别为 5 人、47 人、83 人，工人技师 112 人，高、中级技工分别为 546 人、615 人。秦皇岛车务段为非独立中间站客、货运运输的组织管理单位，管辖京哈线 215 千米至 312.498 千米，津山线 325 千米至 433.950 千米，津秦高铁线 255.554 千米至 287.539（285.778）千米，龙山联络线 426.559（423.907）千米至 432.391 千米，进出港线上下行各（南大寺—秦皇岛南站）13.9 千米，龙联线（龙家营—秦皇岛东站）1.28 千米，哈港联线（北戴河 – 南大寺）277.601（277.485）千米至 284.953 千米，共 21 个车站和 1 个线路所，其中一等站2个、二等站1个、三等站6个、四等站12个；专用线22条，专用铁道2条，地方铁路1条；半自动驼峰1个；配属调车机2台、区域调车机2台，河北钢铁集团燕山钢铁有限公司专用线自备GK1C型0668号内燃机车1台。担负管内经济吸引区的煤炭、矿石、建材等物资和旅客运输任务。固定资产原值1.14亿元。运输收入8.84亿元，运输总支出2.73亿元，旅客发送量646.3万人，货物发送量690.2万吨，日均装车294车，日均卸车457.2车，中转时间32.2小时，停站时间22.7小时，静载重64.3吨，多经收入1702万元，实现利润3万元。截至12月31日，实现连续安全生产907天。

5月31日，按照《北京铁路局北京铁路局党委关于公布进一步推进货运改革实施方案的通知》（京铁劳〔2013〕262号）精神，将车务段的货运相关业务、资产及人员划入唐山货运中心。

7月1日，北戴河站历时95天的新增天桥工程顺利竣工并投入使用。

8月31日，按照《北京铁路局关于明确津秦客专房建设备维修管理范围的通知》（京铁房地〔2013〕495号）精神，天津建筑段秦皇岛、北戴河两个高铁站的房建业务划归车务段管理，相应人员及资产同步划入。

10月31日，管内津秦高铁龙家营线路所京哈线开通。

12月1日，津秦高铁开通运营，管内津秦高铁秦皇岛、北戴河两站津秦场投入使用，龙家营线路所津秦高铁开通。

【秦皇岛工务段】 秦皇岛工务段下设龙家营、秦皇岛、抚宁、卢龙、迁安、唐山东、唐山、唐山南、古冶、汉沽和南堡等11个线路车间，秦皇岛、汉沽2个桥梁车间，唐山高铁线路车间、唐山高铁路桥车间、唐山重点维修车间、综合机修车间、秦皇岛探伤车间、唐山探伤车间、动力设备车间、秦皇岛工程车间及卢龙采石场车间等22个车间、113个班组。职工总数2277人，高、中、初级专业技术人员分别为9人，37人，122人，高级技师、工人技师分别为29人、247人，高、中级技工分别为1280人、54人。管辖线路总延展长度1694.8千米，其中正线1177.91千米，站、特、岔线516.89千米；专用线189.83千米；桥梁455座、177510延长米，特大桥42座/154951延长米；涵渠977座/33548延长米；隧道15座、12466延长米；道岔1596组，代维修道岔219组；道口89个，有人看守道口16处，地方监护道口10处。机械动力设备2750台，其中，轨道车机车9辆，收轨平车4辆，运输车辆66辆。能够承担线路大修换轨、换枕、换岔、线路中修清筛、桥梁平改立、换梁等施工任务。固定资产原值23.7亿元。担负津秦高铁上行56.300千米至285.778千米、下行56.300千米至287.539千米，北戴河场间联255.860千米至256.100千米，京哈线上下行289千米至312.498千米，津山线上、下行192.700千米至433.950千米，南堡线0千米至33.680千米；七滦线上行1.147千米至49.500千米、下行0千米至49.500千米，秦皇岛进出港线上下行4.500千米至13.900千米,唐遵单线0千米至9.280千米，沙河驿北1.07千米至3.596千米，沙河驿南1.500千米至3.257千米，马沙线-0.093千米至4.414千米，龙联线0.106千米至1.28千米，龙山联络线上行423.907千米至432.391千米，龙山联络线下行426.559千米至432.391千米，七丰线0千米至0.65千米，丰胥线-1.431千米至2.744千米，贾联线0千米至2.979千米，崔联线0千米至4.602千米和银联线-1.248千米至3千米，南堡疏解线0千米至6.13千米的线路、桥梁等设备大中维修任务及防洪工作。全年运输总支出3.25亿元，其他业务利润91.39万元。

12月1日，京秦客专开通运营。秦皇岛工务段新增设备北戴河场间联线255.860千米至256.100千米，合计0.24千米；津秦高铁线上行56.300千米至285.778千米，下行56.300千米至287.539千米,共计460.717千米。新增桥梁100座、141451延长米，特大桥27座、133636延长米；涵渠227座、8168延长米;隧道14座、11117延长米。

12月31日，实现连续安全生产907天，被路局命名为安全优质达标段。

【大秦车务段】 管辖大秦线、迁曹线2条主要干线，贯穿河北、北京、天津等“一省两市”，营运里程817.89公里。管辖大秦线21个车站、587.08正线公里，其中：一等站2个、二等站3个、三等站4个、四等站11个、线路所1个；管辖迁曹线11个车站、230.81正线公里，其中:一等站3个、二等站3个、三等站3个、四等站2个。按联锁设备分为：TDCS车站11个、CTC区段车务有人集控站7个（大秦段5个、迁曹段2个）、无人集控站15个（大秦段13个、迁曹段2个）。职工总人数1957人。全年完成卸车570.06万车，日均卸1.56万车，完成装车54.92万车。全年完成运输总收入4.35亿元，同比增长9.74%；完成非运输业收入1.67亿元，同比增长9.2%。

10月16日，大秦车务段实现连续安全生产2900天，至12月31日实现第八个安全年。

秦皇岛港

【概况】 秦皇岛港股份有限公司坚持一手抓港口生产运行，一手抓推进H股上市，战胜宏观经济下行、进口煤冲击加剧、三公司关停、老旧码头改造、煤四期三台翻车机集中更新等困难和挑战，全面完成年度各项生产经营指标，秦港股份顺利登陆香港H股资本市场，书写秦皇岛港百年发展史上的新篇章。2013年,秦皇岛港完成吞吐量2.64亿吨，同比增长8.6%。节能减排任务全面完成，环保工作水平大幅提升，职工生产生活条件进一步改善。

【生产运行】 煤炭运输。强化货源意识，提前组织市场调研，细化港口作业合同，做好重点客户一对一服务。多次召开客户座谈会、路港协调会，倾听铁路、客户意见建议，规范和完善菜单提报、水尺计重等工作，为客户提供更优质的服务。深入挖潜，发挥调度指挥中心合署办公优势，加强与铁路、海事和重点客户的沟通协调，实现与口岸单位无缝对接，提高协同作业效率。制订《翻车机更新改造期间生产组织预案》，将施工影响降到最低。大胆创新，全面推行港前待泊区船舶进出港交通新模式，压缩单船单次靠泊时间2小时，显著提升船舶组织效率和泊位利用率。杂货运输。深入腹地走访货主用户，推介秦皇岛港泊位多、靠泊快、场地大、效率高等优势，扩大矿渣、钢材等市场份额，争取焦煤等回流货源，拉动货源多元发展。推进保税仓库与出口监管仓库建设，扩大港口服务功能。推行前沿车船直取作业方式，减少作业环节，矿石单月作业量连续刷新纪录。油品运输。多次走访中石油总部、东北公司、抚宁炼厂，全力争市场、保份额。着力改善服务功能，107泊位顺利通过竣工验收，101、102泊位升级改造试运行，6、7号罐大修完成，为可持续发展奠定良好基础。集装箱运输。用足、用好河北省航线开发和散改集、杂改集政策，恢复中远直航航线，开通“青岛—黄骅—秦皇岛—青岛”内贸支线及“秦皇岛—大连—上海”航线，恢复二公司块煤装箱业务，启动集装箱发运钢材模式。

【企业改革】 持续稳步推进薪酬制度改革。出台《工资总额管理办法》等薪酬管理制度，完善工效挂钩机制，发挥薪酬激励作用。推进后勤业务改革。旅游公司成功组建并正式运营；物业公司实现增资和重组；餐饮公司确定组建方案；幼儿园市场化经营方案进一步完善；通勤车和印刷厂业务正式关停。做好劳务用工管理。组织各单位做好劳务用工自查及整改，理顺劳动用工关系；在杂货装卸作业中引入竞争机制，规范劳务承包秩序。对建筑公司和实业服务公司两家集体企业实施厂办大集体改革，制订改革方案，报省国资委审批。

【经营管理】 强化内控体系建设，完善出台战略管理、全面风险管理、授权与审批管理等规章制度，对存在的问题全面进行整改。开展权力运行监控机制建设，梳理确认“三重一大”决策范围，提高经营管理人员依法合规经营意识。组织开展质量跟踪管理等效能监察。开展煤炭费收业务专项审计，从宏观管理、风险控制、具体业务等方面对煤炭费收业务进行规范。恢复开展全面质量管理，推进基础管理工作开展。成立“营改增”领导小组，对会计处理、发票开具等流程统一规范，组织专项培训和认证培训，确保“营改增”工作的实施和过渡。强化资金管理，合理调整货款结构，降低融资成本，保证生产经营、对外投资和利润分配的资金需求。加强对外投资管理，合资组建京唐铁路公司、沧州港兴拖轮公司，开展下游港口煤码头接卸项目前期调研工作。出台工资总额调控办法，实行新增效益工资与超额利润整体联动，促进基层单位创利增收。

【设备设施改造】 煤四期翻车机更新项目。合理安排施工计划，大胆采用新材料、新技术、新工艺，平稳推进项目进程。历时 258 天，3 台翻车机顺利投入生产，提前 16 天完成项目建设。老码头结构加固改造项目。16 个泊位改造方案在较短时间获得交通部批复，年内完成煤四期 704、705、706、708、709 泊位和煤一期 202 泊位加固改造并全部恢复临时生产。西港搬迁改造工程相关工作。正式关闭三公司老煤码头，完成场存煤炭的清场、清账和资产的摸排、处置相关工作。其他工程项目。煤一期 4 号翻车机改造，煤三、四期新增取料机等项目先后完成并顺利投入生产运行；905、906 泊位完成疏浚和扫测工作。煤三期堆料机，煤三、四、五期堆场西侧防风网建设工程，煤四、五期堆场抑尘墙工程，101、102 泊位改造，内燃机车购置项目和含尘污水改造工程，九公司堆场照明节能改造等大批项目正在进行。

【安全生产】 落实安全生产主体责任，完善安全生产长效机制，强化安全管理基础建设，深入开展安全生产大检查和事故隐患排查整改“百日会战”专项行动，加大事故隐患排查整改力度。召开安全文化建设现场推进会，全面推广一公司和铁运公司创建成果和经验，基层单位推进安全文化和安全标准化建设，将安全生产与班组、小家建设有机融合，营造良好的安全文化氛围。强化人身、设备、交通、消防、职业卫生和危险货物等安全管理工作，开展大型装卸机械防风预案演练和生产安全事故应急救援演练。提升履约安保防控能力，保障在港货物安全。全年未发生重大生产安全事故。

【环境保护】 制订出台港口煤粉尘综合整治实施方案和港口重污染天气应急响应方案。利用环保专项资金，推进防风网等重点环保项目建设，开展新型润湿剂、结壳剂现场实验，推进环保新技术在港口应用。实施卫生量化分级考核管理模式和环境保障任务菜单式管理，促进管理规范化、标准化、程序化。口岸核心能力建设工作以全省第一名的优异成绩，顺利通过国家质检总局考核验收。完成绿地建设 2.2 万平方米，获河北省国土绿化突出贡献单位称号。港区环境空气质量总体保持稳定，港口污染物全部达标排放。

【秦港股份 H 股香港上市】 12 月 12 日，全球最大大宗干散货公众码头运营商——秦皇岛港股份有限公司（股票简称：秦港股份，股票代码：03369.HK）在香港联合交易所主板成功挂牌上市，成为继大连港、天津港、厦门港后的国内第四家在香港上市的港口企业，也是香港资本市场上第一家以干散货业务为主的码头运营商。秦港股份用最短时间（从启动到挂牌仅 6 个月）、最小的发行份额（仅发行总股本的 15%，为联交所规定发行下限）、最高的估值（高于香港和国内 A 股可比公司估值）、最低的发行成本（承销费率约 2.5%，低于近期 H 股 IPO 项目）顺利完成 H 股决策、组卷、申报、审批全部流程并成功发行上市，创造香港资本市场国企 H 股上市的“秦港速度”，完成省委、省政府下达的任务目标。秦港股份全球发行 8.3 亿股，上市发行价为每股 5.25 港元，募集资金约合人民币 34.4 亿元。发行引进中融国际信托有限公司、中煤能源（香港）有限公司、中交国际（香港）控股有限公司、中国大唐海外（香港）有限公司、国电燃料有限公司、香港兴源投资贸易有限公司、太平财产保险有限公司等 7 家基石投资者。

【国家级技能大师工作室成立】 4 月 22 日，股份公司“张海波技能大师工作室”正式获批成为“国家级技能大师工作室”，获 10 万元建设项目资金补助，是秦皇岛市首个国家级技能大师工作室。5 月 7 日，股份公司在杂货公司召开张海波技能大师工作室筹建工作协调会，宣布成立张海波技能大师工作室筹建工作领导小组和筹建办公室，研究部署工作室的推进工作。11 月 15 日，张海波国家级技能大师工作室揭牌，正式启动运行。

【国内首个港前待泊区启用】 5月18日，秦皇岛海事局、秦皇岛港股份有限公司组织召开秦皇岛港港前待泊区安全运行工作会议，标志着国内首个港前待泊区正式启用。港前待泊区是秦皇岛港、秦皇岛海事局对海上交通组织模式的全新尝试，从概念提出、前期研究到通过专家评审，历时1年多时间。港前待泊区是供船舶进港前临时等待的水域，为进靠秦皇岛港六、七、九公司的船舶提供3个半径分别为400米的圆形水域（即1号待泊区、2号待泊区、3号待泊区），可供3艘船舶同时使用。成功申请港前待泊的船舶，可在合理时间内提前由锚地起锚驶往待泊区等待，待泊位清爽后由待泊区直接进港。港前待泊区改变了泊位清爽后船舶由锚地起锚进港的交通组织模式，缩短船舶进港时间，降低船舶运营成本，提高港口泊位利用率，降低海上交通安全隐患。

【股份公司5个项目通过省级科技成果鉴定】 5月18日，秦港股份公司召开2013年度科技成果鉴定会，股份公司申报的“港口生产能耗实时监控分析系统”等5个项目全部通过省级科技成果鉴定。鉴定委员会由交通运输部水运科学研究院、河北省电子信息技术研究院、北京航空航天大学、燕山大学等单位的7名专家组成。与会专家听取工作报告、技术报告、测试报告、社会经济效益分析报告、用户使用报告和科技创新报告，观看系统演示，经过质疑答辩和讨论最终形成成果鉴定意见。其中，“港口生产能耗实时监控分析系统”“秦皇岛港可视化集成信息平台”“煤炭码头装卸设备现场实时管理信息系统”等3个项目达到国际先进水平，“基于港口生产的设备管理系统”项目达到国内领先水平，“翻车机待卸车皮煤炭自燃检测技术”项目达到国内先进水平。

【秦皇岛港成为动力煤期货交割港口之一】 9月26日，国内首个大宗资源型商品期货品种——动力煤期货在郑州商品交易所成功挂牌上市，秦皇岛港股份有限公司等9家企业所在的港口被指定为动力煤车（船）板交割指定交割计价点，自11月15日起开展动力煤期货交割业务。动力煤期货是目前中国最大的商品期货。动力煤期货的推出将在促进全国煤炭市场化改革，煤炭市场体系建设，完善市场化价格形成机制，为相关企业提供风险管理工具，提升我国在国际煤炭市场上的话语权，保障国家能源安全等方面起到积极作用。秦皇岛港成为动力煤期货交割港口之一，秦皇岛海运煤炭交易市场将与郑州商品交易所进行动力煤现货与期货方面的合作。

港航管理

【概况】 秦皇岛市港航管理局主要负责全市港口行政管理、水路运政管理、船舶技术检验工作。2013年，有港口经营企业134家（其中码头装卸企业10家），省际水路运输企业8家，船舶总载重26.4万吨，水路运输服务企业109家。旅游船艇295艘，其中大中型旅游船舶223艘，小型旅游船舶222艘（玻璃钢快艇184艘、木质旅游船38艘），水上摩托艇50艘。全年港口吞吐量2.73亿吨，同比增长1%。其中煤炭2.38亿吨，石油、天然气及制品879.84万吨，矿石615.95万吨，其他散杂货完成1936.67万吨，集装箱完成38.78万标准厢。省际水运企业完成货运量137.52万吨，完成货物周转量18.5亿吨公里，同比分别增长7.56%、11.47%。水路运输服务企业完成代理货物量922.95万吨，代理船舶8105艘次，同比分别降低14.8%和6.75%。船舶引航完成5141艘次。旅游船艇完成客运量86.06万人次，同比增长7.58%。港口固定资产投资完成3.7亿元。

【港口建设管理】 完成港口总体规划送审稿的修改。8月，上报交通运输部和省政府；10月25日，交通运输部综合规划司和省交通运输厅在秦皇岛组织召开联合评审会，原则通过规划报告。港口建设项目管理得到规范。下发《关于进一步明确港区内建设项目管理有关问题的通知》，对港区内各类建设项目的管理要求进行细化和明确。对秦皇岛港含尘污水回用系统改造、煤四期翻车机房改造、煤四期洒水除尘系统改造等项目进行审查备案。港口公共基础设施管理体制得到理顺。秦皇岛港公用航道疏浚维护工程经过测量、工程量清单编制和报审、施工与监理招标等阶段，已交工验收。港口锚地维护和新锚地选划工作完成前期准备。

【港口经营管理】 开展港口经营企业年度核查工作，对港区内外包作业单位进行清理整治。落实促进港口集装箱发展的各项优惠政策，为秦皇岛港集装箱运输相关企业累计争取补贴资金1800多万元。与承德片区高速收费系统实现联网，进出承德的集装箱运输车辆享受免费通行政策。执行港口电煤运输信息报告制度，加强协调保障，解决煤炭压港问题，确保电煤运输通畅。

【港口安全管理】 推进港口安全生产标准化工作进程。指导秦港股份有限公司、秦山化工码头公司、秦仁海运有限公司、中燃秦皇岛公司、新港湾集装箱公司均按步骤开展建标达标工作。开展各项安全生产专项活动，加强日常监管。开展“平安港口”创建活动、“安全生产月”活动、港口“安全生产百日大检查”等专项活动，实地检查企业19家，电话抽查企业领导带班值班12次，发现隐患9条，已完成整改。加强危险货物港口作业监管。全面规范危险货物港口作业申报受理，加强作业现场监管，督促作业单位落实防范措施。全年受理危险货物港口作业审批1892次，总作业量954万吨。抓好港口设施保安工作。将港口设施保安与安全生产工作及社会治安综合治理工作结合，督促相关履约单位加大港口设施保安的投入力度，执行《保安计划》。全市13个涉外港口设施保安工作正常，未发生港口保安事件。做好港口防汛工作。成立港航系统防汛工作领导小组，下发《关于做好港口防汛工作的通知》，建立完善港口防汛应急抢险队伍，现场检查抢险物资的储备储存及供应渠道。3次进行防汛工作专项督导检查，12次将气象部门预警信息向企业传达，港口防汛形势稳定。

【水路运政管理】 落实有关法律法规，实施经营资质年度核查，加强经营行为检查，全市水路运输市场规范，实现水运市场稳定有序。为管理对象服务，培育全市省际水路运输市场。为企业出主意、想办法，提供政策咨询服务，帮助企业选择购建符合经营条件的船舶，与省港航局请示沟通，专程赴省港航局，帮助企业办理相关手续。全年办理完成秦皇岛帆顺船务有限公司国内水路运输企业开业及秦皇岛铭伟船务有限公司新增融资租赁船舶营运手续，新增省际普通货船运力2艘(计8.46载重吨)。促进海上旅游客运健康发展。发展海上旅游客运。山海关渤海明珠国际酒店项目游艇码头主体工程完工，莲花岛旅游综合项目水工工程、秦皇国际游轮游艇港项目开工。全年更新老旧船舶10艘，基本完成老旧旅游船艇更新工作，新增豪华游艇2艘。大、中型客船为主、小型快艇为辅的水路客运格局初步形成。旅游船艇管理推行统一公司化经营、统一船艇颜色、统一着装、统一服务监督卡、统一文明用语，提高经营管理水平和服务水平。多措并举加强旅游船艇管理。与旅游船艇经营者签订《安全生产规范经营目标责任书》，组织教育培训；建立旅游船艇经营管理信息通报制度，实现经营管理与安全管理结合；淘汰落后船艇，游船档次明显提高，噪声明显减小；坚持重点区域监管与全面检查相结合的模式，加大旅游船艇一线监管力度，暑期旅游船艇经营秩序良好。

【重点项目】 秦皇岛港煤三、四、五期及矿石堆场西侧防风网项目7月底开工建设，市港航局承担的北戴河及相邻地区近岸海域环境综合整治工作任务按计划推进；16个泊位的码头结构加固改造方案获交通运输部批复，开工建设；150航道改扩建项目建议书获省发改委审批；秦皇国际游轮游艇港项目一期工程完成初步设计审批、斜坡堤施工图审批和开工备案，已开工建设。莲花岛旅游综合项目水工工程完成初步设计审批、环带区护岸工程施工图审批和施工、监理招标。

秦皇岛新港

【概况】 2013年，装卸船只479艘（杂货船438艘)。完成货物吞吐量246.5万吨，为年计划的137%，同比减少2%。下半年煤炭业务停止，全年煤炭吞吐量为 31.44 万吨，同比下降 40.5 万吨，降幅 56.3%。

【市场全面开发】 以市场为导向，突出货源结构，促进增产增效。稳定水渣、水渣粉、钢材等重要货种，开拓石膏矿、石油焦等新货源，加大货量大、周转快、成本低的散装货物揽货力度，为全年吞吐量保持平稳提供重要的保障。

【安全生产】 完善规章制度和操作规程，加大安全生产宣教和培训力度。提高职工安全防范意识，加强作业现场巡视和监督，定期或不定期开展安全生产大检查活动，排查隐患，做好应急演练。全年开展安全教育培训 4 批次，安全生产联查 6 次，应急实战演练 4 次。全年未发生重大人身伤亡事故及安保事件。

（秦　志）

金融业

JINRONGYE

JINRONGYE

银行业

【中国人民银行秦皇岛分行】 位于海港区迎宾路153号。2013年，中国银行秦皇岛分行下设机构43家，有员工1175人。截至年末，本外币负债总额288.01亿元，较年初增长20.01%，其中人民币各项存款余额256.71亿元，比年初增加20.73亿元；本外币资产总额292.75亿元，较年初增长23.77%，其中人民币各项贷款余额181.45亿元，比年初增加6.34亿元；全年共实现计费收入8.95亿元，同比增长8.05%。

【中国工商银行股份有限公司秦皇岛分行】 位于海港区河北大街129号。有从业人员1222人，营业机构47个。实现净利润7.19亿元，增长1.62%；各项存款余额320.48亿元；各项贷款余额319.17亿元；实现中间业务收入2.37亿元。资产业务基础进一步夯实。成功发放项目贷款32.64亿元，累放流动资金贷款32.1亿元，贸易融资55.48亿元。实现网络融资业务余额2.52亿元。成功打造2条贸易融资核心供应链，增容小企业客户76户，融资余额24.77亿元。累放消费类法人贷款17.9亿元。个人贷款余额97.25亿元。中间业务创新加快。全年实现结理代基础收入1.47亿元，同比增长18%。

【中国农业发展银行秦皇岛分行】 位于海港区燕山大街370号。资产业务得到有效增长。全年累计发放各类贷款28.7亿元，同比增加5.38亿元；各项贷款余额38.6亿元，较年初增加6.42亿元，同比多增1.67亿元。累计发放政策指令性贷款9.58亿元；发放粮食收购贷款8.98亿元；累计营销中长期贷款项目3个，发放项目贷款5.3亿元；信贷支持地方特色明显、竞争力较强、发展潜力较大的秦皇岛中农物流有限公司等2个客户，累计发放新增贷款1900万元；支持秦皇岛骊骅淀粉股份有限公司等11个客户4.9亿元续贷项目。年末，各项存款余额9.93亿元，较年初增加6.41亿元。其中企事业单位及财政性存款4.2亿元，比年初增加0.98亿元。同业存款日均余额2.9亿元，完成省分行下达年度考核任务的8倍。

【中国农业银行股份有限公司秦皇岛分行】 位于海港区迎宾路75号。有营业机构66个，在职员工1343人。实现拨备前利润4.11亿元、拨备后利润4.01亿元。截至年末，本外币各项存款余额达到295.47亿元，比年初增加24.31亿元，其中对公存款余额96.97亿元，比年初增加6.34亿元；个人存款余额198.5亿元，比年初增加17.98亿元。本外币各项贷款余额达到129.19亿元，比年初增加14.21亿元。全年实现中间业务收入1.8亿元，同比多增2790万元。

【中国建设银行股份有限公司秦皇岛分行】 位于海港区光明路56号。2013年年末，一般性存款余额279.58亿元，比年初新增29.99亿元。个人存款余额157.18亿元，比年初新增17.51亿元；对公人民币存款余额122.4亿元，比年初新增12.47亿元。各项贷款余额228.35亿元，比年初新增13.95亿元。实现中间业务收入3.25亿元，实现账面利润7.24亿元，比上年增长8035万元，增速12.6%。资产质量持续向好，不良贷款实现“双降”，不良额压缩至6610万元，比年初下降7813万元，不良贷款率0.3%，比年初下降0.37%。

【秦皇岛银行股份有限公司】 位于海港区燕山大街209号。有37家支行，营业网点42个，实现全市（包括县域）网点全覆盖。全行员工1027人。截至2013年年末，全行资产总额300.49亿元，负债总额286.32亿元。各项存款余额264.38亿元，各项贷款余额126.06亿元，当年实现利润总额4.04亿元。存款增速创历史最高水平，对公存款在全市排名第一，个人储蓄存款突破100亿。全年各项贷款余额126.06亿元，其中：公司类贷款余额76.99亿元，占比61.07%；个人类贷款余额49.07亿元，占比38.93%;银行承兑汇票余额13.63亿元。

【河北省农村信用社联合社秦皇岛办事处】 位于海港区燕山大街118号。辖5家县级联社，169个营业网点。有员工1862人。截至2013年年末，各项存款余额334.08亿元，比年初增加36.55亿元；各项贷款余额171.31亿元，比年初增加22.12亿元，存贷比为51.28%，较年初增长 1.14%；各项贷款中涉农贷款余额 132.27 亿元，占各项贷款总额的 77.21%。全辖全年实现总收入 22.18 亿元，同比增收 1.2 亿元，其中贷款利息收入 14.36 亿元，同比增加 0.29 亿元；往来收入 4.76 亿元，同比增加 1.52 亿元；实现中间业务收入 0.55 亿元。实现账面利润 5.65 亿元，同比增加 0.96 亿元。

【中国邮政储蓄银行股份有限公司秦皇岛市分行】 位于海港区建设大街 191 号。有营业网点 73 个，员工 520 人。实现业务收入 2.31 亿元，同比增长 35.07%；实现利润 9177.38 万元，同比增长 45.02%，收入与利润增幅均列全省第四位。全辖存款余额 137.12 亿元，其中个人储蓄存款余额 113.79 亿元，公司业务存款余额 23.33 亿元。累计净增 20.03 亿元，其中个人储蓄存款累计净增 18.12 亿元，公司业务存款累计净增 1.91 亿元。

【中国民生银行股份有限公司秦皇岛分行】 位于海港区燕山大街 242 号。下设机构 4 个，有员工 160 人。有自助柜员机 38 台，离行式自助柜员机 25 台。截至 2013 年年末，各项存款余额 58.27 亿元，较年初增长 13.48 亿元，增长 30.1%，其中：对公存款余额 35.96 亿元，较年初增加 10.1 亿元；储蓄存款余额 22.31 亿，较年初新增 3.38 亿；理财产品余额 20.45 亿，较年初新增 7.72 亿，增长 60.64%；表内各项贷款余额 25.56 亿元，较年初下降 1.5 亿元（主要是对存在授信风险的客户予以压降），其中：对公贷款余额 17.09 亿元，较年初增长下降 2.12 亿元，个人贷款余额 8.47 亿元，较年初增长 0.62 亿元；表外银承风险敞口 6.76 亿元，其中对公 2.76 亿元，小微 4 亿元；不良贷款余额 1582.48 万元，不良贷款率 0.62%；累计办理票据贴现 163 亿元；全年实现责任利润 1.3 亿元。

（秦　志）

保险业

【概况】 2013 年，辖区有保险机构 46 个，其中财险公司 17 家、寿险公司 19 家、代理公司 10 家。从业人员 1.2 万人。完成保费 44.84 亿元，同比增长 4.74%。其中，财险保费收入 29.13 亿元，同比增长 0.49%；寿险公司保费收入 15.71 亿元，同比增长 14.03%。保险赔款及综合给付 20.33 亿元，同比增长 31%。其中，财险赔款 9.03 亿元，赔付率 57.45%；寿险赔款（给付）11.3 亿元。保险业纳税 1.36 亿元，其中营业及所得税 0.36 亿元。代收代缴车船税 1.09 亿元。保险金额风险 7429.13 亿元，保险深度 3.93%，保险密度 1498 元每人。

【秦皇岛市保险行业协会】 有会员公司 46 家，其中产险公司 17 家、寿险公司 19 家、代理公司 10 家，从业人员 1.2 万人。全行业完成保费收入 44.84 亿元，同比增长 4.74%；保险赔款及综合给付 20.33 亿元。其中，财险公司完成保费收入 29.13 亿元，同比增长 0.49%；寿险公司完成保费收入 15.71 亿元，同比增长 14.03%。

【中国人寿财产保险股份有限公司秦皇岛市中心支公司】 所辖 3 个县级支公司网点获准开业。公司经营业务范围涵盖车险、财产损失保险、责任保险、信用保险和保证保险、短期健康保险和意外伤害保险等。年内实现保费收入 1.02 亿元，同比增长 35.79%，完成年度预算目标的 104.48%。其中，车险保费收入 8273.5 万元，同比增长 32.48%；非车险保费收入 1965.22 万元，同比增长 61.71%。支付赔款 4938.64 万元，支付营业税费 660.43 万元。

【中国人民财产保险股份有限公司秦皇岛市分公司】 设置部门 14 个，全辖分支机构 17 个，员工 502 人。全市系统累计承担风险保额 1770 亿元，实现保费收入 5.38 亿元，同比增长 3.8%，保费规模连续 2 年突破 5 亿元。全年处理赔案 4.6 万件，支付赔款 2.9 亿元。向地方政府缴纳各类税金 6547.56 万元，同比增长 4.6%。其中，代收车船使用税 3737.53 万元；营业税及附加 2614.09 万元。开办机动车辆保险及其附加险产品 30 种；各类财产保险产品 101 种；责任信用保险 124 种；意外伤害保险 45 种；船舶货运险 20 种；各类农业保险 10 种；代理其他保险公司办理有关保险产品。

【中国太平洋财产保险股份有限公司秦皇岛中心支公司】 辖8个支公司，员工128人。实现保费收入2.09亿元，同比增长10.13%。车险完成保费收入1.9亿元，同比增长14.94%；企财险保费收入837.78万元；意外险保费收入404.62万元；责任险保费收入108.97万元。公司办保业务险种322个，其中机动车及其附加险种27个，各类财产险业务险种96个，责任信用险种118个，意外险44个，其他险种37个。

【中国平安财产保险有限公司秦皇岛中心支公司】 辖分支机构6个，在岗员工179人。经营业务范围涵盖车险、财产险、工程险、货运险、责任险及意外健康险等法定产险业务。实现保费收入3.12亿元，同比增长19.63%。其中，车险实现保费2.62亿元，同比增长25.24%；财产险实现保费3793万元；意外健康险实现保费1250万元。全年赔款支出1.52亿万元，其中车险赔款支出1.3亿万元、财产险赔款支出1460万元、意外健康险赔款支出795万元。

【阳光财产保险股份有限公司秦皇岛中心支公司】 内设部门6个，下辖营销服务部5个。经营业务范围涵盖财产损失保险、责任保险、信用保险和保证保险、短期健康保险以及经中国保监会批准的其他业务。完成保费收入5820.58万元，同比增长14.46%。累计结案8526件，赔付赔款2636.28万元。

【中华联合财产保险股份有限公司秦皇岛中心支公司】 辖分支机构6个，员工160人。经营业务范围涵盖财产损失保险、责任保险、信用保险和保证保险、短期健康保险和意外伤害保险等。实现保费收入1.07亿元，同比增长9.98%。全险种承保年制满期赔付率61.61%，历年制满期赔付率66.87%，支付赔款6540.28万元。

【永诚财产保险股份有限公司秦皇岛中心支公司】 内设部门7个，员工30人。开办电力企财险、企业财产保险、家庭财产保险、工程保险、责任保险、船舶保险、货物运输保险、意外伤害保险、车辆保险。实现保费收入4980.16万元，同比增长3%。其中，车险保费4666.22万元，非车险保费313.94万元。处理各类理赔案件6281件，支付赔款2897.54万元；向政府缴纳税金287.8万元。历年制赔付率54.54%，同比下降1.01%；满期赔付率47.59%。

【太平人寿保险有限公司秦皇岛中心支公司】 内设部门7个，下设支公司2个。实现保费收入8736.2万元，同比增长9%。其中，个险保费3470.2万元，同比增长63%；银行代理保费收入5262.6万元。支付理赔款103.4万元。

【中国人寿保险股份有限公司秦皇岛分公司】 内设部门9个，全辖分支机构85个，员工283人，各类销售人员3000人。实现保费收入12.17亿元，占市场份额41.77%。开办短期健康险、短期意外险、传统寿险、分红寿险、长期健康险等200多种。年内，处理理赔案件12215件，赔付金额5844.4万元。向地方政府缴纳各类税金2831万元。

【中国平安人寿保险股份有限公司秦皇岛中心支公司】 辖营销服务部8个，员工1171人。个险首期规模保费达6544万元。主要经营承保人民币和外币的各种人身保险业务，涵盖各类人寿保险、健康保险、意外伤害保险等保险业务；办理各种法定人身保险业务；代理国内外保险机构检验、理赔及其委托的其他有关事宜；经中国保监会批准的其他业务。

【中国人民人寿保险股份有限公司秦皇岛市中心支公司】 辖4个支公司及中支直属的一部、二部、五部3个互动业务部，员工1000人。承保险种有人寿保险、健康保险和意外伤害保险业务；代理货物运输保险、船舶保险、机动车辆保险、家庭财产保险、建筑工程保险、企业财产保险、人身意外伤害保险、责任保险；经中国保监会批准的其他业务。新单保费规模达到2.09亿元。办结赔案538件，赔款及综合给付544.98万元，缴纳各项税费93.28万元。

【**新华人寿保险股份有限公司秦皇岛中心支公司**】 内设部门7个，下设营销服务部4个，员工51人。经营业务范围涵盖个人和团体意外伤害保险、定期死亡保险、两全寿险、终身寿险、年金保险等；安装工程保险、保证保险、船舶保险、飞机保险、航天保险、货物运输保险、机动车辆保险、建筑工程保险、能源保险等多类险种。实现保费收入1.68万元，同比增长2%。其中，个人业务保费收入2632万元，同比增长24.7%；续期保费收入13843万元，同比增长3%；银行代理保费收入1468万元，同比增长91.5%；法人业务保费收入208万元，同比增长9.4%。受理案件662件，赔付金额411万元。

【**泰康人寿保险股份有限公司秦皇岛中心支公司**】 下设5家支公司和14家县级营销服务部，内勤员工47人、保险代理人708人。经营业务范围涵盖个人意外伤害保险、个人定期死亡保险、个人两全寿险、个人终身寿险、个人年金保险、个人短期健康保险、个人长期健康保险、团体意外伤害保险、团体定期寿险、团体终身保险、团体年金保险、团体短期健康保险、团体长期健康保险。实现保费收入1.5亿元。其中个险新契约保费收入1709万元，续收保费8576万元，银行保险保费收入4217万元，团体保险保费收入476万元。受理案件829件，给付案件795件，赔付金额185万元。

【**中国太平洋人寿保险股份有限公司秦皇岛中心支公司**】 内设部门10个，辖支公司7家，营销服务部8家，员工2000人。主要经营承保人民币和外币的各种人身保险业务，包括人寿保险、健康保险、意外伤害保险等保险业务；办理各种法定人身保险业务；与国内外保险公司及有关机构建立代理关系和业务往来关系，代理外国保险机构办理对损失的鉴定和理赔业务及其委托的其他有关事宜；经批准参加国际保险活动；经保监会批准的其他业务；是全市唯一一家涵盖各种寿险业务的综合性保险公司。实现保费收入4.18亿元，理赔5262件，赔付金额4103.32万元。给付25186件，给付金额2743.8万元。

【**生命人寿保险股份有限公司秦皇岛中心支公司**】 内设部门9个，设支公司3个，员工295人。经营业务范围涵盖个人意外伤害保险、个人定期死亡保险、个人两全寿险、个人终身寿险、个人年金保险、个人短期健康保险、个人长期健康保险、团体意外伤害保险、团体定期寿险、团体终身寿险、团体年金保险、团体短期健康保险、团体长期健康保险业务。实现保费收入1.14亿元，其中个人业务保费收入380.88万元、银行代理保费收入1.09亿元、专业代理保费收入44.13万元。经营个险产品有生命福星高照终身寿险、吉祥三宝两全保险；经营银代产品有生命理财一号年金保险、生命伙伴金惠两全保险、生命红上红C/F款两全保险。

（秦　志）

证券业

【**概况**】 2013年，全市有证券营业部9家。其中，财达证券营业部7家，银河证券营业部1家，广发证券营业部1家。证券业交易总额713.64亿元，同比增长55%；年末客户总数15.43万人，同比增长3.8%；期末客户资产总额68.13亿元，同比增长6.14%；营业总收入1135.56万元，同比增长16.99%；净利润5417.63万元，同比增长63.69%；营业税586万元，同比增长39.7%；所得税1017.52万元，同比增长93.2%。

【**中国银河证券股份有限公司秦皇岛证券营业部**】 位于海港区文化路366号。成立于1995年1月，是银河证券在秦皇岛市唯一一家营业部。先后隶属于中国银行河北省信托投资公司、中国东方信托投资公司、中国银河证券有限责任公司。有管理服务人员21人，销售类客户经理7人。2013年，营业部代理股票基金交易额166亿元，实现营业收入3273万元，利润2126万元。考核收入和利润在河北省所有营业部位列第7名。

【**广发证券股份有限公司秦皇岛河北大街证券营业部**】 位于海港区河北大街377号。成立于2007年3月，是广发证券股份有限公司在秦皇岛市唯一一家分支机构，有职工 23 人、营销人员 29 人。营业部提供股票、开放式基金、国债、B 股、期货、融资融券等投资品种，并有高素质的投资分析团队为投资者提供专业咨询服务。营业部在证券业协会注册的投资顾问人数已达 9 人，是秦皇岛市拥有投资顾问人数最多的一家证券营业部。

【财达证券有限责任公司秦皇岛河北大街证券营业部】 位于海港区河北大街 49 号。前身为秦皇岛市信托投资公司证券交易部，隶属于市财政局。2002 年 5 月，与财政脱钩，归属河北财达证券经纪有限责任公司。经中国证监会批准，2002 年 5 月 10 日，成立河北财达证券经纪有限责任公司秦皇岛河北大街证券营业部。2010 年 2 月 26 日，更名为财达证券有限责任公司秦皇岛河北大街证券营业部，有员工 18 人。2013 年，实现利润 836.2 万元，同比增长 67.8%，实现营业收入 1562.1 万元，年底客户保证金 8138 万元，托管市值 11.18 亿元。

【财达证券有限责任公司秦皇岛迎宾路证券营业部】 位于海港区迎宾路 83 号。成立于 2002 年 6 月 26 日，有正式员工 13 人。服务项目有代理开立 A、B 股股东账户、代理基金销售、发售理财产品、为客户融资、免费投资顾问服务、代理买卖沪、深 A、B 股股票、基金、权证、债券。2013 年年底，营业部托管客户资产总额 7.68 亿元，全年实现交易量 130.79 亿元，营业收入 1773.99 万元，利润 868.20 万元，上缴营业税 84.16 万元。

（秦　志）

上市公司

【概况】 全市有 A 股上市企业 2 家，分别是茂业物流股份有限公司、秦皇岛天业通联重工股份有限公司；天交所挂牌企业 2 家，分别是秦皇岛中兵建设集团股份有限公司、河北海纳电测仪器股份有限公司。秦皇岛港股份有限公司于 12 月 12 日成功在香港联合交易所主板挂牌上市，发行价每股 5.25 港元，发行股数为 8.3 亿股，融资额 43.575 亿元。

【秦皇岛茂业物流控股股份有限公司】 茂业物流股份有限公司，成立于 1997 年 5 月。1997 年 12 月，在深圳证券交易所挂牌上市，成为河北省首家商业企业上市公司，是秦皇岛市最大的商贸流通企业，占据着秦皇岛市商品零售业的主导地位。公司简称：茂业物流；股票代码：000889。公司下设华联商厦、秦皇岛商城、现代购物广场、金原超市、金原家居装饰城、金原商业、金原房地产、金原物业、茂业商厦（金都店）、安徽国润、淮南茂业、芜湖茂业、滁州茂业等 13 个分公司、控股子公司。主要从事国内商业零售、批发、房地产开发、市场建设、物业管理、电子商务、商业管理等业务。2013 年，公司实现营业收入 21.1 亿元，利税超过 2.2 亿元。公司在深交所挂牌上市后，通过股票上市、资产重组、多业态发展，实现跨越式发展。16 年时间，总资产由上市前的 3.5 亿元增加到 2013 年的 17.2 亿元，增长 4.9 倍；净资产由上市前的 1.2 亿元增加到 2013 年的 11.7 亿元，增长近 10 倍。

【秦皇岛港股份有限公司】 “秦港股份”或“公司”，连同其附属公司，统称“集团”，为全球最大的公众大宗干散货码头运营商，集团经营的秦皇岛港是全球最大的煤炭港。同时是环渤海地区最重要的矿石码头运营商之一。集团通过加大硬件设施投入不断提高港口通过能力，为客户提供优质高效的综合港口服务，包括货物装卸、堆存、仓储、运输及物流等业务，经营货种包括煤炭、金属矿石、油品及液体化工、集装箱及其他杂货。集团及联营公司运营的秦皇岛港、曹妃甸港码头以及黄骅港码头，均位于中国北方的环渤海地区。其中，秦皇岛港是具有百年经营历史的大港；曹妃甸港及黄骅港是环渤海地区的新兴港口，正处于快速发展阶段。集团及联营公司现运营 62 个泊位。大秦线是“西煤东运”运输大通道中最重要的铁路线。秦皇岛港位于大秦线东端，铁路线直达港口，占据战略性地理位置，是大秦线运输煤炭的主要中转港。秦皇岛港的港口自然和地理条件优越，为天然深水良港，不冻不淤，并在陆上与多条国道相连。

曹妃甸港通过迁曹线与大秦线相连，其所在

的唐山港（包括京唐港及曹妃甸港）是继秦皇岛港之后大秦线的第二大煤炭中转港。河北省是中国最大的钢铁生产基地。曹妃甸港腹地是众多中国领先的钢铁生产企业的基地，将持续受益于本地对进口铁矿石需求的持续增长。

黄骅港靠近河北省中南部与山东省西北部经济腹地，地理位置优越，是该地区海运贸易的首选中转港。黄骅港是冀中南最便捷、最经济的出海口之一，有望建设成为该地区（包括沧州、邢台和邯郸等地）大型钢铁生产企业进口铁矿石的主要中转港以及环渤海地区的主要矿石港口。在建的邯黄线将黄骅港与腹地煤炭产地和钢铁基地直接相连，将带来大量煤炭货源和铁矿石货源。沧州还是环渤海地区的重要化工基地，油品贸易需求旺盛。未来，集团计划将黄骅港建设成为环渤海地区最大的综合性港口之一。

集团为客户提供一体化的综合码头服务，有效地满足客户的各种运输需求。通过提供配煤服务和海运煤炭交易平台等增值服务，进一步提高煤炭运输的一体化综合服务能力。秦皇岛煤炭市场建立一个以煤炭交易服务为核心，集煤炭信息服务及物流服务为一体的功能完善的综合性交易服务平台和煤炭物流链管理服务系统。德鲁里的统计数据显示，秦皇岛煤炭市场发布的环渤海动力煤价格指数，已经成为国内煤炭重点订货和煤炭贸易的定价依据，正在成为国际煤炭贸易的重要参考依据。秦皇岛煤炭市场开发的煤炭现货交易服务平台是国内沿海港口下水煤炭最重要的交易平台。

天交所挂牌企业

【秦皇岛中兵建设集团股份有限公司】 2003年6月成立，总股本4600万元。2012年2月，中兵股份启动天津股权交易所（以下简称“天交所”）挂牌相关工作；4月，通过天交所初审；6月29日，完成股份制改制；7月27日，完成挂牌前股权融资，融资金额2160万元；8月14日，通过天交所审核；8月31日，在天交所正式挂牌上市。中兵股份是秦皇岛市首家在天交所挂牌交易企业，股权代码：813013，股权简称：中兵股份，挂牌首日交易价每股3.6元；2012年12月31日，挂牌交易价每股4.02元。由中兵股份及其四家控股子公司组建设立的秦皇岛中兵建设集团（以下简称中兵集团），是专业从事地基处理与基础工程施工，同时涉及工程勘察、工程设计、工程图审查及工程造价咨询等业务的综合性专业性产业集团，集团所属企业同时具有工程勘察专业类岩土工程甲级资质、地基处理与基础工程专业总承包壹级资质、工程造价咨询甲级资质、施工图审查一类二类资质及工程设计、房屋建筑总承包、建筑装修装饰工程专业承包等多项资质，可以为客户提供工程建设过程中的全方位服务，并以其集团化优势、品牌和客户优势、优秀的管理及技术团队优势等，形成独特的核心竞争力，在行业内具备较强的综合实力和良好的发展前景。中兵股份于2006年率先通过ISO 9001质量管理体系认证、ISO 14001:2004环境管理体系认证和GB/T28001-2001职业健康安全管理认证，达到国内同行业领先水平。中兵股份是河北省地方标准《预应力混凝土管桩基础技术规程》《建筑基坑工程技术规范》的参编单位，公司员工还受邀参加国家标准《冶金工业岩土勘察原位测试规范》《冶金工业岩土工程勘察规范》《尾矿堆积坝岩土工程技术规范》的编写。

（秦　志）

口岸管理

KOUAN GUANLI

KOUAN GUANLI

秦皇岛海关

【概况】2013年，秦皇岛海关深入践行“四好”总体要求，以扎实推进“五型海关”建设为目标，凝心聚力、固本强基、提质增效，做到在思想更新上有改观、在转变作风上有起色、在业务建设上有提升、在队伍发展上有建树、在服务经济上有作为、在防范风险上有成效，圆满完成各项工作任务。

【服务地方经济】组织召开政策宣讲，开展10次“送法下乡”；采取主动跟踪经济发展重点项目的举措，重点解决企业减免税备案、审批和货物通关环节遇到的疑难问题，引导企业用足用好税收优惠政策，审批进口减免税货值1.7亿美元，减免税款1.25亿元人民币。完善7×24小时全天候、无假日预约通关、提前报关、担保验放等便捷通关措施，营造便捷的通关环境。支持西港搬迁改造工程，成立相关工作机构，深入调研分析，形成高质量报告，积极献言献策，提高海关视角。参与北戴河机场筹建工作，深入现场查看海关监管场所建设情况，提出合理建议及意见，提供政策支持。开通仁川—秦皇岛—满洲里、土尔尕特、二连浩特的3条海铁、海陆联运过境业务。

【征税工作】坚持科学征管，严格落实税收政策，坚持量质并举，巩固税基，以整合创新为突破口，主动研究税收形势，强化税收分析，挖掘税收存量;全面加强减免税、审价、归类、原产地等工作，完善综合治税大格局；工作中注重主动服务，开展税收调研，完善纳税前20家企业税收实时监控体系；重点摸底在外关区纳税的辖区企业，量身定制便捷通关措施,全年实现税收入库22.94亿元。

【监管工作】加大通关改革力度，成立领导小组，制订实施方案，推动通关作业无纸化改革工作展开。申报报关单总计1.09万票，占同期报关单总量的64.06%。出口加工区全面开展“两单一审”通关作业改革。全年审核验放“两单一审”报关单1438票，自动审核率95%以上；深化区域通关改革，以优化监管查验工作为目标，实施分类查验和查验分流作业，使更多的诚信守法企业切实享受到最高效便捷的通关服务；作为全国海关“舱单及运输工具两系统”试点承办海关，1月7日，正式完成系统切换。依托两系统，继续紧固监管链条，逐渐完善以运输工具、舱单、监管场所、查验为支撑的“四位一体”物流监控体系。年内监管进出口货运量1309.2万吨，监管集装箱6.16万箱次，监管运输工具2276辆（艘），监管出入境人员8万人次。规范重点商品单耗及核销管理，实现对保税货物进、出、转、存的全过程监管；备案电子化手册337本，备案进口金额4.04亿美元，同比增加52%。采取措施，完善出口加工区等特殊监管区域的实际监管，监管货运量4.9万吨，监管货值1.61亿美元；坚持监管和服务并重，加强旅检现场实际监管。监管进出境旅客5.2万人次。

【缉私工作】以开展“绿篱”专项行动为切入点，以打击走私固体废物行为和利用他人固体废物进口许可证走私固体废物行为为重点，保持打私高压态势，发挥情报主导作用，探索关警结合办案新途径，缩短案件线索移交流程，做好刑事执法和行政执法工作。加强与公安、安全、边防等部门的联系，形成打私合力。全年刑事立案2起，案值1000万元，涉税220万元；行政案受、立案16起，案值2103万元，涉税48.52万元，全年罚没入库201.39万元。

【统计工作】发挥海关统计的资源优势，为地方政府及时掌握进出口动态、准确把握外贸走势、科学应对宏观经济风险提供参考依据。深入企业开展调研，开展进出口信息动态跟踪，及时完成报关单数据、贸易统计数据和业务数据的采集、分析、上报工作；针对秦皇岛口岸进出口货物种类多、难点多的特点，以专报形式分析原因，提出合理化建议，为相关部门及领导提供宏观决策依据。

（秦　志）

出入境检验检疫

【概况】2013年，秦皇岛检验检疫局围绕“抓质量、保安全、促发展、强质检”的主线，贯彻“四步走”和“上台阶”发展战略，振奋精神，迎难而上，开拓创新，各项工作取得一定成效。2013年，检验检疫出入境货物1.15万批，货值35.28亿美元，批次、货值同比分别增加2.51%、11.74%。其中，出境货物9263批，8.86亿美元；入境货物2208批，26.43亿美元。检验检疫出入境不合格货物145批，货值6.33亿美元。出入境人员检查3.96万人次，健康检查5080人次，预防接种2820人次，艾滋病监测4748人次，发放国际旅行健康证书4072份。卫生检疫船舶1332艘，飞机26架。查验入境海运集装箱重箱1.08万个，空箱6500个。

【报检通关】 业务质量督查。开展内部督查，纠正单据审核、原始记录、证稿签字等环节12个方面的问题。规范铜精矿品质证书、危险货物运输包装证单和进口铁矿重量证书，纠正进口煤炭单据不合格问题。做好集中审单调整，对出境业务流程进行调整，全面梳理报检员队伍，妥善处理系统运行中出现的退单频繁、审单受阻等问题，提出修改系统规则和维护需求等建设性意见。

【认证认可】 实行“一揽子监管”模式，把对企业的备案审核、HACCP验证审核、定期监管等有机结合，实现认证监管和检验检疫监管同步组织实施，提升监管效能，减轻企业负担。完成食品生产企业备案审核49家、注销出口食品企业2家；出口饲料生产企业备案审核1家、年度审核3家；出口商品质量许可证审核1家；免办3C业务58批次、涉及金额979万元。

【分级分类管理】 实施出口工业品企业分类管理。按企业划分类别和产品风险等级，在监管频次、监管内容、抽批检验、实验室检测方面体现差异化。对22家企业进行考核评定，其中2家晋级为一类企业。对进口金属材料实施分类和动态管理。进口金属材料670批、重量13.07万吨，货值1.2亿美元。对出口饲料实行“一厂一品一案”管理，对金海粮油工业公司实施一类管理，采取边生产、边检验、边装船检验的模式。对出口豆粕缩短检验检疫周期，保证豆粕质量安全。对食品加工企业分级分类管理。建立食品企业“质量安全风险管理体系”，对骊骅公司产品分级分类，使企业达到A级信用评级，获评“中国质量诚信企业”。

【源头管理】 提高生产备案企业准入门槛，对申请备案企业的车间布局、工艺流程提前进行指导，提高企业先期建设和管理水平，确保达到审核条件。加强出口水产品原料和养殖基地管理，保证水生动物和生鲜水产品质量。把好出口粉丝、淀粉原辅料关，指导企业进行原辅料质量控制，保证粉丝、淀粉产品原料安全可靠。排查整顿肉鸡备案养殖场，对出口肉鸡实行驻场检验员制度，对企业实验室检验全程监管。

【执法监督】 加强进口大宗商品的检验监管。检出不合格铁、锌、铜矿水份超标干吨短重2.6万吨，挽回经济损失1000万美元。重视输非产品的检验监管。做好检验与监装的衔接，消除监管“空白”点。加强检验鉴定，通过检验鉴定货物短重或残损，为贸易关系人挽回经济损失448.3万美元。

【专项整治】 组织开展2013年打击假冒检验检疫证书专项行动；全面清查整顿62家出口食品备案企业的质量隐患；开展食品农产品认证监督检查和有机产品认证监督检查；开展打击造假、售假和假证行动，对输非企业进行全面排查。

【卫生检疫】 严格防控口岸疫情疫病，积极应对人感染H7N9禽流感疫情，制订防控预案，关注疫情动态，强化体温检测、医学巡查和健康申报，密切与口岸单位的联防联控。加强口岸检疫查验，妥善处置首例输入性登革热病例和外籍船员、游客死亡病例。开展口岸卫生监督和卫生处理，加强供船食品及饮用水企业管理，对581艘船舶、6568个集装箱进行卫生处理。开展入境船舶有害生物检测，对581艘次入境船舶进行输入性蚊蝇监测，发现阳性船舶139艘次，捕获蚊蝇1077只。做好口岸反恐工作。成立应急处置分队，做好春节、两会、国庆期间反恐工作，加强放射性物质监测及旅客携带物的检疫查验，严防危害事件和供船饮食中毒事件的发生。

【口岸核心能力建设】 推动秦皇岛口岸核心能力建设，与检科院、港口企业、边防、港口医院签署合作协议，与秦港股份公司合作成立“秦皇岛口岸突发公共卫生事件应急处置指挥中心”，举行突发公共卫生事件应急演练，会同市有关部门、港口企业共同推动口岸核心能力建设各项工作的落实。6月19日，秦皇岛口岸核心能力建设以95.41分通过国家质检总局考核组验收，在全省5个验收口岸中得分第一。

【植物疫情防控】 深入创建“植物疫情安全港区”，对外来有害生物进行检测、诱杀，及时清除外来检疫性病虫和杂草，在全部进口大豆、大麦中检出检疫性杂草黑高粱、豚草、法国野燕麦等，截获率为100%。开展外来植物性有害生物监测，布点42个，悬挂诱捕器138个，监测、调查行程3000多公里，出动300多人次，诱补可疑昆虫成虫1头，发现检疫性杂草5种，诱集舞毒蛾雄成虫78头。

【动物产品监管】 完成2批、5697头进口奶牛的隔离检疫，对3头阳性牛进行扑杀和无害化处理；加强水产品源头管理和考核，13家海湾扇贝养殖场获得备案资格，监管出口水产品1305批、2.23万吨、2.2亿美元。加大对正大肉鸡备案养殖场的疫情监控力度，严格出口产品的检测与生产过程的防控，加大活鸡抽采样密度和病死鸡的排查。

【进出口食品】 应对食品安全事件影响。指导督促正大公司对金刚烷胺、地塞米松等项目实现自检，杜绝备案养殖场使用禁用药物，抽采毛鸡和成品进行检测，从源头杜绝违禁成分进入。关注台湾“毒淀粉”事件,加强出口食用玉米淀粉检测。加强进口食用油监管，实施全过程抽采样。对2批不合格进口食用油实施退货处理，货值234.41万美元。开展食品包装生企业备案核查，检查出口食品包装材料的安全卫生项目，完成出口酒类及其他食品包装用软木塞生产企业备案核查及出口检验。对全市7家主要农贸市场和超市鸡肉兽药残留进行普查，采集新鲜鸡肉样品18份，检验农兽药残留30项。

【通关服务】 全面履行“5+2”工作制、24小时预约报检、急事急办等服务承诺。帮助企业享受直通放行及特殊监管区“一日游”通关，为企业节约通关时间和成本。

【优惠政策】 严格执行检验检疫收费标准调整和法检目录调整。帮助企业落实产地证政策，签发各类原产地证书6598份，为出口企业减免关税1190万美元。严格执行检验检疫收费标准调整和法检目录调整，8月1日起对所有出境货物、运输工具、集装箱及其他法检物免收出境检验检疫费83.2万元，切实减轻企业负担。对金海粮油公司出口豆粕采取直装模式，降低储运等环节费用，完成检验检疫出口豆粕36船次，重量16.7万吨，直接为企业节省费用500万元。

【科技兴检】 申报2014年度质检总局各类科研项目8项，通过省局自主立项评审11项。申报行业标准项目5项，推荐5项科研成果参加“科技兴检奖”评选。顺利完成质检总局委托的《中国口岸常见医学媒介生物鉴定图谱》修订工作。技术中心实验室顺利通过CNAS计量认证资质、食品检验机构资质和实验室能力认可复评审，认可参数由20类、839项增至23类、5559项，居检验检疫系统前列。“国家葡萄酒检测重点实验室”获质检总局批准筹建并积极推进。率先完成“数字化实验室”试点建设，实现现场检测数据信息的实时采集。15名科技人员成为河北检验检疫局首届科技专家，3人成为学科带头人。完成国家煤炭检测实验室联盟注册，召开联盟第一届理事会第二次全体会议。

（秦 志）

海上安全监督

【概况】 2013年，秦皇岛海事局围绕辖区海上安全保障中心工作，强化队伍建设，深化规范管理，全面推动“活力秦皇岛海事”建设，圆满完成各项目标任务。安全监管船舶进出港2.35万艘次，安全监管货物运输2.73亿吨；实施船舶检查610艘次，其中港口国监督检查103艘次，船旗国监督检查 507 艘次；实施船舶检验质量监督检查 84 艘次；受理海事业务 2367 件次，出动船舶巡航 489 艘次，巡航里程 1.24 万海里；安全监管旅游船艇出航 12.22 万多艘次，安全载运旅客 114.25 万多人次，连续 8 年保持旅游船艇安全监管零事故、零伤亡、零污染。

【开展“平安海区，幸福海港”创建活动】 以改善港口及周边旅游等海洋经济发展环境为出发点，开展“平安海区，幸福海港”创建活动，召开“平安海区，幸福海港”创建活动新闻发布会，强调以法制保发展，改善发展环境的最终目的，明确“三个平安”（平安港口、平安游艇、平安施工区）、“三个提升”（提升海洋经济发展环境吸引力、提升港口幸福指数、提升人民群众满意度）的建设目标。中新社《工人日报》《河北日报》等 14 家媒体对此进行报道。市人大常委会主任李秦生等市领导多次专程进行工作调研。市人大常委会、市政府的领导和工作部门也专程开展调研。

【实施“港前待泊区”智能化交通组织】 为提高泊位利用率和航道通过能力，在对秦皇岛港煤炭运输船舶通过效率分析的基础上，提出设置港前待泊区的设想和确定待泊区选划及船舶进出待泊区交通流的限制条件。待泊区投入实际使用后，船舶进出港停泊时间大幅度缩短，航道、泊位的使用率和港口营运效益明显提高，船舶进出港安全风险有效降低，港口、航运公司获得丰厚效益。“港前待泊区”智能化交通组织模式研究成果通过中国航海学会科技成果鉴定，获得中国航海学会“2013 年科学技术三等奖”。

【保障电煤运输】 推进电煤运输合作保障机制，在与秦皇岛港股份有限公司合署办公基础上，再次成功接入港口的生产调度系统，使船舶进出港信息传递更加准确迅速。进一步完善防抗海冰、寒潮大风等应急预案，增加受影响滞留船舶的疏导工作程序，降低恶劣气象影响。全年，安全监管电煤运输船舶 1.41 万艘次，保障电煤运输 2.37 亿吨。

【海上应急搜救】 签订《海上安全合作备忘录》，完成秦皇岛市海上搜救中心 48 家成员单位，53 名人员的信息更新工作，为河北省渔业海上突发事件应急救援演练提供建议和支持。开展“国家减灾日”宣传活动，举办应急知识讲座，为海上作业渔民、渔政管理人员讲解海上应急案例，普及应急知识。有效处置“中伟 668”轮火灾等多起险情。启动应对大风、大雾等恶劣天气 43 次。协调组织海上搜救行动 20 起，成功救助遇险人员 144 人，救助船舶 11 艘，救助成功率 96.6%。

【危险品与防污染管理】 严格危险品货物、固体散装货物的申报管理，优化电子申报系统，及时解决货物申报单位遇到的问题。实施集装箱现场开箱检查，超额完成交通运输部海事局开箱检查指标。组织开展船舶载运易流态化固体散装货物安全管理集中检查月活动，易流态化固体散装货物船舶专项检查率达 100%。创新推行《秦皇岛海事局 2013 年暑期防污染工作方案》，圆满完成 2013 年海上船舶溢油应急处置演习，制订《秦皇岛海事局应对不明来源油污工作实施方案》，逐步建立辖区不明来源油污应对长效机制。妥善处置辖区内发生的船舶污染事故，先后调配辖区溢油清污力量，围控清除砂石运输船“楚江 166”“远大 518”沉船断裂事故产生的溢油污染，及时处置朝鲜籍“城堡 8”轮加油冒舱事故。省委常委、市委书记田向利，市长商黎光先后到暑期重点监控水域，了解在防治船舶污染、应对不明来源油污等方面的工作开展情况，给予充分肯定。年内，监管载运危险货物船舶 811 艘次，危险货物 764.9 万吨；实施船舶防污染检查 2406 艘次，船舶洗舱、清舱、驱气审批 118 次，船舶垃圾管理计划审批 100 艘次；对各级部门通报的 13 次海上油污信息实施海巡船艇实地勘察，均得到有效应对。

【优化通航环境】 全面开展辖区通航环境大普查，建立详尽的通航环境数据库。组织召开秦皇岛沿海涉水工程建设安全监管 2013 年工作会议暨培训班，督导建设单位和施工单位签署安全管理责任状，实施试航船舶会商制度，确保船舶试航安全。

提前介入涉水工程立项，分析评估水上水下工程对通航环境的影响，组织完成中节能唐山乐亭测风塔工程和莲花岛旅游综合项目等活动的通航安全影响论证和评估工作，及时发布航行警（通）告，划定安全作业区，保障施工水域附近船舶航行安全。发布航行警告303件次，航行通告21件次，审批水上水下活动40件次。

【加强旅游船艇安全监管】 实施“五早一加强”工作机制，落实旅游船艇安全分级管理制度，与游艇经营人签订《安全营运承诺书》，制订《现场巡视工作方案》，实现辖区旅游船艇网格化管理。组织召开旅游船艇安全管理评估会、开展冬季走访活动，建立“游艇驾驶员之家”，搭建安全知识交流的平台。走访边防、辖区各浴场及游艇联合体，联合县区政府、港航、海洋、渔政、边防、旅游等多部门开展船艇联合执法检查，推动旅游船艇四方联动机制发挥实效。连续3年圆满完成全国劳模海上观光游览现场保驾护航工作任务，中央电视台《新闻联播》进行特别报道。安全监管旅游船艇出航12.22万多艘次，安全载运旅客114.25万多人次，连续8年保持旅游船艇安全监管零事故、零伤亡、零污染。

【港口建设费征收应征不漏】 制订《秦皇岛海事局预收款管理工作实施细则》，完善一船一结缴费模式的管理，有效解决秦山化工、燕钢等港口交接清单无法及时清洁申报的问题。做好预交款单位“营业税”改“增值税”工作，预交款单位数量由年初的157家增至2013年年末的196家。开展舱单稽核和双系统稽查制度，对港建费征收工作程序重新修订。2013年，上缴港口建设费10.72亿元，无错收漏收现象。

（秦　志）

边防检查

【概况】 2013年，检查进出港船舶、飞机2014艘（架）次，检查出入境人员9.14万人次，签发证件1.08万张，封存枪支1支，弹药199发，查获违法违规案件3起5人次，未发生任何事故案件。

【打造为民服务品牌】 开展“8·19中国边检服务品牌集中宣传日”系列活动，增强边检执法公信力，社会认知度、美誉度和满意度。推行便民利民举措，夯实群众工作基础。预约办证、上门送证1000多张，实行网上预检、报检服务520次，解答QQ微博和网上咨询100多次，开启绿色紧急救助通道12次，群众满意度达100%。深入推进“三访四见”活动，全年走访服务对象800多人次，征集意见建议90条，发放各类宣传材料、调查问卷1200份。

【推进正规化建设】 全方位、多角度推动正规化建设，开展执法理念专题教育活动，举办各类执法培训6期，培训执法人员245人次。建立和落实安全责任制，逐步形成安全形势分析评估科学化、常态化机制，动用枪支26支次，消耗各类弹药2680发，车辆累计安全行驶39万公里，部队连续11年安全无事故。

（秦　志）

边防治安管理

【概况】 2013年，秦皇岛市公安边防支队检查各类船舶8100艘次，清查沿海流动人员7800人，化解涉渔纠纷12起，查处违规渔船民案件2起2人次，刑事案件立案115起，发案率同比下降41.62%，三类可防性案件同比下降11.3%，劝阻船舶违规出海49艘次，与船主、旅馆业签订治噪责任状1066份。抓获网上在逃人员13人，同比上升18.18%，核查涉疆涉藏及境外人员588人，打掉盗窃团伙1个。发现制止游客燃放烟花爆竹、篝火、放飞“低小慢”飞行物行为37起，收缴和销毁烟花爆竹67箱，没收孔明灯等“低慢小”飞行物1286个。查获赌博机29台，妥善处理废旧炮弹3枚。

【爱民固边战略】 建立集网络、社会群体、困难基金为单元的社会大关爱体系，深入推进爱民固边战略。创新建立“警务前移＋预约办证”“峰期护航＋便衣打现”“便民通道＋模范窗口”“平安网格＋应急救助”等套餐式服务管理体系，为困难群体捐款捐物12万元，为民做好事、办实事、解难事586件，帮助群众解决各类矛盾纠纷877起，帮助农民工讨薪48万元，挽回群众经济财产损失1440多万元。新增爱民固边模范村6个，完成道路改造、电路改造、危房修葺等帮扶项目8个，爱民固边模范村创建率达56.6%。

（秦　志）

城市建设

CHENGSHI JIANSHE

CHENGSHI JIANSHE

综　述

【概况】 2013年，全区城乡建设工作紧紧抓住省委、省政府实施两个环境建设和沿海地区优先发展战略有利契机，科学规划，合理布局，推进城市市政设施建设、旧城改造和生态环境建设，提升建管综合水平。秉持城市建设和管理高端化、精细化理念，加速城市形象品位提升和城市化进程，城乡面貌日新月异。

【城市管理】 开展市容环境综合整治和“美丽港城·从我做起”爱国卫生运动，清理各类积存垃圾70多万立方米，拆除违法建筑1.5万平方米。推进近岸海域环境综合整治，治理河道15条，关停和治理违法企业19家。实施农村面貌改造提升行动，98个村完成“四清四化”工作，培树东连峪村、西连峪村等省级精品示范村4个。完成13座水库塘坝的除险加固工程。城乡环卫一体化工作扎实推进，建成生活垃圾收集站103座。

【城市建设】 民族路上跨铁路桥、新102国道和京沈高速公路立交桥竣工通车，河北大街二中过街天桥建成投用。和平园、建国园等13座街头游园建成开放，西浴场综合改造一期完工，沿河、环山造林成效显著，新增城市绿地9.8万平方米，乡村林地133.33公顷。拆改力度持续加大，累计拆除各类建筑30多万平方米，津秦客专、火车站站前广场征拆任务如期完成，秦皇皓月城项目全面启动，东李庄村、富家营村等10个村庄完成征收，西白塔岭村、东王岭村返迁入住。

【环境保护】 重拳治理大气污染，综合整治燃煤锅炉65座，取缔储煤场5个，为46家大中型餐饮企业安装高效油烟净化设施。全年单位生产总值能耗下降3.48%，化学需氧量、二氧化硫、氨氮、氮氧化物分别减排1%、1.5%、1%和5%。

城乡规划

【概况】 2013年，以“奋力打造河北沿海经济增长极”为目标，以深入开展“解放思想”大讨论活动为抓手，以整治不正之风为契机，编制规划8项，出台规范性文件5个，编印城乡规划宣传册3套，开展针对规划违法建设行为的“亮剑”行动6次，拆除各类违法建筑102处，总面积1.54万平方米。开展基层基础建设工作，派驻班子成员及时深入联系村、居开展工作，帮扶海阳镇鲤泮庄村资金1万元，深入社区走访慰问，为党员劳模和贫困家庭送去价值3000元的米、面、油等慰问品。

【规划编制】 紧抓“西港搬迁”契机，开展“港城互动”可持续发展规划研究和湾海仙岛城市设计，对临港物流园区用地布局、城市绿道、旅游专线、东山起步区（湾海仙岛）、西港临海用地弹性控制等5个方面进行规划研究。完成金梦海湾景观提升规划研究编制工作，结合方案总体定位，注重交通引导、广告牌匾、景观小品、城市家具、夜景灯光等5个专篇设计，带状公园方案和新澳海底世界前交通疏导2个节点设计。完成圆明山绿廊绿道规划研究，结合编制完成的圆明山文化旅游产业聚集区总体规划，重点对圆明大街以南，民族北路以东片区进行城市设计，开展文化旅游专篇规划编制工作。深入挖掘圆明山生态环境潜能，发展以圆明山绿廊绿道建设为特色的高端休闲旅游产业，规划绿道自然体验活动和生态活动等项目，提高旅游业的综合效益。组织编制大汤河东岸景观设计方案，考虑西岸景观方案以及大汤河上游红飘带、植物园等设计方案，依托自然环境资源开展户外养生项目，主要从人文、生态、文化、精美等方面入手，丰富和发展大汤河养生文化和地方特色，使大汤河东西两岸景观设计风格保持一致。太阳城景观环境改造升级规划研究，交付太阳城管委会正式实施。完成海港高新技术产业开发区总体发展规划编制工作，明确整个园区未来发展目标、产业定位和空间发展思路，提出相应实施保障措施，规划已通过河北省科技厅专家审查验收。本着“因村制宜、科学适用、一村一策”的原则，按期完成18个重点村村貌改造提升规划及北港镇暴庄村、西连峪村等幸福乡村规划编制工作，为东连峪村、西连峪村建造规划展示馆。从政策研究、产业功能转移、产业空间落位等方面对大北部片区总体规划和西部生态文化休闲区规划研究进行深化调整。

【规划执法监察】 围绕“三到位、五探索、一突破”，全面加强规划监察工作。三到位：责任到位。实行“划块责任法”和网格化管理，按照“主干道严禁、次干道严控、小街小巷小区内逐步规范”的巡查重点，发现违法建设行为及时制止。制度建设到位。建立执法巡查工作日报制度，每周报统，层层分解落实防控违法建设责任。开展“全员执法大拉练”活动，对各重点区域和重点路段进行集中巡视排查。设备装备到位。向区政府申请专项拆违资金50万元，与拆迁公司建立固定联系，全员配发执法制服，在执法队员日常执法、全员执法大拉练等活动中统一着装，提升工作形象。配备4台执法记录仪、手持扩音器等电子设备，规范执法行为，提高执法的公信力和威慑力。五探索：探索违法建筑快速处理新机制，对新发现且正在进行中的违法建设行为进行强制制止、拆除，力争将违法建筑解决在初始阶段；探索违法建筑警示教育新举措；探索教育与威慑结合对违法建筑督导自拆新思路，全年自拆违法建筑12处；探索下达拆除决定后违法建筑如何处理的新途径，年内率先在普庆里小区试点，一次性拆除20多处、500多平方米违法建筑；探索违法案件通报制度的新手段，将违法建筑的相关情况通报房产、工商等相关职能部门，协调配合，督促其自行拆除违法建筑。一突破：突出拆除工作重点，全年对东港路西侧三五四四工厂对面、燕山大街与东港路交叉口、范家店村火车站周边、公富庄村周边、金梦海湾片区和河北大街汤河加油站西侧等多处违法建筑进行强制拆除，拆除总面积1.5万多平方米。配合临港物流园区、东港镇、北港镇开展华润雪花项目及富家营村、魏家沟村、河东村、河北村等村拆违工作，拆除面积7000多平方米。

【市政、村镇规划管理】 探讨规划市政管理工作新课题，研究制订《市政设施建设规划批后管理办法》并上报市城乡规划局。全年累计对22处违法建设行为下达停工通知。结合日常巡查，对已下达停工通知书、报区规划分局审核和市城乡规划局审批的市政项目进行跟踪管理。开展村民建房及批后监督工作，在完成对2012年海阳镇小苇芝港村村民建房审批工作的基础上，对村内建设完成的30户村民住房，进行规划验收。按照村民建房审批程序，对海阳镇鲤泮庄村64户村民建房出具选址意见。做好张桥庄垃圾填埋场迁建、海港医院搬迁、秦皇岛殡仪馆选址等项目工作。

【规划服务、宣传】 抓好重点项目服务，做好规划服务衔接，及时了解反馈项目进展情况和工作动态。对规划展馆展示内容及时进行更新，更换展牌16块。制发《普法宣传教育活动实施方案》，编印《城乡规划资料选编》《海港区规划强制执行宣传册》《海港区城乡规划简本》等城乡规划宣传资料，免费向市民发放。开展规划宣传语征集活动，征集宣传语125条，利用“六五”普法宣传日和规划展示馆、主要街道大屏幕显示屏宣传等手段，提高广大群众守法意识。

（陈照东）

国土资源管理

【概况】 2013年，紧紧围绕全区经济社会发展大局，以国土干部队伍建设为切入点，以服务全区经济建设、保护资源和保障发展为落脚点，突出用地用海保障、土地规划修编、卫片执法检查、队伍素质建设4个主题，充分发挥自身优势，以开拓创新的精神，全面加强国土资源管理和合理利用，各项工作取得有目共睹的成绩。业务建设循序渐进，内外部执法环境进一步优化，干部队伍的精神面貌明显好转，国土部门形象提升。

【重点项目用地】 做好建设项目用地预审和规划衔接工作，加大土地报批力度，保障重点项目用地。通过积极向上争取用地指标，全年使用指标253.37公顷，报批征转用8个批次、31个项目，征转各类项目建设用地面积516.6公顷，2013年重点项目用地全部得到省政府批准。围绕海港区产业结构调整优化，推进工业用地招拍挂出让工作。全年办理用地供地手续30宗，面积48.46公顷。

其中划拨供地15宗，办结面积15.85公顷，办理中面积13.55公顷；工业用地招拍挂项目15宗，面积19.05公顷，收取出让金8829.26万元。推进国土资源节约集约模范区创建活动，成立创建活动工作领导小组，制订具体方案，明确创建活动指导思想、主要目标和工作职责。完成海港区创建国土资源节约集约模范区各项资料汇总，认真落实国家产业政策，严格执行国家最新的《限制供地目录》《禁止供地目录》，严格执行经营性用地及工业用地双控指标要求，从严从紧执行土地使用标准，提高土地的使用效率和使用强度，为区信访局疑难信访问题调处中心等31个项目出具预审意见。组织进行海港区闲置土地清查工作。2005～2012年，通过85批次为239宗地征用土地2173.33公顷，其中供地面积926.67公顷，供地率42%。

【基本农田保护】 确定3.86万亩基本农田的保护任务，坚持把保护耕地作为工作重心，加强耕地特别是基本农田保护工作。层层落实耕地保护责任制，确定区、镇、村主要领导和农户户主等作为耕地保护第一责任人。加强建设项目用地审查，认真落实"先补后占"，充分利用闲置土地和空闲地，尽量减少占用耕地，尤其是基本农田和标准农田，确保全区的耕地保有量不减少、质量不降低。完成海港区基本农田划定工作，为西港镇、海阳镇和北港镇的42个村划定基本农田494个地块，面积2460公顷，并建立健全相关图表册、设立统一标示、基本农田数据库。巩固基本农田保护工作成果，强化保护基本农田责任意识，加大对各镇基本农田保护区的巡查和保护标牌维护力度，有效遏制违法占用耕地、基本农田现象。做好农村宅基地管理工作，全年换发集体土地使用证503宗（累计完成任务总量的96%）。

【基层基础工作】 做好农村集体土地所有权登记发证工作。逐镇、逐村布置工作，周周调度工作进展情况，及时解决工作中存在的问题，除公富庄村、海阳二村、涂庄村等3个村外，完成全区农村集体土地所有权登记发证工作，并通过市级验收。2013年9月，正式启动农村集体建设用地使用权和宅基地使用权确权登记发证工作。年末，完成建制镇农村集体建设用地使用权地籍调查和测绘工作。做好地籍管理工作。规范土地登记工作，保证土地登记权属合法、程序到位、主体正确。全年城区土地登记发证完成2.36万宗，其中个人2.23万宗，单位166宗，商业门市1169宗。全面完成2012年度土地变更调查。国土资源部下达海港区卫星遥感监测图斑395个，面积482.05公顷。对国土资源部下发的所有图斑进行认真核查，开展土地变更核查，全区2012年度土地变更核查通过部、省核查。

【地矿资源管理】 严格落实建设用地压覆矿产资源预登记制度。积极与地勘单位合作，对规划区压覆矿产资源进行预登记，签订海港区东北区、西区压矿报告合同书。全区压覆矿产资源预登记报告，已报省厅审批。

【海域管理】 海域管理能力显著增强。加强暑期海洋环境、浴场环境监测，完成暑期浴场环境巡查情况和海洋灾害速报工作。全年对浴场、岸线巡查151次。及时完成西部海区收回海域使用权测算上报、发布公告、登记及确认海域等各项工作，落实专项资金4137万元，签订合同71户，发放资金3594万元，收回海域使用权1760公顷，保证莲花岛旅游综合项目顺利实施。建立海岸线巡查责任制，及时发现、制止、处理各种非法用海、破坏海洋环境行为。暑期，对西部沙滩约2.5千米的10多户棚亭及网具进行清理，对没有合法手续的进行拆除。

【违法用地集中整治】 开展全区违法用地集中整治行动，重点对2012年度土地卫片执法检查中的违法用地进行集中清理整治。制发《海港区2012年度卫片执法检查工作方案》，成立区长亲自挂帅的专项工作领导小组。区委、区政府主要领导4次直接调度卫片执法检查工作，主管副区长坚持每周调度。结合全国土地变更调查和卫星遥感监测数据，深入各镇(园区)、村开展实地调查工作，逐图斑逐地块进行现场核实，并提出整改方案。确认违法图斑32个，监测面积9.94公顷，其中耕地4.12公顷。32个违法图斑26宗地，应立案24宗，已立案24宗，下达处罚24宗。没收违法建筑物面积2.24万平方米，卫片没收违法建筑物面积2.24万平方米；应缴罚款67.35万元，收缴罚款42万元。集中整治后，全区违法占用耕地面积占新增建设用地占用耕地总面积的比例控制在4%以内。加大动态巡查力度，及时发现和制止违法行为，出动巡查车辆650多台次，下达停工通知书96份，有效制止违法施工15次。

（刘　彬）

城乡建设管理

【概况】 2013年，区城建局紧紧围绕全区主要工作目标责任分解要求，本着“以创城市优质工程为主线，提高城市管理水平为重点”的工作原则，发挥对全区市政基础设施建设和建筑业管理的综合协调职能，引导各相关单位密切配合、分工协作，形成合力，全力推进重点工程项目，全方位提升城市功能和环境品位，出色完成各项工作任务。完成固定资产投资3.61亿元。制发《2013年海港区城乡建设局防汛预案》《2013年海港区城建系统防汛预案》，确保全区城市区安全度汛。

【重点城建项目】 民族路北延伸一期工程。道路全长2.8千米，工程投资2.5亿元。除上跨铁路桥外其余均达到通车条件，绿化、路灯等配套工程建设完成，绿化苗木养护工作移交北部工业区。正在对道路进行封闭、清理，做好最后面层沥青摊铺准备工作。

民族路北延伸二期工程（京沈高速以北段），道路全长4.5千米，其中陈庄桥约650米，圆明山大街约1200米；工程投资3.7亿元。大小旺庄、太平寨、陈庄段2650米道路工程全部完成并具备通车条件。圆明山大街施工单位已进场，开始进行桥梁基础施工。

长江道西延伸工程（一期），道路全长约1.2千米，工程投资5.9亿元（含征地拆迁费用）。完成挖方23.5万立方米，填方6.9万立方米，填方段完成土方强夯3.3万平方米。预埋过路管道1600延长米，铺设污水管道900延长米，雨水管道700延长米，砌筑电缆沟200延长米。

农村危房改造工程。农村危房改造工程是全区民生保障重点工程。2013年度市城建局下达海港区农村危房改造任务100户。10月底，涉及海阳镇、北港镇的26个村36户房屋新建及64户房屋改造全部完成，顺利通过竣工验收。

【村镇建设管理】 全年对47个行政村基本建设情况巡查19次，现场发放各类相关法规文件2000多份。建立联络员制度，设立违法建筑施工监督举报电话。对所辖行政村实施有效动态管理，全年查处违法施工案件14起，下达停工通知书14份，对违规施工案件做出停止施工、限期改正的行政处罚。

【工程招投标工作】 4月，根据区编办的批复精神，成立海港区建设工程招投标管理办公室和海港区建设工程招投标交易中心，5月，正式挂牌开展工作。8月，区招投标交易中心完成圆明山大街道路工程（陈庄跨线桥—承秦出海路）施工及施工监理招投标工作。

【市政设施改造】 组织实施过街天桥建设工程、20条背街小巷道路改造工程及太阳城升级改造工程。过街天桥建设工程。由施工单位先行垫资750万元，完成河北大街二中东侧过街人行天桥建设，6月1日进场，12月20日完成。背街小巷道路改造工程。由财政出资1000万元，改造完成货场路、新生路小学门前路等20条街巷路，涉及10个街道办事处、63个小区、7所中小学校。9月，完成投招后进场施工；11月，全部完成并投入使用，解决近16万居民及1万多师生出行难、上下学难问题。太阳城升级改造工程。完成太阳城两处景观广场建设，包括中心广场建设和西厅广场建设，其中6个景观柱全部采用干挂石材施工工艺，12月底完成。

【市政设施管养】 以“清洁、优美、有序、宜人”的城区容貌迎接暑期，重点完成道路维修、桥梁粉刷清洗及水位警戒线设置、春秋两季雨水管线清掏、占道停车场管理试点推行等工作。暑期前重点道路维修工作。工程投资300多万元，修补人行道8292平方米、机动车道3000多平方米、垫路2068平方米、路缘石3244延长米。桥梁粉刷、清洗及水位警戒线设置工作。为保持街容整洁，筹集约300万元，对河北大街地道桥、港城大街东延伸地道桥等13座桥梁进行粉刷，粉刷面积2.53万平方米、油漆护栏1.81万延长米；对城区2座过街天桥进行2次清洗，面积达6000平方米，清洗桥涵444平方米、打磨263平方米。对市区内12座地道桥、涵洞安装68个水位水尺警戒线，确保汛期市民出行安全。春秋两季雨水管线清掏工作。在春秋两季进行2次大规模雨水管线清掏，清掏雨水井2.95多万座，清运淤泥1476.2吨，确保市区安全渡汛。占道停车场管理试点推行工作。投资40多万元，完成图书大厦门前、港苑酒店东侧、金街门前、绿洲大酒店门前四处停车场的分类试点工作，为占道停车场管理推广打好基础。

【秦皇岛火车站临时停车场管理】 秦皇岛火车站整体改造完成后，负责火车站站前广场及2个地下停车场的具体管理工作，总面积约5.2万平方米。与市、区相关职能部门密切配合，制订新的管理方案，调配管理人员及相关设备，做好各项管理工作。配合有关部门做好秦皇岛火车站改造的保障工作。为确保火车站正式投入使用后，站前广场环境整洁，停车场秩序井然、治安稳定，严格管理、文明执法、热情服务，向国内外广大旅客展示文明、和谐、魅力秦皇岛的美好形象。站前管理处37名工作人员全部实行三班倒工作制度，全天候、无间断对站前实施车辆疏导、保洁及巡视。

【工程简介】 二中天桥。位于第二中学与嘉远电子城之间，跨越河北大街。由市财政投资740万元。建设单位：海港区市政工程管理处；设计单位：秦皇岛市政设计院；施工单位：河北建设集团有限公司。桥中心线与河北大街中心线正交，桥长47米，宽4.5米，为3跨等截面连续钢箱梁桥，主梁高1.2米。2013年6月1日，进场施工；12月初，建成通行。天桥上部结构：梁结构为箱形钢梁，钢箱梁为单箱单室双悬臂结构，长47米，顶板宽4.5米，底板宽3.1米，箱梁高1.2米。梯道为钢筋混凝土结构，宽3米，坡度1:2。天桥下部结构：为钻孔灌注桩；桩直径为0.8米和1.2米；柱直径均为0.7米。

太阳城升级改造工程。太阳城中心广场及西厅广场升级改造分为两部分，工程项目总投资3531.3万元，由海港市政负责施工，二期工程由中国建筑设计集团筑邦设计院设计。其中，西厅广场改造雨水管道300米、污水管道400米，改造景观喷水池及景观柱6座，石材铺装面积2616多平米。中心广场改造包括-6.65至+0.05下沉式喷泉广场包含喷泉水循环系统设备间1座，-2.4米观景平台，跌水喷泉池7座，中心景观柱1座（外包led屏幕），铺装面积3448平方米。

民族路北延伸工程。是区委、区政府从2008年起谋划并投资实施的重点道路建设项目，由北京市政设计研究总院设计，南起市检察院，上跨北环路、京山铁路、新102国道、京沈高速新建四座立交桥，北至北港镇陈庄经圆明山大街与承秦出海路相连，道路全长9.3千米，工程总投资约8.2亿元，分两期实施。一期工程，南起市检察院，北至新102国道，民族路上跨北环路立交桥1座，上跨京山铁路立交桥1座，道路全长2.8千米，规划红线50米，工程投资约2.5亿元。除上跨铁路桥外其余道路均达到通车条件。北延伸二期工程：继续向北延伸，上跨新102国道、京沈高速，经大旺庄村、小旺庄村、太平寨村，北至北港镇陈庄村经圆明山大街与承秦出海路相连。道路全长6.5千米，规划红线50米，双向六车道，工程投资概算约5.7亿元。

（戴红梅）

建筑业管理

【概况】 2013年，海港区有区属建筑业施工企业30家，其中施工总承包企业17家（一级资质企业3家、二级资质企业2家、三级资质企业12家），专业承包企业8家，劳务分包企业5家；建筑设计企业1家。年内，所属建筑企业完成产值21亿元，增加值6亿元，实现利税1.79亿元。建筑企业获省级以上奖励6项：海三建设工程发展股份有限公司被中国施工企业协会评为全国工程质量管理优秀企业，公司承建的金海湾五期工程、第十八中学改扩建工程被省建筑业协会评为省优工程；海一建筑工程股份有限公司被省建筑业协会评为省建筑业先进企业、建筑业诚信企业，参建的河北钢铁集团矿业有限公司司家营铁矿二期采选工程被中国冶金建设协会评为2013年行业优质工程。

【安全生产工作】 年初签订《安全生产目标管理责任书》《消防安全责任状》，坚持每月对在建工程进行拉网式安全生产大检查，主要检查施工现场、安全生产台账及文明施工、防火防灾情况等。组织大规模安全检查11次，对12个施工企业的26项在建工程进行检查，面积128万平方米；下发安全隐患整改通知书16份，做到安全检查全覆盖。组织较大规模安全联查6次，对16家企业的28个施工现场进行安全检查，排查安全隐患15项，安全监督覆盖率100%。安全生产宣传培训。组织海港一建、海港三建、兴企等3家建筑企业参加市“安全生产月”大型宣传活动，出示展牌8块，发放宣传材料1000多份，群众的安全生产意识普遍增强。利用施工冬歇时间，组织业务人员和区属建筑企业项目经理、安全管理人员等200多人进行专题培训，内容包括《中华人民共和国建筑法》《建设工程质量管理条例》等法律法规，提高安全质量管理工作的业务水平。

【行业管理】 安全生产管理，从安全法规的宣传普及工作入手，开展“安全生产月”活动，重点普及《中华人民共和国安全生产法》《河北省安全生产条例》等法律法规。组织义务宣传活动3次，制做展牌8块，发放宣传材料1000多份，在建工程上悬挂宣传条幅15个。全年每月定期检查施工现场，组织较大规模全区范围安全联查6次，共计对47个村庄进行安全检查，安全监督覆盖率达到100%。以整治工程现场脏、乱、扬尘等现象为突破口，明确要求各工地出入口道路采取硬化措施并完善车辆冲洗措施；运输沙石、泥土等散料货物的车辆必须做遮盖处理；施工围挡必须采用整齐美观的砌体围墙；现场土方散料及易扬尘的露土场地必须采取覆盖防尘措施。制订建筑工地防治大气污染实施方案和重污染天气建筑施工应急管理预案，发至47个行政村，协助市城乡建设局强化建筑工地环境监管，建立工地扬尘污染动态监测体系。

【清理“两个拖欠”工作】 取消“两个拖欠”单位的招标证明手续，实行在秦皇岛建设网上公布建筑企业拖欠记录的工作模式。每月定期对在建工程项目进行实地走访检查，针对清欠工作，对区属建筑企业的30个在建工程进行专项检查，未发现重大清欠隐患。接待农民工清欠信访事件7宗，会同区人社局、公安局、信访局解决北部工业区恒大地产开发由中铁天津分公司施工的工程项目拖欠农民工工资问题，项目拖欠农民工工资1300万元，涉及600多人。全年未发生因拖欠农民工工资而引发的群体性越级上访事件。

（李大维）

城市管理

【概况】 2013年，以加速转型、加快发展，奋力打造沿海一流主城区，率先全面建成小康社会为目标，不断解放思想、更新观念，综合整治与基础投入并举，改革体制与创新机制并重，城管环卫双管齐下。把加强城市管理作为树立城市形象、打造城管品牌、促进全区经济发展的战略举措，从改革城管体制入手，趋利除弊，以创新的思路破解城市管理难题，以务实的作风促进工作落实，营造干净整洁、和谐有序、宜居宜业宜游的城市环境，为打造省内一流主城区做出新的贡献。

【市容综合整治】 以强基础、重建设为中心，以抓日常、抓整治为手段，力创优美整洁城区。环境卫生治理。强化日常清扫保洁，在主次干道、重点地段增设清扫员56人，暑期等重要节点、路段作业时间延长至晚9点。清除城区积存垃圾。出动人员和机械义务清理临河里小区、建安里小区等7个物业撤出的老旧小区积存垃圾8200吨；清理主次干道、背街小巷、居民小区积存的各类垃圾8.25万吨。推进机械化洗扫作业。有各式清扫车、洗扫车25台，对全区重点道路进行机械化洗扫作业；暑期夜间出动人员、车辆对主干道进行清洗，坚持每周清洗2次。改善街巷卫生状况。以迎宾路、人民路、金街等街巷路为重点，加大保洁力度，增设环卫基础设施并纳入生活垃圾袋装化收集范围。严厉查处马路遗撒。全年出动人员3910人次、车辆1125台次，规范治理施工工地21处，查处违章车辆210台，清理乱倒工程渣土和建筑垃圾7400多立方米。及时清理道路积雪，出动车辆155台次、铲车169台次、人员1万多人次，撒布融雪剂210多吨。组织全员义务劳动。发动干部职工对市区主要道路两侧绿化带、非机动车道、人行道、街巷路、河堤路及部分小区内各类垃圾进行捡拾清理，组织义务劳动62次，出动人员9424人次、车辆310台次。

【基础设施建设】 在建设大街、燕山大街等道路投放普通果皮箱、设立广告位式果皮箱2771个；购置中型洗扫车4台，增添垃圾袋装化收集车11台；新建生活垃圾备用场项目完成初步选址工作，正等待市财政局出具配套资金证明；具有高效、环保、维护方便等优点的大型热能垃圾处理机投入使用；将露天垃圾池进行改造，建成10座地埋式转运站；新建压缩式垃圾转运站1座，原有14座转运站的压缩式改造全部完成。新建高标准水冲式公厕3座，对老旧水冲式公厕更新改造5座。

【市容执法监察】 完善日常巡查，深化基础工作。主动延长工作时间，采取定点盯守、徒步巡查、机动巡查等方式，加大对占道经营、店外经营等行为的管理力度。全年清理占道经营商贩4210人次，治理店外经营2760处，清除乱堆乱放2209处，清理占道灯箱318个。推进分类管理，实现疏堵结合。按照“主干道严禁、次干道严控、街巷路规范”的原则，推进支路和街巷路治理。划分禁止区域、限时禁止区域和规范经营区域分类管理，经营者按时、按位置经营并做好周边卫生。强化执法力量，推进专项管理。成立建筑垃圾和工程渣土管理执法中队、文明监督执法中队、市容监察机动执法中队、“门前五包”管理办公室等4支专项执法队伍，分别负责监管整治马路遗撒、纠正处罚不文明行为、维护中心和窗口地段秩序、强化“门前五包”管理工作。整顿沿街秩序，规范门牌字匾。道路两侧新安装的门牌字匾严格按照示范街改造标准进行审批。整改或拆除不符合设置要求的门牌字匾及LED显示屏386块，清除临街橱窗、墙面等位置乱贴乱画631处，清理条幅389条。规范露天烧烤，严格经营行为。与烧烤店主签订责任状79份，规范整治违规经营烧烤摊点268处。开展联合执法，整治重点区域。联合海港公安分局出动执法和特警人员100人，对海阳路（金三角至华联路段）道路两侧摆摊设点占道商贩及占道经营车辆进行重点整治。摸排工地围挡，加大监管力度。规范工地围挡61处，合计3400延长米。开展大范围拆违行动，拆除违章搭建临时构筑物74处。

【属地管理】 为形成“责任明确，分级管理，责权统一，高效运转”的城市管理工作新格局，全面提升城市管理效能，区委、区政府决定对全区街巷道路、居民小区实行属地管理。依据《海港区推进城市区街巷道路居民小区城市管理工作的实施意见（试行）》中的责权划分，8月开始与10个街道办事处进行工作对接，整体实施工作进入前期准备阶段。向各街道办事处移交街巷道路74.51万平方米，城管、环卫、收费人员100人，清扫人员121人。为每个街道配备垃圾箱15个。对辖区道路面积、垃圾产量、清扫人员配置等情况进行详细摸底。11月30日，属地管理工作进入试行阶段，街巷道路、居民小区各项城市管理工作以各街道办事处为主。

【环卫管理】 学习张家港、株洲等环卫工作先进地区经验，创新管理体制，积极探索制订多项精细管理措施，着力构建城市管理精细化新格局。建设清扫保洁示范街段。把河北大街（建国路口—红旗路口）、文化路（东环路口—建设大街口）定为保洁示范街段。每天出动洒水车2车次、清扫车8车次，推行道路“洗地”作业；增加环卫作业人员16人，为所有环卫工人配备防风簸箕、垃圾钳等专业工具，提升清扫保洁效率；加大执法巡查频次和力度，严惩各类违章行为。打造“门前五包”示范道路。按照“门前五包”要求，与秦皇大街等17条道路两侧门店或单位负责人签订责任状5569份；成立"门前五包"管理办公室，增配16名协管人员参与政策宣传和日常管理；在部分示范道路沿街各单位和门店门前划定非机动车停车线，将非机动车停放在划定区域内，摆放整齐；制订管理考核细则，对门店或企事业单位区分不同情形分别给予物质奖励和媒体曝光处理。创建袋装收集示范道路。合理安排调配现有人员、车辆，将生活垃圾袋装化收集道路由原有16条扩至26条；每天固定出动21台生活垃圾袋装收集车分3个时段收运垃圾；购置垃圾桶100多个，免费发放给部分沿街企事业单位、门店用于投放垃圾并与其签订生活垃圾袋装化责任书。实行环卫扫保跟班作业。将在主干道作业的环卫工人编成56个清扫小组，每个小组由各保洁公司管片责任人任组长，负责巡查监督，组织扫保。

【行政审批窗口服务】 把开展创建优质服务窗口活动同加强内部管理结合，将经验、措施和新理念融于内部管理和业务经办工作。行政审批工作按照规定流程执行；统一使用规范用语，杜绝禁忌用语和不当的表达语气；除涉密文件和数据外，所有业务经办内容都予以公开；推行首问责任制和服务承诺制，对群众提供的材料认真审查，如发现缺漏材料或不符合规定的情况，做到一次性明确告知所有要求和注意事项。

【市场运作管理模式】 通过招标确定建筑垃圾和工程渣土运输中标单位4家，确定装修垃圾运输中标单位4家；选出18处户外广告设置位进行公开拍卖，拍卖成功12处；将主次干道和清扫保洁示范街段果皮箱进行清洗维护，承包方及时检查维修配件；增设广告位式果皮箱416个，承担设立、维护费用并无偿使用广告位的公司4家；市区主次干道清雪工作中标企业2家，明确清雪工作标准和检查标准。

【人文建设】 提高环卫工人各项待遇，将环卫工人工资从每月1100元上调至1320元，为环卫工人购买商业意外险并发放加班补助等补贴。为环卫工人发放米、面、肉、油、劳保、防暑降温用品等生活福利。为环卫工人建设2座"环卫之家"，配齐基本生活设施和生活用品供环卫工人免费居住，降低其生活成本。将10月26日定为海港区"环卫工人节"，为全体环卫工人发放慰问品并放假1天，机关及各部门正式职工上街作业，进行"换位体验"；提升广大市民道德素质，开展"小手拉大手，让我们的城市更美丽"系列主题活动，与秦皇岛广播电台交通广播合作开展"美丽港城，文明出行"大型公益活动，免费发放车载垃圾桶2800个。通过定期组织百名干部职工义务清洁城市活动，在市级媒体开辟曝光专栏，录制公益宣传片，强化舆论引导，做好市民素质提升工作。

【环卫设施】 全年投资703.2万元，用于新增设施的购置及工程投资。投资62万元，购置20吨洒水车2台；投资211.2万元，购置中型洗扫车4台；投资120万元，购置袋装化自卸车15台；投资110万元，购置果皮箱1000只。

（徐　杨）

城市绿化

【概况】 2013年，围绕"建设沿海强市，打造美丽港城"的发展目标，突出生态优先、以人为本原则，加大项目建设力度，提升养护管理水平，实施西浴场综合改造一期工程、街头游园建设改造提升、森林港城、花街花城、群众绿化等绿化建设，城区生态环境提高。栽植各类乔灌木9万株、小灌木56万株，花卉229万株，播种野花组合8.1万平方米，铺植草坪5万多平方米，新增公共绿地面积18.79万平方米。城市绿化覆盖率和绿地率分别为32.2%和29.04%，人均公共绿地面积9.8平方米。

【重点建设项目】 西浴场综合改造一期工程。项目总改造面积62万平方米。一期工程改造面积9.2万平方米，投资1.28亿元。年内，一期工程铺筑4米宽生态透水自行车道1500延长米、3米宽木栈道1500延长米，铺装停车场及广场2.38万多平方米；栽植国槐、蒙古栎等乔木约1110株，卫矛、柽柳等小灌木4.65万株，宿根花卉及各色时令草花32万多株；完成淋浴室、卫生间、更衣室等服务性用房建筑主体及内部装饰。

圆明山山野森林公园建设。完成铺筑环山车行道4100多延长米、木栈道5400多平方米、石磴道3100多延长米，砌筑毛石挡土墙及护坡1100立方米，铺设植草袋护坡1万多平方米；播种野牛草6000平方米，栽植油松、洋槐、白蜡等乔木2.7万多株，紫穗槐等小灌木20万多株，芒草7000多平方米，播种野花组合9.6万多平方米。

街头游园建设改造工程。选取益寿园二期、得趣园、玫瑰园等13个街头游园进行重点打造。栽植油松、银杏、西府海棠等乔灌木7800株，北海道黄杨等小灌木4.6万多株，萱草、景天等各色花卉20万多株，铺植草坪1750平方米。

“森林港城”建设。对黄土露天、缺苗断垄的20多条主次干道进行苗木补植。完成文坛路和燕山大街道路绿化建设改造，栽植乔灌木5.4万株，小灌木32万多株，宿根花卉44万多株，提升城市绿地品质。

花街花城建设。投入草花120万盆，对秦皇大街、河北大街、东港路等城区暑期迎宾线和立交桥，实施灯杆挂花、景观花箱上花、桥体栏杆挂花；“五一”“十一”及暑期，在河北大街、文化路、秦皇大街等迎宾线路、主要路口进行大型植物造景及沿线花卉栽植摆放，在重要节点栽植郁金香、品种月季、播种野花组合，在沿街单位庭院、临街公园游园等两侧大量栽种花灌木及地锦、蔷薇等攀爬植物。

燕山大街道路提升工程。西港路至建国路段：对面积2200平方米栽植草花部分改栽宿根花卉大花萱草，分车带内栽植小叶黄杨1100平方米、卫矛800平方米、北海道黄杨200平方米、小檗200平方米、月季650平方米。建国路至东环路段：在绿地内沿机动车道一侧修砌挡墙1000延长米；对南侧绿地内植物进行整理，成片栽植花灌木木槿；北侧绿地内栽植金叶水腊约1000平方米。栽植桧柏等乔木180株，北海道黄杨等小灌木9.2万株，各色花卉6.6万多株。

老旧公园设施完善提高工程。对秦皇植物园等老旧公园基础设施及绿植进行维修改造和更换。重新铺设石汀路及花岗岩路面约2000平方米，栽植棣棠等花灌木1.1万多株，水蜡等小灌木3万多株，金娃娃、萱草等宿根花卉3.5万多棵，牵牛、凤仙等草花5.3万株，野花组合2300平方米。

【城区绿化养护管理】 开展以特色修剪、树穴美化、病虫害防治为重点的养护管理工作，重点对主干路、公园游园的乔灌木进行精细整形，配以各路段桧柏球、黄杨球、水腊球等特色植物造型及绿地模纹整形作业，提升园林植物的观赏性、艺术性。结合城区环境综合整治攻坚行动，强化环境卫生治理，针对绿地内白色垃圾、行道树树挂等问题进行专项整治；定期开展综合养护管理或特色修剪、病虫害防治、卫生保洁等单项管理考核，做到管护有标准、考核有依据，提高城区绿化养护管理水平。深化网格化管理，对养护管理单位进行细化分区配置，由原3个分区划为5个分区，在每个养护分区里，每个路段、每个节点、每个公园都明确专门责任班组和责任人，设置绿化监督牌。将林政监察日常巡视与市城管热线、区城调中心指令结合，执行24小时值班制度，形成及时发现问题、快速解决问题的管理体系。全年查处乱堆乱放、圈地种菜、树木拴挂等违规行为627起，查处违法案件4起。

【群众绿化活动】 在秦皇植物园、西环路、机杨路立交桥下组织开展全民义务植树活动6次。全区60家单位和社会志愿者1万多人参与活动，累计植树2万株，绿化面积4万多平方米，由社会各界共同建设的成长林、政协委员林、小记者林等已初具规模。选择丁香等株形小、易栽植的花灌木，免费发放给市民认种认养，让市民在城区范围内自由选择栽植点，发放丁香等4000多株，认建认养道路绿地1700平方米。第十一届迎“双节”花展，全区50多家企、事业单位积极参与，投入羽衣甘蓝、串红、万寿菊等各色花卉20万盆。

【游园简介】 清怡园三角地。位于清怡园东侧，面积1200平方米。清怡园以“健康、环保”为主题，通过铺设园路，综合运用木质平台，情景雕塑、休闲座椅等元素。栽植法桐、西府海棠、金银木、珍珠梅等乔灌木，景天、马鞭草等各色花卉，形成乔、灌、草、花的有机结合，丰富植物品种，提高绿化档次，成为清怡园的一大亮点。2013年建成。

园丁苑。位于港城大街与东环路交叉口，占地总面积1.58万平方米。通过塑造地形、铺设园路、增设园林设施以及植物的合理配置等手段，形成春有花、夏有绿、秋有色、冬有景的绿化景观。园丁苑的建成为城区东部增添一个新的亮点，为市民提供一个恬静、宜人、开放的活动场所。

石韵园。位于东环路与燕山大街交叉口，面积约5400平方米。原为市房产局三产公司办公及储存地，2011年对其进行拆迁，规划为街头游园。由天津市华泰苑环境艺术景观设计有限公司进行规划设计，以体现景石艺术为重点，将秦皇岛的历史文化通过石刻、书法等艺术形式表现出来，赋予石头博大精深的文化内涵。通过塑造地形、增设园林小品、添加体育健身设施、合理搭配植物等手段，将其打造成以石头为主题的特色游园。建成后的石韵园得到领导和市民的好评。

得趣园。位于民族路与燕山大街交叉口西南侧，始建于1985年，全园面积3500平方米，绿地面积1900平方米。2013年，对得趣园进行改造和完善，集成双薇榭、小南山、花溪、入画轩、曲桥、松月泉、小桥等园林小品景观，并建设可供游人休憩、娱乐的活动广场。栽植油松、桧柏、银杏、合欢、五角枫等高大乔木，配植海棠、玉兰、榆叶梅、紫荆、碧桃、紫薇等花灌木和各种宿根花卉，并点缀以各种球类。

益寿园。始建于1988年，位于迎宾路与燕山大街交叉口东南角，全园总面积约2.7万平方米。益寿园绿化改造工程分两期实施，2012年，主要对益寿园南半部包括主入口及两侧、土坡及坡南侧广场、池塘等处进行改造。通过砌筑入口挡墙、设置百寿景墙、砌筑干垒砖挡墙、修整园路、设置围树坐凳和池塘护栏、丰富植物品种等手段，形成绿树成荫、繁花似锦、环境优美的园林景观。绿化改造面积7500平方米。2013年，主要对益寿园北半部包括广场、休闲健身区、植物展示区等处进行改造。秉承合理性保护，创新性发展的原则，通过改造路面、设置矮墙坐凳及入口花架、增添活动设施、组团栽植植物等方式，与一期建设相呼应，为周围的小区居民提供乘荫纳凉、娱乐休息的场所。绿化改造面积1.5万平方米。

（刘　芳）

房地产开发管理

【概况】 2013年，围绕全区“打造一流主城区和沿海经济增长极”奋斗目标，进一步强化市场意识、质量意识和效益观念，转变工作作风，加大内部管理力度，严格落实岗位责任制，健全协调配合机制，出色完成各项工作任务。全年完成固定资产投资28.26亿元，完成年度任务141%。

【旧村改造工作】 重点推进偏坡村、归提寨村等十几个城中村改造，归提寨片区返迁安置房主体竣工，西部快速路沿线四村，正在由指挥部组织进行房屋征收工作。积极参与全区其他重点项目，完成海阳片区入户调查摸底及数据汇总工作，1名领导和3名工作骨干参与海阳片区改造工作。

【老旧小区改造工作】 创建旧改工作新模式，拓宽征收渠道。提出以“提升城市品味，提高土地利用效率、增强区域价值”为定位的旧改工作思路，倡导多种安置方式，鼓励异地安置。编制完成2013～2017年老旧小区改造规划；深入分析全区房地产市场现状，撰写《海港区房地产市场现状分析与探讨》调研报告。赴辽宁海城就旧改工作学习考察，出台《海港区老旧小区改造征收与补偿安置标准》，为全区旧改工作奠定基础；积极探索创新旧改模式，率先提出“模拟拆迁”理念。全面推进旧改工作，推进航海里改造项目。编制完成《航海里小区征收补偿安置征求意见册》和情况说明，对居民提出的合理性意见进行梳理汇总，拟定答复意见，正式与居民见面；认真做好后续重点项目准备工作，深入燕山小区和迎春里小区开展入户调查摸底及征求意见工作，燕山片区完成调查3692户，完成比率78.4%；迎春里小区完成调查1180户，完成比率91.5%。

【开发企业管理】 对在建项目开发企业施工现场进行督导检查，调度年度目标完成情况；做好区属开发企业行业管理，按时统计上报各类报表；

对全区在建项目及拟建项目情况进行摸底汇总，全面掌控市区范围内项目建设动态。

（刘艳晶）

房产管理

【概况】 2013年，紧紧围绕“全力打造一流主城区和沿海经济增长极”总体目标，以服务经济、服务社会为出发点，以推进“六大工程”为主线，不断深化改革，增强发展意识，强化管理职能，创新服务机制，夯实基础，强力推进项目建设，全年工作取得较好成绩。

【保障性安居工程建设】 年内，全区保障性住房建设任务为新增公租房435套、新增廉租房270套、新增限价商品房5647套、经济适用房807套（结转任务）、棚户区改造700户。经合理统筹，上述建设任务均落实到具体项目：东李庄保障性住房占地面积17.67公顷，总建筑面积33.55万平方米；杨道庄保障性住房占地面积14.33公顷，总建筑面积50.43万平方米；公富庄保障性住房占地面积12.47公顷，总建筑面积约40.8万平方米；北部工业区保障性住房占地面积10.8公顷，总建筑面积约24.17万平方米；棚户改造项目，即建新里二期、公富庄、站西里、一塑厂家属区、红光里，总占地面积11.93公顷，总建筑面积12.93万平方米。杨道庄、公富庄保障性住房项目正在实施主体施工；东李庄保障房项目主体竣工，累计销售2094套；北部片区保障性住房项目地块2个，其中北城壹号地块全面开工建设，新地块规划条件和规划方案通过规委会审核。棚户区改建项目：建新里二期已经竣工交付使用，站西里、一塑厂住宅区、红光里等项目均主体封顶，正在内外装修及配套施工。新近列入旧改计划的秦皇岛军分区燕山大街家属院改造项目完成房屋征收工作，8月开工建设。

【保障性住房管理工作】 保障房管理中心从完善政策、规范程序、健全机制、严格考核等方面入手，不断推进保障性住房科学化管理。做好资格审核工作，全年接受各类申请4890份，经审核3326份符合保障要求。保障房年检工作。工作人员分赴各街道、社区，对西港镇、海阳镇等17个镇、园区、街道廉租房进行年检，完成年检5155户，新审批560户，发放廉租补贴资金1100多万元。保障性住房销售。组织3次摇号售房活动，销售保障房2000多套。保障户信息档案管理。完成全部省网电子信息变更，并整理归档。

【物业管理工作】 按照“分片管理，分片负责”原则，海港区负责管理老旧小区136个，占全市住宅小区数量33%，建筑面积近750万平方米，居住居民30万人。结合老旧小区居民大多收入低、缴费意识差的实际情况，以新征南里等16个小区为试点，提出“先服务，后收费”“菜单式服务”等做法，得到百姓认可。根据老旧小区硬件设施差异，结合城管体制改革，不断调整工作思路，建立3个联动机制，即：建立信访投诉调处联动工作机制、建立行政执法联动工作机制、建立“市、区、街道社区”三级联席会议制度。严格物业服务企业行为监管，从源头把好企业的准入关，做好物业项目常态化管理，通过建立企业信用档案，加大物业企业日常指导和监督管理。全年物业办协调处理各种矛盾纠纷200多起，逐一落实情况并和相关当事人沟通反馈，取得当事人认可和肯定，处理完成率100%。

【房地产市场日常管理】 产权交易与产籍管理。组织工作人员参加市房产局组织的房产业务及新系统操作培训，提高业务水平。全年收件2183件，转移档案2344件。加大监察工作力度。巡查小区100多次，当场制止违规行为为20件，办结电话举报12起，市长热线1起，上级交办2起，全年零投诉。安全生产、防汛、防火工作。强化安全防范措施，重点对保障房施工现场开展自查、不定期巡查，落实安全生产及“一岗双责”责任制，落实24小时防汛值班制度。严格执行备案登记制，加大对房屋出租管理力度。

【征收项目】 履行监管职能，从政策理论完善、方法机制创新、项目动态监管等方面入手，探索征收工作新途径，破解征收难题，推动全区征收工作进展。研究政策、制订流程、拟定补偿标准，为旧改征收项目实施提供依据。研究领会中央及河北省有关征收政策文件精神，对全区房屋征收、旧改工作进行全面调查研究，结合市区实际，制订《海港区旧城村征收补偿安置工作规范性操作流程》《海港区老旧小区改造房屋征收补偿安置标准（试行）》，为全区房屋征收项目实施操作提供依据；借鉴先进经验，探索“模拟拆迁”，开辟征收工作新途径，赴四川成都、浙江海宁学习先进征收工作经验，就“模拟征收”工作程序、配套措施、返迁安置房建设等相关事项进行深入交流座谈，形成考察报告；初步制订模拟征收工作程序，正与相关部门沟通，进行可行性论证及可操作性分析等完善工作；加强人员培训，重点就征收规范程序及具体补偿标准等进行系统培训；加大对旧改征收项目监管力度。选派精干人员分赴海阳片区等多个征收项目，协助开展工作，及时跟进项目动态。全区涉迁面积186.5万平方米，涉迁户1.07万户，完成征收面积133.3万平方米；开展征收前期准备工作，启动谋划项目14个。

【工程简介】 东李庄经济适用住房配建廉租房公租房项目。东至规划兴电路，西至港务局经济适用房，南至秦山铁路，北至规划兴化大街。总占地17.67公顷，总建筑面积33.5万平方米，总户数4483户，总投资10亿元。

杨道庄保障性住房项目。是2011年、2012年全市保障性安居工程的主要任务，总占地面积14.33公顷，总建筑面积50.43万平方米，总投资18亿元，总户数5485户。

公富庄保障性住房项目。东起南岭路、西至南岭西路、南起惠泽街、北至长江道，总占地面积23.18公顷。需新建1970套公共租赁住房，为海港区2012年保障房建设任务的剩余部分（杨道庄项目已完成廉租房、限价房和1065套公租房任务）和十二五规划要求需增建的435套公租房。

红光里棚户区改造项目。位于建设大街以南，东港路以西，西、南临铁路。建有楼房16幢，有居民686户，有证房屋建筑面积3.73万平方米，小区改造后，安置房屋面积4.8万平方米，总投资1.5亿元，预计2014年10月交付使用。

建新里小区（二期）改造项目。位于先锋路东段、海阳路以西、北方玻璃厂以南，占地面积2公顷，有居民307户，房屋征收面积0.87万平方米，返迁安置房2.3万平方米，总投资6500万元。2010年8月，开工建设，已交付使用。

一塑厂职工住宅区项目。位于和平大街以北，先锋路以东，总占地面积2.36公顷，有居民128户，有证房屋建筑面积0.75万平方米，小区改造后，安置房屋面积1.1万平方米，总投资2200万元，改造后的小区多层住宅与高层住宅合理搭配，实行规范化、正规化的物业管理。

站西里小区改造项目。位于河北大街以南，红旗路以东，新宝街以北，东临渤海明珠小区，总占地面积1.82公顷，共有居民72户，房屋征收面积0.45万平方米，安置房面积0.58万平方米，总投资1800万元，已交付使用。

（李　梦）

环境保护

【概况】 2013年，围绕服务群众、服务基层、服务发展的工作思路，组织开展“服务发展年”主题实践活动，以环境保护优化经济发展，加强污染防治和生态保护，强化环境监管，在优化服务环境、破解发展难题、解决人民群众反映强烈的突出问题、强化环境宣传四个方面着力推进，全年审批建设项目93个，验收项目46个，现场踏勘150次，办结率100%。

【环境监管、监察、监测】 对辖区无环评手续单位进行拉网式排查，排查企业78家，对不符合要求项目采取停止建设、限期整改等处罚措施。对辖区内建筑工地进行拉网式排查，加大对违规施工单位查处力度。中、高考期间，按23个考点划分护考小组，出动执法车辆270多台次，执法人员400多人次，圆满完成护考任务。深入开展整治违法排污“三查”（查非法排污、查超标排污、查恶意排污）行动。对重点区域、重点行业进行拉网式排查，出动环境执法人员700多人次，排查企业138家，挂牌督办2家。组织各镇、园区制订行动方案，签订责任状120份。对辖区内27家重点企业进行责任划分，对3家国控污水处理厂实行专人监管，确保企业防污染设施运转正常。摸清底数，坚持长效，做到企业排查、申报录入、监督检查、污染治理“四个零遗漏”。全年完成各类监测234家次，出具各类监测报告600多份，获有效监测数据3000多个，为开展项目审批验收、企业监管、执法监察等工作提供有效依据。

【环境治理】 开展大气污染防治工作。制发《海港区大气污染防治行动计划实施方案》，组织协调相关部门按要求落实目标任务；对辖区餐饮、燃煤锅炉使用情况进行摸底调查；与各镇、园区建立监察联动机制，全面开展秸秆禁烧和综合利用工作；编制《海港区重污染天气应急预案》，邀请专家进行评审，组织31家企业签订“重污染天气应急企业承诺书”，结合企业实际情况制订应急预案；推进近岸海域环境综合整治工作，对辖区内15条河流进行排查，重点排查沿河涉水企业和渗坑渗井，建立电子台账；对19家关停企业进行监督检查，落实监管责任制和“一企一卡”制度，确保关停到位；加强对入海河流水质监测，及时掌握水质变化情况。

【污染减排】 四项污染物(化学需氧量、氨氮、二氧化硫、氮氧化物)排放量同比分别削减1%、1%、1.5%和5%(经核算：化学需氧量420.71吨，氨氮63.27吨，二氧化硫128.07吨，氮氧化物43.65吨)。对31家重点单位核发排污许可证，使排污单位做到持证、按量排污；完成人民医院、妇幼医院、第一污水处理厂和第三污水处理厂等4家单位的生产审核工作；出动人员200多人次，对餐饮业单位、燃煤锅炉使用单位进行污染源调查，回收有效调查表400多份，建立排查情况动态台账；完成第一污水处理厂中水回用提升改造工程；完成8家规模化畜禽养殖单位水污染物综合治理工程；整治燃煤锅炉50台，超额完成年初制订的33台整治任务。

【环境宣教】 以环境纪念日为切入点，深入学校、社区、企业开展宣传教育活动，开展“地球一小时”“携手世界地球日，共创美丽家园”等活动12次，发放宣传手册3000份，全面提升市民环境意识。

【生态创建】 做好“四清”“四化”工作。全区8000多人次参加“四清”活动，动用挖掘机等机械车辆8680台次，清理村内街道、村庄周边等各类垃圾16万立方米，杂草8000立方米，残垣断壁3000宗、面积1.18公顷；投资20万元修建面积为1500平方米的垃圾倾倒隔离区；植树41万株，栽植花卉500万株；粉刷墙壁3.7万延长米，绘制文化墙面积2000多平方米；悬挂标语、条幅5000多条，各类提示牌3000多个；全区农村全部纳入城乡一体化垃圾处理体系，配套大型运输车辆23台，三轮车60台，在69个村设置地坑式生活垃圾收集站93个，每个收集站配备手推垃圾车3台，配套购置手提式垃圾桶260个，垃圾箱60个；加强生态村创建工作，创建国家级生态镇2个，省级优美城镇2个，省级生态村7个。

【环境应急管理】 环境信访保持稳定。严格执行24小时值班制度，做好辖区内信访查处工作。全年受理信访案件392件，案件处理率100%，群众信访满意率98%；完善环境应急管理。建立健全应急专家库、物资储备库。与市环保局联合，在中阿化肥有限公司开展应急演练。组织辖区内15家重点环境安全风险企业进行实战演练。开展环境安全大检查，对存在环境安全隐患单位集中排查，出动人员850多人次，现场检查企业287家次。

(侯丽伟)

城建管理调度

【概况】 2013年，以着力解决“职能弱化、手段缺失”等问题、促进中心职能发挥为主线，破解工作难点；以数字化城管平台升级改造，建设海港区城市管理应急、响应、指挥中心为目标，打造工作亮点；以全力推进城乡环卫一体化工作，建立“户分类、村收集、镇管理、区转运、市处理”的农村环卫服务体系为中心，把握工作重点，擦亮城市管理窗口，塑造城调中心品牌。

【督导协调工作】 合理安排督导车辆、细化督导路线、完善督导内容，确保督导巡查工作每日覆盖重点区域、每周覆盖全区，及时发现和处理各种市容环境问题。全年督导发现各类问题5495个，解决舆情问题137个，接听群众热线800多个，对城乡积存垃圾、污水外溢、建筑垃圾、私搭乱建、无人管理街巷路等问题进行普查和调研。

【治理非法小广告】 采取加强巡查、定期检查、加强处罚等措施，确保44条主次干道非法小广告得到及时清理。深入研究治理各街巷路、社区等地点粘贴非法小广告的有效解决方案。全年清理44条主次干道各种非法小广告250万条、清理污损部位500多处，面积5000多平方米。

【数字化城管工作】 实施数字化城管平台软硬件升级改造工程，完善平台系统功能。更换高分辨显示器，提高监控图像清晰度。引入市数字化城管指挥中心信号，实现对重点路段、城市出入口、商业中心等地点视频监控。更新软件系统，提升信息管理水平。督导车辆安装视频设备，实现电子督导。研究制订数字化城管平台运转方案，对工作流程和工作模式进行再造。与市数字化城管指挥中心、市应急指挥中心联络沟通，建立协调联动工作机制；通过座谈、走访等形式，深入到各镇、园区、街道、城建系统等部门，听取对城市管理调度工作意见和建议，不断改进工作；研究扩大管理范围、增加网络单位问题。全区数字化城管平台已基本具备电子督导、视频监控、热线受理、车辆调度等功能。全年处理市数字化城管平台问题4.8万件，数字化城管平台硬件更新工作全部完成，正进行软件设计和制度建立工作。63个村、90座收集站以及湖东车辆段、科技师范学院等企业12座收集站，共102座，全部完成建设。

【城乡环卫一体化】 中央集控系统建成并投入使用，用于垃圾转运的各种车辆接收到位。城乡环卫一体化的各项制度机制部分建立，5月开始陆续运行。全区90座垃圾转运站全部投入运行，每月约转运农村生活垃圾2500吨。与城乡环卫一体化配套相关管理制度、考核办法、运行机制等正在实际运行验证和制订完善。

【舆情服务工作】 坚持和完善舆情监测制度。对监测到的问题，立即到现场核实、区分责任、研究区属问题解决办法并将市属问题向市有关部门报告，实现媒体报道问题第一时间介入；完善城建问题普查制度，实现城建问题第一时间预警。全面普查城建城管问题，提前介入，集中解决；坚持重点问题督办制度，实行重点问题记账和销账制，与区委、区政府督查室建立协调机制，确保重点问题一盯到底、解决到位；完善督导协调工作分析制度，实现督导协调的第一时间分析。以周汇总、月分析、季总结等形式，建立起督导协调事项分类、汇总、图表等基础性信息，掌握规律，提出有针对性措施；采取有效措施提升中心在居民中知晓度，促中心职能发挥。通过加强与电台、电视台、《秦皇岛日报》《秦皇岛晚报》等媒体刊物联络沟通，及时将中心解决城建城管问题情况、最新工作动态、市民反映意见建议采纳情况等进行宣传报道。采取纸质媒体发布、电子媒体发布、新闻插播、宣传活动等多种措施推进城建服务热线周知工作，提高城建服务热线的知晓度。

【社区互访机制】 结合工作职能，建立城调中心与社区定期互访机制，定期邀请社区工作人员、居民到中心进行座谈，深入了解基层社区情况，为社区解决各种市容环境问题。全年组织走访座谈4次，接待群众来访20人次。

【农村环卫管理】 成立农村环卫管理科，具体负责农村环卫管理工作，结合全区实际情况制订城乡环卫一体化运行管理方案。采取以点带面、逐步展开的方法启动垃圾转运工作，做好管理方式、费用测算、工作量核算等基础性工作。为保证工作顺利推进，制订工作月推进计划、督促检查制度、协调联动制度等保证措施。积极探索市场化管理模式，通过市场化方式公开招标，引入具有专业管理经验的环卫公司，进行农村生活垃圾转运作业。通过印发宣传彩页、发放明白纸等各种形式广泛宣传，引导村民主动配合工作、改变不良生活习惯，共同做好城乡环卫一体化工作。

（武建军）

社会事业

SHEHUI SHIYE

SHEHUI SHIYE

教育事业

【概况】 2013年，海港区有中小学校68所，其中初中18所（城市13所，农村5所），小学49所（城市27所，农村22所），九年一贯制学校1所。有国办独立幼儿园4所，小学附属幼儿园18所，校外教育机构4个（青少年活动中心、中小学生社会实践基地、社区教育管理委员会、教师进修学校），民办教育培训机构146个，民办幼儿园76所。全区有教职工5670人，其中，中学教职工2296人，小学教职工2794人，国办独立幼儿园教职工190人，校外机构教职工252人。中小学在校生5.89万人，教学班1229个。其中，小学在校生4万人，教学班834个；中学在校生1.89万人，教学班395个。获全国第四届中小学生艺术展演活动优秀组织奖，省“十一五”教育干部培训先进集体等国家级集体奖励38项、省级集体奖励57项，市、区级集体奖励1538项；承接5个市级现场会，召开10个区级现场会。

【德育工作】 将2013 ~ 2014年确定为学校文化建设年，组织校长外出学习考察，举行现场观摩研讨，提高办学品位，培育办学特色，开启“文化育人”之路。开展市、区两级德育评估，有6所学校被评为市级德育示范校，20所学校被评为区级示范校和达标校。举办学生社团文化节，全面展示学生社团建设成果。全区建立学生社团700多个，社团成员占学生总数60%以上。社团类型涵盖文学、艺术、体育、志愿服务和社会实践等多个领域。开展丰富多彩的大课间活动，保证学生每天1小时校园体育活动时间。

【教学改革与创新】 以学习方式改革为重点，以“生本课堂”构建为核心，引进和探索先进教学方法，形成“百花齐放、百家争鸣”的课堂教学改革新局面。开展初一新生学力水平检测，建立2012 ~ 2013年级两届学生监测成绩基础数据库。规范课题研究过程，推进小课题的研究与实践，实现高效研究。深入实施素质教育，第七中学、第八中学、青云里小学、建设路小学、先盛里小学、新一路小学、迎秋里实验学校等7所学校被评为省素质教育示范学校。

【学校标准化建设】 完成固定资产投资8300万元。归提寨小学、第十四中学建设工程均完成立项、招标代理比选、勘察、设计招标工作。白塔岭小学迁扩建工程和第十中学分校教学楼加固装修工程均竣工投入使用。鲤泮庄小学和大旺庄小学校舍加固工程已结束，全区校安工程任务全部完成。

【队伍建设】 选派5名书记、校长赴重庆挂职学习，选派4名城区干部到农村挂职、3名农村干部到城区学习。第三期领导干部远程教育培训圆满结束，结业率达90%以上。举办校（园）长培训班，提升校（园）长打造品牌学校的能力。组织125名中小学教学管理干部参加培训，全面提升中小学教学管理干部的综合素质。举办师德专项培训，参训骨干教师410人。开展“寻找身边最美教师”活动，收到征文1726篇。开展教师全员培训，参加国培计划远程培训教师943人。成立2个区级名师工作室，招录学员13人。深入开展送教导学活动，全年骨干教师送教导学449人次；结合市、区两级“阳光八送”服务行动，选派到农村学校送教的市级骨干教师8人。组建教师专业发展宣讲团，全年安排宣讲149次。选派中学教师到农村小学及薄弱学校进行支教交流70人。面向社会公开招录补充新教师87人，其中补充到农村学校、城区薄弱学校64人。

【非义务教育】 召开民办教育机构管理现场会、安全工作专题会，开展安全工作大检查，加强规范化管理。组织校（园）长和教师参加国家及省、市各级培训，提高教职工教学水平。落实《海港区学前教育三年行动计划》，通过幼儿园等级评定工作，提高办园水平。开展成人教育培训工作，召开成教工作现场会，举办农民致富带头人培训会，推进农科教结合，帮助农民增收致富。

【安全稳定】 实行安全工作“一岗双责”制和全员责任制，逐级签订责任状，层层落实安全责任。通过安全教育课、设立宣传栏、致家长一封信等多种形式，对师生和家长进行安全教育。制订处理突发事件应急预案，组织消防演习和疏散演练。成立接送学生车辆“打非治违”专项行动领导小组，对直属68所中小学，近6万名在校学生的上下学交通方式进行调查摸底，确保安全工作万无一失。

（周光欣）

【学校选介】 第十中学　始建于1976年，是公立全日制初级中学，学校由总校和分校构成，占地总面积1.68万平方米，建筑面积9871平方米。有教学班36个，在校生1846人，教职工183人。学校以“建有文化的校园，塑有智慧的教师，育健康发展的学生”为总体目标，树立“厚德树人、精勤求学”的校风、“敬业乐教、精业善导”的教风和“勤学善思、求实创新”的学风。学校建成初具规模的校园网，硬件建设水平稳步提升。开展以《弟子规》为特色的校园文化活动，将学生养成教育落到实处。配备专、兼职心理教师，开办心理咨询室，为心理有困惑的学生做心理疏导。注重发挥“体育传统校”优势，体育精神成为一种校园文化，传播正能量。获省体育传统项目学校、中学生田径锦标赛初中组团体总分第三名，市素质教育示范校、和谐校园等称号，获区级奖励34项。

（陈　洁）

第十五中学　始建于1993年9月，是公立全日制初级中学。原名西港路学校，2002年9月更名为第十五中学，位于海港区西港路北段，占地面积2.48万平方米，建筑面积8410平方米。有教学班24个，在校生1257人，教职员工120人，其中高级职称28人，中级职称64人，区级骨干教师12人。学校以“营造阳光环境，实施阳光管理，创设阳光课堂，培养阳光教师，培育阳光学生”为办学理念，以“阳光校园”创建推动学校各项工作科学发展、和谐发展、特色发展。围绕“阳光教师团队”建设的目标，突出修师德、提师能两个建设重点，塑造具有创新意识和实干奉献精神的教师队伍。以学生“十二大”（诚实、善良、仁爱、感恩、乐观、谦虚、自强、执着、奉献、正义、英勇、荣誉）品德培养工程为核心，以实践活动为载体，通过“环境育人、活动育人、师德育人、课堂育人”四育人工程，塑造学生的高尚品德。以阳光课堂教学工程为核心，以学生发展为本，抓实抓细教学的每个环节。被评为河北省优化学生心理生活研究项目实验学校、先进职工之家、文明学校称号，校本研修、心理健康教育、法制教育、计划生育等多项工作获区级先进。

（马振宁）

苹文中学　始建于1958年，是公立全日制初级中学。有教学班12个，在校生491人，教师66人。占地面积1.67公顷，建筑面积6700平方米，位于海港区东港镇。学校致力于推行素质教育，以“稳定、改革、发展、创新”为工作方针，规范指导教育教学行为。学校狠抓教研活动，突出校本培训，坚持科研兴校，科研兴教，认真开展课题研究。学校申报并获批省十二五重点规划课题《初中高效课堂教学模式的建构与研究》，将课题研究与教学实际紧密结合。学校以“养成教育”为出发点，以文明礼仪教育为重点，以日常行为规范教育为切入点，开掘学校德育工作新途径。被评为教师专业发展才艺展示先进单位、校本研修、法制教育、实验室管理先进学校。

（姬纯玲）

新一路小学　始建于1956年，是公立全日制小学，附设幼儿园，1994年随旧城改造翻建。占地面积9161平方米，建筑面积7443平方米，位于海港区团结里小区。有小学教学班30个，幼儿园教学班8个，小学生1620人，幼儿280人，教职工130人。学校提出“科研兴教、科研兴校”的办学理念，努力实现创建“和谐校园、科技校园、信息校园、书香校园”的办学目标。以课题研究统领教学，通过课题研究使工作不断创新。课题《走进家乡》将乡土资源开发与学科课程开发结合，将共有资源开发与学生个体兴趣爱好结合，发展孩子的学习能力、综合实践活动能力及个性品质，获国家级优质课奖。学校制做的《做最好的自己，成为受欢迎的人》专题片在“2013年河北省中小学校园电视奖评选”活动中获校园专题类三等奖，被评为市素质教育示范小学、德育示范校，顺利通过省素质教育示范性学校评估检查。获省级奖励 1 项、市级奖励 6 项、区级 51 项。

（孙　悦）

桥东里小学　始建于 1980 年，是公立全日制小学，位于海港区河北大街中段桥南路 6 号。学校建筑面积 3663 平方米。有教学班 18 个，在校生 856 人，教职工 61 人。学校以“建设校园美、校风好、教学实、教改活、质量高、有品味的可持续发展的现代化小学”为目标，以“厚德、博学、敏思、笃行”的校训为主脉，对校园文化进行整体设计，做到让校园文化影响学生个性健康发展，对学生心灵涵养、美好灵魂的塑造起到“润物无声”的效果。以“立足基础，着眼发展，丰富内涵，科研创新”为宗旨，把集体备课作为校本教研的主阵地，强化参与意识和管理制度，按照“个人初备—集体研讨—修改完善—个人备课”的模式进行集体备课，教师从中认识到自我价值，使校本教研更具吸引力、凝聚力、生命力。获市级安全工作先进单位，区级精神文明学校、信访稳定先进单位、教育科研先进单位、教师交流先进单位和读书教育工作先进集体等称号。

（张东红）

小高庄小学　始建于 1930 年，是公立全日制小学。有教学班 14 个，在校生 702 人，教职工 44 人。位于海港区小高庄村，占地面积 1.6 万平方米，建筑面积 2750 平方米。学校通过育人环境的创设与研究，积淀厚重的学校文化，形成独特的校风、教风和学风。教学常规管理务实求精，在开齐开足课程的基础上，开设以种植为主的综合实践活动课，深受学生喜爱。以制作植物标本为主的生物乐园社团参加海港区社团开放日活动，被评为海港区社团展示最佳创意奖，学校被评为优秀组织单位。以“让童心在书香中成长，让习惯在活动中闪烁”为养成教育主题，开展班级诵读、征文、手抄报等活动。6 名学生在市图书馆组织的经典诵读比赛中分别获一、二、三等奖，学校获得优秀组织奖。养成教育童谣在校园中传唱，课前一支歌成为学校一大德育特色。学校获市少儿经典诵读优秀组织奖，区教学管理先进集体等各级奖励 19 项；教师获省、市、区奖励 20 多项；学生荣获市、区级奖励 50 多项。

（卜凡明）

白塔岭小学　始建于 1910 年，是公立全日制小学，是一所拥有百年历史的老校。占地面积 2 万平方米，建筑面积 1.58 万平方米。有教学班 24 个，学前班 2 个，在校学生 1272 人，教职工 77 人。设有可容纳 500 人的报告厅，体育馆、古筝室、电子琴室、陶泥室、心理咨询室、探究实验室等 20 多个专用活动室。学校秉承“循生命之道、塑精彩人生”的核心办学理念，形成“以美启智、彰显个性、以心育人、健康发展”的办学特色。开发生命文化教育校本课程，依托“过硬的日常课，优秀的精品课，有课题的研究课，有专长的特色课”等四课活动，为教师搭建教学技能竞技场。建立“乡村少年宫”，落实教育部“体育、艺术 2 + 1 项目”，建立五大门类（艺术、体育、科技、学科拓展、心理），20 个社团。学校获国际生态优秀组织单位、省优化学生心理生活研究项目实验学校、特色文化品牌实验学校、市常规管理示范校等称号 73 项，教师获省、市、区奖励 113 项；学生获省、市、区级奖励 102 项。

（马晨霞）

文化里小学　始建于 1963 年，是公立全日制小学，2011 年 9 月完成第二次改建。占地面积 6442 平方米，建筑面积 4840 平方米。有教学班 18 个，在校学生 840 人，教职工 69 人。学校建有各类功能室和辅助教室 20 个，室内仪器设备齐全，设施一流。坚持“质量立校、特色强校、文化兴校”的发展战略，“向管理要效益、向课堂要质量、向培研要发展”的管理策略，强力实现学校内涵式、优质化、特色化、品牌化发展。学校德育工作坚持以教育节系列活动为主线，开展体育节、艺术节、科技节、读书读报节、社团文化节等系列活动。召开“金色童年放飞梦想——文化艺术节展演”“我能我秀——明日之星个人才艺展示”及首届社团家长开放日活动。以开展课堂教学改革为突破口，开展“教师研训六模块”研究活动，促进广大教师工作教研化、教研日常化。学校获国家级阳光体育活动优秀学校，省一级图书馆等奖项22项，教师获省、市、区奖励36项。

（段桂娟）

先盛里幼儿园　创建于1991年，是河北省卫生保健达标园。占地面积3073.71平方米，有教学班5个，幼儿180人，教职工21人。幼儿园以“一切为了孩子，服务于家长，一切为了家长，服务于社会”为办园宗旨，努力创建“敬业、创新、求实、奉献”的园风。在日常教学中以课例为载体，通过集体备课、小组研讨、教后反思等方式提高教师的教学水平。注重教师业务培训，定期开展备课、说课、评课活动。建立健全一整套安全管理规章制度，各项预案齐全，通过开展安全主题活动、演练、参观、家长园地、家园小报等形式开展安全教育工作。被评为市托幼机构健康管理先进单位、区教育系统安全工作先进单位、督导评估先进单位、学前教育先进集体。

（王淑宜）

铁新里幼儿园　是市级示范性幼儿园。有教学班6个，幼儿190人，教职工38人。幼儿园以“健康、艺术、聪慧、快乐”为办园理念，以“给孩子一个健康的乐园、给家长一个放心的幼儿园，给教师一个成长的家园”为办园目标，以“一切为了孩子，为了孩子的一切”为办园宗旨。重视教师队伍建设，组织教师到外地培训50人次，多次邀请专家给全园教师进行“区域活动日常化”培训，教师的理论和专业技能得到很大提高。坚持开展优质课观摩评比活动。添置现代化电子白板，实现多媒体教学。被评为区学前教育工作先进集体、精神文明单位。

（廖静云）

科学技术事业

【概况】 2013年，全区科技工作以提升科技创新能力为核心，以完善科技创新体系为重点，不断创新工作举措，科技工作取得明显成效。被科技部授予科技进步考核先进县（市），被评为市级科技信息宣传工作先进集体，区级强区工程先进单位、文明单位，政风行风建设工作优秀单位、信息工作优胜单位、先进基层党组织等。

【省级高新技术产业开发区】 制订具体申报方案，谋划园区规划、功能布局，确定产业发展重点，分口组织申报材料。起草《关于在海港区设立省级高新技术产业开发区的请示》《海港区人民政府申报省级高新技术开发区工作报告》《海港区高新技术产业发展总体规划》《海港区扶持高新技术产业发展的政策措施》等系列文件上报省、市政府。11月，省科技厅会同省发改委、省国土资源厅、省环保厅、省住房城乡建设厅等部门，邀请有关专家组成考察组，对海港区高新区规划区域、基础建设和现有高新企业情况等进行实地考察，听取相关情况汇报，查阅相关资料。海港高新技术产业开发区顺利通过省考察组验收，省政府正式下文批准海港高新技术产业开发区为省级高新区。

【全国科技进步先进县区考核】 做好考核的各项准备工作，积极与有关部门协调沟通，做好材料的收集、审查、整理、汇总工作；积极与省科技厅、市科技局沟通联系，核定数据，查验材料。成功通过国家科技部的考核评审，被科技部授予全国科技进步考核工作先进县区，成为全市唯一一家获此殊荣的县区，4人被评为全国科技进步考核先进个人。

【创新型海港区建设工作】 起草《建设创新型海港区工作考核办法》，加强对工作的督导检查，确保工作实效。对19家创新型企业、社区等给予100万元区级创新资金支持。加强市级创新型单位申报工作，争取市级创新城市建设资金，将8家单位申报为市级创新型单位，获60万元市级资金支持。建设完成海港区科技信息网，及时为企业提供各类科技信息服务。举办海港区首届科技创新大赛。印制《科技创新政策选编》500册发放到全区各科技企业及相关单位，助力企业成为科技创新主体。

【科技立项工作】 全年组织申报科技项目59项，有36个项目被列入国家、省、市级科技项目，争取上级资金532万元。其中，秦皇岛鸿泰机械有限公司的“环冷机包容式机械密封系统”被列为2013年国家创新基金重点项目，争取资金110万元；

2013年海港区辖区内国家级科技计划项目情况一览表

表6-1

单位：万元

项目名称	承担单位	争取资金	计划类型
合计环冷机包容式机械密封系统	秦皇岛鸿泰机械有限公司	110	国家创新基金
半导体裸芯粒检测分选设备的研制	秦皇岛视听机械研究所	113	国家科技计划

2013年海港区辖区内省级科技计划项目情况一览表

表6-2

单位：万元

项目名称	类别	承担单位	争取资金
新型氮化钛铁包芯线制造技术	省科技计划	秦皇岛双轮环保科技有限公司	50
软稳高频高压静电除尘电源	省科技计划	秦皇岛市桑格电气控制设备有限公司	20

2013年海港区辖区科技进步奖一等奖情况一览表

表6-3

项目名称	完成单位	主要完成人
日熔化量1000吨浮法玻璃生产线重大成套节能技术及装备研发	秦皇岛玻璃工业研究设计院	陈双七 刘成雄 杨 健 刘志付 何 威 李艳云 王 健 周经培 张志平 邱淑华

2013年海港区辖区科技进步奖二等奖情况一览表

表6-4

项目名称	完成单位	主要完成人
钢制管件三PE防腐技术	秦皇岛市燃气总公司	邱晓辉 孙 清 卜永红 高 卓 肖艳美 郝连国 刘东坡 张青华 张 凯 李秋义
盐酸氮卓斯汀鼻喷联合激素治疗哮喘的临床观察	秦皇岛市海港医院	刘 颖 李丽君 张桂茹 刘月侠 祖树春 吕 鸿 王焕辉 王会雪

2013年海港区辖区科技进步奖三等奖情况一览表

表6-5

项目名称	完成单位	主要完成人
食品、药品中合成着色剂、甜味剂、防腐剂检测方法的优化研究	秦皇岛市食品药品检验中心,秦皇岛市产品质量监督检验所	李志芬 刘锐萍 王 峰 刘 浩 张克义 杨 帛 朱 娜
前列地尔对冠脉支架植入术患者围术期C反应蛋白及疗效的研究	海港医院	毛利荣 马 涛 张立新 房体静 张瑞峰 曹信杰 文 军 高海明 稽 诚 田立国
血清尿酸水平与急性脑卒中关系的研究	海港医院,秦皇岛市第三医院	杨文军 王丽杰 陈婉秋 石小晶 王 帅 曹信杰 段宏军 李秀炜 张春荣 李霜梅
CT、MRI在诊断强直性脊柱炎骶髂关节、髋关节病变中的临床应用	海港医院	王焕辉 陈育霞 李 凯 张春荣 常丽艳 刘晶春 李丽君 刘 刚 荣博英
头孢拉定聚合物检验方法的研究	秦皇岛市食品药品检验中心	韩秀梅 祖述春 李桂新 余捷文 沈文莉 李向春 王 莉 赵晓妍 周凤盈 盛秀红
膳食因素及代谢综合征各要素与高尿酸血症关系的研究	秦皇岛市食品化妆品稽查支队	祖东云 刘兰吉 李红梅 周文龙 孙庆君 张海滨 张颖辉 杨少玲
脊柱转移瘤外科治疗的临床疗效	海港医院	王建庭 赵云刚 韩 军 王永慧 郭艳红 曹信杰 王宝奎 李绍林

秦皇岛视听机械研究所的“半导体裸芯粒检测分选设备的研制”项目被列入国家科技计划项目，争取资金113万元。有14个项目被列为区级科技计划项目，科技局拨付区级科技经费200万元进行扶持。注重加强项目后期管理，对已经实施完成的项目，组织项目单位进行结题验收和科技进步奖的申报工作，有10项科技成果获2013年市科技进步奖。

【科技惠民工作】 开展农村太阳能路灯照明民心工程，在5个镇25个村安装太阳能路灯317盏。加强连峪山庄项目建设，安装太阳能景观亭、充电站、LED电子显示屏和太阳能景观灯、太阳能路灯100多盏。加强海港区农业科技示范园建设，依托河北科技师范学院技术优势，通过试验试种新特蔬菜品种，研发自有品牌无土栽培等现代农业技术，提高全区农业科技含量。加强科技特派员工作，选派29名科技特派员，深入特色农业村、农业示范园和标准化养殖小区，实现科技与农业的零距离服务。

【防震减灾工作】 加强震防基础设施建设，在17个地震应急避难场所安装避震应急疏散示意图和临时避震应急点指示牌。制订地震应急物资储备方案，购置高压起重支撑气垫、千斤顶、应急包等地震救援基础设备。加强社区震防工作，向市科技局申请资金15万元，在文博城建设海港区首家社区地震科普展馆；在红卫里等5个社区安装避震应急疏散示意图，设立小区临时避震应急点，制作避震应急知识长廊。加强不同层面的地震应急演练，组织12个地震应急救援组及交建里小学、燕山大街办事处等单位开展地震应急演练。举办地震知识培训班2期。制做《地震知识科教片》，制发《防震减灾知识手册》1万册和《防震减灾知识宣传单》3万张，在全区普及防震应急知识。

（郭继红）

卫生事业

【概况】 2013年，全区卫生工作着眼于经济发展大局，致力于维护群众的身体健康和医疗卫生保障，以建强公立医院、优化公共卫生、完善基层卫生、促进全民健康、强化人才科技、提升卫生文化等6项工作为重点，充分发挥医疗卫生工作对改善民生、推动经济社会全面协调可持续发展的重要作用。文化路社区卫生服务中心被评为省级社区卫生服务中心。

【卫生医疗机构及人员】 区辖医疗机构总数605个，其中：综合医院1个、社区卫生服务中心10个、社区卫生服务站72个、乡镇卫生院5个、村卫生室92个、诊所425个。下属医疗和预防保健机构14个，其中：综合医疗单位1个（海港医院）、疾病预防控制中心1个、卫生执法监督所1个、妇幼保健站1个、农村合作医疗管理中心1个、社区卫生服务管理中心1个、农村卫生院5个（海阳镇中心卫生院、海港镇卫生院、东港镇卫生院、西港镇卫生院、北港镇卫生院），社区卫生服务中心3个（北环路卫生服务中心、东环路卫生服务中心、西港路卫生服务中心）。设病床编制数665张。有职工2277人，卫生技术人员2003人。

【医药卫生体制改革】 基础设施建设高标准实施。投入210万元，为燕山大街社区卫生服务中心添置设备。投入786.86万元，对36家村卫生室进行新建及设备购置，村卫生室面积均达到102平方米以上，超出省卫生厅规定的2倍多，村卫生室的高标准建设模式在省厅被树为典型。创新社区卫生举办模式，西港路社区卫生服务中心由区妇幼保健站承办。新农合保障面大幅提高，通过“四提高、两增加”（参合人数提高、报销比例提高、筹资标准提高、住院患者最高补助提高、增加重大疾病报销种类、增加慢性病报销人数）让参合群众得到更多实惠。全年享受新农合住院及门诊补偿5.57万人次，补偿金额2818万元。基本药物制度全面实施，由政府举办的8家基层医疗机构平均药品价格下降约30%，患者门诊、住院医疗费用分别降低30%和40%，群众的医药负担大幅减轻。

【医疗质量管理】 医疗服务保障有力。完成环圆明山省级自行车赛、国际女子拳击赛等重大活动的医疗服务保障，派出医疗保障人员85人次，车辆保障25辆次，投入药品约1.5万元。加强医疗质量管理。继续推行医疗责任保险工作，全年统保75万元。对68家社区卫生服务机构和5家镇卫生院的公卫资金实行财务建账管理，确保公卫资金的专款专用。对全区医疗环境市场开展全覆盖大密度的监督管理，检查医疗机构481家，立案处罚47家，整改69家，取缔无证18家，无证行医案件查处率100%。加强人才队伍建设。海港医院引进具有研究生学历的特殊岗位人才12人，基层医疗机构引进具有副高级职称人员2人、面向社会招聘医务人员16人。组织全科医护培训162人次，为全区132名乡村医生开设视频教学授课，不断提高基层人才队伍素质。海港医院加强科研创新能力建设，开展新技术项目27项，申报省级科研立项3项，申报市级科研立项18项。

【传染病防控工作】 全年报法定传染病2840例，其中，乙类传染病1373例，丙类传染病1467例。手足口病798例。全年无传染病的暴发和流行，均为散发。狠抓人感染H7N9禽流感等重点传染病防治工作。4月，其他省市发现人感染H7N9禽流感疫情后，全区紧急部署，采取制订应急预案、加强疫情监测、完善医疗救治等系列应急措施，组织防控演练1次，开展防控培训5次，发放宣传资料2万多份。加强艾滋病防治工作。加大对足疗、洗浴等娱乐场所重点人群高危行为干预，加大宣传教育和自愿检测力度，全年检测1162人，阳性4人。对56名感染者及病人定期进行随访和发放药物。加强对结核病人管理，定期对病人进行追踪调查，确保对结核病人防治工作的及时跟进和对病人病情发展的全面掌握，全年确诊结核病例363例。首次开展适龄儿童口腔疾病综合干预项目，对2000名适龄儿童实施免费窝沟封闭，有效遏制和预防儿童口腔疾病的发生。

【卫生执法监督】 全面清理卫生行政许可项目。全区有许可项目10项，全部纳入区政务中心办理，全年受理1780份，发放许可1780份，做到严格审查、严格发证、程序合法、依法行政。加大卫生执法监督检查力度，检查公共场所卫生2600家次，供水单位53家，涉及饮用水单位18家，放射诊疗机构12家，对81所大中小学校及91所托幼园所的卫生进行监督检查。开展对辖区13家餐消企业的专项治理，完善餐饮具集中消毒单位卫生监督档案，确保餐饮用具的卫生安全。

【妇幼保健】 全年孕产妇保健管理1.08万人，出生活产数1.1万人，孕产妇保健覆盖率91%，高危孕产妇管理率、住院分娩率100%，无孕产妇死亡。开展儿童保健，5岁以下儿童保健管理6.55万人，管理率60.5%，新生儿疾病筛查1.06万人，同比增长15%，无新生儿破伤风病例发生。

【爱国卫生】 开展春秋季灭鼠及夏季灭蚊蝇活动。对全区的绿化地带、拆迁空地、33座垃圾转运站等80万平方米无主空地及100万平方米居民区投放鼠药12吨，灭蚊蝇消杀面积100多万平方米，喷洒药物760公斤，城区鼠密度保持在0.4%，同比下降0.6%。推进城乡环境综合整治工作，制订《美丽港城，从我做起爱国卫生运动方案》，组织辖区300多家企事业单位，8000多人参加环境整治活动，清理垃圾150吨，铲除小广告5000多条。规划指导东、西连峪村260户村民的改厕工作，新厕所贮粪池为全密闭，基本上能达到无蝇、无臭，粪便能够达到及时无害化处理。率先在全区开展禁烟控烟工作，免费发放禁烟标牌300个、宣传册2000多份，直接受益群众2万多人，群众的自我保健意识得到提高。

【医疗惠民】 开展送药下乡活动，组织医疗单位专家120人次到儿童福利院、老年活动中心、海阳大集、人民广场、柳村等地开展送医下乡及义诊活动12次，开展健康知识大讲堂5次，受益群众7500人次，发放健康宣传资料1.2万多份，免费发放药品3.5万元。海港医院实施惠民工程，对全区重点优抚对象实行“四优先”和费用减免，对城乡低保居民、五保户患者就医实行“一免三减”，对急重症患者实行先抢救、后付费。全年接诊低保患者193人次，减免费用10多万元；接诊优抚患者38人次，减免费用4292.14元；对25名急重症患者实行先抢救、后付费举措，为“三无”人员垫付医疗费用8925.83元。

【海港医院】 有在职职工 810 人，其中，正高级职称 39 人，副高级职称 105 人，中级职称 185 人。开放床位 600 张，设有内、外、妇、儿、骨、肿瘤等病区 21 个，一级科室 23 个，专科专病门诊 30 多个。年门诊量 44 万人次，业务总收入 2.83 亿元，同比增长 11%。开展新技术项目 27 项。申报省级科研立项 3 项；市级科研立项 18 项，已批准立项 15 项；获市科技进步二等奖 1 项、三等奖 4 项。在国家级核心医学期刊公开发表论文 40 篇。完善信息化管理工作。在临床科室安装合理用药监测系统，在 CT 室、核磁室、B 超室、放射科、口腔科分别安装自助排队分诊叫号系统，在检验科安装检验报告自助打印系统，在体检中心安装体检报告管理软件。各系统软件的投入使用，方便患者就诊和医院相关工作的开展。成立患者回访中心，对出院患者进行回访，征求患者意见建议，全年对 3342 名住院患者进行电话回访，收集意见和建议 1826 条，经过梳理归纳，认真加以整改，提高医院整体服务水平，患者满意度不断提升。全年收到患者表扬信 108 封、锦旗 62 面、医务人员拒收并主动上缴红包 12 人次、共计 1 万元。

（焦玉庆）

人口和计划生育

【概况】 2013 年，全区人口和计划生育工作以“稳定低生育水平、提高出生人口素质、统筹解决人口问题”为主线，强化基层基础，拓展服务领域，创新工作机制，全年工作取得新的成果。全年全区出生人口 6187 人，出生政策符合率 96.47%，比市下达责任目标高 4.47 个百分点；人口出生率 10.68‰；人口自然增长率 5.87‰；出生人口性别比 109。为全区 120 多名流管员配发 E 通信息平台终端设备，方便基层工作人员采集、分析和反馈流动人口数据信息。建立自上而下、自下而上的双向循环数据交流机制，提高全区数据信息的准确率和及时率。

【落实人口计生责任】 区委、区政府始终将人口计生工作摆在重要位置。区党代会和《政府工作报告》分别对人口计生工作做出重要部署。在区委、区政府制订的《2013 年民生工程实施方案》《2013 年主要工作目标责任分解》中，将人口计生工作列为重要内容。召开全区人口计生工作大会，对考核优秀镇、园区、街道进行表彰并发放奖金 17 万元。与各单位签订目标责任书，作为领导班子综合考评指标，实行“一票否决”。落实计划生育初审制度，对提拔的 23 名科级干部、9 名转任领导职务干部和参选“秦皇岛市优秀中国特色社会主义事业建设者”的 26 名非公企业人士进行计划生育初审，否决 3 人。在社区按管理人口数量配齐计生干部和流动人口计生协管员。对村组计生工作人员实行准职业化管理，实施职业化培训、绩效化考评、动态化管理等系列激励约束机制。全区 119 名村计生专干全部参加人口学专业中专函授学历教育。强化资金投入，全区计生经费增长幅度连年高于财政增长幅度。区财政安排预算 2795 万元；安排奖励救助、免费孕前优生健康检查等配套经费 437 万元。各镇、园区、街道自筹经费 81 万元。

【稳定低生育水平】 宣传教育常态化，全年新建人口文化广场 3 个，村级人口文化大院 13 个，向群众发放婚育新风宣传品 30 多万册（份），在各类报刊发表人口计生新闻稿件 47 篇。孕前管理不放松，探索“分类管理，主动融入”工作模式，全区季服务 40 万人次，服务率 96%。建立长效避孕节育措施奖励制度，发放奖金 16.8 万元。全区应落实长效措施 2503 人，已落实 2183 人，长效率 87%。

【依法管理】 以推进再生育审批“公开化、程序化、便民化”为抓手，严把申报、审核、审批、公示关，全年办理一胎生育登记卡 4983 个，二胎生育证 568 个。加强与公安、法院等部门的配合，做好社会抚养费征收工作。全区查出违法生育案件 220 件，征收社会抚养费 209 万元，对 2 名党员干部进行查处，开除党籍和公职 1 人，留党察看 1 人。对 1 名村支部书记进行责任追究，给予党内警告处分，并否决村优秀党支部的评选资格。

【奖励优惠】 切实兑现各种计生奖励优惠政策，全区发放奖励扶助金、特别扶助金 280 万元，直接受益 2599 人，奖扶特扶对象合格率 100%。加强对失独家庭的关怀关爱，累计拨付救助公益金 237.9 万元，救助独生子女死亡家庭父母 210 户和独生子女伤残家庭父母 145 户，救助率 100%。为计划生育贫困家庭办理意外伤害保险 200 份。

【拓展服务领域】 拓宽生殖健康检查免费服务项目和目标人群，为城市无业和流动人口已婚育龄妇女提供免费检查服务 6.3 万人，查出妇科疾病 4960 例。开展青春健康教育活动，燕山大学里仁学院创立心理健康教育工作模式，受到学生欢迎。全省青春健康教育现场会在海港区召开，社会效果良好，海港区的经验做法被全省推广。

【"三大"工程】 民生保障工程。开展免费孕前优生健康检查，全年组织宣传活动 45 场，下镇村、进社区集中检查 24 次，发放明白纸近万张，70% 的目标人群主动报名参加检查，超额完成全年工作任务。建党强基工程。在深化加强基层建设年活动中，做好所包 1 个村和 2 个社区的帮扶工作，走访家庭 385 户和计划生育贫困家庭 32 户，征集群众述求 30 多条，拨付帮扶金 1 万元。开展"树讲聚促"大讨论活动，制订《"树讲聚促"大讨论活动实施方案》，召开各层面座谈会、征询会 30 多次，向市人口计生委和各镇、街道、园区发出征求意见函 20 多封，发放和回收征求意见表 500 多份，征集合理化建议 11 条。平安港城工程。落实信访工作领导责任制，制订暑期应急预案，注重对失独家庭信访信息的筛选排查，加大对重点人群在重大会议和暑期期间的防控力度，推进社会管理综合治理工作。全年无政治案件、无刑事案件、无火灾事故、无安全生产责任事故、无矛盾纠纷和上访事件发生。

（崔　涛）

文化艺术事业

【概况】 2013 年，全区文化艺术工作以国家首批公共文化服务体系示范区创建工作为载体，实现全区公共文化事业跨越发展。以服务暑期为重点，强化市场监管，搞好综治维稳工作；以党风廉政建设和文明机关创建为抓手，抓班子、带队伍，搞好机关建设。被评为全省文化市场管理先进集体、先进基层文化管理执法机构、"扫黄打非"工作先进集体、第二届京津冀龙舟邀请赛优秀组织单位、区先进基层党组织等。

【国家级公共文化服务体系示范区创建】 9 月，顺利通过国家级验收，得到省、市领导和相关部门肯定和赞扬。公共文化基础设施建设。形成区、镇街、村（社区）三级公共文化服务体系。区文体中心主体完工，正进行内外装修；以综合文化站为代表的乡镇级公共文化服务设施初具规模；以文化活动室为代表的村（社区）级公共文化服务设施得到普及。全区镇、街新增和改造升级公共文化设施 2.08 万平方米，总面积 6.55 万平方米。公共文化服务投入保障。形成完善的公共文化服务投入保障机制。建立健全相应组织机构，制订中长期发展规划，建立相应的工作机制，强化投入保障机制。2011 ～ 2013 年，区财政投入资金 6000 多万元，各镇街投入 1500 多万元。投入 450 多万元配发文化器材，投入 11.8 万元配发图书。镇街自行购置价值 100 多万元的器材和图书。接受社会捐赠器材价值 20.6 万元、图书价值 2.2 万元。公共文化服务队伍建设。建立以区文化馆和专业文艺团体的专业人才为核心、镇街文化管理人员为支撑、村（社区）文化骨干为纽带、群众广泛参与的文化队伍。建立区级文化人才动态数据库。建成群众艺术基地 19 个，形成全区群众文化活动辅导指导网络，委派文化馆专业老师加强对基层文化骨干的指导和辅导。全年组织文化艺术类培训 520 多人次，培训群众文化骨干 3500 多人。全区共有文艺团体 428 个，特色文化明星 400 多人，文艺活动积极分子 5500 多人，文艺队伍人数达到近万人。文化服务供给。形成品牌带动、面向群众、全民参与的良好局面。打造彩色周末等海港区传统核心文化品牌，打造"城乡文艺互动互访""元宵节民俗庙会"等新的文化产品。开展形式多样的群众文化活动，举办区团拜会暨春节联欢会，"百姓大舞台""阳光八送"专场演出等丰富多彩的系列文化活动 20 多场。加强文化艺术创作，推出群众喜闻乐见的、高水平的文化艺术作品，由文化馆业务教师创编、指导的舞蹈、歌曲多次在省级比赛中获奖。文化资源共享工程、农村书屋等配套项目形成体系、形成规模。区级文化信息资源共享支中心建成并对外开放，80% 的村居配备信息资源共享设备，建立信息资源共享基层服务点，文化信息资源共享工程形成体系。全区农家书屋实现全覆盖。155 个村、社区图书室具备建设公共电子阅览室条件。

【文化遗产保护】 启动连峪山庄内北朝长城遗迹清理工作。开展可移动文物普查工作，搜集相关文物信息 70 多条，可移动文物 100 多件，其中包括书籍、标本、工具、照片等具有历史价值的藏品。在第三次全国文物普查中，发现一批遗址类文物，即阎王洞、太子坟、影壁、北朝长城遗址，填补全区文物历史空白。做好非物质文化遗产保护工作，德庆堂沙土画制做技艺被评为第三批市级非物质文化遗产保护项目。完成烙画等区级第三批非物质文化遗产项目代表性传承人的申报；摸查、挖掘有海港区地区特色和传承历史的文化项目，发现王氏华针等项目，丰富全区非物质文化遗产档案资料数据库。

【文化市场管理】 深化行政审批制度改革，优化、简化审批程序，为群众提供最佳服务。受理、审核、审批各类事项 69 件，所有符合规定的审批项目，全部按时或提前办结，全年无投诉事件发生，群众满意率 100%。以专项治理行动为着力点，把市场监管工作落到实处。开展“扫黄打非”“打非治违”“清源、净网、秋风”等 3 项大行动和安全生产专项治理等集中整治行动 12 项，对各类场所检查 1200 多家次，立案 4 件，结案 4 件，取缔无证摊点 10 处。推动全区政府部门软件正版化工作，协调财政采购预算资金 300 万元，采购正版操作系统 1000 套，重要岗位外联部门办公软件 200 套，普通岗位办公软件 1500 套，全部安装完毕。

（文智博）

体育事业

【概况】 全区体育工作始终坚持为经济建设和社会发展服务的方针，坚持普及与提高相结合，抓基层、打基础，在全民健身活动开展上有新局面，在业余训练发展上有新突破，在基础体育设施建设上有新拓展，努力实现群众体育与竞技体育的协调发展和互相促进，保持持续、稳定、健康发展的良好态势。

【社会体育】 群众体育活动。组织区羽毛球比赛、全民健身舞大展示活动等体育赛事 18 项。指导、组织和协助镇街、机关单位开展运动会等职工体育活动。竞技体育项目。选调 600 多名优秀运动员组成代表队，参加秦皇岛市第六届运动会。参加 46 项比赛，获奖牌 300 多块，以 90 块金牌高居青少年组金牌总数和总分两项第一名。承办赛事。连续 4 年承办秦皇岛市大众体育项目创纪录大赛，精心的组织、公正的裁决，得到上级领导认可。品牌项目。组织的龙舟赛项目，得到省、市体育局肯定，引起国家体育总局关注。

【老年体育】 对 5 个镇、10 个街道老年人体育工作情况进行检查，继续推进行政村成立老年人体育协会和联合会的试点工作。组队参加市运动会老年门球比赛，举办海港区老年门球比赛和乒乓球比赛，参赛运动员 1600 多人。

【学校体育】 坚持普及与提高相结合、课堂与课外相结合的原则，全面贯彻“国家体育锻炼标准”。在安排全年竞赛活动中，首先保证学校竞赛项目，丰富学校体育活动。对全区 18 所体育传统项目学校进行检查评估。

【体育基础设施建设】 全区建设体育开放广场 4 个、修建文化广场及文体中心 64 个，国家级全民户外健身基地 2 个、健身示范苑 12 个、健身路径 315 条，健身角 385 个，篮球场、羽毛球场等健身场所 100 多个，体育设施总面积达到 30 万平方米。有各级各类社会体育指导员 780 多人，体育骨干 370 人，各类体育队伍 150 多支，常年参加体育锻炼和活动的体育人口近 30 万人。全年对社会体育指导员、体育活动骨干开展培训 140 次，参训人员 2100 人。

（文智博）

镇

ZHEN

ZHEN

海港镇

【概况】 海港镇辖16个村（居），其中转城村15个，农业村1个。总面积15平方千米，耕地面积90.27公顷，总户数5595户，常住人口1.18万人，流动人口2万人。2013年，实现经济总收入41.5亿元，同比增长10%；总产值38.1亿元，同比增长10%；利润9504万元，同比增长8%；税金8756万元，同比增长8.1%；增加值9.46亿元，同比增长10%；规模以上工业企业完成总产值1.58亿元，同比下降24.8%；完成固定资产投资20.02亿元，完成全年目标任务的100.1%；引进内资4.61亿元，完成全年目标任务的177.3%；利用外资2724万美元，完成全年目标任务的136.2%；农民人均纯收入1.19万元，同比增长15%；城镇登记失业率3.4%；人口自然增长率2.59‰。

【镇域经济】 全年实施千万元以上项目8个，总投资额22亿元，完成目标任务的122%。其中在建、续建项目5个，分别是：世纪港湾商业广场项目、环岛花园项目、秦新·巴塞罗那项目、文化路地下商场项目、海港区市民服务中心项目。新开工项目3个，分别是：国瑞锦院项目，建筑面积9000平方米，总投资3.9亿元；东港花园保障住房项目，建筑面积1.4万平方米，总投资5.89亿元；圣庭商务酒店项目，总投资1100万元。旭日家居二期、清泽市场、大润发商业广场等7个过亿元项目正在洽谈。借助海港镇民营企业家协会平台，全力扶持民营企业发展，全镇民营经济发展势头良好，骨干民营企业达到42家，产值利税全镇占比超过95%。

【城镇建设】 完成邹吕庄村、东王岭村“城中村”第二期返迁房分配，喜迁新居236户。正式启动东李庄村村址征迁，签订交房协议610户，16.87万平方米，占总征收户数的85%，占拆迁总面积的73%。完成12个村（居）改造工作，以东王岭村、东盐务村为典型，开展精细化提升工程，加强物业管理，建立长效管护机制。未拆改的4个村，以东李庄村为典型，加快改造进度。继续推进“津秦客专”征地工作，东王岭村、东李庄村等2个最重要“节点”征迁任务完成，保证津秦客专按期开通。

【社会事业】 解决火车站站前广场改造拖欠范家店1.08亿元征迁补偿款问题；采取“先买断后入保”的办法妥善处理原乡企职工安置等历史遗留问题。全年争取“一事一议”财政奖补资金23.8万元，农资综合补贴5.92万元；开展医疗救助37人次、8.04万元，拨付救灾救济款5万元；办理新农保和城镇居民养老保险787人次，补办城中村居民养老保险157人次，开展职业技能培训4次，为8人申请小额贷款。落实计生奖励政策，全年落实独生子女父母奖励35.21万元。开展出生缺陷干预和免费生殖健康筛查4500人次，其中728人得到治疗。开展近岸海域环境综合治理工作，投入资金50万元，以大马坊河范家店段、新开河东李庄段和小汤河东支流土台子段为整治重点，清理河道1500延长米，关停非法排污企业6家，取缔小作坊15家，养殖场3家，污水直排状况明显改善。

【社会治安综合治理】 完善领导干部大接访制度，对各类信访隐患早发现、早报告、早处置，全年接待群众访69件次（其中重访46件），完成上级交办件13件，出具信访事项答复意见书1件，群众越级上访接待率100%，上访结案率95%，实现重大节日、敏感时期非正常访“零记录”。成立120人的治安联防志愿者队伍和30人的铁路护路员队伍，开展应急演练和常态巡查，与公安机关配合，开展“辅警”试点工作。严抓安全生产，成立检查组，对辖区内商场、餐饮、化工、加油站、建筑材料市场等重点场所进行拉网式实地检查，检查企业200家，整改问题191处。加强食品安全监管，全镇安全生产和食品安全实现零事故。

【党建工作】 以“城中村”片区支部建设和非公企业党建联创为突破口，发挥基层党组织的战斗堡垒作用和共产党员的先锋模范作用。12个完成改造的“城中村”全部建立片区党支部，广大党员按照所居楼栋设职定责，发挥作用。以瑞通公司党总支为标杆，在民企员工中开展“共产党员做模范、普通员工向我看”主题实践活动，实施

"星级管理、千分考核"机制，充分调动企业主和职工的主动性、积极性和创造性，实现"党企共建、双促双赢"的目的。印发《海港镇贯彻落实中央八项规定工作实施方案》，深入开展"庸懒散浮"自省、督查活动，对车辆管理、公务招待、机关作风执行更严格的管理制度，晚间车入库，中午禁饮酒，工作严纪律。

【精神文明】 坚持文化强镇目标，不断提升精神文明建设水平。以村（居）文化场所、党员服务中心为宣讲阵地，组织宣讲团，大力宣传中共十八大和孝贤、仁爱、诚信等传统道德文化，营造"讲文明、树新风、比贡献"的良好氛围。以海港镇农民艺术团为依托，积极创作，丰富演出。全年共举办"文化惠民，情暖港城"下乡演出25场，观众近万人。原创作品—新编历史评剧《情与法》，填补秦皇岛市反腐倡廉剧目空白。借助"旧改"契机，投资50万元，在东王岭建设450平方米的镇综合文化站，为更好地开展文化活动奠定基础。

【村（居）简介】 西盐务居民区　总户数642户，总人口1148人，农民人均纯收入1.2万元。

邵岭居民区　总户数110户，总人口225人，农民人均纯收入1.29万元。

东盐务居民区　总户数600户，总人口1726人，农民人均纯收入1.19万元。

前马坊居民区　总户数273户，总人口382人，农民人均纯收入1.19万元。

东王岭居民区　总户数607户，总人口1403人，耕地面积5.8公顷，农民人均纯收入1.2万元。

南李庄居民区　总户数89户，总人口101人，农民人均纯收入1.2万元。

兴隆村居民区　总户数72户，总人口82人，农民人均纯收入1.16万元。

百姓王庄居民区　总户数249户，总人口300人，农民人均纯收入1.19万元。

网匠庄居民区　总户数149户，总人口197人，农民人均纯收入1.21万元。

张庄居民区　总户数86户，总人口101人，农民人均纯收入1.25万元。

安子寺居民区　总户数151户，总人口180人，农民人均纯收入1.15万元。

李姓安庄居民区　总户数536户，总人口1054人，农民人均纯收入1.19万元。

邹吕庄居民区　总户数213人，总人口618人，农民人均纯收入1.19万元。

土台子居民区　总户数236户，总人口360人，农民人均纯收入1.25万元。

范家店居民区　总户数662户，总人口1340人，耕地面积22公顷，农民人均纯收入1.26万元。

东李庄村　总户数920户，总人口2560人，耕地面积62.47公顷，农民人均纯收入1.14万元。

【领导班子主要负责人】

党委书记：王洪泉

镇　　长：兰　鹏

人大主席：温长驰

（曹宏光）

东港镇

【概况】 东港镇辖12个行政村，总面积16.8平方千米，耕地面积517.07公顷，总户数5528户，总人口1.5万人。2013年，完成固定资产投资18.7亿元，同比增长23.4%；完成千万元以上重点项目建设投资19.6亿元，同比增长8%；引进内资3.2亿元，同比增长30%；农民人均纯收入1.03万元，同比增长10%。

【镇域经济】 推进重点项目13项（续建3项，新开工7项，拟开工项目2项，在谈项目1项），其中，渔业船舶修造基地项目围墙及龙门吊搭建完成，储运部分投入运营，正进行填海建码头工程；新型蒸压加气混凝土砌块项目取得备案证，土地证完成规划设计条件审批，正进行工程方案设计；煤炭商会大厦项目完成可研编制工作，取得规划设计条件，正办理土地组卷手续；泽运游艇制造及船舶配套项目取得土地使用权，正等待办理土地使用证；秦皇岛精神卫生中心迁建项目完成工程招标；中小企业园项目4栋标准厂房建设完成，进入运营阶段，五弦维爱生物科技有限公司进驻，其他意向入驻项目正在洽谈中。

【城镇建设】 以打造"东部新港城"为目标，拟定旧村改造"三步走"（南四村片区、徐庄富家营片区、中五村片区）实施方案。严格把握各项程序，完善前期手续办理工作，稳步推进实施。南四村旧改项目前期入户摸底、拆迁安置成本测算、占地面积107.4公顷的原村址转用等工作已完成，进入规划设计条件审批环节。富家营村、徐庄村联合旧改项目用地调规获市政府联审会批准，完成拆迁安置补偿方案制订并启动征拆工作。

【社会事业】 新增低保82户、140人，发放优抚款15.1万元。建成标准化农村卫生室7个，新农合参合率99%，医疗卫生体系日臻完善。人口计生工作健康发展，办理一胎登记卡120个，二胎生育证37个，纳入计生奖励扶助对象297人，奖扶金额28.4万元，为77名符合条件中、高考独生子女办理加分。强化环境整治工作，出动人员5000多人次，动用挖掘机、翻斗车等车辆8000多台次，清理排水沟1万延长米，各类垃圾12万立方米，关停小作坊5家。农村垃圾集运体系实现运行，设置集运点18处，配套垃圾运输车辆45辆；落实生产安全及食品安全监管，开展集中检查活动6次，检查企业52家，整改隐患65处，承办全市安全生产大检查活动现场会。

【社会治安综合治理】 全面加强矛盾纠纷排调和社会治安综合治理工作，建设"三位一体"调解体系，以人民群众满意为标准，畅通信访渠道，化解各类矛盾和问题。建立重点疑难案件党委集体研究讨论，书记亲自领办；遗留难点案件发挥退居二线老同志善于解难优势，重点解剖；一般案件由副书记牵头，综治、信访、司法联合接待处理；个别案件由主管领导分包，相关部门配合办理的工作机制。坚持用群众工作统揽信访工作，化解信访积案，重点难点信访案件得到妥善解决。

【党建工作】 开展"村村联建，结对互助"活动，结对村在村政建设、资金项目、党建管理等方面进行互助帮扶，落实星级管理、千分考核机制，对基层党组织和党员进行科学评价、双向激励，提升农村党员干部素质。深化基层建设年活动，加强与驻村工作组的联系与沟通，推进帮扶工作落实。把孙庄村作为重点帮扶对象，完成村西道路硬化、河道砌护及白云山庄塘坝修建工程，完善农民书屋和幸福院建设，深入开展村内环境卫生整治。开展廉政教育系列活动，以中心庄村为样板，打造廉政文化教育示范村。建立村级账务巡查、廉政谈话制度，学习落实中央政治局"八项规定"，严控"三公经费"支出。

【村简介】 卸粮口村　总户数454户，总人口1313人，耕地面积45.27公顷，农民人均纯收入9373元。

王庄村　总户数578户，总人口1654人，耕地面积63.27公顷，农民人均纯收入9665元。

东向河寨村　总户数864户，总人口2318人，耕地面积86.13公顷，农民人均纯收入9673元。

西向河寨村　总户数680户，总人口1744人，耕地面积35.2公顷，农民人均纯收入9651元。

上营村　总户数444户，总人口1104人，耕地面积58.2公顷，农民人均纯收入9506元。

龙家营村　总户数237户，总人口629人，耕地面积30.93公顷，农民人均纯收入8708元。

孙庄村　总户数338户，总人口934人，耕地面积26公顷，农民人均纯收入8933元。

中心庄村　总户数271户，总人口741人，耕地面积10.67公顷，农民人均纯收入9855元。

黄南村　总户数402户，总人口1052人，耕地面积45.07公顷，农民人均纯收入9855元。

黄北村　总户数454户，总人口1224人，耕地面积50.93公顷，农民人均纯收入9494元。

徐庄村　总户数507户，总人口1465人，耕地面积65.4公顷，农民人均纯收入9514元。

富家营村（已拆迁）　总户数299户，总人口848人，农民人均纯收入9844元。

【领导班子主要负责人】

党委书记：王　健（8月免）
　　　　　王维民（8月任）
镇　　长：王维民（8月免）
　　　　　张　鹏（10月任）
人大主席：郭　文

（纪　冉）

西港镇

【概况】 西港镇辖16个行政村，其中城市村3个，农业村13个。总面积29平方千米，耕地面积1200公顷，总人口2.2万人。2013年，引进内资3.7亿元，完成全年目标任务的142.3%；利用外资7725万美元，完成全年目标任务的386.3%；完成固定资产投资23.1亿元，完成全年目标任务的115.7%；完成重点项目投资24.2亿元，完成全年目标任务的142.4%。全镇各类企业65家，完成社会生产总值63.1亿元，同比增长14.6%。

【镇域经济】 全镇续建项目11个、拟开工项目7个、在谈项目3个，总体进展良好。续建项目有金梦海湾1号一期、远洋海世纪、海碧台、金梦海湾香格里拉五星级酒店等，总建筑面积1189.8万平方米，总投资291.3亿元；拟开工项目有兴龙香熙海、莲花岛旅游综合体、茂业城市综合体、下庄村旧改等7个，建筑面积419万平方米，总投资237亿元；在谈项目有金梦海湾大酒店、慕义寨村旧村改造及万华金融服务中心等3个，建筑面积125万平方米，总投资52.5亿元。充分利用和开发旅游资源，与大连投资方达成合作意向，进行“法云寺圣城”项目建设，该项目总投资33亿元，占地面积100公顷，是一个集佛教文化传承、休闲旅游观光、高端养生养老的国家级“九重阳”老年产业聚集示范基地项目。

坚持科技兴农，抓好粮食蔬菜种植。完成播种面积473.8公顷，其中粮食作物播种面积370.67公顷，油料作物播种面积88.8公顷，蔬菜播种面积14.33公顷，优质高产利用率达到95%以上。发放良种补贴7.34万元；玉米补贴面积486.63公顷，金额7.3万元；水稻补贴面积3.93公顷，金额885元；果品种植面积422.67公顷。推进畜牧养殖发展，做好动物疫病防控工作。有规模养鸡厂12个，养殖鸡7.6万只，猪存栏4214头，牛存栏114头，羊1059只。饲养貂、狐、貉、梅花鹿等特种动物2010只。

【城镇建设】 全镇16个行政村，有14个村陆续实施征收改造，征收面积235万平方米，完成征收面积172万平方米，返迁安置面积61万平方米。其中，倪庄村、杨道庄村、后道西村、西白塔岭村等4个村完成返迁；归提寨村85栋、42万平米返迁房建设基本完工；偏坡村、公富庄村返迁房建设主体完工；前道西村、山东堡村、南大寺村、新店子村、下庄村等5个村涉征1730户，征收面积47万平方米。慕义寨村、东白塔岭村征收工作正在推进。

【社会事业】 落实计划生育政策，免费为已婚育龄妇女进行生殖健康检查3600人。开展新型农村合作医疗，参合人数1.79万人，参合率达97.4%。开展城乡低保工作，动态保障541户、996人，做到应保尽保。为受灾群众发放救灾米、面、油2.5万公斤，为特困户发放医疗小票1.62万元。做好一事一议财政奖补工作，发放粮食直补和综合补助50.8万元，良种补贴7.4万元，退耕还林补贴4.2万元。以大乐安寨村、小乐安寨村、慕义寨村为重点，粉刷墙面2200平方米、硬化道路800延长米，村容村貌改观，人居生活条件得到改善。开展“绿色庭院”建设，发放各类树苗3000多株，新增绿化面积3000平方米。加强近岸海域环境整治，严格监管镇域内沿河企业8家，取缔、关停企业2家，杜绝偷排、复产、偷产现象。

【社会治安综合治理】 开展安全生产大检查活动，对全镇46家企业进行安全生产检查，查出隐患54项，全部在规定期限内整改完毕，未发生一起安全生产事故。平安建设创建亮点频现。归提寨村创建治安巡防110，无论发生偷盗、打架斗殴等大事，还是村民家中水、电等小事，只需拨打8599110，治安巡防队员5分钟之内到场处置，稳定社会秩序，方便群众生活，受到群众的拥护。加强安防硬件建设，倪庄村投资35万元在全村重点部位安装摄像头28个，全年未发生一起刑事案件。信访稳定工作成绩显著，全年接待群众来信来访180人次，化解矛盾纠纷21件，解决陈年积案2件，未发生进京赴省上访事件。创造和谐拆迁的“归提寨模式”得到省委常委、政法委书记张越的高度肯定，被省委《呈阅件》及《河北信息》采用，并转报至中央办公厅。

【党建工作】深化加强基层建设年活动，镇包村领导主动与驻村干部对接，落实“一岗双责”制度，抓好省级重点村大乐安寨村的帮扶工作，投资80多万元，完成出村道路建设、文化广场建设和西沟塘坝维修等工程。成立西港镇片区党支部，解决部分转入党员落实组织关系问题。优化党员队伍结构，发展预备党员16人，预备党员转为正式党员52人。强化非公有制企业党建工作，选派优秀大学生村官到企业担任党建辅导员，帮助企业完善各项制度，组织党员活动4次。

【精神文明】围绕新农村建设、和谐征收、“双六”工程、项目建设等中心工作，开展宣传活动，上报各级各类新闻或信息稿件230多条，推荐先进典型人物13人，全方面展示农村新面貌。发挥“善行讲习所”“道德讲堂”平台作用，举办善行讲习活动36场。开展“十星级文明户”“八好镇民”“文明生态户”评选创建活动，共评比出七星级以上文明户5824户、八好镇民125人、文明生态户4744户，提高群众的文明程度和综合素质，树立良好的社会风气。在镇文化站的指导下，充分发挥20多支文体队伍作用，举办“中国梦·我的梦”专场文艺演出、彩色周末等10多场演出活动，丰富村民的业余文化生活。

【村简介】大乐安寨村　总户数454户，总人口1187人，耕地面积115.27公顷，农民人均纯收入1.06万元。

东白塔岭村　总户数1047户，总人口2421人，农民人均纯收入1.44万元。

公富庄村　总户数684户，总人口1741人，耕地面积246.67公顷，农民人均纯收入1.01万元。

归提寨村　总户数1325户，总人口3045人，耕地面积87.93公顷，农民人均纯收入3.47万元。

后道西村　总户数241户，总人口567人，农民人均纯收入1.06万元。

慕义寨村　总户数1132户，总人口3048人，耕地面积233.4公顷，农民人均纯收入8582.02元。

南大寺村　总户数337户，总人口858人，耕地面积53.33公顷，农民人均纯收入9946.4元。

倪庄村　总户数250户，总人口599人，农民人均纯收入1.62万元。

偏坡村　总户数349户，总人口815人，农民人均纯收入2.61万元。

前道西村　总户数386户，总人口863人，农民人均纯收入1.03万元。

山东堡村　总户数413户，总人口919人，农民人均纯收入1.23万元。

西白塔岭村　总户数1024户，总人口2615人，农民人均纯收入1.44万元。

下庄村　总户数413户，总人口1006人，耕地面积53.33公顷，农民人均纯收入9303.28元。

小乐安寨村　总户数167户，总人口439人，耕地面积41公顷，农民人均纯收入7241.46元。

新店子村　总户数586户，总人口1437人，耕地面积91.87公顷，农民人均纯收入1.08万元。

杨道庄村　总户数180户，总人口496人，耕地面积6.27公顷，农民人均纯收入1.97万元。

【领导班子主要负责人】
党委书记：石建军
镇　　长：孙　贺
人大主席：侯中文

（徐国栋）

北港镇

【概况】北港镇辖32个行政村，总面积54.42平方千米，耕地面积1800公顷。总户数5500户，总人口1.78万人。2013年，实现农村经济总收入10.48亿元，增加值8650万元。农民人均纯收入7932元。全年上报项目19个，总投资16亿元；千万元以上重点项目17个，完成投资15.77亿元，完成全年目标任务的121%；引进内资2.6亿元，利用外资2000万美元，完成全年目标任务的100%。

【镇域经济】推进农业结构优化调整，整合使用各类涉农资金，加强农田水利等农业基础设施建设，大力实施“一村一品”。连峪山庄的千亩采摘园已经具备接待条件，薰衣草园完成种植1.33公顷；刘家沟村蓝莓种植基地、长桥岭村大樱桃种植基地、以新华村和暴庄村为中心的无公害蔬菜种植基地、高岭沟村玉米良种高产试验基地均发展势头良好；南王庄现代化养猪场、刘家河金牧种鸡场、魏家沟欣兴奶牛场及拦马庄小尾寒羊养殖专业村均步入规模化良性发展轨道。实施水利惠民工程，着力增加农民收入。全年完成水利建设 138 项，总投资 4506.35 万元，受益群众近 1.5 万人，农民人均增收 865 元。北港镇被评为水利先进基础镇。姚周寨工业园在园区建设中注重用活“资源优势”“环境优化”两张牌，念好“服务经”，实施全方位招商引资，镇域经济总量不断扩大，园区有各类工业企业 80 多家，吸纳农村劳动力近 3000 人。加强连峪山庄旅游基础设施建设，完成总长 1700 延长米的连峪山庄山顶停车场至北朝长城绿道；完成游客服务中心、山顶驿站、山顶绿道等基础设施建设。连峪山庄于 9 月 15 日正式开园营业。

【城镇建设】 开展农村面貌改造提升行动，实施“四清四化”环境治理工程，对连峪河及村内生活污水实施净化处理工程，安装太阳能路灯 100 盏，新建桥梁 3 座，路面硬化面积 5500 平方米，铺设透水砖面积 2.6 万平方米；栽植经济林面积 66.67 公顷；坡屋顶改造 140 户，安装建成 3 座生态环保公厕，改厕完成 134 户；配套购置垃圾桶 260 个，垃圾箱 60 个。以省级“新农村”示范村东连峪村、西连峪村为标准，出动人力 2000 多人次，挖掘机等机械车辆 2400 台次，对 32 个村域内河道全部清理，修整残垣断壁 5000 延长米，粉刷墙壁 1.8 万延长米，彩绘文化墙面积 5200 平方米，清理垃圾 16 万立方米，清理垃圾杂草 6 万立方米，栽植绿化苗木 2 万多株。

【社会事业】 坚持转变政府职能与促进民计民生相结合，以人为本，社会事业全面进步。政务服务中心实行“一站式”办公，实施“一条龙”工作运行机制，为群众提供快捷、高效服务。惠民政策全面落实，按时足额发放财政补贴农民资金 586.52 万元。做好农村合作医疗工作，正常参合率 98% 以上，低保户参合率 100%。做好农村低保扩面工作，新增农村低保户 260 户、499 人。继续稳定低生育水平，人口出生率 11.91‰，出生政策符合率 96.14%。

【社会治安综合治理】 加强安全生产教育和执法检查，对辖区内 97 家单位进行检查，共排查出隐患 145 起并整改完毕，组织安全生产演练 2 次，及时彻底消除安全隐患。加强动物疫病防治工作，防疫和消毒灭源率均达到 100%，确保全镇畜牧业健康发展。做好秋冬防火工作，将圆明山和连峪山作为防火工作重点，成立专业防火队伍，做到 24 小时蹲守和巡查，确保全镇平安度过防火“高风险期”。严格落实“一岗双责”、领导干部接访和信访包案工作机制，实行科级领导信访接待日制度，对排查出的 19 件信访案件积极进行化解和稳控。

【党建工作】 加强基层组织建设，对徐庄村、西连峪村等 7 个党支部不健全的村进行选举，对陈庄村等 3 个支部建设存在问题的村进行整改。出台《党委议事规则》《包村干部工作职责及责任追究办法》《信访工作规程》《农村党员干部“十要十不准“行为规范》等 4 个文件，建立健全各项工作制度，突出抓好镇村党员干部队伍管理，大力推进依法治镇、依法治村。扎实推进基层建设年活动，把服务发展、服务稳定、服务民生、服务群众作为基层建设年活动的主要内容，各驻村工作组积极帮助基层解决问题，实施饮水安全、道路建设、文化卫生等帮扶项目 30 多个。刘家河、石科子两个村重点帮扶项目全部完工。

【精神文明】 抓好文明生态村创建，为列入市级典型示范和二次创建的刘家河村、李新庄村等 5 个村积极争取帮扶资金，动员村民合力创建，村庄环境明显提升；广泛开展“十星级文明农户”“八好镇民”“平民偶像”评选活动，促进村民素质、人文风貌的提升。强化农村文化阵地建设，举办各类讲座 20 余次，覆盖群众 2000 余人；抓好公共文化设施建设，为各村配送图书 4000 多册，为 17 个村配备投影仪等电教设备，满足村民的文化需求。扶持各村文艺队伍建设，举办彩色周末文艺演出、刘家河广场舞联谊晚会、连峪山庄文艺汇演等活动，全镇文化活动蓬勃兴起。开展学习靖红利精神的宣传教育活动，组织靖红利事迹报告团，在省、市及各县区进行巡回宣讲，引起较好的社会反响。

【聚集区建设】 1月5日，省政府同意设立海港区圆明山文化旅游产业聚集区。北港镇把基础设施建设和文化旅游项目建设作为开发的重心，全面推进园区建设。道路基础设施建设全面推进，民族路北延伸工程建成通车，圆港路已完成立项，圆明大街一期工程正在加紧实施，圆峪路、海峪路等6条道路已建成通车；谋划圆明山片区近、远期市政配套设施建设工程，管网建设已完成初步方案。位于核心区总投资70亿元，规划占地面积约7平方公里的圆明山沙河生态文化旅游综合开发项目签订投资协议书，并成立项目指挥部；村民安置工程正式启动，街里村、小河村、河北村、张桥庄村等4个村进入实质性的房屋征收拆迁阶段。其他重点项目建设全面推进，圆明寺复建项目、圆明山森林公园项目建成并对外开放，龙泉国际养老中心项目、国际户外营地项目即将启动。

【村简介】 大旺庄村　总户数680户，总人口2028人，耕地面积186.2公顷，农民人均纯收入8500元。

小旺庄村　总户数460户，总人口1430人，耕地面积132.1公顷，农民人均纯收入7827元。

姚周寨村　总户数356户，总人口1146人，耕地面积130.8公顷，农民人均纯收入9265元。

北张庄村　总户数327户，总人口905人，耕地面积67.6公顷，农民人均纯收入8726元。

芽子山村　总户数340户，总人口1050人，耕地面积118公顷，农民人均纯收入7824元。

刘家河村　总户数168户，总人口620人，耕地面积79.67公顷，农民人均纯收入7692元。

徐庄村　总户数320户，总人口930人，耕地面积26.33公顷，农民人均纯收入7807元。

新华村　总户数165户，总人口510人，耕地面积39.93公顷，农民人均纯收入7546元。

太平寨村　总户数92户，总人口258人，耕地面积30公顷，农民人均纯收入7379元。

尹家沟村　总户数50户，总人口171人，耕地面积13.2公顷，农民人均纯收入7343元。

刘峪村　总户数121户，总人口433人，耕地面积50.47公顷，农民人均纯收入8091元。

闫庄村　总户数73户，总人口228人，耕地面积24.53公顷，农民人均纯收入7150元。

刘家沟村　总户数80户，总人口275人，耕地面积36.67公顷，农民人均纯收入7392元。

拦马庄村　总户数79户，总人口292人，耕地面积32.27公顷，农民人均纯收入7508元。

李新庄村　总户数68户，总人口260人，耕地面积30.47公顷，农民人均纯收入7434元。

陆庄村　总户数152户，总人口524人，耕地面积50.67公顷，农民人均纯收入7007元。

木砟峪村　总户数130户，总人口450人，耕地面积61公顷，农民人均纯收入6838元。

东连峪村　总户数102户，总人口316人，耕地面积40.27公顷，农民人均纯收入7750元。

西连峪村　总户数135户，总人口455人，耕地面积51.33公顷，农民人均纯收入6990元。

长桥岭村　总户数80户，总人口273人，耕地面积41.67公顷，农民人均纯收入7057元。

麻念庄村　总户数69户，总人口246人，耕地面积33公顷，农民人均纯收入7970元。

南王庄村　总户数62户，总人口262人，耕地面积32.33公顷，农民人均纯收入8110元。

魏家沟村　总户数81户，总人口320人，耕地面积29.13公顷，农民人均纯收入7993元。

河北村　总户数73户，总人口238人，耕地面积20.47公顷，农民人均纯收入7920元。

河东村　总户数145户，总人口520人，耕地面积50.13公顷，农民人均纯收入7553元。

街里村　总户数193户，总人口541人，耕地面积49.2公顷，农民人均纯收入8060元。

小河村　总户数135户，总人口475人，耕地面积51.73公顷，农民人均纯收入8107元。

张桥庄村　总户数145户，总人口509人，耕地面积51.53公顷，农民人均纯收入7999元。

陈庄村　总户数125户，总人口405人，耕地面积46.8公顷，农民人均纯收入7813元。

石科子村　总户数94户，总人口321人，耕地面积47公顷，农民人均纯收入7305元。

綦庄村　总户数250户，总人口869人，耕地面积95.53公顷，农民人均纯收入7096元。

高岭沟村　总户数150户，总人口520人，耕地面积54.6公顷，农民人均纯收入6814元。

【领导班子主要负责人】

党委书记：郝冀伟（8月免）
　　　　　李秋来（8月任）
镇　　长：郭宪彬
人大主席：李贵林

（陈艳芝）

海阳镇

【概况】 海阳镇辖17个行政村，总面积25.4平方千米，耕地面积1106.7公顷，总人口1.8万人。2013年，引进内资3.46亿元，为全年任务的133%；完成固定资产投资22.6亿元，为全年任务的113%；完成重点项目建设投资22.3亿元，为全年任务的139%；完成农业总产值8316万元。被区委、区政府授予文明机关、生态工程先进单位、安全生产目标考核优秀单位、人口和计划生育工作典型示范镇等荣誉称号。

【镇域经济】 按照全镇总体规划，将高速以北10个村打造成为现代农业经济发展平台，形成以青石山村、鲤泮庄村、栗园村等村为中心的无公害蔬菜基地，以侯庄村、郭高庄村等村为中心的草莓种植基地，以小苇芝港村、温家洼村等村为中心的千亩林果种植基地和以田家沟村、新周庄村等村为中心的特色养殖基地。发展各类农民合作组织，全镇共成立农民合作社18家，其中种植业14家，畜牧业2家，水产养殖1家，农机服务业1家。通过产销合作，建立集品种试种、生产示范、教育培训、品牌营销、农资采购一体化的服务体系，提升农产品的竞争力。打造海阳旅游新品牌，举办“郭高庄村草莓节”和“小苇芝港村大樱桃节”，共计3000多名游客在海阳镇体验农家生活、采摘鲜果，为农民创收近80万元。

【城镇建设】 顺利推进海阳片区、大里营村整体搬迁改造、西王岭村旧村改造等开发改造项目。海阳片区综合开发：1月16日，区政府下发《范庄村国有土地上房屋征收的公告》，以范庄村为突破口的海阳片区开发项目正式实施。范庄村征拆工作进展顺利，进入收尾阶段；10月21日，区政府常务会议审议通过《海阳四村房屋征收补偿方案》，征拆工作顺利启动。大里营村整体搬迁改造项目协调推进：完成项目开发用地的先期征用，制订《房屋征收与补偿安置方案（征求意见稿）》，已基本具备开工条件。西王岭村旧改项目：5月，区房产局、综开办与海阳镇共同拟定《西王岭村房屋征收与补偿安置方案（征求意见稿）》。西王岭村旧改项目征收方案通过政府常务会审议，征拆工作即将正式启动。

【社会事业】 全年发放各类救助资金22.3万元，各类救助物资近10吨，对生活困难家庭及符合条件的患病家庭发放临时救助资金11.5万元，发放抚恤金、定期定量补、粮食直补等社会保障金99.5万元。积极落实就业政策，全镇实现农村劳动力转移60人，增加劳务收入120多万元。加大对计划生育工作的经费投入，健全村级计生管理服务网络。全年符合政策生育率93.29%，人口自增率9.41‰。按照全区农村环境整治攻坚行动部署，开展以清理村庄环境、道路沿线、河道水面为切入点的环境整治工作。栗园村、郭高庄村、鲤泮庄村等6个村完成村容村貌改造提升规划设计，栗园村、郭高庄村2个村完成省级环保生态村建设。对镇、村级道路进行全面养护，新建或重建道路桥梁2.3公里，修复多处水毁道路。加大水利项目建设力度，对鲤泮庄村庙计沟塘坝溢洪道项目、青石山塘坝溢洪道项目、新周庄村水库除险加固项目进行实地查勘。

【社会治安综合治理】 充分发挥“三位一体”大调解体系的作用，排查调解矛盾纠纷76起，调解成功率达100%。成立信访维稳应急分队，对梳理出的23例重点案件建立包案制度和应急处置制度，积极寻求化解途径，协调有关部门予以解决。通过信访救助和三级终结方式成功化解2起信访遗留问题。开展“两节”“两会”期间执法大检查、安全生产百日会战和安全生产月等活动，共检查企业76家，提出整改意见148条，巩固安全生产工作。开展“地沟油”专项整治、食品安全百日大会战等活动，食品安全工作日益深入。

【党建工作】 推行“一线工作法”，深入群众，查找影响和制约海阳发展的深层次问题，形成《海阳古镇保护性开发研究》《海阳片区开发》等调研报告。出台《海阳镇八项规定落实办法》，领导班子带头践行中共“八项规定”。强化对村级两委班子成员的监督管理，出台《村集体处置集体资产的相关规定》，明文规定村集体财产的处置范围及资金管理办法；推广“五议一审两公开”工作机制，对村“两委”日常工作进行监督评议。基层建设年活动成效显著，大苇芝港村电力设施得到更新，道路硬化3500平方米，修建蓄水池1个，进行危房改造8户。全镇累计争取帮扶资金100多万元，解决关系群众切身利益的各类热点难点问题60多个。

【精神文明】 投入100多万元，实施以村级文化活动室和农家书屋为重点的农村文化设施升级工作，新增新建并升级改造镇村公共文化服务设施2400平方米。加强农村文化队伍建设，大里营村长青剧团、海阳三村文艺队、海阳镇民乐团、海阳镇民联秧歌队等文艺队伍不断壮大，各村均成立广场舞队。开展象棋、羽毛球、健身操、乒乓球等体育比赛和专场文艺演出、文艺下乡等文化活动，丰富村民业余文化生活。

【村简介】 海阳一村　总户数956户，总人口2183人，村址面积53.67公顷，耕地面积33公顷，村民以蔬菜大棚种植、养殖业、铸造业、个体商业、外出打工为主。农民人均纯收入9627元。

海阳二村　总户数1041户，总人口2483人，村址面积93.33公顷，耕地面积600公顷，村民以大田作物、果品生产和劳务输出为主。村集体年收入30万元。农民人均纯收入9667元。

海阳三村　总户数954户，总人口2225人，村址面积42.6公顷，耕地面积26.67公顷，村民以进城打工为主。农民人均纯收入1.16万元。

海阳四村　总户数1094户，总人口2509人，村址面积41.2公顷，耕地面积5838公顷，村民以大田种植、养殖业、蔬菜大棚种植和劳务输出为主。农民人均纯收入9405元。

范庄村　总户数287户，总人口680人，村址面积5.33公顷，耕地面积25公顷，村民以种植、养殖和进城务工为主。村集体年收入70万元。农民人均纯收入7556元。

侯庄村　总户数312户，总人口790人，村址面积26.67公顷，耕地面积56.27公顷，村民以种地和进城务工为主，草莓为村民的特色产业。农民人均纯收入6710元。

果园村　总户数271户，总人口777人，村址面积10.8公顷，耕地面积52.2公顷，村民以种养殖业、进城务工和对外出租土地为主。农民人均纯收入7918元。

郭高庄村　总户数139户，总人口422人，村址面积4.47公顷，耕地面积41.53公顷，村民以种地和进城务工为主，草莓、叶菜种植为特色产业。农民人均收入8250元。

大苇芝港村　总户数139户，总人口400人，村址面积41.67公顷，耕地面积60公顷，村民以种植业和进城务工为主。农民人均纯收入7578元。

小苇芝港村　总户数128户，总人口297人，村址面积4.67公顷，耕地面积60公顷，村民以种植业和进城务工为主。农民人均纯收入7578元。

鲤泮庄村　总户数714户，总人口2190人，村址面积54.73公顷，耕地面积250公顷，村民以大田种植、果品生产、养殖业、蔬菜大棚种植和劳务输出为主。农民人均纯收入9273元。

青石山村　总户数158户，总人口441人，村址面积13.33公顷，耕地面积92.87公顷，村民以种地和进城务工为主。农民人均纯收入7613元。

田家沟村　总户数53户，总人口175人，村址面积2公顷，耕地面积21公顷，村民以种植大田作物和奶牛养殖为主。农民人均纯收入7266元。

新周庄村　总户数172户，总人口449人，村址面积6.67公顷，耕地面积36公顷，村民以种植大田作物和养殖为主要经济来源。农民人均纯收入7835元。

温家洼村　总户数 350 户，总人口 874 人，村址面积 33.33 公顷，耕地面积 134.6 公顷，村民主要以种植业和进城务工为主。农民人均收入 7525 元。

大里营村　总户数 480 户，总人口 1124 人，村址面积 46 公顷，耕地面积 72.13 公顷，村民以种植设施蔬菜为主。农民人均纯收入 1.07 万元。

西王岭村　总户数 479 户，总人口 1198 人，村址面积 46 公顷，耕地面积 72.13 公顷，村民以种植设施蔬菜为主。农民人均纯收入 1.07 万元。

【领导班子主要负责人】

党委书记：杨忠权

镇　　长：高　庚

人大主席：苏大忠

（孙桂美）

园 区

YUANQU

YUANQU

金梦海湾商务旅游度假区

【概况】 金梦海湾商务旅游渡假区管辖区域东起小汤河西岸，西至滨海大道山东堡立交桥、琅琊桥，北起老京山铁路，南至渤海潮汐线，包括莲花岛项目区域。总面积4.66平方千米。新建规划总建筑面积312.97万平方米，总面积1.8平方千米。2013年，金梦海湾管委会积极谋划片区发展，完善片区基础设施建设，推进房地产项目顺利进行，大力开发金海湾浴场（原西浴场），整顿片区城管秩序，加大招商引资力度，各项工作顺利进行。

【项目建设】 莲花岛项目。以围填海方式建设人工旅游度假岛。距海岸线2.5海里，整个岛屿呈椭圆形布置，岛屿通过跨海大桥与陆域相连，项目总申请用海面积150.97公顷，填海50公顷，概算总投资150亿元。项目已取得海域使用权。完成所在海域内的养殖退养工作及水上详勘，方案正在修改阶段。香格里拉项目。香格里拉大酒店主体结构已封顶，主楼4–22层，砌筑完成98%，宴会厅B1–3F，砌筑完成95%，游泳池屋面混凝土全部完成，游泳池方向1F砌筑完成95%，2F砌筑完成85%，3F砌筑完成70%。自建项目。金梦海湾1号（1#）和广顺第一观（7#）一期工程已交付使用。海碧台（2、3#地块）、兴龙香玺海项目（4#地块）、金梦海湾8号（8#地块）正在建设；盛秦海岸项目主体封顶，准备交付使用；中核秦皇岛培训中心外立面改造项目由于资金问题暂缓实施。

【金海湾浴场】 科学规划浴场功能，把沙滩规划为娱乐区、洗浴区、便民服务区、自助区和休闲区五大功能区域。规范经营户的经营行为。对售货亭及沙滩经营户进行摸底登记，规定其经营地点、经营范围及经营项目。采取集中学习、规范地点、设置个人档案、佩戴胸牌、持证上岗、签订责任书等措施，按照《金海湾浴场临时摊点经营守则》对沙滩内流动摊贩进行规范管理。狠抓沙滩卫生保洁工作。组织人力对沙滩海沙进行全面清筛，清除粗沙及各种杂物，以确保沙细、滩软。投入资金34万元，出动人员1600人次，清运垃圾90车次，清理面积达10多万平方米。做好暑期旅游安全工作。在重要进出口及游客聚集地设置警示牌，确保游客安全。确定防鲨网铺设海域，投放5100延长米防鲨网，用以防范大型鱼类的入侵及防止游客误入深水区。集中整治渔民网铺环境。2月初，71户筏式养殖用海户办理筏式养殖用海退出手续；35户、111条养殖用船办理养殖用船退出手续。加强清理整治工作，退出海滩面积4.4万平方米。整治金海湾浴场不文明行为。对金海湾浴场的自助烧烤、驾车碾压沙滩、燃放鞭炮、吐痰、乱扔烟头杂物、举办篝火晚会、点放孔明灯和海边垂钓捕捞等不文明行为进行整治，各种不文明行为明显减少。

【公共配套服务设施建设】 公共服务设施。在浴场附近配置8个移动卫生间向游客开放，积极协调辖区内各企事业单位，将单位卫生间在暑期期间免费向游客开放；筹措资金35万元，购置果皮箱300个；在新澳海底世界、秦皇国际周边设置花盆80个、休闲椅20个，在河滨路部分路段配备树围半圆椅32个。边角地绿化工程。组织人力清理空地垃圾，种植绿化苗木，栽植苗木4万株、草坪面积3000平方米；在河滨路海洋花园门前空地建设带状公园。道路修缮养护。筹措资金20万元，维修花岗岩人行道道砖面积1100平方米，路缘石400米。雨水管道清淤工程。金梦海湾片区雨水系统2008年建成后一直没有进行系统维护清淤，管道内淤积严重，尤其是西浴场周边5.5公里急需清淤处理。管委会将清淤工作与污水排放问题结合，与环保、水务部门紧密配合，做好清淤工作，查找并封堵3处污水漏点，制止污水通过雨水管道流入大海。旅游综合服务体项目。在金梦海湾文涛路与河滨路路口东北角位置建设旅游综合服务体，占地面积296平方米，建筑面积392平方米，建设资金200万元。完成主体框架施工。辖区亮化美化。完成秦皇国际、金梦海湾1号、海碧台售楼处、皓月城亮化工程。

【城管秩序和环境卫生】沿街摊点经营环境。对河滨路山西宾馆、海豚表演馆及新澳海底世界周边大排档等违法建筑、岭前街与河滨路两侧未经审批的13处户外广告及指示牌实施集中拆除，取缔非法占道经营摊点。完善便民餐饮项目。在河滨路以北、新澳海底世界对面设置小吃一条街；在金梦海湾1号地前浴场规划临时小吃摊点。环境卫生综合整治活动。对拿波里小镇、阳光海岸、足球学校等9个地段进行集中清理整治，清理卫生死角30多处，清运垃圾120多车，建筑垃圾30多车、200多吨。道路遗撒、漏洒整治。与施工单位签订文明施工责任书，对工地运送渣土、砂石料车辆和搅拌车等进行严格管理，对遗撒、漏洒、出车带泥等现象进行治理，处理遗撒、漏洒、出车带泥50多次，调动工地出动人员500多人次，清扫遗撒3万多平方米，出动水车清洗污染路面60多台次。长效管理机制。采取市场化运营机制，把道路清扫保洁外包给专业公司，严格执行《金梦海湾环境卫生管理办法》，暑期采取全天候水冲式机扫及保洁员巡扫方式，秋冬季节采取机扫及保洁员巡扫方式；将辖区主次干道划分为8个环境卫生责任分区，责任科室负责监督卫生分区环境卫生。

【交通秩序及停车场管理】维护辖区交通秩序。在暑期，将河滨路新澳海底世界、秦皇国际大酒店路段设置为单行道，缓解交通压力。规范辖区停车场管理。停车场由停车场管理公司负责管理，设置经物价局批准的停车场收费标准公示牌，做到依法合规收费，使辖区停车场秩序规范化。

【招商宣传】计划性招商。完成与秦皇岛海正商贸有限公司及经营快艇、摩托艇、攀岩、蹦极、脚踏船、淋浴等商户的协议签订。做好招商管理服务工作，统一浴场经营人员着装，建立便于与商户联系的商户档案、通讯簿等。海滩娱乐设施。在沙滩休闲区设置沙滩排球区、沙滩足球区，安设配套运动设施。市区各类文体主题活动。配合举办2013年海港区彩色周末、全国第九届徒步大会、马拉松大赛、沙滩音乐节、沙滩趣味运动会、沙滩撞拐大赛、城建系统沙滩运动会、沙滩马术节、马术大赛等文体主题活动。提高金梦海湾片区的知名度和美誉度。对外宣传。协调电台、报社等新闻媒体，加强对旅游度假区特别是金海湾浴场蓝天、碧海、绿地等特有景观进行宣传。中国经济网、新华网等网络媒体，《河北经济日报》《秦皇岛日报》《秦皇岛晚报》、秦皇岛电台《港城事大家谈》栏目对金海湾浴场进行重点报道。

【领导班子主要负责人】

管理委员会主任：陈占勤（10月免）

李晓颖（10月任）

（梁　军）

临港产业聚集区循环经济园

【概况】位于海港区东郊，北靠京沈高速，102、205国道纵贯东西，交通便利，地理位置优越，是秦皇岛城市发展规划中的临港工业区和现代物流发展区。辖12个行政村，总面积16.8平方千米，耕地面积544.93公顷，总户数4730户，总人口1.45万人。2013年，全社会固定资产投资完成18.7亿元，同比增长23.4%；引进内资3.2亿元，同比增长30%；实现千万元以上重点项目投资19.6亿元，同比增长8%；农民人均纯收入1.03万元，同比增长10%。

【园区发展】坚持把基础设施建设作为经济发展的有效平台，精心构筑以东部循环经济园为依托的经济板块；水、暖、电、气、讯等配套设施逐步向园区延伸，园区承载项目能力进一步增强。推动园区路网建设，在已有“三横三纵”交通体系基础上，加快推进富新路、燕山大街东延伸、兴化大街、沙河西路等规划道路建设。加强与水电暖讯等主管部门沟通，借助路网建设契机，延伸城市基础配套设施辐射范围。深入推进中小企业孵化基地建设，协调电力部门，尽快实施1250千伏厢变建设，满足企业及项目的用电需求。

【项目建设】全年共实施推进重点项目13项，其中续建3项，新开工7项，拟开工项目2项，在谈项目1项。渔业船舶修造基地项目正在进行填海建码头工程；新型蒸压加气混凝土砌块项目正在进行工程方案设计；煤炭商会大厦项目正在办理土地组卷手续；泽运游艇制造及船舶配套项目已完成土地征用手续；秦皇岛精神卫生中心迁建项目已完成工程招标；大力推进中小企业孵化基地建设，5 栋标准厂房中有 4 栋已经建设完成，进入运营阶段。

【领导班子主要负责人】

党委书记、管委会主任：王　健（8 月免）

王维民（8 月任）

（纪　冉）

圆明山文化旅游产业聚集区

【概况】 位于海港区东北部，东与山海关区毗邻，西与抚宁县接壤，南起新 102 国道，北至抚宁县石门寨镇，辖 24 个行政村，总面积 34.2 平方千米，总户数 2687 户、总人口 9263 人。是全市唯一的文化旅游产业聚集区。

【省政府批准为省级文化旅游产业聚集区】 1 月 5 日，经省政府批准为省级文化旅游产业聚集区，享受省级工业聚集区相关优惠政策。聘请北京土人景观与建筑规划设计研究院和中国规划设计研究院编制完成概念性规划设计方案和聚集区总体发展规划方案。基本完成基础设施和生态环境建设，部分项目正在开工建设中。完成千万元以上重点项目 17 个，累计完成投资 15.77 亿元，引进内资 2.6 亿元，引进外资 2000 万美元，完成目标任务 100%。

【路网建设】 承秦出海路复线省交通厅“大修工程”已完工；总投资 4.43 亿元，全长 2650 米的民族路北延伸工程建成通车；连接海港区和抚宁县石门寨的东港北路完成立项；圆峪路、海峪路（海峪路加宽工程）等 6 条连接景区的道路建成通车。

【项目建设】 总投资 70 亿元，占地面积 7 平方千米的圆明山沙河生态文化旅游综合开发项目签订投资协议书，成立项目指挥部，项目总体分两期完成，一期项目包括：村民安置、沙河蓄水、周边环境景观建设、生态公园等工程，四村（小河村、街里村、河东村、张桥庄村）房屋征收率 99%。累计投资 7000 多万元的圆明寺复建工程已经完工，4 月 12 日举行“开光”庆典。总投资 2 亿元，占地面积 100 公顷，圆明山森林公园，建成集休闲、健身、养生、禅修为一体的开放性公园，完成环山路、木栈道、石蹬道及绿化等项目并对外开放。连峪山庄一期累计完成投资 5600 万元，重点实施旅游基础设施建设、生态环境治理、村容村貌整治、游客服务设施、产业基地建设等工程，完成民居改造、游客服务中心、山顶驿站、山顶绿道、道路桥梁、河道治理等基础设施建设和沿河绿化工程，9 月 15 日正式开园。

【领导班子主要负责人】

党工委书记、管委会主任：郝冀伟（8 月免）

李秋来（8 月任）

（陈艳芝）

北部工业区

【概况】 辖 13 个行政村，规划面积 17.2 平方千米。辖区总人口 1.21 万人。全年完成固定资产投资 26.02 亿元，同比增长 23.78%；引进内资完成 11.3 亿元，同比增长 39.51%；引进外资完成 5000 万美元。

【项目建设】 加大对入区项目的跟踪服务，实现谋划项目早落地、拟开工项目早建设、在建项目早达效。在建千万元以上项目 10 个（续建项目 5 个，新开工项目 5 个），其中亿元以上项目 5 个。拟开工项目 7 个，其中亿元以上项目 4 个。重点前期再谈项目 3 个，全部为亿元以上项目。耀华整体搬迁项目，计划总投资 50.6 亿元，耀华两条 Low－E 浮法玻璃生产线和两条硼硅浮法线已正式投产；耀华玻璃钢、耀华机械公司、耀华工技厂等 8 个辅业项目搬迁完毕。军工医院项目，占地面积 8.67 公顷，计划总投资 4 亿元，取得市规划局选址意见和发改委项目建议书批复。北方汽配物流城项目，计划总投资 8.1 亿元，占地面积

17.33公顷，完成初步设计方案。博硕光电二期项目，计划总投资2.3亿元，占地面积5.33公顷，已办理立项、环评。中运机械项目，计划总投资2.2亿元，占地面积1.53公顷，土地挂牌方案已报区政府待批。

【基础设施建设】 民族路北延伸二期工程，跨新102国道立交桥和跨京沈高速公路立交桥已完工。北港大街东延伸二期工程，韩庄村址以西600米已完工，韩庄村址以东随韩庄片区改造同步实施。规划四路工程（规划三路—北港大街段）基本完工。华耀路前期招投标工作已完成。全面实施园区绿化景观提升工程，完成绿化面积1.6万平方米。

【社会保障】 落实《被征地农民基本生活补助保障暂行办法》等5个配套办法，发放失地农民基本生活保障金2700.6万元，发放失地农民子女入学补助金35.96万元。推进新农合参保工作，参保率达97%。10月初，和美社区二期工程竣工，石庄村、晒甲会村169户500套返迁房顺利返迁安置。启动韩庄片区8村联建改造项目。

【环境卫生】 组织430人次、车辆70台次全面进行"四清""四化"（清垃圾、清杂物、清残垣断壁和路障、清庭院；绿化、美化、亮化、净化）工作。开展入海河流整治攻坚战，清理垃圾9000立方米、关停小作坊4家、改养殖场5家、封堵排污口9个，安排专人负责河道垃圾日常清理工作。以北港大街、西港北路、新102国道等道路为重点，抓好市容"六乱"（乱招贴、乱涂写、乱设摊、乱堆物、乱搭建、乱倒垃圾）常态化治理。对店外经营、马路市场进行专项整治，建成"区域收集、统一管理、集中处置"的环卫管理体系。

【社会治安综合治理】 对企业实行安全生产分级管理，走访排查安全隐患268处，督促企业按要求进行整改。抓好信访稳定，成立信访稳控工作领导小组，完善包村机制，由2名班子成员包1个案件。建立责任追究机制，与辖区各村签订维护稳定工作目标责任书。通过对案件调查和对重点人员训诫等形式，发挥园区派出所作用，确保园区稳定。

【党建工作】 开展"树、讲、聚、促"大讨论和"解放思想、改革开放、创新驱动、科学发展"大讨论活动，推进学习型党组织建设。组织机关全体干部职工学习贯彻落实中共十八精神，以党的最新理论成果武装头脑、推动工作。深入开展"基层建设年"活动，落实基层党建工作责任制。加强农村两委班子建设，提高农村基层组织科学化、规范化水平。健全非公企业党组织建设，在15家非公企业党组织中建立纪检组织。贯彻落实中共中央政治局"八项规定"和市区有关党风廉政建设要求，深入开展党性、党风、党纪教育，严格执行党风廉政建设责任制，提高服务水平、改善园区"两个环境"（发展环境、生态环境）。

【村简介】 腰占庄村　全村总户数540户，总人口1560人。

晒甲会村　全村总户数296户，总人口708人。

石庄村　全村总户数270户，总人口840人。

新庄村　全村总户数78户，总人口213人。

四合庄村　全村总户数120户，总人口295人。

新崔庄村　全村总户数284户，总人口894人。

缪庄村　全村总户数440户，总人口1300人。

韩庄村　全村总户数510户，总人口1200人。

杨庄村　全村总户数372户，总人口1159人。

涂庄村　全村总户数370户，总人口1007人。

田家沟村　全村总户数430户，总人口1410人。

小高庄村　全村总户数326户，总人口740人。

石山村　全村总户数338户，总人口818人。

【领导班子主要负责人】

党工委书记、管委主任：刘继军

（侯　康）

临港物流园区

【概况】 临港物流园区辖7个行政村，规划面积34.38平方千米（启动区12.78平方千米），总户数

2400户，总人口7000人。2013年，完成固定资产投资18.92亿元，同比增长47%；引进内资7亿元，同比增长23.64%；发放基本生活保障金1400万元，同比增长71.73%。

【项目建设】 彩龙商贸广场、义乌小商品城经营状况明显改善，商户入驻率超过80%，开业商户近2000家。冀盛仓储物流获得中央储备糖储备库资格，成为秦皇岛地区第三方与第四方物流发展标杆。秦皇岛国际汽配城、秦皇岛港物流服务园、士伏仓储配送中心、奥通物流、虎跃汽车、牧羊源食品、吉百利防水、紫东化工、启新除尘等9个项目正在紧张施工，完成总投资10亿元；艾欣物流、成东物流、冀红物流、辰海汽车等4个项目，总投资6亿元，完成土地招拍挂。华信综合物流园和华润雪花搬迁项目，总投资18亿元，完成招拍挂组卷工作。兴龙商贸物流中心二期项目、中国外运物流中心项目、彩龙国际商贸广场二期项目已与园区达成投资意向。

【基础设施建设】 投资1647万元修建规划二路（东港路—兴电路段），加强内外路网衔接，完成总量的70%。与福电公司签订施工合同，完成福凯物流和路灯处2家单位的改线施工。实施大同铁路局10千伏架空电线改迁。完成新102国道光缆保护管敷设1800米。完善给水排水系统，完成新老102国道、冀盛物流项目给排水管网配套工程和小李庄村景观河道、新老102国道给排水设计。

【新民居建设】 小李庄村、大高庄村、柳村等3个村纳入韩庄片区联建，有关准备工作全部完成。向小张庄村派驻工作组，加强班子建设，入户宣讲政策，促进拆迁进程，全村245户中已有三分之二签订协议。

【社会事业】 园区计划生育率95.77%，人口出生率7.92‰，出生求实率100%。将辖区7个村5101人纳入基本生活保障体系，覆盖面从36%提高到72%，全年发放基本生活保障金1400万元。开展环境综合整治活动和农村面貌改造提升工程，实施具体项目10个，累计筹措投入资金200万元，出多车辆120多台次，清理垃圾6000多立方米，新建封闭式垃圾池4个，关停污染源2个，粉刷河道两侧房屋120间，新建文化墙300多延长米，重点清除新开河河道淤积，规范八三路沿线商铺。新硬化农村道路1200多延长米，绿植800多株，安装节能路灯27个。

【村简介】 小李庄村　总户数345户，总人口1000人，总面积94.87公顷。村民主要以外出务工、从事第三产业及经营蔬菜大棚、苗木栽植为主。党员人数34人。2013年，村集体经营收入40.15万元，农民人均纯收入7210元。

大高庄村　总户数286户，总人口899人，总面积166.67公顷。村民主要以经营蔬菜大棚、外出务工为主。党员人数38人。2013年，村集体经营收入110.89万元，农民人均纯收入8491元。

柳村　总户数278户，总人口700人，总面积48.33公顷。村民主要以外出务工、种植水果类经济作物为主。党员人数45人。2013年，村集体经营收入37.65万元，农民人均纯收入8665元。

小张庄村　总户数260户，总人口700人，面积109公顷。党员人40人。2013年，村集体经营收入59.94万元，农民人均纯收入8085元。

东付店村　总户数478户，总人口1473人，总面积235.05公顷，其中耕地102公顷，非耕地面积93.05公顷，村址占地面积40公顷。村民以果树种植，发展挖掘机、装载机和外出打工为主。党员人数53人。2013年，村集体经营收入57.87万元，农民人均纯收入8635元。被省妇联评为基层组织建设示范点。

西付店村　总户数602户，总人口1847人，村庄总面积213.33公顷。党员人数45人。2013年，村集体经营收入101.76万元，农民人均纯收入8690元。

崔庄村　总户数207户，总人口550人，村庄总面积40公顷，党员人数33人。2013年，村集体经营收入9.08万元，农民年人均收入8396元。

【领导班子主要负责人】

党工委书记、管委会主任：张　晶

（王楠楠）

街道

JIEDAO

JIEDAO

文化路街道

【概况】 位于秦皇岛市主城区中心地段，是市委、市政府所在地，管辖区域东起文化路，西至友谊路，南起老京山铁路，北至建设大街，辖区面积2.97平方千米，辖人民里社区、河涧里社区、团结里社区、红旗里社区、新一街社区、海建里社区、碧海云天社区等7个社区，居民2.19万户、5.69万人。2013年，紧紧围绕全区“六大工程”中心工作，坚持“起点超越，事争一流”工作理念，较好完成各项工作任务。完成固定资产投资2.8亿元，为全年任务179%；引入内资6810万元，为全年任务171%。获区级以上荣誉31项，其中国家级3项、省级3项。文化路街道和河涧里社区被推荐参评民政部表彰的全国和谐社区建设示范街道和示范社区，已通过省民政厅检查。

【党建工作】 坚持“周四干部学习日”制度；开展演讲、述职活动；参加各级各部门业务培训；实行每周例会督导，分层次听取汇报；邀请专家讲学，外出参观学习，与北京、厦门等地街道结对共建，组织街居干部到市内街道、社区参观考察，开拓视野，拓宽思路；坚持干部包居包企制度，主要领导定期到社区走访，指导工作。社区间开展结对帮扶，街居干部中开展师带徒、老帮新等活动；推行党建工作网格化，坚持“四情工作法”（激情干事、热情为民、真情解难、倾情创新）。把所辖7个社区划分为40个网格，建立区委、街道和社区三个层面的区域化党建工作机构，为区域内各类基层党组织搭建平台。首信典当行党支部为辖区困难居民赠送米面油，价值1万元。街道社区分别成为全市唯一一家省级重要事务规范化管理联系点的街道和社区。省纪委副书记董云鹏到河涧里社区视察，给予服务群众理念好、规范管理落实好、各个方面结合好、载体建设好、实际效果好的高度评价；率先在5个非公企业中，全面推行预防腐败试点工作，支持和促进非公有制企业科学发展。家惠集团被评选为全区非公企业预防腐败试点单位，市纪委书记郝占敏给予充分肯定并召开现场会；河涧里社区被省纪委定为党风廉政建设工作联系点。在全区工会法律常识知识竞赛中获全区第一名。举办“青春今与昔”“五四”青年节大型文艺汇演，开展以“争当四好少年、同享快乐共成长”为主题的系列活动。建立妇女信访室，提供多种形式维权服务。完成民兵整组工作，组建应急分队。帮扶困难居民50户，赠送米面油等物品，价值1万元。

【社区建设】 城管中队纳入街道管理，将街道“起点超越，事争一流”的工作理念，贯穿在城管中队队伍建设中，队员迅速融入街居工作，放弃节假日，每天深入街巷路，开展环境卫生治理、城市管理工作，清运堆积多年、无人负责的垃圾55吨。街道主要领导高度重视，多次深入老旧小区调研，召开调度会，合理划分卫生区域，明确工作重点。为城管中队提供60平方米的办公用房，制度上墙，明确纪律，打造城市管理样板。街道主要领导每天巡视，发现问题，马上督促解决，做到平常假日一样、白天夜晚一样、大街小巷一样。对水果批发市场、人民医院附近等背街小巷进行治理。城管工作下沉后，社区环境得到全面改善，特别是五六岛饭店周边、新一路沿线等基础较差的街巷路，被打造成为样板街线。投入大量的人力和财力，对流经辖区的护城河、小马坊河沿岸进行清理，组织义务劳动11次、人员300多人次；清理建筑垃圾350多立方米、生活垃圾230多立方米。义务劳动在全区三个层次评比中，为第一层次第一名，得到区委主要领导的肯定。全体街居干部带领社区居民，帮助无物业管理的老旧小区，集中整治小区卫生环境，出动人员1130人次，捡拾白色垃圾3.5公斤，清理生活、建筑垃圾180多车，转运其他各类垃圾300多车。为9个无物业管理小区，成功引入物业。成立60多人的大气污染监督员队伍，对辖区建筑工地、露天烧烤、违规锅炉进行监督，多次上门督促解决。

【社会事业】 开展插花、电脑、美发等技能培训5次，与家惠超市、红星美凯龙等企业联系，在辖区公布用人信息450多次。新增城镇就业人员540人，实现失业人员再就业311人，就业困难人员再就业145人，办理就业失业登记证326个。

办理小额担保贷款8笔、金额80万元，办理就业困难人员认证33人，办理社保返还654人、金额300多万元。为430名低保人员进行2次低保年审核查，新增低保13户、调整33户、注销26户；办理医疗救助12人，涉及金额10万元；办理大病救助34人，涉及金额7万元；帮助残疾人就业6人；为15名优抚对象进行信息录入；为150名居民办理保障性住房申报；为贫困家庭子女申请金秋助学金6000元。建立高标准红旗里社区老年人日间照料服务中心，组建企业退休人员自管小组40个，为4321名企业退休人员进行资格认证，为101名社区居民办理新农合保险，发放高龄补贴101人、金额5万多元。在全市率先推行预约服务，利用下班、周末、节假日，办理业务14项；定期体检，为育龄妇女进行免费生殖健康检查2次；开展“关爱女孩”活动，募集资金3000多元，救助特困母亲2人、贫困女孩2人；邀请专家到社区开展早教讲座、为留守儿童寻找“代理妈妈”。流动人口管理。成立流动人口中心，开展“真情伴你行”等活动，接待流动人口电话访21次；采集流动人口信息，与原户籍地和居住地进行网络协查。计划生育管理。为994人发放独生子女费11.4万元，为21户发放特别扶助公益金12.6万元；督促辖区单位落实独生子女父母退休一次性奖励，计划生育奖励落实率达到100%。在省青春健康教育现场会上，河涧里社区作为唯一一个社区参观试点，“三三”（三个平台、三个课堂、三个主题）制教育模式得到一致好评。文化路街道作为全市唯一一家街道代表，接受省计生委年底考核，得到各级计生部门领导肯定。

【**精神文明建设**】 发挥社区教育培训学校作用，开办英语班、书法班、剪纸班等各类培训班10多个；以社区道德大讲堂、善行讲习所为依托，用身边人的事迹，弘扬凡人善举，做好“中国梦，赶考行”工作；利用活动室、宣传栏等阵地，宣传党的方针政策、海港精神；深入开展“文明社区”“文明楼栋”“文明家庭”等评选活动，提高居民社区归属感。引导20多支文体队伍，发展特色文化，新一街社区连续举办8届社区邻里节，河涧里社区连续举办3届社区音乐节。在第八届社区邻里节上，为患白血病居民捐款2万多元。开展“中国梦·我的梦·社区美”主题教育实践活动和“中国梦·我的梦”彩色周末专场演出。开展“洋学生过端午”“社区流动图书车”等活动，作法被新华社采用。文化路街道新文化艺术团及团长分别获得全省基层“文化之星”称号。发挥“星光党员义工俱乐部”等17支志愿服务队伍、1000多名社区注册志愿者作用，在重大事件和重要时间节点，开展志愿服务。发挥典型带动作用，辖区企业负责人胡巧致、李秋杰被评为全国志愿服务之星。河涧里社区被评为省学雷锋志愿服务工作站。

【**社会治安综合治理**】 做好信访人员思想稳定工作，对26名重点人员进行稳控，并动员其家属、子女协助，确保重点人始终在视线范围内。稳控值班157天，动用车辆1123车次，人员2500多人次。成立律师会客厅，聘请河北九略律师事务所专业律师，向社区矫正人员详细讲解《中华人民共和国刑法》《中华人民共和国道路交通安全法》等法律知识。开展“律师进社区”活动，协调化解矛盾纠纷，提供免费法律援助，宣讲法律法规。实施“三色管理”，即对社区矫正人员实行分级、分类管理模式，分别用“红色、黄色、蓝色”标注，将矫正人员分为“重管、中管、轻管”三个等级，使社区矫正秩序更加稳定。开展“安全生产大检查”“打非治违”等专项行动，多次召开专题会议、制订方案、层层安排、逐项落实，成立检查组8支，出动698人次，累计排查单位2000多家次，发现隐患142处，全部整改完毕。

【**社区简介**】 人民里社区　东起文化路，西至海阳路，南起河北大街，北至建设大街。辖人民里、康乐里、轻安里、康健里、文百里、市委楼、锦绣家园等7个自然小区，有居民楼81幢，总户数3064户，总人口8481人，其中流动人口2157人。辖区单位有市委、市政府、二中、七中、中国联通、人民医院等11家企事业单位。社区服务功能完善，居民和谐相处，生活环境优美。社区坚持“以人为本、服务为民”的工作理念，以建设管理有序、文明和谐社区为目标，以强化功能、服务群众为重点，以强化基础、突出特色、注重实效为原则，开展党员奉献日、扶贫挤困送温暖、优秀共产党员评优创新等活动。

河涧里社区　由河涧里、金龙景园、红旗里13～16栋等3个自然小区组成，总户数2798户，总人口8706人。2013年,以“把工作当事业来做，把社区当自家来看，把居民当亲人来待”的精神，团结带领广大社区干部、党员，凝聚各方力量，各项工作取得突出成绩，获全国妇联基层组织建设示范社区、全国社区侨务工作示范单位、国家级充分就业社区、省级文明社区、全省“创先争优”先进基层党组织。被确定为省级基层重要事务规范化管理工作联系示范社区，省纪委副书记董云鹏给予肯定；青春健康教育工作得到省计生领导现场指导。

团结里社区　东起海阳路，西至红旗路小铁路，南起河北大街，北至和平大街，是由多个小区合并而成“板块型”社区，有居民楼107幢，总户数5128户，总人口1.34万人，其中流动人口1145人，60岁以上老人1328人。社区在册党员345人，商业网点426个。完善党员管理服务中心，对社区党员进行“三管”（对流动党员进行协管、对转入党员进行接管、对在职党员进行双管）模式分类管理，建立党代表工作室，为各级党代表和基层党员群众沟通联系提供平台。设立妇情日志、开展“四送”（送信息、送岗位、送技能、送服务）活动，将社区划为7个网格管理区，建立“三定”（定人、定岗、定责）和“五有”（有人巡查、有人报告、有人负责、有人解决、有人督查）工作机制。

红旗里社区　东起红旗路、西至友谊路、南起和平大街、北至海阳路。有居民楼48栋，商业网点242家，总户数3356户，总人口8960人，其中流动人口332人，60岁以上老人687人。在册党员121人，在职党员6人，流动党员2人。2013年，以“保稳定、促和谐、强服务”为目标，突出“党代表工作室”品牌效应，协调解决教育、医疗、交通、社会保障、社会治安、社区环境等方面热点难点问题；推进居家养老服务活动站建设，开展功能完善的老年人日间照料服务；深化老旧小区物业更新的做法在全市各社区推广。

新一街社区　位于市商业中心，辖12个自然小区，总户数4560户，总人口1万人。社区以党员带头促和谐、全力维稳保和谐、为民服务创和谐、特色活动享和谐为主线，深化党建内涵。党支部发挥战斗堡垒作用，协调解决居民关注热点难点问题，保持老旧小区综合改造成果、实现居民自治管理新模式。建立“学雷锋志愿者服务站”，开展治安、义务巡逻、扶危济困、文体等志愿者服务活动10多次。“五四”青年节，组织团员青年30多人，开展文化衫个性创意活动。“6·5”世界环境日，组织开展“绿色消费，你行动了吗？”主题活动，倡导居民崇尚节俭、减少污染。社区活动做法和经验，被省、市、区多家媒体播出、刊登30多次。获全国文化先进社区、和谐邻里示范社区、综合减灾示范社区;省地震安全示范社区;市特色社区；区先进基层党组织等荣誉。

海建里社区　东邻广场西路大街，西至地方铁路，南起和平大街，北至建设大街。辖4个自然小区，有居民楼29幢，总户数1226户，总人口3464人，其中流动人口456人，社区60岁以上老人856人。在册党员110人,226个商业网点。以组织机构健全,领导班子作用好;分类管理到位，党员队伍建设好;服务体系完善,社区服务功能好;创建工作规范，社区文明风气好；基础工作扎实，管理制度执行好为目标，以社区党建为龙头，以社区服务为核心，加强和改进社区党建工作，形成“班子过硬、队伍得力、设施齐全、载体丰富、服务到位”党建工作新格局。坚持“为居民服务、帮弱势群体、架党群桥梁、助政府工作”宗旨，提升社区形象，提高服务品质，确保社区平安。

碧海云天社区　东起人民广场，北至建设大街，南起海阳路，西与海建里社区接壤，有高层住宅18幢，商用楼1幢，公寓1幢，总户数2900户，总人口6300人。在册党员30人，商业网点108个。以服从、服务大局为宗旨，坚持“以人为本”的工作理念，开拓创新，构建和谐。获省无障碍设施建设示范社区、市绿色社区等称号。

【领导班子主要负责人】

党工委书记：刘淑珍（女）

办事处主任：王文斌

人大工委主任：宫慧艳（女）

（姜　伟）

海滨路街道

【概况】 管辖区域东起新开河，西至汤河，南起渤海，北至老京山铁路，管辖面积7.95平方千米。辖滨海城社区、吉星里社区、开滦路社区、南山社区、铁路里社区、耀华社区、耀中里社区等7个社区，总户数2.36万户，总人口5.7万人。2013年，完成固定资产投资1.2亿元，招商引资4831万元。获市妇联平安家庭创建先进集体，区平安建设先进单位、维护稳定先进单位、宣传思想文化工作先进单位、全民健身工作先进单位、工会工作先进单位、人口和计划生育责任目标奖和依法行政工作成效突出单位等称号。

【党建工作】 建立党员干部周学习、社区党员月讨论、草根宣讲团季宣讲学习机制，深入领会中共十八大、十八届三中全会、中央政治局“八项规定”、全国“两会”、省“两个环境”（发展环境和生态环境）建设、市“四条纪律”（政治纪律、组织纪律、工作纪律、廉政纪律）等重要会议精神，通过召开座谈会、研讨会等多种形式交流学习心得。以创建“四强”（即基层党组织要达到：组织领导能力强、开放发展能力强、引领带动能力强、服务保障能力强）“四有”（即基层党组织要达到：有多样化平台、有特色化载体、有高效化队伍、有常态化机制）基层开放型、服务型党组织为载体，依托党员中心户、社区党员服务中心等阵地，强化基层组织建设。创建“四体系、一公开”党建模式，通过组织、帮扶、争先、评价四大体系建设，深化区域内组织共建、资源共享，培树优质服务品牌。以滨海城社区党支部为试点，立足实际，大胆创新，建立党建“网格化”管理新模式，将社区划分为“三网六格”（即在每一网中建有一个党员中心户，每一格里建立一个党小组，在“三网”中建有三个党员中心户，在“六格”中建立六个党小组），精心制作社区党建工作宣传片，探索党建网格化管理经验。深化基层建设年活动，以“惠民生、促发展、转作风、强素质”为主题，采取见面会、座谈会、调研走访等多种方式联系群众，通过“访、解、帮、带”活动，访民情100多次，解决群众问题20多个。调动“两新”组织积极性，定期召开非公企业党建座谈会，强化其抓党建意识。指派党建指导员协助“两新”支部，开设“党员学习园地”。规范发展党员程序，严把发展党员关口，吸纳思想进步、爱岗敬业、贡献突出的3人加入党组织。

【社区建设】 配置新办公桌36张、椅子45把、电脑21台、打印机10台。发挥群众工作站（室）职能，将群众上门访向干部上门走访转变，对信访群众相关事项做到随机抽查回访；实行代办服务，全年代办事项20多件，建立首问责任制，每个科室均设AB岗，每名工作人员均熟悉本科室各项业务；严格执行请销假制度，无迟到早退、串岗聊天和擅自离岗办私事现象发生。实施“阳光工程”，规范党务、政务公开工作，做到要求公开事项全部、及时公开。成立由70人组成的“文明城区巡访团”，引导居民自觉遵守各项法律法规，办文明事、做文明人。开展文明和谐社区精品创建工作，申报《最炫民族风——海滨路街道滨海城社区民族一家亲》建设项目。构建街道、社区、网格三级服务管理体系，将“人、地、事、物、组织”纳入网格化管理。形成社区整体一张网，网中有格，按格定岗，人在格上，事在网中，力求做到集中管理，条块结合，延伸服务，一岗多责，一员多能，形成“一长四员”（每个网格设网格长1人，由社区干部担任；设网格指导员1人，由社区民警担任；设网格管理员1人，由居民代表担任；设网格协管员若干名，由社区辅警、流动人口专管员、物业人员、志愿者等担任；设网格监督员1人，由社区民主推荐产生）联动管理机制。将7个社区划分为49个网格。全年开展大型集中法律宣传22次，组织社区利用法宣月等节点开展法宣教育活动，增强居民法律意识。

【社会事业】 为1193名灵活就业人员发放社保补贴508万元；对6669位企业退休人员中6526人成功认证，确认成功率97.86%。为高龄老人发放补贴7万元；为52名义务兵发放优待金68.64万元。为辖区符合政策的981名独生子女父母发放奖金12.03万元。帮扶慰问困难群众786户，申请医疗救助金17.93万元，发放医药购物券4.17万元。新增低保28户，调整69户，注销44户；办理保障性住房61户，廉租住房及廉租补贴户596户。开展“幸福夜话话幸福”主题活动，邀请心理专家进社区，就家庭纠纷、子女教育等问题举办现场咨询，居民100多人参与。打造“阳光计生，真情服务”平台，邀请专业医疗队伍开展孕前生殖健康检查，服务群众300多人。组织退休职工参加市养老保险管理处手工作品展。制订《环境卫生综合整治工作实施细则》，通过悬挂条幅、致函、发放倡议书等方式引导辖区单位、社区居民参与环境攻坚活动，在街巷路及小区醒目位置悬挂宣传条幅90条，街居干部宣传走访沿街门店1000多家，组建百姓监督员队伍2支、100人，向辖区单位致函10封，发放倡议书800多份。对耀华新村三段、煤场小区等19个重点老旧小区生活垃圾、建筑垃圾进行清运，对铁路街、方大路等6条小巷路进行重点整治。投资3万多元，出动人员400人次、车辆240台次，购买工具100多件，清理垃圾1050多吨、小广告3000多条。开展“美丽港城，从我做起”爱国卫生活动，清出垃圾70车，出动人员200人次。印发《安全生产应急救援预案》，开展安全生产百日大会战，走访企业25家，检查200多次，发放安全责任书30多本，悬挂条幅7条，与8家企业、40户门店签订食品安全和安全生产承诺书；开展经济普查，成立专门机构，组建领导小组，走访辖区企业700多家。

【精神文明建设】 联合第十八中学，启动草根宣讲暨“牵手环保，美化家园”大行动，掀起环境整治攻坚高潮；依托“学雷锋志愿服务站”，开展爱心扶助、妇女维权等系列实践活动，践行雷锋精神；开展“中国梦·我的梦”系列载体活动，利用“社区读书会”开展社会主义核心价值观教育；借助社区女校等阵地，邀请法律、声乐等专业能人走进社区授课100多节，受益群众2500人次；组织群众参与第十五届“王斌眼镜杯”棋类比赛、区羽毛球比赛和第三届沙滩体育节拔河比赛等活动。开设“善行讲习所”“道德讲堂”，讲述社会公德、职业道德、家庭美德、个人品德，引导居民参与“讲道德，做好人，干好事”活动，全年开课25次。组织开展“家的味道，爱的回味，元宵情浓”“环保清明，文明祭祀”网上祭奠等主题活动，浓厚节日氛围；以“送温暖，献爱心”为主题开展“三八”妇女节巾帼志愿者服务活动，走访困难家庭、宣讲《中华人民共和国妇女权益保障法》；举办以“中国梦·我的梦”为主题的“倡廉洁，颂清风”“七一”书画展；中秋节开展“月饼送党员，情意暖中秋”主题活动，烘托喜庆氛围；“情暖空巢老人”重阳节走访慰问活动，受到老人欢迎；结合文明礼仪宣传教育实践活动，倡议“文明出行”，引导居民告别不文明行为。

【社会治安综合治理】 将平安志愿者巡防工作与社区警务工作站紧密融合，成立全区首个平安志愿者警务服务站。走访社区，对重点案件、重点人员跟踪落实，做好上访人情绪稳控和心理疏导工作。成立由主要领导任组长的信访工作领导小组，制订《信访稳定工作方案》《信访突发事件应急处理预案》，实行“五级包案制”（街道班子成员首先分包社区；同时要分包社区内的重点案件或重点信访人；并为每个重点信访案件或重点信访人安排1名街道中层干部和1名普通干部协助领导做好包案工作；同时社区书记、主任是社区包案第一责任人；社区主管信访工作人员是案件的重要责任人），将任务层层分解，责任落实到人。建立由202人组成的社区治安志愿者队伍，分成28支巡防小队开展巡防工作。做到隐患排查常态化，坚持日排查、日报告、24小时值班制度，将各类矛盾纠纷，分类登记，建立台账。设立街道、社区两级调解组织，全年排查民间矛盾纠纷73起，调解73起，调解成功72起，其中口头协议63起，书面卷宗协议9起，调解率100%，调解成功率达99%。加强对社区24位矫正人员管理，建立信息档案，及时掌握其思想动态，均无再次违法记录，矫治率100%。

【社区简介】 *滨海城社区* 有商业门店56户，总户数2550户，总人口6500人，其中流动人口350多人。建立党建网格化管理机制，采用社区党课、社区干部学习日等多种方式进行学习。在全区“四强四有”示范点评选中，获网上评分社区组第一名，总成绩第三名。组织以“汇集正能量共绘新蓝图”为主题座谈会,征集意见建议30多条。举办以“中国梦·我的梦”为主题，迎“七一”党风廉政教育书画展。在“三八”维权周期间，邀请万千律师事务所律师到社区宣讲婚姻法和继承法。组织小虎子开展“美丽中国”剪纸、“展望明天，放飞梦想”新春音乐会、“老少同乐庆元宵”等活动。开展“世界法律日，送法进家庭”主题活动。成功调解民事纠纷37起。与共建单位合作开展义诊活动2次。社区干部及低保户、志愿者义务劳动17次,清理大小广告200多条,清除建筑垃圾10车。对辖区单位进行安全生产、食品安全检查60多次,向居民发放食品安全法等宣传手册300多份。残疾人专职委员王锡德参加市残联举办“中国梦·我的梦”残疾人艺术大赛。举办道德讲堂10次，开展学雷锋志愿服务活动30多次。

吉星里社区　总户数4455户，总人口1.11万人。辖吉星里、建设里、青云里、海安里、耀东里、仁和里、建港楼、商检楼、航五楼等9个小区及部分平房。开展舞动健康生活广场舞大赛，与秦港交警支队合作开展“文明行，大家行”出行倡导活动，开展爱老人爱母亲、我与美丽中国等5个主题图画展，展出作品60多幅。依托老年人日间照料站，为社会提供5个公益性岗位。对66名产后哺乳期育龄妇女进行家访；组织重点育妇免费妇科普查，参检人员167人;组织妇女免费义诊、健康知识讲座等活动。开展社区市容市貌和环境卫生综合整治活动5次,清理生活垃圾、建筑垃圾、杂物等20吨。对400只信鸽进行免疫注射。向辖区居民和各单位发放鼠药2次、500多袋。发放安全生产文件5份、安全大检查通知25本，召开安全生产会议5次。开展志愿服务20多场次，通过制做主干道大型宣传横幅、LED主屏滚动插播、致市民一封信等多种形式营造氛围。有稳定的巡逻队员40人，全年义务巡逻60多次。成功调解矛盾纠纷15起,调解率100%。开展法制学习6次,发放宣传单500多份。举办普法宣传图画展，征集展出160多幅宣传图。

开滦路社区　辖煤厂小区、缸砖里、缸砖路（已拆）、开滦路（已拆）、解放里、福寿里等6个自然小区。为60岁以上老人进行义诊，为低保家庭孩子申请就读机会。组织退休人员参加各项活动，举办“退管杯”手工作品展。举办消防专栏展示，宣传消防知识。开展应急预案演练周活动，培养居民消防安全意识。“两节”期间慰问低保户家庭，为低保家庭送去温暖和慰问品；母亲节期间开展感恩母亲节趣味联欢会；对辖区妇女进行“家庭礼仪讲座”、举办预防家庭暴力等宣传活动。国际助残日看望贫困残疾人并为其送上慰问品；在法律宣传日开展预防青少年犯罪宣传活动，邀请派出所民警为广大青年学生详细讲解相关法律知识。

南山社区　总户数2673户，总人口6203人，其中流动人口508人。落实“三会一课”制度，坚持每月18日党员学习日活动。“三八”妇女节，邀请社区医疗服务站医师为新妈妈讲解新生儿护理知识；“五四”青年节，开展“回顾光荣历程，坚定青春理想”，弘扬“五四”精神等主题活动。组织社区干部和志愿者参加劳动20次，清理大小广告500多条，清除社区内建筑、生活垃圾23车。开展“3·15”消费者权益日宣传咨询服务活动。6月26日世界禁毒日,发放“远离毒品、真爱生命”宣传卡片，倡导科学文明生活方式。举办以低碳环保、从我做起为主题创新性环保活动；向居民发放食品安全法等宣传手册300多份，与辖区单位签订消防承诺书和食品安全责任书。开展推进社区文明和谐建设的各类主题宣传活动，组建合唱团、舞蹈队、京剧票友会、书法班等文体队伍，推进社区文明建设。

铁路里社区　总户数2709户，总人口7141人。组织社区党员深入辖区宣传《中华人民共和国道路交通安全法》《未成年人保护法》等。为辖区内行动不便老人主动上门办理退休认证、高龄补贴及相关政策服务。为30多名婴幼儿建立早教档案，宣传早教知识，定期到新生儿家庭进行育儿指导及服务。组织“六一老少同乐会”、“共沐金婚情，浪漫七夕节”、九九重阳节敬老活动等。利用科普画廊进行防震减灾、消防知识、食品安全等主题宣传。开展“关爱生命，安全出行”活动。进行“弘扬宪法精神，共筑伟大中国梦”大型普法活动，展出普法展牌20多块，发放普法宣传品100多份。有平安志愿者21人，社区巡逻队分批分组、定时定点进行巡逻。开展环境卫生整治活动，清理建筑和生活垃圾45车，面积4000平方米。硬化土路300多延长米，改善居民生活环境和出行环境。

耀华社区　有居民楼86幢，总户数4027户，总人口9047人，辖耀华老村东段、西段，新村一、二、三、四段等6个自然小区。利用社区居民活动站、市民学校、老年大学等阵地，举办环保装修、绿色环保标准、做绿色小卫士等讲座。组织红领巾小分队、巾帼小分队、夕阳红小分队等社区绿色志愿者队伍，定期开展捡拾白色垃圾、清理非法小广告等活动。对下岗职工摸底登记备案，为下岗失业人员提供更多就业机会。与市劳动和社会保障局共同开展再就业援助活动，为下岗失业人员送政策、送培训、送岗位、送补贴。对4027户居民分户底册及时更新。召开育龄妇女代表会，宣传婚姻法和计划生育有关知识。"三八"妇女节，为100多名育龄妇女做免费生殖健康检查。

耀中里社区　由耀振里、耀中里、耀兴里、耀北里等4个自然小区组成。组织党员和志愿者，重大节假日在辖区巡逻，排查安全隐患，维护辖区治安，定期到困难居民家中提供帮助。成立善行讲习所，举办讲座10场，传播凡人道德故事。成立耀中里社区平安志愿者服务站，发展志愿者12人，实行"站长式"管理，通过零距离便民服务、定时坐班等形式为社区居民提供服务。与橡树湾地产联合举办消夏晚会、与区妇联联合开展"幸福夜话"谈话活动和"幸福从心开始"关爱老年人心理健康讲座。开展青年志愿者、"五好"家庭评选等活动，提高社区凝聚力和居民生活质量。组织社区志愿者不定期为辖区残疾人、孤寡老人服务。组织人力物力，对环境卫生进行清理。疏通下水道200多米，累计清理陈旧垃圾60多车，治理卫生死角30多处。

【领导班子主要负责人】

党工委书记：瓮志平
办事处主任：张静漪（女，9月免）
　　　　　　李　越（女，9月任）
人大工委主任：马秀芳（女）

（王洪科）

燕山大街街道

【概况】 街道管辖区域东起建国路，西至红旗路，南起燕山大街，北至北环路，总面积2.97平方千米，辖燕山一社区、燕山二社区、燕北里社区、铁新里社区、迎春里社区、天洋新城社区等6个社区，有居民楼304幢，总户数1.47万户，总人口2.95万人。2013年，立足街居实际和发展需要，解放思想，抢抓机遇，树立"明确定位抓发展，理清思路树形象，强化保障促和谐，加快建设保平安"的总体思路，开创各项工作新局面。先后获市科普示范社区，区安全生产先进单位、食品安全先进单位、人口和计划生育成效突出单位、舆情信息工作先进集体等称号。

【党建工作】 率先建立社区大网格，将社区党建、城市管理、民生服务、综合治理等四大类工作全部纳入网格管理，实施"大厅服务＋走动式办公"工作模式，全面提升党建工作水平。建成党代表工作室1个，建立党员服务直通车1个，成立党员服务小分队6个，开展党员红色服务月、党员集结令等系列活动12次，街居党员干部走访群众1万人次，记录民情日志120本，解决信访、民生等各类问题3600件，帮扶弱势群众1200人。全力打造天洋新城社区"四强四有"（组织群众能力强、联系群众能力强、凝聚群众能力强、保障群众能力强；有多样化的服务平台、有特色化的服务载体、有高效化的服务队伍、有常态化的服务机制）开放型、服务型基层党组织示范点，完善社区文化、休闲景观长廊，成立全市首家社区侨务工作站，天洋新城社区被确定为海港区"四强四有"开放型、服务型基层党组织示范点，接待市、区3批次500多人现场观摩学习。以党员活动日为载体，通过经典诵读、播放电教片、举办微型党课等多种形式，深入开展党员大培训，完善党员公益岗位，组织党员志愿服务，组织街居党员干部读书320本，记录学习笔记89本，撰写学习心得89篇，培训党员干部300多人次。

【社区建设】 创新活动载体，找准形式与内容的内在结合点，不断激发活力，探索、尝试惠民利民新举，将成果运用管理与服务之中。完善基础设施建设。全面完成社区卫生服务中心建设，力促社区两室建设全面提标。对已建成的社区老年日间照料中心和早餐工程进行全方位指导、跟踪服务，完善运行机制，及时总结经验，督查运营情况，更好地发挥项目为民服务作用。启动辖区应急管理系统。采取社区风险地图方式，明晰风险源、脆弱性区域、救援点、应急疏散集合点、疏散点路径，重视民情民意反馈，正确引导和处理突发舆情，完成迎春里、天洋新城社区全国减灾示范社区申报工作。积极探索准物业管理模式，依托街道社区服务中心成立社区服务站，组建服务队伍，为小区提供保洁、护绿等日常服务。对于弃管小区、物业撤离的天洋新城 8 ~ 9 栋、小区无人管理等问题，协调小区业主成立业主委员会，充分调动社会各阶层、各方面的积极性，促使群众自我管理、自我服务功能不断完善。

【社会事业】 完善困难群众救助机制，以群众工作站（室）为依托，定期走访入户摸底调查，宣传小额担保贷款、退休人员登记等劳动保障惠民政策。成立惠民政策宣讲团，开展“惠在何处、惠从何来”宣讲活动，提高居民对社会保障体系的知晓率。推行流动人口“五步工作法”（即：一访、二送、三跟踪、四建档、五反馈）。开设老年书屋、流动人口儿童之家、社区早教中心等服务社区居民。做好就业困难人员认定、社保补贴返还、就业再就业技能培训、计生政策宣传教育等工作，设立民生举报箱和便民服务热线，方便群众咨询、投诉和反映意见建议。开展帮助贫困残疾人、端午浓情暖军营、阳光计生行动等主题活动，加大对弱势群体帮扶力度。

【精神文明建设】 全面完善综合文化站、社区图书馆、电子阅览室等公共文化设施网络建设，借助共驻共建单位、“一联六促、访解帮带”活动平台，争取资金、物品等支持社区文化建设。培育文化能人，建立社区人才库管理体制。强化社区道德讲习所和学雷锋志愿服务站建设，完善科普画廊、文化活动室、图书馆以及远程科技宣传教育终端等设施，组织开展“我们的节日”“主题志愿服务”“中国梦、社区梦、我的梦”等特色市民教育活动，组织群众参与各类讲座、文艺演出、惠民政策进社区等活动。

【社会治安综合治理】 加强平安志愿者巡防，实现辖区安保工作覆盖率 100%。落实首问负责制、包案制，妥善处理群众诉求，对 29 名刑释解教人员、12 名矫正人员全部实施帮教，无一人脱管、漏管，为 2 名矫正人员提供就业咨询。街道领导接访群众 10 件次，排查收集民意 100 多条，发现问题 52 件，为 1 人申请办理法律援助、1 人申请司法救助，调委会调解各类纠纷 40 起，全部有效化解，纠纷调解率达 100%，无民转刑案件发生。

【社区简介】 燕山一社区　辖燕山里、燕河里、燕锦里、建玻里、健锋里、燕安里 10 ~ 12 栋，有居民楼 70 幢，总户数 3012 户，总人口 6100 人。有市检察院、玻璃设计院、中煤公司、燕山派出所、小海燕评剧团等企事业单位。辖区现有市、区东部第一馆——秦皇岛市图书馆燕山图书分馆、建筑面积 450 平方米的社区日间老年人照料站和社区早餐工程服务部。

燕山二社区　辖燕秀里、燕阳里及燕秀里平房，有居民楼 65 幢，平房 32 户，总户数 2358 户，总人口 5800 人。有市司法局、区房管局、燕秀里小学、区人防办、腈纶厂物业、市民政局干休所、福彩中心、燕山二社区卫生服务站、燕山办事处幼儿园、晨曦幼儿园、小燕子幼儿园等企事业单位。

燕北里社区　总户数 2098 户，总人口 3956 人。其中，低保户 18 户，下岗失业人员 155 人，离退休 120 人，残疾 15 人。辖秦皇岛银行、市消防支队、市线务局、区环保局、女子医院、市排水有限公司、区生殖保健院等企事业单位 10 个，社区先后获区优秀基层单位、社区矫正工作先进集体，市绿色社区等称号。

迎春里社区　有航五、外贸、烟机、戴卡、秦皇岛日报社、杂居等 6 个家属区，37 幢家属楼，总户数 1454 户，常住人口 3406 人。辖区单位有市日报社、秦皇岛银行、报业酒店、建设银行、肯德基、中储公司等 6 个企事业单位。

铁新里社区　有居民楼64幢，总户数3039户，总人口5573人。有妇幼医院，市骨科医院，第十九中学，铁新里小学、铁新里幼儿园、人民银行、工商银行、中国银行、蜀川天府、民航、铁道大厦等企事业单位。有党员381人，低保户56户。社区内设公共服务中心、党员管理服务中心、党员电教室、图书室、综合活动室。

天洋新城社区　辖天洋新城、长城花园、红星小区3个居民生活小区。总户数2948户，总人口5692人，低保户23户，在册下岗职工118人，离退休174人，残疾16人。社区3个生活小区均为物业管理，配备监控设施和专职保安，社区绿地面积约占35%。社区党员总数82人，党员中心户4个，设立党员公益岗位5个。

【领导班子主要负责人】

党工委书记：冯立志

办事处主任：周莲洁（女，9月免）

　　　　　　才汇强（9月任）

人大工委主任：季　平

（杜天琪）

河东街道

【概况】 管辖区域东起东港镇、西至老京山铁路、南起海边经新开河至省渔业公司门前铁路、北至建设大街，管辖面积5.14平方千米，总户数2.04万户，总人口4.2万人。辖东港里社区、安居里社区、工人北里社区、工人南里第一社区、工人南里第二社区、煤港里社区、新开里社区等7个社区，有驻区企事业单位、机关院校、部队等企事业单位22家。2013年，围绕"和谐河东提档升级"的目标，立足实际，务实创新，各项工作取得较好成绩。完成招商引资6060万元，占全年指标任务151.5%；固定资产投资1.2亿元，完成全年目标任务。

【党建工作】 开展"树、讲、聚、促"和"解放思想"两个大讨论活动，做好规定动作，精心谋划"1+X"新式教学、"三访三谈"（三访即访贫困户，帮助寻找脱贫的路子；访老党员和老干部，请他们为辖区发展献计献策；访信访户，向他们解释政策化解矛盾。三谈即领导干部与机关干部谈心、与普通党员谈心、与社会群众谈心）等自选动作；开辟活动宣传专栏、学习园地，建立"金点子征集台"和"意见箱"；采取"一表、二箱、三线"（一表即征求意见表；二箱即征求意见箱和电子邮箱；三线即电话热线、工作分管线、驻辖区单位联系线）的方式广泛征求意见建议286条。协调帮扶单位，完善社区软硬件建设。帮扶单位区城乡建设局投入16万元帮助工人南里第二社区改善办公用房，投入10万元为新开里社区改造荒地面积800平方米，为工人南里第一社区清理无主建筑垃圾、配备垃圾箱；区卫生局为煤港里社区添置档案柜和药箱；区交通局、海港规划分局分别为东港里社区配备档案柜和宣传栏。安排9名班子成员和14名机关干部下基层分包社区，先后走访群众500人次，解决实际困难及问题120多件，帮扶困难群众40人次。认真学习中共十八大及省市区全会精神，推出"理论、政策、廉政、业务"四大教育板块，每周四开展集中学习。组织20多家联合党委成员单位近百名职工举办迎"五一"健走大赛，提升辖区党组织凝聚力。建立政策宣传、文明劝导、环境监督等党员志愿服务队伍10支，通过党员先锋岗、党员承诺制等活动载体，发挥党员先锋模范作用。开展"四强四有"服务型、开放型基层党组织示范点创建。组织全体党员干部深入学习贯彻中共十八大和中共中央总书记习近平系列讲话精神，研读《习近平在正定工作期间坚持群众路线纪实》，组织机关干部座谈，在辖区5个建立党组织的非公企业设立纪检委员；开展"正风肃纪"专项行动，按照规定，规范公车使用，腾退办公用房168平方米。

【社区建设】 实施产业招商、专业招商、综合利用网络招商、挂职招商和代理招商等新举措，提高招商引资实效。制订招商引资工作长远规划和具体措施，建立党政领导联系企业制度，帮助辖区民营企业国粹苑结石专科门诊部建立党、团、工会组织；帮助渔业公司冷库协调用电问题；帮助海东青食品有限公司协调安监局规范危险化学品使用程序等。盘活辖区资源，利用闲置房屋进行"填空式"招商，对已确定的社区建设服务项目，为客商做好咨询服务、代理服务、现场服务。探索社区经济增长点，鼓励和帮助下岗职工和失业人员以个体、私营等各种经济形式，兴办社区便民利民服务项目。帮助原有企业盘活自有资产，吸引各种所有制经济实体、大中小企业在社区投资、发展，培育新经济增长点。宣传环境整治工作，在辖区主干道、居民区显著位置张贴、悬挂标语横幅200多条，发放宣传资料800多份，利用LED显示屏滚动播放宣传标语20多条。明确"三横六纵"路段以及市场周边、庭院、沿河景观带等整治重点。辖区志愿者、低保户等加入整治行动，参加人员3500多人次。投入资金20多万元，出动大型机械设备14台，累计工作时间120小时/台，整治辖区卫生死角300多处，清除清理野草、杂物、建筑垃圾2500立方米，清理乱贴乱画及非法小广告200多处。

【社会事业】 保障平台建设，实现"人员、场地、制度、工作、机构"五到位，推进小额（担保）贷款政策落实。对"4050"下岗失业人员量身定制服务方案，为辖区384名居民申请办理就业失业登记证，协助27名居民申请办理小额担保贷款。城镇新增就业774人，其中下岗失业人员再就业446人，就业困难人员再就业182人，将城镇失业登记率控制在4%以内。举办"春联送祝福"、老年人趣味运动会、治安自防知识讲座等活动，丰富企业退休人员业余生活。企业退休人员移交街道进行社区管理102人，协助办理异地退休人员认证119人，查出上报死亡退休人员65人。摸清社会抚养费征收底数，对2006年后社会抚养费征收情况进行调查，查出违法生育案件37件，全部立案。为9名独生子女伤残、死亡家庭父母申请特别扶助金，有78人享受特扶奖励。为44户特扶家庭，发放救助金28.15万元。为101个独生子女父母申报独生子女父母奖金，为986名居民发放奖金11万多元。定期组织新婚、孕期夫妇进行优生优育优教知识培训，为200多名辖区居民进行B超、乳腺等8项免费检查。完成全员流动人口计划生育管理服务系统录入工作，入库率90%以上，全员流动人口覆盖率90%以上，信息接收率和协查反馈率95%以上。做好流动人口基础信息核实和主要人口数据统计，核查流入人口1744人，修改69人信息；核查流出人口84人，修改12人信息。把新开里社区作为试点，开展流动人口一卡通服务活动，发放"流动人口一卡通"152张。坚持应保尽保、动态管理，辖区现有低保总数611户，新增75户，调整43户，注销23户，为辖区三无对象、危重病人等6大类符合条件的62户低保对象申报分类施保。办理住房保障232户，其中廉租住房129户、经济适用房69户、限价房34户，为60个申请保障房的家庭发放廉租住房保障证。发放前三季高龄老人补贴5.7万元。开展健康体检、育儿讲座、政策宣传等讲座10多次，义务服务辖区居民800多人，为居民办结各类服务事项1320多件，居民满意率95%以上。

【精神文明建设】 开展"与文明同行，铸和谐港城"活动。建立道德讲堂和"善行讲习所"，开展《公民道德建设实施纲要》、科普、法律法规教育活动120多场次。举办"书香河东·全民阅读"及有关法律讲座等宣传教育活动，报送相关征文、摄影作品50多份。建立学雷锋志愿服务队7支，有志愿者100多人，开展各类服务活动200多次；开办社区爱心慈善超市等，救助困难群体200多人次。开展"河东文明领航雁——我身边的百姓人物"选树活动，表彰先进典型人物30人，组建太极拳、军鼓、舞蹈等群众文化活动队伍10多支。组织实施公民道德建设工程。建立"善行讲习所"，开展"及时雨"学雷锋志愿服务、文明祭祀等道德实践活动。成立全区规模最大社区图书馆即秦皇岛图书馆工人北里分馆，藏书1600册。组建安居里社区社会管理服务中心，为群众咨询办事提供一站式服务。开展给力贫困母亲帮扶等公益活动，帮扶弱势群体40多次。开展除四害工作，在重点区域累计投放鼠药、粘鼠板、捕鼠器等300多件。排查信鸽1008只，集中注射疫苗、建立档案和发放免疫证，免疫覆盖面100%。开展以防治燃煤污染、粉尘污染为重点的整治行动，查处非法燃煤销售档口，严禁施工车辆带泥上路或沿路抛洒、遗漏土沙。排查燃煤锅炉8家、煤场2家、加油站1家、门店386家，涉及餐饮排污93家。悬挂横幅23条，张贴标语19条，发放自制《大气污染防治告知书》100多张。保障安全生产零事故，修订和完善安全生产责任制，举办食品安全讲座7场次；开展火锅店和烧烤店专项整治活动，对13家相关单位进行全面排查；排查辖区重点场所及企业47家，出动人员82人次，排查出安全隐患51处，整改率100%。

【社会治安综合治理】 完善治安防控体系建设，把7个社区划分成58个单元网格，实行治安巡防网格化管理。充分挖掘骨干党员、法律工作者、老教师、管片民警等资源，配强网格智囊团队，优化巡防力量。深入开展矛盾纠纷预防化解，纠纷调处形成合力。针对辖区的各类不稳定因素，制订社会稳定风险评估办法，建立“信息预警”机制，完善多层次、全方位的信息报送网络，强化对不稳定因素的预知、预警和预防，做到第一时间发现、第一时间报送、第一时间处置。始终坚持领导干部AB角接访，畅通社情民意反映渠道，发挥广大义务调解员的作用，从防止矛盾、排查矛盾、减少矛盾三方面着手，维护群众合法权益，减少社会矛盾的发生。

【社区简介】 东港里社区　总户数5070户，总人口1.1万人。拓宽社区服务领域，强化社区服务功能。新增低保困难家庭6户，注销18户，为15户家庭申请保障房，对18户困难家庭实施医疗救助，救助金额13万元，搭建就业平台为10人办理就业困难认定，为5名下岗失业人员申请小额贷款，为300多名下岗失业人员办理养老金及医疗保险返还手续。维护社会稳定，排查矛盾隐患126起，接待来访人员70多人次，组织居民义务劳动2000多人次，清理社区内卫生死角23处，清运堆积物和生活垃圾75吨。

安居里社区　总户数4192户，总人口8236人。推进文明和谐社区创建，拓宽党建工作思路，通过制做宣传牌、发放宣传单，征求党员群众意见建议50多条。开展以帮助下岗失业职工为主题“富民”活动，办理退休认证695人次，补充退休人员信息81人次，办理就业困难认定3人，返还社保补贴121人，管理领取失业保险29人，协助居民办理异地退休认证12人次。开展以关爱育龄群众为主题的“便民”活动，发放独生子女费1.99万元，对辖区居住流动人口开展核实、清查工作。依托社区扬帆义工服务队，帮扶救助弱势群体100多人次，社区自筹资金2000多元，发动社区党员、低保户、志愿者等300多人次，对辖区内环境卫生进行彻底清理。

工人北里社区　总户数2055户，总人口4061人。以服务居民为重点，围绕建立和谐社区的目标，加强社区服务，繁荣社区文化，美化社区环境，提高社区管理水平。对城镇居民享受低保人员实行动态管理，社区居民新增低保6户，注销6户。建立和畅通城镇居民保障房申请窗口，全年接待保障房咨询100多人次，受理经济房申请3户，限价房2户，廉租房申请4户。抓好综合治理工作，打造“平安社区”，调解各类纠纷23起，调处纠纷成功率100%，进行矛盾纠纷排查11次。全面整治环境卫生，发动各类志愿者83人，将小区所有无主建筑垃圾全部清理完毕。

工人南里第一社区　总户数2188户，总人口4288人。做好新时期劳动保障工作，有下岗失业人员297人，每月为17名失业人员办理现场及网上签到，为579名退休人员进行认证，协助5人办理小额担保贷款，为12人办理困难认证手续，走访慰问困难家庭5户。做好计划生育工作，开展集中宣传服务活动，将宣传资料送到群众家里，发放独生子女费84人、1.09万元。接待居民信访，调处矛盾纠纷14起，调解率100%。排查社区生活垃圾及建筑垃圾，清理垃圾10吨。

工人南里第二社区　总户数2416户，总人口5028人。组建义务巡逻队、家庭纠纷调解队，文明劝导队等多支志愿者队伍，开展“爱心预约服务”和“绿色通道”上门服务，为850人办理退休认证手续。其中，“爱心预约服务”86人，“绿色通道”上门服务45人，协助异地认证15人。办理就业困难认定10人，协助25名下岗人员办理领取失业保险金手续，为2名自谋职业下岗职工办理小额贷款。更新完善各类账卡和档案，为74名独生子女父母发放独生子女费，核实退休人员领取独生子女奖励和失独户补贴工作。更换法制板报6期，张贴法制宣传海报30多张，增强居民法律意识，调解纠纷10多件。

煤港里社区　总户数3200户，总人口6656

人。以“创新服务，方便居民”为主线，办理老年证36个，发放老年高龄补贴100多人次，共计1万多元。走访慰问社区66位持证残疾人。采取入户宣传、张贴通知、发放宣传材料、小喇叭广播等方式，把各种政策宣传到每个家庭，为5名失业职工办理咨询小额贷款业务，为93人办理社保补贴。组织社区党员、广大居民等志愿者1000多人次，清理小区内垃圾死角和无主垃圾1000多立方米、40多车，疏通48幢部分淤堵管线，修复小区内破损污水井，改造维修小区大门外道路。建立矛盾纠纷排查机制，调解各类纠纷27宗，成功率100%。

新开里社区　总户数1292户，总人口2687人。做好困难人员医疗救助工作，为10户家庭审核上报保障房申请。利用板报和条幅进行宣传，张贴100多张倡议书到每个单元，清理垃圾120多立方米、卫生死角78处，拆除私搭的鸡窝菜园8处。为420名企业退休人员进行养老金资格认证，为辖区10名失业人员办理每月签到手续，协助21名异地退休人员进行领取养老金资格认证。

【领导班子主要负责人】

党工委书记：谢桂亮（8月免）
　　　　　　王进国（8月任）
办事处主任：王进国（8月免）
　　　　　　蔡　岩（11月任）
人大工委主任：迟　飞

（徐　凡）

建设大街街道

【概况】 管辖区域东起东环路、西至文化路、南起老京山铁路、北至建设大街，辖区面积2.47平方千米，总户数1.94万户，总人口5.68万人，有8个党支部、在册党员1222人。辖交运里社区、新征里社区、上秦社区、秦皇社区、幸福里社区、文明里社区等6个社区，有驻区部队、院校、机关及企事业单位35家，其中较大商业民营企业8家。2013年，完成固定资产投资项目1.32亿元，为年任务的110%；招商引资完成4200万元，为年任务的105%。

【党建工作】 建立下派干部联系社区、联系困难户“一对一”帮扶制度。协调区城调中心、老干部局等机关单位帮扶社区，解决实际问题60件，落实居民建议32条；开展“四强四有”基层服务型党组织创建活动，确立秦皇社区为“四强四有”示范社区，完善“十有一好”（有服务场所、有服务平台、有活动载体、有服务队伍、有工作制度、有公开栏、有活动档案、有影像资料、有活动展示、有讲解人员、整体活动氛围好）建设标准；谋划实施党员管理服务新载体——“党员六先责任制”（即先听、先看、先反馈、先议、先办、先担当），反馈意见建议50多条，为居民先办、先议事件20多件；完善党员教育管理。注重发挥社区党员中心户先锋模范作用，培树先进典型，以点带面，发挥示范导向效应。创新载体，在交运里社区成立“廉阿姨工作室”，承担起收集居民意见建议、心理咨询、政策宣传、法律服务等职责，累计服务居民71人，调节纠纷4起。

【社区建设】 加强文化站建设，交运里社区装修改造建成包括多功能厅、图书室、管理用房等功能完备的街道综合文化站，面积300平方米。向市、区文体、民政、人社等相关部门争取文化器材及文化基础设施投入50多万元。活动室总面积500多平方米，图书5000多册，电教设施齐备。确定秦皇小区广场为街道文化站室外活动场地，面积1500多平方米。街居公共文化设施免费向居民开放，每周开放时间超过42小时。完成春秋两季除“四害”和疾病防疫任务，发放灭鼠工具5800多个，消毒药品100瓶。组织大规模义务劳动50多次，悬挂宣传条幅、标语24条，出动人员1200多人，清理白色垃圾800多袋，集中清运各小区积存垃圾352车，粉刷墙体200平方米，铲除小广告2000多条。

【社会事业】 扩大低保覆盖面，有低保573户、1116人，新增低保41户，新增分类施保22户，变更低保43户，注销低保27户。上报廉租房176份，经济适用房66份，限价房38份。完成各项救助工作，其中医疗救助44人，救助金额8.84万元；一次性救助2人、2000元；临时救助3人、5000元；大病救助病种由以前5种病种扩大到17

种；对6户残疾人家庭进行房屋无障碍改造。发放残疾人申请表150多份，协助发放残疾证62个。为17名退伍兵发放义务兵优待金17.16万元，组织6位重点优抚对象体检2次。新增就业岗位825人，其中下岗职工就业330人，就业困难人员150人。发放相关资料100多份，为35名下岗失业人员办理小额贷款，更换并办理就业失业登记证420个。联系广源超市、天洋电器、知蜂堂等10多家用人单位，提供就业岗位60多个。接收企业退休人员4283人，其中市属3561人，区属578人，其他县区144人，协助异地退休人员130人，为147人办理2013年度缴费和补缴款12.59万元。

【精神文明建设】 开展“善行讲习所”活动，以提升市民素质为着眼点，建立起覆盖全街道的“善行讲习所”网络，全年开展活动48次，受益干部群众700人次。组建城乡环境整治百姓监督员队伍，由11人组成，巡查监督城乡环境卫生，举报、投诉各类“脏乱差”环境卫生问题，劝阻和教育影响辖区环境行为72次，举报环境问题4次，对环境卫生管理工作提出意见和建议12条。推动10多支学雷锋志愿者服务队建设，组织参加“文明楼栋”“文明家庭”“平民偶像”评选活动，倡导文明风尚。

【社会治安综合治理】 全年排查矛盾56起，调解成功56起，调解成功率100%；收缴违法宣传品2000多份；组织集中法律宣传活动，出动宣传工作人员20多人次，张贴、悬挂宣传条幅15条，累计散发宣传资料1200多份，解答群众咨询90多人次；打造“治安志愿者巡防协会”品牌，185名平安志愿者定期巡防，上报信访隐患5次，调解矛盾纠纷7起。

【社区简介】 交运里社区　由交运里、新建村、东光里、秦新自由港和昌德城等5个自然小区组成，有居民楼67幢，总户数3543户，总人口8900人。党员156人，低保户84户，残疾人74人。党员156人，低保户84户，残疾人74人。组织开展社区首届春节联欢晚会，“庆‘三八’——夸夸我的老伴”“感恩母亲，最美的歌献给妈妈”“3.15维权进社区”普法宣传活动等特色主题文化活动20多场；社区活动室，内设棋牌、台球等娱乐设备，坚持每天无偿开放；与共建单位河北建材职业技术学院结对子，建材学院把社区定为“团学干部进社区挂职锻炼”实践基地，举办文艺演出10多场。

新征里社区　辖新征里、新征南里、安泰家园、普庆里、天洋雅居、第一站等6个自然小区，有居民楼82幢，总户数3359户，总人口8872人，党员129人。开展“中国梦你我共圆的梦”为主题义工服务活动；组织社区党员、志愿者、小虎子、共建单位等社会各界力量1500多人次，参与城建义务劳动60次，清理乱贴乱画2000多条，清理无主垃圾80多处，清理绿化带700多延长米，整治自来水渗漏8起，治理污水外溢4起，补丢失井盖3个，完成普庆里1～10栋老旧小区改造，完成新征里24～27栋天然气改造工程；办理退休认证720人次，新增就业岗位140个，办理社保补贴131人次，办理失业保险人员认证252人次，办理《就业失业登记证》78个。

上秦社区　由10个自然小区组成，有居民楼112幢，总户数4635户，总人口10500人。有社区党员226人，在职党员96人。开展精神文明创建、社区民政、计划生育、城建卫生、劳动保障等各项工作，精心打造“爱心型”品牌特色社区。

秦皇社区　有居民楼108幢，总户数4262户，总人口1.5万人。党员181人，其中离退休党员130人。打造“广场文化”品牌，开展广场活动30多场次。社区实行“三有”服务，即居民来社区要“有人问，有人管，有人帮”；创新计生工作宣传手段和形式。开展“让家庭健康、和谐”、7·11世界人口日宣传活动、“关爱生命，预防艾滋”预防艾滋病宣传活动等；为125名老年人办理老年证；将22名治安义务巡防员与物业保安分成5组，每周定期在小区内进行义务巡逻并制订巡逻工作日志；建立基层党建信息化工作平台，提高基层党组织服务质量和工作档次。

幸福里社区　辖太阳城、27度空间、幸福里、新北里、山东里、洪义里、永安里、庆航里以及欧雅花园等9个自然小区，有居民楼69幢，总户数4846户、总人口1万人。有海港区城管局、太阳城管委会、海港医院以及秦皇岛市交通局等企事业单位。调处各类纠纷13起，调解成功率100%。为下岗职工返还资金40多万元，为700名企业、事业离退休人员进行生存认证；为14户特困职工节日期间送去米、面、油等慰问品。为4户符合条件居民申请最低生活保障。

文明里社区　由文建里、文明里、文化里、兴龙国际城、世嘉茗庭、翔麟小区、农行家属院等7个自然小区组成，有居民楼62幢，总户数3500户，总人口7129人。创建“关爱型”品牌社区，组织党员开展“党员六先责任制”活动，开展党员学习教育工作，坚持“三会一课”制度。每月开展文化活动、体育活动，组织举办新春联欢会、元宵节灯谜会、游园踏青、“迎接党的生日、放飞港城梦想”等主题活动，丰富社区居民业余文化生活。

【领导班子主要负责人】

党工委书记：吕红新（9月免）
　　　　　　林大华（9月任）
办事处主任：林大华（9月免）
　　　　　　王胤龙（10月任）
人大工委主任：岂福明

（戴莉莉）

白塔岭街道

【概况】　白塔岭街道由城市社区和外围社区两部分组成，城市管辖区域东起汤河、西至西港镇、南起海边、北至秦皇岛市经济技术开发区，辖燕山大学社区、职院社区、文昌里社区、文体里社区、文耀里社区、美岭社区、企业联合社区、北部联合社区、森林逸城第一社区、世纪海洋花园社区、海政里社区等11个社区。总面积4.35平方千米，总户数2.67万户，总人口5.92万人。党支部（总支）15个，党员1247人。2013年，完成固定资产投资1.24亿元，为年任务的103%；引进内资4535万元，为年任务的113%；新增就业岗位850个，实现新增就业818人，新增就业实体5个，城镇登记失业率为3.5%；月发放低保金35.12万元，分类施保175人，低保覆盖面达到3.3%；符合政策生育率99.45%，人口自然增长率1.07‰，综合节育率89.21%。

【党建工作】　开展“双访双摸清”活动，即访现任社区干部，摸清干部思想动态；访老党员、老干部和不同层次群众，摸清“两委”班子在党员群众中的公信度。落实换届程度步骤，完成11个社区两委换届工作。社区两委班子平均年龄31.6岁，同比降低5.2岁；大专以上学历64人，占总数的94%，同比提高5%。发挥片区高校联合党委作用，开展“团学干部进社区”、爱心家教、法律课堂、“情系夕阳”文艺汇演、“聚焦美丽中国梦，多彩生活健康行”等活动。发挥“城乡党员一卡通”功能，加大文体活动室、图书馆等资源整合建设力度，森林逸城第一社区的市图书馆社区分馆，接待持有“一卡通”农村党员借阅图书700多人次。携手农村党员共同举办文艺汇演、趣味运动会、座谈交流等活动8场次，形成城乡“资源共享、优势互补”的局面。开设“善行讲习所”和“道德讲堂”，组织文明礼仪、道德与法等讲习110多次。开办未成年人社会实践第三课堂，举办“才艺大比拼”“亲子运动会”“大手拉小手”等实践活动。依托文体活动站室，开办舞蹈、电子琴、太极拳等培训班，培育百灵戏曲学社、红梅腰鼓队等文体队伍26支。

【社区建设】　组织动员街居干部、大学生志愿者、党员志愿者等6000多人次参与“美丽港城从我做起”等环境整治工作，投入资金18万元，清理、清运各类建筑垃圾、生活垃圾、废土400多吨，清理小广告4000多条。做好禽流感防控工作，发放消毒药水2.5万毫升，疫苗200多支，统筹做好手足口、麻疹、灭鼠、灭蟑等其他防控卫生工作。发挥城管中队职能作用，规范经文路、岭后街等占道施工行为15起，整治早摊点、烧烤等店外经营62处，拆除竹海路违章建筑棚亭2个，查处违法私设广告牌匾3处。抓好大气污染防治工作，制订出台实施方案，配合环保部门对发现12个排放不达标的燃煤锅炉进行限期整改。加强宣传发动工作，创办宣传橱窗4个，发放资料200多份。抓好“六五”普法工作，开展遵守交通法规、国防教育法宣传、送法进家庭等活动25次。推进社区网格化管理，将所辖11个社区划分为82个单元网格。在街道和所辖11个社区创新设立民声驿站，接待群众访200多次、电话访500多次、信访10多次，解决落实居民反映楼道养狗、垃圾清理、广告牌匾设置等问题100多件，向物业公司交办房屋漏水、物业服务等问题62件。

【社会事业】 加大文体里社区、美岭社区、文昌里社区和北部联合社区办公用房新建、改建、扩建力度，投资120万元的美岭社区550平米办公用房改建项目完成并投入使用。加强低保动态管理和档案规范化建设，完成878户低保家庭网上信息录入工作，分类施保175人。做好城乡医疗救助工作，受理大病医疗救助46人，发放救助金9.06万元。组织各社区开展爱心义诊活动，为居民提供服务800多人次，发放糖尿病防治等资料3000多册。建立退休人员管理10种台账，完成企业离退休人员资格认定5386人，协助异地认定604人。推进就业和再就业工作，新增就业岗位850个，实现新增就业818人，新增就业实体5个，办理就业失业登记证471本，为30人办理小额贷款300万元。受理保障性住房申请117份，限价房44份。开展"党员干部走基层、爱民惠民大行动"活动，为贫困家庭发放慰问品5万元。开展婚育新风、优生优育、避孕节育等知识咨询活动，发放宣传资料350多份，接待群众政策咨询120人次。落实计划生育奖扶政策，为1283户城镇无业居民发放独生子女父母奖励金14.84万元。做好社会抚养费征收工作，完成30例案件立案、取证、处罚工作。做好茂业城市综合体项目土地征收、拆迁改造工作，开展入户调查3000多人次，发展宣传单、倡议书、答复信等1万多份，征集梳理居民反馈意见100多条。

【社会治安综合治理】 落实科室人员信访隐患排查责任，对排查出的26起矛盾纠纷隐患，建立规范台账，逐项明确包案领导、责任科室、责任人。做好防范工作，设立宣传橱窗、清除非法宣传品等。加强对36名社区矫正人员管理，建立信息档案，通过手机卫星定位、定期思想汇报等，及时掌握思想动态和人员去向，结合环境卫生整治，组织矫正人员参与义务劳动100多人次。开展安全生产百日大会战、安全生产大检查、打非治违等行动，发放安全生产明白卡、承诺书、提示卡2000多份，出动178人次对居民库房、闲置民居、商场和超市等474处场所进行排查，督促整改安全隐患30多处。组织街道机关、广缘超市奥体店、家惠超市燕大店等单位进行人员疏散应急模拟演练，提高自救互救应急反应能力。开展食品安全大检查工作，举行"食品安全法规""食品安全与健康"等培训班3期，对小饭店、小杂货店检查100多人次，确保食品安全零事故。

【社区简介】 燕山大学社区　总户数2048户，总人口5838人。社区劳动保障工作进展顺利，完成"4050"人员养老保险返款率95%。接受下岗失业人员76人，并完成失业金补偿；清理、整理小区内私搭乱建51处；开展丰富多彩文化活动群满意率95%。

职院社区　由秦皇岛、昌黎两个校区组成。家属区和学院教学区同在一个院落，有居民楼21幢，平房125间，总户数732户，总人口1830人。社区设党支部1个，在册党员11人。把维护社区稳定和社会治安综合治理置于各项工作的首位，社区未发生1起刑事案件。走访居民区，了解家庭实际情况，建立台账，并将每户家庭信息输入信息库。联系学院团委开展学雷锋活动，联系职工活动中心为居民提供活动健身场地。

文昌里社区　有居民楼64幢（新建高层2幢），别墅37幢。总户数2926户，总人口6605人，党员603名。利用党员电教网，每周三下午集中学习。参加上级部门组织各种培训活动10多次。挖掘辖区所有商务楼宇、闲置房产资源，为商家提供便捷完善楼宇信息服务。宣传社保补贴政策，为820人办理社保补贴手续；办理申请廉租房95户。定期组织低保户和志愿者清理乱贴乱画，维护社区环境。做好灭鼠、禽流感防控工作，投放鼠药4箱，宣传疾病防控知识10次。配合街道集中清理垃圾2次；提高食品安全意识和事故责任意识，严防食品安全事故发生。

文体里社区　总户数4330户，总人口8266人。党支部1个，党员人数93人。加强党员管理，提升党务工作水平，预备党员转正6人，吸纳积极分子3人，慰问困难党员和建国前党员30多人次，组织党员开展志愿帮扶50多次。成立民声驿站，入户走访300多次，为群众解决困难260件。有低保户47户，申请医疗救助4户，申请经济适用房或限价房12户，办理老年优待证100个，办理高龄老龄补贴6人。开发就业岗位56个，安置下岗失业人员50人，办理下岗失业人员社保补贴200人，帮助办理小额贷款17人。办理领取失业保险金40人。开展育龄妇女健康知识讲座50次，联系大型义诊活动10次。受理各类纠纷10件，调解成功率100%。

文耀里社区　有居民楼37幢，总户数1526户，总人口3926人；党支部1个，党员125人。加强群众工作站建设，为育龄妇女免费生殖健康检查50多人次，发放独生子女父母补贴123人。办理社会保险补贴123人，为失业人员办理失业证40人，为2人办理小额贷款20万元。办理离退休认证930人，全民养老保险35人，住房保障12户，"老年优待证"32本。利用社区居民活动站、市民学校等阵地，举办环保装修、绿色环保标准、做绿色小卫士等讲座。组建全省第一家社区治安巡防协会——文耀里治安巡防协会，协助调解群体上访2起，调解民事各类矛盾纠纷15起，矛盾纠纷调解率100%，成功率100%。开展多项大规模的义务劳动，拣拾白色垃圾10多公斤，清除各类小广告300多条，清理乱堆乱放19处，清理各种垃圾30多吨，疏通下水管道50延长米，发放宣传画100份。

美岭社区　有居民楼58幢，总户数2590户，总人口5510人，其中常住人口2930人，流动人口2580人。在册党员63人。为下岗职工申请社保补贴34人，指导23位失业人员办理"就业失业登记证"。成立美岭社区民声驿站，全年未发生越级上访事件。对151家餐饮业、18家食品经营户、34家无证无照户进行食品安全检查，明确食品安全监督员和食品安全联络员各3人。春节期间，对36家企业和150家个体工商户进行走访，对3个液化气交换站进行督导。开展环境卫生大整治，组织党员、低保户、志愿者清理卫生死角、清运生活垃圾、协助逐户清运建筑垃圾，拆除私搭棚亭3处。

企业联合社区　有高层住宅13幢，多层住宅22幢，两层住宅19幢，平房9栋。总户数3518户，总人口8872人。帮助下岗职工再就业73人次，为失业人员完成签到认定24人，协助异地退休人员认证16人，完成退休认证821人次。开展低保调查审核，为大病低保户提供医疗救助2人。资助残疾人家庭大学生3人。社区党员与78名老人结对，业余时间为老人上门服务。办理保障房申请38户。

北部联合社区　有多层住宅36幢，双层住宅21幢，平房58栋。总户数4010户，总人口7873人。有海洋食品总厂、柳江煤矿、耐火矿山、庙沟铁矿4家辖区单位。为海政里小区添置垃圾箱38个。防控高致病性禽流感，对185平方米鸽笼进行消杀。为退休人员认证813人，异地认证5人，为行动不便的退休人员上门认证16人；办理保险补贴177人。化解居民矛盾26起，解决居民下水供热问题3件。有低保户202户、377人。为60岁以上老人办理老年证32个。为80～90岁高龄老人发放补助金；协调骨科医院到社区义诊，为残疾人、老年人、重病人员体检120多人。办理廉租住房和经济适用房申请手续240多户。

森林逸城第一社区　有居民楼183幢，总户数5649户，居住2123户，总人口3430人。依托与高校毗邻优势，吸纳大学生志愿者140多人。营造和谐人文环境，构建"逸城阳光生活服务圈"。明确10名食品安全志愿者和3名食品安全监督员，走访辖区68家商业门店，开展安全食品检查、消防隐患排除。社区有下岗失业人员62人，其中实现再就业45人。退休人员82人，异地认证71人；为离退休人员认证20人。办理残疾证2人。

世纪海洋花园社区　可居住2042户，实际居住959户，总人口1315人。有党员15人，流动党员142人，其中退休党员51人，在职党员90人，建国前党员1人。社区残疾人4人，有康复需求3人。建立5个社区志愿者服务队伍，包括健身操队、舞蹈队、太极拳（剑扇）、治安志愿巡防队、环境监督志愿队。开设社区中国结培训班、丝网花培训班。

海政里社区　有居民楼47幢，可居住3450户，实际居住2011户，总人口5768人。建立"爱心捐助站"，成立红烛志愿者服务队，开展社区环境整治工作。社区志愿者140多人。化解社区居民纠纷20起，收集居民关心热点问题300多个。组建多支文艺团队，包括合唱团、英姿舞蹈队、吉祥健身舞蹈队、交谊舞队、民乐队等。开展“法在我身边”法制讲座、“迎国庆，居民联欢会”“中秋敬老联谊会”“社区亲子读书会”“中国梦·我的梦绘画大赛”“红歌会”等活动，被市委宣传部评为2013年度宣传文化示范社区。

【领导班子主要负责人】

党工委书记：梅红霞（女）

办事处主任：高洪星

人大工委主任：许　岩

（郑新杰）

西港路街道

【概况】 管辖区域东起友谊路、西至大汤河、南起老京山铁路、北至海阳路，总面积5.5平方千米，总户数4.02万户，总人口10.01万人，辖10个社区居委会。2013年，完成招商引资4400万元，超过年初任务指标10%；完成固定资产投资1.57亿元，超过年初任务指标30%；城镇累计新增就业813人，下岗人员实现再就业294人，城镇登记失业率控制在4%以内；辖区新增人口619人，人口自然增长率5.6‰。街居迎检10多次。

【党建工作】 组织街居干部深入学习中共十八大精神、十八届三中全会精神及党的理论知识，推进“社区工作领头雁”工程。开展“支部书记竞争上岗”工作，7人参加竞争上岗。开展“一联六促、访解帮带”活动，修订领导包居、联系企业制度，开展访民需、解民意、帮民困活动，采取调查研究、座谈走访、发放问卷等多种方式，征求群众意见，解决居民关注热点难点问题100多件。搭建服务群众帮扶新平台，建立阳光民生救助体系，依托“爱心协会”开展送岗上门、送人上岗、送温暖献爱心、捐资助学、爱心救助等帮扶慰问活动。解决下岗再就业76人，帮扶慰问困难群众460户，发放米面油等物资7万多元，为困难居民发放医疗救助金2万多元。表彰先进基层党支部4个、优秀党务工作者14人、优秀共产党员23人。新发展党员10人，培养入党积极分子13人，批准转正党员21人。开展“文明西港，从我做起”“善行西港、温暖你我”等主题活动，培树道德楷模、善行先锋12人。加强“四强四有”（四强：组织群众的能力强、联系群众的能力强、凝聚群众的能力强、保障群众的能力强；四有：有多样化的服务平台、有特色化的服务载体、有高效化的服务队伍、有常态化的服务机制）示范点创建，打造金色党建，完善“一线三心”（围绕社区文明中轴线，建设560平米社区党建中心、4500平米惠民服务中心和6000平米文体活动中心）多样化服务平台，创建党代表工作室、善行讲习所、青春雷锋活动室、红色老兵之家等特色化服务载体，打造党员服务队、文体活动队、志愿帮扶队、治安巡逻队等服务队伍。开展梦想征集、“中国梦·我的梦”主题演讲等活动，收集梦想100条、书画作品40件、自拍微电影10部，演讲征文21篇，发展良策120多条。依托街道14支文体活动队伍，举办各类文化活动100多次，提升社区居民幸福指数。

【社区建设】 加强社区基础设施建设。加大各社区在硬件和软件建设方面的资金投入，提升社区服务平台建设标准，办公系统网络配置全面上档升级。特别是对新社区高标准建设，玉龙湾社区作为全国综合减灾示范社区，已通过省民政厅的考核验收。加大社区环境整治力度。本着广泛动员、义务行动，责任到人、奖优惩劣的原则，全面开展清垃圾、清杂物、清楼院的“三清”工作，发动街居干部、辖区单位、热心居民等1万多人次，清理垃圾700车，对私搭乱建户、饲养家禽户、绿化带种菜户等发放清理告知书1000份，并选配“环境整治义务监督员”日常巡查，确保辖区范围的建筑垃圾、历史遗留垃圾、卫生死角、小广告等得到及时清理。

【社会事业】 开展“阳光计生行动”，制订月总结周交流日反馈制度，办理一胎生育服务登记卡360个，二胎生育证21个，发放独生子女光荣证368个。为2198位独生子女父母发放奖金26.3万元，组织3.32万育龄妇女进行生殖健康和孕情普查。为794户低保户1498人落实低保政策，办理廉租房和经济适用房128户，办理限价房73户，为49名重大疾病患者申请医疗救助金11.5万元，为214名老人发放老龄补助2.4万元，为40名残疾人申请医疗救助卡，为14名视力残疾者申请免费白内障手术或安装助视器。完善就业困难人员援助，核定辖区企业退休人员9368人，办理就业失业登记证795本，认定就业困难人员65人，为55人办理小额贷款，对76名下岗失业人员进行为期1个月的技能培训，为238人进行城乡居民养老保险缴费19.8万元。加大对物业弃管小区管理力度，在走访36个自然小区、20个物业公司、4个业主委员会、1000多名业主后，召开三方座谈会10次，以和安里社区为试点，成功引进鑫明物业公司进驻管理。为社区配备物业专管员，负责全面协调业主、业主委员会、物业公司三方关系。成功承办“海港区安全生产和消防安全综合应急演练”活动。开展专项整治地沟油、奋战保暑期、安全生产百日大会战、打非治违等专项治理活动，确保企业安全生产无重大隐患。

【社会治安综合治理】 坚持日常摸排与重点防控结合，排查调处各类社会矛盾纠纷117件，化解信访案件1件。实现社区网格化管理全覆盖，以每个社区居委会为中心，划分10个大网格，细分出77个基础网格，分别配备网格指导员、网格长、网格管理员、网格监督员、网格协管员等专兼职人员，实现辖区内网络全覆盖、工作零缝隙。实行干部接访、带案下访、重点约访“三访结合”工作制度，做到一个案件，一个包案领导，一个解决方案，接访、约访50多人次。做好38名两劳释解帮教人员社区矫正工作，实现一人一档管理。街道、社区两级成立平安志愿者协会，发挥367名平安志愿者，9支巡防队，25个巡防小组及1800多名“十户人民调解员”作用，全面开展巡防工作，确保稳定。

【社区简介】 先盛里社区　总户数4235户，总人口1.13万人。开展“我的中国梦寄语”“安全记心间，平安度童年”“我是妈妈的小帮手”“练好字做谦谦君子”等活动。围绕“婚育新风进万家”活动，计划生育宣传工作“零距离”接近居民。开展“巾帼文明服务队”“巾帼服务窗口”评比活动，社区妇女形成“比、学、赶、帮、超”良好氛围。

桥东里社区　总户数6120户，总人口1.5万人。社区老年人居多，社区有党员志愿者、青年志愿者、巾帼志愿者3支志愿者队伍。成立“红马甲”应急服务队，24小时为空巢老年人提供应急服务，向老年人发放服务卡2000多张。

纤维里社区　总户数3932户，总人口1.19万人。着重打造服务型社区，开展为老年人服务的“乌鸦反哺”行动；为流动家庭孩子服务的“流动花朵之家”活动；为下岗职工、贫困家庭和残疾家庭服务的“帮贫济困”活动。

红卫里社区　总户数3212户，总人口8350人。社区建立“一线三心”服务平台，建立10分钟便民服务圈，融合餐厅、超市、银行、卫生所家政保洁多项服务功能，成立全市第一个挂牌社区餐厅，依托惠民服务中心，推出流动民生服务车活动，惠及周边居民5000多户。

先茂里社区　总户数4748户，总人口1.44万人，辖区单位5个，低保户163户，残疾人98人，党员398人。获市巾帼文明岗、平安建设先进单位；区先进基层党组织、文明和谐社区、食品安全工作先进集体等奖项。

和安里社区　总户数2415户，总人口6040人。举办专题书法作品展，开展关爱妇女送健康、低碳环保进社区科普活动、送健康体检给母亲、助残日帮扶贫困残疾人、迎重阳老年乐等主题活动，受到居民欢迎。

金龙花苑社区　有居民楼56幢。总户数2968户，总人口6990人。以“一联六促”活动为主线，以“关爱人、服务人，争做优秀共产党员；教育人、凝聚人，创先进基层党支部”为主题，坚持以“文明和谐社区”标准严格规范社区各项活动，带动社区各项工作全面发展。连续3年被区委区政府评为人口和计划生育先进工作单位。

滨河湾社区　总户数2200户，总人口4682人。组织适合老年人的“良好心态助长寿”“节能减排勤俭生活两不误”“重阳节绿色生态游”等主题活动。开展“孝行点滴、关爱长辈”及“学习经典，弘扬传统”等系列活动。通过“经典课堂、书声朗朗”“热爱自然、让生灵畅游”“融入笔墨、体验书法”“古琴魅力无边”等活动，让儿童以最简单的方法获得文化经典熏陶。

和平花园社区　总户数2397户，总人口4068人。围绕打造“婴幼康乐、儿童牵手、青年奉献、阳光老人”文明和谐社区的总体目标，通过加强社区服务，繁荣社区文化，美化社区环境，构建和谐社区。

玉龙湾社区　总户数3500户，总人口6400人，居民由投资、学区、度假、养老和返迁组成。成立全市首家“爱心停留站”，配备爱心药箱，给居民提供帮助。

【领导班子主要负责人】

党工委书记：张华津

办事处主任：晁迎锋

人大工委主任：郭智慧（女）

（李宪刚）

港城大街街道

【概况】 管辖区域东起建国路、西至红旗路、南起建设大街、北至燕山大街，总面积2.99平方千米，辖8个社区，总户数2.5万户，总人口6.61万人。辖区有港城大街派出所和红旗路派出所等2个派出所，市区级行政事业单位41家、中小学校8所、非公企业党支部11家、社区工会联合会覆盖门店570多家。2013年，完成固定资产投资1.7亿元，为全年目标任务的106%。引进内资项目7个，完成投资5316万元，为全年目标任务的118%。获2013年度省妇联基层组织建设示范街道，市级人口普查先进集体等称号。

【党建工作】 继续推进学习型党组织建设，坚持中心组理论学习、机关集中学习、早读十分钟等制度，营造学习工作化、工作学习化的浓厚氛围，以先进的思想武装头脑，促进党员干部综合素质提高。结合开展学习中共十八大会议精神、大讨论活动、学习中共十八届三中全会精神、党风廉政教育等，党员干部积极开展交流学习活动，撰写学习心得93篇。完善一次性告知制度、首问负责制度、承诺负责职责、失职追究制度、同岗替代制度、请示汇报工作制度、文明办公制度、限时办结制度、特事特办制度等9项“承诺服务制”。在党员干部中开展工作承诺公开和“十个严禁”、廉洁自律等情况的自查互评，召开民主生活会2次，收集意见建议20多条。全面开展“三项专项治理”活动，不折不扣落实上级精神。成立“吃空饷”、公务用车、办公用房专项治理活动领导小组，明确主管领导和责任人，严格按规定积极部署，迅速行动。对财政拨款116名在职职工、2名退休职工、17名退养居干、3名遗属进行认真排查核实，未发现吃空饷人员。并将自查结果进行公示，接受群众监督。对3辆公务用车的使用和停放进行严格规定，完善公车调配制度，明确专人驾驶，钥匙专人保管。对办公用房进行核计，按标准将领导班子办公室进行合并。

【社区建设】 8个社区全部建立便民服务室。其中，新闻里和建兴里2个社区便民服务室达到示范型建设标准，其余6个社区达到基本型建设标准；多方协调，为工农里社区争取办公用房200平方米，改善社区办公条件。两大经济服务实体——港大物业公司和爱城全景式孕婴童服务中心稳步发展。港大物业吸纳下岗职工及4050就业困难人员16人。成立物业小管家便民服务站，为居民提供微利服务，对弱势群体提供免费服务。常年开设惠民讲堂，开展就业培训、育儿知识、心理咨询等讲座，免费培训家政服务人员和下岗职工500多人次，签约家政人员136人，其中下岗职工76人。

【社会事业】 完成2639家生产经营单位情况核实；城镇新增就业853人，完成全年任务的100%；下岗失业人员再就业326人，完成全年任务的102%。其中“4050”就业困难人员142人，完成全年任务的101%；年度出生人口418人，出生政策符合率94.98%，高出责任目标2.98个百分点；人口出生率7.96‰，低于责任目标2.64个千分点；新增低保28户，调整68户，注销56户，每月发放低保金27.8万元，低保覆盖率2.1%；为

40 人发放医疗救助 8.07 万元；发放老龄补贴 5.01 万元；上报廉租房和经济适用房 144 户、限价房 39 户；办理残疾证 44 个。迎秋里社区成立基层老年协会。新闻里社区被评为市科普文化社区，建兴里社区被评为全国综合减灾示范社区。与 8 个社区签订“2013 年食品安全管理目标责任书”。各社区分别设立监督点，配置食品安全监督员，组建食品安全志愿者巡查队，组织 8 个社区对辖区内粮油店、餐饮单位、小超市、小饭店、小作坊等个体工商户开展隐患摸排行动 6 次，摸排辖区企业 300 多家。组织开展《中华人民共和国食品安全法》等相关法律法规宣传活动 10 多次，向辖区企业印发宣传资料 3000 多份。

【精神文明建设】 着力打造“一居一品”，深入挖掘街道和社区的特色亮点，有百人威风锣鼓队、蓝色海洋合唱团、京剧票友班、俏夕阳舞蹈队、奇迹舞团等文体宣传队伍 26 支。区文体局免费为社区文艺队伍发放大鼓、二胡、月琴等民乐器材，价值 4496 元。街道和 8 个社区的文化活动室均实现免费对外开放。依托街道养生馆、社区之声练歌房、“阳光健身”等载体，吸引群众参与社区文化活动。开展“中国梦·我的梦”系列活动、“建美丽港城从我做起”等主题活动 100 多次。街道第二届“你好节”暨用雷锋精神向世界问好系列活动盛大开幕。联合学雷锋基金管委会，成立全国首家学雷锋志愿服务社区公益基地，吸收各行业 500 多名志愿者，开展志愿服务 180 多次，惠及群众 1000 多人，营造雷锋精神星火传递的良好氛围。年内，在中央广播电台、新华社、《工人日报》等国家级媒体刊登稿件 3 篇，在《河北日报》《河北工人报》《河北经济报》《燕赵都市报》等省级媒体登载稿件 13 篇。开展大规模劳动 80 多次，参加人员 5000 人次。购置大量铁锨、扫把、垃圾袋、手套、口罩等劳动工具以及墙体粉刷材料等。筹措资金雇人雇车，清理垃圾 3000 多立方米，清运垃圾 500 车。对 23 条街巷路、400 多家门店市容环境秩序进行走访摸底，清理校园周边环境、街巷路卫生、无主垃圾 11 车 30 多吨，协调处理群众反映跑冒滴漏等问题 16 件，对 20 多家烧烤店下达大气污染防治通知书。

【社会治安综合治理】 对重点信访案件实行“五包一”（即：1 个领导干部、1 个科室负责人、1 个社区干部、1 个片警、1 个志愿者，包 1 个重点案件），对重点人员、重点地段实施 24 小时严密监控，未发生进京访事件。排查调处各类矛盾纠纷 168 起，排查调处率 100%。发挥社会治安巡防协会作用，建立社区义务巡逻队伍 8 支、240 人，专职巡逻队伍 30 个、163 人，有技防设施 36 套，302 处。对 1829 个房屋出租户和 5375 名流动人口登记在案，对 179 处有线电视放大器和光接点实行承包监管，重点人员严密监控。社区矫正 27 人，全部实行跟踪管理，未发生重新犯罪。全面推进治安保险工作，376 户家庭完成缴费。开展“平安志愿者日”宣传活动 8 次、综治宣传 10 多次，发放宣传资料 2000 份。制订安全生产大检查领导包居分配表，落实“一岗双责”制度，排查企业 1205 家次，发现隐患 156 处，整改 156 处，整改率 100%。开展安全宣传，向辖区企业发放明白卡 850 份、告知书 1850 份、安全生产承诺书 153 份，各社区悬挂安全生产宣传横幅 42 条，出宣传板报 6 块，黑板报 8 块，制做宣传旗帜 10 面，下发挂图 50 多张。成立安全生产大检查宣讲小组 9 个，采取“大分散、小集中”方式，深入 100 多家规模企业进行宣讲，对小店面业主集中宣讲 20 次，为 1400 多人进行宣讲。

【社区简介】 燕西里社区　有居民楼 81 幢，总户数 3070 户，总人口 8998 人。社区设立警务室、再就业服务站、计生服务站、老年活动健身室、市民学校、图书阅览角，成立由 100 多人组成的社区服务志愿者队伍，为社区居民开展无偿服务。有低保户 65 户；发放大病救治金 8818 元；发放老龄补贴 4320 元。申请廉租房和经济适用房 154 户、限价房 10 户；享受低保补助的残疾家庭 15 户；新增就业 55 人，完成全年目标任务 100%；4050 人员实现再就业 37 人，完成全年目标的 100%；职业技能免费培训 10 次，完成全年目标的 100%。清理小广告 400 多条，粉刷墙体 1000 平方米，清理垃圾死角 65 处，处理建筑垃圾 100 多车；协调有关部门疏通污水管道外溢 3 处 10 多次，投放灭鼠药 100 多袋。

建兴里社区　有居民楼 49 幢，总户数 2301 户，总人口 3784 人。开展精神文明宣传活动 30

多次。组建志愿者队伍严密监控小区安全。办理就业失业登记证36个，办理“4050”人员就业47人。为企业退休人员认证364人。筹集资金和物品5000元，对辖区弱势群体进行帮扶和慰问。

新风里社区　有居民楼88幢，总户数2627户，总人口7524人。对环境进行集中整治，清运各类垃圾49车。开展“勿忘国耻、振兴中华”宣传活动、纪念毛泽东诞辰120周年诗歌朗诵会、“有爱不孤单，真情暖空巢”“贴春联、送福字、红红火火过大年”“小鬼当家，爱心跳蚤”等系列活动，媒体刊登稿件61篇。

服务里社区　有居民楼110幢，总户数5207户，总人口1.44万人，常住人口1.08万人。辖市国税局、市科协、区财政局等企事业单位395家，个体工商户1047家。设立社区党员责任区，66名党员组成各类党员志愿者服务队，认领公益岗位134个，党员帮扶特殊群体23对。建立“一卡、一队、一网、一报、一栏、三簿”制度，开通社情民意热线电话、设立“社情民意笔记本”、安装“社情民意信箱”，制做“亲情服务卡”、开设社区QQ群，定期公布社区活动动态及答复居民各项政策咨询。

迎秋里社区　有居民楼55幢，总户数2473户，人口6909人。成立迎秋里社区老年协会，丰富老年人生活。为92位下岗职工发放社会保险补贴41.85万元。为86名符合政策的人员办理就业失业登记证，45名下岗失业人员实现再就业。为八一街和迎宾西路两侧安放垃圾桶30多个。有百姓京剧团、合唱队2支文艺队伍。社区党员中心户孙立清创办的“百姓京剧团”经常参加各种演出，被省、市、区多家媒体报道。

新闻里社区　总户数4256户，常住人口1.28万人。成立心理健康、扶贫助弱、医疗服务、文化惠民、民情信息、纠纷调解、法律援助等七大帮帮团，开展“心理课堂”和“个案咨询”服务100多人次；实施社区科普文化工程，开课7次，听课群众300多人次。

交建里社区　有住宅楼69幢，总户数2464户，总人口5665人。开展我为社区建设献一计、党员中心户创建、党员公益岗认领、文明楼道创建等活动。在环境整治攻坚月，组织志愿者1000多人次，全面清理小区内垃圾死角和无主垃圾6000多立方米、100多车次。

工农里社区　有居民楼68幢，总户数3508户，总人口1.08万人，其中流动人口686人。以环境建设为重点，解决居民楼体自来水管老化漏水、污水外溢等问题。加大社区文化建设力度，丰富居民精神文化生活。

【领导班子主要负责人】

党工委书记：卢利辉

办事处主任：王晓冬（女，9月免）

　　　　　　韩淑耐（女，9月任）

人大工委主任：白亚荣（女，10月免）

　　　　　　　王国芳（女，10月任）

（王永冬）

东环路街道

【概况】 管辖区域西起建国路、东至东港镇、南起建设大街、北至北环路，总面积5.21平方千米，总户数4.09万户，总人口12.27万人，辖东环里社区、东环北里社区、临河里社区、东华里社区、燕海里社区、红光北里社区、热电里社区、3544社区、世极城堡社区、东方明珠城第一社区等10个社区，有驻区部队、院校、机关、热电厂、中首板材等较大单位32家。街道先后获基础工程、平安工程、宣传思想先进单位等称号24项，接待国家、省、市、区及外市、县、区领导参观检查78次。2013年，完成固定资产投资1.8亿元，超额完成全年任务50%；招商引资4520万元，超额完成全年任务13%；人才引进23人，完成全年任务。

【党建工作】 坚持“三会一课”制度，采取走出去结对学、送学等多种形式，推行“三依托”学习方法，依托远程教育中心、交流会议、多种信息媒介进行学习。按照地域和互补性进行结对联建，10个社区结成5个互助对子。探索推行“党支部+新社会组织+团组织”“工会组织+妇联(新经济组织)”等党群联建模式，扩大党群组织工作覆盖面。燕海里社区获“河北省关心下一代工作先进集体”称号。省妇联主席一行对东环里社区党群共建工作给予高度评价。确定每周二为“群众工作开放日”，设立“一室三簿”（民情民意恳谈室、恳谈室登记簿、处理情况汇报簿、接受单位回执簿）。受理党员群众意见建议44条，落实处理44条，其中解决30条。

【社区建设】 按法定程序完成东华里小区业主委员会换届工作。较好解决世极城堡社区居民反映业委会收取管理费问题。创建和谐社区建设示范街道和社区活动，按照条件和标准，开展各项创建活动，取得很好效果。东环路街道和东环里社区申报全国和谐社区建设示范街道和社区；燕海里社区申报全国减灾示范性社区。成功接收阳光百度城小区、诚品696小区、中房星苑小区，成立东城世家社区。帮助军安小区成立业委会，引进新物业，解决小区物业弃管垃圾成堆问题。完成燕海东里小区与物业公司签订协议工作。辖区59个自然小区全部实行有单位管理。

【社会事业】 计生服务，完成全年目标任务，全辖区出生人口966人，出生政策符合率98.65%，比区下达的责任目标高6.65%。为2户计生困难家庭送去米、面、油等生活用品及慰问金2000元，为9户困难家庭订阅《秦皇岛晚报》；为1496人申报独生子女奖金17.26万元；为8户独生子女死亡和19户伤残计生家庭发放救助公益金14.1万元。为65人办理残疾证，为26人发放残疾人机动三轮车燃油补贴6760元。举办“心手相牵、助残助困”残疾人就业招聘会，为23名残疾人、下岗失业人员找到就业岗位。低保工作，新增低保48户，注销38户，调整16户，办理分类施保20户。为低保户314人免费办理意外伤害险。向困难群众发放米面油290套，医疗小票3.6万元、临时救助金1.2万元，医疗救助金11.76万元，贫困母亲补助资金2000元。发放高龄老人生活补贴1.14万元。办理老年优待证621人。为109位老年人上5580保险。完成保障住房上报162户，其中廉租房90户，经济适用房50户，限价房22户。为76户新申请下来的廉租住房家庭发放保证住房证及租金。办理“就业失业登记证”570人，认定就业困难人员76人，实现新增就业852人，下岗失业人员再就业323人。为42名下岗再就业人员审核小额担保贷款420万元。为64名下岗职工组织插画技能培训。举办“心手相牵、助残助困”专场招聘会，10多家企业为求职人员提供100多个就业岗位，10人再次走向工作岗位。为850名灵活就业人员申请社会保险补贴，发放补贴金额379万元，为152人办理城乡居民养老保险缴费业务，收费10.76万元。发动辖区单位、物业公司、居民清理垃圾杂物1500立方米，清运220车。排查餐饮企业124家，并登记造册。

【精神文明建设】 开展“中国梦·我的梦”等集中宣讲18场次，上报舆情、网评等新闻稿件500多篇，被国家级媒体采用17篇，省、市、区各级媒体采用480多篇。其中“黄手环照亮老人回家路”“社区建起海洋科普馆”等信息被《人民日报》等报刊采用。利用东环诗社、科普大学、道德讲堂等宣传阵地、宣讲团、夕阳红读报组及党员中心户、东环艺术团等载体，开展文明礼仪、科普人文、生态环保、公民道德等方面教育讲座。成功举办“古诗词创作会”“光盘行动”“文明祭扫”等活动。成立街居两级文化站（室）10家，组建“海之声”艺术团、“草根梦宣讲团”等文体队伍60多支。举办“邻里百家宴”“趣味运动会”等系列文体活动130多次。省委宣传部长艾文礼到街道调研时给予高度评价。9月，街道综合文化站作为代表接受文化部考核组考核验收，东环里社区被评为市宣传文化示范社区。

【社会治安综合治理】 海港区网格管理工作唯一试点街道，创建“1+4+X”的街道—社区—网格长三级网格化管控体系的新型管理模式。全街道558个楼栋划分网格71个，在试点社区燕海里社区开展网格“精细服务”和东环里社区网格“组团服务”创建活动。举办法律讲堂、维权在身边、防盗防抢讲座、家庭教育零距离等活动，进行普法宣传。加大矛盾纠纷排查力度，“两节”“两会”、暑期及中共十八届三中全会期间，召开综治维稳工作调度会，开展矛盾纠纷大排查活动，全年排查矛盾纠纷171起，调处171起，调处成功率100%。采取领导包居、包案和接访、下访、约访、回访等做法，调解信访案件 18 起，街居无 1 例非访、进京赴省群体访。新接收社区矫正人员 19 人，共有社区矫正人员 31 人，解除矫正 16 人，安置帮教 27 人。

【社区简介】 东环里社区　总户数 4228 户，总人口 1.03 万人。组织党员活动学习 130 多次，以“组团服务、个性关爱、构建圆梦港湾”为主线，创新服务载体，增强服务能力，社区诗社共创作诗词作品 600 多首，举办各类活动 60 多次。为居民调解纠纷 43 起，清理非法宣传品 184 份，一家亲爱心超市发放物品 632 件。社区为 58 户家庭申报独生子女补助 1 万元；办理企业职工退休人员养老资格认证 354 人。省市区级领导到社区视察调研 30 次。获市侨务工作先进集体、宣传文化示范社区等 6 个称号。

东环北里社区　总户数 2560 户，总人口 7000 多人。完善党支部、居委会议事决策和交心谈话等制度，成立社区舞蹈队、合唱队，完善文化活动室内容。利用宣传栏、道德评议台、社区博客，社区工作 QQ 群等平台，开展各种宣传活动。开展免费为老年人体检、邀请心理咨询专家举办青少年心理咨询等优质服务。设立健康知识讲堂，定时向居民讲解健康知识，举办健康知识讲座 4 次，开展大型宣传活动 2 场，参加人数 100 多人。上报各类信息 200 多篇，被各类媒体采用 36 篇。其中：国家、省媒体 4 篇，市级等多家媒体 15 篇，区级媒体 6 篇。

东华里社区　总户数 3600 户，总人口 1.034 万人。创建大学生实践基地，开展结对帮助、爱心助老、心灵慰藉等爱心志愿服务 10 次；环境治理集中活动清运垃圾 49 车，清扫居民楼 70 幢；实施东华小街的街巷路改造项目，解决居民出行难题；协调市建设局，将 6444 小区雨水管道和污水管道并入东环路雨水和污水管网，解决小区雨水倒流、污水堵溢难题；完成 10 幢楼防水工程施工，解决 6444 小区 10 幢居民房顶漏水问题。举办小巧手学做中国传统面食、《中共人民共和国消费者权益保护法》进社区、“漫步淘宝、趣味‘过十一’”、社区干部汉字听写大赛、“祖孙赛巧手、勤俭植童心”“图展伟人光辉路、祖孙同忆毛主席”等主题活动。

临河里社区　总户数 4471 户，总人口 1.49 万人。以丰富居民业余文化生活为宗旨，开展文体活动，发掘典型人物，如平民偶像、幸福家庭、残疾诗人、金牌按摩师等。

燕海里社区　总户数 4155 户，总人口 1.18 万人。3 月，全市首家社区科普馆建成并正式开馆；举办以“红色记忆星火相传”为主题的庆“七一”活动；开展“拥抱成长、放飞童年、快乐梦想”社区好声音歌手大赛；开展以“小鬼当家，快乐成长”为主题果蔬创意大赛活动；“谁是汉字英雄”为主题中国汉字听写大赛活动；创新防灾减灾逃生工作；社区老干部工作网格化管理加组团式服务。迎接省委宣传部、省人大、省民政厅、省普及部、省综治办、省计生厅、省青少年科技中心等参观检查 38 次。

热电里社区　总户数 1629 户，总人口 4178 人。以“为民办事”为发展目标，以构建“和谐社区”为宗旨，以社区党建为龙头，加强社区服务，各项工作进展顺利。

红光北里社区　总户数 3822 户，总人口 9228 人。办理独生子女证 69 人，准生证 86 人，为 110 户家庭申请独生子女费 2.11 万元。办理退休认证 1204 人。为 25 名异地退休人员进行资格认证。办理就业失业登记证 124 人，办理社保补贴 110 人。组织计算机、插花、按摩等就业技能培训。为 8 名失业人员申请小额担保贷款。为 325 人申请社保补贴。为 60 岁以上老年人办理老年优待证 117 人。为 2 户残疾家庭进行无障碍改造，为 1 人配发辅助器具。办理经济适用房廉租房限价房 89 户。

世极城堡社区　总户数 2170 户，总人口 6324 人。举办“红色元旦晚会”“欢喜迎新春，邻里百家宴”等活动。聘请民间艺人为居民传授毛线编织技艺。有文体队伍 4 支，举办以“与民同欢，居民同乐”为主题文艺演出。成立老年协会。7 月底，秦皇岛市老龄委、区老龄办，带领四县三区老龄办来社区参观视查老年协会建设情况。

三五四四社区　总户数 1285 户，总人口 3175 人。以构建“平安祥和型”社区为目标，及时排查各种安全隐患，发现问题及时处理，及时了解重点人情况，化解矛盾纠纷，做好信访维稳工作，加强社区治安巡逻，社区平安稳定和谐。

【领导班子主要负责人】

党工委书记：昝　欣（8月免）

王晓冬（女，9月任）

办事处主任：孙志刚

人大工委主任：王　冀

（张　颖）

北环路街道

【概况】管辖区域东起红旗路、西至海阳路、南起建设大街、北至北环路，管辖面积3.16平方千米，总户数3.48万户，总人口7.15万人。2013年，完成固定资产投资1.22亿元，完成招商引资5083万元。获市级舆情信息直报点先进单位、安全生产工作先进单位、食品安全工作先进单位、基层科协工作先进单位等称号；组织接待全国组织系统工作研讨会。

【党建工作】明确“1346”工作思路，组织修订《中共北环路街道工作委员会关于加强领导班子建设的意见》《北环路街道关于加强机关作风建设的有关规定》《北环路街道办事处领导和机关干部包社区安排表》等6项规章制度，各项工作制度化、规范化；坚持以廉政风气为标尺，建立健全“管人、管财、管事”各项规章制度，通过廉政知识考试、观看廉政警示教育片、廉政文化演出、廉政警句格言书法展等形式，全面提升辖区党员干部廉洁自律意识，形成按制度办事、靠制度管人监督机制；对基层重要事务、重点工作，修定完善《街道基层重要事务工作实施细则》，依托宣传栏、电子触摸屏等公开居民群众最关心、社会反映最强烈的热点问题，推行“阳光办公，阳光办事”。把打造区级“四强四有”示范点作为基层党建工作的重要抓手，选取基础条件好、示范效应强的军工里社区作为示范点，精心谋划、大胆创新，围绕“同心共筑军工梦”的主题，提出“堡垒+团队+平台”（即坚强有力的战斗堡垒、高效运转的志愿团队、开放快捷的服务平台）的活动载体，全面整合辖区服务资源，引导广大党员立足岗位做奉献，服务群众争先锋，激发社区党员居民共建美好家园的工作热情，使开放型、服务型基层党组织建设得到全面提高。示范点创建工作得到市、区组织部领导的认可，获得“四强四有”示范点现场观摩全区社区组排名评分第一、全市第二的好成绩。整合资源，丰富内容，开展“共产党员服务一条街”活动，9个支部、18个服务摊位的113名党员走上街头，为辖区400多名居民群众提供中共十八精神宣讲、中国梦解读、法律维权、健康义诊、免费理发等多项服务，辖区党员亮身份，为群众办实事、办好事，拉近党群、干群距离，受到群众好评。围绕“一社区一品牌”的工作思路，秉承“人无我有、人有我优、人优我特”的原则，将所辖8个社区依次定位为居民自治型、科普创新型、党建示范型等创建目标，务求培育各具特色的品牌社区。

【社区建设】8个社区建成便民服务室，社区便民服务室建成率100%，创建示范性社区便民服务室2个，基本型社区便民服务室6个，筹建社区日间照料中心。举办社区干部大讲堂18期，邀请区政府办公室、教育局、科协、老科协、市妇幼保健院、社区卫生服务中心等业务部门主要领导为社区干部授课，邀请中国摄影家协会会员讲授摄影知识，并创新讲课形式，采取流动课堂的方式，让大讲堂走进社区，让社区干部登上讲台，讲解办公礼仪接待、幻灯片制做等知识，发扬社区干部的个人优点和长处，促进大家的相互学习和相互交流。对辖区73个自然小区物业管理情况进行调查并形成台账，协调无物业小区纳入物业管理。推进新世纪社区新闻西里小区志愿者服务、居民自治管理小区样板，推广小区管理经验，促进辖区物业管理上水平提升。

【社会事业】有低保户567户，新增31户，取消58户，调整67户，享受分类施保66人，实现动态管理下的应保尽保。对特困户家庭走访慰问358户，发放米面油231套，为70岁老人、“三无”人员以及重病人员发放购药小票3.4万元；为68人发放医疗救助款13.3万元；为5位贫困老人发放救助款2500元。做好扶残助残工作，为6名残疾人申请慈善救助，为7户残疾人争取到盲人专用生活用品。新增就业岗位850人，下岗失业人员再就业616人，就业困难人员再就业454人；办理就业失业登记证631个，为自主创业人员办理小额贷款42人，登记未就业普通高校毕业生35人，发放灵活就业人员社保补贴251万元；建立完善个人缴费、城镇居民养老保险制度，收缴城镇居民养老保险15.9万元。新增无业独生子女父母奖金申请1438人，申请资金16.71万元；为27户独生子女死亡伤残家庭发放一次性救助款14.5万元。组织流动人口、无业育龄妇女生殖健康免费检查，参检率90%。开展环境卫生整治工作，参加4730多人次，出动铲车、卡车等420车次，清理清运垃圾3907.45吨、清除小广告2.4万条；依法拆除私搭乱建20处；开展大气污染防治，处理群众投诉环境卫生案件110件。组织工作人员、社区干部及辖区单位1575人清理广告1500多条、杂草780多平方米、垃圾废物23车。依法拆除西港里小区私搭乱建临违建筑物20处。

【精神文明建设】 加强基层群众文化建设力度，建成8个平均面积200多平方米社区文化活动站，新建藏书1200册电子阅览室，利用市文化局、军工医院等辖区单位文化资源，开展书画、歌舞、才艺展示等各类活动。以文化团队为支撑，组建夕阳红艺术团、文博快乐营、老顽童舞蹈队、舞之灵舞蹈队、京剧票友队等34支队伍，有各类文艺人才300多人，"舞之灵"舞蹈队在全省首届广场舞大赛中获一等奖。开展邻里百家宴、社区能人秀、"中国梦·北环梦·我的梦""'五四'同心节"等系列活动130多场，提升辖区文明程度和居民道德水平。先后被新华社、《河北日报》等省级以上媒体报道14篇、被市、区级媒体简报刊发190多篇。发展科普志愿者120人，组建夕阳红秧歌队、广播操健身队、棋牌乐小组、门球小队等文体队伍。

【社会治安综合治理】 全年有信访隐患21起，其中重点集体案件1起，重点个案3起，重点人4人，调处民间纠纷186起。抓住利益分配、核心诉求、冲突缘由等核心问题，从信访人角度出发，因人施策、因势利导化解矛盾。对诉求复杂多变的信访人，出具《信访事项答复意见书》。完善安全生产管理网络、食品网格化监管体系，勤调度、强督导、重落实。开展安全生产大检查、"打非治违""餐饮场所燃气排查""奋战一百天，安全保暑期""元旦春节食品安全整治""地沟油、食品安全隐患排查治理"等专项整治行动和应急疏散演练，组织检查970人次，印发公告、宣传单2000多份，整改安全隐患20处。组织街居、企业260人观看安全警示教育片，举办80多人参加安全知识讲座、组织企业开展安全生产演讲比赛等活动。

【社区简介】 建新里社区　总户数6072户，总人口1.12万人。以落实养老服务，构建养老服务体系，提高老年人生活质量为目标，坚持以居家养老为基础，日间照料为依托，社区养老为补充方向，建立完善老年人日间照料服务体系。

玉峰里社区　总户数5771户，总人口1.2万人，党员222人。社区有聊诗会、晚霞健身队、舞蹈队、老年合唱队、晨练队等文艺队伍，坚持常年活动，提高居民文化素养。坚持"服务居民、奉献真情"的宗旨，提升社区建设和为居民服务水平，创建康乐型文化社区品牌。获市总工会2012年度先进职工小家，区妇联2012年度"'一联五'贴心扎根工程"先进集体，团区委、少工委"鲜艳红领巾，七彩中国梦"2013暑假小虎子活动优秀组织单位等奖励。

军工里社区　总户数2838户，总人口8662人。有党员360人，党小组7个。组织开展"便民服务大集"活动，实现"社区里办事，家门口服务"新模式。联合第五中学成立全市首家"学生德育与社会实践基地"，组织实践活动6次。获省级充分就业社区达标单位、妇联基层组织建设示范社区，市级红旗党支部、文明和谐社区、共驻共建先进单位、人力资源社会保障系统优质服务窗口、先进职工之家、科普示范社区等称号。

迎秋西里社区　总户数3667户，总人口数8950人，党员200人，办公用房200平方米。开展先进性教育活动，带领干部群众创新思路谋发展，团结实干求实绩，开创社区工作新局面。

新世纪社区　总户数3206户，总人口7831人。立足"为民、利民、安民、乐民"，以"关注民生、服务百姓"为工作重点，整合社区资源，创新工作载体，探索老旧小区“政府主导、居民自治”管理模式。获市级绿色社区、区级文明和谐社区等称号。

文博城社区　总户数3610户，总人口6600人。社区设有一站式服务大厅、防震减灾科普馆、科普展示馆、青少年活动室及壁挂室、多功能活动室、科普长廊等，强化以服务为民为宗旨，打造以惠民为根本的社区科普服务平台，倡导居民建立科学、健康、文明的生活方式。被评为省社区科普益民先进单位，市科普工作先进集体、文化示范社区。

玉峰南里社区　总户数2930户，总人口6400人。有5支文化队伍，举办“同创文明社区共建温馨家园”消夏晚会、“月圆人圆社区圆”中秋晚会、晒花会架起连心桥、温馨母亲节、晒童年靓照、小图画大梦想我的中国梦绘画等社区活动。

盛秦福地社区　总户数6724户，总人口9872人，党员173人。有室内活动室面积31平方米，室外活动面积100平方米。实行开放型一站式办公，建有党员活动中心、资料档案室、多功能室等。

【领导班子主要负责人】

党工委书记：齐秋丰（8月免）

　　　　　　李连仲（8月任）

办事处主任：高纯红（女）

人大工委主任：陈宏艳（女）

（刘巍巍）

人　物

RENWU

RENWU

先进人物

冯国林，男，汉族，1964年4月出生，昌黎人，中共党员，研究生学历，农学学士学位，中共海港区委书记。

他团结带领区党政班子成员，充分认识科技进步对经济社会发展的推动作用，围绕“一流主城区和沿海经济增长极”奋斗目标，加大科技资金投入，壮大科技人才队伍，加快科技成果转化，推动科技产业发展，取得良好的经济社会效益。他以高度的使命感和责任感，注重加强科技方面知识的学习，深化自身对科技工作的认识和理解。他提出要到一定数量的科技部门和科技企业走访，同一线科技工作者交流思想，倾听建议；区委中心组学习，他要求每年必须有一次科技专题讲座；区全委会报告和政府工作报告，都要有科技方面的成绩总结和工作谋划。在他的示范引领下，区党政班子中形成抓科技创新就是抓增长动力的意识，先后出台《建设创新型海港区工作实施方案》《海港区关于鼓励和促进科技创新若干政策》，以有效的政策导向推动全区科技创新发展。积极申报跑办科技项目。按照“一中心三基地”产业定位，以战略性新兴产业为重点，狠抓科技项目管理，在做好区级项目立项的基础上，积极向上级跑办。其间，全区有84个项目被列入国家、省、市级科技项目，争取上级资金845万元，有力地提升科技支撑能力。培育高新技术企业。以提高核心竞争力为目的，加大高新技术产业和先进制造业扶持力度，积极鼓励和扶持博硕光电、尼特智能等高技术企业做大做强。全区有国家级高新技术企业12家，省级工程技术研究中心2家，市级工程技术中心3家，省级以上知识产权优势培育企业7家，继续保持河北省知识产权优势培育县区荣誉。完善科技平台建设。发挥区内高校科研优势，开展与燕山大学、河北科技示范学院等高校的对接活动，进行产学研合作。谋划在北部工业区建设海港区科技成果转化基地，加速科技成果转化为经济增长点。成功申报秦皇岛海港高新技术产业开发区为省级高新区，为科技产业的聚集发展建设良好平台。惠及民生保障。科技成果应用于民生，让民众享受到科技带来的实惠。在全区农村推广太阳能光伏应用技术，农村太阳能路灯照明工程列为2013年海港区民心工程，在5个镇25个村30公里村路安装太阳能路灯300多盏，解决村民夜间出行问题。利用海港区农业科技示范园，示范推广农业新技术，提高全区农业科技含量。建设创新型社区，让居民足不出户就能体验到科技带来的便利，为全面推进创新型海港区建设打下坚实基础。在他的带领下，海港区通过2013年全国科技进步县区考核，获全国科技进步先进区称号，成为全市唯一连续3次获此殊荣的县区。2013年，他被科技部授予全国科技进步考核先进个人。

霍春利，男，汉族，1971年12月出生，唐山丰南人，研究生学历，中共党员，中共海港区委副书记、海港区人民政府区长。

2013年4月，调任海港区人民政府代区长。上任后，他高度重视科技创新，将其作为推动经济转型、促进社会发展的重要一环，不断加大科技投入，壮大科技队伍，在科技普及推广、科技计划实施、科技成果转化方面取得较好成绩，有效助力区域经济持续健康快速发展。他坚持身先士卒。加强有关科技知识学习，提高自身科技理论水平，深化自身对科技工作的认识；积极深入一线调查研究，详细了解普通群众最迫切、最需要得到的科技服务，广泛征求社会各界对科技工作的意见和建议，掌握大量第一手资料，在他的带领下，全区科技工作形成一把手亲自抓，分管领导分工抓，科技部门专门抓，全区上下协同抓的欣喜局面。坚持平台支撑。借势海港高新技术产业开发区获批省级重点园区的大好机遇，加快高新科技产业平台建设，深度挖掘政策、区位和资源优势，高标准制订高新区区域布局和产业规划总体方案，出台高新区开发开放、政策激励、人才引进和创新服务等相关政策措施，吸引更多高新技术企业、孵化器、工程技术中心、重点实验室落户，促进全区科技事业不断发展壮大。坚持企业主体。大力推进“百企成长工程”，积极挑选科技含量高的中小企业作为重点培育和扶持对象，鼓励科技企业加大技术投入，促进自主创新，建设企业研发中心和技术中心。同时，密切大专院校、科研院所同企业之间的联系，推动产学研一体化融合。年内，被首批认定为河北省科技型中小企业 79 家，专利申请量和授权量分别为 738 件、524 件，增速 20% 以上。坚持项目先行。他把抓好科技项目建设作为提升科技支撑能力的重要手段，全年组织申报科技项目 59 项，其中被列入国家、省、市级科技项目 36 个，争取上级资金 532 万元。加强项目后期管理，组织项目单位进行结题验收和科技进步奖申报工作，全区 10 项科技成果获市科技进步奖，其中一等奖 1 项、二等奖 2 项、三等奖 7 项。全国科技进步县区考核中，海港区顺利通过复查验收，被科技部授予全国科技进步考核先进县区，成为全市唯一连续 3 次获此殊荣的县区。2013 年，他被科技部授予全国科技进步考核先进个人。

张立红，女，满族，1971 年 1 月出生，青龙县人，大学学历，中共党员，海港区人民政府副区长。

2013 年，分管科技工作。她坚持以转变发展方式为主线，以加强自主创新、推进成果转化、构建创新平台、引进高端人才和强化政策保障为抓手，实现区域核心竞争力和可持续发展能力不断提升。完善创新体系。着力突破重点产业关键核心技术，充分发挥科技支撑引领作用，加快推动支撑发展方式转变和经济结构调整，着力打造创新资源配置合理、创新管理体系高效、区域创新优势明显的沿海创新型城区。增强企业自主创新能力，组织申报科技项目 59 项，项目被列入国家、省、市科技计划项目 36 个，争取上级资金 532 万元。不断提高科技进步对经济增长的贡献率，研究开发一批科技含量和附加值高的优质产品，全区国家级高级技术企业达到 13 家、省级工程技术研究中心达到 2 家。推进知识产权建设工作，专利申请量、授权量保持 20% 以上增长速度。大力推广光伏发电技术，为 25 个村 30 公里村路安装太阳能路灯 300 多盏，使更多科技成果惠及民生。推进创新型城区建设。开展创新型企业、创新型园区、创新型社区等创新型单位创建活动，对 19 家创新型企业、社区等给予创新资金支持 100 万元，申报成为市级创新型单位 8 家，获市级资金支持 60 万元。举办科技成果对接会，邀请高校、科研院所的专家进行高新技术成果发布，与区内有技术需求的企业洽谈，开展技术合作交流。推进科技企业孵化器建设。对入驻港城创业中心的华日升电子等光伏企业进行重点孵化培育，提供具有专业特点的孵化环境和孵化服务，完善从企业初创、成长到产业化等不同发展阶段的“接力式”孵化功能。培育光伏产业集群发展，不断提高技术创新能力，着力打造以奥瑞特、博硕光电为龙头的太阳能封装设备产业基地。加强与省内外光伏领域企业沟通联系，开展行业交流、技术评估和咨询等科技服务，推动全区光伏产业健康发展。加快科技成果转化。谋划建设以科技成果展示、高端技术研发中试、科技企业孵化、公共技术服务为核心，以新能源、新材料、节能环保、电子信息等新兴产业为重点的科技成果转化基地。组织人员赴北京清华科技园、河北方大科技园实地考察，学习园区建设理念、建设模式、服务管理、制度创新等成功经验，起草海港区科技成果转化基地建设可行性方案及建设项目书。海港区被科技部授予科技进步考核先进县区。2013 年，她被科技部授予全国科技进步考核先进个人。

黄秀红，女，汉族，1969 年 1 月出生，湖南省道县人，大学学历，中共党员，海港区科技局局长。

她主抓全区科技工作。多次深入基层调研，与科技企业交流，准确把握全区科技工作重点；为创新工作思路和方法、她不断加强自身在科技、经济、法律和管理等方面知识的学习，努力吸收先进地区工作经验方法。她以高度负责的精神对整个迎接考核工作给予足够的重视，把考核压力变为“迎考”动力，高效推进全区科技工作。代区政府起草并下发《建设创新型海港区工作实施方案》，按照方案提出的总体目标和五大重点工程，制订《建设创新型海港区工作考核办法》《海港区关于鼓励和促进科技创新若干政策》，印制《科技创新政策选编》发放各科技企业，推动全区创新发展；以项目建设为抓手，强化科技创新的支撑能力，被列入国家、省、市级科技项目 36 个，争取上级资金 532 万元，获市科技进步奖的科技成果 10 项；举办首届全区科技创新大赛，全区专利申请量和授权量保持在 20% 以上增速，新增国家级高新技术企业2家，被认定为河北省首批科技型中小企业79家；以民生领域科技创新为重点，实施科技惠民工程，在5个镇的15个村30公里农村道路安装太阳能路灯317盏，为连峪山庄建设太阳能发电站、太阳能充电站及LED电子显示屏。将秦皇岛植物园、秦皇求仙入海处申报为市级科普基地。她积极争取省市相关领导和部门的支持，牵头制订海港高新技术产业开发区申报方案，谋划园区规划、功能布局、确定产业发展重点，亲自组织起草系列申报材料，省政府正式下文批准海港高新技术产业开发区为省级高新区，为全区高新技术产业快速发展搭建重要平台。她兢兢业业、一丝不苟履行工作职责，紧紧围绕区委、区政府重点目标任务，不断创新工作举措，以提升科技创新能力为核心，以完善科技创新体系为重点，全区科技工作取得突出成绩。海港区连续3次被评为全国科技进步先进区、她连续3次被评为全国科技进步先进个人；多次被省科技厅评为全省科技管理先进集体、先进个人；连年被市委、市政府授予全市科技工作先进集体、先进个人。在2013年全国科技进步县区考核中，海港区顺利通过复查验收，被科技部授予全国科技进步考核先进集体。2013年，她被科技部授予全国科技进步考核先进个人。

张武媚，女，汉族，1974年9月12日出生，河北唐山人，大学学历，中共党员，河东街道办事处司法所长，兼任街道民调副主任。

上任两年多，调解各类纠纷200多起，调解成功率达98%以上；化解信访隐患10多起。创新“扇形”纠纷调解机制，推广调解纠纷“钝化法”。即弱化式。暂不评论谁是谁非，劝当事人冷静，然后再循循善诱，化解矛盾；或先把双方分开，缓和矛盾，尔后再进一步解决。避开火头和正面交锋，有效防止事态恶化和非理智冲突。弥合式。对小事引发的矛盾，不较真，本着团结、和睦的原则，大致分个是非，尽量使双方接受，达到调解的目的。对到访群众，坚持一张笑脸相迎、一把椅子让坐、一杯热茶解渴、一番话语暖心，拉近与上访人间的距离。创出“点名接访”“开门接访”“联合接访”“带案下访”“透明办访”“定期回访”等六大接访形式，在街道实行领导干部“AB”角接访，打造“阳光信访”，在最短时间内为居民解决诉求。她爱心帮教，促浪子回头，在履职期间，接收社区矫正对象48人，回归刑释解教26人，无一人重新犯罪。普法宣传，铺筑绿色通道。开展法律进楼道活动、法律知识竞赛、文明交通社区行等法律宣教活动。举办大型普法宣传4场次，出法制宣传板报90多期，法律知识竞赛2次，邀请律师为群众免费咨询3场次，举办人民调解法制讲座2场次，收看法制教育录像片5场次。居民学法用法的多了，讲文明的多了，营造家庭和睦，尊老爱幼，邻里互帮互助的氛围。她坚持居民的事无小事的原则。不管哪里有纠纷、何时发生纠纷或是芝麻大的小纠纷，她都及时化解，从未烦过。她说，在社区，许多矛盾纠纷往往是由一些鸡毛蒜皮的小事引发的，如果调处不及时，就会酿成大矛盾，甚至激化。把和睦送给别人，把幸福送给别人，是她的追求目标。她情系人民调解工作，把人民调解作为事业追求，在平凡工作中为社区稳定与和谐做出积极的贡献。2013年，被司法部评为全国模范人民调解员。

杨超，女，汉族，1973年8月出生，海港区人，中共党员，法律硕士学位，区法院党组成员，一庭庭长。

她有着严谨求真的执法态度，是大家公认的“学习型”“专家型”法官。她曾说：“5个90%相乘就是不及格，失之毫厘，差之千里，做法官就要做到百分之百。”她曾在全国初任审判员考试中获得全省第一、全国第四的佳绩。她结合实际撰写110多篇调研文章，其中《农民工权益的司法保障问题研究》在河北法治论坛中获一等奖。2009年，她调任民一庭庭长，领导全庭在两年内调解率从21%提高到80%，案件发改率从19%降低到1%。她对人民群众有着亲人般的深厚感情，为了解决一位80多岁老人的赡养问题，她7次到老人家中做调解工作，老人的子女被感动，转变对老人的态度。她带领干警实行回访制度，对有困难的当事人送去法律之外的关怀。春节前夕，一位曾受她捐助的老人写下一幅对联表达对她的肯定：“救困扶危风尚好，济老怜贫道德高”。她曾先后被记个人一等功、三等功，获全国“三八”红旗手、全国指导人民调解先进个人、全国巾帼建功标兵等称号。2013年，被最高人民法院评为优秀法官。

刘淑珍，女，汉族，1965年4月出生，抚宁县人，研究生学历，中共党员，文化路街道党工委书记。

从事街道工作近10年，她不断创新工作方法，提出顺势、造势、借势“三势”工作法，提出“捆绑式”工作法，摈弃“双零”（布置工作+不检查=0，开会+不督导=0）工作法，强化督导机制，提升服务群众效率。她提出“打造河北名街、争创全国一流”口号，带出一支“见第一就争，见红旗就扛”、能打硬仗的坚强队伍。在全省率先建立党员工作室、党代表工作室，全省200多名社区党支部书记到社区参观学习。探索出“减陪劝帮”（服务减访、主动陪访、理性劝访、帮难熄访）信访问题化解法，“基层综治维稳的‘文化街道’模式”经验做法，被省委办公厅肯定，并作为呈报件上报4位省领导。建立起“社区心灵聊天室”、开展“社区心理大讲堂”，对居民进行心理疏导和调试。开展社区环境圆桌对话活动，经验被环保部推广。实施“三百四千”工程，即每个社区有一个百人艺术团队伍、一个百人志愿者队伍、一个百人义务巡防队伍；在街居党员干部中，开展进千家门，听千家事，解千家困，帮千家难等活动，解决大批群众关心的热点难点问题。在全市率先建立街道、社区一站式服务大厅，规范服务行为，成为全市唯一获得“金五星服务窗口”称号街道。确立以群众工作统揽信访稳定、便民服务的“大群众工作”思路，在全市率先成立群众工作站（室），开通为民服务的“直通车”。她实施“3320”再就业工程，在全省率先实现有就业愿望人员全部就业。开展“居家养老”服务，首开全市社区养老先河。建立老年人日间照料中心。全力推进老旧小区的综合改造，不顾女儿临近高考，每天早晨6点钟就到现场与相关单位协调，深夜才拖着疲惫的身体回家，成功为5个老旧小区引入物业。实施文化兴街，打造独具特色的文化品牌，开展街歌街徽、居歌居徽创作活动，实现一街一居一歌一徽，形成社区楼道节、空竹节、环保艺术节、残疾人运动会等街道社区传统节日。成立全市首支社区国旗仪仗队和新文化艺术团等文体队伍30多支。在全省率先成立由街道组建的市级空竹协会，成功承办全国六省市空竹邀请赛。带领党员、居民自己动手，绘制以党建、廉政文化等为主题宣传画的“双楼组工程”。街道先后获全国和谐社区建设示范街道、全国社区党建示范街道，省文明单位、省先进基层党组织等省级以上荣誉40多项。个人先后获得全国街道工作杰出贡献奖、省再就业先进个人、省家长学校优秀教师等多项荣誉。并多次在首届全国社区党建推进会、全国零就业家庭工作经验交流会、全国基层社会管理体制创新推进会、全省城市街道社区“创先争优”推进会等会议上做典型发言。2013年，被省委、省政府评为人民满意的公务员。

逝世人物

葛云生，男，汉族，中共党员，大专学历，1933年11月出生在上海市。1954年9月，参加工作后历任秦皇岛师范进修学校教员，第七中学临时负责人，市直学习班、市五七干校学员，铁庄公社宣传部干部，海港区革委会办公室秘书、副主任，海港区委宣传部副部长、部长、区委常委；海港区政协第一届、第二届、第三届副主席（1985年11月至1989年3月兼海港区委统战部部长）。1993年12月，退休。

葛云生参加工作后，始终牢记为人民服务的宗旨，兢兢业业、勤勤恳恳、任劳任怨，在各个工作岗位上，都做出突出成绩。尤其担任区政协副主席期间，协助主席开展各项工作，坚持中国共产党领导的多党合作和政治协商制度，积极履行人民政协职能，团结各界人士，为发展人民政协事业，推进全区经济和社会发展发挥积极作用。退休后，始终坚持以一名共产党员的标准严格要求自己，关心党和国家大事，主动为海港区各项工作的开展建言献策，奉献余热。在生活中，他呵护妻子儿女，疼爱孙儿弟女，是妻子的好丈夫，儿女的好父亲，孙儿的好祖父、好外公。

2013年6月16日10时35分，因病逝世。

荣誉专版

RONGYU ZHUANBAN

RONGYU ZHUANBAN

集体荣誉

2013 年海港区获国家部委、省委、省政府集体荣誉一览表

表 7–1

获奖单位	荣誉名称	授奖单位
海港区	全国县（市）科技进步考核科技进步先进县（市）	国家科技部
宣传部	舆情信息工作先进单位	中宣部

2013 年海港区获省委、省政府委办厅集体荣誉一览表

表 7–2

获奖单位	荣誉名称	授奖单位
总工会	《中国工运》宣传通讯工作先进集体优秀奖	中华全国总工会研究室
西港路街道总工会	工会落实建会三年规划先进集体	省总工会
河东街道安居里社区	基层组织建设示范社区	省妇联
港城大街街道办事处	基层组织建设示范社区	省妇联
工商局注册科	工商行政管理系统先进集体	省工商局、省人社厅
工商局海浪花分局	工商系统“百先”基层分局	省工商局、省人社厅
东环路街道办事处	机关档案工作目标管理AA	省档案局
科技局	科技管理工作先进单位	省科技厅
区委办	党委系统信息工作2013年度优胜单位	省委办
区委办	《中办通讯》工作先进单位	省委办
海港区青年志愿者服务站	优秀青年志愿服务集体	团省委、省青年志愿者协会
宣传部	舆情信息工作先进单位	省委宣传部
宣传部	国防教育主题征文活动先进单位	省国防教育办公室
宣传部	理论宣讲工作站先进集体	省委宣传部
宣传部	基层理论宣讲先进集体	省委宣传部
法院	法院信息工作先进单位	省高院
公安分局指挥中心	公安机关调研工作先进集体	省公安厅办公室
文化市场行政执法队	服务农民、服务基层文化建设先进集体	省委宣传部、省文化厅、省新闻出版广电局
燕山大街街道天洋新城社区	优秀科普示范社区	省科协
北环路街道文博城社区	社区科普益民先进典型	省科学技术协会、省财政厅
综治办	基层平安建设先进单位	省社会管理综合治理委员会
临河里小学	家长学校工作先进集体	省关心下一代工作委员会、省教育厅关心下一代工作委员会
教师进修学校附属实验学校	家长学校工作先进集体	省关心下一代工作委员会、省教育厅关心下一代工作委员会
第十六中学	学校国防教育先进单位	省教育厅
白塔岭小学	学校安全稳定工作先进集体	省教育厅
第七中学	学校思想政治教育工作先进集体	省教育工委、省教育厅
教育局	“爱心代理妈妈”工作先进单位	省妇联

2013年海港区获市委、市政府集体荣誉一览表

表 7-3

获奖单位	荣誉名称	授奖单位
西港路街道办事处	文明单位标兵	市委、市政府
海滨路街道办事处	文明单位标兵	市委、市政府
文化路街道办事处	文明单位标兵	市委、市政府
东环路街道办事处	文明单位标兵	市委、市政府
国税局	文明单位标兵	市委、市政府
海阳镇	文明村镇标兵	市委、市政府
园林局	文明单位标兵	市委、市政府
发改局	文明单位标兵	市委、市政府
地税局	文明单位标兵	市委、市政府
公安分局	文明单位标兵	市委、市政府
区纪委	文明单位标兵	市委、市政府
北港镇	文明村镇	市委、市政府
西港镇	文明村镇	市委、市政府
西港镇归提寨村	文明村镇	市委、市政府
白塔岭街道办事处	文明单位	市委、市政府
林业局	文明单位	市委、市政府
环保局	文明单位	市委、市政府
城乡建设局	文明单位	市委、市政府
质监分局	文明单位	市委、市政府
财政局	文明单位	市委、市政府
审计局	文明单位	市委、市政府
供销社	文明单位	市委、市政府
统战部	文明单位	市委、市政府
太阳城管委	文明单位	市委、市政府
金梦海湾管委会	文明单位	市委、市政府
区政协	文明单位	市委、市政府
团区委	文明单位	市委、市政府
文体广新局	文明单位	市委、市政府
燕山大街街道办事处	文明单位	市委、市政府
区政法委	文明单位	市委、市政府
人社局	文明单位	市委、市政府
建设大街街道办事处	文明单位	市委、市政府
文体广新局	第六届运动会优秀组织奖	市政府
文体广新局	第六届运动会最佳赛区	市政府
文体广新局	第六届运动会体育道德风尚奖	市政府

2013年海港区获市委、市政府各委办局集体荣誉一览表

表 7-4

获奖单位	荣誉名称	授奖单位
区委办	党委系统信息工作优胜单位	市委办
区委办	党委系统信息工作优胜单位	市委办
宣传部	国防教育主题征文活动先进单位	市委宣传部
宣传部	网络文化节优秀组织奖	市委宣传部
宣传部	网络宣传管理工作先进单位	市委宣传部
区法院海港法庭	政法系统“人民满意的政法单位”	市委政法委

续表 7-4

获奖单位	荣誉名称	授奖单位
宣传部	首届幸福家庭评选优秀组织奖	市文明办、市妇联
宣传部	宣传思想调研工作先进单位	市委宣传部
宣传部	思想政治工作案例创新奖	市委宣传部
区纪委	纪检监察工作先进单位	市纪委、市监察局
区纪委监察局第一纪工委监察分局	纪检监察系统案件检查工作先进集体	市纪委、市监察局
西港路街道总工会	先进职工之家	市总工会
河东街道煤港里社区	先进职工之家	市总工会
河东街道安居里社区女工工会小组	先进职工小家	市总工会
海滨路街道办事处	先进职工之家	市总工会
海滨路街道南山社区	先进职工之家	市总工会
白塔岭街道森林逸城第一社区	宣传文化示范社区	市委宣传部
园林局	城管系统2013年度园林绿化工作先进单位	市城管局
园林局绿化养护二处	城管系统2013年度先进集体	市城管局
园林局生产技术科	城管系统2013年度先进集体	市城管局
园林局汤河苗圃	城管系统2013年度先进集体	市城管局
园林局	民主评议政风行风工作先进单位	市城管局
园林局林政监察处	民主评议政风行风工作先进集体	市城管局
园林局秦皇植物园管理处	民主评议政风行风工作先进集体	市城管局
园林局绿化一处	城市园林绿化养护管理工作先进集体	市园林局
园林局绿化三处	城市园林绿化养护管理工作先进集体	市园林局
园林局秦皇植物园管理处	城市园林绿化养护管理工作先进集体	市园林局
园林局工会	先进职工之家	市总工会
园林局预备役应急分队	森林扑火先进单位	秦皇岛陆军预备役炮兵旅
司法局东环路司法所	司法行政系统先进集体	市司法局
司法局燕山大街司法所	司法行政系统先进集体	市司法局
工商局	先进职工之家	市总工会
城管局	城市管理工作先进单位	市城管局
城管局	市容环境工作先进单位	市城管局
城管局城管科	城管系统2013年度先进集体	市城管局
城管局综合办公室	城管系统2013年度先进集体	市城管局
城管局环卫科	城管系统2013年度先进集体	市城管局
城管局二大队党支部	民主评议政风行风工作先进集体	市城管局
城管局环卫一处党支部	民主评议政风行风工作先进集体	市城管局
东环路街道	先进职工之家	市总工会
司法局东环路司法所	司法行政工作先进集体	市司法局
林业局	林业工作先进单位	市林业局
林业局	林业有害生物防治工作先进单位	市林业局
环保局窗口	政务服务工作先进窗口	市政务服务中心
规划分局	城乡规划执法监察先进单位	市城乡规划局
城乡建设局	城乡建设局系统十佳农村危房改造工作先进单位	市城乡建设局

续表 7–4

获奖单位	荣誉名称	授奖单位
城乡建设局建管科	城管系统2013年度先进集体	市城管局
城乡建设局城建科	城管系统2013年度先进集体	市城管局
城乡建设局党委办公室	民主评议政风行风工作先进集体	市城管局
科协	先进单位	市科协
科协	信息宣传工作先进单位	市科协
审计局	审计系统先进集体	市审计局
审计局	审计档案管理优秀单位	市审计局
审计局	审计信息工作先进集体	市审计局
审计局	审计信息化建设先进单位	市审计局
为民市场建设经营责任有限公司	先进职工之家	市总工会
总工会女职工委员会	先进女职工集体	市总工会
总工会	工会新闻宣传工作先进单位	市总工会
城调中心	政风行风建设先进单位	市城管局
城调中心办公室	城管系统政风行风建设先进集体	市城管局
城调中心督导科	城市管理工作先进集体	市城管局
区法院党总支	先进基层党组织	市中院
区法院长城法庭党支部	先进基层党组织	市中院
区法院民一庭	集体三等功	市中院
区法院行政庭	集体三等功	市中院
区法院工会	先进职工之家	市总工会
滨海大道警务工作站	集体嘉奖	市公安局
公安分局京哈高速秦北检察站	集体嘉奖	市公安局
公安分局秦皇岛火车站治安检查站	集体嘉奖	市公安局
北部园区派出所党支部	先进基层党组织	市直工委
文体广新局	文化工作先进集体	市文化广电新闻出版（版权）局
文体广新局	文化市场管理先进单位	市文化广电新闻出版（版权）局
文体广新局	文化信息工作先进集体优胜单位	市文化广电新闻出版（版权）局
文体广新局	执法工作先进单位	市文化广电新闻出版（版权）局
燕山大街街道总工会	先进职工之家	市总工会
燕山大街街道天洋新城社区	优秀科普示范社区	市科协
燕山大街街道天洋新城社区	侨务工作先进集体	市外侨办、市侨联
北环路街道办事处	舆情信息直报点先进单位	市委宣传部
北环路街道办事处	食品安全示范单位	市食安办
北环路街道科协	先进单位	市科协
北环路街道文博城社区	公民科学素质教育示范单位	市全民科学素质工作领导小组
政府办	外事侨务工作先进单位	市外侨办
政府办	侨务工作先进集体	市外侨办、市侨联
政府办	政府系统信息工作先进单位	市政府办
第十七中学	先进职工之家	市总工会
启航幼儿园	先进职工之家	市总工会
铁新里小学	先进职工之家	市总工会
交建里小学	德育示范校	市教育局
青云里小学	科技教育先进单位	市科协、市教育局
临河里小学	先进职工之家	市总工会
燕秀里小学	先进职工之家	市总工会
先盛里小学	科技教育先进单位	市科协、市教育局

续表 7-4

获奖单位	荣誉名称	授奖单位
新一路小学	先进职工之家	市总工会
新一路小学	科技教育先进单位	市科协、市教育局
第八中学	德育示范校	市教育局
第十九中学	先进职工之家	市总工会
社区教育管理中心	先进职工之家	市总工会
连峪小学	学校安全工作先进单位	市教育局
缪庄小学	科技教育先进单位	市科协、市教育局
桥东里小学	先进职工之家	市总工会
白塔岭小学	先进职工之家	市总工会
青少年活动中心	科技教育先进单位	市科协、市教育局
北环路小学	先进职工之家	市总工会
和美实验学校	学校安全工作先进单位	市教育局
教育局	侨务工作先进集体	市外侨办、市侨联

2013 年区委、区政府表彰的先进集体一览表

表 7-5

获奖单位	荣誉名称	授奖单位
西港路街道办事处	固定资产投资暨项目建设工作实绩突出单位	区委、区政府
西港路街道办事处	宣传思想文化工作先进单位	区委、区政府
西港路街道武装部	武装工作先进单位	区委、区政府、区武装部
河东街道办事处	全民健身工作优秀组织奖	区委、区政府
河东街道办事处	人口和计划生育优质服务工作成效突出单位	区委、区政府
海滨路街道办事处	全民健身工作优秀组织奖	区委、区政府
港城大街街道办事处	全民健身工作优秀组织奖	区委、区政府
港城大街街道办事处	对外开放暨招商引资工作先进单位	区委、区政府
港城大街街道办事处	固定资产投资暨项目建设工作实绩突出单位	区委、区政府
港城大街街道办事处	平安港城工程先进单位	区委、区政府
港城大街街道办事处	宣传思想文化工作先进单位	区委、区政府
海阳镇	武装工作先进单位	区委、区政府、区人武部
西港镇	全民健身工作特别贡献奖	区委、区政府
园林局党委	健党强基工程先进单位	区委、区政府
园林局	文化精品工程先进单位	区委、区政府
园林局	民生保障工程先进单位	区委、区政府
园林局	生态文明工程先进单位	区委、区政府
司法局	平安港城工程先进单位	区委、区政府
发改局	固定资产投资暨项目建设工作先进单位	区委、区政府
重点项目办	固定资产投资暨项目建设工作先进单位	区委、区政府
发改局	经济强区工程先进单位	区委、区政府
重点项目办	经济强区工程先进单位	区委、区政府
发改局	文化精品工程先进单位	区委、区政府
发改局驻大苇芝港村工作组	深化加强基层建设年活动优秀驻村工作组	区委、区政府
东环路街道办事处	固定资产投资暨项目建设工作实绩突出单位	区委、区政府
东环路街道办事处	平安港城工程先进单位	区委、区政府
东环路街道办事处	宣传思想文化工作先进单位	区委、区政府
环保局	固定资产投资暨项目建设工作先进单位	区委、区政府
环保局	生态文明工程先进单位	区委、区政府

续表 7–5

获奖单位	荣誉名称	授奖单位
规划分局	固定资产投资暨项目建设工作先进单位	区委、区政府
规划分局	文化精品工程先进单位	区委、区政府
农业局驻石科子村工作组	深化加强基层建设年活动优秀驻村工作组	区委、区政府
科技局	经济强区工程先进单位	区委、区政府
科技局	民生保障工程先进单位	区委、区政府
科技局	生态文明工程先进单位	区委、区政府
为民市场建设经营责任有限公司	平安港城工程先进单位	区委、区政府
信访局	平安港城工程先进单位	区委、区政府
国土分局	固定资产投资暨项目建设工作先进单位	区委、区政府
综开办	固定资产投资暨项目建设工作实绩突出单位	区委、区政府
城调中心	生态文明工程先进单位	区委、区政府
城调中心驻工农里社区工作组	深化加强基层建设年活动优秀驻村工作组	区委、区政府
海港镇	对外开放暨招商引资工作先进单位	区委、区政府
文体广新局	文化精品工程先进单位	区委、区政府
海港镇	全民健身工作特别贡献奖	区委、区政府
东港镇	全民健身工作特别贡献奖	区委、区政府
西港镇	全民健身工作特别贡献奖	区委、区政府
北港镇	全民健身工作特别贡献奖	区委、区政府
海阳镇	全民健身工作特别贡献奖	区委、区政府
文体广新局	全民健身工作特别贡献奖	区委、区政府
教育局	全民健身工作特别贡献奖	区委、区政府
城管局	全民健身工作特别贡献奖	区委、区政府
区委办	全民健身工作优秀组织奖	区委、区政府
燕山大街街道迎春里社区	食品安全工作先进集体	区政府
北环路街道办事处	食品安全工作先进单位	区政府
商务局	食品安全工作先进单位	区政府
商务局综合执法大队	食品安全工作先进集体	区政府
粮食局	食品安全工作先进单位	区政府
粮食局监督检查科	食品安全工作先进集体	区政府
畜牧局	食品安全工作先进单位	区政府
林业局	食品安全工作先进单位	区政府
林业局林果站	食品安全工作先进集体	区政府
环保局	食品安全工作先进单位	区政府
西港路街道红卫里社区	食品安全工作先进集体	区政府
文化路街道办事处	食品安全工作先进单位	区政府
农业局	食品安全工作先进单位	区政府
农业局农业执法大队	食品安全工作先进集体	区政府
质监分局	食品安全工作先进单位	区政府
食安办	食品安全工作先进单位	区政府
金梦海湾管委会	食品安全工作先进单位	区政府
金梦海湾管委会食安办	食品安全工作先进集体	区政府
公安分局	食品安全工作先进单位	区政府
燕山大街街道办事处	食品安全工作先进单位	区政府

个人荣誉

2013 年海港区获省委、省政府各委办厅个人荣誉一览表

表 7-6

姓名	工作单位	荣誉名称	授奖单位
董云鹏	信访局	2011～2013年信访系统先进工作者	省委组织部、省人社厅、省委信访局
张　丽	统战部	统战工作先进工作者	省委组织部、省委统战部、省人社厅、省总工会
李文博	区委办	党委系统信息工作年度优秀工作者	省委办
李春生	区委办	党委系统信息工作年度优秀工作者	省委办
魏　杰	区委办	《中办通讯》工作先进个人	省委办
韩震生	宣传部	优秀舆情信息工作者	省委宣传部
王巨石	林业局	林业系统先进工作者	省人社厅、省林业厅
肖志金	公安分局	十佳法制员	省公安厅
郭晓东	公安分局	个人二等功	省公安厅
申建岗	公安分局	个人二等功	省公安厅
张瑞祥	公安分局	个人二等功	省公安厅
孙立和	地税局	地方税务系统“孺子牛”荣誉称号	省地税局
胡国余	环保局	优秀基层环境执法人员	省环保厅
张　鑫	总工会	优秀工会工作者	省总工会
张　伟	总工会	优秀工会工作者	省总工会
祖炳红	党校	优秀基层理论宣讲员	省委讲师团
王景海	法院	法院优秀信息员	省高院
李　想	法院	第四届河北省“十佳边防警嫂”	团省委、省妇联、省公安边防总队
张　哲	铁新里小学	优秀“爱心代理妈妈”	省妇联
李智杰	社区教育管理中心	优秀“爱心代理妈妈”	省妇联
张艳秋	第十中学	巾帼建功标兵	省妇女“巾帼建功”活动领导小组
乔丽萍	畜牧局	畜牧行业工作先进工作者	省畜牧业协会

2013 年海港区获市委、市政府个人荣誉一览表

表 7-7

姓名	工作单位	荣誉名称	授奖单位
马文军	畜牧局	优秀科技工作者	市委、市政府
杨　超	法院	秦皇岛青年“五四”奖章，记二等功一次	市委、市政府

2013 年海港区获市委、市政府各委办局个人荣誉一览表

表 7-8

姓名	工作单位	荣誉名称	授奖单位
郑新杰	白塔岭街道办事处	优秀信息工作者	市委办
杨小禹	白塔岭街道办事处	舆情信息工作先进个人	市委宣传部
常　雨	区委办	党委系统优秀信息工作者	市委办
侯炜晶	区委办	党委系统优秀信息工作者	市委办
聂洪涛	区委办	暑期工作先进个人	市暑期工作委员会
闫世强	区委办	暑期工作先进个人	市暑期工作委员会
徐　莹	宣传部	舆情信息工作先进个人	市委宣传部
苏　里	宣传部	舆情信息工作先进个人	市委宣传部
高家宏	宣传部	舆情信息工作先进个人	市委宣传部

续表 7-8

姓名	工作单位	荣誉名称	授奖单位
高家宏	宣传部	网络舆情信息工作先进个人	市委宣传部
容桂阳	宣传部	宣传思想调研工作先进个人	市委宣传部
韩震生	宣传部	舆情信息工作先进个人	市委宣传部
董春来	法院	政法系统“十佳人民满意的政法干警”	市委政法委
段志强	发改局	优秀驻村工作队员	市深化基层建设年活动领导小组
周　雁	发改局	优秀驻村工作队员	市深化基层建设年活动领导小组
王　乔	宣传部	深化加强基层建设年活动先进工作者	市深化基层建设年活动领导小组
尹　伟	农业局	深化加强基层建设年活动优秀驻村工作队员	市深化基层建设年活动领导小组
张　军	纪委	纪检监察系统案件检查工作先进个人	市纪委、市监察局
李春玲	党校	基层党校工作先进个人	市委党校
李　力	西港路街道办事处	优秀工会工作者	市总工会
杨　翠	西港路街道办事处	优秀工会工作者	市总工会
杨　翠	西港路街道办事处	先进女职工	市总工会
王　蕊	河东街道办事处	优秀工会工作者	市总工会
代　君	河东街道办事处	优秀工会积极分子	市总工会
魏　薇	河东街道办事处	优秀工会工作者	市总工会
胡国军	海滨路街道办事处	优秀工会工作者	市总工会
徐海霞	海滨路街道办事处	优秀工会工作者	市总工会
陈　宁	白塔岭街道办事处	科协系统先进工作者	市科协
郑伍刚	园林局	城管系统2013年度先进工作者	市城管局
张彦彤	园林局	城管系统2013年度先进工作者	市城管局
单黎成	园林局	城管系统2013年度先进工作者	市城管局
沈振祥	园林局	城管系统2013年度先进工作者	市城管局
刘晓静	园林局	城管系统2013年度先进工作者	市城管局
马成海	园林局	城管系统2013年度先进工作者	市城管局
李　斌	园林局	城管系统2013年度先进工作者	市城管局
张连民	园林局	城管系统2013年度先进工作者	市城管局
赵红光	园林局	城管系统2013年度先进工作者	市城管局
邓　莹	园林局	城管系统2013年度先进工作者	市城管局
王宏华	园林局	城管系统2013年度先进工作者	市城管局
刘　鹏	园林局	城管系统2013年度先进工作者	市城管局
穆慧云	园林局	城管系统2013年度先进工作者	市城管局
祁亚斌	园林局	城管系统2013年度先进工作者	市城管局
谢渊明	园林局	城管系统2013年度先进工作者	市城管局
徐宏斌	园林局	城管系统2013年度先进工作者	市城管局
王德彬	园林局	城管系统2013年度先进工作者	市城管局
崔　勇	园林局	城管系统2013年度先进工作者	市城管局
昝　欣	园林局	民主评议政风行风工作先进个人	市城管局
李秀巧	园林局	民主评议政风行风工作先进个人	市城管局
惠颖杰	园林局	民主评议政风行风工作先进个人	市城管局
孔祥卉	园林局	民主评议政风行风工作先进个人	市城管局
佀兴武	园林局	民主评议政风行风工作先进个人	市城管局
王秀娟	园林局	民主评议政风行风工作先进个人	市城管局
马学薇	园林局	民主评议政风行风工作先进个人	市城管局
皮晓庆	园林局	民主评议政风行风工作先进个人	市城管局

续表 7-8

姓名	工作单位	荣誉名称	授奖单位
费松龄	园林局	民主评议政风行风工作先进个人	市城管局
赵忠伟	园林局	民主评议政风行风工作先进个人	市城管局
迟建军	园林局	民主评议政风行风工作先进个人	市城管局
董宝军	园林局	民主评议政风行风工作先进个人	市城管局
刘文庆	园林局	民主评议政风行风工作先进个人	市城管局
李树民	园林局	民主评议政风行风工作先进个人	市城管局
于　洋	园林局	民主评议政风行风工作先进个人	市城管局
宋媛媛	园林局	民主评议政风行风工作先进个人	市城管局
张建军	园林局	民主评议政风行风工作先进个人	市城管局
刘向东	园林局	民主评议政风行风工作先进个人	市城管局
郑　悦	园林局	民主评议政风行风工作先进个人	市城管局
孔维志	园林局	民主评议政风行风工作先进个人	市城管局
梁安平	城管局	城管系统2013年度先进工作者	市城管局
胡建国	城管局	城管系统2013年度先进工作者	市城管局
陈贺营	城管局	城管系统2013年度先进工作者	市城管局
李奕春	城管局	城管系统2013年度先进工作者	市城管局
李剑英	城管局	城管系统2013年度先进工作者	市城管局
王　伟	城管局	城管系统2013年度先进工作者	市城管局
李振晨	城管局	城管系统2013年度先进工作者	市城管局
李成松	城管局	城管系统2013年度先进工作者	市城管局
程东辉	城管局	城管系统2013年度先进工作者	市城管局
李满林	城管局	城管系统2013年度先进工作者	市城管局
王玉林	城管局	城管系统2013年度先进工作者	市城管局
彼守存	城管局	城管系统2013年度先进工作者	市城管局
张海燕	城管局	城管系统2013年度先进工作者	市城管局
姚长虹	城管局	城管系统2013年度先进工作者	市城管局
张绍杰	城管局	城管系统2013年度先进工作者	市城管局
陈　强	城管局	城管系统2013年度先进工作者	市城管局
韩兰君	城管局	城管系统2013年度先进工作者	市城管局
宋健超	城管局	城管系统2013年度先进工作者	市城管局
张敬华	城管局	城管系统2013年度先进工作者	市城管局
王国华	城管局	城管系统2013年度先进工作者	市城管局
关宝军	城管局	城管系统2013年度先进工作者	市城管局
郭　明	城管局	城管系统2013年度先进工作者	市城管局
许　梅	城管局	城管系统2013年度先进工作者	市城管局
董红明	城管局	城管系统2013年度先进工作者	市城管局
马晓海	城管局	城管系统2013年度先进工作者	市城管局
王海岩	城管局	民主评议政风行风工作先进个人	市城管局
姚冰洁	城管局	民主评议政风行风工作先进个人	市城管局
刘　伟	城管局	民主评议政风行风工作先进个人	市城管局
范　波	城管局	民主评议政风行风工作先进个人	市城管局
朱丽娜	城管局	民主评议政风行风工作先进个人	市城管局
韩晓婷	城管局	民主评议政风行风工作先进个人	市城管局
边振峰	城管局	民主评议政风行风工作先进个人	市城管局
张反帝	城管局	民主评议政风行风工作先进个人	市城管局

续表 7-8

姓名	工作单位	荣誉名称	授奖单位
李　妍	城管局	民主评议政风行风工作先进个人	市城管局
王春艳	城管局	民主评议政风行风工作先进个人	市城管局
刘　鸣	城管局	民主评议政风行风工作先进个人	市城管局
宋　跃	城管局	民主评议政风行风工作先进个人	市城管局
张　磊	城管局	民主评议政风行风工作先进个人	市城管局
邱志强	城管局	民主评议政风行风工作先进个人	市城管局
李　婷	城管局	民主评议政风行风工作先进个人	市城管局
陈　敏	城管局	民主评议政风行风工作先进个人	市城管局
王秀文	城管局	民主评议政风行风工作先进个人	市城管局
金秀成	城管局	民主评议政风行风工作先进个人	市城管局
邹金东	城管局	民主评议政风行风工作先进个人	市城管局
李震宇	城管局	民主评议政风行风工作先进个人	市城管局
张海峰	城管局	民主评议政风行风工作先进个人	市城管局
马来成	城管局	民主评议政风行风工作先进个人	市城管局
张卫民	城管局	民主评议政风行风工作先进个人	市城管局
张　爽	城管局	民主评议政风行风工作先进个人	市城管局
孟立新	城管局	民主评议政风行风工作先进个人	市城管局
佟桂平	城管局	民主评议政风行风工作先进个人	市城管局
徐　僮	城调中心	城管系统政风行风建设先进个人	市城管局
刘　娟	城调中心	城管系统政风行风建设先进个人	市城管局
李　辉	城调中心	城管系统政风行风建设先进个人	市城管局
杨　雷	城调中心	城市管理先进工作者	市城管局
李　铁	城调中心	城市管理先进工作者	市城管局
王海涛	建设局	城管系统2013年度先进个人	市城管局
刘　洋	建设局	城管系统2013年度先进个人	市城管局
韩　鹏	建设局	城管系统2013年度先进个人	市城管局
张晓娟	建设局	民主评议政风行风工作先进个人	市城管局
周　方	建设局	民主评议政风行风工作先进个人	市城管局
刘晓辉	建设局	民主评议政风行风工作先进个人	市城管局
赵滨松	地税局	优秀工会积极分子	市总工会
陈立新	地税局	地税系统纪检监察先进工作者	市地税局党组
孙　汶	林业局	林业生产先进工作者	市林业局
王丽萍	林业局	林业生产先进工作者	市林业局
田　欣	环保局	绿色学校创建工作先进个人	市环保局、市教育局
张　宁	环保局	政务服务工作服务标兵	市政务服务中心
刘艳波	国税局	优秀工会积极分子	市总工会
于洪海	建设局	十佳服务标兵	市建设局
郭　新	建设局	十佳危房改造先进工作者	市建设局
石　斌	建设局	百佳先进工作者	市建设局
郭　新	建设局	百佳先进工作者	市建设局
李明星	建设局	百佳先进工作者	市建设局
尚　洁	建设局	百佳先进工作者	市建设局
刘　洋	建设局	百佳先进工作者	市建设局
马鑫龙	建设局	百佳先进工作者	市建设局
张　阳	建设局	建设工程质量安全监督管理先进个人	市建设局

续表 7-8

姓名	工作单位	荣誉名称	授奖单位
李　观	科协	科协系统先进工作者	市科协
国爱红	科协	科协系统先进工作者	市科协
钱丽梅	科协	科协系统先进工作者	市科协
钱丽梅	科协	信息宣传工作先进个人	市科协
牛艳玲	科协	科普事业贡献奖	市科协、市科素办
李学良	质监分局	三等功	市质监局党组
魏雪梅	质监分局	三等功	市质监局党组
王　珅	质监分局	嘉奖	市质监局党组
刘　仲	市场局	优秀工会工作者	市总工会
贾丽莉	总工会	工会新闻宣传工作先进个人	市总工会
王　冲	政务服务中心	服务标兵	市政务服务中心
曹英杰	区委办	交通管理工作模范车管干部	市公安局交通警察支队
付　荣	法院	优秀党务工作者	市中院
付　荣	法院	优秀工会工作者	市总工会
赵　琳	法院	优秀共产党员	市中院
郭　安	法院	优秀共产党员	市中院
党　玮	法院	优秀共产党员	市中院
宋庆国	法院	三等功	市中院
李恒晓	法院	三等功	市中院
李宗义	法院	三等功	市中院
赵国锋	法院	三等功	市中院
董宏兴	公安分局	三等功	市公安局
杨劲松	公安分局	三等功	市公安局
陈洪喜	公安分局	嘉奖	市公安局
刘　彤	公安分局	嘉奖	市公安局
赵瑞君	公安分局	嘉奖	市公安局
马　奇	公安分局	嘉奖	市公安局
赵　凯	公安分局	嘉奖	市公安局
邹洪刚	公安分局	三等功	市公安局
陈国平	公安分局	三等功	市公安局
刘　彤	公安分局	嘉奖	市公安局
申建岗	公安分局	嘉奖	市公安局
赵宏亮	公安分局	嘉奖	市公安局
张瑞祥	公安分局	优秀党务工作者	市直工委
刘志鹏	公安分局	优秀共产党员	市直工委
孙环宇	公安分局	优秀共产党员	市直工委
张　利	公安分局	优秀共产党员	市直工委
孔凡久	公安分局	优秀党务工作者	市公安局党委
王　颖	公安分局	优秀共产党员	市公安局党委
温　江	公安分局	优秀共产党员	市公安局党委
杨洪松	公安分局	优秀共产党员	市公安局党委
杨劲松	公安分局	优秀共产党员	市公安局党委
张权玥	公安分局	优秀共产党员	市公安局党委
赵铁权	公安分局	优秀共产党员	市公安局党委
王　日	文体广新局	文化工作先进个人	市文化广电新闻出版（版权）局

续表 7-8

姓名	工作单位	荣誉名称	授奖单位
李忠喜	文体广新局	文化工作先进个人	市文化广电新闻出版（版权）局
武国强	文体广新局	文化工作先进个人	市文化广电新闻出版（版权）局
文智博	文体广新局	文化工作先进个人	市文化广电新闻出版（版权）局
佟　宏	文体广新局	文化工作先进个人	市文化广电新闻出版（版权）局
张　薇	文体广新局	文化工作先进个人	市文化广电新闻出版（版权）局
张　越	文体广新局	文化工作先进个人	市文化广电新闻出版（版权）局
李晓白	文体广新局	文化工作先进个人	市文化广电新闻出版（版权）局
王大鹏	文体广新局	文化信息工作先进个人	市文化广电新闻出版（版权）局
杨金玉	文体广新局	体育系统信息工作先进个人	市体育局
唐晓园	文体广新局	艺德先进个人	市教科文卫工会、市文化广电新闻出版（版权）局
郝　佳	燕山大街街道办事处	优秀工会积极分子	市总工会
刘怀东	燕山大街街道办事处	优秀工会工作者	市总工会
朱继明	燕山大街街道办事处	优秀工会工作者	市总工会
朱继明	燕山大街街道办事处	侨务工作先进个人	市外侨办、市侨联
周慧霞	燕山大街街道办事处	侨务工作先进个人	市外侨办、市侨联
于向红	燕山大街街道办事处	科协系统先进工作者	市科协
刘晓军	北环路街道办事处	政协系统“五个一”活动先进个人	市政协
刘晓军	北环路街道办事处	优秀盟员	民盟秦皇岛市委
张　筠	政府办	侨务工作先进个人	市外侨办、市侨联
张　筠	政府办	外事工作先进个人	市外侨办
陈柏青	政府办	侨务工作先进个人	市外侨办、市侨联
陈柏青	政府办	外事工作先进个人	市外侨办
张晓曦	政府办	侨务工作先进个人	市外侨办、市侨联
韩　博	政府办	政府系统信息工作先进个人	市政府办
卢　亮	政府办	政府系统信息工作先进个人	市政府办
田金华	青云里小学	“三育人”先进个人	市教科文卫工会、市教育局
刘亚清	第四中学	师德先进个人	市教科文卫工会、市教育局
才永滨	铁新里小学	优秀科技辅导员	市科协、市教育局
竭微丽	交建里小学	师德先进个人	市教科文卫工会、市教育局
李　博	燕秀里小学	优秀科技辅导员	市科协、市教育局
崔媛媛	先盛里小学	优秀科技辅导员	市科协、市教育局
李志荣	西港路小学	优秀工会工作者	市总工会
周正博	社区教育管理中心	学校安全工作先进个人	市教育局
王艳秋	耀华小学	师德先进个人	市教科文卫工会、市教育局
郝铁凡	建设大街街道办事处	优秀工会工作者	市总工会
马　强	建设大街街道办事处	科协系统先进工作者	市科协

2013 年区委、区政府表彰先进个人一览表

表 7-9

姓名	工作单位	荣誉名称	授奖单位
杨　娜	海滨路街道办事处	全民健身工作先进个人	区委、区政府
魏　琳	港城大街街道办事处	健党强基工程先进个人	区委、区政府
王海岩	城管局	武装工作先进个人	区委、区政府、区人武部
赵宇静	东环路街道办事处	健党强基工程先进个人	区委、区政府
张　勇	发改局	固定资产投资暨项目建设工作先进个人	区委、区政府

续表 7-9

姓名	工作单位	荣誉名称	授奖单位
李佳浩	发改局	固定资产投资暨项目建设工作先进个人	区委、区政府
高瑞哲	发改局	固定资产投资暨项目建设工作先进个人	区委、区政府
韩　雪	发改局	固定资产投资暨项目建设工作先进个人	区委、区政府
于　赛	发改局	经济强区工程先进个人	区委、区政府
郝　静	发改局	生态文明工程先进个人	区委、区政府
郑伍刚	园林局	武装工作先进个人	区委、区政府
杨忠权	海阳镇	党管武装工作先进个人	区委、区政府、区人武部
董云鹏	信访局	宣传思想文化工程先进个人	区委、区政府
陶剑锋	城调中心	宣传思想文化工程先进个人	区委、区政府
王洪泉	海港镇	宣传思想文化工程先进个人	区委、区政府
徐　魏	海港镇	固定资产投资暨项目建设工作先进个人	区委、区政府
黄秀红	科技局	文化精品工程先进个人	区委、区政府
黄秀红	科技局	深化加强基层建设年活动优秀驻村工作队员及工作者	区委、区政府
艾会荣	农业局	经济强区工程先进个人	区委、区政府
贺凤敏	农业局	生态文明工程先进个人	区委、区政府
李忠喜	文体广新局	平安港城工程先进个人	区委、区政府
佟　宏	文体广新局	民生保障工程先进个人	区委、区政府
高　峰	区委办	全民健身工作先进个人	区委、区政府
白奕锟	区委办	全民健身工作先进个人	区委、区政府
亢学文	政府办	全民健身工作先进个人	区委、区政府
张　磊	政府办	全民健身工作先进个人	区委、区政府
文智博	文体广新局	全民健身工作先进个人	区委、区政府
陈治军	文体广新局	全民健身工作先进个人	区委、区政府
李建军	文体广新局	全民健身工作先进个人	区委、区政府
杨金玉	文体广新局	全民健身工作先进个人	区委、区政府
胡　潇	文体广新局	全民健身工作先进个人	区委、区政府
刘一潼	文体广新局	全民健身工作先进个人	区委、区政府
梁伊硕	文体广新局	全民健身工作先进个人	区委、区政府
张　获	教育局	全民健身工作先进个人	区委、区政府
杨立志	教育局	全民健身工作先进个人	区委、区政府
邓　腾	教育局	全民健身工作先进个人	区委、区政府
康海滨	城管局	全民健身工作先进个人	区委、区政府
崔　微	城管局	全民健身工作先进个人	区委、区政府
魏　勇	城管局	全民健身工作先进个人	区委、区政府
李　明	海港镇	全民健身工作先进个人	区委、区政府
陈金龙	海港镇	全民健身工作先进个人	区委、区政府
赵玉华	海港镇	全民健身工作先进个人	区委、区政府
杨忠权	海阳镇	全民健身工作先进个人	区委、区政府
尹　冰	海阳镇	全民健身工作先进个人	区委、区政府
李　萍	海阳镇	全民健身工作先进个人	区委、区政府
王振和	西港镇	全民健身工作先进个人	区委、区政府
潘　静	西港镇	全民健身工作先进个人	区委、区政府
周革强	西港镇	全民健身工作先进个人	区委、区政府
王维民	东港镇	全民健身工作先进个人	区委、区政府

续表 7-9

姓名	工作单位	荣誉名称	授奖单位
李志兴	东港镇	全民健身工作先进个人	区委、区政府
纪艳茹	东港镇	全民健身工作先进个人	区委、区政府
郭宪彬	北港镇	全民健身工作先进个人	区委、区政府
丁　伟	北港镇	全民健身工作先进个人	区委、区政府
陈江丽	北港镇	全民健身工作先进个人	区委、区政府
董育松	建管工委	全民健身工作先进个人	区委、区政府
赫丽丽	建管工委	全民健身工作先进个人	区委、区政府
张　娜	北部工业区	全民健身工作先进个人	区委、区政府
杨时慧	北部工业区	全民健身工作先进个人	区委、区政府
刘芳芳	临港物流园区	全民健身工作先进个人	区委、区政府
尹　辉	临港物流园区	全民健身工作先进个人	区委、区政府
高亚卓	城调中心	全民健身工作先进个人	区委、区政府
杨　玲	河东街道办事处	全民健身工作先进个人	区委、区政府
黄海静	东环路街道办事处	全民健身工作先进个人	区委、区政府
贾　茹	港城街道办事处	全民健身工作先进个人	区委、区政府
李德斌	燕山大街街道办事处	全民健身工作先进个人	区委、区政府
梁　越	建设大街办事处	全民健身工作先进个人	区委、区政府
李明轩	文化路街道办事处	全民健身工作先进个人	区委、区政府
陈彦汐	北环路街道办事处	全民健身工作先进个人	区委、区政府
杨　娜	海滨路街道办事处	全民健身工作先进个人	区委、区政府
魏丽锋	白塔岭街道办事处	全民健身工作先进个人	区委、区政府
杨　翠	西港路街道办事处	全民健身工作先进个人	区委、区政府
李震斌	法院	全民健身工作先进个人	区委、区政府
张　静	财政局	全民健身工作先进个人	区委、区政府
陈　娜	市政处	全民健身工作先进个人	区委、区政府
茹丽梅	市政处	全民健身工作先进个人	区委、区政府
郑伍刚	园林局	全民健身工作先进个人	区委、区政府
王秀娟	园林局	全民健身工作先进个人	区委、区政府
孙淑文	卫生局	全民健身工作先进个人	区委、区政府
黄亚楠	卫生局	全民健身工作先进个人	区委、区政府
马　辉	交通局	全民健身工作先进个人	区委、区政府
李　丹	交通局	全民健身工作先进个人	区委、区政府
程　慧	为民市场建设经营责任有限公司	全民健身工作先进个人	区委、区政府
张俊杰	为民市场建设经营责任有限公司	全民健身工作先进个人	区委、区政府
曹玲丽	第十七中学	全民健身工作先进个人	区委、区政府
于　丹	新一路小学	全民健身工作先进个人	区委、区政府
肖青松	和美学校	全民健身工作先进个人	区委、区政府
王丽维	栏马庄中学	全民健身工作先进个人	区委、区政府
王雅静	北环路小学	全民健身工作先进个人	区委、区政府
李亚萍	刘家河小学	全民健身工作先进个人	区委、区政府
李旭东	第八中学	全民健身工作先进个人	区委、区政府
王永杰	第八中学	全民健身工作先进个人	区委、区政府
张立军	第十四中学	全民健身工作先进个人	区委、区政府

续表 7-9

姓名	工作单位	荣誉名称	授奖单位
林博石	第十四中学	全民健身工作先进个人	区委、区政府
郭俊峰	第十五中学	全民健身工作先进个人	区委、区政府
李　伟	第十五中学	全民健身工作先进个人	区委、区政府
徐　光	第十九中学	全民健身工作先进个人	区委、区政府
孙　杨	第十九中学	全民健身工作先进个人	区委、区政府
朱　林	临河里小学	全民健身工作先进个人	区委、区政府
孙伟然	临河里小学	全民健身工作先进个人	区委、区政府
吴晓彬	先盛里小学	全民健身工作先进个人	区委、区政府
曹智峰	先盛里小学	全民健身工作先进个人	区委、区政府
王翠芝	海阳路小学	全民健身工作先进个人	区委、区政府
张　超	海阳路小学	全民健身工作先进个人	区委、区政府
温海涛	迎秋里小学	全民健身工作先进个人	区委、区政府
张智兴	迎秋里小学	全民健身工作先进个人	区委、区政府
张　静	河东小学	全民健身工作先进个人	区委、区政府
杨　磊	河东小学	全民健身工作先进个人	区委、区政府
付　强	建国路小学	全民健身工作先进个人	区委、区政府
李　杰	建国路小学	全民健身工作先进个人	区委、区政府
冷洪林	西港路小学	全民健身工作先进个人	区委、区政府
王凤华	西港路小学	全民健身工作先进个人	区委、区政府
唐冠彪	迎宾路小学	全民健身工作先进个人	区委、区政府
师　妍	迎宾路小学	全民健身工作先进个人	区委、区政府
秦　勇	铁新里小学	全民健身工作先进个人	区委、区政府
张永君	铁新里小学	全民健身工作先进个人	区委、区政府
韩英伟	光明路小学	全民健身工作先进个人	区委、区政府
董　锐	光明路小学	全民健身工作先进个人	区委、区政府
张莉莉	第十中学	全民健身工作先进个人	区委、区政府
徐翠莲	燕秀里小学	师德标兵	区委、区政府
何媛媛	先盛里小学	师德标兵	区委、区政府
张巍巍	萃文中学	优秀教师	区委、区政府
张景然	北环路小学	师德标兵	区委、区政府
张　军	第十中学	师德标兵	区委、区政府
马英坤	第十中学	优秀教师	区委、区政府
张艳秋	第十中学	模范班主任	区委、区政府
高维敬	和美实验学校	模范班主任	区委、区政府
刘　杰	建设路小学	模范班主任	区委、区政府
文高峰	西港路街道办事处	食品安全工作先进个人	区政府
杨宝林	河东街道办事处	食品安全工作先进个人	区政府
郑连齐	海滨路街道办事处	食品安全工作先进个人	区政府
单志琴	海滨路街道办事处	优秀政协委员	区政协
刘　明	商务局	食品安全工作先进个人	区政府
邢志彬	粮食局	食品安全工作先进个人	区政府
范　波	城管局	食品安全工作先进个人	区政府
王丽萍	林业局	食品安全工作先进个人	区政府
田　媛	林业局	食品安全工作先进个人	区政府
安英伟	农业局	食品安全工作先进个人	区政府

续表 7-9

姓名	工作单位	荣誉名称	授奖单位
李　欢	农业局	食品安全工作先进个人	区政府
李　智	食安办	食品安全工作先进个人	区政府
张　猛	食安办	食品安全工作先进个人	区政府
李　磊	食安办	食品安全工作先进个人	区政府
王　琳	食安办	食品安全工作先进个人	区政府
徐春来	金梦海湾管委会	食品安全工作先进个人	区政府
刘增才	公安分局	食品安全工作先进个人	区政府
谭福民	公安分局	食品安全工作先进个人	区政府
于向红	燕山大街街道办事处	食品安全工作先进个人	区政府
刘晓军	北环路街道办事处	安全生产监管先进个人	区政府
周大安	北环路街道办事处	安全生产监管先进个人	区政府
周大安	北环路街道办事处	食品安全工作先进个人	区政府

2013 年度海港区考核记三等功人员一览表

表 7-10

姓名	工作单位	荣誉名称	授奖单位
吕广卫	耀华小学	三等功	区政府
王丽霞	新生路小学	三等功	区政府
沈小晶	文耀里小学	三等功	区政府
马　杰	明珠学校	三等功	区政府
高　盈	和安里小学	三等功	区政府
刘静梅	桥东里小学	三等功	区政府
赵春玉	海阳路小学	三等功	区政府
杜　钰	迎秋里实验学校	三等功	区政府
李　宁	迎秋里实验学校	三等功	区政府
曹　艳	迎秋里实验学校	三等功	区政府
郝春梅	迎宾路小学	三等功	区政府
孙　悦	海港区新一路小学	三等功	区政府
杨丽婕	海港区新一路小学	三等功	区政府
郝　婧	西港路小学	三等功	区政府
刘　蕊	文化里小学	三等功	区政府
刘艳丽	青云里小学	三等功	区政府
杨洪泉	青云里小学	三等功	区政府
温晓宁	临河里小学	三等功	区政府
李东云	教师进修学校附属实验学校	三等功	区政府
谭晓蕊	建设路小学	三等功	区政府
赵　超	建设路小学	三等功	区政府
鲁　蓉	建国路小学	三等功	区政府
赵雪梅	河东小学	三等功	区政府
李　建	东山小学	三等功	区政府
陈　呐	东华里小学	三等功	区政府
常　虹	滨河路小学	三等功	区政府
张晓燕	燕秀里小学	三等功	区政府
刘　云	先盛里小学	三等功	区政府
赵宏静	先盛里小学	三等功	区政府
孙　英	铁新里小学	三等功	区政府

续表 7-10

姓名	工作单位	荣誉名称	授奖单位
张若愚	光明路小学	三等功	区政府
张　伟	东港里小学	三等功	区政府
高　杨	交建里小学	三等功	区政府
刘宏伟	交建里小学	三等功	区政府
李天化	第二中学	三等功	区政府
王克英	第二中学	三等功	区政府
汪雪飞	第二中学	三等功	区政府
党喜胜	第七中学	三等功	区政府
邓建雨	第七中学	三等功	区政府
郭晓梅	第七中学	三等功	区政府
李　妮	第七中学	三等功	区政府
李　婷	第七中学	三等功	区政府
李小研	第七中学	三等功	区政府
董秀梅	第八中学	三等功	区政府
沈　虹	第八中学	三等功	区政府
高红伟	第八中学	三等功	区政府
李　杨	第八中学	三等功	区政府
郭　然	第八中学	三等功	区政府
郑长海	第八中学	三等功	区政府
王　英	第十中学	三等功	区政府
姚颖尊	第十中学	三等功	区政府
董　珠	第十中学	三等功	区政府
李学玮	第十二中学	三等功	区政府
周卫华	第十二中学	三等功	区政府
俞新友	第十三中学	三等功	区政府
宋　波	第十三中学	三等功	区政府
尤瑞新	第十四中学	三等功	区政府
高中坡	第十四中学	三等功	区政府
解向东	第十六中学	三等功	区政府
靳立宁	第十六中学	三等功	区政府
汪秀艳	第十六中学	三等功	区政府
任丽娜	第十八中学	三等功	区政府
李景泉	第十八中学	三等功	区政府
王俊艳	第十九中学	三等功	区政府
李凯军	第四中学	三等功	区政府
彭月英	第四中学	三等功	区政府
张建荣	第十五中学	三等功	区政府
张红梅	第十五中学	三等功	区政府
黄　艳	第十七中学	三等功	区政府
牛之强	第十七中学	三等功	区政府
石淑玲	外语实验学校	三等功	区政府
王燕妮	外语实验学校	三等功	区政府
崔洪波	外语实验学校	三等功	区政府
苏桂梅	东港镇第一小学	三等功	区政府
李　晶	东港镇第二小学	三等功	区政府

续表 7–10

姓名	工作单位	荣誉名称	授奖单位
叶秀凤	东港镇第三小学	三等功	区政府
王丽梅	和美实验学校	三等功	区政府
张强光	和美实验学校	三等功	区政府
赵　新	慕义寨小学	三等功	区政府
苏　丹	白塔岭小学	三等功	区政府
娄　娜	白塔岭小学	三等功	区政府
温健锋	暴庄小学	三等功	区政府
郭云志	大旺庄小学	三等功	区政府
陈艳玲	连峪小学	三等功	区政府
王惠静	刘家河小学	三等功	区政府
华丹丹	鹿头山小学	三等功	区政府
赵瑞峰	小高庄小学	三等功	区政府
张维民	缪庄小学	三等功	区政府
冯　静	海阳小学	三等功	区政府
张海燕	海阳小学	三等功	区政府
曹友娟	归提寨小学	三等功	区政府
杨　晋	东港路小学	三等功	区政府
周志国	北环路小学	三等功	区政府
张宏伟	北环路小学	三等功	区政府
王雨田	鲤泮庄小学	三等功	区政府
郭云志	大旺庄小学	三等功	区政府
高　莉	海阳镇中学	三等功	区政府
曹月梅	海阳镇中学	三等功	区政府
姬纯玲	萃文中学	三等功	区政府
张巍巍	萃文中学	三等功	区政府
王丽维	拦马庄中学	三等功	区政府
孙　君	姚周寨中学	三等功	区政府
王　霞	文化里幼儿园	三等功	区政府
单　军	启航幼儿园	三等功	区政府
杨盛楠	启航幼儿园	三等功	区政府
林凤灵	铁新里幼儿园	三等功	区政府
董　培	青少年活动中心	三等功	区政府
齐　兵	社区教育管理中心	三等功	区政府
王　晖	教师进修学校	三等功	区政府
常　立	教师进修学校	三等功	区政府
张海峰	东港镇第三小学	三等功	区政府
张秋妮	先盛里小学	三等功	区政府
母景刚	招商办	三等功	区政府
徐　鹏	招商办	三等功	区政府
胡　潇	体育指导中心	三等功	区政府
刘昕昀	林业局	三等功	区政府
王巨石	林业局	三等功	区政府
张继生	林业局	三等功	区政府
徐向东	价格认证中心	三等功	区政府
杨　楠	为民市场建设经营责任有限公司	三等功	区政府

续表 7-10

姓名	工作单位	荣誉名称	授奖单位
王建华	为民市场建设经营责任有限公司	三等功	区政府
郭兴华	为民市场建设经营责任有限公司	三等功	区政府
石雯娜	为民市场建设经营责任有限公司	三等功	区政府
刘立新	为民市场建设经营责任有限公司	三等功	区政府
冯跃斌	为民市场建设经营责任有限公司	三等功	区政府
杨颖环	城乡建设局	三等功	区政府
孙　创	城乡建设局	三等功	区政府
高　鹏	城乡建设局	三等功	区政府
齐　峰	交通运输局	三等功	区政府
尹洪刚	交通运输局	三等功	区政府
吴树义	交通运输局	三等功	区政府
孟庆功	交通运输局	三等功	区政府
张　涛	交通运输局	三等功	区政府
庞　坤	交通运输局	三等功	区政府
王　伟	交通运输局	三等功	区政府
高学祥	交通运输局	三等功	区政府
高　兴	交通运输局	三等功	区政府
孟昭卫	畜牧局	三等功	区政府
崔喜光	畜牧局	三等功	区政府
杨联合	太阳城管委会	三等功	区政府
杨胜利	太阳城管委会	三等功	区政府
马文明	太阳城管委会	三等功	区政府
董奕博	重点项目办	三等功	区政府
杨静涛	重点项目办	三等功	区政府
韩　雪	重点项目办	三等功	区政府
尹　伟	农业局	三等功	区政府
李　颖	旅游开发总公司	三等功	区政府
石　勇	旅游开发总公司	三等功	区政府
郑延秋	旅游开发总公司	三等功	区政府
赵　军	旅游开发总公司	三等功	区政府
韩　涛	城市建设综合开发办公室	三等功	区政府
毛海英	城乡规划管理办公室	三等功	区政府
池泉伟	城乡规划管理办公室	三等功	区政府
杨　杰	园林局	三等功	区政府
王智敏	园林局	三等功	区政府
陈　琰	园林局	三等功	区政府
张连民	园林局	三等功	区政府
赵红光	园林局	三等功	区政府
胡　洋	园林局	三等功	区政府
党英杰	园林局	三等功	区政府
李　涛	园林局	三等功	区政府
金　鑫	园林局	三等功	区政府
佀兴武	园林局	三等功	区政府
吕新哲	园林局	三等功	区政府
闫丹丹	园林局	三等功	区政府

续表 7-10

姓名	工作单位	荣誉名称	授奖单位
刘　鹏	园林局	三等功	区政府
王德彬	园林局	三等功	区政府
赵立伟	财政局	三等功	区政府
田　昊	财政局	三等功	区政府
安逸飞	财政局	三等功	区政府
李丽娜	财政局	三等功	区政府
郑艳波	民政局	三等功	区政府
李秋生	民政局	三等功	区政府
魏　伟	民政局	三等功	区政府
冯　蕾	民政局	三等功	区政府
崔明皓	民政局	三等功	区政府
戴风民	城管监察大队	三等功	区政府
宋书彬	城管监察大队	三等功	区政府
闫国文	城管监察大队	三等功	区政府
郭　瑜	城管监察大队	三等功	区政府
张俊亭	城管监察大队	三等功	区政府
郑　铁	城管监察大队	三等功	区政府
杨宇坤	城管监察大队	三等功	区政府
刘　颖	城管监察大队	三等功	区政府
李兴柱	城管监察大队	三等功	区政府
郭洪哥	城管监察大队	三等功	区政府
边增锁	城管监察大队	三等功	区政府
孙杰锋	城管监察大队	三等功	区政府
单磊刚	城管监察大队	三等功	区政府
赵利民	环卫处	三等功	区政府
肖红光	环卫处	三等功	区政府
刘贺生	环卫处	三等功	区政府
张　怡	环卫处	三等功	区政府
单丽丽	环卫处	三等功	区政府
龚　彬	环卫处	三等功	区政府
严旭东	环卫处	三等功	区政府
丁百全	环卫处	三等功	区政府
杜　蒙	环卫处	三等功	区政府
崔江宏	环卫处	三等功	区政府
刘秀敏	环卫处	三等功	区政府
李继民	环卫处	三等功	区政府
朱　泉	环卫处	三等功	区政府
刘建忠	环卫处	三等功	区政府
许金庆	环卫处	三等功	区政府
徐　琨	环卫处	三等功	区政府
胡凤海	环卫处	三等功	区政府
李守军	环卫处	三等功	区政府
李　微	环卫处	三等功	区政府
焦　健	环卫处	三等功	区政府
陈建伟	环卫处	三等功	区政府

续表 7-10

姓名	工作单位	荣誉名称	授奖单位
冯　静	环卫处	三等功	区政府
孙亚凤	卫生局	三等功	区政府
黄　玲	疾病控制预防中心	三等功	区政府
张嘉洁	卫生执法监督所	三等功	区政府
曾　欢	北环路街道办事处	三等功	区政府
程　悦	北部工业区管理委员会	三等功	区政府
王　超	北部工业区管理委员会	三等功	区政府
董　晶	北部工业区管理委员会	三等功	区政府
刘星明	海港医院	三等功	区政府
陈　红	海港医院	三等功	区政府
余民浙	海港医院	三等功	区政府
段宏军	海港医院	三等功	区政府
徐　闽	海港医院	三等功	区政府
王永慧	海港医院	三等功	区政府
杨鹏飞	海港医院	三等功	区政府
袁春敏	海港医院	三等功	区政府
李丽君	海港医院	三等功	区政府
郭艳民	海港医院	三等功	区政府
鲁永和	海港医院	三等功	区政府
吴香春	海港医院	三等功	区政府
刘亚涛	食品稽查大队	三等功	区政府
张　磊	市政工程管理处	三等功	区政府
温　龙	市政工程管理处	三等功	区政府
常　鹏	市政工程管理处	三等功	区政府
马　丽	市政工程管理处	三等功	区政府
赵丽丽	市政工程管理处	三等功	区政府
王锦格	市政工程管理处	三等功	区政府
王立惠	市政工程管理处	三等功	区政府
张秦生	市政工程管理处	三等功	区政府
阎金玲	市政工程管理处	三等功	区政府
温利强	市政工程管理处	三等功	区政府
张晓东	市政工程管理处	三等功	区政府
卢志刚	市政工程管理处	三等功	区政府
刘　严	市政工程管理处	三等功	区政府
肖　薇	市政工程管理处	三等功	区政府
高琳琳	残疾人劳动就业服务所	三等功	区政府
谢　彬	临港物流园区	三等功	区政府
郭美璇	临港物流园区	三等功	区政府
李志国	机关事务管理局	三等功	区政府
常　影	西港路街道办事处	三等功	区政府
贾晓光	环保局	三等功	区政府
王　静	环保局	三等功	区政府
庞志文	环保局	三等功	区政府
侯春杰	东港镇	三等功	区政府
杨智明	西港镇	三等功	区政府

续表 7-10

姓名	工作单位	荣誉名称	授奖单位
张金河	经济责任审计领导小组办公室	三等功	区政府
李友祥	医疗保险基金管理中心	三等功	区政府
杨晋伟	医疗保险基金管理中心	三等功	区政府
贺春兰	社会保险事业管理所	三等功	区政府
雷秀珍	社会保险事业管理所	三等功	区政府
李　强	社会保险事业管理所	三等功	区政府
唐文慧	就业服务局	三等功	区政府
杨效蔓	就业服务局	三等功	区政府
李志祥	就业服务局	三等功	区政府
冯　彬	就业服务局	三等功	区政府
赵　超	就业服务局	三等功	区政府
李建华	就业服务局	三等功	区政府
高　勇	就业服务局	三等功	区政府
徐敬东	房产局	三等功	区政府
王力军	房产局	三等功	区政府
杨天舒	房产局	三等功	区政府
孔志勇	房产局	三等功	区政府
张景地	粮食局	三等功	区政府
赵长义	政府办	三等功	区政府
李　娜	政府办	三等功	区政府
陈柏青	政府办	三等功	区政府
常　乐	西港镇	三等功	区政府
刘　俊	建设大街街道办事处	三等功	区政府
于斯斯	统计局	三等功	区政府
李冬梅	海滨路街道办事处	三等功	区政府
鲁立伟	北环路街道办事处	三等功	区政府
文智博	文体局	三等功	区政府
甄　洁	西港路街道办事处	三等功	区政府
卢卫新	人社局	三等功	区政府
易　松	人社局	三等功	区政府
穆红菊	司法局	三等功	区政府
张　璐	白塔岭街道办事处	三等功	区政府

2013 年度海港区考核获嘉奖人员一览表

表 7-11

姓名	工作单位	荣誉名称	授奖单位
杨小光	耀华小学	嘉奖	区政府
庞宇洁	耀华小学	嘉奖	区政府
马　静	耀华小学	嘉奖	区政府
杨桂华	耀华小学	嘉奖	区政府
王晓禾	耀华小学	嘉奖	区政府
张文童	耀华小学	嘉奖	区政府
吴秀虹	耀华小学	嘉奖	区政府
王　薇	耀华小学	嘉奖	区政府

续表 7-11

姓名	工作单位	荣誉名称	授奖单位
张巧岚	耀华小学	嘉奖	区政府
李晓霞	新生路小学	嘉奖	区政府
曾　强	新生路小学	嘉奖	区政府
张　莹	新生路小学	嘉奖	区政府
刘晶媛	新生路小学	嘉奖	区政府
李五一	新生路小学	嘉奖	区政府
王　雪	文耀里小学	嘉奖	区政府
黄盼盼	文耀里小学	嘉奖	区政府
何立立	文耀里小学	嘉奖	区政府
张凯星	文耀里小学	嘉奖	区政府
王晓坤	文耀里小学	嘉奖	区政府
胡　冰	文耀里小学	嘉奖	区政府
吴雪春	文耀里小学	嘉奖	区政府
贾　彤	文耀里小学	嘉奖	区政府
杨　霞	明珠学校	嘉奖	区政府
王　悦	明珠学校	嘉奖	区政府
唐　瑞	明珠学校	嘉奖	区政府
解　静	和安里小学	嘉奖	区政府
李国梅	和安里小学	嘉奖	区政府
罗大光	和安里小学	嘉奖	区政府
王晓清	和安里小学	嘉奖	区政府
姜　芳	和安里小学	嘉奖	区政府
丁　鑫	和安里小学	嘉奖	区政府
董净净	和安里小学	嘉奖	区政府
邝　菲	桥东里小学	嘉奖	区政府
宁　艳	桥东里小学	嘉奖	区政府
吴　桐	桥东里小学	嘉奖	区政府
董艾佳	桥东里小学	嘉奖	区政府
刘志强	桥东里小学	嘉奖	区政府
耿　凡	桥东里小学	嘉奖	区政府
张　泊	桥东里小学	嘉奖	区政府
裴　敏	海阳路小学	嘉奖	区政府
温继慧	海阳路小学	嘉奖	区政府
王　通	海阳路小学	嘉奖	区政府
于明慧	海阳路小学	嘉奖	区政府
王　芳	海阳路小学	嘉奖	区政府
张　超	海阳路小学	嘉奖	区政府
袁　祎	海阳路小学	嘉奖	区政府
蒋红梅	迎秋里实验学校	嘉奖	区政府

续表 7–11

姓名	工作单位	荣誉名称	授奖单位
白　玉	迎秋里实验学校	嘉奖	区政府
翟　影	迎秋里实验学校	嘉奖	区政府
郭　靖	迎秋里实验学校	嘉奖	区政府
徐　蕊	迎秋里实验学校	嘉奖	区政府
董　莹	迎秋里实验学校	嘉奖	区政府
李建香	迎秋里实验学校	嘉奖	区政府
杨　蕊	迎秋里实验学校	嘉奖	区政府
程　颖	迎秋里实验学校	嘉奖	区政府
赵　莹	迎秋里实验学校	嘉奖	区政府
闫　辉	迎秋里实验学校	嘉奖	区政府
董智欣	迎秋里实验学校	嘉奖	区政府
张　颖	迎秋里实验学校	嘉奖	区政府
肖　静	迎秋里实验学校	嘉奖	区政府
张志兴	迎秋里实验学校	嘉奖	区政府
李　勍	迎秋里实验学校	嘉奖	区政府
万惠霞	迎秋里实验学校	嘉奖	区政府
刘岩峰	迎秋里实验学校	嘉奖	区政府
赵江玲	迎宾路小学	嘉奖	区政府
刘佳怡	迎宾路小学	嘉奖	区政府
刘晓宇	迎宾路小学	嘉奖	区政府
刘丽丽	迎宾路小学	嘉奖	区政府
齐艳伟	迎宾路小学	嘉奖	区政府
王　玉	迎宾路小学	嘉奖	区政府
乔玉平	迎宾路小学	嘉奖	区政府
苏胜梅	迎宾路小学	嘉奖	区政府
李惠源	迎宾路小学	嘉奖	区政府
陈　波	迎宾路小学	嘉奖	区政府
冯　婧	迎宾路小学	嘉奖	区政府
苏　丹	迎宾路小学	嘉奖	区政府
高月娇	新一路小学	嘉奖	区政府
王明慧	新一路小学	嘉奖	区政府
王钘杰	新一路小学	嘉奖	区政府
尚　丹	新一路小学	嘉奖	区政府
杨　卓	新一路小学	嘉奖	区政府
刘亚学	新一路小学	嘉奖	区政府
周婉晴	新一路小学	嘉奖	区政府
齐越颖	新一路小学	嘉奖	区政府
王宏月	新一路小学	嘉奖	区政府
赵　敏	新一路小学	嘉奖	区政府

续表 7-11

姓名	工作单位	荣誉名称	授奖单位
史卓珩	新一路小学	嘉奖	区政府
费玉苗	新一路小学	嘉奖	区政府
马杰华	新一路小学	嘉奖	区政府
郑珊珊	新一路小学	嘉奖	区政府
欧阳宜茗	西港路小学	嘉奖	区政府
丁慧新	西港路小学	嘉奖	区政府
苟丽娟	西港路小学	嘉奖	区政府
李　晴	西港路小学	嘉奖	区政府
张文馨	西港路小学	嘉奖	区政府
轩丽萍	西港路小学	嘉奖	区政府
柴卫红	西港路小学	嘉奖	区政府
李　楠	西港路小学	嘉奖	区政府
董　欣	西港路小学	嘉奖	区政府
霍　蕊	西港路小学	嘉奖	区政府
桑一鸣	西港路小学	嘉奖	区政府
刘惠盈	文化里小学	嘉奖	区政府
张　雷	文化里小学	嘉奖	区政府
王艳菲	文化里小学	嘉奖	区政府
胡　炜	文化里小学	嘉奖	区政府
刘　峥	文化里小学	嘉奖	区政府
王玉莲	文化里小学	嘉奖	区政府
张　希	文化里小学	嘉奖	区政府
程俊杰	文化里小学	嘉奖	区政府
杨春凤	青云里小学	嘉奖	区政府
李　莹	青云里小学	嘉奖	区政府
黄　洁	青云里小学	嘉奖	区政府
贾畑畑	青云里小学	嘉奖	区政府
王　茜	青云里小学	嘉奖	区政府
马　静	青云里小学	嘉奖	区政府
李　丹	青云里小学	嘉奖	区政府
洪　彬	青云里小学	嘉奖	区政府
郭　楠	青云里小学	嘉奖	区政府
常志伟	青云里小学	嘉奖	区政府
杨艳玲	青云里小学	嘉奖	区政府
郭玉洁	青云里小学	嘉奖	区政府
谢晓伶	临河里小学	嘉奖	区政府
石道怡	临河里小学	嘉奖	区政府
马晓为	临河里小学	嘉奖	区政府
王　巍	临河里小学	嘉奖	区政府

续表 7-11

姓名	工作单位	荣誉名称	授奖单位
韩秀荣	临河里小学	嘉奖	区政府
孙伟然	临河里小学	嘉奖	区政府
李玉娟	临河里小学	嘉奖	区政府
张金丽	临河里小学	嘉奖	区政府
黄橙橙	临河里小学	嘉奖	区政府
李　靖	教师进修学校附属实验学校	嘉奖	区政府
朱丽艳	教师进修学校附属实验学校	嘉奖	区政府
赵　彬	教师进修学校附属实验学校	嘉奖	区政府
王　丽	教师进修学校附属实验学校	嘉奖	区政府
杜晓菲	教师进修学校附属实验学校	嘉奖	区政府
周　红	教师进修学校附属实验学校	嘉奖	区政府
尹　璐	教师进修学校附属实验学校	嘉奖	区政府
郭　玲	教师进修学校附属实验学校	嘉奖	区政府
高　妍	教师进修学校附属实验学校	嘉奖	区政府
张琳琳	建设路小学	嘉奖	区政府
李翎飞	建设路小学	嘉奖	区政府
杨鸿敏	建设路小学	嘉奖	区政府
张丽娟	建设路小学	嘉奖	区政府
郭　旭	建设路小学	嘉奖	区政府
刘艳杰	建设路小学	嘉奖	区政府
朱丽丹	建设路小学	嘉奖	区政府
张俊英	建设路小学	嘉奖	区政府
曹　靖	建设路小学	嘉奖	区政府
赵　悦	建设路小学	嘉奖	区政府
陈　凤	建设路小学	嘉奖	区政府
苗　壮	建设路小学	嘉奖	区政府
蔡学敏	建设路小学	嘉奖	区政府
赵玉静	建国路小学	嘉奖	区政府
叶　洋	建国路小学	嘉奖	区政府
贾东侠	建国路小学	嘉奖	区政府
崔丽杰	建国路小学	嘉奖	区政府
张　伟	建国路小学	嘉奖	区政府
宋志伟	建国路小学	嘉奖	区政府
杨　静	建国路小学	嘉奖	区政府
张　娜	建国路小学	嘉奖	区政府
张　静	河东小学	嘉奖	区政府
洪稀蕊	河东小学	嘉奖	区政府
邸高昆	河东小学	嘉奖	区政府
孙雯雯	河东小学	嘉奖	区政府

续表 7-11

姓名	工作单位	荣誉名称	授奖单位
宗　芳	河东小学	嘉奖	区政府
钟　薇	河东小学	嘉奖	区政府
曹　艳	东山小学	嘉奖	区政府
何静恩	东山小学	嘉奖	区政府
齐宝山	东山小学	嘉奖	区政府
丁　宁	东山小学	嘉奖	区政府
杨美洁	东华里小学	嘉奖	区政府
董永新	东华里小学	嘉奖	区政府
杨　帆	东华里小学	嘉奖	区政府
刘卫华	东华里小学	嘉奖	区政府
赵　爽	东华里小学	嘉奖	区政府
程　芳	东华里小学	嘉奖	区政府
杨　莹	东华里小学	嘉奖	区政府
李亚丽	东华里小学	嘉奖	区政府
顾　茜	滨河路小学	嘉奖	区政府
冯惠敏	滨河路小学	嘉奖	区政府
刘爱萍	滨河路小学	嘉奖	区政府
赵丽君	燕秀里小学	嘉奖	区政府
赵春光	燕秀里小学	嘉奖	区政府
刘文秀	燕秀里小学	嘉奖	区政府
陈红侠	燕秀里小学	嘉奖	区政府
张海萍	燕秀里小学	嘉奖	区政府
赵　晶	燕秀里小学	嘉奖	区政府
刘艳梅	燕秀里小学	嘉奖	区政府
李国庆	燕秀里小学	嘉奖	区政府
高　静	先盛里小学	嘉奖	区政府
张红蕊	先盛里小学	嘉奖	区政府
杨　颖	先盛里小学	嘉奖	区政府
任雪松	先盛里小学	嘉奖	区政府
孙雅楠	先盛里小学	嘉奖	区政府
赵金杰	先盛里小学	嘉奖	区政府
李渤欣	先盛里小学	嘉奖	区政府
李波涛	先盛里小学	嘉奖	区政府
郑秋莉	铁新里小学	嘉奖	区政府
张　瑶	铁新里小学	嘉奖	区政府
张　哲	铁新里小学	嘉奖	区政府
张永君	铁新里小学	嘉奖	区政府
张　洁	铁新里小学	嘉奖	区政府
陈　芳	铁新里小学	嘉奖	区政府

续表 7-11

姓名	工作单位	荣誉名称	授奖单位
韩　萍	铁新里小学	嘉奖	区政府
董　锐	光明路小学	嘉奖	区政府
马成瑞	光明路小学	嘉奖	区政府
陆　静	光明路小学	嘉奖	区政府
吴　爽	光明路小学	嘉奖	区政府
霍迎群	东港里小学	嘉奖	区政府
李　蕊	东港里小学	嘉奖	区政府
赵义红	东港里小学	嘉奖	区政府
刘　杰	东港里小学	嘉奖	区政府
杨玉姣	东港里小学	嘉奖	区政府
刘卓民	东港里小学	嘉奖	区政府
丁俊丽	东港里小学	嘉奖	区政府
张　杰	逸城学校	嘉奖	区政府
郭　霞	逸城学校	嘉奖	区政府
王铁莹	逸城学校	嘉奖	区政府
张　燕	交建里小学	嘉奖	区政府
张向丹	交建里小学	嘉奖	区政府
于　娇	交建里小学	嘉奖	区政府
王艳芬	交建里小学	嘉奖	区政府
陈　曦	交建里小学	嘉奖	区政府
孟　宁	交建里小学	嘉奖	区政府
刘　岩	交建里小学	嘉奖	区政府
唱志杰	交建里小学	嘉奖	区政府
刘晓丹	第二中学	嘉奖	区政府
李建新	第二中学	嘉奖	区政府
唐小妹	第二中学	嘉奖	区政府
姜洪利	第二中学	嘉奖	区政府
程　雪	第二中学	嘉奖	区政府
赵晶莹	第二中学	嘉奖	区政府
王海川	第二中学	嘉奖	区政府
甘明大	第二中学	嘉奖	区政府
徐金辉	第二中学	嘉奖	区政府
季　伟	第二中学	嘉奖	区政府
张　静	第二中学	嘉奖	区政府
王春香	第二中学	嘉奖	区政府
韩丽云	第二中学	嘉奖	区政府
杨　洁	第二中学	嘉奖	区政府
于雅静	第二中学	嘉奖	区政府
杨会英	第二中学	嘉奖	区政府

续表 7-11

姓名	工作单位	荣誉名称	授奖单位
林广云	第二中学	嘉奖	区政府
柏　玲	第七中学	嘉奖	区政府
程　瑶	第七中学	嘉奖	区政府
邸俊洁	第七中学	嘉奖	区政府
邸迎杰	第七中学	嘉奖	区政府
董翠萍	第七中学	嘉奖	区政府
杜　超	第七中学	嘉奖	区政府
耿占梅	第七中学	嘉奖	区政府
李艳萍	第七中学	嘉奖	区政府
刘晓军	第七中学	嘉奖	区政府
刘银静	第七中学	嘉奖	区政府
吕　勇	第七中学	嘉奖	区政府
马丽伟	第七中学	嘉奖	区政府
马晓超	第七中学	嘉奖	区政府
马晓东	第七中学	嘉奖	区政府
苗海英	第七中学	嘉奖	区政府
齐　伟	第七中学	嘉奖	区政府
滕　跃	第七中学	嘉奖	区政府
王冬芳	第七中学	嘉奖	区政府
王向红	第七中学	嘉奖	区政府
王秀华	第七中学	嘉奖	区政府
吴彦达	第七中学	嘉奖	区政府
邢建启	第七中学	嘉奖	区政府
杨　红	第七中学	嘉奖	区政府
杨锡琴	第七中学	嘉奖	区政府
尹东焱	第七中学	嘉奖	区政府
岳　坤	第七中学	嘉奖	区政府
张国荣	第七中学	嘉奖	区政府
张丽萍	第七中学	嘉奖	区政府
张　萌	第七中学	嘉奖	区政府
张　爽	第七中学	嘉奖	区政府
张文静	第七中学	嘉奖	区政府
赵星海	第七中学	嘉奖	区政府
郑丽娟	第七中学	嘉奖	区政府
朱春苗	第七中学	嘉奖	区政府
周秋丽	第七中学	嘉奖	区政府
马　辉	第七中学	嘉奖	区政府
李大陆	第七中学	嘉奖	区政府
高　鹏	第八中学	嘉奖	区政府

续表 7-11

姓名	工作单位	荣誉名称	授奖单位
苏作升	第八中学	嘉奖	区政府
徐凤珍	第八中学	嘉奖	区政府
李　华	第八中学	嘉奖	区政府
刘美华	第八中学	嘉奖	区政府
刘淑琴	第八中学	嘉奖	区政府
李旭东	第八中学	嘉奖	区政府
孙晓波	第八中学	嘉奖	区政府
刘欣欣	第八中学	嘉奖	区政府
高惠玲	第八中学	嘉奖	区政府
牛玉梅	第八中学	嘉奖	区政府
杨　友	第八中学	嘉奖	区政府
杨晓艳	第八中学	嘉奖	区政府
卜莲菊	第八中学	嘉奖	区政府
隋井华	第八中学	嘉奖	区政府
吴旭枫	第八中学	嘉奖	区政府
王春毅	第八中学	嘉奖	区政府
李玉茹	第八中学	嘉奖	区政府
刘红宇	第八中学	嘉奖	区政府
杨连印	第八中学	嘉奖	区政府
李凤伟	第九中学	嘉奖	区政府
杨利文	第九中学	嘉奖	区政府
张远芳	第九中学	嘉奖	区政府
刘晓琴	第九中学	嘉奖	区政府
张　丽	第九中学	嘉奖	区政府
齐　丽	第九中学	嘉奖	区政府
马金玉	第九中学	嘉奖	区政府
乔　莉	第九中学	嘉奖	区政府
韩丽玲	第九中学	嘉奖	区政府
唐明慧	第九中学	嘉奖	区政府
杨　柳	第九中学	嘉奖	区政府
郭　津	第九中学	嘉奖	区政府
邓　跃	第九中学	嘉奖	区政府
王丽敏	第九中学	嘉奖	区政府
刘易聪	第九中学	嘉奖	区政府
李春梅	第十中学	嘉奖	区政府
李慧英	第十中学	嘉奖	区政府
李宏峰	第十中学	嘉奖	区政府
安旭霞	第十中学	嘉奖	区政府
王　芳	第十中学	嘉奖	区政府

续表 7-11

姓名	工作单位	荣誉名称	授奖单位
刘艳华	第十中学	嘉奖	区政府
宋英博	第十中学	嘉奖	区政府
张莹洁	第十中学	嘉奖	区政府
赵小波	第十中学	嘉奖	区政府
张玉蕾	第十中学	嘉奖	区政府
徐文辉	第十中学	嘉奖	区政府
刘翠莲	第十中学	嘉奖	区政府
王晓红	第十中学	嘉奖	区政府
刘　威	第十中学	嘉奖	区政府
姜　旭	第十中学	嘉奖	区政府
赵玉莲	第十中学	嘉奖	区政府
李　健	第十中学	嘉奖	区政府
李彦明	第十中学	嘉奖	区政府
杨　轶	第十中学	嘉奖	区政府
李艳红	第十中学	嘉奖	区政府
王桂君	第十中学	嘉奖	区政府
张玉红	第十二中学	嘉奖	区政府
张　丽	第十二中学	嘉奖	区政府
高建良	第十二中学	嘉奖	区政府
张　俊	第十二中学	嘉奖	区政府
蒋冬梅	第十二中学	嘉奖	区政府
周　可	第十二中学	嘉奖	区政府
张会萍	第十二中学	嘉奖	区政府
张　莹	第十二中学	嘉奖	区政府
焦静亭	第十二中学	嘉奖	区政府
赵艺娜	第十三中学	嘉奖	区政府
孙　琰	第十三中学	嘉奖	区政府
李　玮	第十三中学	嘉奖	区政府
杨　丹	第十三中学	嘉奖	区政府
孟淑荣	第十三中学	嘉奖	区政府
果会金	第十三中学	嘉奖	区政府
许丽君	第十三中学	嘉奖	区政府
张素颖	第十三中学	嘉奖	区政府
王雪梅	第十三中学	嘉奖	区政府
郑云霞	第十三中学	嘉奖	区政府
张小龙	第十三中学	嘉奖	区政府
王莉丽	第十三中学	嘉奖	区政府
刘珊珊	第十三中学	嘉奖	区政府
冯志军	第十三中学	嘉奖	区政府

续表 7-11

姓名	工作单位	荣誉名称	授奖单位
李红伟	第十四中学	嘉奖	区政府
王燕杰	第十四中学	嘉奖	区政府
刘　莹	第十四中学	嘉奖	区政府
王吉越	第十四中学	嘉奖	区政府
李红玉	第十四中学	嘉奖	区政府
贾立娟	第十四中学	嘉奖	区政府
王宇宁	第十四中学	嘉奖	区政府
顾鹏健	第十四中学	嘉奖	区政府
刘　娜	第十六中学	嘉奖	区政府
郑忆南	第十六中学	嘉奖	区政府
孙维敏	第十六中学	嘉奖	区政府
陆丽君	第十六中学	嘉奖	区政府
李书霞	第十六中学	嘉奖	区政府
王宁波	第十六中学	嘉奖	区政府
王　娟	第十六中学	嘉奖	区政府
滕为民	第十六中学	嘉奖	区政府
田凤兰	第十六中学	嘉奖	区政府
徐秀红	第十六中学	嘉奖	区政府
蒲淑昀	第十六中学	嘉奖	区政府
汪　阳	第十六中学	嘉奖	区政府
张慧玲	第十六中学	嘉奖	区政府
孙艳芬	第十六中学	嘉奖	区政府
沈海侠	第十六中学	嘉奖	区政府
刘长红	第十六中学	嘉奖	区政府
陈　枫	第十六中学	嘉奖	区政府
贾明杰	第十六中学	嘉奖	区政府
王小婷	第十六中学	嘉奖	区政府
李卫军	第十六中学	嘉奖	区政府
温丽梅	第十八中学	嘉奖	区政府
李兵营	第十八中学	嘉奖	区政府
刘晓娟	第十八中学	嘉奖	区政府
杨玉静	第十八中学	嘉奖	区政府
李　理	第十八中学	嘉奖	区政府
张晓宁	第十八中学	嘉奖	区政府
韩建炜	第十八中学	嘉奖	区政府
郑爱云	第十八中学	嘉奖	区政府
娄学辉	第十八中学	嘉奖	区政府
冷　霜	第十九中学	嘉奖	区政府
孟　钰	第十九中学	嘉奖	区政府

续表 7-11

姓名	工作单位	荣誉名称	授奖单位
王雅迪	第十九中学	嘉奖	区政府
曾庆庆	第十九中学	嘉奖	区政府
杨玉红	第十九中学	嘉奖	区政府
彭宗芳	第十九中学	嘉奖	区政府
王　涵	第十九中学	嘉奖	区政府
张　南	第四中学	嘉奖	区政府
石艳慧	第四中学	嘉奖	区政府
付英秋	第四中学	嘉奖	区政府
李秀平	第四中学	嘉奖	区政府
杨　涛	第四中学	嘉奖	区政府
俞彦卓	第四中学	嘉奖	区政府
顾园园	第四中学	嘉奖	区政府
邵凯娟	第四中学	嘉奖	区政府
王晓梅	第四中学	嘉奖	区政府
肖　迎	第四中学	嘉奖	区政府
贾　涛	第四中学	嘉奖	区政府
张湘芸	第四中学	嘉奖	区政府
梁　莉	第四中学	嘉奖	区政府
孙丙银	第十五中学	嘉奖	区政府
任翠平	第十五中学	嘉奖	区政府
冯　蜜	第十五中学	嘉奖	区政府
赵　杰	第十五中学	嘉奖	区政府
秦　伟	第十五中学	嘉奖	区政府
张永菊	第十五中学	嘉奖	区政府
徐　达	第十五中学	嘉奖	区政府
李金鹏	第十五中学	嘉奖	区政府
潘　辉	第十五中学	嘉奖	区政府
安舒萍	第十五中学	嘉奖	区政府
李　伟	第十五中学	嘉奖	区政府
马振宁	第十五中学	嘉奖	区政府
田　莹	第十五中学	嘉奖	区政府
王智杰	第十七中学	嘉奖	区政府
张卫红	第十七中学	嘉奖	区政府
张春环	第十七中学	嘉奖	区政府
杨宏静	第十七中学	嘉奖	区政府
李　欣	第十七中学	嘉奖	区政府
范文芳	第十七中学	嘉奖	区政府
李　姿	第十七中学	嘉奖	区政府
曹玲丽	第十七中学	嘉奖	区政府

续表 7-11

姓名	工作单位	荣誉名称	授奖单位
卢文杰	第十七中学	嘉奖	区政府
戚　静	外语实验学校	嘉奖	区政府
马　静	外语实验学校	嘉奖	区政府
李莉莉	外语实验学校	嘉奖	区政府
禹丽娟	外语实验学校	嘉奖	区政府
王文倩	外语实验学校	嘉奖	区政府
李敬华	外语实验学校	嘉奖	区政府
付桂芳	外语实验学校	嘉奖	区政府
李丽娜	外语实验学校	嘉奖	区政府
赵　辉	外语实验学校	嘉奖	区政府
刘艺虹	外语实验学校	嘉奖	区政府
汤立新	外语实验学校	嘉奖	区政府
王智慧	外语实验学校	嘉奖	区政府
孟海艳	外语实验学校	嘉奖	区政府
王彤佳	外语实验学校	嘉奖	区政府
王　森	外语实验学校	嘉奖	区政府
齐小翠	外语实验学校	嘉奖	区政府
田丽娟	外语实验学校	嘉奖	区政府
崔丽媛	东港镇第一小学	嘉奖	区政府
赵静怡	东港镇第一小学	嘉奖	区政府
贾会霞	东港镇第一小学	嘉奖	区政府
王　倩	东港镇第一小学	嘉奖	区政府
王　娜	东港镇第一小学	嘉奖	区政府
李文帅	东港镇第二小学	嘉奖	区政府
吴菁阳	东港镇第二小学	嘉奖	区政府
朱晓平	东港镇第二小学	嘉奖	区政府
田　丽	东港镇第二小学	嘉奖	区政府
冷洪涛	东港镇第二小学	嘉奖	区政府
曹　阳	东港镇第二小学	嘉奖	区政府
汪敬雷	东港镇第二小学	嘉奖	区政府
顾艳杰	东港镇第三小学	嘉奖	区政府
王佳佳	东港镇第三小学	嘉奖	区政府
芦大会	东港镇第三小学	嘉奖	区政府
朱　靓	东港镇第三小学	嘉奖	区政府
赵　慧	东港镇第三小学	嘉奖	区政府
田健健	和美实验学校	嘉奖	区政府
侯月闯	和美实验学校	嘉奖	区政府
曹丽杰	和美实验学校	嘉奖	区政府
杨　伟	和美实验学校	嘉奖	区政府

续表 7–11

姓名	工作单位	荣誉名称	授奖单位
王　会	和美实验学校	嘉奖	区政府
李海侠	和美实验学校	嘉奖	区政府
侯月仙	和美实验学校	嘉奖	区政府
褚　博	和美实验学校	嘉奖	区政府
杨红月	慕义寨小学	嘉奖	区政府
高　娜	慕义寨小学	嘉奖	区政府
杨欢欢	慕义寨小学	嘉奖	区政府
徐丽媛	慕义寨小学	嘉奖	区政府
刘　洋	白塔岭小学	嘉奖	区政府
石海燕	白塔岭小学	嘉奖	区政府
赵文佳	白塔岭小学	嘉奖	区政府
张　帆	白塔岭小学	嘉奖	区政府
王　颖	白塔岭小学	嘉奖	区政府
杨　磊	白塔岭小学	嘉奖	区政府
郭风林	白塔岭小学	嘉奖	区政府
倪广鑫	白塔岭小学	嘉奖	区政府
刘　琳	白塔岭小学	嘉奖	区政府
郭丽伟	白塔岭小学	嘉奖	区政府
张广慧	白塔岭小学	嘉奖	区政府
杨春江	白塔岭小学	嘉奖	区政府
李燕文	公富庄小学	嘉奖	区政府
董一丹	暴庄小学	嘉奖	区政府
付丽娜	暴庄小学	嘉奖	区政府
王　婧	暴庄小学	嘉奖	区政府
赵　雪	大旺庄小学	嘉奖	区政府
商晓艳	大旺庄小学	嘉奖	区政府
孙艳阳	大旺庄小学	嘉奖	区政府
张　丹	大旺庄小学	嘉奖	区政府
王春田	连峪小学	嘉奖	区政府
王秀兰	连峪小学	嘉奖	区政府
马俊清	连峪小学	嘉奖	区政府
庞　鑫	刘家河小学	嘉奖	区政府
李　悦	刘家河小学	嘉奖	区政府
李亚萍	刘家河小学	嘉奖	区政府
刘金涛	鹿头山小学	嘉奖	区政府
陈　晓	鹿头山小学	嘉奖	区政府
孙　静	鹿头山小学	嘉奖	区政府
宋　穷	小高庄小学	嘉奖	区政府
张　萍	小高庄小学	嘉奖	区政府

续表 7-11

姓名	工作单位	荣誉名称	授奖单位
李海朋	小高庄小学	嘉奖	区政府
纪雨萌	小高庄小学	嘉奖	区政府
吴志焕	小高庄小学	嘉奖	区政府
赵小娜	小高庄小学	嘉奖	区政府
李　娜	南大寺小学	嘉奖	区政府
王　娇	南大寺小学	嘉奖	区政府
王家洁	南大寺小学	嘉奖	区政府
郑春慧	缪庄小学	嘉奖	区政府
孟　凰	缪庄小学	嘉奖	区政府
张艳艳	缪庄小学	嘉奖	区政府
武丹丹	缪庄小学	嘉奖	区政府
武金龙	缪庄小学	嘉奖	区政府
岳立云	缪庄小学	嘉奖	区政府
崔艳洁	缪庄小学	嘉奖	区政府
杨　哲	第九中学	嘉奖	区政府
赵　慧	海阳小学	嘉奖	区政府
薛　艳	海阳小学	嘉奖	区政府
吴珊珊	海阳小学	嘉奖	区政府
蒋桂云	海阳小学	嘉奖	区政府
李宏丽	海阳小学	嘉奖	区政府
王立新	海阳小学	嘉奖	区政府
张沥丹	海阳小学	嘉奖	区政府
刘媛媛	海阳小学	嘉奖	区政府
郑　岩	海阳小学	嘉奖	区政府
徐海英	海阳小学	嘉奖	区政府
詹桂琴	海阳小学	嘉奖	区政府
赵欣梅	归提寨小学	嘉奖	区政府
杨鑫娟	归提寨小学	嘉奖	区政府
魏云燕	归提寨小学	嘉奖	区政府
杨小青	归提寨小学	嘉奖	区政府
刘静静	归提寨小学	嘉奖	区政府
杨　静	归提寨小学	嘉奖	区政府
郭秋红	归提寨小学	嘉奖	区政府
郭　明	东港路小学	嘉奖	区政府
王　莹	东港路小学	嘉奖	区政府
朱国丰	东港路小学	嘉奖	区政府
张　宁	东港路小学	嘉奖	区政府
刘　娜	东港路小学	嘉奖	区政府
刘　宁	东港路小学	嘉奖	区政府

续表 7–11

姓名	工作单位	荣誉名称	授奖单位
李平怡	东港路小学	嘉奖	区政府
刘屹梅	东港路小学	嘉奖	区政府
洪月秋	大乐安寨小学	嘉奖	区政府
高献丽	大乐安寨小学	嘉奖	区政府
李　慧	大乐安寨小学	嘉奖	区政府
赵　爽	北环路小学	嘉奖	区政府
康丽君	北环路小学	嘉奖	区政府
张力文	北环路小学	嘉奖	区政府
刘梦霜	北环路小学	嘉奖	区政府
李娜娜	北环路小学	嘉奖	区政府
李秀伶	北环路小学	嘉奖	区政府
王雅静	北环路小学	嘉奖	区政府
高　雯	北环路小学	嘉奖	区政府
杨　蓉	北环路小学	嘉奖	区政府
王珊珊	北环路小学	嘉奖	区政府
路　平	鲤泮庄小学	嘉奖	区政府
王钧涛	鲤泮庄小学	嘉奖	区政府
赵东光	鲤泮庄小学	嘉奖	区政府
郭经伟	鲤泮庄小学	嘉奖	区政府
董　佳	鲤泮庄小学	嘉奖	区政府
赵　雪	大旺庄小学	嘉奖	区政府
商晓艳	大旺庄小学	嘉奖	区政府
孙艳阳	大旺庄小学	嘉奖	区政府
张　丹	大旺庄小学	嘉奖	区政府
郝艳丽	海阳镇中学	嘉奖	区政府
张大伟	海阳镇中学	嘉奖	区政府
杨振利	海阳镇中学	嘉奖	区政府
刘向梅	海阳镇中学	嘉奖	区政府
邵　艳	海阳镇中学	嘉奖	区政府
李春华	海阳镇中学	嘉奖	区政府
赵立君	海阳镇中学	嘉奖	区政府
李　妍	海阳镇中学	嘉奖	区政府
张　玲	海阳镇中学	嘉奖	区政府
贾迎春	海阳镇中学	嘉奖	区政府
刘　坤	萃文中学	嘉奖	区政府
张　岩	萃文中学	嘉奖	区政府
闫大路	萃文中学	嘉奖	区政府
马青枝	萃文中学	嘉奖	区政府
王　静	萃文中学	嘉奖	区政府

续表 7–11

姓名	工作单位	荣誉名称	授奖单位
周　娲	萃文中学	嘉奖	区政府
孙　悦	萃文中学	嘉奖	区政府
杨滨飞	萃文中学	嘉奖	区政府
赵　馨	萃文中学	嘉奖	区政府
王羽嘉	萃文中学	嘉奖	区政府
陈艳萍	拦马庄中学	嘉奖	区政府
张　帆	拦马庄中学	嘉奖	区政府
吴小东	拦马庄中学	嘉奖	区政府
张金凤	拦马庄中学	嘉奖	区政府
殷　娜	拦马庄中学	嘉奖	区政府
杨春红	姚周寨中学	嘉奖	区政府
杨石钢	姚周寨中学	嘉奖	区政府
赵志军	姚周寨中学	嘉奖	区政府
李婷婷	姚周寨中学	嘉奖	区政府
许春河	姚周寨中学	嘉奖	区政府
李业红	姚周寨中学	嘉奖	区政府
李福兴	姚周寨中学	嘉奖	区政府
闫春明	姚周寨中学	嘉奖	区政府
才　华	文化里幼儿园	嘉奖	区政府
李东伟	文化里幼儿园	嘉奖	区政府
李　楠	文化里幼儿园	嘉奖	区政府
王　蕊	文化里幼儿园	嘉奖	区政府
高育军	文化里幼儿园	嘉奖	区政府
付琳淇	先盛里幼儿园	嘉奖	区政府
陈莉莉	先盛里幼儿园	嘉奖	区政府
郑艳菊	启航幼儿园	嘉奖	区政府
贺沙沙	启航幼儿园	嘉奖	区政府
王丹丹	启航幼儿园	嘉奖	区政府
王小剑	启航幼儿园	嘉奖	区政府
智　力	启航幼儿园	嘉奖	区政府
吕丹丹	启航幼儿园	嘉奖	区政府
尚玉俊	启航幼儿园	嘉奖	区政府
杨　爽	启航幼儿园	嘉奖	区政府
曹美红	铁新里幼儿园	嘉奖	区政府
栾铁研	铁新里幼儿园	嘉奖	区政府
殷晓芳	铁新里幼儿园	嘉奖	区政府
李文国	铁新里幼儿园	嘉奖	区政府
董育梅	青少年活动中心	嘉奖	区政府
陈　芳	青少年活动中心	嘉奖	区政府

续表 7-11

姓名	工作单位	荣誉名称	授奖单位
董轶伟	青少年活动中心	嘉奖	区政府
吕伟伟	青少年活动中心	嘉奖	区政府
唐小军	社会实践基地	嘉奖	区政府
丁有剑	社会实践基地	嘉奖	区政府
李　琳	社会实践基地	嘉奖	区政府
张占梅	社会实践基地	嘉奖	区政府
张文红	社区教育管理中心	嘉奖	区政府
张峥嵘	社区教育管理中心	嘉奖	区政府
侯　喆	社区教育管理中心	嘉奖	区政府
侯　佳	社区教育管理中心	嘉奖	区政府
薄丽坤	社区教育管理中心	嘉奖	区政府
齐　军	社区教育管理中心	嘉奖	区政府
董立娟	社区教育管理中心	嘉奖	区政府
于宝芹	教师进修学校	嘉奖	区政府
王　凤	教师进修学校	嘉奖	区政府
王洪超	教师进修学校	嘉奖	区政府
齐　嘉	教师进修学校	嘉奖	区政府
刘　颖	教师进修学校	嘉奖	区政府
李　闯	教师进修学校	嘉奖	区政府
邢　睿	教师进修学校	嘉奖	区政府
赵　妍	教师进修学校	嘉奖	区政府
赵红梅	教师进修学校	嘉奖	区政府
徐升宏	教师进修学校	嘉奖	区政府
欧阳冀茗	教师进修学校	嘉奖	区政府
郁竹楠	逸城学校	嘉奖	区政府
刘　晶	临河里小学	嘉奖	区政府
沈艳新	滨河路小学	嘉奖	区政府
王艳华	和安里小学	嘉奖	区政府
王　凯	迎宾路小学	嘉奖	区政府
杨晓擘	海阳路小学	嘉奖	区政府
郭　冉	东港镇第二小学	嘉奖	区政府
贾晓欣	第十二中学	嘉奖	区政府
王宏艳	海阳镇中学	嘉奖	区政府
曹学文	第四中学	嘉奖	区政府
肖家明	小高庄小学	嘉奖	区政府
蒋玲玲	北环路小学	嘉奖	区政府
宁智力	教师进修学校附小	嘉奖	区政府
邱艳彬	燕秀里小学	嘉奖	区政府
王轶哲	教育局	嘉奖	区政府

续表 7-11

姓名	工作单位	荣誉名称	授奖单位
杜　冰	教育局	嘉奖	区政府
李核金	教育局	嘉奖	区政府
左永波	教育局	嘉奖	区政府
裴胜文	教育局	嘉奖	区政府
郑　淼	教育局	嘉奖	区政府
张立新	教育局	嘉奖	区政府
肖　鸣	教育局	嘉奖	区政府
王必克	教育局	嘉奖	区政府
窦广利	教育局	嘉奖	区政府
王铁军	教育局	嘉奖	区政府
毛晓晨	教育局	嘉奖	区政府
刘　芳	教育局	嘉奖	区政府
杨跃生	教育局	嘉奖	区政府
程春英	教育局	嘉奖	区政府
李春艳	教育局	嘉奖	区政府
赵京美	教育局	嘉奖	区政府
于海燕	教育局	嘉奖	区政府
宋长福	姚周寨中学	嘉奖	区政府
杨为群	姚周寨中学	嘉奖	区政府
胡凌云	迎秋里实验学校	嘉奖	区政府
刘清文	迎秋里实验学校	嘉奖	区政府
周丹良	交建里小学	嘉奖	区政府
刘琪志	第十五中学	嘉奖	区政府
刘　妍	青少年活动中心	嘉奖	区政府
张宝林	青少年活动中心	嘉奖	区政府
徐庆义	和美实验学校	嘉奖	区政府
郭玉林	和美实验学校	嘉奖	区政府
杨佳红	建国路小学	嘉奖	区政府
黄　涛	建国路小学	嘉奖	区政府
王　红	白塔岭小学	嘉奖	区政府
李春红	白塔岭小学	嘉奖	区政府
安咏梅	文耀里小学	嘉奖	区政府
田晓伟	北环路小学	嘉奖	区政府
王淑敏	北环路小学	嘉奖	区政府
刘艳平	第十六中学	嘉奖	区政府
王自茹	第十六中学	嘉奖	区政府
王玉军	先盛里幼儿园	嘉奖	区政府
韩英伟	光明路小学	嘉奖	区政府
刘秋玲	燕秀里小学	嘉奖	区政府

续表 7–11

姓名	工作单位	荣誉名称	授奖单位
王建国	第七中学	嘉奖	区政府
鄂立新	第七中学	嘉奖	区政府
张友国	第七中学	嘉奖	区政府
赵永赶	缪庄小学	嘉奖	区政府
杨佳奇	迎宾路小学	嘉奖	区政府
郑玉松	迎宾路小学	嘉奖	区政府
李彦荣	文化里幼儿园	嘉奖	区政府
石万年	青云里小学	嘉奖	区政府
曹志艳	青云里小学	嘉奖	区政府
王　平	第十中学	嘉奖	区政府
孔凤洁	第十中学	嘉奖	区政府
刘金菊	建设路小学	嘉奖	区政府
陈　芬	建设路小学	嘉奖	区政府
韩凤臣	第八中学	嘉奖	区政府
王　焰	第九中学	嘉奖	区政府
岳莉茹	外语实验学校	嘉奖	区政府
亓相志	林业局	嘉奖	区政府
王殿付	林业局	嘉奖	区政府
代全平	林业局	嘉奖	区政府
尤　凯	林业局	嘉奖	区政府
王俊杰	林业局	嘉奖	区政府
任利国	水务局	嘉奖	区政府
陈　斌	水务局	嘉奖	区政府
檀卓秀	文体广新局	嘉奖	区政府
王　策	文体广新局	嘉奖	区政府
张　蕾	文体广新局	嘉奖	区政府
张言泽	文体广新局	嘉奖	区政府
王　涛	物价局	嘉奖	区政府
李格格	档案馆	嘉奖	区政府
刘大鹏	安监局	嘉奖	区政府
王　屿	安监局	嘉奖	区政府
樊建勇	安监局	嘉奖	区政府
孙　沛	安监局	嘉奖	区政府
张秋美	安监局	嘉奖	区政府
孙　旭	为民市场建设经营责任有限公司	嘉奖	区政府
秦　超	为民市场建设经营责任有限公司	嘉奖	区政府
王　阳	为民市场建设经营责任有限公司	嘉奖	区政府
王玉梅	为民市场建设经营责任有限公司	嘉奖	区政府
周大昱	为民市场建设经营责任有限公司	嘉奖	区政府

续表 7-11

姓名	工作单位	荣誉名称	授奖单位
李 海	为民市场建设经营责任有限公司	嘉奖	区政府
张为学	为民市场建设经营责任有限公司	嘉奖	区政府
程广利	为民市场建设经营责任有限公司	嘉奖	区政府
袁 博	为民市场建设经营责任有限公司	嘉奖	区政府
桂良勇	为民市场建设经营责任有限公司	嘉奖	区政府
杨立新	为民市场建设经营责任有限公司	嘉奖	区政府
李凤铭	为民市场建设经营责任有限公司	嘉奖	区政府
杨东明	为民市场建设经营责任有限公司	嘉奖	区政府
张 洋	为民市场建设经营责任有限公司	嘉奖	区政府
赵 杨	为民市场建设经营责任有限公司	嘉奖	区政府
秦 宏	为民市场建设经营责任有限公司	嘉奖	区政府
孙洪伟	为民市场建设经营责任有限公司	嘉奖	区政府
贺晓红	为民市场建设经营责任有限公司	嘉奖	区政府
边 疆	为民市场建设经营责任有限公司	嘉奖	区政府
杨 军	为民市场建设经营责任有限公司	嘉奖	区政府
冯海萍	城乡建设局	嘉奖	区政府
李玉斌	城乡建设局	嘉奖	区政府
崔洪庆	城乡建设局	嘉奖	区政府
郭志刚	城乡建设局	嘉奖	区政府
阚 俊	城乡建设局	嘉奖	区政府
伊 薇	城乡建设局	嘉奖	区政府
冀 彬	城乡建设局	嘉奖	区政府
孙 芳	金梦海湾管委会	嘉奖	区政府
史孟杰	金梦海湾管委会	嘉奖	区政府
梁 军	金梦海湾管委会	嘉奖	区政府
张桂华	食品稽查大队窗口	嘉奖	区政府
殷军保	教育局窗口	嘉奖	区政府
徐英杰	畜牧局窗口	嘉奖	区政府
王 炜	城管局窗口	嘉奖	区政府
赵秋雯	环保局窗口	嘉奖	区政府
张伟丽	交通局窗口	嘉奖	区政府
邸 阳	区政务服务中心	嘉奖	区政府
王 冲	区政务服务中心	嘉奖	区政府
伊拉娜	区政务服务中心	嘉奖	区政府
李振荣	交通运输局	嘉奖	区政府
顾国锋	交通运输局	嘉奖	区政府
焦丽娜	交通运输局	嘉奖	区政府
李 丹	交通运输局	嘉奖	区政府
白莹莹	交通运输局	嘉奖	区政府

续表 7-11

姓名	工作单位	荣誉名称	授奖单位
刘　贺	交通运输局	嘉奖	区政府
郜俊楠	交通运输局	嘉奖	区政府
邓海岩	交通运输局	嘉奖	区政府
曲　亮	交通运输局	嘉奖	区政府
郑连生	交通运输局	嘉奖	区政府
贾　海	交通运输局	嘉奖	区政府
王　彪	交通运输局	嘉奖	区政府
李印胜	交通运输局	嘉奖	区政府
严　峰	交通运输局	嘉奖	区政府
李春斌	交通运输局	嘉奖	区政府
吕智洋	交通运输局	嘉奖	区政府
陈　颖	交通运输局	嘉奖	区政府
刘志明	交通运输局	嘉奖	区政府
张　振	交通运输局	嘉奖	区政府
张　波	交通运输局	嘉奖	区政府
毛　媚	交通运输局	嘉奖	区政府
葛　佳	交通运输局	嘉奖	区政府
何铭怡	交通运输局	嘉奖	区政府
武　彬	交通运输局	嘉奖	区政府
单海波	交通运输局	嘉奖	区政府
冯　宇	交通运输局	嘉奖	区政府
杨井泉	交通运输局	嘉奖	区政府
岳春梅	交通运输局	嘉奖	区政府
吕　璠	交通运输局	嘉奖	区政府
李小玉	交通运输局	嘉奖	区政府
回　谦	交通运输局	嘉奖	区政府
张天云	交通运输局	嘉奖	区政府
马文军	畜牧局	嘉奖	区政府
高庭会	畜牧局	嘉奖	区政府
赵文畅	畜牧局	嘉奖	区政府
刘　丽	畜牧局	嘉奖	区政府
白　颖	人防办	嘉奖	区政府
王向东	太阳城管委会	嘉奖	区政府
宋明辉	太阳城管委会	嘉奖	区政府
梁会来	太阳城管委会	嘉奖	区政府
蔡　芸	太阳城管委会	嘉奖	区政府
赵　媛	太阳城管委会	嘉奖	区政府
印志彬	重点项目办	嘉奖	区政府
郝　静	重点项目办	嘉奖	区政府

续表 7–11

姓名	工作单位	荣誉名称	授奖单位
陈志刚	重点项目办	嘉奖	区政府
李奕辰	重点项目办	嘉奖	区政府
贺凤敏	农业局	嘉奖	区政府
王国成	农业局	嘉奖	区政府
刘　萍	农业局	嘉奖	区政府
胡敬辉	农业局	嘉奖	区政府
安英伟	农业局	嘉奖	区政府
刘　卓	旅游开发总公司	嘉奖	区政府
狄清月	旅游开发总公司	嘉奖	区政府
王　艳	旅游开发总公司	嘉奖	区政府
刘晓光	旅游开发总公司	嘉奖	区政府
孙　爱	旅游开发总公司	嘉奖	区政府
王阿芳	旅游开发总公司	嘉奖	区政府
单雅楠	旅游开发总公司	嘉奖	区政府
李　媛	旅游开发总公司	嘉奖	区政府
李　应	旅游开发总公司	嘉奖	区政府
李思涛	旅游开发总公司	嘉奖	区政府
雷　虹	旅游开发总公司	嘉奖	区政府
陈　佳	旅游开发总公司	嘉奖	区政府
曾　多	旅游开发总公司	嘉奖	区政府
苗媛杰	旅游开发总公司	嘉奖	区政府
张　敬	旅游开发总公司	嘉奖	区政府
姜　洋	旅游局	嘉奖	区政府
付佳滨	旅游局	嘉奖	区政府
冯　岩	旅游局	嘉奖	区政府
牛　强	市场建设服务中心	嘉奖	区政府
侯　筠	市场建设服务中心	嘉奖	区政府
王　耀	市场建设服务中心	嘉奖	区政府
高春雨	商务综合执法大队	嘉奖	区政府
杨常凯	商务综合执法大队	嘉奖	区政府
甄宏伟	城市建设综合开发办公室	嘉奖	区政府
刘艳晶	城市建设综合开发办公室	嘉奖	区政府
郑　斌	城市建设综合开发办公室	嘉奖	区政府
郝会秋	城市建设综合开发办公室	嘉奖	区政府
李志媛	城市建设综合开发办公室	嘉奖	区政府
刘　迪	城市建设综合开发办公室	嘉奖	区政府
冯智坤	城市建设综合开发办公室	嘉奖	区政府
向宏文	城乡规划管理办公室	嘉奖	区政府
王安琦	城乡规划管理办公室	嘉奖	区政府

续表 7-11

姓名	工作单位	荣誉名称	授奖单位
董宝军	园林局	嘉奖	区政府
张　辉	园林局	嘉奖	区政府
李俊艳	园林局	嘉奖	区政府
裴　裴	园林局	嘉奖	区政府
李敬泽	园林局	嘉奖	区政府
杨树玉	园林局	嘉奖	区政府
杨爱军	园林局	嘉奖	区政府
崔爱敏	园林局	嘉奖	区政府
鲁秋影	园林局	嘉奖	区政府
董爱娟	园林局	嘉奖	区政府
王顺喜	园林局	嘉奖	区政府
张智鸣	园林局	嘉奖	区政府
吕月茹	园林局	嘉奖	区政府
周艳芳	园林局	嘉奖	区政府
沈　月	园林局	嘉奖	区政府
韩玉荣	园林局	嘉奖	区政府
马　静	园林局	嘉奖	区政府
朱　红	园林局	嘉奖	区政府
李　玲	园林局	嘉奖	区政府
石兰波	园林局	嘉奖	区政府
李俊新	园林局	嘉奖	区政府
陈立民	园林局	嘉奖	区政府
赵春利	园林局	嘉奖	区政府
李玉英	园林局	嘉奖	区政府
谢丽丽	园林局	嘉奖	区政府
唐爱芹	园林局	嘉奖	区政府
赵　斌	园林局	嘉奖	区政府
于　洋	园林局	嘉奖	区政府
肖海涛	园林局	嘉奖	区政府
刘　涛	园林局	嘉奖	区政府
王　伟	园林局	嘉奖	区政府
李　滨	园林局	嘉奖	区政府
宋宇鸣	园林局	嘉奖	区政府
程　巍	园林局	嘉奖	区政府
邸海东	园林局	嘉奖	区政府
宗国军	园林局	嘉奖	区政府
魏　东	园林局	嘉奖	区政府
张思明	园林局	嘉奖	区政府
王晓丽	园林局	嘉奖	区政府

续表 7-11

姓名	工作单位	荣誉名称	授奖单位
朱长杰	园林局	嘉奖	区政府
余　俊	园林局	嘉奖	区政府
孟　佳	园林局	嘉奖	区政府
黄冬梅	园林局	嘉奖	区政府
张　磊	园林局	嘉奖	区政府
王中琪	园林局	嘉奖	区政府
王　铎	园林局	嘉奖	区政府
项家伟	园林局	嘉奖	区政府
王宏华	园林局	嘉奖	区政府
赵　川	园林局	嘉奖	区政府
李　忠	园林局	嘉奖	区政府
史艳红	园林局	嘉奖	区政府
李国辉	园林局	嘉奖	区政府
王淑云	园林局	嘉奖	区政府
赵春双	园林局	嘉奖	区政府
范长生	园林局	嘉奖	区政府
张　磊	园林局	嘉奖	区政府
王立冬	园林局	嘉奖	区政府
岳红云	园林局	嘉奖	区政府
孔祥卉	园林局	嘉奖	区政府
刘宇宾	园林局	嘉奖	区政府
刘锁春	园林局	嘉奖	区政府
马学薇	园林局	嘉奖	区政府
宫辉珠	园林局	嘉奖	区政府
苏　茜	园林局	嘉奖	区政府
张　毅	园林局	嘉奖	区政府
迟建军	园林局	嘉奖	区政府
杨柏杰	园林局	嘉奖	区政府
任文静	园林局	嘉奖	区政府
皮晓庆	园林局	嘉奖	区政府
赵德良	园林局	嘉奖	区政府
侯先颖	园林局	嘉奖	区政府
赵忠伟	园林局	嘉奖	区政府
杨　静	园林局	嘉奖	区政府
史莉莘	园林局	嘉奖	区政府
刘大作	园林局	嘉奖	区政府
赵秋辉	园林局	嘉奖	区政府
刘立伟	园林局	嘉奖	区政府
惠颖杰	园林局	嘉奖	区政府

续表 7-11

姓名	工作单位	荣誉名称	授奖单位
孙　滨	园林局	嘉奖	区政府
武建军	城调中心	嘉奖	区政府
于亚丽	城调中心	嘉奖	区政府
李　思	科技局	嘉奖	区政府
郭　乐	科技局	嘉奖	区政府
刘　阳	科技局	嘉奖	区政府
王　群	法律援助中心	嘉奖	区政府
仇　莉	法律援助中心	嘉奖	区政府
王志娜	法律援助中心	嘉奖	区政府
王艳梅	财政局	嘉奖	区政府
郭晓宇	财政局	嘉奖	区政府
杨春英	财政局	嘉奖	区政府
郭红媛	财政局	嘉奖	区政府
乔丽辉	财政局	嘉奖	区政府
姚海滨	财政局	嘉奖	区政府
于长庆	财政局	嘉奖	区政府
付红影	财政局	嘉奖	区政府
宣芳芳	财政局	嘉奖	区政府
马　辉	财政局	嘉奖	区政府
柳春杰	财政局	嘉奖	区政府
李　锋	财政局	嘉奖	区政府
李桂艳	财政局	嘉奖	区政府
祖迎惠	财政局	嘉奖	区政府
刘　丹	财政局	嘉奖	区政府
李艳书	民政局	嘉奖	区政府
龙天鹏	民政局	嘉奖	区政府
任轶楠	民政局	嘉奖	区政府
李仕羚	民政局	嘉奖	区政府
王耀东	民政局	嘉奖	区政府
李晓东	民政局	嘉奖	区政府
郑添元	民政局	嘉奖	区政府
马　驰	民政局	嘉奖	区政府
邢朝辉	民政局	嘉奖	区政府
李月涵	民政局	嘉奖	区政府
李继宏	民政局	嘉奖	区政府
杨　颖	民政局	嘉奖	区政府
魏义恒	民政局	嘉奖	区政府
王立宏	民政局	嘉奖	区政府
赵安喜	民政局	嘉奖	区政府

续表 7–11

姓名	工作单位	荣誉名称	授奖单位
李　刚	城管监察大队	嘉奖	区政府
孙智勇	城管监察大队	嘉奖	区政府
袁春辉	城管监察大队	嘉奖	区政府
陈　平	城管监察大队	嘉奖	区政府
董志勇	城管监察大队	嘉奖	区政府
张文博	城管监察大队	嘉奖	区政府
陈树斌	城管监察大队	嘉奖	区政府
张嗣昆	城管监察大队	嘉奖	区政府
姜海峰	城管监察大队	嘉奖	区政府
沈　浩	城管监察大队	嘉奖	区政府
钱　宇	城管监察大队	嘉奖	区政府
程　亮	城管监察大队	嘉奖	区政府
王　标	城管监察大队	嘉奖	区政府
刘宏伟	城管监察大队	嘉奖	区政府
张　健	城管监察大队	嘉奖	区政府
李中禹	城管监察大队	嘉奖	区政府
孙卫东	城管监察大队	嘉奖	区政府
张全志	城管监察大队	嘉奖	区政府
倪　健	城管监察大队	嘉奖	区政府
张　玮	城管监察大队	嘉奖	区政府
李成凯	城管监察大队	嘉奖	区政府
孙　渤	城管监察大队	嘉奖	区政府
雷　宇	城管监察大队	嘉奖	区政府
刘　伟	城管监察大队	嘉奖	区政府
李雪飞	城管监察大队	嘉奖	区政府
聂洪江	城管监察大队	嘉奖	区政府
杨春盛	城管监察大队	嘉奖	区政府
徐　杨	城管监察大队	嘉奖	区政府
刘振毅	城管监察大队	嘉奖	区政府
李　鹏	城管监察大队	嘉奖	区政府
王　伟	城管监察大队	嘉奖	区政府
孙　叶	城管监察大队	嘉奖	区政府
马洪斌	城管监察大队	嘉奖	区政府
庞　伟	城管监察大队	嘉奖	区政府
张荣刚	城管监察大队	嘉奖	区政府
张晓光	城管监察大队	嘉奖	区政府
张东明	城管监察大队	嘉奖	区政府
唐　爽	城管监察大队	嘉奖	区政府
郑立群	城管监察大队	嘉奖	区政府

续表 7-11

姓名	工作单位	荣誉名称	授奖单位
赵德泉	城管监察大队	嘉奖	区政府
杨学军	城管监察大队	嘉奖	区政府
李朝辉	环卫处	嘉奖	区政府
孟　薇	环卫处	嘉奖	区政府
史云峰	环卫处	嘉奖	区政府
郭德让	环卫处	嘉奖	区政府
杨仁顺	环卫处	嘉奖	区政府
高　峰	环卫处	嘉奖	区政府
周　波	环卫处	嘉奖	区政府
李向荣	环卫处	嘉奖	区政府
张晓静	环卫处	嘉奖	区政府
李威威	环卫处	嘉奖	区政府
董凤玲	环卫处	嘉奖	区政府
杨　军	环卫处	嘉奖	区政府
张　琳	环卫处	嘉奖	区政府
杨立珊	环卫处	嘉奖	区政府
赵洪梅	环卫处	嘉奖	区政府
武冰娇	环卫处	嘉奖	区政府
梁　丽	环卫处	嘉奖	区政府
陈　颖	环卫处	嘉奖	区政府
王　安	环卫处	嘉奖	区政府
刘　颖	环卫处	嘉奖	区政府
庞素英	环卫处	嘉奖	区政府
张启成	环卫处	嘉奖	区政府
杜　娟	环卫处	嘉奖	区政府
刘振德	环卫处	嘉奖	区政府
张学海	环卫处	嘉奖	区政府
王文仕	环卫处	嘉奖	区政府
张宏艳	环卫处	嘉奖	区政府
张东力	环卫处	嘉奖	区政府
刘永虎	环卫处	嘉奖	区政府
高建恒	环卫处	嘉奖	区政府
贾志静	环卫处	嘉奖	区政府
魏　楠	环卫处	嘉奖	区政府
张伟超	环卫处	嘉奖	区政府
杨　杰	环卫处	嘉奖	区政府
李迎亚	环卫处	嘉奖	区政府
刘世春	环卫处	嘉奖	区政府
张一楠	环卫处	嘉奖	区政府

续表 7-11

姓名	工作单位	荣誉名称	授奖单位
杨　旭	环卫处	嘉奖	区政府
李　伟	环卫处	嘉奖	区政府
吴晓飞	环卫处	嘉奖	区政府
张　鑫	环卫处	嘉奖	区政府
孙洪波	环卫处	嘉奖	区政府
张凤石	环卫处	嘉奖	区政府
杨学辉	环卫处	嘉奖	区政府
张宝华	环卫处	嘉奖	区政府
康海滨	环卫处	嘉奖	区政府
段立杰	卫生局	嘉奖	区政府
王柏东	卫生局	嘉奖	区政府
胡鑫宇	卫生局	嘉奖	区政府
高　蕊	卫生局	嘉奖	区政府
王　静	卫生局	嘉奖	区政府
王　政	卫生局	嘉奖	区政府
赵　琳	妇幼保健站	嘉奖	区政府
孙晓慧	妇幼保健站	嘉奖	区政府
刘海飞	妇幼保健站	嘉奖	区政府
李明华	西港路社区卫生服务中心	嘉奖	区政府
贾会敏	疾病控制预防中心	嘉奖	区政府
雒文静	疾病控制预防中心	嘉奖	区政府
王艳伟	疾病控制预防中心	嘉奖	区政府
张　勇	疾病控制预防中心	嘉奖	区政府
高寒冰	疾病控制预防中心	嘉奖	区政府
厉志宏	疾病控制预防中心	嘉奖	区政府
胡永兴	疾病控制预防中心	嘉奖	区政府
张玉玲	海港镇卫生院	嘉奖	区政府
李　爽	东港镇卫生院	嘉奖	区政府
李文权	北港镇卫生院	嘉奖	区政府
王晓萍	海阳镇中心卫生院	嘉奖	区政府
卢　迪	海阳镇中心卫生院	嘉奖	区政府
王　静	海阳镇中心卫生院	嘉奖	区政府
李　燕	北环路社区卫生服务中心	嘉奖	区政府
郭　研	北环路社区卫生服务中心	嘉奖	区政府
赵　薇	北环路社区卫生服务中心	嘉奖	区政府
鲁燕燕	北环路社区卫生服务中心	嘉奖	区政府
吴印来	东环路社区卫生服务中心	嘉奖	区政府
陈和平	东环路社区卫生服务中心	嘉奖	区政府
于　勇	东环路社区卫生服务中心	嘉奖	区政府

续表 7-11

姓名	工作单位	荣誉名称	授奖单位
黄志军	东环路社区卫生服务中心	嘉奖	区政府
王秀芬	东环路社区卫生服务中心	嘉奖	区政府
单　浩	卫生执法监督所	嘉奖	区政府
都海月	卫生执法监督所	嘉奖	区政府
张　浩	卫生执法监督所	嘉奖	区政府
张　蕊	卫生执法监督所	嘉奖	区政府
杨卫东	卫生执法监督所	嘉奖	区政府
国明辉	卫生执法监督所	嘉奖	区政府
李丽英	卫生执法监督所	嘉奖	区政府
刘若楠	白塔岭街道办事处	嘉奖	区政府
杨小禹	白塔岭街道办事处	嘉奖	区政府
张利钢	白塔岭街道办事处	嘉奖	区政府
张海超	河东街道办事处	嘉奖	区政府
戴　宁	建设大街街道办事处	嘉奖	区政府
戴莉莉	建设大街街道办事处	嘉奖	区政府
赵明珠	北环路街道办事处	嘉奖	区政府
董　雪	港城大街街道办事处	嘉奖	区政府
刘阿敏	港城大街街道办事处	嘉奖	区政府
王　莹	东环路街道办事处	嘉奖	区政府
于丛茹	东环路街道办事处	嘉奖	区政府
苏　宇	燕山大街街道办事处	嘉奖	区政府
刘清杨	燕山大街街道办事处	嘉奖	区政府
白录阳	海滨路街道办事处	嘉奖	区政府
崔丽娜	文化路街道办事处	嘉奖	区政府
刘　美	文化路街道办事处	嘉奖	区政府
王　楠	文化路街道办事处	嘉奖	区政府
姚长春	北部工业区管理委员会	嘉奖	区政府
韩　冰	北部工业区管理委员会	嘉奖	区政府
李良栋	北部工业区管理委员会	嘉奖	区政府
唐秀英	北部工业区管理委员会	嘉奖	区政府
勾春伟	北部工业区管理委员会	嘉奖	区政府
吴　凡	北部工业区管理委员会	嘉奖	区政府
李冬铭	北部工业区管理委员会	嘉奖	区政府
崔晟士	北部工业区管理委员会	嘉奖	区政府
牛志昆	北部工业区管理委员会	嘉奖	区政府
乔　健	北部工业区管理委员会	嘉奖	区政府
张　磊	政府办	嘉奖	区政府
韩　博	政府办	嘉奖	区政府
杜　博	政府办	嘉奖	区政府

续表 7-11

姓名	工作单位	荣誉名称	授奖单位
刘　源	政府办	嘉奖	区政府
薛海鹏	政府办	嘉奖	区政府
温　平	政府办	嘉奖	区政府
张晓曦	政府办	嘉奖	区政府
郭　峰	政府办	嘉奖	区政府
李　婵	政府办	嘉奖	区政府
刘建军	政府办	嘉奖	区政府
饶　威	政府办	嘉奖	区政府
徐　彬	政府办	嘉奖	区政府
丁业轩	政府办	嘉奖	区政府
关　爽	政府办	嘉奖	区政府
郑　巍	政府办	嘉奖	区政府
王春梅	海港医院	嘉奖	区政府
张春荣	海港医院	嘉奖	区政府
韩玉贤	海港医院	嘉奖	区政府
孙静娜	海港医院	嘉奖	区政府
张丽娜	海港医院	嘉奖	区政府
解　芳	海港医院	嘉奖	区政府
张丽珍	海港医院	嘉奖	区政府
栗静媛	海港医院	嘉奖	区政府
王丽娟	海港医院	嘉奖	区政府
刘明宇	海港医院	嘉奖	区政府
马　峰	海港医院	嘉奖	区政府
刘建芳	海港医院	嘉奖	区政府
赵云刚	海港医院	嘉奖	区政府
王　峰	海港医院	嘉奖	区政府
张艳玲	海港医院	嘉奖	区政府
王　静	海港医院	嘉奖	区政府
陈云鹤	海港医院	嘉奖	区政府
张玉红	海港医院	嘉奖	区政府
周　虹	海港医院	嘉奖	区政府
张　颖	海港医院	嘉奖	区政府
王再红	海港医院	嘉奖	区政府
马忠坡	海港医院	嘉奖	区政府
于艳玲	海港医院	嘉奖	区政府
计春波	海港医院	嘉奖	区政府
王利伟	海港医院	嘉奖	区政府
单卫琢	海港医院	嘉奖	区政府
刘　辉	海港医院	嘉奖	区政府

续表 7-11

姓名	工作单位	荣誉名称	授奖单位
陈金龙	海港医院	嘉奖	区政府
李　静	海港医院	嘉奖	区政府
常丽艳	海港医院	嘉奖	区政府
李　团	海港医院	嘉奖	区政府
王　艳	海港医院	嘉奖	区政府
于成萍	海港医院	嘉奖	区政府
王界宇	海港医院	嘉奖	区政府
姚　欣	海港医院	嘉奖	区政府
常玉杰	海港医院	嘉奖	区政府
梅浩兴	海港医院	嘉奖	区政府
齐建红	海港医院	嘉奖	区政府
李素坤	海港医院	嘉奖	区政府
盛兰艳	海港医院	嘉奖	区政府
郭艳红	海港医院	嘉奖	区政府
杨　杰	海港医院	嘉奖	区政府
党立军	海港医院	嘉奖	区政府
张丽荣	海港医院	嘉奖	区政府
王田军	海港医院	嘉奖	区政府
吴筱鸣	海港医院	嘉奖	区政府
刘金萍	食品稽查大队	嘉奖	区政府
刘　鑫	食品稽查大队	嘉奖	区政府
安淑惠	食品稽查大队	嘉奖	区政府
崔　涛	计生局	嘉奖	区政府
赵晓菊	计生局	嘉奖	区政府
张丽娜	计生局	嘉奖	区政府
于亚丽	市政工程管理处	嘉奖	区政府
刘一燃	市政工程管理处	嘉奖	区政府
谢　欣	市政工程管理处	嘉奖	区政府
张晓君	市政工程管理处	嘉奖	区政府
马建波	市政工程管理处	嘉奖	区政府
张贺祥	市政工程管理处	嘉奖	区政府
惠晓伟	市政工程管理处	嘉奖	区政府
周　楠	市政工程管理处	嘉奖	区政府
李瑞亮	市政工程管理处	嘉奖	区政府
聂占武	市政工程管理处	嘉奖	区政府
张　虹	市政工程管理处	嘉奖	区政府
郑天龙	市政工程管理处	嘉奖	区政府
陈永维	市政工程管理处	嘉奖	区政府
陈松波	市政工程管理处	嘉奖	区政府

续表 7–11

姓名	工作单位	荣誉名称	授奖单位
徐士勇	市政工程管理处	嘉奖	区政府
魏晓华	市政工程管理处	嘉奖	区政府
孙　杨	市政工程管理处	嘉奖	区政府
王志强	市政工程管理处	嘉奖	区政府
陈晓伟	市政工程管理处	嘉奖	区政府
许洪武	市政工程管理处	嘉奖	区政府
赵满强	市政工程管理处	嘉奖	区政府
王天林	市政工程管理处	嘉奖	区政府
杨　鹏	市政工程管理处	嘉奖	区政府
李　颜	残疾人劳动就业服务所	嘉奖	区政府
尹　路	残疾人劳动就业服务所	嘉奖	区政府
杨永建	临港物流园区	嘉奖	区政府
李广英	临港物流园区	嘉奖	区政府
周　浩	临港物流园区	嘉奖	区政府
李　昊	机关事务管理局	嘉奖	区政府
柴鹤伟	机关事务管理局	嘉奖	区政府
巫　涛	机关事务管理局	嘉奖	区政府
申嘉城	机关事务管理局	嘉奖	区政府
周继良	机关事务管理局	嘉奖	区政府
杨　静	西港路街道办事处	嘉奖	区政府
赵小兵	西港路街道办事处	嘉奖	区政府
孙　屹	文化市场行政执法队	嘉奖	区政府
董　岩	文化市场行政执法队	嘉奖	区政府
李　颖	环保局	嘉奖	区政府
侯丽伟	环保局	嘉奖	区政府
王　惠	环保局	嘉奖	区政府
徐　辉	环保局	嘉奖	区政府
孙　蕾	环保局	嘉奖	区政府
徐华英	环保局	嘉奖	区政府
杨安行	环保局	嘉奖	区政府
郭月涛	环保局	嘉奖	区政府
高俊稳	环保局	嘉奖	区政府
赵苗苗	环保局	嘉奖	区政府
张海燕	环保局	嘉奖	区政府
窦滨怡	环保局	嘉奖	区政府
侯国先	海阳镇	嘉奖	区政府
胡英梅	海阳镇	嘉奖	区政府
刘　宁	海阳镇	嘉奖	区政府
白丽君	海阳镇	嘉奖	区政府

续表 7-11

姓名	工作单位	荣誉名称	授奖单位
李　萍	海阳镇	嘉奖	区政府
齐　昆	海阳镇	嘉奖	区政府
纪　冉	东港镇	嘉奖	区政府
邱垚峰	东港镇	嘉奖	区政府
蒋铁民	东港镇	嘉奖	区政府
常淑丽	海港镇	嘉奖	区政府
陈　杨	海港镇	嘉奖	区政府
刘　颖	海港镇	嘉奖	区政府
涂瑞杰	海港镇	嘉奖	区政府
徐　巍	海港镇	嘉奖	区政府
陈金龙	海港镇	嘉奖	区政府
张丽丽	西港镇	嘉奖	区政府
郭少良	西港镇	嘉奖	区政府
郝丽娜	西港镇	嘉奖	区政府
潘　静	西港镇	嘉奖	区政府
李梦丽	西港镇	嘉奖	区政府
刘铁群	北港镇	嘉奖	区政府
陈　芳	北港镇	嘉奖	区政府
温　岩	北港镇	嘉奖	区政府
张丽颖	圆明山文化旅游产业聚集区管委会	嘉奖	区政府
张　爽	审计局	嘉奖	区政府
苏　炜	审计局	嘉奖	区政府
熊　霄	审计局	嘉奖	区政府
郝建秀	医疗保险基金管理中心	嘉奖	区政府
曹鹏鹏	医疗保险基金管理中心	嘉奖	区政府
田　颖	医疗保险基金管理中心	嘉奖	区政府
董晓红	医疗保险基金管理中心	嘉奖	区政府
冯丽丽	医疗保险基金管理中心	嘉奖	区政府
孔凡晔	社会保险事业管理所	嘉奖	区政府
刘亚宏	社会保险事业管理所	嘉奖	区政府
孟德成	社会保险事业管理所	嘉奖	区政府
刘海峰	社会保险事业管理所	嘉奖	区政府
田　欣	社会保险事业管理所	嘉奖	区政府
张　静	社会保险事业管理所	嘉奖	区政府
刘　莹	社会保险事业管理所	嘉奖	区政府
贾　悦	社会保险事业管理所	嘉奖	区政府
王晓燕	就业服务局	嘉奖	区政府
刘爱霞	就业服务局	嘉奖	区政府
臧存瑞	就业服务局	嘉奖	区政府

续表 7-11

姓名	工作单位	荣誉名称	授奖单位
赵秀伟	就业服务局	嘉奖	区政府
龙　江	就业服务局	嘉奖	区政府
李时雨	就业服务局	嘉奖	区政府
韩建伦	房产局	嘉奖	区政府
王宇波	房产局	嘉奖	区政府
才全华	房产局	嘉奖	区政府
周　南	房产局	嘉奖	区政府
金保海	房产局	嘉奖	区政府
魏海勇	房产局	嘉奖	区政府
任革委	房产局	嘉奖	区政府
张艳青	房产局	嘉奖	区政府
张　静	房产局	嘉奖	区政府
朱志新	房产局	嘉奖	区政府
王丽敏	房产局	嘉奖	区政府
裴红梅	房产局	嘉奖	区政府
齐海波	房产局	嘉奖	区政府
蒋净松	房产局	嘉奖	区政府
李　猛	房产局	嘉奖	区政府
彭　静	房产局	嘉奖	区政府
吴　昊	为民市场建设经营责任有限公司	嘉奖	区政府
张利民	农业局	嘉奖	区政府
郑　雷	发改局	嘉奖	区政府
杨凯旋	司法局	嘉奖	区政府
季秦南	司法局	嘉奖	区政府
王佳越	交通运输局	嘉奖	区政府
李兴华	林业局	嘉奖	区政府
王凤军	文体广新局	嘉奖	区政府
宋春光	文体广新局	嘉奖	区政府
杨月明	环保局	嘉奖	区政府
侯印龙	卫生局	嘉奖	区政府
陈净鑫	规划分局	嘉奖	区政府
于洪海	城乡建设局	嘉奖	区政府
翟雪斐	城乡建设局	嘉奖	区政府
杨　城	商务局	嘉奖	区政府
陈鸣骁	房产局	嘉奖	区政府
刘玉农	物价局	嘉奖	区政府
陈小宁	水务局	嘉奖	区政府
李　凯	水务局	嘉奖	区政府
李　玮	水务局	嘉奖	区政府

续表 7–11

姓名	工作单位	荣誉名称	授奖单位
侯同发	财政局	嘉奖	区政府
许文娜	建设大街街道办事处	嘉奖	区政府
王静兰	港城大街街道办事处	嘉奖	区政府
张　莉	港城大街街道办事处	嘉奖	区政府
游　玥	统计局	嘉奖	区政府
叶存伟	统计局	嘉奖	区政府
姜　伟	文化路街道办事处	嘉奖	区政府
檀健欣	海滨路街道办事处	嘉奖	区政府
杨继明	发改局	嘉奖	区政府
侯芳琪	发改局	嘉奖	区政府
董　浩	白塔岭街道办事处	嘉奖	区政府
俞春理	白塔岭街道办事处	嘉奖	区政府
王　冬	白塔岭街道办事处	嘉奖	区政府
张　宁	白塔岭街道办事处	嘉奖	区政府
高树力	文体广新局	嘉奖	区政府
张　敏	北港镇	嘉奖	区政府
李宪刚	西港路街道办事处	嘉奖	区政府
王　佳	东环路街道办事处	嘉奖	区政府
朱　丰	西港镇	嘉奖	区政府
刘　芳	西港镇	嘉奖	区政府
刘　颖	西港镇	嘉奖	区政府
王　琳	食安办	嘉奖	区政府
王　勇	粮食局	嘉奖	区政府
刘小岩	海港镇	嘉奖	区政府
唐晓庆	燕山大街街道办事处	嘉奖	区政府
高　丹	燕山大街街道办事处	嘉奖	区政府
王　芳	海滨路街道办事处	嘉奖	区政府
党连宏	北环路街道办事处	嘉奖	区政府
韩　萍	物价局	嘉奖	区政府
崔志刚	物价局	嘉奖	区政府
祖丽萍	物价局	嘉奖	区政府
郝增民	东环路街道办事处	嘉奖	区政府
田文启	发改局	嘉奖	区政府
王　旭	民政局	嘉奖	区政府
刘　旭	河东街道办事处	嘉奖	区政府
佟飞龙	安监局	嘉奖	区政府
费静峥	东港镇	嘉奖	区政府
崔国如	东港镇	嘉奖	区政府
张　彦	东港镇	嘉奖	区政府

续表 7-11

姓名	工作单位	荣誉名称	授奖单位
王大鹏	文体广新局	嘉奖	区政府
佟　宏	文体广新局	嘉奖	区政府
陈治军	文体广新局	嘉奖	区政府
段晓莉	审计局	嘉奖	区政府
王敬伟	旅游局	嘉奖	区政府
刘久亭	人社局	嘉奖	区政府
裴　睿	卫生局	嘉奖	区政府
于海燕	教育局	嘉奖	区政府
王力群	北港镇	嘉奖	区政府
李静伟	北港镇	嘉奖	区政府
田丽杰	海阳镇	嘉奖	区政府
郑玉敬	海阳镇	嘉奖	区政府
胡晓昆	海阳镇	嘉奖	区政府
马　超	政府办	嘉奖	区政府
徐国栋	西港镇	嘉奖	区政府
刘玉清	海港镇	嘉奖	区政府
曹宏光	海港镇	嘉奖	区政府
王　蓉	建设大街街道办事处	嘉奖	区政府
姚志刚	文化路街道办事处	嘉奖	区政府
文高峰	西港路街道办事处	嘉奖	区政府
王　园	文化路街道办事处	嘉奖	区政府
杨　茜	港城大街街道办事处	嘉奖	区政府

附　录

FULU

FULU

规范性文件一览表

2013 年中共海港区委规范性文件一览表

表 8-1

发文机关	文号	文件名称
区委	海发〔2013〕1号	中共海港区委2013年工作要点
区委	海发〔2013〕2号	关于认真学习宣传党的十八大和省、市委全会精神的决议
区委	海发〔2013〕3号	印发《关于深化加强基层建设年活动的实施方案》的通知
区委、区政府	海发〔2013〕4号	印发《关于贯彻落实中央政治局“八项规定”的实施办法》的通知
区委	海发〔2013〕6号	关于在全区开展“解放思想、改革开放、创新驱动、科学发展”大讨论活动的实施意见
区委	海发〔2013〕7号	关于加快改革开放建设经济强区的实施意见
区委	海发〔2013〕8号	关于创新工作机制实现巡查工作常态化的意见
区委	海字〔2013〕1号	关于调整领导班子和领导干部综合考核评价体系的通知
区委、区政府	海字〔2013〕2号	关于调整海港区开展加强基层建设年暨“一联六促、访解帮带”活动领导小组的通知
区委、区政府	海字〔2013〕3号	关于成立华润雪花项目征地拆迁工作指挥部的通知
区委	海字〔2013〕4号	印发《关于开展“树正气、讲团结、聚合力、促发展”大讨论活动实施方案》的通知
区委、区政府	海字〔2013〕5号	关于印发《海港区近岸海域环境综合整治2013年工作方案》的通知
区委、区政府	海字〔2013〕6号	关于进一步开展关停违法违规排污企业和环境卫生整治攻坚战的通知
区委、区政府	海字〔2013〕8号	关于印发《海港区2013年环境整治攻坚战实施方案》的通知
区委、区政府	海字〔2013〕9号	关于成立秦皇岛国际五金机电城项目工作指挥部的通知
区委、区政府	海字〔2013〕10号	关于进一步做好城乡环境整治工作的通知
区委、区政府	海字〔2013〕11号	关于印发《海港区农村面貌改造提升行动实施方案》的通知
区委、区政府	海字〔2013〕12号	关于2012年度民主评议结果的通报
区委	海字〔2013〕13号	关于调整区委常委工作分工的通知
区委、区政府	海字〔2013〕14号	关于调整海阳片区开发工作指挥部的通知
区委	海字〔2013〕15号	关于2012年度领导班子和领导干部考核结果的通报
区委	海字〔2013〕16号	关于认真学习河北日报长篇通讯《同呼吸才能心相印》的通知
区委	海字〔2013〕17号	关于开展向靖红利同志学习的决定
区委、区政府	海字〔2013〕18号	关于认真做好全区社区党组织和第四届社区居民委员会换届工作的意见
区委	海字〔2013〕19号	关于印发《海港区试行社区党组织书记竞争上岗的实施方案》的通知
区委	海字〔2013〕20号	关于调整海港区老干部工作领导小组的通知
区委、区政府	海字〔2013〕21号	关于调整海港区关心下一代工作委员会的通知
区委、区政府	海字〔2013〕22号	关于调整海港区机构编制委员会的通知

2013 年海港区人民政府规范性文件一览表

表 8-2

发文机关	文号	文件名称
区政府	海政〔2013〕2号	关于征收海阳镇范庄村国有土地上房屋的决定
区政府	海政〔2013〕3号	关于进一步加强规划执法监察工作的实施意见
区政府	海政〔2013〕4号	关于印发《海港区退出筏式海水养殖及养殖用船补偿办法》的通知
区政府	海政〔2013〕5号	关于印发《海港区市场消防安全整治专项行动方案》的通知
区政府	海政〔2013〕6号	关于开展安全生产大检查工作的通知

续表 8-2

发文机关	文号	文件名称
区政府	海政〔2013〕7号	关于转发秦皇岛市人民政府《关于印发<秦皇岛市档案收集管理办法>的通知》的通知
区政府	海政〔2013〕8号	关于转发市政府转发省政府关于深刻汲取事故教训切实做好当前安全生产工作的紧急通知的通知
区政府	海政〔2013〕9号	关于做好2013年食品安全风险监测的通知
区政府	海政〔2013〕10号	关于印发海港区2013年食品安全宣传教育工作实施方案的通知
区政府	海政〔2013〕11号	关于征收东港镇富家营和徐庄两村国有土地上房屋的决定
区政府	海政〔2013〕12号	关于印发创建国家环境保护模范城市整改阶段实施方案的通知
区政府	海政〔2013〕13号	关于表彰2012年度食品安全先进单位先进集体先进个人及示范企业的决定
区政府	海政〔2013〕14号	关于印发2013年食品安全工作实施方案的通知
区政府	海政〔2013〕15号	关于举办京津冀三地龙舟对抗赛暨秦皇岛第二届龙舟大赛的通知
区政府	海政〔2013〕16号	关于印发海港区水土保持监督管理能力建设实施方案的通知
区政府	海政〔2013〕17号	关于印发海港区突发动物疫情应急预案的通知
区政府	海政〔2013〕18号	关于转发《秦皇岛市人民政府教育督导团办公室关于印发<秦皇岛市2012—2013年度对县级人民政府教育工作督导评估方案>的通知》的通知
区政府	海政〔2013〕19号	关于印发海港区实施中华人民共和国水土保持法细则等五个规范性文件的通知
区政府	海政〔2013〕20号	关于落实中华人民共和国水土保持法的意见
区政府	海政〔2013〕21号	关于对2012年度安全生产目标管理考核优秀单位先进单位进行奖励的通知
区政府	海政〔2013〕22号	关于表彰2012年度安全生产工作先进单位和先进个人的决定
区政府	海政〔2013〕23号	关于征收西港镇新店子村国有土地上房屋的决定
区政府	海政〔2013〕24号	关于征收西港镇南大寺村国有土地上房屋的决定
区政府	海政〔2013〕25号	关于印发《深入开展消防安全大排查大整治活动工作方案》的通知
区政府	海政〔2013〕26号	关于大力发展农村邮政服务建设新型村邮站的通知
区政府	海政〔2013〕27号	关于征收海港镇东李庄村国有土地上房屋的决定
区政府	海政〔2013〕28号	关于印发渗坑专项整治工作实施方案的通知
区政府	海政〔2013〕29号	关于印发2013年新型农村合作医疗实施方案的通知
区政府	海政〔2013〕30号	关于印发《海港区老旧小区改造房屋征收与补偿安置标准（试行）》的通知
区政府	海政〔2013〕31号	关于建立和完善涉嫌食品安全犯罪案件移送工作机制的意见
区政府	海政〔2013〕32号	关于兑现2012年度人口和计划生育责任目标奖金的通知
区政府	海政〔2013〕33号	关于印发海港区2013年旅游市场综合整治专项行动方案的通知
区政府	海政〔2013〕34号	关于进一步做好2013年增收节支工作的通知
区政府	海政〔2013〕35号	关于认真做好第三次全国经济普查工作的通知
区政府	海政〔2013〕36号	关于印发海港区推进城市区街巷道路居民小区城市管理工作的实施意见（试行）的通知
区政府	海政〔2013〕37号	关于印发海港区企业注册前置审批事项领办服务工作细则的通知
区政府	海政〔2013〕38号	关于批转海港区金融工作办公室《关于打击和处置非法集资工作的实施意见》的通知
区政府	海政〔2013〕39号	关于印发《海港区行政事业单位国有资产公物仓资产管理暂行办法》的通知
区政府	海政〔2013〕40号	关于印发《海港区政府非税收入管理办法》的通知
区政府	海政〔2013〕41号	关于征收文昌里片区国有土地上房屋的决定
区政府	海政〔2013〕42号	关于印发加强食品安全工作意见的通知
区政府	海政〔2013〕43号	关于对王宝昌房屋进行补偿的决定
区政府	海政〔2013〕44号	关于对曹连华房屋进行补偿的决定
区政府	海政〔2013〕45号	关于印发海港区2013年税源普查实施方案的通知
区政府	海政〔2013〕46号	关于印发海港区自然灾害救助应急预案的通知

续表 8-2

发文机关	文号	文件名称
区政府	海政〔2013〕47号	关于做好2011年冬季退役士兵安置工作的通知
区政府	海政〔2013〕48号	关于撤销孙秀娟集体土地使用证的决定
区政府	海政〔2013〕49号	关于征收海阳镇海阳四村国有土地上房屋的决定
区政府	海政〔2013〕50号	关于征收北港镇河北村街里村小河村张桥庄村国有土地上房屋的决定
区政府	海政〔2013〕51号	关于印发海港区大气污染防治行动计划实施方案的通知
区政府	海政〔2013〕52号	关于印发《海港区突发事件新闻发布应急预案》的通知
区政府	海政〔2013〕53号	关于印发海港区重污染天气应急预案的通知
区政府	海政〔2013〕54号	关于征收西港镇下庄村国有土地上房屋的决定
区政府	海政〔2013〕55号	关于印发海港区消防工作考核办法的通知
区政府	海政〔2013〕56号	关于印发2013年度食品安全工作考核方案的通知
区政府	海政〔2013〕57号	关于做好进驻区政务服务大厅相关工作的通知
区政府	海政〔2013〕58号	关于公布规范性文件清理结果的通知
区政府	海政〔2013〕59号	关于印发《海港区非法营运机动车专项整治行动实施方案》的通知

2013 年中共海港区委办、政府办规范性文件一览表

表 8-3

发文机关	文号	文件名称
区委办、区政府办	海办发〔2013〕4号	印发《关于在全区开展“两转三服务”活动进一步优化发展环境的推进方案》的通知
区委办、区政府办	海办字〔2013〕1号	关于开展全区“农村民主议政日”活动的通知
区委办、区政府办	海办字〔2013〕2号	关于做好 2013年春节期间廉洁自律工作的通知
区委办、区政府办	海办字〔2013〕4号	关于继续开展2013年全民健身工作的通知
区委办、区政府办	海办字〔2013〕5号	关于印发《贯彻落实田向利同志在市委常委（扩大）会议上讲话精神责任分解表》的通知
区委办、区政府办	海办字〔2013〕8号	关于印发《海港区近岸海域环境综合整治工作责任追究办法（试行）》的通知
区委办、区政府办	海办字〔2013〕9号	关于表彰2012年度与文明同行铸和谐港城创建活动文明单位和文明个人的通报
区委办、区政府办	海办字〔2013〕10号	关于对区领导分包重点项目进行调整的通知
区委办、区政府办	海办字〔2013〕11号	关于加强会议费管理的通知
区委办	海办字〔2013〕12号	印发《关于开展“我为河北科学发展献良策”活动的工作方案》的通知
区委办、区政府办	海办字〔2013〕14号	关于全区各街道环境整治工作进展情况的通报
区委办、区政府办	海办字〔2013〕15号	关于表彰2012年度人口和计划生育工作先进单位和先进个人的通报
区委办、区政府办	海办字〔2013〕18号	关于印发《海港区“双减双提”专项行动实施方案》的通知
区委办、区政府办	海办字〔2013〕19号	关于成立海港区农村面貌改造提升行动领导小组的通知
区委办、区政府办	海办字〔2013〕20号	关于开展全区“农村民主议政日”活动的通知
区委办、区政府办	海办字〔2013〕21号	关于对全区各单位上半年目标任务完成情况进行督导检查的通知
区委办、区政府办	海办字〔2013〕22号	关于印发《海港区全面推进社区（村）网格化管理的实施方案（试行）》的通知
区委办、区政府办	海办字〔2013〕23号	关于组织参加“国家高新区建设二十年成就展北戴河巡回展”参观活动的通知
区委办、区政府办	海办字〔2013〕24号	关于印发《海港区2013年重点项目建设“百日攻坚战”实施方案》的通知
区委办、区政府办	海办字〔2013〕25号	关于加强全民科学素质建设考核工作的通知
区委办、区政府办	海办字〔2013〕27号	关于印发《海港区2013年民主评议工作实施方案》的通知
区委办、区政府办	海办字〔2013〕28号	关于表彰优秀教师模范班主任师德标兵的通报

续表 8–3

发文机关	文号	文件名称
区委办	海办字〔2013〕29号	关于印发《海港区巡查工作常态化实施方案》的通知
区委办、区政府办	海办字〔2013〕32号	关于调整海港区双拥工作领导小组成员的通知
区委办、区政府办	海办字〔2013〕33号	关于2012年及以前年度全区档案执法检查情况的通报
区委办、区政府办	海办字〔2013〕34号	关于印发《海港区"吃空饷"专项治理工作实施方案》的通知
区委办、区政府办	海办字〔2013〕35号	关于在全区开展"博爱一日捐"募捐活动的通知
区委办、区政府办	海办字〔2013〕37号	关于成立海港区社区党组织和第四届社区居委会换届工作领导小组的通知
区委办、区政府办	海办字〔2013〕38号	转发区法制宣传教育领导小组《关于进一步加强全区法制宣传教育阵地建设的实施意见》的通知
区委办	海办字〔2013〕40号	关于做好2014年度党报党刊征订工作的通知
区委办、区政府办	海办字〔2013〕41号	关于清理整改办公用房工作的紧急通知
区委办、区政府办	海办字〔2013〕42号	关于严格规范党政机关工作人员出国（境）和外出学习考察的通知
区委办、区政府办	海办字〔2013〕43号	关于印发《海港区社区工作人员绩效管理办法（试行）》的通知
区委办、区政府办	海办字〔2013〕44号	关于成立海港区政府机构改革和职能转变工作领导小组的通知
区委办、区政府办	海办字〔2013〕45号	关于对全区各单位主要工作目标完成情况进行督查考核的通知
区委办、区政府办	海办字〔2013〕47号	关于印发《海港区农村社会管理"双六工程"考核办法》的通知
区委办、区政府办	海办字〔2013〕50号	关于印发《海港区企业和群众评议"百个机关、千名干部"活动工作方案》的通知
区政府办	海政办〔2013〕2号	关于转发市政府办公厅转发省政府办公厅关于做好2012年安全生产责任目标考核和省"两会"及春节期间安全生产督导工作的通知的通知
区政府办	海政办〔2013〕3号	关于进驻区政务服务中心各部门窗口2012年第四季度绩效考核情况的通知
区委办、区政府办	海政办〔2013〕4号	关于加强2013年春节期间烟花爆竹安全管理的通知
区政府办	海政办〔2013〕5号	关于开展安全生产督导检查活动的通知
区委办、区政府办	海政办〔2013〕6号	关于开展全区义务劳动的通知
区政府办	海政办〔2013〕7号	关于启用海港区人民政府食品安全委员会办公室印章的通知
区政府办	海政办〔2013〕8号	关于办理行政执法证件的通知
区政府办	海政办〔2013〕9号	关于印发海港区河道清障工作实施方案的通知
区政府办	海政办〔2013〕10号	关于新增行政执法人员公共法律知识考试的通知
区政府办	海政办〔2013〕11号	关于开展应急科普宣教活动的通知
区政府办	海政办〔2013〕12号	关于加快推进村（社区）便民服务室分类建设工作的通知
区政府办	海政办〔2013〕13号	关于抽调部分单位工作人员参加预备役集训活动的通知
区政府办	海政办〔2013〕14号	关于转发秦皇岛市人民政府办公厅《关于开展防范和打击非法集资集中宣传月活动的通知》的通知
区政府办	海政办〔2013〕15号	关于参加预备役第二期集训活动的通知
区政府办	海政办〔2013〕16号	关于转发秦皇岛市人民政府办公厅关于认真落实省政府修改废止规章决定的通知的通知
区政府办	海政办〔2013〕17号	关于举办2013年项目建设管理培训班的通知
区政府办	海政办〔2013〕18号	关于转发市政府办公厅转发省政府办公厅关于贯彻落实王勇国务委员重要讲话精神进一步做好安全生产工作的通知的通知
区政府办	海政办〔2013〕19号	关于印发海港区安全生产大检查实施方案的通知
区政府办	海政办〔2013〕20号	关于印发海港区再生资源回收行业清理整治实施方案的通知
区政府办	海政办〔2013〕21号	关于转发秦皇岛市人民政府办公厅关于进一步加强暑期值班工作的通知的通知
区政府办	海政办〔2013〕22号	关于启用海港区西王岭村改造工作指挥部和海港区西王岭村改造工作指挥部办公室两枚印章的通知

续表 8-3

发文机关	文号	文件名称
区政府办	海政办〔2013〕23号	关于转发河北省人民政府办公厅转发国务院办公厅关于切实做好汛期灾害防范应对工作的紧急通知的通知
区政府办	海政办〔2013〕24号	关于印发海港区三类事项清理工作方案的通知
区政府办	海政办〔2013〕25号	关于印发海港区人民政府领导工作分工的通知
区政府办	海政办〔2013〕26号	转发秦皇岛市人民政府办公厅关于做好与国务院省政府取消和下放行政审批项目等事项衔接工作的通知
区政府办	海政办〔2013〕27号	关于印发海港区进一步规范行政裁量权工作实施方案的通知
区政府办	海政办〔2013〕28号	关于转发《河北省人民政府办公厅关于转发省金融办等部门防范农民专业合作社非法集资暂行办法的通知》的通知
区政府办	海政办〔2013〕29号	关于印发海港区主要污染源调查工作实施方案的通知
区政府办	海政办〔2013〕30号	转发秦皇岛市人民政府法制办公室关于国庆节期间对升挂和使用国旗情况进行检查的通知的通知
区政府办	海政办〔2013〕31号	关于组织参加全市第六届运动会开幕式的通知
区政府办	海政办〔2013〕32号	关于行政执法证件年检考试有关工作的通知
区政府办	海政办〔2013〕33号	关于开展规范性文件清理工作的通知
区政府办	海政办〔2013〕34号	关于开展2013年度基层应急管理工作检查的通知
区政府办	海政办〔2013〕35号	转发《河北省人民政府办公厅转发国务院办公厅关于2014年部分节假日安排的通知》的通知
区政府办	海政办〔2013〕37号	关于印发海港区深化法人代表安全生产承诺制工作方案的通知
区政府办	海政办〔2013〕38号	关于印发海港区油气输送管线等安全专项排查整治工作实施方案的通知
区政府办	海政办〔2013〕39号	关于做好2014年两节两会期间安全生产工作的通知